はじめに

■法律実務基礎科目（民事）に関する情報がこの 1 冊に

　司法試験予備試験の法律実務基礎科目（民事）の問題で出題される可能性のある要件事実、事実認定、民事執行・保全手続、法曹倫理に関する情報が本書 1 冊にまとめられています。具体的には、それぞれの学習に必要充分な知識を図表や事例を交えてコンパクトに説明し（第 1 部〜第 4 部）、第 5 部では論文式試験問題（平成 23 年〜令和 6 年）の問題・解説を掲載し、第 6 部では口述試験を再現ドキュメント形式（平成 23 年〜令和 5 年）で紹介しています。これ 1 冊で司法試験予備試験に完全に対応することができ、法科大学院での学習内容をカバーできるだけの内容が盛り込まれています。

※法律実務基礎科目（民事）の出題分野

　司法試験予備試験では、法律実務基礎科目が論文式試験及び口述試験の対象とされています。『平成 23 年〜令和 6 年司法試験予備試験（法律実務基礎科目（民事））の論文式試験問題及び口述試験の出題内容』を見る限り、法律実務基礎科目（民事）の論文式試験及び口述試験では、要件事実、事実認定、民事執行・保全手続、法曹倫理がその内容となっています。

■実務家による監修

　本書中、要件事実（第 1 部）、事実認定（第 2 部）、論文式試験について（第 5 部）に関しては、清武宗一郎先生（弁護士。2021 年予備試験合格〔短答 6 位・論文 3 位・口述 4 位〕、2022 年司法試験合格〔総合 10 位〕）に御監修していただいています。

i

■司法試験民事系の学習にも役に立つ教材

　本書の内容は、司法試験論文式試験・民法、民事訴訟法の学習にも役立ちます。要件事実の主張、整理の仕方は民法の論文における答案構成にもそのまま適用できるので、要件事実の使い方を身につければ、民法の論文も書きやすくなるでしょう。また事実認定を学ぶことで立証構造の理解が進み、民事訴訟法の学習にも好影響があるでしょう。

第6版のリニューアルポイント

●最新の法改正に対応
●民事実務基礎科目（民事）では、実体法学習ではあまり出てこなかった「要件事実」が新たに登場することから、冒頭に「法律実務基礎科目（民事）を初めて学習する人へ」と題した原稿を新たに掲載
●法律実務基礎科目（民事）に関する令和2年〜令和6年司法試験予備試験・論文式試験問題＆解説、口述試験情報（※口述は令和5年まで）を新たに掲載

【本書の特徴】

■試験対策書としての本書

　本書は、法律実務基礎科目（民事）における論文式試験問題を解くために、また、口述試験において質問に回答するために、必要な情報を学習しやすい形で掲載した試験対策書です。

　詳しくは、本書の構成・使い方をご覧ください。

■論文式過去問についての答案構成例・解説も掲載

　本書には、平成23年〜令和6年司法試験予備試験論文式試験の問題文・答案構成例・解説等を掲載しています。

■口述試験の情報を具体的な再現ドキュメント形式で掲載

　口述試験については、毎年法務省から出題テーマが出題されるだけで、その具体的内容については公表されていません。そこで、合格者の協力を得て、平成23年〜令和5年の口述試験の具体的内容がわかる口述再現ドキュメントを作成し、本書に掲載しました。この口述試験の内容は、口述試験のみならず、論文式試験の学習にも役立ちます。

■事項索引、判例索引を掲載

　巻末に、事項索引、判例索引を掲載しています。ご活用ください。

　読者の皆様が本書を利用して、司法試験、司法試験予備試験に合格されることを願っています。

令和7年3月
辰已法律研究所

iii

本書の構成・使い方

●全体について

　本書は、第1部要件事実、第2部事実認定、第3部民事執行・保全手続、第4部法曹倫理、第5部論文式試験について、第6部口述試験についての6部構成となっています。

　これは、平成23年～令和6年司法試験予備試験論文式試験問題及びその出題趣旨、平成23年～令和5年司法試験予備試験口述試験問題等をふまえると、法律実務基礎科目（民事）の出題範囲が、要件事実、事実認定、民事執行・保全手続、法曹倫理となると考えられることに基づきます（なお、民事訴訟手続については後掲参照）。

	設問1		設問2	設問3	設問4	設問5
H23	要件事実		要件事実	要件事実	事実認定	弁護士倫理
H24	要件事実		事実認定	要件事実	弁護士倫理	
H25	要件事実		事実認定	要件事実	要件事実	弁護士倫理
H26	要件事実		要件事実	要件事実	事実認定	弁護士倫理
H27	要件事実		要件事実	事実認定	弁護士倫理	
H28	民事保全	要件事実	要件事実	要件事実	事実認定	
H29	民事保全	要件事実	要件事実	事実認定		
H30	民事保全	要件事実	要件事実	要件事実	事実認定	
R1	要件事実	民事執行	要件事実	要件事実	事実認定	
R2	要件事実	民事執行	要件事実	要件事実	事実認定	
R3	要件事実	―	民事保全	要件事実	事実認定	
R4	要件事実	―	要件事実	事実認定	民事執行	
R5	要件事実	民事保全	要件事実	要件事実	事実認定	
R6	要件事実	―	要件事実	要件事実・事実認定	民事保全	

●「第1部　要件事実」について

　要件事実については、大別して、要件事実学習の全体像を把握する「第1編　要件事実入門──要件事実の理論」、重要な紛争類型ごとに要件事実をまとめた「第2編　要件事実各論──具体的な紛争と要件事実」で構成されています。

　「第1編　要件事実入門」は、「第1章　基礎編」と「第2章　発展編」で構成されています。「第1章　基礎編」は、要件事実についての基礎的知識を学習する部分で、ここをひととおり学習すれば、司法試験予備試験論文式試験問題レベルの問題は解けるようになるでしょう。「第2章　発展編」は、要件事実について多少難解な部分を含んだものですが、法科大学院で学習する内容であることから、発展編として説明を加えています。「第1章　基礎編」をしっかり身に付けた方は、チャレンジしてみてください。また、試験直前の知識確認のために、サブ・ノートを掲載しています。

　具体的には、「第1編　要件事実入門」、「第1章　基礎編」では、「第1課　イメージからはじめよう！」において、要件事実学習に先立ってイメージづくりを行い、次に、「第2課　訴訟物と請求の趣旨」において、要件事実を考える前提として、訴訟物と請求の趣旨について学びます。そして、第3課から第5課において、要件事実の学習に必要な基礎知識を学びます。

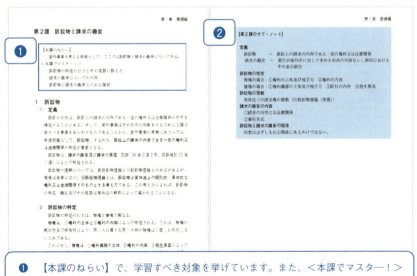

❶　【本課のねらい】で、学習すべき対象を挙げています。また、＜本課でマスター！＞で、理解すべき事項を挙げています。
❷　試験直前の知識確認のためのサブ・ノートを掲載しています。

「第2編　要件事実各論」は、重要な紛争類型ごとに事例を設定して、訴訟物、請求の趣旨、請求原因、抗弁以下の攻撃防御方法等をまとめたものです。また、紛争類型ごとの当事者の典型的な主張（請求原因では要件事実、抗弁等では名称）を抗弁ごとに整理したイメージマップを掲載しています。

　初学者の方は、「第1編　要件事実入門──要件事実の理論」、「第1章　基礎編」で要件事実の基礎を、そして、重要な紛争類型ごとの要件事実を「第2編　要件事実各論──具体的な紛争と要件事実」で学んでください。また、第1編、第2編をくり返して学習してください。抽象的な概念と具体的な事項をくり返し学習することで、要件事実の理解がより深まるでしょう。

　なお、本書は、令和7年3月までに公布されている法令に対応させています。

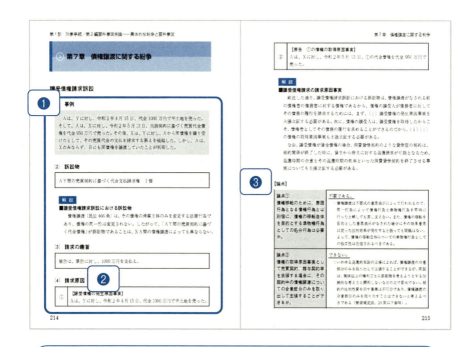

❶　具体的な紛争について、事例を設定し、訴訟物、請求の趣旨、請求原因、抗弁以下の攻撃防御方法を掲載しています。
❷　①②③……は請求原因、①'②'③'……は抗弁、①''②''③''……は再抗弁、①'''②'''③'''……は再々抗弁の各要件事実を、また、空白部分は、主張する必要がないものを表します。
❸　要件事実に関する論点を掲載しています。

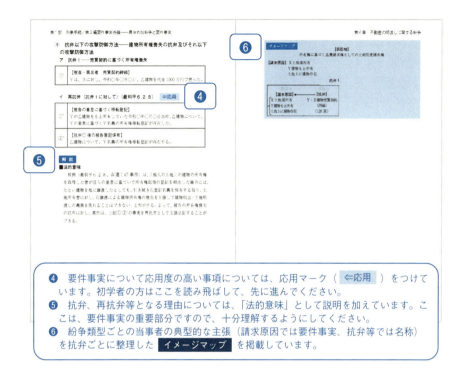

- ❹ 要件事実について応用度の高い事項については、応用マーク（ ⇐応用 ）をつけています。初学者の方はここを読み飛ばして、先に進んでください。
- ❺ 抗弁、再抗弁等となる理由については、「法的意味」として説明を加えています。ここは、要件事実の重要部分ですので、十分理解するようにしてください。
- ❻ 紛争類型ごとの当事者の典型的な主張（請求原因では要件事実、抗弁等では名称）を抗弁ごとに整理した イメージマップ を掲載しています。

● 「第2部 事実認定」について

　事実認定については、その構造、証拠に関する基礎的な事項を掲載しています。事実認定に関する事項は、そのほとんどが法律基本科目・民事訴訟法の中で学習する内容でもあります。具体的には、一般に「訴訟の審理」及び「証拠」として分類されている分野が学習範囲となります。

　読者の方は、民事訴訟法の該当分野の復習を兼ねて、事実認定の構造及び基礎的知識を確認するようにしてください。

　また、司法試験予備試験の論文式試験では、具体的な事例を基に、事実認定を問う出題（例えば、一定の事実関係を示して、売買契約が成立しているのかを考えさせる問題等）は、試験時間の制約、司法修習との学習すべき範囲の振り分け等の点から限界があり、出題される可能性は高くないと予測されますので、特に、本書では取り上げていません。

vii

● 「第3部　民事執行・保全手続」について

　民事執行・保全手続については、手続の基本的な構造や手続の概要といったごく基礎的な事項を掲載しています。

　口述試験では、民事保全手続がよく問われます。読者の方は、民事執行・保全手続の基礎的知識及び構造の理解に努めてください。

※法律実務基礎科目（民事）における民事訴訟手続について

　法律実務基礎科目（民事）の出題範囲には、当然に民事訴訟手続に関する事項が含まれます（『司法試験予備試験のサンプル問題に関する有識者に対するヒアリングの概要（法律実務基礎科目（民事））』（司法試験委員会会議（第64回）　平成22年3月29日（平成22年7月7日公表））参照）。

　平成23年～令和6年司法試験予備試験論文式試験では、民事訴訟手続については出題されませんでしたが、**口述試験では、管轄、公示送達、証拠収集方法、訴訟手続等の民事訴訟手続について問われていました**（口述試験の詳細は、第 6 部参照）。

　しかし、民事訴訟手続の学習は民事訴訟法の学習に譲るべく、本書では、民事訴訟手続について独立して章を設けていません。民事訴訟法の学習の際、具体的事案を想定し、その事案において当事者・裁判所がいかなる訴訟活動をするのかを具体的に考えておくことが、法律実務基礎科目（民事）における民事訴訟手続の学習になるでしょう（後掲表参照）。

法科大学院の授業としての「民事訴訟実務の基礎」について、司法修習委員会作成「法科大学院における『民事訴訟実務の基礎』の教育の在り方について」では、「考えられる授業計画案」として、おおよそ以下の内容を学習するものとされています。

【法科大学院における「民事訴訟実務の基礎」の教育の在り方について】（概要）
司法修習委員会（第14回）　平成21年3月5日

手続	学習内容
訴え提起前	訴えの提起前において、相談を受けた際の相談内容の把握や法的分析、資料の収集方法、法的手段の選択の在り方等
訴えの提起	訴えの提起に当たり、原告代理人として、どのような権利を訴訟物として主張し、どのような事実を請求原因として主張すべきか、また、どのような書証を添付すべきか、また、裁判長として、訴状審査においてどのような点を審査し、補正の促し等をすべきか
被告の応訴	訴状が送達された後の被告の応訴について、被告代理人として、被告からの事情聴取等を踏まえて、どのように応訴すべきか、また、答弁書が提出された場合に、裁判官として、どのような点を検討し、釈明等を求めるべきか
第1回口頭弁論期日	第1回口頭弁論期日について、その意義や手続、裁判長等の釈明や訴訟代理人の対応等の訴訟活動等
争点整理手続	弁論準備手続の意義や手続、裁判長等の釈明や訴訟代理人の対応等の訴訟活動、書証の意義や取調べ、認否、成立等
事実認定の基礎	証拠の意義（事実認定の資料）、自白・書証・人証の各機能、証拠の収集方法、証拠調べの方法、自由心証主義の意義、経験則の機能等
和解・判決	和解の意義や和解への裁判官や訴訟代理人の関与の在り方、判決の意義や判決の在り方等
民事執行・民事保全	判決が確定した場合等の民事執行や、民事執行を念頭に置いた上での民事保全

【参考】　司法試験予備試験の実施方針について（司法試験委員会決定））
令和3年6月2日（令和4年11月16日改正）
　法律実務基礎科目においては、実定法の理解が前提となるが、法律基本科目とは別に法律実務基礎科目があることを踏まえて、それにふさわしい出題となるよう工夫するものとする。

● 「第4部　法曹倫理」について

　法曹倫理については、ケースを設定して、解説・答案構成例を掲載しています。
　読者の方は、ケーススタディの形で具体的に法曹倫理とは何なのか、どのようなことが問題となるのかを把握するようにしてください。
　また、弁護士法、弁護士職務基本規程について、重要条文、趣旨、ポイント解説等を見やすい表の形にまとめていますので、重要条文については、必ずチェックするようにしてください。
　さらに、弁護士職務基本規程については、全条文を掲載しています。

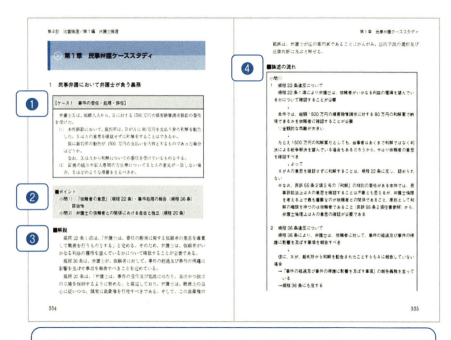

❶ 法曹倫理に関する重要テーマについて、ケースを設定しています。
❷ 当該ケースにおいて問題となる点を挙げています。
❸ 問題となる点についての解説です。
❹ 答案解答例です。

● 「第5部　論文式試験について」及び「第6部　口述試験について」

　論文過去問（平成23〜令和6年）の問題文、出題趣旨、答案構成例、解説等を掲載しています。また、平成23年〜令和5年の口述試験の過去問については、合格者の再現ドキュメントを掲載しています。

● 事項索引・判例索引

　重要な事項については、事項索引を掲載しています。また、本書でとりあげている判例についての判例索引も掲載しています。

■凡例■

民法	民法
民訴	民事訴訟法
民訴規則	民事訴訟規則
民執	民事執行法
民執規則	民事執行規則
民保	民事保全法
民保規則	民事保全規則
商法	商法
会社法	会社法
法	弁護士法
規程	弁護士職務基本規程

※第1部における百選は民法判例百選Ⅰ・Ⅱ［第9版］、第2部・第4部における百選は民事訴訟法判例百選［第6版］を指します。第5部における民法判例百選は民法判例百選Ⅰ・Ⅱ［第9版］、民訴判例百選は民事訴訟法判例百選［第6版］を指します。

【参考文献一覧】

本書の作成にあたり、以下の文献を参考にしました。

【第1部　要件事実】

司法研修所編『改訂　新問題研究　要件事実』（法曹会）

司法研修所編『4訂　紛争類型別の要件事実』（法曹会）

司法研修所編『10訂　民事判決起案の手引（補訂版）』（法曹会）

司法研修所編『増補　民事訴訟における要件事実第一巻』（法曹会）

司法研修所編『民事訴訟における要件事実第二巻』（法曹会）

伊藤滋夫『要件事実の基礎―裁判官による法的判断の構造［新版］』（有斐閣）

伊藤滋夫『要件事実・事実認定入門―裁判官の判断の仕方を考える［補訂版］』
（有斐閣）

村田渉他『要件事実論30講［第4版］』（弘文堂）

大江忠『要件事実ノート』（商事法務）

大島眞一『完全講義　民事裁判実務［基礎編］［要件事実編］』（民事法研究会）

【第2部　事実認定】

司法研修所編『民事訴訟における事実認定』（法曹会）

司法研修所編『改訂　事例で考える民事事実認定』（法曹会）

裁判所職員総合研修所監修『民事訴訟法講義案［三訂版］』（司法協会）

藤田広美『講義民事訴訟［第3版］』（東京大学出版会）

新堂幸司『新民事訴訟法［第6版］』（弘文堂）

【第3部　民事執行・保全手続】

中野貞一郎『民事執行・保全法概説［第3版］』（有斐閣）

上原敏夫他『民事執行・保全法［第7版］』（有斐閣）

佐藤鉄男他『民事手続法入門［第5版］』（有斐閣）

和田吉弘『基礎からわかる民事執行法・民事保全法［第3版］』（弘文堂）

藤田広美『民事執行・保全』（羽鳥書店）

【第4部　法曹倫理】

日本弁護士連合会調査室編著『条解弁護士法［第5版］』（弘文堂）

『解説「弁護士職務基本規程」［第3版］』（日本弁護士連合会）

塚原英治他編著『プロブレムブック法曹の倫理と責任［第2版］』（現代人文社）

小島武司他『テキストブック現代の法曹倫理』（法律文化社）

目　　次

本書の構成・使い方............iv
参考文献一覧.........................xii

法律実務基礎科目（民事）を初めて学習する人へ

第1章　法律実務基礎科目（民事）とは 2
　　1　総論 2
　　2　各論 8

第1部　要件事実

序論...22
　　1　要件事実とは..22
　　2　予備試験と要件事実...23

第1編　要件事実入門──要件事実の理論 25
　第1章　基礎編...26
　　第1課　イメージからはじめよう！...26
　　第2課　訴訟物と請求の趣旨...29
　　　1　訴訟物..29
　　　2　請求の趣旨...31
　　　3　訴訟物と請求の趣旨の関係..32
　　第3課　要件事実の基礎知識...34
　　　1　要件事実概説..34
　　　2　証明責任の分配..35
　　　3　請求原因・抗弁・再抗弁..36
　　　4　必要最小限度の法則...38
　　第4課　事実と評価...40
　　　1　概要..40
　　　2　法律要件の分類..41
　　　3　黙示の意思表示..44

xiii

第5課　要件事実の時的要素		46
1　概要		46
2　期限に関する時的要素——到来と経過		47
3　事実状態の時的要素——現ともと		47
4　事実状態としての占有と時的要素		49
第2章　発展編		51
第1課　必要かつ十分な事実の摘示		51
1　事実の本質的要素		51
2　事実の特定性と具体性		54
第2課　過剰主張と過小主張		57
1　概説		57
2　「a＋b」の理論		57
3　主張自体失当		60
第3課　要件事実の体系		62
1　要件事実の体系		62
2　特殊概念		63
補論　ブロック・ダイアグラムについて		68

第2編　要件事実各論——具体的な紛争と要件事実 73

第1章　消費貸借契約に関する紛争		74
1　貸金返還請求訴訟		74
2　保証債務履行請求訴訟		100
第2章　売買契約に関する紛争		110
1　売買契約に基づく代金支払請求訴訟		110
2　売買契約に基づく目的物引渡請求訴訟		130
第3章　賃貸借契約に関する紛争		134
賃貸借契約終了に基づく不動産明渡請求訴訟		134
第4章　不動産の明渡しに関する紛争		155
1　所有権に基づく土地明渡請求訴訟		155
2　所有権に基づく建物収去土地明渡請求訴訟		169
第5章　不動産登記に関する紛争		173
1　総論——登記請求権		173
2　所有権移転登記抹消登記手続請求訴訟		174
3　真正な登記名義の回復を原因とする抹消に代わる所有権移転		
登記手続請求訴訟		178
4　時効取得を原因とする所有権移転登記手続請求訴訟		181
5　抵当権設定登記抹消登記手続請求訴訟		190
6　登記上利害関係を有する第三者に対する承諾請求訴訟		195

7　真正な登記名義の回復を原因とする所有権移転登記手続
　　　請求訴訟 204
　　8　売買契約に基づく所有権移転登記手続請求訴訟 206
　第6章　動産に関する紛争 210
　　　所有権に基づく動産引渡請求訴訟 210
　第7章　債権譲渡に関する紛争 227
　　　譲受債権請求訴訟 227

第2部　事実認定

序論 242
　　1　事実認定とは 242
　　2　要件事実と事実認定の関係 242
　　3　予備試験と事実認定 242
　　4　事実認定の方法 243

第1編　事実認定の構造 245
　第1章　はじめに 246
　　1　基本構造 246
　第2章　事実認定の到達点——証明度 248
　　1　証明度 248
　　2　証明度と解明度 249
　第3章　事実認定の基本原則 250
　　1　自由心証主義 250
　　2　証拠共通の原則 250
　　3　証明と疎明 250
　　4　本証と反証 251
　　5　相手方の認否 252
　　6　証拠契約 252
　第4章　事実認定の対象 254
　　1　事実認定の対象事実 254
　　2　証明の要否による分類 255
　第5章　経験則と推定 257
　　1　経験則 257
　　2　推定 258
　第6章　裁判上の自白 261
　　1　概要 261

2	自白の撤回	262
3	自白の対象	263
4	擬制自白	264
5	権利自白	264

第2編　証拠　265

第1章　証拠の意義　266
1	証拠の分類	266
2	証拠の内容	266

第2章　判断の枠組み　268
1	判断の枠組みの4類型	268
2	判断の枠組みごとの判断構造	269

第3章　書証　270
1	概要	270
2	文書の分類	271
3	文書の証拠能力と証拠力	275
4	文書の形式的証拠力	276
5	文書の実質的証拠力	283

第4章　人証　286
1	概要	286
2	人証による供述の信用性判断	286

第5章　鑑定　288
1	概要	288
2	鑑定書	288
3	筆跡鑑定	288

第3部　民事執行・保全手続

序論　292
1	予備試験と民事執行・保全手続	292

第1編　民事執行法　293

第1章　民事執行法総説　294
1	意義	294
2	基本構造	296

第2章　強制執行　298
1	総論	298

xvi

2	金銭執行	306
3	非金銭執行	312

第3章 担保執行 314

1	総論	314
2	不動産担保権の実行	315
3	動産競売	316
4	債権及びその他の財産権についての担保権の実行	316

第2編 民事保全法 319

第1章 概説 320

1	意義	320
2	基本構造	321
3	特性及び特徴	322

第2章 仮差押え 324

1	概要	324
2	仮差押命令手続	324
3	仮差押執行手続	327

第3章 仮処分 329

1	概要	329
2	仮処分命令手続	329
3	仮処分執行手続	332

第4章 不服申立手続 336

1	保全命令一般に対する不服申立手続	336
2	仮処分命令に特有の不服申立手続	339

第4部 法曹倫理

序論 342

1	法曹倫理とは	342
2	予備試験と法曹倫理	345

第1編 弁護士倫理 347

第1章 民事弁護ケーススタディ 348

1	民事弁護において弁護士が負う義務	348
2	民事弁護における利益相反	355
3	組織内弁護士・他の弁護士との関係における弁護士倫理	360
4	共同事務所における弁護士倫理	365

xvii

第2章 弁護士法の重要条文，趣旨，ポイント解説，弁護士職務
　　　 基本規程との比較..378
第3章 弁護士職務基本規程の重要条文，趣旨，ポイント解説，
　　　 弁護士法との比較..390
第4章 弁護士法と弁護士職務基本規程の対応関係.....................403
第5章 弁護士職務基本規程全条文..404

第5部　論文式試験について

序　本試験過去14年間のまとめ...418
　　1　出題分野について...418
　　2　要件事実分野の出題内容...418
　　3　事実認定分野の出題内容...421
　　4　民事執行・保全手続分野の出題内容.....................................423
　　5　法曹倫理分野の出題内容...424

第1章　平成23年...426
第2章　平成24年...444
第3章　平成25年...462
第4章　平成26年...482
第5章　平成27年...496
第6章　平成28年...514
第7章　平成29年...527
第8章　平成30年...540
第9章　令和元年...555
第10章　令和2年...570
第11章　令和3年...586
第12章　令和4年...604
第13章　令和5年...619
第14章　令和6年...640

第6部　口述試験について

※再現ドキュメントは出題された当時の再現のまま掲載しています。

第1章　平成23年 660
第2章　平成24年 668
第3章　平成25年 676
第4章　平成26年 692
第5章　平成27年 709
第6章　平成28年 729
第7章　平成29年 746
第8章　平成30年 761
第9章　令和元年 776
第10章　令和2年 790
第11章　令和3年 798
第12章　令和4年 804
第13章　令和5年 812

事項索引 820
判例索引 823

法律実務基礎科目（民事）を初めて学習する人へ

第1章 法律実務基礎科目(民事)とは

1 総論

　予備試験で出題科目の一つとして問われる法律実務基礎科目(民事・刑事)は、通常、法学部で履修する科目には入っていません。法科大学院で学ぶ科目になっています。よって、予備試験合格を目指す学部生の皆さんには、イメージを掴みにくいかもしれません。このうち、刑事については法学部で履修できる刑法と刑事訴訟法の応用なので、困ったらそれらの基本書を調べることができます。民事については、要件事実という考え方が入ってくるので、その概要を以下説明します。

【法律実務基礎科目の学習対象】

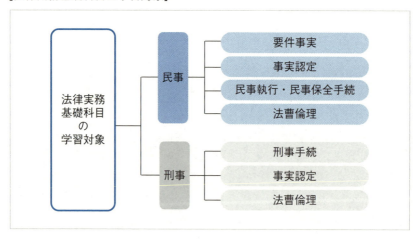

　法律実務基礎科目(民事)では、大きく分けて(1)要件事実、(2)事実認定、(3)民事執行・民事保全手続、(4)法曹倫理、の4つの分野が出題されます(まれに、民法や民事訴訟法の理解を前提にした訴訟活動についての出題もあります)。

　法律実務基礎科目は、基本7法(憲法、行政法、民法、商法、民事訴訟法、刑法、刑事訴訟法)の論文式試験とは異なり、実体法である民法と手続法である民

第1章　法律実務基礎科目（民事）とは

事訴訟法の理解を前提として、実務的な問題が問われます。基本7法の論文式試験では、問題文に事実や当事者の主張が最初からまとめられて提示されますが、法律実務基礎科目では、当事者の生の主張を法的主張に置き換え、原告と被告のそれぞれの主張を整理することが求められます。

　学習の重要度（優先度）は、高い順に(1)要件事実、(2)事実認定、(3)民事執行・民事保全手続、(4)法曹倫理となると考えられます。

(1)　要件事実

　これから法律実務基礎科目の勉強を始める方にとっては、要件事実が難しく感じる方も多いと思います。要件事実は、実体法に基づく法律効果を発生させる要件に該当する具体的な事実なので、基本的には実体法である民法の要件と効果をしっかり把握することが中心となり、実体法の勉強の延長線上にあると考えるとイメージを掴みやすいでしょう。最新の傾向として、令和6年では事実認定問がなくなって要件事実がより重視されているようにもみえます。

　設問1は……問題となる訴訟において、原告の希望に応じた訴訟物、請求の趣旨、請求を理由づける事実及びその事実が必要となる理由について説明を求めるものである。前記各訴訟物の法律要件及び要件事実の正確な理解が問われている。

（令和4年予備試験出題趣旨より）

　毎年、設問1においては、原告の法律相談内容を基に、原告代理人の立場から原告が裁判所に対して求める判決の内容（請求の趣旨）、原告の主張する権利義務関係（訴訟物）、同権利義務関係の要件（請求原因事実）を論述することが求められることが多くなっています。

　請求原因に対する抗弁として機能するために必要な要件事実及びその事実が必要となる理由の説明を求めるものである。

（令和5年予備試験出題趣旨より）

　否認と抗弁の違いについて正確な理解が求められるとともに、実体法及び判例の理解を踏まえて抗弁事実の内容を正確に論ずることが求められる。

（令和2年予備試験出題趣旨より）

法律実務基礎科目（民事）を初めて学習する人へ

　また、原告の請求に対して、被告代理人の立場から、被告の法律相談内容を基に反論を検討する問題も毎年出題されています。その際には、反論が訴訟内でどのように位置づけられるのかについて判断する（否認か抗弁か、主張自体失当なのか）ことが求められています。さらに、場合によっては、原告代理人の立場から、被告の反論に対する再反論（抗弁事実の否認や再抗弁等）を組み立てる論述を求められることもあります。

　このように、要件事実の問題は、ある事案における原告の請求、これに対する被告の反論、それに対する原告の再反論等の形で主張、整理を行うことが求められています。これらは連動するので、最初の原告の請求（特に訴訟物）を間違えてしまうと、後ろの設問も間違えてしまうことになりかねず、注意する必要があります。どうしても原告の請求がわからない場合には、後ろの被告の主張を読んで原告の請求がどのようなものなのか推測するのも有効です。

　なお、要件事実の主張、整理の仕方は民法の論文における答案構成（ナンバリングなど）にもそのまま適用できるので、要件事実の使い方を身につければ、民法の論文も書きやすくなるでしょう。

　基本7科目民事系の論文式試験とのかかわりについては、採点実感の記載が参考になります。

　民法において「反論が認められるために必要な…『要件』は、実体法上の要件のことであり、……抗弁事実に限られず、また、……要件事実が何かを論ずることは求められていない」（新H29民法採実3(1)ア）。ただし、要件事実が何かを論じる必要がないとはいえ、訴訟物や抗弁の名称を指摘する必要はある。請求や主張反論の根拠を指摘するには訴訟物や抗弁等をまず端的に示すべきである（新R3民法採実3(1)ア）。また、攻撃防御方法の対比が問題になる局面では、主張立証責任についても言及することが求められる（対抗要件の抗弁と対抗要件具備による所有権喪失の抗弁について、新H27民法採実3(2)イ小問(1)関係）。

4

第1章　法律実務基礎科目（民事）とは

(2)　事実認定
ア　総論

　設問4は、原告代理人の立場から、請求原因事実が認められることに関し準
備書面に記載すべき事項を問うものである。書証及び当事者尋問の結果を検
討し、いかなる証拠によりいかなる事実を認定することができるかを示すと
ともに、各認定事実に基づく推認の過程を、本件の具体的な事案に即して、
説得的に論述することが求められる。

（令和2年予備試験出題趣旨より）

　基本7法においては、問題文において既に確定されている事実関係の下、特
段の指示がない限り、中立的な立場から法的評価について説得的に論述する
ことが求められることが多いのに対し、法律実務基礎科目（民事）の準備書面
の問題や法律実務基礎科目（刑事）の事実認定の問題においては、法的評価を
する前提となる事実の存在又は不存在を、問題文に示されている書証、人証等
の証拠を通じて立証することが求められます。また、特に準備書面の問題につ
いては、一方当事者の立場に立ち、争点とされている事実が認められること、
又は認められないことについて主張をすることが求められます。

イ　間接事実による推認

　令和2年の法律実務基礎科目（民事）の設問4の出題趣旨においても、「書
証及び当事者尋問の結果を検討し、いかなる証拠によりいかなる事実を認定
することができるかを示す」こと及び「各認定事実に基づく推認の過程を、本
件の具体的な事案に即して、説得的に論述すること」が求められています。具
体的な事案に即して、証拠から認められる間接事実をピックアップし、それぞ
れの間接事実の推認力を判断し、間接事実を積み上げて争点とされる事実が
認められるかを論述する必要があります。

　供述が直接証拠となる事案において、要証事実との関係で証拠構造を正確に
捉えること、間接証拠から推認できる重要な事実（原告に有利なもの、不利
なもの）に言及した上で、要証事実が認められる理由を説得的に論じること
が求められている。

（令和4年予備試験出題趣旨より）

5

ウ　立証構造

令和4年予備試験の法律実務基礎科目（民事）設問3の出題趣旨では、要証事実についての立証構造に言及した上で、要証事実が認められる理由を説得的に論じることが求められていました。最近の出題傾向として、争点の立証構造について把握する力も求められているといえます。

例えば、直接証拠（類型的信用証拠や供述証拠）が存在する場合には直接証拠を用いて直接立証し、直接証拠が存在しない場合には間接事実を積み上げることによって説得的に争点とされている事実が認められることを論述する必要があります。

エ　二段の推定

> 文書に作成名義人の印章により顕出された印影があることを踏まえ、いわゆる二段の推定が働くことを前提として、自らの主張の位置付けを明らかにすることが求められる。その上で、いかなる証拠によりいかなる事実を認定することができるかを示すとともに、各認定事実に基づく推認の過程を、本件の具体的な事案に即して、説得的に論述することが求められる。
>
> （令和3年予備試験出題趣旨より）

事実認定の分野において、頻出の論点は二段の推定です（平成23年、平成24年、平成29年、平成31年、令和3年、令和5年）。二重の推定の立証構造について理解した上で、準備書面の作成をすることが求められています。

(3)　民事執行・民事保全手続

> 仮差押命令の申立てに当たり疎明すべき保全の必要性について、債務者の資産状況に即して具体的に検討することが求められている。
>
> （令和5年予備試験出題趣旨より）

> 問題となる訴訟において、原告代理人があらかじめ講ずべき法的手段……について説明を求めるものである。
>
> （平成29年予備試験出題趣旨より）

第1章　法律実務基礎科目（民事）とは

　民事保全手続は、民事訴訟の本案の権利実現に先立って権利者保護を図るべく、裁判所が暫定的な措置を講じる制度です。原告が勝訴判決を勝ち取ったとしても、権利実現ができなければ原告の目的が達成できなくなるおそれがある場合、原告が被告に対する請求を立てるのに先立ってどのような手続をする必要があるかについて、論文式試験で解答を求められることがあります。対策としては、各保全手続の種類、要件、効果等について理解することが大切です。

(4)　法曹倫理

　弁護士倫理の問題であり、弁護士職務基本規程の依頼者との関係における規律に留意しつつ、被告代理人の各行為の問題点を検討することが求められる。

（平成 26 年予備試験出題趣旨より）

　法曹倫理の問題では、弁護士の行為について弁護士倫理上の問題があるかについて解答することが求められています。短い試験時間の中で、問題文において問題となっている弁護士の行為が、弁護士法及び弁護士職務基本規程のどのような規制に該当するのか検討するには、予めどのような規制があるのか、法規を読んでイメージしておくことが大切です。ただ、法曹倫理の問題は、平成27 年度の試験以降、令和 6 年度まで 9 年連続出題されておらず、他の分野に比べてその重要性は低くなっています。

法律実務基礎科目（民事）を初めて学習する人へ

2　各論

　法律実務基礎科目の論文過去問を検討し、どのような論述が求められているかを考えてください。令和4年予備試験の問題を例に挙げながら、本書の使い方について説明します。

(1)　要件事実

令和4年予備試験　法律実務基礎科目（民事）より抜粋

【Xの相談内容】

　「私は、建物のリフォームを仕事としています。私は、Yとは十年来の付き合いで、Yが経営する飲食店の常連客でもありました。私は、令和3年の年末頃、Yから、M市所在の建物（以下「本件建物」という。）を飲食店に改修するための外壁・内装等のリフォーム工事（以下「本件工事」という。）について相談を受け、令和4年2月8日、本件工事を報酬1000万円で請け負いました。

　令和4年5月28日、私は、本件工事を完成させ、本件建物をYに引き渡し、本件工事の報酬として、1000万円の支払を求めましたが、Yは、700万円しか支払わず、残金300万円を支払いませんでした。私は、本件工事の報酬の残金300万円と支払が遅れたことの損害金全てをYに支払ってほしいと思います。」

　弁護士Pは、令和4年8月1日、【Xの相談内容】を前提に、Xの訴訟代理人として、Yに対し、Xの希望する金員の支払を求める訴訟（以下「本件訴訟」という。）を提起することとした。

　以上を前提に、以下の各問いに答えなさい。
(1)　弁護士Pが、本件訴訟において、Xの希望を実現するために選択すると考えられる訴訟物を記載しなさい。
(2)　弁護士Pが、本件訴訟の訴状（以下「本件訴状」という。）において記載すべき請求の趣旨（民事訴訟法第133条第2項第2号）を記載しなさい。なお、付随的申立てについては、考慮する必要はない。
(3)　弁護士Pが、本件訴状において記載すべき請求を理由づける事実（民事訴訟規則第53条第1項）を記載しなさい。なお、いわゆるよって書き（請求原因の最後のまとめとして、訴訟物を明示するとともに、請求の趣旨と請求

8

第1章　法律実務基礎科目（民事）とは

原因の記載との結びつきを明らかにするもの）は記載しないこと。
(4)　弁護士Ｐが、本件訴状において請求を理由づける事実として、上記(3)のと
　　おり記載した理由を判例を踏まえて簡潔に説明しなさい。なお、訴訟物が複
　　数ある場合は、訴訟物ごとに記載すること。

　　令和４年予備試験の【設問１】においては、当事者であるＸの法律相談を受
けて、弁護士Ｐは訴訟を提起することにしており、その訴訟提起においてどの
ような法的主張を行っていくのかが主に問われています。解答者（受験生）は、
法律相談における当事者の生の主張が法的にはどのような意味を持つのかを考
えながら読むことになりますが、その前提として「訴訟物」「請求の趣旨」「要件
事実」等の理解が必要となります。

ア　訴訟物

　　まず、設問１の(1)においては、本件訴訟の訴訟物について問われています。
訴訟の目的は、訴訟物たる一定の権利・法律関係の存否を確定することなので、
訴訟物を特定することは争点整理の出発点です。仮に、設問１の訴訟物を間違
えると、その後に続く主張である抗弁や再抗弁の問題まで間違えることにな
るので、訴訟物を間違えないように問題文の誘導に従って出題者の意図を読
み取ることが大切です。

　　本問においては、弁護士Ｐは「Ｘの希望する金員の支払を求める訴訟（以下
「本件訴訟」という。）を提起」したとあるので、本件訴訟が金銭支払いを求
める請求であることは明らかです。また、Ｘの相談内容の中で「私は、本件工
事の報酬の残金 300 万円と支払が遅れたことの損害金全てをＹに支払ってほ
しい」とあるので、Ｘは請負契約の報酬及びその遅延損害金の支払いを求めて
いることがわかります。このように問題文の誘導に従うと本件訴訟の訴訟物
は、請負契約に基づく報酬請求権及び履行遅滞に基づく損害賠償請求権であ
ることが容易に想起できるでしょう。

イ　請求の趣旨

　　次に、設問１の(2)においては、本件訴訟の請求の趣旨について問われていま
す。請求の趣旨は、原告が裁判所に対して求める判決の内容なので、本件にお
いてはＸがどのような判決の内容を求めているか考えて解答する必要があり
ます。Ｘの相談内容の中で「私は、本件工事の報酬の残金300万円と支払が遅

9

れたことの損害金全てをＹに支払ってほしい」とあるので、Ｘは、ＹがＸに対して報酬の残額 300 万円及び遅延損害金を支払うこととなる旨の判決を求めていると考えられます。そこで、本件訴訟の請求の趣旨は、「被告は、原告に対して、300 万円及びこれに対する令和４年５月 29 日から支払済みまでの年３％の割合による金員を支払え。」ということになります。

ウ　請求原因事実

　設問１の(3)においては、請求原因事実の記載について問われています。請求原因は、要件事実のうち、原告が自己の請求たる法律効果を基礎づけるために主張立証すべきものであり、請求原因事実は、請求原因を構成する個々の具体的な要件事実です。本件においては、訴訟物が請負契約に基づく報酬請求権、履行遅滞に基づく損害賠償請求権ですから、解答者（受験生）はそれぞれの訴訟物の要件事実を想起した上、その要件事実に対応する具体的事実を当事者の主張から拾い出し、解答することになります。

　そうすると、設問１の(3)の解答は、以下のようになります。

　(ア)　Ｘは、令和４年２月８日、Ｙと本件工事を報酬 1000 万円で請け負うとの合意をした。
　(イ)　Ｘは、令和４年５月 28 日、本件工事を完成した。
　(ウ)　Ｘは、同日、Ｙに対し、(ア)の請負契約に基づき、本件建物を引き渡した。

　設問１の(4)においては、上記の請求原因事実を記載した理由について問われています。このように予備試験では、単に要件事実を記載することのみが求められる問題もあれば、なぜそのような記載になったのかについての説明を求められる問題もありますので、受験対策としては要件事実の暗記のみでは足りず、実体法上の要件からなぜそのような要件事実の記載をすることになるのかについてしっかりと理解しておく必要があります。

　要件事実の記載内容の説明にあたっては、前提として当事者が主張している法律効果の発生を基礎づける実体法上の要件の理解、要件事実の目的の理解という両側面からの理解が必要です。

　請求原因事実は、原告が自己の請求たる訴訟物の存在を基礎づける事実であるため、訴訟物の存在を発生させる実体法上の要件を充足する必要があります。

第1章　法律実務基礎科目（民事）とは

　他方、要件事実は、訴訟の終局的な解決に向けた効率的な争点整理及び適正・迅速な審理の実現を目的とするため、証明を必要とする具体的事実は必要かつ十分な程度におさえることが求められています（**必要最小限度の原則**）。解答者（受験生）としては、両側面を理解した上で答案を作成することが必要です。

　また、要件事実は、法律効果を発生させるに際して、原告・被告のどちらに主張責任・立証責任があるのかを明確にする役割があります。

　法律効果の発生要件に該当する事実が弁論に現れない場合、裁判所はその事実を認定することができません。従って、法律に基づく何らかの効果を主張しようとする者は、法律効果の発生に必要な要件にあたる事実を主張する必要があります。特定の事実について主張がなされなかった結果として法律効果の発生が認められなくなるという、一方当事者が受ける不利益又は危険のことを、主張責任といいます。

　また、要件に該当する事実の主張自体はなされたものの、その真偽について必要十分な程度に証明することができなかった場合には、裁判所はその要件を充足する事実があったと認定することができません。ある事実の存在が真偽不明に終わったために、当該法律効果の存在が認められないという一方当事者の不利益又は責任のことを、立証責任といいます。

　そして、主張・立証責任を原告・被告のいずれが負うかについては、通説である法律要件分類説によれば、「その法律効果を主張することにより利益を受ける者は誰か、いずれの者に責任を負わせるのが公平か」という点を基準にしつつ、実体法規の解釈により定められます。要件事実とは、このように導き出された、原告・被告の主張・立証責任に基づいて、訴訟の両者が主張すべき事実は何かを明らかにしたものなのです。

　請求原因事実の要件事実の記載においては、典型契約の場合、各契約の冒頭の規定が、各契約が成立するための本質的な要素を定めていますので、その要件に該当する具体的な事実を主張・立証する必要があります（冒頭規定説）。

　あとは、附帯請求（本問の場合は、履行遅滞に基づく損害賠償請求権）の検討も忘れないようにしてください。

一例として設問1の(4)の解答について記載します。

1　報酬支払請求権について

　請負契約（民法（以下、略）632条）は、「仕事の内容」と「報酬の合意」が本質的な要素であるので（冒頭規定説）、(ア)を主張する必要がある。

　また、仕事の目的物の引渡しと報酬支払は同時履行の関係にあり（633条本文）、仕事の目的物の完成は先履行が原則であるので、報酬支払請求を行うには(イ)を主張する必要がある。

　なお、Xは、Yが700万円しか支払っておらず、残金300万円を支払っていないと主張しているが、Yが700万円を弁済した事実は訴訟物の特定に必要な事実とはいえず、請求原因で主張する必要はない。

2　遅延損害金について

　報酬支払請求権は、「引渡し」の翌日から遅滞に陥ることになる（民法633条本文）。よって、引渡し(ウ)を具体的に主張する必要がある。なお、「債務の発生」は、ア・イで既に現れており、「帰責事由」はこれにより利益を受ける債務者の主張すべき事実であるから主張の必要はない。

エ　抗弁・再抗弁の問題

令和4年予備試験　法律実務基礎科目（民事）より抜粋

〔設問2〕

　以下、XがYとの間で、令和4年2月8日に締結した報酬を1000万円とする本件工事の請負契約を「本件契約」という。

　弁護士Qは、本件訴状の送達を受けたYから次のような相談を受けた。

【Yの相談内容】

　「(a)　Xは、令和4年5月28日、本件工事を完成させ、私は、同日、本件建物の引渡しを受け、Xに700万円を支払いました。しかし、私がXとの間で締結したのは、報酬を700万円とする本件工事の請負契約であり、本件契約ではありません。私は、本件建物で飲食店を営業したいと考え、令和3年の年末頃、Xに本件建物のリフォーム工事について相談をしました。Xが本件建物を見た上で、本件工事

は700万円程度でできると述べたので、私は、令和4年2月8日、Xとの間で、報酬を700万円とする本件工事の請負契約を締結しました。したがって、私が本件工事の報酬としてXに支払うべき金額は、1000万円ではなく700万円であり、未払はありません。仮に、Xと私との間で、本件契約が締結されたというのであれば、Xは、令和4年5月28日、次のようなやり取りを経て、私に本件工事の報酬残金300万円の支払を免除しましたので、私はそれを主張したいと思います。私は、令和4年5月28日、本件建物の引渡しを受ける際、本件建物の外壁に亀裂があるのを発見しました。私がその場で、Xに対し、外壁の修補を求めたところ、Xは、この程度の亀裂は自然に発生するもので修補の必要はないと言い、本件工事の報酬1000万円を支払うよう求めてきました。私は、本件工事の報酬は700万円だと思っていましたので、それを強く言うと、Xは、そのようなことはないなどと言っていましたが、最終的には、『700万円でいい。残りの300万円の支払はしなくてよい。』と言いましたので、私は、700万円を支払って、本件建物の引渡しを受けました。

　弁護士Qは、【Yの相談内容】を前提に、Yの訴訟代理人として、本件訴訟の答弁書（以下「本件答弁書」という。）を作成した。

　以上を前提に、以下の各問いに答えなさい。
(1)　弁護士Qは、【Yの相談内容】(a)を踏まえて、抗弁を主張することとした。その検討に当たり、本件訴訟において、抗弁として機能するためには、以下の(ア)及び(イ)の事実が必要であると考えた。
　（ア）　〔　　　　　　　　　〕
　（イ）　Xは、Yに対し、令和4年5月28日、本件契約に基づく報酬債務のうち300万円の支払を免除するとの意思表示をした。
（ⅰ）　（ア）に入る具体的事実を記載しなさい。
（ⅱ）　弁護士Qが、（ア）の事実が必要であると考えた理由を簡潔に説明しなさい。

　設問2は、弁護士QがYの法律相談を前提にして、Xの請求に対する抗弁を検討する問題です。抗弁とは、請求原因と両立して、請求原因から発生する法律効果を障害、消滅、又は阻止するものです。本件では、設問1で検討した請求原因事実と両立する主張でありながら、請求原因から発生する法律効果、す

法律実務基礎科目（民事）を初めて学習する人へ

なわち報酬請求権及び遅延損害金請求権を障害、消滅又は阻止するような効果を有する主張を検討するとよいでしょう。

　上述した【Xの相談内容】によると、ＸＹ間では、本件工事を報酬1000万円で請け負うという請負契約が成立しており、Ｘは「私は、本件工事の報酬の残金300万円と支払が遅れたことの損害金全てをＹに支払ってほしい」として、報酬の一部の支払を求めています。そうすると、本件訴訟は、請負代金請求権1000万円のうち300万円の支払を求めるという明示の一部請求です。

　一部請求訴訟においては、免除や弁済、相殺等の抗弁は本件訴訟で請求されていない部分から充当されるので（外側説）、本件訴訟において請求されていない部分の弁済も合わせて主張しなければ、抗弁として成立しないことになります。

　抗弁の要件事実(イ)は、ＸがＹに対して、報酬支払請求権1000万円のうち300万を免除したとの主張ですが、これのみでは、報酬支払請求権の全部の法律効果を妨げることができません。Ｙの相談内容からすると、「Ｘは、令和4年5月28日、本件工事を完成させ、私は、同日、本件建物の引渡しを受け、Ｘに700万円を支払いました。」また、「Ｘは、……最終的には、『700万円でいい。残りの300万円の支払はしなくてよい。』と言いました」と述べています。後者の主張は、要件の要件事実(イ)の免除の主張に該当するので、前者の主張がどのような主張に該当するか検討するとよいでしょう。前者の主張は一部弁済の抗弁にあたるので、弁済の要件事実を(ア)に記載すれば足りることになります。

　すると、設問2の(1)の解答は、

> (ア)　Ｙは、Ｘに対し、令和4年5月28日、本件契約に基づく報酬支払債務の履行として、700万円を支払った。

ということになります。

第1章　法律実務基礎科目（民事）とは

(2)　事実認定

　　予備試験の法律実務基礎科目（民事）においては、準備書面作成の出題が頻出しています。

　　令和4年予備試験の法律実務基礎科目（民事）の設問3の解説を通じて、どのような論述が求められているか考えてみましょう。

令和4年予備試験　法律実務基礎科目（民事）より抜粋

〔設問3〕

　　本件訴訟の第1回口頭弁論期日において、本件訴状及び本件答弁書等は陳述された。弁護士Pは、その口頭弁論期日において、本件工事の報酬の見積金額が1000万円と記載された令和4年2月2日付けのX作成の見積書（以下「本件見積書①」という。）を書証として提出し、これが取り調べられたところ、弁護士Qは、本件見積書①の成立を認める旨を陳述した。

　　これに対し、弁護士Qは、本件訴訟の第1回弁論準備手続期日において、本件工事の報酬の見積金額が700万円と記載された令和4年2月2日付けのX作成の見積書（以下「本件見積書②」という。）を書証として提出し、これが取り調べられたところ、弁護士Pは、本件見積書②の成立を認める旨を陳述した。

　　本件訴訟の第2回弁論準備手続期日を経た後、第2回口頭弁論期日において、本人尋問が実施され、本件契約の締結に関し、Xは、次の【Xの供述内容】のとおり、Yは、次の【Yの供述内容】のとおり、それぞれ供述した（なお、それ以外の者の尋問は実施されていない。）。

【Xの供述内容】

　　「私は、令和3年の年末頃に、Yから本件建物を飲食店にリフォームしてもらえないかと頼まれ、本件建物を見に行きました。Yは、リフォームの費用は銀行から融資を受けるつもりなので、できるだけ安く済ませたいと言っていました。私は、Yの要望のとおりのリフォームをするのであれば1000万円を下回る報酬額で請け負うのは難しいと話し、本件工事の報酬金額を1000万円と見積もった本件見積書①を作成して、令和4年2月2日、Yに交付しました。Yが同月8日、本件工事を報酬1000万円で発注すると言いましたので、私は、同日、本件工事を報酬1000万円で請け負いました。見積金額が700万円と記載された本件見積書②は、Yから、本件建物は賃借している物件なので、賃貸人に本件工事を承諾して

15

もらわなければならないが、大掛かりなリフォームと見えないようにするため、外壁工事の項目を除いた見積書を作ってほしいと頼まれて作成したものです。実際、私は、本件工事として本件建物の外壁工事を実施しており、本件見積書②は実体と合っていません。私は、Yは本件見積書①を銀行に提出し、同年5月初旬に銀行から700万円の融資を受けたと聞いていますが、本件見積書②を賃貸人に見せたかどうかは聞いていません。私は、契約書を作成しておかなかったことを後悔していますが、私とYは十年来の仲でしたので、作らなくても大丈夫だと思っていました。

　以上のとおり、私は、Yとの間で、令和4年2月8日、本件契約を締結しました。」

【Yの供述内容】

　「私は令和4年2月8日、Xに本件工事を発注しましたが、報酬は1000万円ではなく、700万円でした。Xが私に対し、1000万円を下回る報酬額で請け負うのは難しいと言ったことはなく、令和3年の年末頃に本件建物を見た際、700万円程度でできると言い、令和4年2月2日、本件工事の報酬金額を700万円と見積もった本件見積書②を私に交付しました。そこで、私は、同月8日、Xに対し、本件工事を報酬700万円で発注したいと伝え、Xとの間で、本件工事の請負契約を締結したのです。私から外壁工事の項目を除いた見積書を作ってほしいとは言っていません。確かに、本件見積書②には、本件工事としてXが施工した外壁工事に関する部分の記載がありませんが、私は、本件見積書②の交付を受けた当時、Xから、外壁工事分はサービスすると言われていました。本件見積書①は、私が運転資金として300万円を上乗せして銀行から融資を受けたいと考え、Xにお願いして、銀行提出用に作成してもらったものです。私は、本件見積書①を銀行に提出しましたが、結局、融資を受けられたのは700万円でした。本件見積書②は、本件工事の承諾を得る際、賃貸人に見せています。」

以上を前提に、以下の問いに答えなさい。

　弁護士Pは、本件訴訟の第3回口頭弁論期日までに、準備書面を提出することを予定している。その準備書面において、弁護士Pは、前記の提出された書証並びに前記【Xの供述内容】及び【Yの供述内容】と同内容のX及びYの本人尋問における供述に基づいて、XとYが本件契約を締結した事実が認められることにつき、主張を展開したいと考えている。弁護士Pにおいて、上記準備書面に記載すべき内容を、提出された書証や両者の供述から認

定することができる事実を踏まえて、答案用紙1頁程度の分量で記載しなさい。なお、記載に際しては、冒頭に、XとYが本件契約を締結した事実を直接証明する証拠の有無について言及すること。

ア　事実認定の問題については、毎年のように、準備書面に記載すべき内容を求めるという出題形式で出題がなされています。また、要証事実の立証構造の把握、立証構造を前提にして準備書面に記載すべき主張、書証や人証を踏まえた適切な事実認定が求められています。もっとも、令和6年については例外で、準備書面の出題はなかったため、傾向が変わっている可能性もあります。

　　　令和4年の設問3は、要証事実の立証構造の把握と準備書面に記載すべき内容の両方の論述を求めていますので、解説を参考に法律実務基礎科目（民事）の事実認定問題をみていきます。

イ　要証事実の立証構造をあらかじめ理解しておかないと、問題文の審理状況からどのような立証構造なのか把握することが難しいので、まず立証構造について解説します。

　(ｱ)　立証構造としては、

　　①直接証拠である類型的信用文書があり、その成立に争いがない場合（1型）

　　②直接証拠である類型的信用文書があり、その成立に争いがある場合（2型）

　　③直接証拠である類型的信用文書はないが、直接証拠である供述証拠がある場合（3型）

　　④直接証拠である類型的信用文書も直接証拠である供述証拠もない場合（4型）

　　の4種類が存在します。

　　　ここでいう類型的信用文書とは、文書の記載及び体裁から、類型的に見て信用性が高いと考えられる文書をいいます。

　(ｲ)　1型の場合には、直接証拠たる類型的信用文書が存在し、その成立に争いがないため（形式的証明力が認められる）、特段の事情がない限り、その文書の記載内容どおりの事実が認められることになります。

法律実務基礎科目（民事）を初めて学習する人へ

(ウ)　2型の場合には、直接証拠である類型的信用文書の成立の真正を検討することになります。文書の成立の真正に争いがある場合には、二段の推定のどれかが争われているか把握する必要があります。

　　印章というものは厳重に保管されており、理由もなく他人に使用させることはないという経験則から、反証のない限り、印影は本人の意思に基づいて顕出されたものと事実上推定するとしており、これを一段目の推定といいます。そして、民事訴訟法 228 条 4 項は、「私文書は、本人又はその代理人の署名又は押印があるときは、真正に成立したものと推定する。」と規定しており、本人の意思に基づく署名又は押印があることにより、文書全体の真正な成立が推定されることを、二段目の推定と言います。

　　一段目の推定が争われるケースとしては、印章の支配が本人の意思に基づかずに他人に移転している類型（盗用型）、印章の支配が本人の意思に基づいて他人に移転している類型（冒用型）があります。

　　二段目の推定が争われる場合としては、本人等が白紙に署名・押印したところ、他人がこれを悪用して文書を完成させた場合、文書作成後に変造・改ざんされた場合があります。

(エ)　3型の場合には、直接証拠たる供述証拠がある場合、当該供述の信用性を検討します。具体的には、「動かし難い事実」との整合性の他、供述者の利害関係や供述態度等の視点から検討します。ここで「動かし難い事実」は、争いのない事実、当事者双方の供述等が一致する事実、成立の真正が認められ信用性が高い書証に記載された事実、不利益事実の自認の 4 パターンになります（第 2 部第 1 編第 1 章 1(2)参照）。

(オ)　4型の場合には、直接証拠がない場合であるので、要証事実の有無について間接事実・経験則により推認することになります。

ウ　立証構造の把握

　　弁護士Ｐが準備書面に記載すべき内容は、ＸとＹが本件契約を締結した事実が認められることについての主張です。また、同主張の前提として、冒頭にＸとＹが本件契約を締結した事実、すなわち要証事実を直接証明する証拠の有無についても論述することが必要です。

　　本件では、書証として本件見積書①、本件見積書②が提出されています。見積書は契約書ではなく契約締結前段階で作成される文書に過ぎないので、意

思表示その他の法律行為を記載した文書たる処分証書には当たらず、要証事実たるＸとＹが本件契約を締結した事実を直接証明する証拠であるとはいえません。もっとも、Ｘは、本人尋問において、ＸとＹが本件契約を締結したと供述しています。当該Ｘの供述は人証によって得られた証拠であり、要証事実を直接証明する証拠にあたります（立証構造３型）。

したがって、本件契約を締結したというＸの供述の信用性が認められれば、ＸとＹが本件契約を締結したという事実も認定されることになります。

エ　要証事実の判断枠組み

弁護士Ｐは、本件契約を締結したというＸ供述の信用性が認められるので、ＸとＹが本件契約を締結した事実が認められると準備書面に記載すべきことになります。

問題文では、準備書面に記載すべき内容を、提出された書証や両者の供述から認定することができる事実を踏まえて記載することが求められています。そのため、準備書面に記載すべき内容としては、まずＸとＹの双方の供述が一致する事実、成立の真正が認められる書証から認められる事実、不利益事実を認めるＹ供述等の「動かし難い事実」を認定した上で、本件契約を締結したというＸの供述と動かし難い事実の整合性が認められるとして当該Ｘの供述が信用できると論述することが望ましいと考えられます。なお、主要事実の認定において間接事実として機能する事実が、同時にその主要事実を認定する証拠の信用性を判断する上での補助事実として機能することがあります。これを、間接事実の補助事実的機能といいます。例えば、本件見積書①は、本件契約と金額が一致しているので、本件契約の成立に関する間接事実となり得るとともに、Ｘの供述の信用性を判断する上での補助事実にもなり得ます。

オ　事実認定

本問においては、本件工事の報酬の見積金額が1000万円と記載された令和４年２月２日付けのＸ作成の見積書（本件見積書①）が書証として提出され、成立の真正が認められています。さらに、本件見積書①の記載内容は本件契約内容と合致しているため、本件見積書①は本件契約が締結されたことを証明する間接証拠となります。

もっとも、本件工事の報酬の見積金額が700万円と記載された令和４年２月２日付けのＸ作成の見積書（本件見積書②）も書証として提出され、成立の

真正が認められています。このため、本件見積書②の記載内容通りにＸＹ間に報酬 700 万円の請負契約が成立した可能性もあり得ます。

したがって、本件見積書①と本件見積書②のどちらが信用できるかが問題となります。

まず、本件見積書②においては、本件工事としてＸが施工した外壁工事に関する部分の記載がないことについて、Ｘ供述とＹ供述が一致しています。見積書は実際に施工する工事内容とその費用を記載するものであるため、本件見積書②に基づいて本件工事が発注された（ＸとＹとの間で請負契約が締結された）とは考えにくいと思われます。

また、本件見積書②は、本件工事の承諾を得る際に、賃貸人に提出したものであることについて、Ｘ供述とＹ供述が一致しています。賃貸人は、目的物の原状回復を困難にさせる大きなリフォームは拒否すると考えられます。そのため、賃借人がリフォーム工事の見積書を提出する際には、大掛かりなリフォームに見えないように見積書を修正する可能性もあります。とすれば、本件見積書②は、Ｘの供述のとおり、Ｙが賃貸人にリフォーム工事の許可を得るために、本件工事の承諾を得るために外壁工事の項目を除いた見積書の作成をＸに依頼したものであると考えることができます。

他方、Ｙは、本件見積書①を銀行に提出したという不利益な事実を認めています。銀行から融資を受ける際に虚偽の見積書を提出すれば、民事上・刑事上の制裁を受けるおそれがあるため、真正な見積書を提出することが通常です。Ｙが銀行に融資を受けるために本件見積書①を提出していることから、本件見積書①の記載内容通りにＸＹ間の本件契約が締結されたと考えるのが自然です。

以上により認められる各事実は、ＸとＹが本件契約を締結したというＸ供述と整合するため、Ｘ供述は信用でき、ＸとＹが本件契約を締結した事実が認められます。

（→立証構造を理解していることを示すためにも、結論を述べる際には、各立証構造の判断枠組みに合う形で論述することが大切です。）

第1部
要件事実

第1部　要件事実／序論

＞　序　論

1　要件事実とは

　要件事実とは、実体法に基づく一定の法律効果（≒権利）を発生させる要件に該当する具体的事実をいう。

　要件事実を使うことで、当事者の主張を整理・整頓することができる。裁判所は、それにより、争点を整理し、証拠調べを行って、事実認定をすることになる。

　いわゆる法律基本科目である民法・商法・民訴の知識は、要件事実の中で重要になるので、**要件事実を理解するためには、法律基本科目である民法・商法・民訴の理解が不可欠となる**。

　例えば、ＸがＹに対して金銭消費貸借契約に基づいて貸金の返還を請求した場合を考えてみる。この事例を、当事者の立場に立って、要件事実的な観点から整理すると、以下のようになる。

【原告側弁護士ならば……】
訴訟物　…………　金銭消費貸借契約に基づく貸金返還請求権　１個
請求の趣旨　……　被告は、原告に対し、〇〇万円を支払え。
訴状の書き方（事実記載例）

1　原告は、被告に対し、令和〇〇年〇月〇日、弁済期を令和〇×年×月×日との約定で、〇〇万円を貸し付けた。
2　（令和〇×年×月×日は到来した。）
　　よって、原告は、被告に対し、上記消費貸借契約に基づき、貸金〇〇万円の支払を求める。

　事案ごとに上記のような整理をすることができるようになることが、要件事実学習の１つの到達目標ということになる。

22

2 予備試験と要件事実

　要件事実についてどの程度のレベルの問題が出題されるかについては、法科大学院の教科書として最も良く利用されている「新問題研究　要件事実」（司法研修所編）に出てくる知識を十分理解していれば書ける程度の問題が出題されている。また、「単に要件事実を挙げさせるのではなく、なぜこれらが請求原因事実として必要なのかについて説明させる」、「なぜ抗弁になるのかについて効果を踏まえた機能を説明させる」問題が出題されている。そして、そのためには、「基本的な実体法の理解」が不可欠とされている。

23

24

第1編

要件事実入門
——要件事実の理論

第1部　要件事実／第1編　要件事実入門──要件事実の理論

> 第1章　基礎編

第1課　イメージからはじめよう！

【事例】

　　XはYに対し、令和2年4月1日、同年6月1日に一括して返済する旨の約定で、50万円を貸し渡した。その後、返還期日が過ぎてもYが貸したお金を返さないので、XがYに返すよう請求したところ、Yは「令和2年5月15日、50万円を持参してXに直接返済した。」と主張してこれを拒んだ。XはYから50万円の返済を求めたい。

STEP 1──民法の解釈（要件事実学習のスタート地点）

事例で問題となる要件

1　金銭消費貸借契約の成立（返還約束＋金銭の授受）
2　返還時期の合意
3　返還時期の到来
4　弁済（債務の本旨に基づく履行＋履行がその債務のためであること）がなされていないこと

↓

STEP 2──証明責任の分配

【Xの負担】		【Yの負担】
要件1　金銭消費貸借契約の成立	⇔	要件4　弁済（債務の本旨に基づく履行＋履行がその債務のためであること）がなされていること
要件2　返還時期の合意		
要件3　返還時期の到来		

↓

26

STEP 3 ── 類型的な事実のレベルで考察

X ──【請求原因】

①	【原告・被告　金銭消費貸借契約の締結、原告→被告　金銭の交付】
②	【原告・被告　返還時期の合意】
③	【返還時期の到来】

⇔

Y ──【抗弁】

①'	【本旨に基づく履行】
②'	【①'が請求原因①の履行のためであること】

↓

STEP 4 ── 事例における具体的事実を摘示

【請求原因の事実記載例】

①	Xは、Yに対し、令和2年4月1日、50万円を貸し付けた。
②	XとYは、①に際し、返還時期を令和2年6月1日と定めた。
③	令和2年6月1日は到来した。

⇔

【抗弁の事実記載例】

①'	Yは、Xに対し、令和2年5月15日、50万円を支払った。
②'	①'の支払いは、請求原因①の債務の履行のためである。

【当事者関係図】

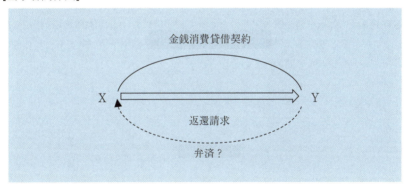

第1部 要件事実／第1編 要件事実入門——要件事実の理論

STEP 1⇒ 　金銭消費貸借契約に基づく貸金返還請求が認められるためには、1（金銭消費貸借契約の成立）が必要である。その要件として、民法587条（「消費貸借」）の規定から、返還約束と金銭の授受とが必要となる。また、消費貸借契約や賃貸借契約のような貸借型の契約は、その性質上、貸主は一定期間その目的物の返還を請求できないという拘束を伴う関係であり、このような貸借型の契約の特質を考慮すると、貸借型の契約においては、契約関係が終了した時に初めて返還請求権が発生するものと考えるべきである。したがって、返還時期についての合意がある場合には、2（返還時期の合意）と3（返還時期の到来）も要件となる（77頁参照）。

　　　また、Yが主張している弁済によって貸金返還請求権は消滅するから、4（弁済がなされていないこと）も要件となる。弁済とは、明文はないが、債務の本旨に基づく履行がその債務のためになされることである。

STEP 2⇒ 　次に、1〜4の要件を証明責任に従って分配する。

　　　法律要件分類説に従うと、Xが証明責任を負う要件は1〜3で、4はYの側で証明責任を負う。

STEP 3⇒ 　以上を踏まえて、要件に該当する事実のレベルで考察する。要件1〜3に該当する事実は①〜③となる。また、要件4に該当する事実は、①’及び②’の2つの事実となる。

　　　このようなことを繰り返し学ぶことが、要件事実学習の中心である。

STEP 4⇒ 　訴状や判決書の記載にならって、事例における具体的事実を摘示している。要件事実学習の到達点といえる。司法試験予備試験でも、具体的事実のレベルで問われている。

第1章　基礎編

第2課　訴訟物と請求の趣旨

【本課のねらい】
　要件事実を考える前提として、ここでは訴訟物と請求の趣旨について学ぶ。
＜本課でマスター！＞
　・訴訟物の特定の仕方とその個数の数え方
　・請求の趣旨についての内容
　・訴訟物と請求の趣旨との対応関係

1　訴訟物
(1)　定義
　　訴訟の目的は、訴訟上の請求の内容である一定の権利又は法律関係の存否を確定することにある。そして、要件事実はその存否の判断をするために主張立証すべき事実をあらわすものであることから、要件事実の考察にあたっては、前提問題として、**訴訟物、すなわち、訴訟上の請求の内容である一定の権利又は法律関係の特定**が重要となる。
　　訴訟物は、**請求の趣旨及び請求の原因**（民訴134条2項2号、民訴規則53条1項）によって特定される。
　　訴訟物の理解については、新訴訟物理論と旧訴訟物理論との対立があるが、実務は後者に立つ。**旧訴訟物理論とは、訴訟物は実体法上の個別的・具体的な権利又は法律関係そのものとする考え方である。**この考え方によれば、訴訟物の特定・識別及びその個数は実体法の解釈によって導かれることになる。

(2)　訴訟物の特定
　　訴訟物の特定の仕方は、物権と債権で異なる。
　　物権は、①権利の主体及び相手方と②権利の内容によって特定される。これは、物権の絶対性及び排他性により、同一人に属する同一内容の物権は1個しか存在しないためである。
　　これに対し、**債権は、①権利義務の主体及び相手方、②給付の内容、③発生原因によって特定される。**これは、債権が相対的・非排他的権利であり、主体及び内容を同一とする権利が同時に複数成立することが可能であるため、権利の主体及び内容だけでは訴訟物を特定することができないからである。

29

第1部　要件事実／第1編　要件事実入門——要件事実の理論

(3) 訴訟物の個数

　訴訟物の個数は、旧訴訟物理論によれば、基本的には**実体法上の請求権の個数**を指す。契約に基づく場合には、契約の個数によって判断されることになる。また、物権的請求権の場合には、物権の個数及びその侵害の個数によって判断される。

　例えば、ＸＹ間で、Ｘ所有の甲土地及び乙建物をＹに 1000 万円で売り渡すという売買契約が締結され、ＸがＹに対して代金 1000 万円の支払を請求する場合、売買契約の個数は 1 個であるから、訴訟物の数は 1 個となり、訴訟物とその個数の記載は、以下のようになる。

売買契約に基づく代金支払請求権　　　1 個

　なお、**債権における訴訟物**は、①権利義務の主体及び相手方、②給付の内容、③発生原因によって特定されるが、他の訴訟物の誤認混同のおそれがない場合には、①を省略できる。

　また、例えば、Ｙが勝手にＸ所有の甲土地全体を廃棄物置場として使用しているので、ＸがＹに対して甲土地の明渡しを請求する場合、Ｘの甲土地の所有権が侵害され、その侵害の態様は、Ｙが甲土地全体を廃棄物置場として使用するというものであり、侵害の個数は 1 個であるから、訴訟物の個数は 1 個となり、訴訟物とその個数の記載は、以下のようになる。

所有権に基づく返還請求権としての土地明渡請求権　　　1 個

　物権における訴訟物は、①権利の主体及び相手方と②権利の内容によって特定される。もっとも、ここで問題となっている**物権的請求権**は、所有権そのものとは異なり、人に対する請求権であることから、他の訴訟物の誤認混同のおそれがない場合には、①を省略できる。

30

第1章　基礎編

【一部請求の場合】
① 一部請求の訴訟物

　判例は、1個の債権の数量的な一部についてのみ判決を求める旨を明示した場合、その部分のみが訴訟物になるとしている（最判昭37.8.10）。したがって、例えば、1000万円の売買代金支払請求権のうち900万円について一部弁済を受けた後、残額100万円の一部請求をした場合の訴訟物は、1000万円のうちの100万円の売買代金支払請求権となる。

② 一部弁済の事実の効果

　一部請求の訴訟物を上記のとおりに捉えた場合、一部請求である旨を明示すれば足り（実務上は「よって書き」において明示することになる）、訴訟物の特定のために900万円の一部弁済があったという事実を主張立証する必要はない。仮に主張したとしても、訴訟物の範囲外の事実であるから、原則として単なる事情にすぎず、判例・通説の立場からは先行自白も成立しないことになる。

2　請求の趣旨

　請求の趣旨とは、原告が裁判所に対して求める判決の内容ないし訴状におけるその表示部分をいう。基本的には、訴状において、請求の内容及び範囲を簡潔に記載する方法で明示される。実際上は、原告の請求を認容する判決の主文に対応した記載となる。請求の趣旨の内容は、①請求の内容たる法律関係及び②審判形式である。

　例えば、XがYに対して売買代金1000万円の支払を請求する場合の請求の趣旨は、以下のようになる。

被告は、原告に対し、1000万円を支払え。

　また、例えば、XがYに対して甲土地の明渡しを請求する場合の請求の趣旨は、以下のようになる。

被告は、原告に対し、甲土地を明け渡せ。

第1部　要件事実／第1編　要件事実入門——要件事実の理論

> **【よって書き】**
> 　よって書きとは、訴状において、請求原因事実の記載の後に、それらの事実から得られる法律上の主張を要約した記載であり、請求原因と請求の趣旨を結びつけるものである。法律上の主張であるため、認否の対象にはならない。
> 　よって書きは、これにより原告の請求の趣旨が明らかになるとともに、明示的一部請求をなす場合にはよって書きの中でその旨が明らかにされることから、実務上重要である。

3　訴訟物と請求の趣旨の関係

　訴訟物と請求の趣旨を考察するに際しては、訴訟物と請求の趣旨は必然的な対応関係に立つものではないことに注意しなければならない。

　第1に、**訴訟物は同じでも、求める裁判の内容が異なれば、請求の趣旨も変化する**。例えば、売買契約に基づく代金支払請求権という訴訟物について、全部認容判決を求める場合には、請求の趣旨は「被告は、原告に対し、○○万円を支払え。」となるのに対し、引換給付判決を求める場合には、請求の趣旨は「被告は、原告に対し、原告が被告に対して△△を引き渡すのと引換えに、○○万円を支払え。」となる。

　第2に、**請求の趣旨の表現は同じでも、訴訟物が異なる場合がある**。例えば、請求の趣旨が「被告は、原告に対し、甲土地を明け渡せ。」という表現である場合、訴訟物としては所有権に基づく土地明渡請求権であったり、売買契約に基づく土地明渡請求権であったりする。

　第3に、以上から、**訴訟物の個数と請求の趣旨の個数も必然的な対応関係に立つものではないことになる**。例えば、売買契約に基づく代金支払請求権という訴訟物について全部認容を主位的に、条件付認容を予備的に請求する場合、請求の趣旨は2個であるが、訴訟物は売買契約に基づく代金支払請求権1個である。また、「被告は、原告に対し、甲土地を明け渡せ。」という請求の趣旨1個に対し、所有権に基づく土地明渡請求権と売買契約に基づく土地明渡請求権という2個の訴訟物が存在する場合もあり得る。

32

第1章　基礎編

【第2課のサブ・ノート】

定義

　訴訟物　　　＝　訴訟上の請求の内容である一定の権利又は法律関係

　請求の趣旨　＝　原告が裁判所に対して求める判決の内容ないし訴状における
　　　　　　　　　その表示部分

訴訟物の特定

　物権の場合：①権利の主体及び相手方　②権利の内容

　債権の場合：①権利義務の主体及び相手方　②給付の内容　③発生原因

訴訟物の個数

　実体法上の請求権の個数（旧訴訟物理論（実務））

請求の趣旨の内容

　①請求の内容たる法律関係

　②審判形式

訴訟物と請求の趣旨の関係

　両者は必ずしも対応関係にあるわけではない。

第1部　要件事実／第1編　要件事実入門——要件事実の理論

第3課　要件事実の基礎知識

```
【本課のねらい】
　要件事実を学習するうえでの基礎知識を固める。
＜本課でマスター！＞
・要件事実の概念・機能・分類
・証明責任の分配についての基本的な内容
・原則要素・例外要素の考え方
・請求原因・抗弁・再抗弁の概念・機能
・必要最小限度の法則
```

1　要件事実概説

(1)　概要

　　要件事実とは、実体法に基づく一定の法律効果（≒権利）を発生させる要件に該当する具体的事実をいう。実体法は一定の法律要件を具備する場合に一定の法律効果を生じさせるという構造をとる。もっとも、訴訟において当事者は、法律要件ではなく具体的な事実を主張するので、一定の法律効果を主張するにあたっては、実際には要件事実を主張することになる。

(2)　要件事実の分類

　　実体法に基づく一定の法律効果は、発生、障害、消滅、阻止という法律効果の組合せによって最終的にその成否が判断される。そのため、要件事実も各法律効果に対応して、権利根拠事実、権利障害事実、権利消滅事実、権利阻止事実の4種類に分類するのが一般的である。

　　権利根拠事実とは、**権利の発生要件に該当する具体的事実**をいう。例えば、「売買契約に基づく代金支払請求権」という権利の権利根拠事実は、「当事者間における売買契約の締結（民法555条）」である。

　　権利障害事実とは、**権利根拠事実の存在を前提に、権利発生の障害となる具体的事実**をいう。例えば、上述の売買の例でみれば、「錯誤（民法95条）」は、「当事者間における売買契約の締結」という権利根拠事実の存在を前提に、その代金債権発生の障害となる具体的事実として、権利障害事実にあたる。

　　権利消滅事実とは、**権利根拠事実の存在を前提に、発生した権利を消滅させる具体的事実**をいう。例えば、上述の売買の例でみれば、「弁済（民法473条以

第1章 基礎編

下)」は、「当事者間における売買契約の締結」という権利根拠事実の存在を前提に、発生した代金債権を消滅させる具体的事実として、権利消滅事実にあたる。

権利阻止事実とは、**権利根拠事実の存在を前提に、発生した権利の行使を阻止する具体的事実**をいう。例えば、上述の売買の例でみれば、「同時履行の抗弁権の権利主張（民法533条）」は、「当事者間における売買契約の締結」という権利根拠事実の存在を前提に、発生した代金債権の行使を阻止する具体的事実として、権利阻止事実にあたる。

2 証明責任の分配
(1) 法律要件分類説

法律要件分類説によれば、証明責任の分配は、実体法の制度趣旨・構造の解釈と立証の難易及び当事者間の公平という各観点から決定される。具体的にみると、まず、権利の存在を主張する者は、権利根拠事実について証明責任を負う。これに対し、権利の存在を争う者が、権利の存在を覆滅するための権利障害事実、権利消滅事実ないし権利阻止事実について証明責任を負うことになる。もっとも、権利障害事実は証明責任の分配の帰結として分類されるものなので、何が権利障害事実にあたるかについては、証明責任の分配における実質的考慮要素に着目した判断が必要になる。実質的な考慮要素としては、例えば以下の表に記載したものが挙げられる。

【証明責任の分配における実質的考慮要素】

① 法規の立法趣旨
② 当該事実の性質上の可分・不可分
③ 一般法・特別法
④ 原則・例外
⑤ 包括・個別
⑥ 証拠の偏在
⑦ 知識能力の格差　　　　　　　　　　　　　……etc.

35

(2) 原則・例外要素

　証明責任分配の実質的考慮要素のうち、特に重要な原則・例外要素についてより詳しく紹介する。

　要件事実は、原則的なものと例外的なものに分類することが可能である。そして、一方の当事者によってある原則的な要件事実が証明された場合、それに対する例外的な要件事実はこれを主張しようとする相手方において証明責任を負うとするのが、当事者間の公平に資するものと考えられる。したがって、立証責任の分配を考える上では、ある要件事実が原則要素にあたるのか、それとも例外要素にあたるのかを検討することが重要になる。

　例えば、意思表示についてみると、内心の効果意思と表示意思は一致するのが原則である。したがって、その不一致の事実は例外要素に該当し、当該例外要素を要件事実とする錯誤等を主張する者が証明責任を負うことになる。

3　請求原因・抗弁・再抗弁

【請求原因・抗弁・再抗弁の位置づけ】

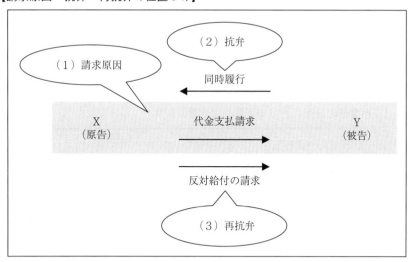

(1) 請求原因

　請求原因とは、要件事実のうち、原告が自己の請求たる法律効果を基礎づけるために主張立証すべきものをいう。また、**請求原因事実**とは、請求原因を構成する個々の要件事実をいう。

　請求原因を構成する請求原因事実の主張の要否や具体化の程度等は、被告の認否に対応して変化する。これは民事訴訟法における、自白、沈黙、否認、不知に関する理解がそのまま妥当する。被告の自白が成立した場合及び被告の沈黙がある場合（弁論の全趣旨に照らして争っていると認められる場合を除く。）には、当該請求原因事実に対する原告の主張立証が不要となる（証明不要効。民訴179条、159条1項）。これに対し、被告が請求原因事実について否認している場合又は不知を主張する場合には、原告は当該事実の主張立証を必要とする。もっとも、被告は、準備書面において否認する場合にはその理由を付す必要がある（理由付否認。民訴規則79条3項）。

(2) 抗弁

　抗弁とは、**請求原因と両立して、請求原因から発生する法律効果を障害、消滅、又は阻止するもの**をいう。抗弁については、被告が主張立証責任を負う。また、**抗弁事実**とは、**抗弁を構成する個々の要件事実**をいう。抗弁は、請求原因事実の存在を前提として、当該事実と両立する他の事実を主張する点で、請求原因事実の存在を否定する否認とは異なる。

　例えば、Xが、請求原因として、売買契約に基づく代金支払請求権の発生を基礎づける事実を主張したのに対し、Yが、民法533条に基づき、反対給付の履行がない限りXの請求に応じない旨を主張した場合を想定する。このとき、Yの主張は、請求原因たる代金支払請求権の存在を前提としたうえで、これと両立する事実である反対給付の不履行を主張してXの権利行使を阻止するものであるから、抗弁、具体的には同時履行の抗弁にあたる。

　抗弁は、上記のとおり請求原因事実の存在を前提とするため、被告が請求原因事実の存在を否認する場合には、それに続く抗弁の主張は請求原因事実の存在を仮定することになる。このように、**請求原因事実の存在を仮定して主張する抗弁を仮定的抗弁**と呼ぶ。後述の予備的主張との区別に注意が必要である。

(3) 再抗弁

さらに、**抗弁と両立し、抗弁から発生する法律効果を障害、消滅、又は阻止することによって、請求原因の法律効果を存続又は復活させるものを再抗弁**という。再抗弁については、原告が主張立証責任を負う。また、**再抗弁事実**とは、**再抗弁を構成する個々の要件事実**をいう。

例えば、前述したYの同時履行の抗弁に対し、Xが反対給付を履行した旨を主張した場合、当該事実は同時履行の抗弁権の抗弁事実と両立して同抗弁の法律効果を消滅させるものであって、これによりXの代金支払請求権の法律効果が復活するものであるから、再抗弁に位置づけられる。

以上のように、攻撃防御は請求原因、抗弁、再抗弁と系列別に区分けすることができ、さらに再々抗弁、再々々抗弁……と続いていく。

4 必要最小限度の法則

要件事実は、訴訟の終局的解決に向けた効率的な争点整理及び適正・迅速な審理の実現を目的とするため、**証明を必要とする具体的事実は必要かつ十分な程度に抑えることが求められる**。これを**必要最小限度の法則**と呼ぶ（ミニマムの原則とも呼ばれる）。

必要最小限度の法則に従えば、必要以上の事実の主張（過剰主張）は原則として禁止されることになる（**過剰主張禁止の原則**）。また、これとは逆に、必要最小限度の事実の主張すらなければ、自らの主張は無意味に帰するので、主張自体失当となる。必要かつ十分であるかは、法律効果を生じさせるに足りる事実の本質的要素は何かという視点に基づいて考察することになる（第2章発展編第1課参照）。

第1章　基礎編

【第3課のサブ・ノート】

要件事実の定義

要件事実 ＝ 実体法に基づく一定の法律効果（≒権利）を発生させる要件に該当する具体的事実

要件事実の分類

ア　権利根拠事実 ＝ 権利の発生要件に該当する具体的事実

イ　権利障害事実 ＝ 権利根拠事実の存在を前提に、権利発生の障害となる具体的事実

ウ　権利消滅事実 ＝ 権利根拠事実の存在を前提に、発生した権利を消滅させる具体的事実

エ　権利阻止事実 ＝ 権利根拠事実の存在を前提に、発生した権利の行使を阻止する具体的事実

証明責任の分配——法律要件分類説

証明責任の分配は、実体法の制度趣旨・構造の解釈と立証の難易及び当事者間の公平という各観点から決定される。

原則要素・例外要素

当事者間の公平の観点から、一方の当事者によってある原則的な要件事実が証明された場合、それに対する例外的な要件事実はこれを主張しようとする相手方において証明責任を負う。

請求原因

ア　請求原因 ＝ 要件事実のうち、原告が自己の請求たる法律効果を基礎づけるために主張立証すべきもの

イ　請求原因事実 ＝ 請求原因を構成する個々の要件事実

抗弁

ア　抗弁 ＝ 請求原因と両立して、請求原因から発生する法律効果を障害、消滅、又は阻止するもの

イ　抗弁事実 ＝ 抗弁を構成する個々の要件事実

再抗弁

ア　再抗弁 ＝ 抗弁と両立し、抗弁から発生する法律効果を障害、消滅、又は阻止する事実であって、請求原因の法律効果を存続又は復活させるもの

イ　再抗弁事実 ＝ 再抗弁を構成する個々の要件事実

→　ある要件事実が請求原因・抗弁・再抗弁等のいずれの攻撃防御方法に位置づけられるかは、法律要件分類説によって決せられる。

必要最小限度の法則

必要最小限度の法則 ＝ 効率的な争点整理及び適正かつ迅速な審理の実現のため、証明を必要とする具体的事実は必要かつ十分な程度に抑えなければならないという考え方

39

第1部 要件事実／第1編 要件事実入門──要件事実の理論

第4課 事実と評価

```
【本課のねらい】
　事実の主張とその評価は当事者と裁判所の間で役割分担がなされるもので
あるから、要件事実を理解するうえでは、両方の区別が重要な問題となる。
＜本課でマスター！＞
・事実と評価の区別という視点から法律要件を分類
・それぞれの法律要件の要件事実が何になるのかの判断
```

1 概要

　要件事実は、実体法に基づく一定の法律効果を発生させる要件に該当する具体的事実である。このように定義すると、要件事実は主要事実と同義となる。そして、事実の主張は当事者の権能及び責任（弁論主義）、事実の評価は裁判所の権能及び職責（自由心証主義）であることからすれば、要件事実の内容を把握するうえでは事実と評価の区別が重要な問題となる。

　事実と評価の区別について明確な基準があるわけではない。もっとも、要件事実の機能が民事訴訟の適正かつ簡易迅速な解決を図ることにあるとすれば、事実と評価の区別も同機能に資するものでなければならない。そこで、一般的には、**訴訟の各主体が共通イメージを抱くことができるか**が区別の基準とされる。すなわち、**ある事項が、当事者においては攻撃防御の対象として類型的かつ具体的に理解し得るものであって、裁判所においても評価・判断の基礎とし得るものは事実的概念**として、**それ以外の場合は評価的概念**として理解されることになる。そして、事実と評価の区別の基準を各主体による共通イメージの形成可能性に求めるならば、ある実体法上の法律要件が一義的に事実的概念であるか評価的概念であるかを区別することはできないのであり、個々の紛争ごとで使い分けられる場合があることに注意しなければならない。

40

【具体例：評価的概念たる「過失」】

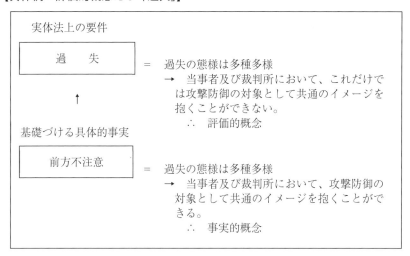

2 法律要件の分類

　実体法上の各法律要件は、事実と評価の区別基準に従い、事実的要件、規範的要件、及び価値的要件の3つに分類することができる。

(1) 事実的要件

　事実的要件とは、実体法上の法律要件そのものをもって当事者及び裁判所が攻撃防御の対象としての共通イメージを抱くことができる要件事実をいう。すなわち、実体法上の要件が事実的概念として記載されたものである。
　事実的要件の場合には、証明責任を負う者は、実体法上の要件そのものを要件事実として主張立証すれば足りる。

(2) 規範的要件

ア 概念

　規範的要件とは、実体法上の法律要件が評価的概念で記載されているために、当該要件それ自体からは当事者及び裁判所が攻撃防御の対象として共通のイメージを抱くことができず、その評価の成立を根拠づける具体的事実のレベルではじめて共通のイメージを抱くことができるものをいう。先に挙げた過失（民法709条等）や正当な理由（民法110条等）等がこれにあたる。

規範的要件における評価の成否は、**その成立を根拠づける具体的事実**である**評価根拠事実**と、その成立を妨げる具体的事実である**評価障害事実**を総合的に判断して、はじめて結論を求めることができる。

イ　評価根拠事実の位置づけ

訴訟法上の論点と関連して、規範的要件において評価的概念それ自体が要件事実（すなわち主要事実）なのか、それとも評価根拠事実が要件事実なのかが問題となる。この点に関し、実務及び多数説は評価根拠事実を要件事実と捉えている（**主要事実説**）。なぜなら、評価的概念そのものを要件事実と捉える間接事実説をとると、裁判所は当事者が主張した具体的事実と異なる事実を理由に判断することができてしまい、弁論主義における不意打ち防止の要請に反することになるからである。

【イメージ図：間接事実説の問題点】

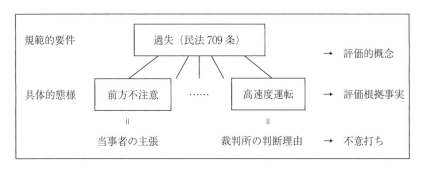

したがって、規範的要件に基づく法律効果の発生を主張する者は、その要件の評価根拠事実を要件事実として立証活動を行う必要がある。また、その評価根拠事実が弁論に顕出されている場合であっても、主要事実説からは、当事者による主張がない限り裁判所は当該事実を認定することができないので、裁判所は評価に先立って釈明権を適宜行使する必要がある。

第 1 章　基礎編

ウ　評価障害事実の位置づけ

　　主要事実説の立場からは、評価障害事実も要件事実に位置づけられること
になる。そして、評価障害事実は、評価根拠事実と両立し得るものであり、か
つ、評価根拠事実によって基礎づけられた規範的要件の成立による法律効果
を覆滅させるものであるので、評価障害事実は評価根拠事実との関係で抗弁
に位置づけることができる（**抗弁説（通説）**）。

　　したがって、評価障害事実は、規範的要件の成立を争う者が証明責任を負う
ことになる。

エ　規範的要件の判断方法

　　上記のとおり、規範的要件が総合判断であるとはいっても、まずは評価根拠
事実によって当該規範的評価が成立することが前提となる。主張された評価
根拠事実だけでは当該評価が成立しない場合には、相手方が評価障害事実を
主張するまでもなく、主張自体失当となる。

　　規範的要件を摘示する場合には、次の点に注意すべきである。

　　　(ｱ)　評価根拠事実・評価障害事実はいずれも、法的な評価ではなく、
　　　　具体的事実を摘示すべきであること

　　　(ｲ)　評価障害事実は、評価根拠事実と両立する事実を摘示すべきであ
　　　　ること

　　　(ｳ)　その具体的事実がいつの時点で存在したのかという、時的要素に
　　　　気を付けること

　　　(ｴ)　摘示する際には、必要最小限の事実に限定する必要はないこと

(3)　価値的要件

　　価値的要件とは、**実体法上の法律要件が事実的概念をもって記載されてはい
るが、当該事実が抽象的であるがゆえに、当事者間でその存否について争いが
ある場合には、事実の具体化を図るため、実体法上の法律要件より具体的な事
実の主張立証が必要とされるものをいう。**すなわち、実体法上の法律要件のう
ち、当事者間に争いのない場合には事実的概念として把握し、当事者間に争い
のある場合には評価的概念として把握すべきものがこれにあたる。

　　例えば、民法 97 条 1 項にいう「到達」の場合、当事者間で「到達」にあたる
こと自体に争いがないときは、これを事実的概念として扱っても差し支えない。
なぜなら、当事者間に争いがない場合にも、「到達」を規範的要件として当事者
相互に評価根拠事実又は評価障害事実を証明させることは、当該紛争の適正か

43

第1部　要件事実／第1編　要件事実入門——要件事実の理論

つ簡易迅速な解決を阻害することになるからである。これに対し、当事者間で「到達」にあたることについて争いがある場合には、これを評価的概念として扱った上で、その評価の成否を基礎づける具体的事実を当事者に証明させる方が、当該紛争の適正かつ簡易迅速な解決に資することになる。したがって、「到達」は価値的要件に位置づけることができる。

価値的要件として争いのないもの	価値的要件として争いのあるもの
・要素（平成 29 年改正前民法 95 条） ・意思表示の到達（民法 97 条） ・弁済の提供（民法 493 条）	・引渡し（民法 178 条） ・所持（民法 180 条） ・占有（民法 186 条） ※これらの要件を規範的要件と捉える見 　解もある。

3　黙示の意思表示

　黙示の意思表示の要件事実に関する理解においては、複雑な問題が生じる。

　明示の意思表示と黙示の意思表示は、事実の明確性についての程度問題にすぎないため、実体法上の取扱いに差異があるものではない。しかし、黙示の意思表示の場合には、いかなる具体的事実をもって黙示の意思表示があったのかを明らかにしなければ、当事者及び裁判所において共通のイメージをもつことができない。したがって、黙示の意思表示の場合には、その成立を基礎づける具体的事実を要件事実とすべきものとされている（通説）。

　もっとも、黙示の意思表示は、規範的要件とは異なり、黙示の意思表示の存在を基礎づける具体的事実とその妨げとなる具体的事実の総合判断を経なければ結論を導き得ないものではない。すなわち、前者の具体的事実のみが要件事実となることから、規範的要件における評価根拠事実と区別するため、**基礎づけ事実**と表現している。

　以上をまとめると、黙示の意思表示は、①黙示の意思表示それ自体を要件事実と捉えることができない点で、一般的な事実的要件・価値的要件とは異なり、また、②基礎づけ事実のみが要件事実となる点で、評価根拠事実と評価障害事実の総合判断を必要とする規範的要件とは異なる独自の意味をもつものと評価される。

第 1 章　基礎編

【第 4 課のサブ・ノート】

事実と評価の区別基準
　訴訟の各主体がある事項について共通のイメージを抱くことができるか
法律要件の分類
　ア　事実的要件　＝　実体法上の法律要件そのものをもって当事者及び裁判所
　　　　　　　　　　　が攻撃防御の対象としての共通イメージを抱くことが
　　　　　　　　　　　できる要件事実
　　　　　　　　　　→実体法上の法律要件そのものが要件事実
　イ　規範的要件　＝　実体法上の法律要件が評価的概念で記載されているため
　　　　　　　　　　に、当該要件それ自体からは当事者及び裁判所が攻撃防
　　　　　　　　　　御の対象として共通のイメージを抱くことができないも
　　　　　　　　　　の
　　　　　　　　　　→評価根拠事実が要件事実
　　　　　　　　　　　（評価障害事実は抗弁事実）
　ウ　価値的要件　＝　実体法上の法律要件が事実的概念をもって記載されては
　　　　　　　　　　いるが、当該事実が抽象的であるがゆえに、当事者間で
　　　　　　　　　　その存否について争いがある場合には、事実の具体化を
　　　　　　　　　　図るため、実体法上の法律要件より具体的な事実の主張
　　　　　　　　　　立証が必要とされるもの
　　　　　　　　　　　　→争いがない場合は法律要件が要件事実
　　　　　　　　　　　　　争いがある場合は評価的概念として評価根拠事実が
　　　　　　　　　　　　　要件事実
黙示の意思表示における「基礎づけ事実」
　評価的概念でありながら、評価根拠事実のみが要件事実となり、評価障害事実
等はこれにあたらないもの

45

第1部　要件事実／第1編　要件事実入門──要件事実の理論

第5課　要件事実の時的要素

【本課のねらい】
　　時的関係は、それ自体が要件事実を構成する要素になる場合と、そうでな
い場合があるが、いずれにしても要件事実を考察するにあたって重要な要素
となる。
＜本課でマスター！＞
　・時的関係が要件事実を構成する要素になるか否かの区別
　・到来と経過の概念
　・現ともとの概念

1　概要

　時的関係（事実相互の時間的な先後関係）は、それ自体がある法律効果の発生
を根拠づけるために必要な具体的事実となる場合がある。例えば、売買契約に基
づく代金支払請求に対し、被告が催告による解除の抗弁を提出した場合に、原告
としてはさらに反対債務の履行ないし履行不能の再抗弁を提出することが考え
られる。そして、実体法上の解釈としては、反対債務の履行や履行不能の各事実
は、相手方による解除の意思表示よりも先に存在しなければ、解除の法律効果を
覆滅させることはできない。そのため、上記各再抗弁においては、「解除に先立つ」
という時的関係が要件事実を構成する要素として必要になる。また、悪意や過失
といった主観的要件や占有の開始時点のように、心理状態ないし事実状態の認定
時点が問題になる場合にも、時的関係が要件事実を構成する要素として必要にな
る。

　このように、**時的関係それ自体が要件事実を構成する要素**となる場合に、当該
時的関係は**時的要素**と呼ばれ、**これにあたらない時的関係である時的因子**とは区
別される。時的要素は、それ自体が要件事実となる。これに対し、時的因子にお
いても、要件事実ではないとして不要となるものではなく、ある要件事実の特定
性を高めるための事実として機能する。要件事実の特定のために時的因子を主張
すると、要件事実相互間の先後関係がおのずから明らかとなり、時的要素の有無
も明らかになる。

46

第1章　基礎編

2　期限に関する時的要素の種類──到来と経過

　法律要件として期限が問題となる場合の時的要素の種類としては、到来と経過がある。

　到来とは、ある法律効果が発生するためには一定の日時に至ることを必要とする場合において、当該日時に至ったことをいい、「到来した」と表現する。例えば、金銭消費貸借契約に基づく貸金の返還を請求する場合、その債務の履行期について特定の履行期日（支払日）とする旨の合意があるときには、「支払日が到来した」ことが請求原因たる時的要素となる。

　これに対し、**経過**とは、ある法律効果が発生するためには一定の日時が過ぎることを必要とする場合において、当該日時が過ぎたことをいい、「経過した」と表現する。例えば、代金支払債務の履行遅滞に基づく損害賠償請求権が訴訟物となる場合において、民法412条1項は、確定期限の「到来した時」を発生要件とするが、同項の解釈として履行期日当日に代金債務を履行すれば遅滞責任を免れるものと解されていることからすれば、「支払日が経過した」ことが時的要素となる。

【経過と徒過】

　注意すべき概念に徒過がある。徒過は、期限を過ぎたという経過の意味に加え、徒（いたずら）にという不履行の事実を含むため、上記した履行遅滞責任を例にすれば、債務者の債務不履行についての証明を含むことになる。しかし、履行遅滞責任に基づく損害賠償請求権の権利消滅事実たる履行の提供は、債務者において証明すべきものとされていることからすれば（122頁参照）、徒過という表現を用いることは、証明責任の分配を示す上で混乱を生じさせることになり、適切ではない。このように、経過と徒過では意味が異なるので、それぞれを混同しないように注意されたい。

3　事実状態の時的要素──現ともと

　時的要素は、基本的にはその認定時（事実審の口頭弁論終結時）における具体的事実の内容を示すためのものである。もっとも、訴訟上の立証技術としては、認定時に近接した過去の時点における同一事実状態を立証することで、認定時における事実状態の存在を推認させる事実上の推定の方法が用いられることがある。

47

また、権利については権利関係不変の公理が働く。**権利関係不変の公理**とは、**一方当事者が権利根拠事実の証明に成功すれば、相手方が権利障害事実、権利消滅事実ないし権利阻止事実の証明に成功しない限り、当該権利の存在が認定されること**をいう。この公理に基づけば、当該権利の発生原因事実は、相手方がその法律効果を覆滅させる具体的事実の存在を証明しない限り、過去の時点を基準に証明することでも足りることになる。

　さらに、権利自白という概念がある。**権利自白とは、相手方の主張する権利や法律関係についての自白**をいう。所有権の立証のために、原始取得時から現在に至るまでのすべての所有権移転関係を証明することは非常に困難である。そこで、現在若しくは過去の一定時点についての所有権の帰属について争いがなければ、権利自白の効果によって、その時点以前についての所有権取得原因について主張立証する必要はなくなる。

　このように、事実状態の時的要素には、認定時の事実状態を示すものと、認定時よりも過去の時点の事実状態を示すものとがあり、前者を現と表現し、後者をもとと表現する。

【イメージ図：所有権の場合】

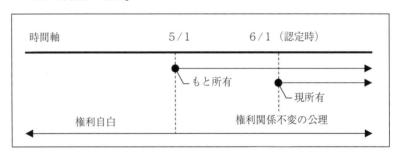

　例えば、ＸのＹに対する所有権に基づく甲機械の引渡請求訴訟において、令和２年６月１日におけるＸの甲機械の所有権の有無が争点となっている場合を想定する。この場合、理論的には、Ｘは、甲機械の製造時点から現在に至るまでのすべての帰属関係を証明することが必要となるが、それは非常に困難である。そこで、ＸＹ間で、同年５月１日にＡが甲機械を所有していたことに争いがない場合には、「Ａもと所有」の事実を認定し、権利自白の効果によって、同年５月１日より過去の所有権帰属関係の証明は不要と解するべきである。そして、権利関係不変の公理により、Ｘは、その後（ただし同年６月１日以前）のＡからの甲機械

所有権の取得原因事実を証明することに成功すれば、Yが権利障害事実、権利消滅事実ないし権利阻止事実の証明に成功しない限り、Xの同年6月1日における所有権の存在が推定される。

4 事実状態としての占有と時的要素

時的要素が特に争点となる場合として、物権的請求権の発生要件の1つである妨害状態がある。

通説である現占有説は、相手方による妨害状態は、事実審の口頭弁論終結時における相手方の物の占有であり、相手方がその時点で占有をしていないことはその占有の否認であると捉える考え方である。この見解は、現時点での占有が必要であると考える。これは、妨害状態の存在という要件事実の時的要素は事実審の口頭弁論終結時であるとするものであり、物権的請求権における上記の実体法的認識に合致する。

これに対し、**もと占有説は、相手方による妨害状態は、相手方の占有開始時あるいは過去の一時点における物の占有で足り、その後の相手方の占有の喪失を抗弁事実と捉える考え方である。**この見解は、物権的請求権も一般の権利と同様、過去の時点における権利根拠事実の証明をすれば足りるものと考える。しかし、権利という観念的概念とは異なり、占有は事実状態であることから、権利関係不変の公理は及ばず、必ずしも過去の一定時点における占有の存在をもって認定時のそれまで証明されるものではない。これは、民法186条2項が異なる2つの時点における占有の事実の認定があってはじめてその間の占有継続を推定するものと規定していることからも明らかである。そして、物権的請求権は、妨害状態が存在する限り当該物権から不断に発生するものであるとの実体法的認識を併せ考慮すれば、過去の一定時点の占有をもって物権的請求権の要件事実とするのは実体法の解釈に適合しないことになる。

49

第1部　要件事実／第1編　要件事実入門——要件事実の理論

【第5課のサブ・ノート】

要件事実と時的関係

時的要素　＝　それ自体が要件事実を構成する要素となる場合の時的関係

時的因子　＝　要件事実を構成するものではないが、事実の特定・具体化に必要となる時的関係

到来と経過

到来　＝　ある法律効果が発生するためには一定の日時に至ることを必要とする場合において、当該日時に至ったこと

経過　＝　ある法律効果が発生するためには一定の日時が過ぎることを必要とする場合において、当該日時が過ぎたこと

証明の基準となる時点の決定

権利関係不変の公理　⇒　権利の発生原因事実は、相手方がその法律効果を覆減させる具体的事実の存在を証明しない限り、過去の時点を基準に証明することで足りる

権利自白　⇒　現在若しくは過去の一定時点についての所有権の帰属について争いがなければ、その時点以前についての所有権取得原因について主張立証する必要がなくなる

事実状態と時的要素

現　＝　事実審の口頭弁論終結時（認定時）の事実状態

もと　＝　過去のある時点の事実状態

占有と時的要素

もと占有説　＝　相手方による妨害状態は、相手方の占有開始時あるいは過去の一時点における物の占有で足り、その後の相手方の占有の喪失を抗弁事実と捉える考え方

現占有説　＝　相手方による妨害状態は、事実審の口頭弁論終結時における相手方の物の占有であり、相手方がその時点で占有をしていないことはその占有の否認であると捉える考え方

第2章　発展編

第2章　発展編

第1課　必要かつ十分な事実の摘示

【本課のねらい】
　要件事実では必要かつ十分な事実の摘示が何であるかを考察する必要がある。
　要件事実として必要かつ十分な事実であるかを判断するにあたっては、ある要件事実をそれ自体として特定できる内容をもち、かつ、他の要件事実と識別することができるかが重要になる。その際には、事実の本質的要素の考察方法と事実の特定性・具体性の考察方法について理解することが役に立つ。
＜本課でマスター！＞
　・事実の本質的要素の考察方法
　・事実の特定性・具体性の考察方法

1　事実の本質的要素

(1)　法律面からみる事実の本質的要素

　必要最小限度の法則を前提に、ある法律効果の発生を根拠づける本質的事実は何かを検討するに際して、実務では民法の第3編第2章第2節ないし第14節の各冒頭にある規定を基準とする、いわゆる冒頭規定説を採用している。
　以下では、冒頭規定説について紹介する。

ア　契約の成立要件──法規説と合意説

　要件事実は法的根拠に基づくものなので、まずは法律面からその本質的要素を考察することになる。ここで、ある法律効果の発生根拠は何かという問題については、法規説と合意説の対立がある。
　法規説とは、ある法律効果の発生根拠は法律にあり、契約の拘束力の根拠も法律に求められるものと捉える考え方であり、実務及び通説のとる見解である。この見解からは、法律は法律効果及びその発生要件を規定しており、その

51

第1部　要件事実／第1編　要件事実入門——要件事実の理論

発生要件をすべて満たすことによってはじめて当該効果が生じるものと捉えることになる。したがって、契約の本質的要素は何かを検討する際には、実体法規の条文構造や趣旨解釈等が重要な位置を占める。

　これに対し、**合意説**とは、**ある法律効果の発生根拠は当事者間の合意に求められ、契約の拘束力の根拠は自己責任の原則に求められるものと捉える考え方**である。この見解からは、ある法律効果の発生を主張する場合には、当事者間の合意がある事実を証明すれば足りることになる。

　実務は法規説を採用している。これは、実体法規が成文法として規定されていることを根拠とするものであり、実体法規の裁判規範性を重視するからである（このように実務が実体法規の裁判規範性を重視することに対しては、批判的な見解もある）。

イ　契約に基づく請求権の要件事実——冒頭規定説と返還約束説

　次に、ある法律効果の発生根拠に関する見解の対立は、さらに契約に基づく請求権の要件事実という具体的な場面にまで派生する。

　契約の成立要件について法規説の立場に立った場合、**契約に基づく請求権の要件事実が何であるかは、実体法規が定める成立要件を検討することによって求められる**。そして、民法は、第3編第2章第2節ないし第14節の冒頭にある規定でもって13種類の典型契約の発生要件を規定していることから、この冒頭規定の成立要件の検討が中心となる。このように考える立場を**冒頭規定説**と呼ぶ。

　これに対し、合意説の立場に立った場合、返還約束説が契約に基づく請求権の要件事実に関する基準論として最有力である。**返還約束説**とは、**契約に基づく請求権は当事者間の合意それ自体によって直接に生じるものであるから、その権利発生を基礎づける具体的事実が要件事実になると捉える考え方**である。この見解に対しては、実体法上の権利ごとに訴訟物を捉える旧訴訟物理論の立場と整合的でないという批判がある。

　冒頭規定説に立った場合には、非典型契約の要件事実をいかに判断すべきかという問題が生じるが、この場合には、典型契約に関する実体法規を手がかりにして、各種の非典型契約の本質的要素は何であるかを考察していくことになる。

第2章　発展編

ウ　法規と同一内容の合意の取扱い

当事者間において法規の定める規定と同一内容の合意がある場合に、合意成立の主張が要件事実にあたるかが問題となる。

冒頭規定説に従えば、強行法規であれば当然のこと、任意法規の場合でもその定めさえあれば法律効果の発生が認められるため、任意法規と同一内容の合意成立の主張は過剰主張（本章第2課参照）となる。もっとも、一般法と特別法の相違に注意する必要がある。例えば、当事者間の合意成立の主張が、一般法の任意法規と同一内容をなすものであっても、特別法の定めとは異なる内容となるものであれば、特別法の適用を排除するという独自の機能をもつからである（もっとも、この場合も、一般法の任意法規の適用ないし特別法の不適用から法律効果が発生するものと捉えられることになる）。

したがって、冒頭規定説からは、任意規定と同一内容の合意が成立した旨の主張は、これによる法律効果の発生を証明するための要件事実にあたらないことになる。

エ　小括

以上をまとめると、冒頭規定説からは、民法上の請求権に関する要件事実の本質的要素を検討する際には、まず、民法の第3編第2章第2節ないし第14節の各冒頭にある規定から成立要件を抽出することになる。

(2)　事実面からみる事実の本質的要素
ア　必要最小限の事実の検討方法

要件事実の本質的要素は、必要最小限度の法則に従い、当該法律効果を発生させるための事実として、①**ある要件事実それ自体が特定でき**、かつ、②**他の要件事実と識別できる**ものであるかをもって判断される。これが、事実の特定性・具体性の問題である。

必要最小限の事実の検討は、次の2つの作業を経て行う。

第1に、**ある社会的事実をその性質上限界にいたるまで細分していく作業**が必要となる。この事実をスマートにする作業における社会的事実の細分可能性は、社会的事実の可分・不可分とも表現される。

第2に、**細分化された最小単位の事実が社会的意味をもつよう、1個のまとまりとしていく作業**が必要となる。このように社会的事実が意味をなすために必要となるまとまりであることは社会的実在としての不可分とも表現される。

53

第1部　要件事実／第1編　要件事実入門——要件事実の理論

イ　六何の原則

上述した社会的事実の細分・再構築の作業を行うに際しては、六何の原則が役に立つ。六何の原則とは、誰が、誰に対し、いつ、どこで、何を、どのようにしたのか、という6つの「何」を示す事実によって**社会的意味のある事実のまとまりを構築する基本原則**をいう。この原則に従えば、社会的事実の細分の作業は、1つの「何」を特定することを目的とし、社会的事実の再構築の作業は、社会的意味をもつ「何」のまとまりを探究することを目的とする。

六何の原則に基づいて売買契約に基づく代金支払請求権の要件事実である「売買契約の締結」をあらわすと、以下のとおりになる（もっとも、日時は請求を特定するための時的因子にすぎず、要件事実そのものではない）。

【売買契約に基づく代金支払請求権の場合（六何の原則）】

社会的実在　⇒	「Xは、Yに対し、令和2年4月1日、				
		T市で甲土地を1000万円で売った。」			
社会的実在 ~~細分化した事実~~　⇒	Xは、	Yに対し、	令和2年 4月1日、	T市で	甲土地を	1000万円で 売った。
	‖	‖	‖	‖	‖	‖
	（誰が）	（誰に対し）	（いつ）	（どこで）	（何を）	（どのように したか）

2　事実の特定性と具体性

(1)　概要

では、もう少し第2の社会的事実の再構築の作業について、弁済の抗弁の要件事実を題材に説明していく。

例えば、「Xは、Yに対し、10万円を支払った。」という事実だけでは、XがYに対して10万円を複数回支払ったことがある場合には、いずれの行為を指すのかを特定することができない。そのため、この場合には、「Xは、Yに対し、令和2年6月1日、10万円を支払った。」というように、時的因子（46頁参照）を加える等の方法で主張すべき事実を特定する必要がある。また、このままでは贈与契約に基づく支払なのか、売買契約に基づく弁済としての支払なのか、それとも不法行為に基づく損害賠償債務の弁済としての支払なのかが明確ではない。そのため、「Xは、Yに対し、令和2年6月1日、請求原因①の売買契約

第2章　発展編

に基づき 10 万円を支払った。」というように、支払の原因関係を示すことで事実を具体的にする必要がある。このような特定及び具体化の作業を経ることではじめて、この要件事実が弁済の抗弁の抗弁事実として機能することになる。なお、事実の特定・具体化の作業は、他の要件事実との識別性を高めるための作業にも位置づけられる。

(2)　判断基準

　事実の特定性及び具体性の基準を検討するにあたっては、必要最小限度の法則という相反する要請との調整が必要になる。そして、要件事実それ自体が個々の紛争ごとに定まるという流動性を有することからすれば、特定性及び具体性の基準も一義的に設定できるものではないため、諸般の事情を総合的に考慮して判断することになる。

　考慮要素としては、例えば以下のようなものが挙げられる。

【事実の具体性・特定性の考慮要素】

> ① 同一訴訟における同種同様の事実の混在の有無・程度
> ② 要件事実の特定・具体化の困難性の程度
> 　── 社会的事実の多様性
> 　── 当事者における立証手段の保有の程度
> ③ 当事者の利益・不利益の均衡
> 　── 立証責任を負う者の立証の難易性
> 　── 事実の抽象化等によって相手方が被る不利益（不意打ち）の
> 　　　有無・程度
> ④ 裁判所による事実認定及び法適用の正確性の担保　　　……etc.

55

第1部　要件事実／第1編　要件事実入門──要件事実の理論

【第1課のサブ・ノート】

法律面からみる事実の本質的要素
　ア　法規説　　　＝　権利発生の根拠は法律であり、契約の拘束力の根拠も法
　　　　　　　　　　　律に求められると捉える考え方
　イ　冒頭規定説　＝　法規説を前提に、契約に基づく請求権の要件事実は典型
　　　　　　　　　　　契約に関する民法第3編第2章第2節ないし第14節の
　　　　　　　　　　　冒頭にある規定から導かれるものと捉える考え方

事実の本質的要素の事実面からの考察
　ア　社会的事実の可分・不可分
　　＝　ある社会的事実がその性質上さらに細分することができるか否かの
　　　　視点
　イ　社会的実在としての可分・不可分
　　＝　複数の社会的事実が意味をなすためにまとまりを構成するか否かの
　　　　視点
　　→　要件事実それ自体を特定し、他の法律効果を発生させる要件事実と識別
　　　するために役立つ

事実の特定性と具体性
　ある要件事実が、それ自体として特定され、かつ、他の要件事実との識別性を
有するためには、事実の特定・具体化の作業が必要になるが、その基準は一義的
に設定できるものではなく、諸般の事情を総合考慮して判断することになる。

第2章　発展編

第2課　過剰主張と過小主張

> 【本課のねらい】
> 　ここでは、必要最小限度の法則から導かれる過剰主張の禁止と過小主張た
> る主張自体失当について考察する。
> ＜本課でマスター！＞
> ・過剰主張の禁止（主として「a＋b」の理論）
> ・過小主張たる主張自体失当

1　概説

　過剰主張とは、広義の意味としては、訴訟法上、要件事実として機能しない事
実の主張を指す。そのうち、実体法上も、訴訟法上も、攻撃防御方法として機能
しない事実の主張が、狭義の意味での過剰主張である。これに対し、実体法上は
攻撃防御方法としての機能を有するが、訴訟法上は、他の攻撃防御方法との関係
で無意味となる事実の主張を「a＋b」の関係にある攻撃防御方法と呼ぶ。

2　「a＋b」の理論

(1)　概要

　攻撃防御方法Aがaという要件事実によって、他方、攻撃防御方法Bがa及
びbという要件事実によってそれぞれ構成されている場合であって、攻撃防御
方法Aと攻撃防御方法Bのもつ訴訟上の機能（以下、甲機能という。）が同一で
あるとき、a事実が証明されれば攻撃防御方法Aが成立して甲機能が実現され
ることになるから、a事実に加えてb事実をも証明することで攻撃防御方法B
まで成立させる必要はない。他方、a事実が立証できなかった場合、攻撃防御
方法Aの成立によって甲機能が実現されることはないが、そのような場合は、
a事実を要件事実の1つとする攻撃防御方法Bも成立しないので、攻撃防御方
法Bの成立によって甲機能が実現される、ということはない。

　以上をまとめると、甲機能を実現させるためには、a事実を主張して攻撃防
御方法Aを成立させるだけで必要かつ十分であり、a事実及びb事実の主張を
要する攻撃防御方法Bを成立させる必要はない。そのため、過剰主張禁止の原
則に従えば、b事実の主張をも要する攻撃防御方法Bの主張は禁止されること

57

になる。

　このように、ある攻撃防御方法Bの要件事実が他の攻撃防御方法Aの要件事実をすべて包含する関係に立つため、過剰主張禁止の原則に基づき攻撃防御方法Bの主張を制限する考え方を「a＋b」の理論という。表現方法としては、「攻撃防御方法Bは、攻撃防御方法Aとa＋bの関係に立つ」とあらわす。

【「a＋b」の理論】

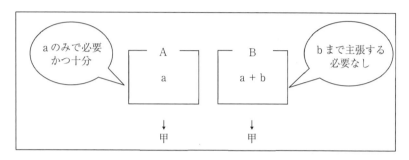

　上記の説明では「a＋b」の理論についてイメージしづらいかと思うので、以下では【例題】を用いてあらためて紹介する。

【例題】

1　Xは、Yに対し、土地所有権に基づく甲土地の明渡しを求める訴訟を提起した。これに対し、Yは、XはAに甲土地を売却し、自分はAから同土地を買い受けたと主張している。この場合に、Yは、XA間の売買契約締結の事実に加えて、AY間の売買契約締結の事実を証明する必要はあるか。

2　Xは、Yに対し、売買契約に基づく代金の支払を求める訴訟を提起した。これに対し、Yは、代金債務の弁済期から5年が経過し、消滅時効が成立したと主張した。

　それに対し、Xは、（ⅰ）Yが消滅時効の完成後に支払の猶予を申し入れたことによる時効利益の放棄の再抗弁及び（ⅱ）時効援用権喪失の再抗弁を提出することを考えている。

例題-1については、以下のようになる。

【例題-1】の解説図

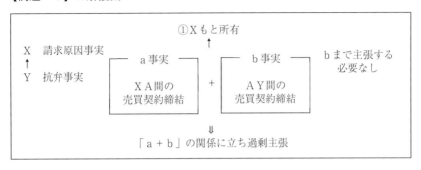

　Yが、ＸＡ間の売買契約締結の事実（ａ事実）に加えて、ＡＹ間の売買契約締結の事実（ｂ事実）を主張すれば、これらの事実（ａ事実＋ｂ事実）はＹの甲土地所有権に基づく占有権原の抗弁として機能する（正確にはＡＹ間の売買に基づく甲土地の引渡し等の事実の主張も必要であるが）とも思える。しかし、ａ事実があれば、甲土地の所有権はＸからＡに移転し、その結果Ｘは甲土地の所有権を喪失し、Ｘの物権的返還請求権は発生しないことになる（＝所有権喪失の抗弁）から、抗弁としてはａ事実だけで必要かつ十分であり、ａ事実に加えてｂ事実を主張することは、訴訟上無意味な攻撃防御方法の主張であるといえる。したがって、Ｙの甲土地所有権に基づく占有権原の抗弁の主張は、過剰主張禁止の原則により認められない。

次に、例題－2については、以下のようになる。

【例題－2】の解説図

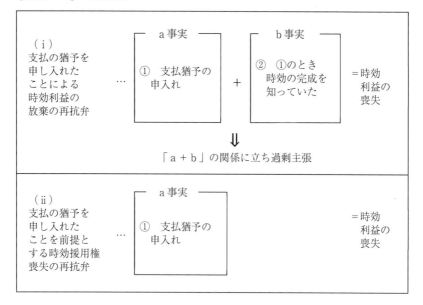

（ⅰ）の抗弁は（ⅱ）の抗弁との関係でa＋bの関係に立ち、過剰主張となる。したがって、（ⅰ）の抗弁を主張することは原則として認められない。

(2) 「a＋b」の例外

以上で説明した「a＋b」の理論も、攻撃防御方法Aが主位的主張、攻撃防御方法Bが予備的主張の関係に立つ場合には適用されない（詳しくは本章第3課参照）。

3 主張自体失当

主張自体失当とは、攻撃防御方法Aの要件事実として主張された事実が立証されたとしても、攻撃防御方法Aがそれを主張した者の企図する訴訟上の機能を果たさない場合に使用される用語である。主張自体失当となる場面としては、典型的には（ⅰ）同機能を成立させるために必要かつ十分な要件事実が主張されていない場合、（ⅱ）せり上がりがあるために必要となる要件事実が主張されていない

場合、さらには（ⅲ）ある事実が請求原因としてだけでなく、再抗弁の要件事実としても機能するため、抗弁の主張自体が企図した訴訟上の機能を果たさない場合が挙げられる。

（ⅰ）攻撃防御方法の機能を成立させるために必要かつ十分な要件事実が主張されていない場合とは、攻撃防御方法Ａを成立させるために必要かつ十分な要件事実がａｂｃの事実であるにもかかわらず、ａｂの事実しか主張していないような場合である。このように攻撃防御方法Ａが成立することがないにもかかわらずａｂの事実について証拠調べに基づく事実認定を行う実益はない。そのため、攻撃防御方法Ａの主張自体が失当となる。このような事態は、単に当事者が主張を失念した場合だけでなく、実体法規の法律解釈の相違により生じる場合もある。

（ⅱ）せり上がりがあるために必要となる要件事実が主張されていない場合とは、例えば、売買代金債務の履行遅滞に基づく損害賠償を請求するに際し、反対債務の先履行の事実を主張しないような場合を指す。

（ⅲ）ある事実が請求原因としてだけでなく、再抗弁の要件事実として機能するため、抗弁の主張自体が企図した訴訟上の機能を果たさない場合とは、例えば、せり上がりの具体例（64頁参照）でみれば、「基づく引渡し」という反対債務の履行の再抗弁の要件事実が請求原因事実として証明されているため、同時履行の抗弁の主張が失当となるような場合を指す。

【第２課のサブ・ノート】
過剰主張禁止の原則　＝　必要最小限度の法則に基づき必要以上の事実の主張は禁止されること
過剰主張の禁止（「ａ＋ｂ」の理論）
　ある攻撃防御方法Ｂの要件事実が他の攻撃防御方法Ａの要件事実をすべて包含する関係に立つため、過剰主張禁止の原則に基づき攻撃防御方法Ｂの主張を制限する考え方をいう。
　※ただし、予備的主張（64頁参照）は例外
主張自体失当
　攻撃防御方法Ａの要件事実として主張された事実が立証されたとしても、必要かつ十分な事実が摘示されていないなどのために、攻撃防御方法Ａがそれを主張した者の企図する訴訟上の機能を果たさない場合をいう。
　→要件事実を考察する際には、過剰主張や過小主張にあたらないように整理する。

61

第1部 要件事実／第1編 要件事実入門──要件事実の理論

第3課　要件事実の体系

> 【本課のねらい】
> 　要件事実においては、主として裁判所による訴訟指揮・審理の順序といった場面を検討するうえで、当事者の主張が請求原因・抗弁・再抗弁といった主張の系列のいずれに位置づけられるのかが重要な問題となる。
> ＜本課でマスター！＞
> ・要件事実の体系に関する基本事項
> ・特殊概念としてのせり上がりと予備的主張

1　要件事実の体系

　訴訟審理の順序等を検討する上で、実体法上の法律効果をどのように組み合わせるのかといった攻撃防御方法の体系的理解が重要になる。請求原因・抗弁・再抗弁等（39頁参照）の分類も攻撃防御方法の体系的理解の1つであり、かつ、攻撃防御方法の体系の中核をなす系列である。

　攻撃防御方法の系列は、訴訟物ごとに大別され、次に、個々の攻撃防御方法ごとに請求原因・抗弁・再抗弁等のレベルで系列化される。**特定の攻撃防御方法からスタートして抗弁、再抗弁、再々抗弁等の一連の系列が形成される場合に、これを主張の系列**と呼ぶ。そして、各攻撃防御方法は、同系列に属する先行する攻撃防御方法に対して法律効果をもつにすぎず、異なる系列に属する攻撃防御方法に対して一定の法律効果を生じさせるものではない。

【異なる訴訟物と系列：代金支払請求と利息請求】

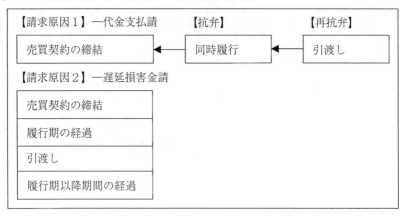

第2章　発展編

　例えば、XがYに対し、売買契約に基づく代金及び遅延損害金の支払を求めた場合、売買契約に基づく代金支払請求権と代金支払債務の履行遅滞に基づく損害賠償請求権では訴訟物が異なり（110頁参照）、各訴訟物で異なる主張の系列が形成されることになる。したがって、Yが同時履行の抗弁に対する引渡しの再抗弁の要件事実たる「目的物の引渡し」について自白した場合であっても、代金支払債務の履行遅滞に基づく損害賠償請求権の請求原因事実としての「目的物の引渡し」については自白が成立しないことになる（もっとも、裁判所は実際上、両方の系列に属する「引渡し」の要件事実について統一して証拠調べを行うため、特に問題となることはない）。

　このことから、証明責任の分配において、訴訟物が複数ある場合に、同一の要件事実であっても、一方の訴訟物では原告が証明責任を負担し、他方の訴訟物では被告が証明責任を負担するといった事態が生じても、矛盾関係は生じないことになる。

2　特殊概念

(1)　せり上がり

　せり上がりとは、自ら主張した攻撃防御方法Aを構成する要件事実（ａｂ事実）の中に、当該攻撃防御方法Aの法律効果を覆滅してしまう攻撃防御方法Bの要件事実（ｂ事実）が不可避的に混入しているため、攻撃防御方法Bの法律効果をさらに覆滅する攻撃防御方法Cの要件事実（ｃ事実）を、攻撃防御方法Aの要件事実ａｂと併せて主張立証しなければならなくなる現象をいう。

　例えば、売買代金債務の履行遅滞に基づく損害賠償請求権を訴訟物とする場合、請求原因事実は、①売買契約締結、②履行期の経過（又は催告）、及び③履行期又は引渡時以降の期間の経過だが、①の事実は双務契約における同時履行の抗弁権（民法533条）の要件事実としても機能する。そして、同時履行の抗弁権について存在効果説に立てば、①の事実をもって履行遅滞の違法性阻却事由としての同時履行の抗弁権の法律効果を発生させてしまうため、この法律効果をさらに覆滅させるために反対債務の履行の再抗弁の要件事実である④基づく引渡しを①②③の事実と併せて主張立証する必要がある。このように、本来的には同時履行の抗弁に対する反対債務の履行の再抗弁の要件事実である④の事実を請求原因レベルで主張しなければならなくなり、再抗弁の事実が請求原因にせり上がることから、せり上がりと呼ぶのである。図式化すると以下のとおりになる。

63

【せり上がりの具体例】

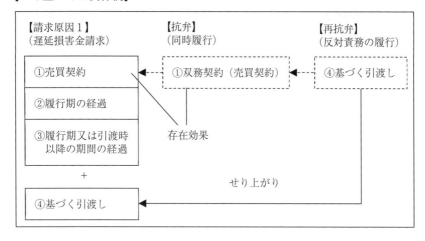

　仮に、上記の例で④の事実を主張せず、①②③の事実のみを主張立証した場合には、主張自体失当（60頁参照）となり、裁判所において①②③の事実の証拠調べをする必要がなくなる。

(2) 予備的主張（許されたａ＋ｂ）
ア　定義

　攻撃防御方法Ｂが、他の攻撃防御方法Ａと「ａ＋ｂ」（57頁参照）の関係に立つにもかかわらず、攻撃防御方法Ｃが攻撃防御方法Ａの法律効果を覆滅させるものの、攻撃防御方法Ｂの法律効果を覆滅させるものではないために、訴訟上独自の意味を有する場合であって、その攻撃防御方法Ｂが論理必然的に攻撃防御方法Ａに遅れて判断されるとき、攻撃防御方法Ｂを攻撃防御方法Ａとの関係で予備的主張（許されたａ＋ｂ）と呼ぶ。

　例えば、賃貸借契約終了に基づく土地明渡請求訴訟において、賃貸人甲が賃借人乙に対し、期間満了によって賃貸借契約が終了したことを理由として土地の返還を求める場合（攻撃防御方法Ａ）、請求原因事実は、①本件土地についての賃貸借契約締結、②①の契約に基づく本件土地の引渡し、③賃貸借期間の満了となる。これに対し、乙は抗弁として、黙示の更新（民法619条１項）の主張立証をして攻撃防御方法Ａの法律効果を覆滅させることができる（攻撃防御方法Ｃ）。しかし、この乙の抗弁が成立したとしても、その場合には、

賃貸借契約が期間の定めのないものとなる。この場合、甲は、民法617条の規定により解約の申入れをすることができ（民法619条1項後段）、申入れ後1年が経過したことにより賃貸借契約が終了した（民法617条1項1号）ことを理由として土地の返還を求めることができる（攻撃防御方法B）。この甲の解約の主張（攻撃防御方法B）は、乙の上記抗弁（攻撃防御方法C）と論理的に両立し、その法的効果を覆滅するものではあるが、期間満了による賃貸借契約の終了（攻撃防御方法A）の効果を復活させるものではないので、乙の上記抗弁（攻撃防御方法C）に対する再抗弁にならない。このように、解約申入れの主張（攻撃防御方法B）は、上記請求原因（攻撃防御方法A）と抗弁（攻撃防御方法C）を前提とするので、上記請求原因（攻撃防御方法A）とは「a＋b」の関係にあるが、黙示の更新の抗弁がされた場合には訴訟上意味のある主張、つまり予備的主張（予備的請求原因）となる。

イ　法的論理及び類型

　攻撃防御方法Aが「a事実」によって構成され、攻撃防御方法Aと訴訟上同一の機能を有する攻撃防御方法Bが「a事実＋b事実＋c事実」によって構成される場合、攻撃防御方法Bは攻撃防御方法Aとの関係で「a＋b」の関係に立ち、過剰主張として主張が禁止されるのが原則である。

　もっとも、「c事実」によって構成される攻撃防御方法Cが、攻撃防御方法Aによる法律効果を覆滅する攻撃防御方法として機能するものの、攻撃防御方法Bによる法律効果を覆滅する攻撃防御方法としては機能しないとき、攻撃防御方法Bは、訴訟上独自の意味を有する攻撃防御方法となり、攻撃防御方法Aとの関係で「a＋b」の関係に立つにもかかわらず過剰主張禁止の原則が及ばない。この場合も、「a＋b」の関係には立つ以上、裁判所としては、まず攻撃防御方法Aの要件事実「a事実」について証拠調べを行い、その事実が認定された場合に、次に、攻撃防御方法Cの要件事実「c事実」についての証拠調べを行い、その事実が認定された場合に、さらに、攻撃防御方法Bの要件事実のうち既に証拠調べ済みの事実を除いた「b事実」についての証拠調べを行う、という判断順序に付すことになる。そして、攻撃防御方法Bは、攻撃防御方法Cの法律効果を覆滅して攻撃防御方法Aの法律効果それ自体を復活させる関係に立つものではないため、再抗弁にあたらず、攻撃防御方法Bは攻撃防御方法Aの予備的な主張として位置づけられることになる。図式化すると以下のとおりになる。

【類型①：ａ＋ｂ＋ｃ型】

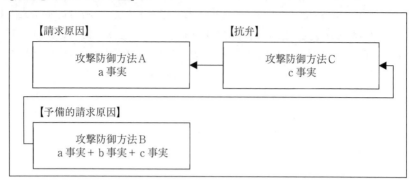

予備的主張は、
① 攻撃防御方法Ｃが、攻撃防御方法Ａの法律効果を覆滅させるが、攻撃防御方法Ｂの法律効果を覆滅させるものではないこと
② 攻撃防御方法Ｂが攻撃防御方法Ａとの間で「ａ＋ｂ」の関係に立つこと
の２要件からなる。

類型①のような「性質上の予備的主張」の他、当事者が複数の主張に「主位的主張・予備的主張」等と順番を付けて主張する場合がある。類型②も、講学上、「予備的主張」や「仮定的主張」と呼ばれる（「当事者の意思による予備的主張）。

【類型②：ａ＋ｂ型】

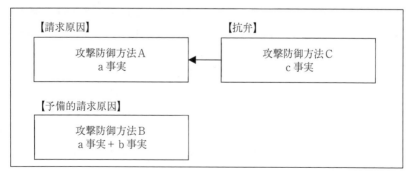

類型①では、主位的請求原因の判断が、予備的請求原因の判断に必ず先行して行われる。それに対し、類型②では、攻撃防御方法Ａと攻撃防御方法Ｂがａ＋ｂの関係にあるために、当事者がＢを予備的主張として主張しているに過ぎない。訴訟上の制度としては異なるため、注意が必要である。

また、類型図では請求原因レベルでの予備的主張を示しているが、予備的主張それ自体は抗弁レベルや再抗弁レベル等異なる攻撃防御方法の系列でも成立し得るので、注意が必要である（199頁、222頁参照）。

【第３課のサブ・ノート】

要件事実の体系と機能
　各攻撃防御方法は同系列に属する、先行する攻撃防御方法に対して法律効果を有するにすぎず、異なる系列に属する攻撃防御方法に対して特定の法律効果を生じさせるものではない。

せり上がり
　自ら主張した攻撃防御方法Ａを構成する要件事実（ａｂ事実）の中に、当該攻撃防御方法Ａの法律効果を覆滅してしまう攻撃防御方法Ｂの要件事実（ｂ事実）が不可避的に混入しているため、攻撃防御方法Ｂの法律効果をさらに覆滅する攻撃防御方法Ｃの要件事実（ｃ事実）を、攻撃防御方法Ａの要件事実ａｂと併せて主張立証しなければならなくなる現象

予備的主張
　攻撃防御方法Ｂが、他の攻撃防御方法Ａと「ａ＋ｂ」の関係に立つにもかかわらず、攻撃防御方法Ｃが攻撃防御方法Ａの法律効果を覆滅させるものの攻撃防御方法Ｂの法律効果を覆滅させるものではないために、訴訟上独自の意味を有する場合であって、その攻撃防御方法Ｂが論理必然的に攻撃防御方法Ａに遅れて判断されるとき

第1部 要件事実／第1編 要件事実入門——要件事実の理論

補論　ブロック・ダイアグラムについて

　裁判所は、要件事実を使って、当事者の主張を整理し、的確な争点整理を行う。それをイメージ化したものの1つとしてブロック・ダイアグラムがある。ブロック・ダイアグラムとは、具体的には、司法研修所が用いる、訴訟における当事者の攻撃防御方法及び主張・認否等を図式化したものである。そこで、以下ではブロック・ダイアグラムの基本構造及び記載の方法について紹介する。

(1) 基本図及び略号
【基本図】

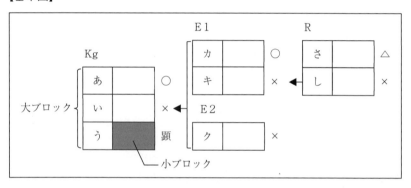

【略号】

Stg（Streitgegenstand）	＝訴訟物	○	＝自白
Ant（Antrag）	＝請求の趣旨	×	＝否認
Kg（Klagegrund）	＝請求原因	△	＝不知
E（Einrede）	＝抗弁	顕	＝顕著な事実
R（Replik）	＝再抗弁		
D（Duplik）	＝再々抗弁		
T（Triplik）	＝再々々抗弁		

68

(2) ブロック・ダイアグラムの基本構造

　ブロック・ダイアグラムの見方として、まず、縦軸に沿って当事者の各主張が配置され、次に、横軸に沿って請求原因・抗弁・再抗弁等が攻撃防御の系列別に順次配置され、そして、当事者の各主張の相互対応関係が矢印で結ばれる。

　また、ブロックは大ブロックと小ブロックに区分され、具体的な要件事実の内容を要約して記載したもの（請求原因事実、抗弁事実等）が小ブロックを構成し、一定の権利の発生、障害、消滅、阻止の法律効果を発生させる一群の小ブロックのまとまりが大ブロックを構成する。小ブロックの右側には、それぞれの要件事実に対する認否ないし顕著な事実の略号が記載される。さらに、大ブロックの見出しとしてKg、E、Rといった攻撃防御の略号が付され、抗弁以下においては、請求原因等との対応関係及び抗弁名が記載されることがある（例えば、「Ｒ１　引渡し―Ｅ１　同時履行の抗弁に対して」と記載する）。

　以上のように、ブロック・ダイアグラムは、当事者の各主張を図式化することによって、攻撃防御の系列及び相互対応関係の理解を容易にすることを狙いとしている。すなわち、ブロック・ダイアグラムには、①攻撃防御の種類及び対応関係、②各要件事実の内容、及び③それぞれの要件事実に対する相手方の認否ないし顕著な事実等といった情報が盛り込まれる結果、当事者においては、各事実の主張立証の要否及び具体化の程度を把握することができ、また、裁判所においては、当事者の主張する具体的事実の位置づけを把握するとともに、争点が明確化され、釈明権行使の要否を検討することが容易になる、というわけである。

【記載例１】

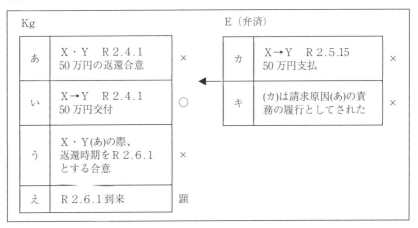

第1部　要件事実／第1編　要件事実入門——要件事実の理論

例えば、【記載例1】のブロック・ダイアグラムを見てみると、まず、Kg から、XがYに対して消費貸借契約に基づく 50 万円の貸金返還請求訴訟を提起していることが読み取れる。そして、請求原因（あ）（う）につきYは否認（×）していることから、原告は請求原因（あ）（う）について立証を要することになる。これに対し、令和2年4月1日にXがYに対し 50 万円を交付したことについてはYの自白が成立し、令和2年6月1日が到来したことは顕著な事実であることから、Xは、請求原因（い）と（え）について立証することを要しない（民訴 179 条）。

次に、Eから、YはXに対して弁済の抗弁を主張していることが読み取れる。そして、YがXに対して請求原因（あ）の貸金債務の履行として 50 万円を支払ったことをXは否認（×）しているので、Yは、抗弁（カ）と（キ）の事実を立証する必要がある。

以上から、Xは請求原因（あ）と（う）の立証を、Yは抗弁（カ）と（キ）の立証を要し、この2点が争点となることが分かる。したがって、裁判所は、両事実につき必要に応じて釈明権を行使することになる。

(3)　ブロック・ダイアグラムの記載
ア　大ブロックの記載方法・順序

ブロック・ダイアグラムの記載方法として、まず大ブロックについては、横軸に沿って、請求原因（Kg）、抗弁（E）、再抗弁（R）、……と攻撃防御の系列別に記載されることは、上記のとおりである。

そして、縦軸では、裁判所が検討すべき順序に沿って各主張が配置されることになる。例えば、請求原因の場合には、選択的請求であればいずれを先に記載しても問題はないが、予備的請求がある場合には主位的請求・予備的請求の順に上から下へ記載される（予備的主張の場合には、「予備的 Kg」とか「予備的E」という見出しが付される）。次に、抗弁の場合には、全部抗弁（請求の全部を排斥する抗弁）と一部抗弁（請求の一部を排斥する抗弁）とでは、全部抗弁が上に記載される。裁判所が一部抗弁を先に検討して全部抗弁を検討しないとなると、判断遺脱になるからである。また、権利障害事実、権利消滅事実、権利阻止事実はこの順に記載される。さらに、相殺の抗弁は、自働債権について既判力が生じ（民訴 114 条2項）、かつ主張する者において自己の権利の出捐を伴う不利益があることから、原則として、裁判所は最後に検討すべきであり、それゆえにEの縦列の一番下に記載されることになる（【記載例2】参照）。

【記載例２】

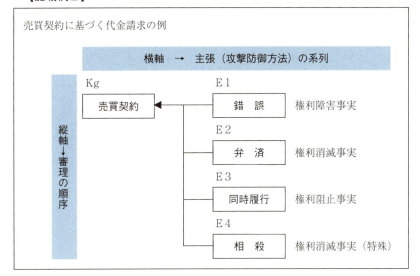

イ　小ブロックの記載方法・順序

　次に、小ブロックとして、要件事実を、事実の本質的要素を必要最小限度の法則（38頁参照）に従って区分けした上で記載することになる。その際、各要件事実の左側にナンバリングが付される。その方法は種々あるが、各当事者及び攻撃防御の系列に合わせて、請求原因にはひらがな、抗弁にはカタカナ、再抗弁には再度ひらがながあいうえお順に付されることが多い。

　小ブロックの区分けの仕方としては、原則は要件事実の本質的要素を１つの小ブロックにまとめることになるが（基本形）、相手方の認否の取り方と関連して、相手方の認否を取りやすくするとともに争点を明確にするため、基本形を変更することもある。例えば、売買契約に基づく代金支払請求訴訟の場合、代金額についてのみ争いがあるときに、売買契約の成立全体について否認の効果を認めるのは訴訟経済上不便である。そこで、代金額の合意を独立した小ブロックとして構成した上で、認否を取るといった方法もあり得る（【記載例３】参照）。

【記載例3】

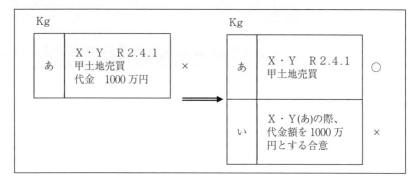

　小ブロックの内容としては、要件事実の本質的要素をコンパクトに記載することになる。

(4) 注意すべきこと

　ブロック・ダイアグラムは、当事者の主張をイメージで把握できるスキルとしてとても有用だが、これについて理解することは要件事実学習完成の一歩手前に過ぎないことに注意を要する。ブロック・ダイアグラムを要件事実学習の象徴であると思う人もいるが、あまりに深入りしすぎると、パターン化した要件事実の理解に陥る危険がある。【記載例3】でも示したが、具体的事実としての要件事実は具体的事案に応じて柔軟に変化するので、ブロック・ダイアグラムはそもそも暗記するような性質のものではないし、また暗記すべきでもない。要件事実学習の上でも柔軟性を常にもつように心がけてほしい。

第2編

要件事実各論
──具体的な紛争と要件事実

第1部 要件事実／第2編 要件事実各論──具体的な紛争と要件事実

 第1章　消費貸借契約に関する紛争

1　貸金返還請求訴訟

(1)　主たる請求（貸金返還請求）のみの場合
ア　事例

> Xが、Yに対し、XY間の消費貸借契約に基づいて、貸金500万円の返還を求める訴えを提起した。

イ　訴訟物

> 消費貸借契約に基づく貸金返還請求権　1個

ウ　請求の趣旨

> 被告は、原告に対し、500万円を支払え。

エ　請求原因

解説

■消費貸借契約の2類型

　消費貸借契約に基づく貸金返還請求の要件事実については、同契約が要物契約である場合（民法587条）と諾成契約である場合（民法587条の2第1項）とで分けて考える必要がある。

　まず、消費貸借契約が要物契約である場合を考える。民法587条は、「消費貸借は、当事者の一方が種類、品質及び数量の同じ物をもって返還をすることを約して相手方から金銭その他の物を受け取ることによって、その効力を生ずる。」と規定している。同規定からすれば、要物契約としての消費貸借契約

は、返還約束と目的物の授受を内容とするから、この2つが、同契約に基づく貸金返済請求権の権利根拠事実として必要になる。

次に、消費貸借契約が諾成契約である場合を考える。民法587条の2第1項は、「前条の規定にかかわらず、書面でする消費貸借は、当事者の一方が金銭その他の物を引き渡すことを約し、相手方がその受け取った物と種類、品質及び数量の同じ物をもって返還をすることを約することによって、その効力を生ずる。」と規定している。同規定からすれば、諾成契約としての消費貸借契約は、目的物の授受及び返還の書面による約束を内容とするから、まず、これが同契約に基づく貸金返還請求権の権利根拠事実として必要になる。さらに、これに加えて、当該約束に基づく目的物の授受も、同請求権の権利根拠事実として必要になる。この事実は、諾成契約としての消費貸借契約の成立要件ではないが、同契約に基づく貸金返還請求権の発生要件として必要になる。また、同契約自体は合意により成立するから、目的物の授受が当該約束の履行として行われなければ、同請求権が発生することはない。したがって、「当該約束に基づく」ことが必要になる。

■貸借型契約の特質

消費貸借契約は、貸主が交付した金銭その他の物を借主に利用させることを目的とする契約であるから、契約成立からその返還までの間に、一定の期間があることが通常である。そのため、消費貸借契約、賃貸借契約や使用貸借契約のような貸借型の契約は、その性質上、貸主は一定期間その目的物の返還を請求できないという拘束を伴うという特質があるといえる。

このような貸借型の契約の特質を考慮すると、貸借型契約においては、契約関係が終了した時に初めて、貸主は借主に対して目的物の返還を請求することができる（返還請求権が発生する）と考えるべきことになる。したがって、金銭消費貸借契約に基づく貸金返還請求権は、契約の終了を要件とし、返還の時期についての約定の有無やその内容に応じて、以下のような時期に発生することになる。

まず、当事者間に貸金の返還時期について合意がある場合には、その期限が到来した時に貸金返還請求権が発生することになる。したがって、貸金返還請求権の発生のためには、返還時期の合意の内容が確定期限の合意であれば、その確定期限の合意とその到来を、不確定期限の合意であれば、その不確定期限の合意とその期限の到来を、消費貸借契約の終了の要件に該当する事実として、それぞれ主張する必要がある。

第1部　要件事実／第2編　要件事実各論——具体的な紛争と要件事実

　次に、当事者間に貸金の返還時期について合意がない場合には、補充規定としての民法591条1項の適用により、貸主は相当の期間を定めて返還の催告をすることができ、催告後相当期間が経過することによって、貸金返還請求権が発生することになる。

　以上のような考え方に対し、貸借型契約においては返還時期の合意は契約の本質的要素であると考える見解もある。こうした見解を貸借型理論という。貸借型理論によると、返還時期の合意がない消費貸借契約はあり得ないため（この点で、民法591条1項の文言には反する）、当事者意思の合理的解釈として、債権者が催告した時を返還時期とする旨の合意が当事者間でなされたものととらえ、そうした合意があることを権利根拠事実とする。

　本書では、貸借型理論は採用せず、返還時期の合意は貸借型契約の成立要件ではないとの見解を採用する。

■まとめ

　以上によれば、要物契約としての金銭消費貸借契約に基づく貸金返還請求権の発生要件としては、金銭消費貸借契約の成立及び金銭消費貸借契約の終了が必要である。そして、民法587条によれば、金銭消費貸借契約の成立要件として、①返還約束及び②目的物授受（金銭の交付）が必要となる一方、返還時期の合意は不要である。他方、金銭消費貸借契約の終了要件としては、③返還時期の合意をしたこと及び④③の返還時期の到来、または、③'貸金返還債務の履行を催告したこと及び④'③'の催告後相当期間が経過したことが必要となる。なお、③'に関しては、先述した民法591条1項の定めにかかわらず、相当の期間を定めて催告したことは要件とされていない（78頁参照）。

　諾成契約としての金銭消費貸借契約に基づく貸金返還請求権の発生要件としては、上記①及び②に代えて、①目的物授受（金銭の交付）と返還の書面による合意及び②当該合意に基づく目的物授受（金銭の交付）が必要となる。

【論点】

論点① 請求原因事実として「金銭の交付」の主張立証は必要か。	必要である。 ∵当該消費貸借契約が要物契約である場合には、同契約の成立要件である。また、同契約が諾成契約である場合には、同契約に基づく貸金返還請求権の発生要件である。

論点② 請求原因事実として「返還時期の合意」の主張立証は必要か。	必要である。 ∵貸借型理論を採らない本書の立場では、返還時期の合意を、消費貸借契約の本質的要素であるとは考えず、契約成立の要件として必要としない。もっとも、消費貸借契約に基づく貸金返還請求権は、契約終了を要件とし、返還時期の合意は、契約終了の要件としては必要である。

(ア)　弁済期の定めがある場合

　令和3年9月1日、YはXから現金500万円を借り受けた。XY間には、返済期日を令和4年3月31日とする約定があった。

A　基本型

①	【原告・被告　金銭返還合意】 XとYは、令和3年9月1日、YがXに対し500万円を返還するとの合意をした。
②	【原告→被告　金銭交付】 XはYに対し、令和3年9月1日、①の貸金として、500万円を交付した。
③	【原告・被告　返還時期の合意】 XとYは、①の合意に際し、弁済期を令和4年3月31日とするとの合意をした。 ∵貸借型理論からすれば、貸借型の契約においては、弁済期の合意は、附款ではなく契約の本質的要素となる。貸借型理論を採用しない本書の立場からは、契約関係の終了を表現する要件として必要となる。
④	【返還時期の到来】 令和4年3月31日は到来した。

第1部　要件事実／第2編　要件事実各論──具体的な紛争と要件事実

B　簡易型

　　Aの基本型における金銭消費貸借契約の成立要件としての①及び②は、併せて記載される場合が多く、その場合には「○○円を貸し付けた」との表現が用いられる。

①	【金銭消費貸借契約の成立】 XはYに対し、令和3年9月1日、500万円を貸し付けた。
②	【原告・被告　返還時期の合意】 XとYは、①に際し、返還時期を令和4年3月31日と定めた。
③	【返還時期の到来】 令和4年3月31日は到来した。

　＊「貸し付けた」という言葉の中に返還の合意と金銭の交付が含まれるので、実務上は上のように簡略して記されることが多い。

(イ)　弁済期の定めがない場合

　　令和3年9月1日、YはXから現金500万円を借り受けた。XYは、返済期日について特に定めていなかった。令和4年3月15日、XはYに対して、500万円の返還を催告した。

①	【金銭消費貸借契約の成立】 XはYに対し、令和3年9月1日、500万円を貸し付けた。
②	【原告→被告　催告】 XはYに対し、令和4年3月15日、500万円の返還を催告した。
③	【②の後相当期間の末日の到来】 ②の催告の時から起算して相当な期間の末日が到来した。

解　説

■弁済期の定めがない場合の請求原因事実

　　貸借型理論を採らない本書の立場では、当事者間に返還時期の定めに関する合意がない場合でも消費貸借契約は成立すると考えることになる（①）。そ

78

第1章　消費貸借契約に関する紛争

して、消費貸借契約の終了の要件として、②返還の催告と③催告後相当期間の経過が必要となる。

②の返還の催告に関しては、591条1項が「相当の期間を定めて返還の催告をする」と規定しているため、催告する際に催告期間を定めておく必要があるようにも思われるが、催告期間の定めがなくとも、催告後客観的に相当な期間が経過すれば催告の効力が生じるとするのが判例（大判昭5.1.29）であるから、こうした判例の考え方によれば、催告期間を定めることは催告の有効要件ではない。

③の催告後相当期間の経過に関して、相当期間とは、債務者が履行の準備をして履行するまでに必要な期間であり、具体的には、契約の目的や金額といった債務の内容その他の事情を考慮して、取引上一般に必要と認められる客観的期間のことを指す。

(ウ)　期限の利益喪失約款に基づいて期限の到来を主張する場合 ⇐応用

令和3年9月1日、YはXから、同年11月から令和4年3月まで毎月末日に100万円ずつ返済するという約定で現金500万円を借り受けた。また、Yの各月末の返済が遅れた場合には、Yは、Xによる期限の利益喪失の意思表示により、Xに残債務を一括払いで支払う旨の特約（期限の利益喪失約款）が締結されていた。

①	【金銭消費貸借契約の成立】 XはYに対し、令和3年9月1日、500万円を貸し付けた。
②	【原告・被告　返還時期の合意】 XとYは、①に際し、令和3年11月から令和4年3月まで毎月末日に100万円ずつ支払うとの約定をした。
③	【原告・被告　期限の利益喪失約款の締結】 XとYは、②の返還時期について、期限の利益喪失約款（②の各返還時期が経過したときは、債権者Xによる期限の利益喪失の意思表示によって、残額全部の返還時期が到来したものとする特約）を締結した。
④	【特定の返還時期の経過】 令和4年1月31日が経過した。

第1部　要件事実／第2編　要件事実各論——具体的な紛争と要件事実

| ⑤ | 【④の後、③の特約に基づく意思表示】
ＸはＹに対し、④の後、期限の利益を喪失させるとの意思表示をした。 |

解　説

■期限の利益喪失約款

　割賦払契約では、本事案のような期限の利益喪失約款が付されることが通常である。

　期限の利益喪失約款は、その法的性質を返還時期に弁済がないことを停止条件とするものと捉えた場合には、原告たる債権者の側において条件成就の根拠事実たる弁済の不存在までも証明する必要がある。しかし、債務不履行における債務の弁済の証明責任は、債務不履行における債権者保護の制度趣旨から、債務者にあるとするのが原則とされるため、停止条件と見る理解は、同原則に違反することになり、妥当でない。そこで、期限の利益喪失約款の法的性質については、各返還時期が経過したことを停止期限とするものとして捉えるのが一般的である。なお、各返還時期当日までは期限の利益が保障されるため、ここでの時的要素は「到来」ではなく「経過」を内容とする（47頁参照）。

　期限の利益喪失約款には、本事案のような債権者の意思表示により債務者が期限の利益を喪失する「債権者意思型」のほかに、債務者の弁済が遅れると当然に期限の利益を喪失する「当然喪失型」がある。

　当然喪失型の場合には、債権者の意思表示を待たずに、残債務の支払請求権が生じるのであるから、請求原因事実として⑤は不要である。

(I)　利息の天引がされた場合　　←応用

令和3年9月1日、ＹはＸから現金500万円を借りた。その際、ＸＹ間の間で利息を天引することとし、Ｙは利息分50万円を除いた450万円を受け取った。また、ＸＹ間には、返済期日を令和4年3月31日とする約定があった。

| ① | 【原告・被告　金銭返還合意】
ＸとＹは、令和3年9月1日、ＹがＸに対し500万円を返還するとの合意をした。 |

80

第1章　消費貸借契約に関する紛争

②	【原告→被告　元本の一部の交付】 Ｘは、Ｙに対し、450万円を交付した。
③	【原告・被告　①の元本額と②の交付額の差額につき利息として天引することの合意】 ＸとＹは、①の合意に際し、500万円の元本額と450万円の交付額の差額50万円につき利息として天引することの合意をした。
④	【原告・被告　返還時期の合意】 ＸとＹは、①の合意に際し、弁済期を令和4年3月31日とするとの合意をした。
⑤	【返還時期の到来】 令和4年3月31日は到来した。

解説

■利息の天引の要件事実

　利息の天引がなされた場合、①の合意内容たる貸与額と②の現実支給額の間に齟齬が生じる。そして、金銭消費貸借契約は要物契約であることからすれば、このままでは現実に支給した後者の額の限度で契約が成立したものと解することになる。

　そこで、①と②の差額が利息の天引によるものであることを示すため、利息天引の合意を別途主張立証する必要がある。

　なお、利息の天引において、天引利息がどの期間に対応したものであるかや天引利息の利率等の事実の主張を請求原因に位置づけるか、それとも抗弁に位置づけるかについては、見解の対立があるが、実務は、特定方法としての請求原因としては可分の事実であると捉える立場から、抗弁説に立つ。

(2)　「主たる請求(基本型)＋附帯請求(利息請求)」の場合　←応用

ア　事例

　Ｘが、Ｙに対し、ＸＹ間の消費貸借契約に基づいて、貸金500万円の返還を求める訴訟を提起するとともに、附帯請求としてＸＹ間の利息契約に基づいて、利息の支払をも請求した。

第1部　要件事実／第2編　要件事実各論——具体的な紛争と要件事実

イ　訴訟物

消費貸借契約に基づく貸金返還請求権　1個
利息契約に基づく利息支払請求権　1個

ウ　請求の趣旨

被告は、原告に対し、500万円及び令和3年9月1日から支払済みまで年○
パーセントの割合による金員を支払え。

エ　請求原因
(ア)　法定利率による利息を請求する場合

令和3年9月1日、YはXから現金500万円を借り受けた。ＸＹ間には返済
期日を令和4年3月31日とすること、また利息を支払う旨の約定があった。

基本型

	【元本債権の発生原因事実】 （主たる請求における請求原因（(1) エ(ア)A参照）に現れている）
⑤	【原告・被告　利息契約の締結】 ＸとＹは、①・②の消費貸借契約に付随して、利息支払の合意をした。
⑥	【貸付時以降一定期間の経過（一定期間の最終日の到来）】 令和4年3月31日は到来した。

解説

■要件事実

利息契約は、元本債権の存在を前提とする契約であるため、元本債権の発生
原因事実を主張立証する必要がある。もっとも、当該事実はすでに主たる請求
の請求原因事実として主張立証されることを予定しているため、附帯請求の
請求原因事実として別途主張立証する必要はない。

82

第1章　消費貸借契約に関する紛争

　次に、民法上の消費貸借契約は無利息を原則とする（民法589条1項）ため、利息支払請求をするためには、原告たる債権者の側において、利息支払の合意の事実を主張立証する必要がある。

　合意の中身として、利率についての主張立証が必要である。もっとも、約定利率の主張立証がなければ、法定利率に関する同法404条が補充規定として適用される。したがって、約定利率が法定利率と同じである場合、原告が請求原因事実において利率について主張立証する必要はない。

　さらに、利息の生じる期間を明らかにする必要がある。「消費貸借における利息は、元本利用の対価であり、借主は元本を受け取った日からこれを利用しうるのであるから、特約のないかぎり、消費貸借成立の日から利息を支払うべき義務がある」（最判昭33.6.6）から、利息の生じる期間は、消費貸借契約成立の日から元本の返還をすべき日（＝返還時期）までの元本使用期間となる。そして、具体的な摘示としては、一定期間の最終日すなわち返還時期の到来を摘示すれば足りるものとされている。

(イ)　約定利率による利息を請求する場合

　令和3年9月1日、YはXから現金500万円を借り受けた。ＸＹ間には返済期日を令和4年3月31日とすること、また年15パーセントの利息を支払う旨の約定があった。

	【元本債権の発生原因事実】 （主たる請求における請求原因（(1) エ(7)A参照）に現れている）
⑤	【原告・被告　利息契約の締結】 ＸとＹは、①・②の消費貸借契約に付随して、利息支払の合意をした。
⑥	【利率の合意】 ＸとＹは、⑤の利息の利率を年利15パーセントとするとの契約を締結した。
⑦	【貸付時以降一定期間の経過（一定期間の最終日の到来）】 令和4年3月31日は到来した。

第1部　要件事実／第2編　要件事実各論——具体的な紛争と要件事実

■概要

　　利率につき法定利率とは異なる合意がある場合には、「別段の意思表示」（民法404条1項）として、利息制限法1条所定の利率の範囲内で、その約定利率による利息を請求することができる。この場合には、民事法定利率に基づく場合の請求原因事実に加えて、別段の意思表示の存在すなわち「利率の合意」の事実を明示する必要がある。

　　なお、約定利率が利息制限法1条所定の利率の範囲を超える場合には、超える部分につき一部無効となるが、これは強行規定たる同項の規定を適用した当然の帰結であるから、いずれかの当事者において強行規定違反の事実を主張立証する必要はない。また、利息制限法1条の適用がある場合も、同項所定の利率の範囲内において利息契約は有効となることから、主張自体失当となるものでもない。

(ウ)　商人間において利息を請求する場合

　　令和3年9月1日、YはXから現金500万円を借り受けた。ＸＹ間には返済期日を令和4年3月31日とすること、また利息を支払う旨の約定があった。当時、X、Yのいずれも商人（商法4条1項）であった。

	【元本債権の発生原因事実】 （主たる請求における請求原因（(1) エ(ア)A参照）に現れている）
⑤	【元本債権が商事債権であることを示す事実】 XとYは、請求原因①・②の消費貸借契約締結当時、商人であった。
⑥	【貸付時以降一定期間の経過（一定期間の最終日の到来）】 令和4年3月31日は到来した。

解　説
■概要

　　商人間において利息を請求する場合には、元本債権の発生原因事実を主張立証すれば、利息契約が締結されたことを主張立証する必要はない。なぜなら、商人間の金銭消費貸借においては、利息支払の合意がなくとも、当然に利息請求権が認められる（商法513条1項）からである。

第1章　消費貸借契約に関する紛争

⑶　「主たる請求（基本型）＋附帯請求（遅延損害金請求）」の場合　←応用

ア　事例

令和3年9月1日、YはXから現金500万円を借り受けた。ＸＹ間には、返済期日を令和4年3月31日とする約定があったが、同日を過ぎてもYは貸金返還債務を履行しなかった。

Xは、Yに対し、ＸＹ間の消費貸借契約に基づいて、貸金500万円の返還を求める訴訟を提起するとともに、附帯請求として貸金返還債務の履行遅滞に基づく遅延損害金の支払をも請求した。

イ　訴訟物

消費貸借契約に基づく貸金返還請求権　1個
貸金返還債務の履行遅滞に基づく損害賠償請求権　1個

ウ　請求の趣旨

被告は、原告に対し、500万円及び令和4年4月1日から支払済みまで年○パーセントの割合の金員を支払え。

エ　請求原因

(ア)　法定利率によって遅延損害金を算定する場合

	【元本債権の発生原因事実】 （主たる請求における請求原因（⑴　エ(ア)A参照）に現れている）
⑤	【返還時期の経過】 令和4年3月31日は経過した。

解　説

■要件事実

まず、遅延損害金も元本の存在を前提とするため、元本債権の発生原因事実を主張立証する必要がある。

85

第1部　要件事実／第2編　要件事実各論——具体的な紛争と要件事実

　　次に、遅延損害金は債務者の履行遅滞に基づくものであるから、履行遅滞があることを示す事実として返還時期の経過（⑤）が必要となる。具体的には、（ⅰ）確定期限の合意があった場合には、その期限の経過（民法412条1項。なお、「到来」ではなく「経過」であることについては47頁参照）、（ⅱ）不確定期限の合意があった場合には、その期限の到来及び債務者の履行請求又は期限の到来を知ったこと及びその日の経過（同条2項）、（ⅲ）期限の定めのない場合には、催告及び相当期間の末日の経過（同法591条1項）を主張立証する必要がある。

　　さらに、損害の発生及びその額に該当する事実として、遅延損害金の利率及び遅延損害金発生期間の経過の主張立証が必要となるはずであるが、金銭債務の不履行の場合、特約がなくとも、当然に法定利率年3パーセント（民法404条2項）の割合による遅延損害金を請求することができる（同法419条1項本文）から、法定利率の割合による損害金を請求する場合には、遅延損害金発生期間の経過、すなわち元本の返還時期以降の期間の経過のみが要件事実となる。もっとも、この元本の返還時期以降の期間の経過については摘示を省略するのが通例である。

(イ)　約定利率によって遅延損害金を算定する場合

	【元本債権の発生原因事実】 （主たる請求における請求原因（(1) エ(ア)A参照）に現れている）
⑤	【返還時期の経過】 令和4年3月31日は経過した。
⑥	【利率の合意】 XとYは、年15パーセントの利率による利息又は遅延損害金支払の合意をした。

86

第1章　消費貸借契約に関する紛争

解 説

■民法419条1項ただし書

　約定利息に関する利率（約定利率）の定めはあるが、遅延損害金の利率に関する定めはないという場合、民法419条1項ただし書の適用により、遅延損害金の利率も約定利率によって算定される。

　したがって、法定利率を超える約定利率によって算定した遅延損害金を請求する場合には、法定利率によって遅延損害金を算定する場合とは異なって、遅延損害金の利率を根拠付ける事実としての約定利率の合意を主張立証する必要がある。

(ウ)　損害賠償額の予定によって遅延損害金を算定する場合

	【元本債権の発生原因事実】 （主たる請求における請求原因（(1)エ(ア)A参照）に現れている）
⑤	【返還時期の経過】 令和4年3月31日は経過した。
⑥	【原告・被告　損害賠償額の予定の合意】 XとYは、遅延損害金の利率を年20パーセントとするとの合意をした。

解 説

■損害賠償額の予定

　損害賠償額の予定（民法420条1項）として遅延損害金の利率の合意をした場合には、法定利率に基づく場合の請求原因事実に加えて、その合意を示す事実を請求原因事実として主張立証する必要がある。

　利息における約定利率の転用事例（(イ)約定利率によって遅延損害金を算定する場合参照）と損害賠償額の予定の事例は類似するが、大きな相違は上限利率にある。すなわち、利息についての約定利率の上限は利息制限法1条によって規律されるのに対し、損害賠償金の利率の上限は同法4条1項（1条の利率の1.46倍）によって規律されることになる。

87

第1部　要件事実／第2編　要件事実各論──具体的な紛争と要件事実

(4)　抗弁以下の攻撃防御方法

ア　弁済の抗弁

(ア)　抗弁1──弁済

①'	【被告から原告へ金銭の給付】 令和4年3月31日、YはXに対して、500万円を支払った。
②'	【①'の金銭給付と本件貸金返還債務の結びつき】 ①'の金銭の給付は、本件消費貸借契約に基づくYの貸金債務の履行として行われた。

解説

■**法的意味**

　　原告による貸金返還請求に対して、被告は貸金返還債務の発生は認めつつ、既に弁済したと主張することが考えられる。これは、原告の主張する請求原因事実と両立し、かつその請求原因事実により生じた法律効果を消滅させるものであるから抗弁にあたる。

(イ)　抗弁2──代物弁済

①'	【原告・被告　代物弁済の合意】 令和4年2月1日、XとYは、本件消費貸借契約に基づくYの貸金返還債務の弁済に代えて動産甲（不動産乙）の所有権を移転するとの合意をした。
②'	【①'の当時、債務者の代物所有】 ①'の当時、Yは動産甲（不動産乙）を所有していた。
③'	【対抗要件の具備：動産の場合　引渡し】 Yは、Xに対し、令和4年2月1日、①'の合意に基づき、動産甲を引き渡した。 又は 【対抗要件の具備：不動産の場合　登記】 Yは、Xに対し、令和4年2月10日、①'の合意に基づき、不動産乙について所有権移転登記手続をした。

88

第1章　消費貸借契約に関する紛争

解説

■代物弁済の抗弁の要件事実

　民法482条は、弁済者「が、債権者との間で、債務者の負担した給付に代えて他の給付をすることにより債務を消滅させる旨の契約をした場合において、その弁済者が当該他の給付をしたときは、その給付は、弁済と同一の効力を有する」と規定している。したがって、貸金の返還を請求された被告は代物弁済により貸金返還債務が消滅したと主張することが考えられる（なお、所有権取得原因としての代物弁済が主張される場合については、216頁参照）。

　では、代物弁済の要件事実として、どのような事実を主張立証すれば債務消滅の効果が認められるか。

　代物弁済は諾成契約であるから、代物弁済自体は合意のみによって成立しているが、債務の消滅という効果を認めるためには債務者が代物を所有していたことと代物の給付をしたことが必要であり、この給付は対抗要件の具備まで必要とされている（最判昭40.4.30）。さらに、この対抗要件の具備は「代物弁済契約に基づいて」行われたことが必要であることに注意する必要がある。

イ　消滅時効の抗弁とそれ以下の攻撃防御方法

(ア)　抗弁3──消滅時効（時効の更新を前提としない場合）

	【権利を行使することができる状態になったこと】 （通常、請求原因において現れている）
①′	【権利行使ができる時から時効期間の経過】 令和14年3月31日は経過した。
②′	【①′の後の時効援用の意思表示】 Yは、Xに対し、令和14年10月13日、本件貸金債権について消滅時効を援用するとの意思表示をした。

解説

■法的意味

　原告による貸金返還請求に対して、被告は貸金返還債務は発生したが、その後時効完成により消滅したと主張することが考えられる。これは、原告の主張する請求原因事実と両立し、かつその請求原因事実により生じた法律効果を消滅させるものであるから抗弁にあたる。

89

第1部　要件事実／第2編　要件事実各論——具体的な紛争と要件事実

■消滅時効の抗弁の要件事実

　消滅時効の成立要件は、債権の場合には、不確定効果説のうちの停止条件説に従えば、（ⅰ）「債権者が権利を行使することができることを知った時」から起算して5年又は「権利を行使することができる時」から起算して10年が経過すること及び（ⅱ）時効援用の意思表示があることである（166条1項、145条。最判昭61.3.17、百選Ⅰ37事件）。したがって、消滅時効の抗弁の要件事実は、ア．債権者が権利行使をできることを知ったこと又は権利行使ができる状態になったこと、イ．アの時から時効期間が経過したこと、及びウ．イの後に時効援用の意思表示がなされたことである。このうち、アについては、権利行使が可能であることについては、弁済期の到来等請求原因事実において明らかになっている場合には、抗弁事実として主張立証する必要はない。また、ウについては、口頭弁論期日においてなされた場合には、顕著な事実（民訴179条）であることを示すために、「Yは、Xに対し、令和〇〇年〇月〇日の本件口頭弁論期日においてその時効を援用するとの意思表示をした」という表現で抗弁事実を摘示することが多い。

■期限の利益喪失約款がある場合

　期限の利益喪失約款がある場合も、考え方は変わらない。上記と同様の事実を主張立証することになる。

　債権者の意思表示によって債務者の期限の利益が失われるという特約（債権者意思型）の場合には、金銭消費貸借契約に基づく貸金債権の残部の「権利を行使することができる時」とは、債権者が期限の利益を喪失させる意思表示をした時とされる（大判昭15.3.13、最判昭42.6.23）。

　当然喪失型の期限の利益喪失約款が付されている場合には、債務者の不履行によって直ちに残債務返還請求権が生じるので、権利行使できる状態になった時点は、債務者の債務不履行時である。

第1章　消費貸借契約に関する紛争

(イ)　抗弁4——消滅時効（時効の更新を前提とする場合）

	【権利を行使することができる状態になったこと】 （通常、請求原因において現れている）
①′	【時効更新事由】 権利行使ができる状態になってから 10 年が経過する前に、YはXに対し、本件貸金債権について支払猶予の申込みをした。
②′	【①′の時から時効期間の経過】 ①′の時から、10 年が経過した。
③′	【②′の後の時効援用の意思表示】 YはXに対し、②′の後、本件貸金債権について消滅時効を援用するとの意思表示をした。

解　説

■時効の更新を前提としない消滅時効と、時効の更新を前提とする消滅時効との関係

　消滅時効は、完成した時効ごとに権利消滅の法律効果を生じさせるものであるから、時効の更新を前提としない消滅時効の抗弁と時効の更新を前提とするそれとは別の抗弁である。また、不確定効果説のうち、時効完成の法律効果の発生要件として時効ごとに時効援用の意思表示を必要とする見解に立てば、前者の抗弁における時効援用の意思表示と後者の抗弁におけるそれとは別個の事実に位置づけられる。したがって、後者の抗弁は、前者の抗弁との関係で「a＋b」の関係（57 頁参照）には立たないことになるため、予備的抗弁ではなく、選択的抗弁となる。

(ウ)　再抗弁1——時効の更新（抗弁3、 4に対して）

	【時効更新事由】
①″	Xが権利行使できる状態になってから、時効期間が経過する前に、YはXに対して、支払猶予の申込みをした。

91

第1部　要件事実／第2編　要件事実各論——具体的な紛争と要件事実

解説

■法的意味

　　被告から主張された消滅時効の抗弁の要件事実に対して、原告は被告の主張する消滅時効完成前に支払猶予の申込みがあり、時効更新事由としての承認（民法152条1項）があったために消滅時効は完成していないと主張することが考えられる。これは、被告の主張する抗弁の要件事実と両立し、かつその事実により法律効果が生じることを障害するものであるから再抗弁にあたる。

　　また、一度消滅時効期間の経過が更新されても、その時点から再び時効期間が経過すれば、消滅時効の完成が認められる。したがって、時効の更新を前提とする消滅時効の抗弁に対しても、その後の時効の更新が再抗弁として機能する。

(I)　再抗弁2——時効援用権喪失（抗弁3、4に対して）

①″	【時効完成後、債務の承認にあたる事実】 Yは、時効援用の意思表示を行うのに先立ち、Xに対して本件貸金債権について支払猶予の申込みをした。

解説

■法的意味

　　被告から主張された消滅時効の抗弁に対して、原告は被告の主張する消滅時効完成後に被告が時効援用権を失ったために、被告が消滅時効による債務消滅を主張することはできない、と主張することが考えられる。これは、被告の主張する抗弁の要件事実と両立し、かつその事実により法律効果も生じているが、権利行使を阻止するものであるから再抗弁にあたる。

　　消滅時効の援用権は、時効完成後に債務者が債権者に対して自身の債務を認めることで信義則上、これを主張できなくなる（最大判昭41.4.20、百選I39事件）。すなわち、時効援用権喪失の再抗弁の要件事実としては、債務の承認（争いがある場合は、債務の承認にあたる具体的事実。一部の弁済や猶予の申込み等）を主張立証することになる。

■時効利益の放棄の再抗弁

　　時効利益の放棄とは、不確定効果説によれば、時効完成の効果を発生させないことに確定させる意思表示であるから、時効の完成を知っていることが前

第1章　消費貸借契約に関する紛争

提となる（最判昭35.6.23）。よって、時効完成後に債務の承認があったことをもって黙示的に時効利益の放棄の意思表示がなされたと主張する場合には、時効完成後に債務の承認があったという事実と時効の完成を知っていたという事実が要件事実となる。

　一方、時効完成後の債務の承認は、時効完成の知・不知にかかわらず、時効援用権を喪失するとされるものであって、時効完成後に債務の承認があったという事実のみで要件事実としては十分であり、時効の完成を知っていることを必要としない。

　このように、時効利益の放棄の主張と時効完成後の債務の承認に基づく時効援用権喪失の主張は、共に、時効完成後の債務の承認にあたる事実を主張すべき点で共通するから、それに加えて時効の完成を知っていることを必要とする時効利益の放棄の主張は、時効完成後の債務承認に基づく時効援用権喪失の主張を内包する関係（いわゆる「a＋b」。第1編第2章第2課2参照）にある。

　したがって、時効利益の放棄の主張は過剰主張となり、通常、法的に意味を持たないといえる。

ウ　相殺の抗弁とそれ以下の攻撃防御方法
(ｱ)　抗弁5——相殺

①'	【自働債権の発生原因事実】 Ｙは、Ｘに対し、令和2年8月11日、1000万円を貸し付けた。
②'	【弁済期の到来】 （ⅰ）ＸとＹは、①'の消費貸借契約締結に際し、返還時期を令和3年11月30日と定めた。 （ⅱ）令和3年11月30日は到来した。
③'	【相殺の意思表示】 （解説参照）

解説

■法的性質と要件事実

　以下では、本件訴訟の請求対象たるＸのＹに対する貸金債権を甲債権、自働債権として主張されるＹのＸに対する債権を乙債権とする。

第1部　要件事実／第2編　要件事実各論——具体的な紛争と要件事実

原告による貸金返還請求に対して、被告は、貸金返還債務の発生は認めつつ、被告から原告に対して有する乙債権で相殺し、甲債権は消滅すると主張することが考えられる。これは原告の主張する請求原因事実と両立し、かつその請求原因事実により生じた法律効果を消滅させるものであるから抗弁にあたる。

相殺の要件は、（ⅰ）相殺適状と、（ⅱ）相殺の意思表示である。相殺適状については、自働債権の発生原因事実及び自働債権が弁済期にあることが必要である。

■自働債権の弁済期の到来など

上記表では、乙債権が貸金債権であった場合の要件事実を示している。消費貸借契約のような貸借型の契約は、その性質上、貸主は一定期間その目的物の返還を請求できないという拘束を伴うという特質があるといえ、このような貸借型の契約の特質を考慮すると、貸借型契約においては、契約関係が終了した時に初めて、貸主は借主に対して目的物の返還を請求することができると考えるべきであり、当事者間に貸金の返還時期について合意がある場合には、その期限が到来した時に貸金返還請求ができることになる。したがって、Yは、「債務が弁済期にある」（民法505条1項本文）との要件を充足していることを示すため、返還時期の合意とその到来についても主張立証しなければならない。

これに対して、乙債権が売買代金債権であった場合には、売買契約は成立すれば直ちに代金を支払うよう求めることができると考えられていることから、Yは、弁済期の到来について主張立証する必要はない。もっとも、売買契約という双務契約であることが現れることにより、同時履行の抗弁権が存在することが基礎付けられてしまい、そのままでは相殺が許されないことになってしまうので、Yは、こうした同時履行の抗弁権の存在効果を生じさせないために、売買目的物の引渡債務を履行したこと（正確には履行の提供で足りる）をも主張立証しなければならない。

■相殺の意思表示（③'）——訴訟外の相殺の場合

訴訟外で相殺の意思表示を行ったという事実を、口頭弁論期日で主張立証する場合を、訴訟外の相殺の主張という。

この場合上記表③'【相殺の意思表示】において被告が主張すべきは、「（令和〇年〇月〇日、）YはXに対して、①'の債権（乙債権）をもって、請求原因①・

94

第1章　消費貸借契約に関する紛争

②の債権（甲債権）とその対当額で相殺をするとの意思表示をした」事実となる。

　訴訟外の相殺では、意思表示の相手方は自働債権の債務者である原告になる。

■相殺の意思表示（③'）──訴訟上の相殺の場合

　訴訟外ではなく、口頭弁論期日において相殺の意思表示を行う場合がある。判例は、訴訟上の相殺は自働債権の債務者ではなく、裁判所に対して行うべきとしている。これは、訴訟上の相殺が訴訟行為の性質を有することを根拠にしていると説明される。

　したがって、この場合は、上記表③'【相殺の意思表示】において、被告は、「本件口頭弁論期日において、Ｙは、①'の債権（乙債権）をもって、請求原因①・②の債権（甲債権）とその対当額において相殺するとの意思表示を（裁判所に対して）行う」と主張すべきである。

　なお、後述するように相殺の意思表示に条件を付することはできないが、訴訟上の相殺の意思表示は、相殺の抗弁が判決の基礎として援用されることを停止条件とするものであるため、民法506条1項後段に抵触しないかが問題になる。もっとも、①条件成就の有無が判決の時点までに確実に確定する性質を有するものであるから、相手方を不当に不安定な地位に置くものではないこと、及び②裁判所に対する意思表示であって、相手方に対する意思表示を前提とするものではないことから、同条項後段の適用はない。

(1)　再抗弁──条件又は期限付（抗弁5に対して）

①"	【相殺の意思表示（③'）に条件又は期限が付されていること】 Ｙは、抗弁③'の相殺の意思表示において、ＸＹ間での乙土地の売買契約締結を停止条件とする旨の意思表示をした。

解　説

■法的意味

　相殺の意思表示には条件や期限を付けることができない（民法506条1項後段）。

　そこで、被告から主張された相殺の抗弁に対して、原告は被告による相殺の意思表示は条件や期限付きであったために効力を生じないと主張することが

95

第1部　要件事実／第2編　要件事実各論——具体的な紛争と要件事実

　考えられる。これは、被告の主張する抗弁事実と両立し、かつ相殺の抗弁の法律効果を覆滅して、請求原因の法律効果を復活させるものであるから、再抗弁に位置づけられる。

　なお、訴訟上の相殺の抗弁の場合、訴訟上意思表示がなされるので、相殺の抗弁が判決の基礎として援用されること以外の条件を付していれば、そのことは通常訴訟上明らかと言える。

【論点】

論点① 自働債権に抗弁権が付着している場合、相殺の抗弁は認められるか。	主張自体失当となり、認められない（抗弁権の存在効果を消滅させる事実を主張立証しなければならない）。 ∵自働債権に抗弁権が付着している場合には、民法505条1項ただし書の「債務の性質がこれを許さないとき」にあたる、あるいは、明文はないが解釈上相殺が禁止される場合にあたるため、そのままでは相殺の効果が生じないことになってしまう。
論点② 相殺が禁止されることが受働債権の内容から明らかな場合（民法509条等）、相殺の抗弁は認められるか。	主張自体失当となり、認められない。 ∵請求原因事実をもって、相殺の抗弁における受働債権が性質上相殺を禁止するものであることが明らかである。
論点③ 相殺の意思表示に対する条件又は期限の付与については、相殺の抗弁を主張する者とその相手方のどちらが主張立証責任を負うか。	相手方が主張立証責任を負う。 ∵相殺の意思表示に条件・期限が付されている場合には、相殺の意思表示それ自体が無効となるため、条件・期限付与の主張は、相殺による権利消滅の法律効果を覆滅させ、請求原因事実の法律効果を復活させるものとして、再抗弁に位置づけられる。

96

第1章　消費貸借契約に関する紛争

⑸　代理——代理人による金銭消費貸借契約締結の場合

ア　請求原因

①	【金銭消費貸借契約の成立】 XはAに対し、令和3年9月1日、500万円を貸し付けた。
②	【原告・被告代理人　返還時期の合意】 XとAは、①に際し、返還時期を令和4年3月31日と定めた。
③	【顕名】 Aは、①の際、Yのためにすることを示した。
④	【①に先立つ代理権授与】 YはAに対し、令和3年8月15日、①の金銭消費貸借契約締結についての代理権を授与した。
⑤	【返還時期の到来】 令和4年3月31日は到来した。

解 説

■代理による契約締結の場合の要件事実

　ＸＹ間の金銭消費貸借契約がＸとＹの代理人Ａによって締結されたとしても、訴訟物や請求の趣旨は変わらない。代理人Ａを介していたとしても、消費貸借契約はＸＹ間に成立しているからである。

　もっとも、代理による場合の請求原因事実は、本人による場合の請求原因事実に加えて、①契約に際して顕名がなされたこと及び②契約締結に先立つ代理権授与行為の存在が必要となる。代理権授与行為の法的性質については争いがあるが、実務上は、「請求原因①・②の契約締結についての代理権を授与した」との摘示がなされるにとどまる（類型別47、48頁）。また、代理権授与行為は代理行為以前に存在することを必要とするため、「先立つ」という時的要素が加わることになる。なお、「先立つ」ことは、通常は、時的因子（代理権の授与と代理行為の各日時）の特定によって現れる。時的要素と時的因子については、46頁参照。

97

第1部　要件事実／第2編　要件事実各論──具体的な紛争と要件事実

(6)　表見代理──権限外の行為の表見代理の場合

ア　請求原因

①	【金銭消費貸借契約の成立】
②	【原告・被告代理人　返還時期の合意】
③	【顕名】
④	【基本代理権の存在】 Yは、Aに対し、令和3年8月15日、使用貸借契約についての代理権を授与した。
⑤	【返還時期の到来】
⑥	【原告の善意】 Xは、①の際、Aに金銭消費貸借契約締結についての代理権があると信じた。
⑦	【正当な理由の評価根拠事実】 Aは、①の際、Xに対し、Yの実印による印影が表彰された委任状を見せた。

解説

■**権限外の行為の表見代理の要件事実**

　権限外の行為の表見代理（民法110条1項）による場合の請求原因事実は、本人による場合の請求原因事実に加えて、①基本代理権の存在、②契約に際して顕名がなされたこと、③相手方が、代理人にその行為をする代理権があると信じたこと、④相手方が信じたことについて「正当な理由」があることである。相手方が信じたことと、「正当な理由」とは、別の要件事実として、分けて記載する。また、「正当な理由」は、規範的要件であるから、評価根拠事実として、「正当な理由」を根拠づける具体的な事実を記載する。

　権限外の行為の表見代理において、相手方が信じたこと及び「正当な理由」の証明責任は、表見代理の成立を主張する側にある。一方で、代理権消滅後の表見代理（民法112条1項）においては、表見代理の成立を否定する側が、相手方の悪意又は有過失の証明責任を負う。

第1章 消費貸借契約に関する紛争

イ　抗弁——評価障害事実（権限外の行為の表見代理の主張に対して）

| ①' | 【正当な理由の評価障害事実】
⑦の委任状の委任事項欄は、修正テープの上に手書きで記載されている。 |

解説
■**権限外の行為の表見代理に対する抗弁**

　評価障害事実として、規範的要件の成立を妨げ、評価根拠事実と両立する事実を記載する。これは、原告の主張する請求原因事実と両立し、かつその請求原因事実により生じた法律効果を阻止するものであるから抗弁にあたる。

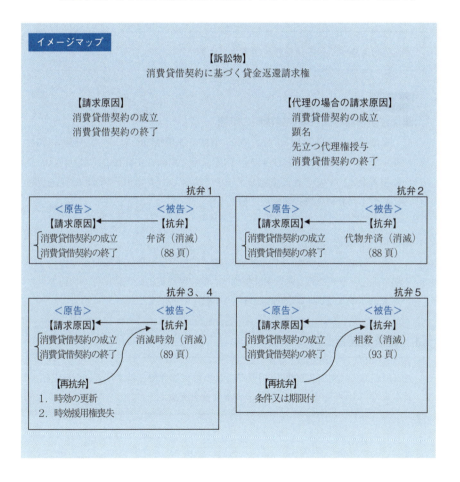

第1部　要件事実／第2編　要件事実各論——具体的な紛争と要件事実

2　保証債務履行請求訴訟

(1)　事例

　　令和2年4月1日、Aは、Xから現金1000万円を借りた。XA間には、弁済期を令和2年6月1日とすること、年15パーセントの利息を支払う旨の約定が存在した。AのXに対する貸金返還債務について、Yが保証人となった。

　　Xは、Yに対し、XY間の保証契約に基づいて、保証債務の履行を求める訴えを提起した。

(2)　訴訟物

保証契約に基づく保証債務履行請求権　1個

解　説

■保証債務履行請求権の債権額の範囲

　　保証債務は、当事者間で特約のない限り、主債務の元本・利息・遅延損害金等をすべて包含する（民法447条1項）。そのため、主債務の元本・利息・遅延損害金についての保証債務を請求する場合であっても、訴訟物は保証契約に基づく保証債務履行請求権1個となる。

■連帯保証契約の場合

　　連帯保証契約が締結された場合であっても、訴訟物は単純保証の場合と同様である。なぜなら、連帯保証契約は、単純保証契約に連帯保証の特約を付したものにすぎないものと理解されているからである。

(3)　請求の趣旨

被告は、原告に対し、1000万円及びこれに対する令和2年4月1日から支払済みまで年15パーセントの割合による金員を支払え。

第1章　消費貸借契約に関する紛争

(4)　請求原因

①	【金銭消費貸借契約の成立】 XはAに対し、令和2年4月1日、1000万円を貸し付けた。
②	【原告・主債務者　返還時期の合意】 XとAは、①に際し、返還時期を令和2年6月1日と定めた。
③	【原告・主債務者　利息契約の締結】 XとAは、①の際、年15パーセントの割合による利息を支払うとの合意をした。
④	【返還時期の経過】 令和2年6月1日が経過した。
⑤	【原告・被告　①の債務についての保証契約の締結】 Yは、Xとの間で、①の債務を保証するとの合意をした。
⑥	【書面による保証人の意思表示】 Yによる⑤の意思表示は、書面によるものである。

解説

■要件事実

　　保証債務は、主たる債務の存在を前提とするから（保証債務の附従性）、X
は、主たる債務の発生原因事実について主張立証しなければならない。まず、
主たる債務のうち元本部分にあたる貸金返還請求権の発生原因事実として、
XがAに対して金銭を貸し付けたこと（①）、返還時期の合意（②）及びその
到来が要件事実となるが、返還時期の到来については、④の【返還時期の経過】
に含まれるとして、摘示を省略するのが通常である。次に、利息分の保証債務
の履行をも請求する場合には、上記で述べた元本の発生原因事実に加えて、利
息支払の合意（③）と貸付時以降一定期間の経過も要件事実となる。貸付時以
降一定期間の経過については、一定期間の最終日の到来を摘示すれば足りる
ものとされているが、本事例の場合、これも④の【返還時期の経過】に含まれ
る。さらに、本事例において、遅延損害金分の保証債務の履行をも請求する場
合には、上記で述べた元本の発生原因事実に加えて、確定期限の経過（民法412
条1項。なお、「到来」ではなく「経過」であることについては46頁参照）と

101

第1部　要件事実／第2編　要件事実各論——具体的な紛争と要件事実

して返還時期の経過（④）と損害の発生及びその額も要件事実となる。損害の発生及びその額については、本事例の場合、（ⅰ）法定利率を超える利率による利息の合意（民法419条1項ただし書）と（ⅱ）確定期限の以降の期間の経過を主張立証する必要があるが、（ⅰ）については③として摘示済みであり、（ⅱ）については摘示は省略されるのが通例である。

　以上のような主たる債務に関する要件事実に加えて、保証契約の締結（⑤）及び保証人による保証の意思表示が書面によること（⑥）も要件事実となる。後者の要件は、保証契約は書面（その内容を記録した電磁的記録でもよい）によらなければ効力が生じないこととした平成16年の民法改正によるものであり（民法446条2項、3項）、平成17年4月1日以降に成立した保証契約において必要となる。債権者の意思も書面化されている必要があるかについては見解が分かれているが、同項の趣旨が保証人の保護にあるとして、保証人の保証意思が書面上に示されていれば足りるとの見解によれば、⑥のようになる。

■被告が連帯保証人である場合

　この場合、原告は請求原因として当該保証の合意が連帯保証であることまで主張立証しなければならないかが問題となる。

　しかし、単純保証契約であっても主たる債務の総額を保証債務として履行請求できるのであるから、連帯保証であることが債務の総額の請求原因事実となるわけではない。また、連帯保証であることは、保証の合意と可分の事実であるから、請求原因としては保証の合意だけを主張立証すれば足りる。

　連帯保証であることは、被告から共同保証人が存在するために、分別の利益があると主張された場合に、再抗弁として主張することになる（105頁参照）。

　もっとも、同一訴訟手続内で複数の保証人各自に対しそれぞれ保証債務全額を請求する場合には、請求原因において共同保証人の存在が現れているから、共同保証人の各保証債務が連帯保証債務となるべき事実または保証連帯関係を生じさせる事実を主張立証しないと、民法456条・427条により、請求の一部が主張自体失当となってしまう。そのため、こうした場合には、連帯の約定（連帯保証である旨）を保証債務履行請求の請求原因として主張立証する必要がある。

第1章　消費貸借契約に関する紛争

⑸　抗弁以下の攻撃防御方法

ア　消滅時効の抗弁

(ア)　抗弁1──消滅時効

89頁と同じ。

もっとも、保証契約に基づく保証債務は、付従性（民法448条）により、主債務の時効消滅によっても消滅する。そして、保証人は主債務の消滅時効を援用することができる（大判昭8.10.13）。したがって、主債務の消滅時効も請求原因に対する「抗弁」となる。

イ　催告・検索の抗弁とそれ以下の攻撃防御方法

(ア)　抗弁2──催告

①′	【催告の抗弁権を行使するとの権利主張】 Yは、XがAに対し請求原因①の債務の支払を催告するまで、保証債務の履行を拒絶する。

解　説

■法的意味と要件事実

原告による保証債務履行請求に対して、被告は保証債務の発生は認めつつ、まず主たる債務者に催告せよと主張することが考えられる。これは、原告の主張する請求原因事実と両立し、かつ請求原因事実により生じた法律効果の行使を阻止するものであるから抗弁にあたる。

民法452条本文に基づく催告の抗弁権は、権利抗弁（抗弁権の存在を基礎づける事実だけでは足りず、その権利を行使するとの主張を要する抗弁）であるから、保証人が同抗弁を主張する上では権利行使の意思を示す必要がある。

103

第1部　要件事実／第2編　要件事実各論──具体的な紛争と要件事実

(イ)　抗弁3──検索

①'	【主債務者に主債務を弁済する資力があること】 ex.）主債務者Aは、○○銀行□□支店の同人名義の普通預金口座において1000万円の預金を有する。
②'	【主債務者の財産に対する強制執行が容易であること】 ex.）①'に同じ。
③'	【検索の抗弁権を行使するとの権利主張】 Yは、Xが主債務者Aに対する強制執行を行うまで、保証債務の履行を拒絶する。

解説

■法的意味

　原告による保証債務履行請求に対して、被告は保証債務の発生は認めつつ、主債務者に弁済する資力があり、かつ執行が容易であるから、原告はまず主たる債務者の財産について執行せよと主張することが考えられる。これは、原告の主張する請求原因事実と両立し、かつ請求原因事実により生じた法律効果の行使を阻止するものであるから抗弁にあたる。

■要件事実

　検索の抗弁の成立要件は、民法453条に従えば、①'主債務者に弁済をする資力があること及び②'主債務者の財産に対する強制執行が容易であることである。

　また、検索の抗弁は権利抗弁であるから、同抗弁の要件事実として③'同抗弁の権利主張も必要である。

　したがって、検索の抗弁の要件事実は、①'「主債務者に主債務を弁済する資力があること」、②'「主債務者の財産に対する強制執行が容易であること」、及び③'「検索の抗弁権を行使するとの権利主張」となる。

第1章　消費貸借契約に関する紛争

(ウ)　再抗弁──連帯保証の特約（抗弁２、３に対して）

①"	【連帯保証の特約】 ＸとＹは、請求原因⑤の保証契約において、連帯保証の特約を締結した。

解　説

■法的意味

　当該保証契約が連帯保証契約である場合は、その性質上、催告・検索の抗弁権を行使することができない（民法454条）。

　そこで、被告の主張する催告・検索の抗弁に対して、原告は当該保証契約が連帯保証契約であると主張することが考えられる。これは、被告の主張する抗弁の要件事実と両立し、抗弁の要件事実から法律効果が生じるのを障害するものであるから、再抗弁にあたる。

ウ　弁済拒絶の抗弁

(ア)　抗弁４──弁済拒絶

①'	【主たる債務者の反対債権の発生原因事実】 ex.）Ａは、Ｘに対し、弁済期令和２年５月１日との約定で、50万円を貸し付けた。
②'	【①'の債務につき弁済期の到来】 令和２年５月１日は到来した。
③'	【保証人の権利主張】 Ｙは、①'の50万円の限度で保証債務の履行を拒絶する。

解　説

■法的意味と要件事実

　民法457条３項は、「主たる債務者が債権者に対して相殺権、取消権又は解除権を有するときは、これらの権利の行使によって主たる債務者がその債務を免れるべき限度において、保証人は、債権者に対して債務の履行を拒むことができる」と規定する。したがって、原告による保証債務履行請求に対して、被告は、相殺によって主債務が消滅する限度で弁済を拒絶すると主張するこ

第1部　要件事実／第2編　要件事実各論──具体的な紛争と要件事実

とが考えられる。これは、原告の主張する請求原因事実と両立し、かつ請求原因事実により生じた法律効果の行使を阻止するものであるから抗弁にあたる。

　もっとも、保証人自身が主たる債務者の反対債権を処分する権限を有するものではなく、同項は、相殺によって主債務が消滅する限度で単に弁済を拒絶する抗弁権を保証人に認めたものにすぎない。

　よって、保証人は、独自の相殺の抗弁を主張するものではないため、相殺の意思表示ではなく、（ⅰ）「主たる債務者の反対債権の発生原因事実」及び（ⅱ）「自己の権利主張」を主張立証すれば足りる。

エ　利息債務・遅延損害金債務の除外の抗弁（主債務の元本・利息・遅延損害金についての保証債務が請求された場合に対して）　←応用

(ア)　抗弁5──利息債務・遅延損害金債務の除外（主債務の元本・利息・遅延損害金についての保証債務が請求された場合に対して）

①'	【利息債務・遅延損害金債務の除外の特約】 ＸとＹは、請求原因⑤の保証契約において、利息債務及び遅延損害金債務を保証の対象から除外するとの合意をした。

解説

■法的意味

　原告が主債務の元本のみならず利息・遅延損害金についても請求してきた場合に、被告は、当該保証契約は利息・遅延損害金については保証の対象から除外していたと主張することが考えられる。これは、原告の主張する請求原因事実と両立し、請求原因事実から生じるべき法律効果の一部が生じるのを障害するものであるから、抗弁にあたる。

オ　分別の利益の抗弁とそれ以下の攻撃防御方法　←応用

(ア)　抗弁6──分別の利益

①'	【債務者・被告たる保証人以外の者　保証契約の締結】 ＸとＢは、Ｂが請求原因①の債務を保証するとの契約を締結した。
②'	【書面による保証の意思表示】 ①'の保証契約におけるＢの意思表示は、書面によるものである。

第1章　消費貸借契約に関する紛争

解　説

■**法的意味と要件事実**

　数人の保証人がある場合には、共同保証人には民法456条・427条に基づく分別の利益が認められる。したがって、原告による保証債務履行請求に対して、被告は当該主債務について保証人が数人いるため、自分が負担すべき保証債務は一部であると主張することが考えられる。これは、原告の主張する請求原因事実と両立し、かつ請求原因事実から生じるべき法律効果の一部が生じるのを障害するものであるから、（一部）抗弁にあたる。

　被告たる保証人の存在はすでに請求原因⑤において主張立証されているため、分別の利益の抗弁においては、債権者が被告たる保証人以外の者と主債務を対象とする保証契約を締結した事実を主張立証すればよい。したがって、分別の利益の抗弁の要件事実は、①′債権者が被告たる保証人以外の者と主債務について保証契約を締結したこと及び②′①′における保証人の意思表示が書面によりなされたこととなる。

(イ)　再抗弁1──保証連帯の特約（抗弁6に対して）

①″	【原告・被告　保証連帯の特約】 YとBは、相互に保証連帯の特約を締結した。

解　説

■**法的意味**

　共同保証人がいる場合であっても、共同保証人間に保証連帯の特約（民法465条）があるときは、当該特約の性質上、分別の利益を享受することはできない。

　そこで、被告から主張された分別の利益の抗弁に対して、原告は共同保証人間で保証連帯の特約があるため分別の利益は認められないと主張することが考えられる。これは、被告の主張する抗弁の要件事実と両立し、かつ分別の利益の一部抗弁としての法律効果を覆滅して、全部請求を内容とする請求原因の法律効果を復活させるものであるから、再抗弁に位置づけられる。

107

第1部　要件事実／第2編　要件事実各論——具体的な紛争と要件事実

(ウ)　再抗弁2——連帯保証の特約（抗弁6に対して）

①"	【原告・被告　連帯保証の特約】 ＸとＹは、当該保証契約において、連帯保証の特約を締結した。

解　説

■法的意味

　被告の他に共同保証人があったとしても、原告と被告の間の保証契約が連帯保証契約であるならば、被告は分別の利益を有しないとされる（判例）。そこで、被告から主張された分別の利益の抗弁に対して、原告は、被告は連帯保証人であるから分別の利益を有しないと主張することが考えられる。これは、被告の主張する抗弁の要件事実と両立し、かつ分別の利益の一部抗弁としての法律効果を覆滅して、全部請求を内容とする請求原因の法律効果を復活させるものであるから、再抗弁に位置づけられる。

■共同保証人に対する保証債務履行請求訴訟を併合提起した場合

　共同保証人に対する保証債務履行請求訴訟を併合提起した場合、各共同訴訟人に対する請求権の請求原因事実によって共同保証人の存在が明らかとなり、分別の利益の抗弁の抗弁事実も明らかとなるため、せり上がり（63頁参照）により、保証連帯の特約ないし連帯保証の特約の存在をも請求原因において主張立証する必要がある。

108

第1章　消費貸借契約に関する紛争

イメージマップ

【訴訟物】
保証契約に基づく保証債務履行請求権

【請求原因】主債務の発生原因事実
　　　　　　保証契約
　　　　　　書面による意思表示

抗弁1

抗弁2
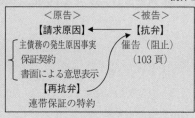

抗弁3
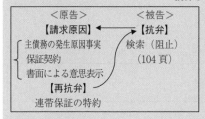

抗弁4
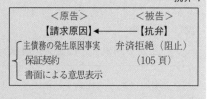

抗弁5
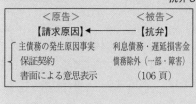

抗弁6
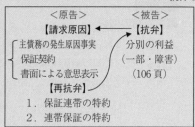

109

第1部　要件事実／第2編　要件事実各論——具体的な紛争と要件事実

第2章　売買契約に関する紛争

1　売買契約に基づく代金支払請求訴訟

(1)　事例

売主Xが、買主Yとの間で令和2年4月1日に代金を1000万円とする甲土地の売買契約を締結した。Xは、Yに対して、同契約に基づき代金の支払を請求する訴えを提起した。

(2)　訴訟物

ア　主たる請求——代金支払請求

売買契約に基づく代金支払請求権　1個

解　説

■訴訟物の個数

判例・実務のとる旧訴訟物理論にしたがえば、訴訟物は請求権ごとに形成される。契約に基づく請求権は契約ごとに発生するものであるから、同請求権を内容とする訴訟物の個数も、契約の個数によって定まる。本事例の場合には、売買契約は1個であるから、訴訟物も1個となる。

■一部請求

判例によれば、1個の債権の数量的な一部についてのみ判決を求める旨を明示した請求の場合、その部分のみが訴訟物となる（最判昭37.8.10）。具体的には、訴状のよって書き（32頁参照）において明示するのが通例である。

110

第2章　売買契約に関する紛争

イ　附帯請求──利息請求（575条2項）

(ｱ)　遅延損害金説による場合の訴訟物

代金支払債務の履行遅滞に基づく損害賠償請求権　1個

(ｲ)　法定利息説（大判昭6.5.13）による場合の訴訟物

法定利息請求権　1個

(3)　請求の趣旨

被告は、原告に対し、1000万円を支払え。

(4)　請求原因

ア　代金支払請求

①	【原告・被告　売買契約の締結】 Xは、Yに対し、令和2年4月1日、甲土地を代金1000万円で売った。

解説

■概要

　売買契約に基づく代金支払請求権の権利根拠事実について、冒頭規定説の立場から検討すると、売買の冒頭規定たる民法555条は「売買は、当事者の一方がある財産権を相手方に移転することを約し、相手方がこれに対してその代金を支払うことを約することによって、その効力を生ずる。」と規定していることから、売買契約の成立によって直ちに債権が発生することがわかる。したがって、①「売買契約の締結」が権利根拠事実となる。

　次に、売買契約の締結が認められるためには何が必要であるか、すなわち売買契約における本質的要素は何かを検討する必要がある。民法555条にしたがえば、契約の当事者のほか、双方の債務の内容である代金と目的物がそれぞれ確定している必要がある。

　さらに、同種同様の契約が反復継続して締結されうることから、個々の請求権を特定するために締結日を示すのが一般的である。もっとも、締結日それ自体は要件事実でなく、時的因子にすぎない（47頁参照）。

111

第1部　要件事実／第2編　要件事実各論——具体的な紛争と要件事実

■代金支払時期の合意——抗弁説

売買契約においては、代金支払時期の合意は本質的要素ではなく、付款にすぎない。

条件又は期限という法律行為の付款の位置付け及びその主張立証責任の分配については見解が分かれている。

条件又は期限が、その対象となる法律行為の成立要件と不可分なもの、ないしはその一内容をなすものとし、契約に基づき履行請求をする場合に、その契約に条件又は期限が付されているかどうかは、履行請求をする当事者が請求原因として主張立証すべきとする見解がある。

これに対し、契約に基づき履行請求をする場合の前提となる契約の成立要件は、民法の典型契約の冒頭規定に定められた要件が一般に契約の成立要件にあたるという立場（冒頭規定説）を前提に、売買代金債権の発生に必要な要件は、売買契約の締結だけであり、条件や期限の合意は要件にはならないとする見解がある。この見解によれば、例えば、代金支払期日が問題となっている事例において、売主が代金支払請求をするためには、確定期限の合意及びその期限の到来を主張立証する必要はなく、買主が確定期限の合意を抗弁として、これに対し売主がその期限の到来を再抗弁として、それぞれ主張立証することになる。

【論点】

論点① 代金額・代金額の決定方法の主張立証は必要か。	必要である。 ∵売買契約が成立するためには目的物の確定のほか、代金額又は代金額の決定方法が確定していることが必要である（民法555条）。
論点② 請求原因として代金支払時期の主張立証は必要か。	不要である（通説）。 ∵売買契約が成立するための要件は、財産権（目的物）の移転及び代金支払についての各合意のみである。

第2章　売買契約に関する紛争

論点③ 売主の目的物所有、引渡しの主張立証は必要か。	不要である。 ∵売買契約は他人物についても有効に成立する（民法561条）。また、売買契約は諾成契約であり、目的物の引渡しも売買代金支払請求権の発生要件ではない。

イ　利息請求（遅延損害金説の場合）　←応用

　ＸＹ間の売買契約には代金支払期日を令和2年4月15日とする約定があった。

	【原告・被告　売買契約の締結】 （ＸはＹに対し、令和2年4月1日、1000万円で甲土地を売った。） ∵当該要件事実は、主たる請求の請求原因として主張立証されることになるから、遅延損害金請求の請求原因としてあらためて主張立証する必要はない。
②	【履行期の経過】 令和2年4月15日は経過した。
③	【基づく引渡し】 ＸはＹに対し、令和2年4月1日、①の契約に基づき甲土地を引き渡し、かつ所有権移転登記手続をした。

解　説
■民法575条2項本文にいう「利息」の法的性質

　民法575条2項本文にいう「利息」の法的性質については、遅延損害金説と法定利息説（大判昭6.5.13）の争いがある。両説は同条の「利息」を遅延損害金とみるか法定利息とみるかで異なり、法定利息説は、履行遅滞の有無にかかわらず、目的物の引渡しがあった時から買主に法定の代金の利息支払義務を負わせるとする見解である。これに対して、遅延損害金説は、民法575条2項を、売主が目的物の引渡しをするまで果実を取得できる反面、買主は遅滞に陥っても遅延損害金の支払を不要としたものと考える見解である。民法575条は、利息と果実を等価値と考えて売主、買主両当事者の公平を図る趣旨であり、履行遅滞になっていない場合にまで積極的に法定の利息の発生を認めるべきではないことから、大審院判例の存在にもかかわらず、実務では遅延損害金説がとられている。そこで、ここでは遅延損害金説に即して説明を加える。

113

第1部 要件事実／第2編 要件事実各論——具体的な紛争と要件事実

■実体法上の成立要件——遅延損害金説

遅延損害金説によると、利息を請求するために、原告は、請求原因として代金支払債務の履行遅滞に基づく損害賠償請求権の発生原因事実を主張立証する必要がある。代金支払債務の履行遅滞に基づく損害賠償請求権の請求原因事実については、民法415条、419条、及び575条が規律する。伝統的通説にしたがえば、実体法上、債務不履行による損害賠償請求権の発生要件は、(ⅰ)債務不履行、(ⅱ)債務者の帰責事由、(ⅲ)債務不履行の違法性、(ⅳ)損害及びその数額、及び(ⅴ)債務不履行と損害の間の因果関係である。

■要件事実の検討

第1に、(ⅰ)債務不履行は、代金支払債務の発生原因事実及び債務不履行の事実により構成される。このうち、前者は、主たる請求の請求原因事実としてすでに主張立証されている場合には、附帯請求において再度主張立証する必要はない。後者については、履行期の種類によって異なり、売主は、(a)確定期限の合意及びその期限の経過(民法412条1項)、(b)不確定期限の合意、その期限の到来、買主の履行請求又は期限の到来を知ったこと及びその日の経過(同条2項)、(c)売主が買主に対して代金支払を求める催告をしたこと及びその日の経過(同条3項)のいずれかを主張立証する必要がある。なお、(a)については、履行遅滞責任は、履行期限の当日に履行があれば発生させるべきでないことから、民法412条1項の「期限の到来した時から遅滞の責任を負う」との文言にもかかわらず、「確定期限の経過」が要件事実となる(47頁参照)。

第2に、(ⅱ)債務者の帰責事由については、代金債務は金銭債務であって民法419条3項の適用を受けるから、原告において主張立証する必要はない。

第3に、(ⅲ)債務不履行の違法性については、同時履行の抗弁権に存在効果を認める見解(存在効果説、通説)に従えば、代金支払債務の発生原因事実が主張立証されることによって同時履行の抗弁権の存在が基礎づけられてしまい、債務不履行の違法性阻却の法律効果が生じてしまう。そうすると、このままでは同要件を満たさず、主張自体失当となるため、原告において同時履行の抗弁権の法律効果を消滅させる事実を主張立証する必要がある(せり上がり)。そこで違法性阻却事由としての同時履行の抗弁権の効果を消滅させるために、反対債務の履行の「提供」を主張立証する必要がある。さらに、代金支払債務の場合、民法575条2項本文の規定から要件が加重され、目的物の「引渡し」までが要件事実となる(不動産の場合は、登記の移転のみでは足りな

114

い。）。なお、「基づく」とは、契約上の義務の履行という意味をもち、要物契約における成立要素としての目的物給付と区別する意味がある。

第4に、（iv）損害及びその数額については、まず、損害に関しては、法定利率（民法404条）の割合による損害を請求する場合には、民法419条1項・2項にしたがい主張立証を必要としない。次に、数額に関しては、代金支払債務の履行期と目的物の引渡しがあった時期のより遅い時期以降の期間の経過を主張立証する必要があるが、摘示は省略されるのが通常である。

第5に、（v）因果関係についても、民法419条2項により主張立証を必要としない。

したがって、代金支払債務の履行遅滞に基づく損害賠償請求権の請求原因事実は、確定期限の合意がある場合には、①売買契約の締結、②代金支払債務の履行期の経過、③基づく引渡し、④履行期又は引渡し時（目的物が不動産の場合は、目的物を引き渡し、かつ所有権移転登記手続をした時）以降の期間の経過（ただし、摘示は省略されるのが通常）となる。

(7) 請求原因②の具体的内容——代金支払債務の履行期に関する3形態
A　確定期限の合意がある場合

　ＸＹ間の売買契約には、代金支払期日を令和2年7月31日とする約定があった。

【代金支払債務の履行期につき確定期限の合意】
ＸとＹは、請求原因①の売買契約に際して、代金支払債務の履行期を令和2年7月31日とする旨の合意をした。

【履行期の経過】
令和2年7月31日は経過した。

B　不確定期限の合意がある場合

　ＸＹ間の売買契約には、ＸがＡから甲土地の所有権を取得した時を代金支払期日とする約定があった。Ｘは、令和2年11月26日、Ａから甲土地を代金800万円で買い受け、Ｙはそのことを同月29日にＸからの通知で知った。

115

第1部　要件事実／第2編　要件事実各論——具体的な紛争と要件事実

【代金支払債務の履行期につき不確定期限の合意】

ＸとＹは、請求原因①の売買契約に際して、ＸがＡから甲土地の所有権を取得した時を代金支払債務の履行期とする旨の合意をした。

【不確定期限の到来】

ＡはＸに対し、令和2年11月26日、甲土地を代金800万円で売った。

【買主　不確定期限到来の了知】

Ｙは、令和2年11月29日、Ｘからの通知で、ＡＸ間の甲土地売買によりＸが甲土地所有権を取得したことを知った。

【買主が了知した日の経過】

令和2年11月29日は経過した。

C　期限の定めがない場合

　ＸＹ間の売買契約においては、代金支払期日について特に定めていなかった。令和2年4月16日、ＸはＹに対して、売買代金1000万円を支払うように催告した。

【売主→買主　催告】

ＸはＹに対し、令和2年4月16日、請求原因①の売買契約に基づく代金支払債務を履行するように催告した。

【催告期間の経過】

令和2年4月16日は経過した。

　∵民法412条3項は、債務者が「履行の請求を受けた時」から遅滞が生じるとする。もっとも、判例によれば、請求を受けた日に履行すれば履行遅滞責任が生じず、履行遅滞の違法性要件を満たさないのであるから、その日の経過したことが要件事実となる（大判大10.5.27）。

116

第 2 章　売買契約に関する紛争

【論点】

論点①	必要である。
基づく引渡しの主張立証は必要か。	∵講学上、履行遅滞の要件として、履行をしないことが違法であることが必要とされている。これは、履行しないことについて債務者に正当な理由がないこと、すなわち、債務者が同時履行の抗弁権や留置権を有しないということであるから、原則として、履行遅滞の要件事実にはならないものと解されている。ところが、売買契約は双務契約であるから、代金支払債務の発生要件としての売買契約締結の事実によって、代金支払債務に同時履行の抗弁権（民法533条）が付着していることが基礎づけられている。そして、同時履行の抗弁権の存在は、履行遅滞の違法性阻却事由にあたると解されているので（存在効果説）、この同時履行の抗弁権の存在効果を消滅させるために、反対債務である目的物の引渡しの「提供」が必要となる。これに加えて、575条2項本文の要件を満たす必要があるため「引渡し」まで主張立証することが必要となる（不動産の場合は、登記の移転のみでは足りない。）。さらに、これが契約上の義務の履行として行われることを示すため、「基づく」が必要となる。

117

第1部　要件事実／第2編　要件事実各論──具体的な紛争と要件事実

(5)　抗弁以下の攻撃防御方法

ア　錯誤の抗弁及びそれ以下の攻撃防御方法

(ア)　抗弁1──基礎事情（動機）の錯誤（代金支払請求に対して）

①'	【基礎事情（動機）の錯誤】 Yは、本件売買契約当時、本件土地の近くに私鉄の駅ができる計画がなかったにもかかわらず、その計画があるものと信じていた。
②'	【基礎事情（動機）の表示】 Yは、Xに対し、本件売買契約の締結に際し、上記計画があるので本件土地を買い受けると述べた。
③'	【表意者による取消しの意思表示】 Yは、Xに対し、令和2年4月1日、本件売買契約を取り消すとの意思表示をした。

解説

■法的意味

　　原告による代金支払請求に対して、被告は、売買契約締結の事実はあるが、その契約には動機の錯誤があるから取り消したと主張することが考えられる。これは、原告の主張する請求原因事実と両立し、かつその請求原因事実により生じる法律効果の発生を障害するものであるから抗弁にあたる。

　　　＊錯誤の要件事実は①意思表示が民法95条1項1号又は2号に掲げる錯誤に基づくものであること、②その錯誤が法律行為の目的及び取引上の社会通念に照らして重要なものであること、③取消しの意思表示、④その事情が法律行為の基礎とされていることが表示されていたこと、である。

■基礎事情（動機）の錯誤

　　基礎事情（動機）の錯誤は、基礎事情（動機）が表示されて意思表示の内容となれば、意思表示の錯誤となり得る（95条2項）。

■錯誤が法律行為の目的及び取引上の社会通念に照らして重要なものであること

　　錯誤（民法95条1項）といえるためには、錯誤に基づいて意思表示がされただけでなく、錯誤が法律行為の目的及び取引上の社会通念に照らして重要なものであることが必要である。

118

第2章　売買契約に関する紛争

■**表意者による取消しの意思表示**

　錯誤の効果は取消しなので、表意者によるその旨の意思表示が必要である。

(イ)　再抗弁──表意者の重過失（抗弁1に対して）

①″	【重過失の評価根拠事実】 ex.1）Yは、本件売買契約当時、不動産業者であった。 ex.2）本件売買契約の直前に、私鉄から別の場所に駅ができることが公 　　　表されていた。 　∵重過失は規範的要件であるから、主要事実（＝要件事実）は、重過失それ自 　　体ではなく、重過失の存在を基礎づける具体的事実となる。

解　説

■**法的意味**

　被告による基礎事情（動機）の錯誤の抗弁に対して、原告は、被告には重大
な過失があったと主張することが考えられる。これは、被告の主張する抗弁事
実と両立し、かつその抗弁事実により生じる法律効果の発生を覆して（民法95
条3項柱書）、請求原因事実の法律効果を復活させるものであるから再抗弁に
あたる。

イ　弁済の抗弁及びそれ以下の攻撃防御方法

(ア)　抗弁2──弁済（代金支払請求に対して）

①′	【本旨に基づく履行】 Y（又は第三者（民法474条））はXに対し、1000万円を支払った。
②′	【①′の履行が請求原因①の債務のためであること】 ①′の支払いは、請求原因①の債務に対する履行として行ったものである。 　∵①′だけでは、①′の金銭が何のために支払われたのか明らかでないため。

119

第1部　要件事実／第2編　要件事実各論——具体的な紛争と要件事実

解　説

■**法的意味**

　　原告による代金支払請求に対して、被告は、当該売買契約に基づく代金支払請求権は、弁済により消滅したと主張することが考えられる。これは、原告の主張する請求原因事実と両立し、かつその請求原因事実により生じた法律効果を消滅させるものであるから抗弁にあたる。

(イ)　再抗弁——第三者弁済禁止（抗弁2に対して）

①″	【第三者弁済禁止の合意】 XとYは、請求原因①の契約に付随して、同契約に基づく代金支払債務について、第三者による弁済を禁止するとの合意をした。 ∵民法 474 条1項は、第三者弁済を原則として許容していること、及び、第三者弁済は一般的に債権者の不利益とならないことからすれば、第三者弁済禁止の合意の存在は第三者弁済の無効を主張する者に主張立証責任がある（最判昭 35.10.14）。

解　説

■**法的意味**

　　被告が、自分以外の第三者が代金債務を弁済したと主張した場合、原告としては、原告・被告間の売買契約においては、第三者による弁済を禁止する旨の合意があったことを主張することが考えられる。この第三者弁済禁止の合意は、被告の主張する第三者弁済の抗弁と両立し、かつその抗弁により生じる代金支払請求権の消滅という法律効果を覆して請求原因事実の法律効果を復活させるものであるから再抗弁にあたる。

ウ　催告による解除の抗弁及びそれ以下の攻撃防御方法

(ア)　抗弁3——催告による解除（代金支払請求に対して）

①′	【買主→売主　催告】 YはXに対し、令和2年4月16日、甲土地の所有権移転登記義務の履行を催告した。
②′	【①′の後、相当期間の経過】 ①′の催告後、2週間が経過した。

120

	第2章　売買契約に関する紛争
③'	【買主→売主　相当期間経過後の解除の意思表示】 YはXに対し、令和2年5月1日、売買契約解除の意思表示をした。
④'	【解除に先立つ反対債務の履行の提供】 YはXに対し、③'の解除以前に請求原因①の債務に基づいて1000万円の支払の提供をした。

解 説

■法的意味

　原告による代金支払請求に対して、被告は、当該売買契約に基づく代金支払請求権は、原告の債務不履行を理由とする解除により消滅したと主張することが考えられる。これは、原告の主張する請求原因事実と両立し、かつその請求原因事実により生じた法律効果を消滅させるものであるから抗弁にあたる。

■催告による解除の抗弁の要件事実

　催告による解除の実体法上の要件は、（ⅰ）履行遅滞があること、（ⅱ）相当期間を定めた催告、（ⅲ）催告期間内の履行不存在、（ⅳ）債権者が催告期間経過後に解除の意思表示をしたことと解されている（民法541条、540条1項）。

　第1に、（ⅰ）履行遅滞があることという要件について検討する。履行遅滞の一般的な発生要件は、履行すべき債務の発生とその債務の履行期限の経過である（民法412条）。まず、履行すべき債務の発生については、Yが所有権移転登記義務の履行遅滞による解除を主張する場合、所有権移転登記義務の発生は請求原因で基礎づけられているため、抗弁事実として改めて主張する必要はない。次に、債務の履行期限の経過については、期限の定めがある場合には、期限の定めがあること及びその期限が経過したこと、期限の定めがない場合には、債権者から債務者に対する履行の催告及びその日の経過が要件となる（民法412条）。さらに、債務の履行がなかったことが解除権の発生要件となるのではなく、解除権の発生を障害する事実として、債務を履行したことについて債務者が主張立証責任を負うと解されている。また、履行遅滞の違法性については、主たる請求の請求原因①によって違法性阻却事由たる同時履行の抗弁権の存在効果が発生している以上、履行遅滞責任の成立を主張する者（買主）において同抗弁権の法律効果を消滅させるための事実を主張立証する必要がある（せり上がり）。この場合、一般的には、債権者による反対債務の履行の提供がなされた上で、催告・解除の手続が採られることになるため、

121

第1部　要件事実／第2編　要件事実各論──具体的な紛争と要件事実

「催告以前」に反対債務の履行がなされる必要がありそうである。しかし、債権者による反対債務の履行の提供は催告で定めた日になされることでも足りる（最判昭36.6.22）ため、ここでの時的要素は「解除以前」とするのが正確である。

第2に、（ii）相当期間を定めた催告については、期限の定めのない債務について履行期が経過したことを基礎づけるための催告と契約解除のための催告を兼ねることができるとされている（大判大6.6.27）ので、本事例においても①'の催告があれば足りる。また、催告期間を定めなかった場合でも、催告から相当の期間を経過すれば解除することができ（最判昭29.12.21）、催告後相当の期間を経過した後にした解除の意思表示は、催告期間が相当であったかどうかに関係なく有効である（最判昭31.12.6）から、催告に相当な期間を定めたことは要件事実にはならない。

第3に、（iii）催告期間内の履行不存在については、履行遅滞の発生要件と同様、債務者たる売主において履行の提供の事実を主張立証する必要がある。

第4に、（iv）債権者が催告期間経過後に解除の意思表示をしたことについては、「第2に……」のところで述べたように、解除の意思表示は催告後相当の期間が経過した後になされる必要があることから、具体的には、催告後相当期間が経過したこと、その期間が経過した後に債権者から債務者に対する解除の意思表示がなされたこと、が要件事実となる。

したがって、履行期の定めのない事例における履行遅滞解除の抗弁の抗弁事実は、①'「催告」、②'「催告後相当期間の経過」、③'「買主から売主に対する相当期間経過後の解除の意思表示」、及び、④'「解除に先立つ反対債務の履行の提供」となる。

【論点】

論点① 債務履行の事実の主張立証責任は誰が負うか。	債務者が負う。 ∵公平の見地から、履行義務を負っている者に債務を履行した事実についての証明責任を負わせるべきである。

122

第2章　売買契約に関する紛争

論点② 1つの催告で、履行期が経過したことを基礎づける催告のほか、契約解除のための催告を兼ねることができるか。	できる。 ∵二重催告を要求することは無用な繰り返しとなるため避けるべきである（大判大6.6.27）。
論点③ 売買契約の解除の事例において履行しないことが違法であることの主張立証責任は誰が負うのか。	解除を主張する者が負う。 ∵売買契約の締結の事実によって目的物引渡債務に同時履行の抗弁権が付着していることが基礎づけられるため、履行遅滞責任の成立を主張する者において同時履行の抗弁権の存在効果を消滅させる必要がある。

(イ) 再抗弁1——履行の提供（抗弁3に対して）

①"	【解除の意思表示に先立つ履行の提供】 Xは、Yに対し、抗弁①'の催告後、抗弁③'の解除の意思表示に先立って、甲土地の引渡し及び所有権移転登記手続をした。 ∵履行の提供は、解除成立以前になされる必要があるため、時的要素として「先立つ」履行が必要である。

解説

■法的意味

　被告による催告による解除の抗弁に対して、原告は、被告による解除の意思表示に先立って、原告の債務の履行を提供したと主張することが考えられる。これは、被告の主張する抗弁事実と両立し、かつその抗弁の法律効果を覆して請求原因事実の法律効果を復活させるものであるから再抗弁にあたる。

第1部 要件事実／第2編 要件事実各論──具体的な紛争と要件事実

(ウ) 再抗弁2──帰責性（抗弁3に対して）

①″	【買主の帰責性を基礎づける事実】 Yは、抗弁③′の解除の意思表示に先立って、甲土地を水没させた（時的要素については再抗弁1と同じ）。

解 説

■法的意味

　　被告による催告による解除の抗弁に対して、原告は、原告の債務不履行は、被告の責めに帰すべき事由によるもの（民法543条）であり、被告のした解除は無効であると主張することが考えられる。これは、被告の主張する抗弁事実と両立し、かつその抗弁の法律効果を覆して請求原因事実の法律効果を復活させるものであるから、再抗弁にあたる。

エ　履行不能解除の抗弁

(ア) 抗弁4──履行不能解除（代金支払請求に対して）

①′	【②′に先立つ目的物引渡しの履行不能】 令和2年4月10日、甲土地が土地収用を受けた。
②′	【買主→売主　解除の意思表示】 YはXに対して、令和2年5月1日、売買契約解除の意思表示をした。

オ　契約不適合責任解除の抗弁及びそれ以下の攻撃防御方法　←応用

　　売買の目的物が契約の内容に適合しなかった場合には、買主は、売主に対し、債務不履行の一般規定に従い、債務不履行を理由とする解除権（民法541条、542条）を有する（民法564条）。

(ア) 抗弁5──契約不適合責任解除（代金支払請求に対して）
【無催告解除の場合】

①′	【民法542条1項各号に該当する事実】 請求原因①の売買契約が締結された当時、甲土地には土壌汚染が存在していた（民法542条1項1号）。

第2章　売買契約に関する紛争

| ②' | 【買主→売主　解除の意思表示】
YはXに対して、売買契約解除の意思表示をした。 |

解説

■法的意味

　　契約不適合責任解除は、債務不履行の一般規定によるから、この主張の法的意味も、一般の債務不履行解除の場合と同様である。

■契約不適合責任解除の抗弁の要件事実

　　契約不適合責任解除は、債務不履行の一般規定によるから、その要件事実も、一般の債務不履行解除の場合と同様である。

カ　手付解除の抗弁及びそれ以下の攻撃防御方法　　←応用

(ア)　抗弁6――手付解除（代金支払請求に対して）

①'	【手付交付の合意（民法557条1項本文）】 XとYは、請求原因①の売買契約に付随して、YがXに100万円の手付を交付するとの合意をした。
②'	【①'の手付としての目的物の交付（民法557条1項本文）】 YはXに対し、①'の手付として、100万円を交付した。 ∵手付契約は要物契約であるから、契約成立要素としての目的物の交付を要件事実として主張立証する必要がある。
③'	【被告→原告　契約解除目的による手付返還請求権放棄の意思表示 （民法557条1項本文）】 YはXに対し、契約解除のためにすることを示して、①'②'に基づく手付金返還請求権を放棄するとの意思表示をした。
④'	【被告→原告　③'の後、解除の意思表示】 YはXに対し、請求原因①の売買契約を解除するとの意思表示をした。

125

第1部　要件事実／第2編　要件事実各論——具体的な紛争と要件事実

(イ)　再抗弁1——解除権留保排除の合意（抗弁6に対して）

①"	【原告・被告　解除権留保排除の合意】 ＸとＹは、抗弁①'②'の手付契約締結の際、当該手付契約の成立による約定解除権の留保はしないとの合意をした。 ∵民法557条1項により、手付は特段の意思表示がない限り、解約手付としての性質を有するため、それに反する法律効果を主張する者がその事実につき主張立証する必要がある。

(ウ)　再抗弁2——履行の着手（抗弁6に対して）

①"	【原告　抗弁④'に先立つ履行の着手（民法557条1項ただし書）】 Ｘは、抗弁④'の解除の意思表示に先立って、甲土地の引渡し又は所有権移転登記手続の履行に着手した。 ∵　民法557条1項により、手付契約による解除権の行使は、「相手方」が「契約の履行に着手」するまでに限られている。 　　なお、「履行に着手」したとは、客観的に外部から認識し得るような形で履行行為の一部をし又は履行の提供をするために欠くことのできない前提行為をしたことをいうとするのが判例である（最大判昭40.11.24、百選Ⅱ42事件）。

キ　履行期限の抗弁
(ア)　抗弁7——履行期限（代金支払請求に対して）

①'	【履行期限の合意】 ＸとＹは、請求原因①の売買契約において、代金支払期日を令和2年4月15日にする旨を合意した。 ∵条件、期限は法律行為の附款であるから、この附款によって利益を受ける者、すなわち買主において主張立証責任を負う（112頁参照）。

解　説

■**法的意味**

　　原告による代金支払請求に対して、被告は、当該売買契約において代金支払債務の履行期限の合意をしたとの主張をすることが考えられる。これは、原告の主張する請求原因事実と両立し、かつその請求原因事実により発生する権利を行使することを阻止するものであるから抗弁にあたる。

第 2 章　売買契約に関する紛争

ク　同時履行の抗弁及びそれ以下の攻撃防御方法

(ア)　抗弁 8 ──同時履行（代金支払請求に対して）

	【目的物引渡債務と代金支払債務の同時履行の関係を基礎づける事実】 （売買契約は双務契約である。） ∵請求原因①で売買契約締結の事実が主張立証されることによって同時履行の抗弁権が存在していること自体も基礎づけられるから、同時履行の関係を基礎づける事実をあらためて主張する必要はない。
①′	【被告　権利主張】 Ｙは、ＸがＹに対し甲土地の所有権移転登記手続を行うまで、請求原因①の売買代金の支払を拒絶する。 ∵同時履行の抗弁は、権利抗弁であるから、権利行使の意思表示が必要となる。

解　説

■**法的意味**

　　原告による代金支払請求に対して、被告は、原告が所有権移転登記手続を行うまで代金の支払を拒絶するとの権利主張をすることが考えられる。これは、原告の主張する請求原因事実と両立し、かつその請求原因事実から発生する権利を行使することを阻止するものであるから抗弁にあたる。

(イ)　再抗弁 1 ──先履行の合意（抗弁 8 に対して）

①″	【原告・被告　先履行の合意】 ＸとＹは、請求原因①の売買契約において、売買代金の支払を甲土地の所有権移転登記手続よりも先に履行するとの合意をした。

127

第1部　要件事実／第2編　要件事実各論──具体的な紛争と要件事実

(ｳ)　再抗弁2──反対給付の履行（抗弁8に対して）

①″	【原告・被告　反対給付の履行】 XはYに対し、請求原因①の売買契約に基づき、甲土地の所有権移転登記手続を行った。 ∵履行の提供の継続ないし現実の履行がない限り、同時履行の抗弁権は失われない（最判昭34.5.14）。履行の提供の継続まで必要とされるのは、履行の提供をした者が、履行の提供後に目的物を転売してしまったなど、既に履行が不可能になってしまっているにもかかわらず、相手方に同時履行の抗弁を認めず、無条件に債務を履行せよとするのは妥当でないからである。これに対して、同様に存在効果が問題になる場合でも、契約の解除が主張されているときには、契約関係自体が解消されてしまう以上、履行上の牽連関係を維持する必要がなくなってしまうから、履行の提供の継続までは不要である。

128

第２章　売買契約に関する紛争

イメージマップ

【訴訟物】
売買契約に基づく代金支払請求権

【請求原因】売買契約

抗弁１

＜原告＞　　　　＜被告＞
【請求原因】◀━━━【抗弁】
売買契約　　　　錯誤（障害）
【再抗弁】　　　　（118頁）
表意者の重過失

抗弁２

＜原告＞　　　　＜被告＞
【請求原因】◀━━━【抗弁】
売買契約　　　　弁済（消滅）
【再抗弁】　　　　（119頁）
第三者弁済禁止

抗弁３

＜原告＞　　　　＜被告＞
【請求原因】◀━━━【抗弁】
売買契約　　　　催告による解除
　　　　　　　　（消滅）
【再抗弁】　　　　（120頁）
１．履行の提供
２．履行不能

抗弁４

＜原告＞　　　　＜被告＞
【請求原因】◀━━━【抗弁】
売買契約　　　　履行不能解除
　　　　　　　　（消滅）
　　　　　　　　（124頁）

抗弁５

＜原告＞　　　　＜被告＞
【請求原因】◀━━━【抗弁】
売買契約　　　　契約不適合
　　　　　　　　責任解除
　　　　　　　　（消滅）
　　　　　　　　（124頁）

抗弁６

＜原告＞　　　　＜被告＞
【請求原因】◀━━━【抗弁】
売買契約　　　　手付解除（消滅）
【再抗弁】　　　　（125頁）
１．解除権留保排除合意
２．履行の着手

抗弁７

＜原告＞　　　　＜被告＞
【請求原因】◀━━━【抗弁】
売買契約　　　　履行期限（阻止）
　　　　　　　　（126頁）

抗弁８

＜原告＞　　　　＜被告＞
【請求原因】◀━━━【抗弁】
売買契約　　　　同時履行（阻止）
【再抗弁】　　　　（127頁）
１．先履行の合意
２．反対給付の履行

第1部　要件事実／第2編　要件事実各論——具体的な紛争と要件事実

2　売買契約に基づく目的物引渡請求訴訟

(1)　事例

> 　買主Xが、売主Yとの間で令和2年1月15日に代金を1000万円とする甲土地の売買契約を締結し、同契約に基づき甲土地の引渡しを請求する場合

(2)　訴訟物

売買契約に基づく目的物引渡請求権　1個

(3)　請求の趣旨

被告は、原告に対し、甲土地を引き渡せ。

(4)　請求原因

①	【売買契約の締結】 　YはXに対し、令和2年1月15日、甲土地を代金1000万円で売った。

(5)　抗弁以下の攻撃防御方法

####　ア　同時履行の抗弁（127頁参照）

#####　(ア)　抗弁1——同時履行（代金支払請求に対して）

	【目的物引渡債務と代金支払債務の同時履行の関係を基礎づける事実】
①'	【被告　権利主張】

####　イ　債務不履行解除の場合の特約等

#####　(ア)　抗弁2——停止期限付解除（目的物引渡請求に対して）

①'	【被告→原告　催告】 　Yは、Xに対し、令和2年4月16日、令和2年4月30日までに請求原因①の売買契約に基づく代金の支払をするよう催告した。

130

第2章　売買契約に関する紛争

②'	【被告→原告　停止期限付解除の意思表示】 Yは、①'の催告に際し、令和2年4月30日が経過した時に契約を解除するとの意思表示をした。
③'	【停止期限の経過】 令和2年4月30日は経過した。
④'	【被告→原告　②'に先立つ履行の提供】 Yは、Xに対し、令和2年4月14日、甲土地の引渡し及び所有権移転登記手続の提供をした。

解説

■当事者意思の合理的解釈

　　相当期間を定めて代金支払の催告をすると同時に、債務者が催告期間内に代金支払をしないときは売買契約を解除するとの意思表示をした場合、これを「催告期間内に債務者が代金を支払わないこと」を停止条件とする解除の意思表示と解釈すれば、債権者において当該条件の成就を基礎づける具体的事実としての「催告期間内に債務者が代金を支払わないこと」について証明責任を負うことになる。

　　しかし、債権者は、通常の催告解除であれば「催告期間内に債務者が代金を支払わないこと」について証明責任を負わないのに対し、上記解除の場合にこれを負うとするのは均衡を失することになる。

　　そこで、立証責任の分配における公平の理念にしたがい、債権者による解除の意思表示を合理的に解釈し、「催告期間が経過した時に売買契約を解除する」との停止期限付解除の意思表示をしたものと捉えるのが妥当である。

(イ)　抗弁3──無催告解除特約（目的物引渡請求に対して）　←応用

①'	【履行期の経過】 XとYは、請求原因①の売買契約において、代金支払期日を令和2年4月15日とする旨の合意をし、同日は経過した。
②'	【原告・被告　無催告解除特約の合意】 XとYは、請求原因①の売買契約において、債務不履行を理由とする契約解除権の行使については債権者による催告を要しない旨の合意をした。

131

第1部　要件事実／第2編　要件事実各論──具体的な紛争と要件事実

③′	【被告→原告　①′後,解除の意思表示】 YはXに対し、令和2年4月17日、請求原因①の売買契約を解除する旨の意思表示をした。
④′	【被告→原告　③′に先立つ履行の提供】 YはXに対し、令和2年4月14日、甲土地の引渡し及び所有権移転登記手続の提供をした。 ∵請求原因①による同時履行の抗弁権の存在効果を消滅させるための抗弁事実である。

(ウ)　再抗弁──弁済の提供（抗弁2、3に対して）

①″	【原告→被告　解除の意思表示に先立つ弁済の提供】 Xは、Yに対し、令和2年4月15日、請求原因①の売買契約の代金1000万円を支払った。

ウ　手付解除の抗弁（125頁参照）

(ア)　抗弁4──手付解除（目的物引渡請求に対して）

①′	【原告・被告　手付交付の合意】
②′	【①′の手付としての目的物の交付】
③′	【被告→原告　契約解除目的による手付倍額の現実の提供】
④′	【被告→原告　③′の後、解除の意思表示】

132

第2章 売買契約に関する紛争

イメージマップ

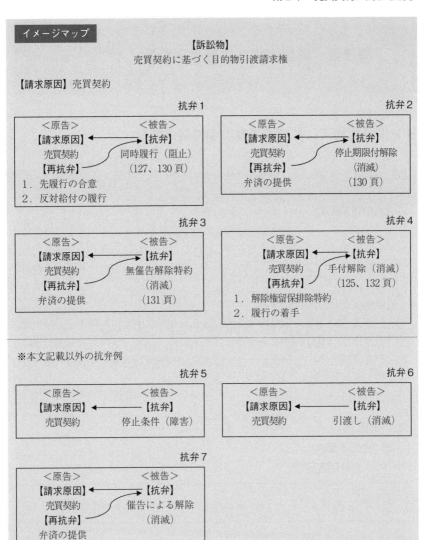

第3章　賃貸借契約に関する紛争

賃貸借契約終了に基づく不動産明渡請求訴訟

(1) 事例

> 【土地明渡請求】
> 　Xは、Yに対し、令和2年10月25日、賃料を月額10万円として甲土地を賃貸し、同日、同土地を引き渡した。XがYに対し、XY間の賃貸借契約が終了したとして、賃貸目的物たる甲土地の明渡しを請求する訴えを提起した。
>
> 【建物収去土地明渡請求】
> 　Xは、Yに対し、令和2年10月25日、賃料を月額10万円として甲土地を賃貸し、同日、同土地を引き渡した。XがYに対し、XY間の賃貸借契約が終了したとして、甲土地上に存在する乙建物を収去して、賃貸目的物たる甲土地を明け渡すことを請求する訴えを提起した。

(2) 訴訟物
ア　主たる請求
(ア)　土地明渡請求

> 賃貸借契約の終了に基づく目的物返還請求権としての土地明渡請求権　1個

解説

■概要

　賃貸借契約の終了に基づく不動産明渡請求権は、訴訟物の捉え方において、契約それ自体を基準とする一元説と個々の終了原因を基準とする多元説とで争いがある。しかし、同請求権は賃貸借契約の効果として生じる目的物返還義務に基礎をおくものであり、終了原因自体の効果として生じるものではない。そして、契約に基づく請求権の個数は契約の個数を基準に算定される。した

第3章　賃貸借契約に関する紛争

がって、一元説が妥当であり、1個の賃貸借契約に基づく明渡請求権である限り、終了原因の種類ないし数を問わず、訴訟物は常に1個となる。

■ 「引渡し」と「明渡し」の区別

不動産の占有移転においては、「引渡し」と「明渡し」という異なる概念がある。「引渡し」とは、単に目的不動産の占有を移転することをいう。それに対して、「明渡し」とは、「引渡し」のうち、不動産の占有を侵害する物品等を取り除き、居住者を立ち退かせ、目的物に対する完全な直接支配を移転させることをいう。そのため、「引渡し」を請求するか「明渡し」を請求するかは、明確に区別しなくてはならない。不動産の占有移転を求める請求の趣旨では、一般に「引渡し」ではなく「明渡し」を用いることが多い。

(イ)　建物収去土地明渡請求

> 賃貸借契約の終了に基づく目的物返還請求権としての建物収去土地明渡請求権　1個

解説

■収去義務との関係

賃借人は、賃貸借契約に基づく義務として、賃貸借契約終了により、目的物を原状回復して賃貸人に引き渡すという1個の義務としての目的物返還義務を負い、付属物の収去義務はその義務に包含されるといえる。

そこで、この場合の訴訟物は、賃貸借契約の終了に基づく目的物返還請求権としての建物収去土地明渡請求権1個となる。

イ　附帯請求

> 目的物返還義務の履行遅滞に基づく損害賠償請求権　1個

135

第1部　要件事実／第2編　要件事実各論──具体的な紛争と要件事実

(3)　請求の趣旨

ア　主たる請求

(ア)　土地明渡請求

被告は、原告に対し、甲土地を明け渡せ。

(イ)　建物収去土地明渡請求

被告は、原告に対し、乙建物を収去して甲土地を明け渡せ。

イ　附帯請求

被告は、原告に対し、令和○年○月○日から前記明渡済みまで、1か月10万円の割合による金員を支払え。

(4)　請求原因──ひな型

ア　主たる請求

①	**【原告・被告　賃貸借契約の締結】** Xは、Yに対し、令和2年10月25日、甲土地を、賃料月額10万円で賃貸した。
②	**【基づく引渡し】** Xは、Yに対し、令和2年10月25日、①の賃貸借契約に基づき、甲土地を引き渡した。
③	**【賃貸借契約の終了】** (終了原因ごとに後記)
④	**【建物の存在】**　(建物収去土地明渡請求の場合のみ) ②の後、③の時までに、甲土地上に、乙建物が建築され、③の時、同土地上に、同建物が存在した。

第3章　賃貸借契約に関する紛争

解　説

■請求原因事実

　①について、賃貸借契約に関する冒頭規定である民法601条によれば、賃貸借契約が成立するために必要な要件は、（ⅰ）目的物を一定期間使用・収益させること、及び、（ⅱ）その対価として賃料を支払うことについての合意であり、賃貸期間の定めは成立要件ではないものと考えられる。

　②は、賃貸借契約の目的物の返還を請求するためには、賃貸人が賃借人に対し、賃貸借契約に基づいて、その目的物を使用収益が可能な状態に置いていたことが前提になると考えられることから必要とされる請求原因事実である。

　③について、賃貸借契約は、目的物を借主に使用収益させることを目的とする契約であり、貸主はこの契約に拘束される結果、貸主が借主に対し目的物を返還するよう求めることができるためには賃貸借契約が終了している必要がある、すなわち、賃貸借契約においては、契約関係が終了した時に初めて、貸主の借主に対する目的物返還請求権が発生するため、賃貸借契約の終了原因事実が、賃貸目的物返還請求の請求原因事実として必要である。具体的な賃貸借契約の終了原因事実としては、賃貸期間の満了、解約申入れ、解除等が考えられるが、それぞれ要件事実が異なるため、（5）以下では、そうした終了原因ごとの要件事実及び攻撃防御の構造を示す。

　④は、建物収去土地明渡請求をする場合に必要な請求原因事実である。土地明渡請求のみをする場合には、この事実の主張立証は不要であり、①から③までの事実を主張立証すれば足りる。

137

第1部　要件事実／第2編　要件事実各論──具体的な紛争と要件事実

イ　附帯請求──履行遅滞に基づく損害賠償請求

	【原告・被告　賃貸借契約の締結】 （Xは、Yに対し、令和2年10月25日、甲土地を、賃料月額10万円で賃貸した。）
	【基づく引渡し】 （Xは、Yに対し、令和2年10月25日、①の賃貸借契約に基づき、甲土地を引き渡した。）
	【賃貸借契約の終了】
	【建物の存在】　（建物収去土地明渡請求の場合のみ） （②の後、③の時までに、甲土地上に、乙建物が建築され、③の時、同土地上に、同建物が存在した。）
⑤	【損害の発生及びその額】 ③以降の甲土地の賃料相当額は、1か月10万円である。

> **解　説**

■履行遅滞に基づく損害賠償請求の要件事実

　　目的物返還債務の履行遅滞に基づく損害賠償請求の請求原因事実としては、まず、履行遅滞の対象となる債務、すなわち、賃貸借契約終了に基づく目的物返還債務の発生原因事実が必要であるが、これについては主たる請求の請求原因として主張立証される。

　　次に、上記目的物返還債務が履行遅滞となるための要件が必要となる。この目的物返還債務は、不確定期限の定めのある債務であると考えられるから、民法412条2項により、債務者が履行の請求を受けたこと又は期限の到来を知ったことが必要になるはずである。しかし、主たる請求の請求原因事実として賃貸借契約解除の意思表示が必要とされているところ、この解除の意思表示があれば、通常債務者は当然に期限の到来を知るはずであるといえる。したがって、債務者が期限の到来を知ったことを独立の要件事実として考える必要はないというべきである。

　　最後に、損害の発生及びその額の主張立証も必要であるが、損害の発生は当然のこととして摘示せず、損害額については、賃貸目的物の賃料相当額が損害額とされるのが通常である。

第3章 賃貸借契約に関する紛争

⑸ 終了原因として期間満了が主張された場合

ア 請求原因

(ｱ) 請求原因1──民法上の存続期間満了

<table>
<tr><td rowspan="2">③-1</td><td>【原告・被告　存続期間の合意】
ＸとＹは、請求原因①の賃貸借契約締結の際、賃貸期間を令和2年10月25日から令和7年10月24日までと合意した。</td></tr>
<tr><td>【存続期間の経過】
令和7年10月24日は経過した。
 又は
【50年の経過】
令和52年10月24日は経過した。</td></tr>
</table>

> **解 説**

■請求原因事実

　民法上の賃貸期間の満了を主張する場合、賃貸借契約の存続期間は、民法604条1項で最長50年に制限されているので、①賃貸借契約上の存続期間が50年以下のときは、(ⅰ)賃貸借契約の存続期間を定めたこと、及び、(ⅱ)その存続期間が経過したこと、②賃貸借契約上の存続期間が50年を超えるときは、50年が経過したこと、を示す事実を主張立証する必要がある。

　なお、賃借人は、賃貸借契約の存続期間が満了する日までは賃貸目的物の使用権限を有することから、期間満了を終了原因とする場合の請求原因事実の時的要素は、「到来」ではなく「経過」となる。

139

第1部　要件事実／第2編　要件事実各論──具体的な紛争と要件事実

(1)　請求原因2──借地借家法上の存続期間満了

③-1	【建物所有目的の合意】 XとYは、請求原因①の賃貸借契約締結の際、建物所有を目的とする旨の合意をした。
③-2	【30年の経過】 令和32年10月24日は経過した。 又は 【原告・被告　30年より長い存続期間の合意】 XとYは、請求原因①の賃貸借契約締結の際、賃貸期間を令和2年10月25日から令和52年10月24日までと合意した。 【存続期間の経過】 令和52年10月24日は経過した。

解 説

■借地借家法の特則

　土地賃貸借契約が建物の所有を目的とする場合には、当該契約は借地借家法の適用を受け（同法2条1号）、存続期間の最短期間は30年となり（同法3条本文）、当該契約でこれより長い存続期間を定めたときは、後者による（同条ただし書）。

■民法上の存続期間満了と借地借家法上の存続期間満了との関係

　請求原因2は、Xが建物所有目的について自認した上で、借地借家法による存続期間満了を主張する場合のものである。

　他方、Xが請求原因1で掲げた「民法上の存続期間満了」の事実を主張し、これに対し、Yが建物所有目的の抗弁を提出し（後掲参照）、Xがこれを否認しつつ、さらに別個の終了原因として、「借地借家法上の存続期間満了」の事実を主張する場合もあり得る。この場合、Xは双方の請求原因を維持していると考えられるので、これらの請求原因は選択的なものとなる。

140

第3章　賃貸借契約に関する紛争

イ　建物所有目的の抗弁及びそれ以下の攻撃防御方法
(ア)　抗弁1──建物所有目的（請求原因1に対して）

①'	【建物所有目的の合意】 　XとYは、請求原因①の賃貸借契約締結の際、建物の所有を目的とする旨の合意をした。

解　説

■建物所有目的

　土地賃貸借契約が建物所有を目的とする場合には、当該契約は借地借家法の適用を受け（同法2条1号）、存続期間は最短でも30年となる（同法3条本文）。そのため、民法上の存続期間が満了していても、借地借家法上の存続期間は満了していない場合があり得る。この場合、「建物所有目的の合意」という事実は、「民法上の期間満了に基づく目的物返還請求権の発生」という請求原因事実と両立し、かつその請求原因の法律効果を覆滅させる。したがって、「建物所有目的の合意」は抗弁として機能する。

　「建物の所有を目的とする」（同法2条1号）とは、「借地人の借地使用の主たる目的がその地上の建物を築造し、これを所有することにある場合を指し、借地人がその地上の建物を築造し、所有しようとする場合であっても、それが借地使用の主たる目的ではなく、その従たる目的にすぎないときは、右に該当しないと解するのが相当である」ものとされる（最判昭42.12.5）。

141

第１部　要件事実／第２編　要件事実各論——具体的な紛争と要件事実

(イ)　再抗弁 —— 一時使用（抗弁１に対して）

①"	【一時使用の合意】 ＸとＹは、請求原因①の賃貸借契約締結の際、当該契約を短期間に限って存続させる旨の合意をした。
②"	【一時使用の評価根拠事実】 〈地上建物に関する事情〉 ex.）地上に築造する建物は、撤去の容易な組立て方式のものに限定する旨の条件が契約に付されている。 〈賃貸土地に関する事情〉 ex.）甲土地は、辰巳市の土地区画整理により、その大部分が道路予定地となっている。 〈契約の成立に関する事情〉 ex.）本件契約の締結時に作成・署名された賃貸借契約書には「一時使用目的」であることが明記されている。

解説

■一時使用

　土地賃貸借契約が建物所有目的とする場合であっても、当該契約が一時使用のために締結されたときは、借地借家法３条の適用はない（同法25条）。したがって、「一時使用の合意」は、建物所有目的の抗弁の要件事実と両立し、かつその抗弁の法律効果を覆滅して請求原因の法律効果を復活させるものとして、再抗弁に位置づけられる。

　「一時使用」の意義については、賃借人保護という借地借家法の趣旨にかんがみ、（ⅰ）賃貸借契約を短期間に限って存続させる旨の合意及び（ⅱ）当該契約に借地借家法上の諸規定の適用を必要としない客観的合理的事情の存在の双方が必要であると考えるべきである（折衷説）。そして、「一時使用」は規範的要件であることから、（ⅱ）については「一時使用の評価根拠事実」を主張立証することになる。

142

第3章　賃貸借契約に関する紛争

(ｳ)　再々抗弁 ── 一時使用の評価障害事実（再抗弁に対して）

①'''	【一時使用の評価障害事実】 ex.1）YはXに対し、請求原因①の契約に際して、権利金として1000万 　　　円を支払った。 ex.2）請求原因①の賃貸借契約には、存続期間満了後に契約更新の協議 をすることができる旨の特約がある。

解説
■**法的意味**

　　原告による一時使用の評価根拠事実の主張に対して、被告は一時使用の評価障害事実を主張することが考えられる。そして、原告の主張する評価根拠事実と被告の主張する評価障害事実を総合判断した結果、当該賃貸借契約が一時使用のためのものであると評価できる客観的事情は存在しないと判断されれば、原告の欲する借地借家法3条の不適用という法律効果は発生しないことになるから、被告の主張する評価障害事実は、原告が再抗弁で主張した評価根拠事実の再々抗弁にあたる。

ウ　黙示の更新の抗弁及びそれ以下の攻撃防御方法　　←応用

(ｱ)　抗弁2──黙示の更新（請求原因1に対して）

①'	【土地使用の継続】 Yは、令和○年○月○日以降、甲土地の使用を継続した。
②'	【賃貸人　悪意】 Xは①'の事実を知った。
③'	【相当期間の経過】 ②'の時点から1か月が経過した。
④'	【賃貸人が異議を述べなかったこと】 XはYに対し、③'の期間内に、①'の使用継続について異議を述べなかった。

143

第1部　要件事実／第2編　要件事実各論——具体的な紛争と要件事実

解 説

■法的意味

　　原告による賃貸借期間の満了を終了原因とする不動産明渡請求に対し、被告は賃貸借契約締結の黙示の更新を主張することが考えられる。これは、原告の主張する賃貸借期間満了の事実と両立し、かつ、民法 619 条１項に基づき「更に賃貸借をしたもの」との推定効果を発生させることで、その請求原因事実により生じた契約終了の法律効果を障害するものであるから、抗弁にあたる。

(イ)　再抗弁──更新合意の不成立（抗弁２に対して）

①"	【更新合意の不成立】 ＸとＹとの間で、請求原因①の契約について、更新の合意は成立しなかった。

エ　法定更新の抗弁及びそれ以下の攻撃防御方法　　←応用

(ア)　抗弁１──土地使用継続による法定更新（請求原因２に対して）

①'	【土地使用継続】 Ｙは、令和○年○月○日以降、甲土地の使用を継続した。
②'	【建物の存在】 ①'の使用継続中、甲土地上に、乙建物が存在した。

解 説

■土地使用継続による法定更新

　　建物所有目的の土地賃貸借契約において、借地借家法による存続期間が満了した場合には、賃借人が土地使用を継続し、建物がある場合に限り、法定更新が認められる（同法５条２項）。

144

第3章　賃貸借契約に関する紛争

(イ)　再抗弁──遅滞なき異議（抗弁1に対して）

①"	【遅滞なき異議】 XはYに対し、抗弁①'の使用継続につき、遅滞なく異議を述べた。
②"	【正当事由の評価根拠事実】 ex.）Xは、甲土地を駐車場として使用する予定である。

解説

■**法的意味**

　法定更新の要件を充足する場合であっても、借地権設定者が遅滞なく異議を述べた場合には、更新されたものとみなされない（借地借家法5条2項、1項ただし書）。そして、遅滞なき異議の事実は、法定更新の抗弁事実と両立し、かつ、法定更新の法律効果発生を障害して請求原因事実の法律効果を存続させるものであるから、再抗弁にあたる。

■**遅滞なき異議の再抗弁の要件事実**

　遅滞なき異議は「正当の事由」がある場合にしか述べられない（借地借家法6条）。よって、遅滞なき異議の要件は、（i）遅滞なき異議及びii正当事由があることである。このうち、（ii）は規範的要件であるから、遅滞なき異議の再抗弁の要件事実は、①"「遅滞なき異議」及び②"「正当事由の評価根拠事実」となる。

　正当事由の判断においては、当事者双方が土地使用を必要とする事情が基本的判断要素であり、借地に関する従前の経過・土地の利用状況・立退料等の給付といった要素は補完的なものにすぎず、基本的判断要素のみでは正当事由の有無を判断できない場合にはじめて考慮される。

(ウ)　再々抗弁──正当事由の評価障害事実（再抗弁に対して）

①'''	【正当事由の評価障害事実】 ex.）Yは現在、甲土地上に存在する乙建物に居住している。

145

第1部　要件事実／第2編　要件事実各論——具体的な紛争と要件事実

⑹　終了原因として解約の申入れが主張された場合　←応用

ア　請求原因

(ア)　請求原因3——解約申入れ

③-1	【解約申入れの意思表示】 XはYに対し、請求原因①の賃貸借契約について、解約申入れの意思表示をした。
③-2	【1年の経過】 （③－1）の意思表示の後、1年が経過した。

解　説

■請求原因事実

　　期間の定めのない土地賃貸借契約においては、（ⅰ）「解約申入れ」及び（ⅱ）「1年の経過」によって、当該契約は終了する（民法617条1項1号）。この場合の請求原因事実は上記のとおりである。

(イ)　予備的請求原因1'——解約申入れ（請求原因1、黙示の更新の抗弁を前提とする）

③-3	【解約申入れの意思表示】 XはYに対し、黙示の更新の抗弁③'の期間経過後に、請求原因①の賃貸借契約について、解約申入れの意思表示をした。
③-4	【1年の経過】 （③－3）の意思表示の後、1年が経過した。
③-5	【建物の存在】 黙示の更新の抗弁③'の経過時に、甲土地上に、乙建物が存在していた。

解　説

■請求原因事実

　　期間の定めのある賃貸借契約について黙示の更新がされた場合には、更新後の契約について、民法617条の規定による解約申入れができる（同法619条1項）。よって、Xが請求原因において、民法上の存続期間満了を終了原因として主張し、Yが黙示の更新の抗弁を提出した場合には、Xは別個の終了原因

146

第3章　賃貸借契約に関する紛争

として解約申入れを主張立証することができる。この場合、請求原因1と予備的請求原因1'は別個のものとして扱われる。

イ　建物所有目的の抗弁及びそれ以下の攻撃防御方法

(ア)　抗弁1──建物所有目的（請求原因3に対して）

①'	【建物所有目的の合意】

(イ)　再抗弁──一時使用（抗弁1に対して）

①"	【一時使用の合意】 ＸとＹは、請求原因①の賃貸借契約締結の際、当該契約を短期間に限って存続させる旨の合意をした。
②"	【一時使用の評価根拠事実】

(ウ)　再々抗弁──一時使用の評価障害事実（再抗弁に対して）

①'''	【一時使用の評価障害事実】

＊以上の攻撃防御方法については141頁以下参照。

⑺　終了原因として解除が主張された場合

ア　請求原因

(ア)　請求原因4──賃料不払いによる解除

③-1	【一定期間の経過】 令和○年○月から令和○年○月までの各末日が経過した。
③-2	【支払時期の経過】 令和○年○月から令和○年○月までの各末日が経過した。
③-3	【賃貸人→賃借人　催告】 ＸはＹに対し、（③－2）の期間の賃料の支払を催告した。
③-4	【③－3の後、相当期間の経過】 （③－3）の催告の後、2週間が経過した。

147

第1部　要件事実／第2編　要件事実各論——具体的な紛争と要件事実

③-5	【解除の意思表示】 XはYに対し、（③－4）の期間経過後、請求原因①の契約を解除するとの意思表示をした。

解 説

■賃料不払いによる解除が主張された場合の請求原因

　賃料は、目的物を一定期間賃借人の使用収益が可能な状態に置いたことに対する対価として発生するものであるので、ある期間の賃料債務が発生するためには、請求原因①②に加えて、（③－1）が必要となる。また、民法614条により、「宅地」についての賃料の支払時期は、特約のない限り毎月末となるため、（③－2）が必要になる。

(1) 請求原因4'——賃料不払いによる解除（賃料前払特約がある場合）

③-1	【賃料前払特約】 XとYは、請求原因①の賃貸借契約締結の際、賃料前払特約を締結した。
③-2	【（③－1の特約に基づく）支払時期の経過】 令和○年○月から令和○年○月までの各末日が経過した。
③-3	【債権者→債務者　催告】 XはYに対し、（③－2）の期間の賃料の支払を催告した。
③-4	【③－3の後、相当期間の経過】 （③－3）の催告の後、2週間が経過した。
③-5	【解除の意思表示】 XはYに対し、（③－4）の期間経過後、請求原因①の賃貸借契約を解除するとの意思表示をした。

148

第3章　賃貸借契約に関する紛争

解 説

■賃料不払いによる解除（賃料前払特約がある場合）が主張されたときの請求原因

　賃料前払特約の存在を主張立証するため、請求原因4の（③-1・2）が変化している。もっとも、請求原因4の（③-2）の支払時期もすでに経過している場合には、この特約の存在等を主張する意味はない。

(ウ)　請求原因4″――賃料不払いによる解除（無催告解除特約がある場合）

③-1	【一定期間の経過】 令和〇年〇月から令和〇年〇月までの各末日が経過した。
③-2	【支払時期の経過】 令和〇年〇月から令和〇年〇月までの各末日が経過した。
③-3	【無催告解除特約】 XとYは、請求原因①の賃貸借契約締結の際、賃料支払時期が経過したときは、Xは催告を要せずして当該契約を解除できるとの特約を締結した。
③-4	【背信性の評価根拠事実】 ex.）Yは、③-2の期間の賃料を支払っていないほか、以前から相当の回数にわたって支払時期に賃料を支払わなかった。
③-5	【解除の意思表示】 XはYに対し、（③-2）の支払時期の経過後、請求原因①の契約を解除するとの意思表示をした。

解 説

■賃料不払いによる解除（無催告解除特約がある場合）が主張されたときの請求原因

　無催告解除特約があっても、賃貸人が信頼関係破壊の事実を主張立証しなければ、同特約に基づく無催告解除は認められない（最判昭 43.11.21）。よって、請求原因として、（③-4）が必要になる。そして、背信性は規範的要件であるから、その評価根拠事実、例えば、Yがそれ以前にも相当回数にわたり賃料支払を怠っていた事実等を主張立証する必要がある。

149

第1部　要件事実／第2編　要件事実各論——具体的な紛争と要件事実

(I)　請求原因5——増改築禁止特約違反による解除　　←応用

③-1	【増改築禁止特約】 XとYは、請求原因①の賃貸借契約締結の際、甲土地上に付属された建物を増改築しないとの特約を締結した。
③-2	【無催告解除特約】 XとYは、請求原因①の賃貸借契約締結の際、③－1の増改築禁止特約に違反したときは、Xは催告を要せずして当該契約を解除できるとの特約を締結した。
③-3	【増改築】 Yは、甲土地上に付属された乙建物を増改築した。
③-4	【解除の意思表示】 XはYに対し、（③－3）の後、請求原因①の契約を解除するとの意思表示をした。

解　説

■請求原因事実

増改築禁止特約に基づく債務は不作為債務であるから、Yの義務違反行為については、その違反を主張するXが主張立証責任を負う。よって、請求原因事実として（③－3）が必要になる。

【論点】

論点① 信頼関係破壊の事実の証明責任はいずれの当事者が負うか。	賃借人が、増改築行為によっても賃貸人に対する信頼関係を破壊するおそれがあると認めるに足りない事情を主張立証すべきである。
	∵賃料不払いの場合は、通常それ自体で直ちに賃貸借の継続を困難ならしめるような債務不履行にはあたらず、また、賃借人の意思いかんにより催告に応じて履行をすることが容易であるのが通常であるのに対し、増改築禁止特約違反のような用法違反の場合には、不履行状態の除去が容易でないため、背信性が強いといえるから、賃借人の側で背信性がないことを主張立証する必要がある。

150

第3章　賃貸借契約に関する紛争

イ　弁済の提供の抗弁

(ア)　弁済の提供の抗弁

A　抗弁1──弁済の提供（請求原因4に対して）

①'	**【弁済の提供】** Yは、令和○年○月○日（（③－3）の催告後、（③－5）の解除の意思表示前）、延滞していた○か月分の賃料○○万円を持参してX宅に赴き、Xに対しその受領を求めた。

> **解 説**

■法的意味

　　原告の賃料不払いによる解除を終了原因とする不動産明渡請求に対し、被告は賃料債務の弁済の提供の事実を主張することが考えられる。これは、支払時期の経過の事実と両立し、かつ、その請求原因事実により生じた法律効果を消滅させるものであるから、抗弁にあたる。

■「催告後」の時的要素

　　催告前の弁済の主張は、請求原因に対する積極否認となる。そのため、弁済の提供の事実を抗弁として機能させるためには、催告後の弁済の提供を主張立証する必要がある。

B　抗弁1──弁済の提供（請求原因4'、4"に対して）

①'	**【弁済の提供】** Yは、令和○年○月○日（（③－5）の解除の意思表示前）、延滞していた○か月分の賃料○○万円を持参してX宅に赴き、Xに対しその受領を求めた。

(イ)　信頼関係不破壊の抗弁及びそれ以下の攻撃防御方法

A　抗弁1──信頼関係不破壊の評価根拠事実（請求原因5に対して）

①'	**【信頼関係不破壊の評価根拠事実】** ex.) 請求原因（③－3）の増改築は、○○○にすぎない。

151

第1部　要件事実／第2編　要件事実各論——具体的な紛争と要件事実

解　説

■法的意味

　最判昭41.4.21は、「一般に、建物所有を目的とする土地の賃貸借契約中に、賃借人が賃貸人の承諾をえないで賃借地内の建物を増改築するときは、賃貸人は催告を要しないで、賃貸借契約を解除することができる旨の特約（以下で単に建物増改築禁止の特約という。）があるにかかわらず、賃借人が賃貸人の承諾を得ないで増改築をした場合においても、この増改築が借地人の土地の通常の利用上相当であり、土地賃貸人に著しい影響を及ぼさないため、賃貸人に対する信頼関係を破壊するおそれがあると認めるに足りないときは、賃貸人が前記特約に基づき解除権を行使することは、信義誠実の原則上、許されないものというべきである。」と判示し、増改築行為によっても賃貸人に対する信頼関係を破壊するおそれがあると認めるに足りない事情がある場合、賃貸人の解除権行使は制限され、そうした事情に該当する具体的事実については賃借人が主張立証責任を負うことを明らかにしている。

　信頼関係不破壊の事実は、増改築禁止特約違反による解除の請求原因事実と両立し、かつ、請求原因事実による解除権発生の法律効果発生を障害するものであるから、抗弁にあたる。

B　再抗弁——信頼関係不破壊の評価障害事実（抗弁1に対して）

①″	【信頼関係不破壊の評価障害事実】 ex.）請求原因（③−3）の増改築は、△△△である。

152

第3章　賃貸借契約に関する紛争

イメージマップ

【訴訟物】
賃貸借契約の終了に基づく目的物返還請求権としての土地明渡請求権

【請求原因1】賃貸借契約に基づく引渡し
　　　　　　民法上の期間満了

抗弁1　　　　　　　　　　　　　　　　　　　　　　　抗弁2

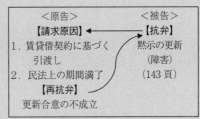

【請求原因2】賃貸借契約に基づく引渡し
　　　　　　借地借家法上の期間満了

抗弁1

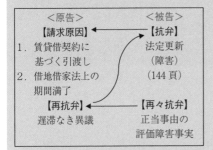

【請求原因3】賃貸借契約に基づく引渡し
　　　　　　解約申入れ

抗弁1

153

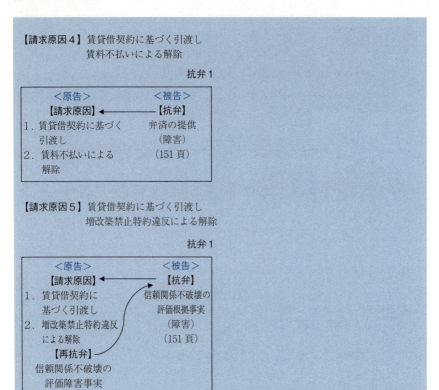

第4章　不動産の明渡しに関する紛争

> **第4章　不動産の明渡しに関する紛争**

1　所有権に基づく土地明渡請求訴訟

(1)　事例

　　Xが、甲土地を占有するYに対し、甲土地の所有権に基づいて、その明渡しを求める訴えを提起した。

(2)　訴訟物

ア　主たる請求──土地明渡請求

所有権に基づく返還請求権としての土地明渡請求権　　1個

解説

■訴訟物の法的性質

　　所有権に基づく物権的請求権は、（ⅰ）他人の占有によって所有権が侵害されている場合の「返還請求権」、（ⅱ）他人の占有以外の方法によって所有権が侵害されている場合の「妨害排除請求権」、（ⅲ）他人による所有権侵害のおそれがある場合の「妨害予防請求権」の3種類に分けられる。

　　本件においては、Yの占有によって甲土地の所有権が侵害されていることから、物権的請求権の種類は返還請求権である。

■訴訟物の個数

　　所有権に基づく物権的請求権が訴訟物である場合の訴訟物の個数は、（ⅰ）「侵害されている所有権の個数」及び（ⅱ）「所有権侵害の態様の個数」によって定められる。本件の場合、（ⅰ）侵害されている所有権はXの甲土地1筆の所有権であり、また、（ⅱ）侵害の態様もYによる占有の1個であるから、訴訟物の個数は1個である。

155

第1部　要件事実／第2編　要件事実各論——具体的な紛争と要件事実

イ　附帯請求——不法行為責任に基づく損害賠償請求

> 不法行為に基づく損害賠償請求権　1個

解 説

■概要

　　所有権に基づく返還請求権としての不動産明渡請求訴訟が提起されている場合、これに加えて、その物の利用価値が侵害されたとして、賃料相当額の損害金を請求するのが通常である。

　　この損害金請求を不当利得に基づく利得返還請求権と構成すると、「法律上の原因」（民法703条）のないことの立証責任まで負担せねばならない（最判昭59.12.21）ため、不法行為に基づく損害賠償請求権と構成するのが一般的である。

　　また、継続的不法行為による損害賠償請求権は全体として1個の侵害行為に基づく1個の請求権であって、損害が日々発生するのみであると解される。この見解によると、占有開始時ではなく、占有開始後の特定の日以降の損害賠償を求める場合は一部請求になる。このように一部請求をする場合、判例は明示的一部請求説を採ることから、原告としては、一部請求であることを明示して訴訟物の範囲を特定するために、よって書きにおいて一部請求である旨を記載することになる。

(3)　請求の趣旨

ア　主たる請求

> 被告は、原告に対し、甲土地を明け渡せ。

イ　附帯請求

> 被告は、原告に対し、甲土地の明渡し済みまで、1か月当たり50万円の割合による金員を支払え。

156

第4章　不動産の明渡しに関する紛争

(4)　請求原因

ア　土地明渡請求

(ア)　請求原因1——被告が原告のもと所有を認めている場合

①	【原告もと所有】 Xは、令和2年4月22日当時、甲土地を所有していた。
②	【被告現占有】 Yは、甲土地を占有している。

解説

■**土地明渡請求の請求原因事実**

　所有権に基づく返還請求権を認める明文規定はないが、所有権よりも弱い権利である占有権にも認められていること（民法200条1項）などから、これも当然に認められている。そして、その具体的内容は占有訴権に対応するものと捉えられている。そこで、所有権に基づく返還請求権の成立要件は、民法200条1項にならい、（ⅰ）所有権の存在及び（ⅱ）占有による所有権侵害である。

　（ⅰ）の要件に関しては、論点①②で検討するが、原告の過去のある時点における所有について被告の権利自白が成立する場合、原告のもと所有を摘示すれば足りる。

　（ⅱ）の要件に関しては、論点③で検討するとおり、もと占有説と現占有説の対立があるが、本書では、現占有説に立つ。

　よって、所有権に基づく返還請求権としての土地明渡請求権の請求原因事実は、①「原告もと所有」及び②「被告現占有」となる。

157

第1部　要件事実／第2編　要件事実各論——具体的な紛争と要件事実

【論点】

論点① 所有権について権利自白が成立するか。	成立する。 ∵　原告が土地に対する所有権の存在を主張立証するために、所有権の原始取得の原因事実からその後の承継取得の原因事実をすべて主張立証しなければならないとすることは困難をともなう。また、所有という概念は一般人の日常生活にとけ込んでおり、理解することができるものであるから、これに自白を認めても不都合ではない。そこで実務上は、所有権自体を要件事実と同一に扱って、その自白（権利自白）を認めている。 　このように所有権に権利自白を認めれば、現在若しくは過去の一定時点における原告の所有又は過去の一定時点における原告の前所有者等の所有（原告やその前所有者等の過去の一定時点における所有のことを「もと所有」と呼ぶ。）について権利自白が成立する場合には、原告は、それ以前の所有権取得原因となる具体的事実を主張立証する必要はないこととなる。
論点② 権利自白の成立時点はどのように捉えるべきか。	原告の主張する所有権の取得経緯と、それに対する被告の認否や被告の主張の内容との関係から検討すべきである。 　例えば、被告が、過去の一定時点における原告の所有を認めた上で、売買や贈与など、原告以外の者の所有権取得原因事実を主張して、原告が現在所有権者であることを争う場合（被告が「所有権喪失の抗弁」を主張する場合）、被告は、原告以外の者の所有権取得原因事実が発生した当時の原告の所有を認めているので、その当時の原告の所有について権利自白が成立する。 　また、原告が前主Aから所有権を承継取得したと主張した場合に、被告が、Aが当該不動産をもと所有していたことを認めた上で、被告もAから所有権を承継取得したとしてAからの所有権取得原因事実を主張し、原告が現在所有権者であることを争う場合（被告が「対抗要件の抗弁」あるいは「対抗要件具備による所有権喪失の抗弁」を主張する場合）、原告のAからの所有権取得原因事実の発生当時と

158

第4章　不動産の明渡しに関する紛争

	被告のＡからの所有権取得原因事実の発生当時の いずれか早い時点におけるＡの所有について、原告 と被告との間には争いがないので、その当時のＡの 所有について権利自白が成立する。
論点③ **妨害状態であるＹの占有 は、いつの時点で必要か。**	口頭弁論終結時における占有が必要である（現占有 説）。 　∵　この論点に関しては、もと占有説と、現占有説の対 　　立がある。 　　　「もと占有説」とは、占有による所有権侵害を、相 　　手方の占有開始時あるいは過去の一時点における物 　　の占有で足りるとする考え方である。その後の相手方 　　の占有の喪失を抗弁事実と捉えることになる。 　　　これに対し、「現占有説」は、占有による所有権侵 　　害を、事実審の口頭弁論終結時における相手方の物の 　　占有とする考え方である。相手方がその時点で占有を 　　していないことは、抗弁ではなく否認となる。 　　　では、いずれが妥当か。占有は事実状態であること 　　から、必ずしも過去の一定時点における占有の存在を 　　もって認定時のそれまで証明されることはない。ま 　　た、実体法的観点から、物権的請求権は、妨害状態が 　　存在する限り当該物権から不断に発生するものであ 　　ることからも、「もと占有説」の解釈は実体法の解釈 　　に適合せず、現占有説が妥当と考えられる。
論点④ **占有の摘示の程度はどう なるか。**	「占有」は価値的要件（43頁以下参照）であるから、 具体的には以下のとおりとなる。 ・当事者間に争いのない場合 　　→Ｙが甲土地を占有しているとの摘示で足り 　　　る。 ・当事者間に争いのある場合 　　→攻撃防御の対象が何であるかが分かる程度 　　　に具体的事実を主張する必要がある。

第1部　要件事実／第2編　要件事実各論──具体的な紛争と要件事実

(イ)　請求原因2──被告が前主のもと所有を認めている場合

①	【前主もと所有】 Aは、甲土地を、もと所有していた（ＡＸ間の売買契約締結時とＡＹ間の売買契約締結時のいずれか早い時点）。
②	【前主・原告　売買契約の締結】 AはＸに対し、令和2年4月22日、甲土地を、代金1000万円で売った。
③	【被告現占有】 Ｙは、甲土地を占有している。

(ウ)　請求原因3──被告が原告の現所有について認めている場合

①	【原告現所有】 Ｘは、甲土地を所有している。
②	【被告現占有】 Ｙは、甲土地を占有している。

解　説

■土地明渡請求の請求原因事実

　　物権的請求権は物権に対する妨害状態が存する限りで不断に発生する性質のものであるから、請求原因事実としては、被告の過去のある一定時点における占有を主張立証するのでなく、被告の現占有を主張立証する必要がある。

　　また、「占有」は相当観念化した抽象的事実概念なので、価値的要件と捉えられ、被告の現占有につき争いがなければ、単に「占有」を摘示すればよいが、争いがある場合には、攻撃防御の目標を示すため、自己占有（民法180条）や代理占有（民法181条）に応じた具体的事実を主張立証する必要がある。

160

第4章　不動産の明渡しに関する紛争

【論点】

論点① 相手方がその物に対する正当な占有権原を有していないことは請求原因となるか。	ならない（最判昭35.3.1）。 ∵立証責任の分配における法律要件分類説に立てば、占有権原を有していることは所有権に基づく返還請求権の発生を妨げる権利障害事実であると解される。また、請求権者が「相手方に占有権原がないこと」を主張立証するのは困難である。
論点② 民法188条が適用される結果、原告が「被告に占有権原がないこと」を主張立証しなければならないか。	主張立証しなくてよい。 ∵民法188条の占有の権利推定は、占有を伝来的に取得した前主に対しては効力を有しないので、占有者が所有者である原告から占有権原を取得したかどうかが問題となった場合には、民法188条は適用されない（最判昭35.3.1）。

イ　損害賠償請求

①	【原告もと所有】（主たる請求において指摘済みなので別途主張不要） （Xは、令和2年4月22日当時、甲土地を所有していた。）
②	【被告の過去の時点における占有】 Yは、令和2年4月22日当時、甲土地を占有していた。
③	【被告現占有】（主たる請求において指摘済みなので別途主張不要） （Yは、現在、甲土地を占有している。）
④	【故意】（実際は摘示しないのが通常） Yは、①②③について故意がある。
⑤	【損害の発生及び数額】 令和2年4月22日以降の甲土地の賃料相当額は、1か月当たり50万円である。
⑥	【因果関係】（実際は摘示しないのが通常） ①②③と⑤との間には因果関係がある。

161

第1部　要件事実／第2編　要件事実各論——具体的な紛争と要件事実

解　説

■損害賠償請求の請求原因事実

　　不法行為に基づく損害賠償請求権の成立要件は、民法709条に従えば、（ⅰ）「権利侵害」、（ⅱ）「（ⅰ）についての故意又は過失」（＝④）、（ⅲ）「損害の発生及びその数額」（＝⑤）、及び（ⅳ）「（ⅰ）と（ⅲ）の間の因果関係」（＝⑥）である。

　　（ⅰ）が認められるためには、被侵害利益の存在と、加害行為の存在が必要である。

　　「被侵害利益の存在」は①「原告もと所有」により示される。

　　「加害行為の存在」は、土地の占有継続を指すが、民法186条2項が適用される。そこで、原告は、②「被告の過去の時点における占有」及び③「被告現占有」を示す必要がある。

　　したがって、損害賠償請求の要件事実としては①〜⑥の各事実が必要であるが、①及び③は主たる請求における請求原因事実においてすでに主張立証されているため、附帯請求においてこれらを別途主張立証する必要はない。

　　また、④及び⑥は、権利侵害及び損害にかかる事実において推定できるため、実際上は摘示しないのが通常である。

(5)　抗弁以下の攻撃防御方法

　ア　所有権喪失の抗弁及びそれ以下の攻撃防御方法

　（ア）　抗弁1——所有権喪失（主たる請求（請求原因1）に対して）

①'	【原告・第三者　売買契約の締結】 XはBに対し、令和2年4月23日、甲土地を、代金1000万円で売った。

解　説

■法的意味

　　Yは、過去の一定時点においてXが甲土地を所有していたことを前提として、X以外の者の所有権取得原因事実を主張することが考えられる。これは、原告の主張する請求原因事実と両立し、かつその請求原因事実により生じた法律効果を妨げるものであるから抗弁にあたる。

第 4 章　不動産の明渡しに関する紛争

A　予備的抗弁——善意の第三者（売買による所有権喪失の抗弁及び虚偽表示の再抗弁を前提として）

＊予備的抗弁については 199 頁以下参照。

(イ)　再抗弁 1 ——虚偽表示（抗弁 1 に対して）

①"	【原告・第三者　虚偽表示の合意】 ＸとＢは、抗弁①'の売買契約締結の際、いずれも売買契約を締結する意思がないのに、その意思があるもののように仮装するとの合意をした。

解　説
■法的意味

　売買契約による所有権喪失の抗弁に対して、原告は売買契約自体が虚偽表示によるもので無効である（民法 94 条 1 項）と主張することが考えられる。これは、被告の主張する抗弁事実と両立し、かつその抗弁事実により生じた法律効果を覆して請求原因事実の法律効果を復活させるものであるから再抗弁にあたる。

(ウ)　再抗弁 2 ——催告による解除（抗弁 1 に対して）（詳しくは 121 頁参照）

①"	【原告→第三者　催告】
②"	【①"の後相当期間の経過】
③"	【原告→第三者　相当期間経過後の解除の意思表示】
④"	【解除に先立つ反対債務の履行の提供】

解　説
■法的意味

　売買契約による所有権喪失の抗弁に対して、原告は売買契約につき催告による解除をしたので所有権は原告にあると主張することが考えられる。これは、被告の主張する抗弁事実と両立し、かつその抗弁事実により生じた法律効

163

第1部　要件事実／第2編　要件事実各論——具体的な紛争と要件事実

果を覆して請求原因事実の法律効果を復活させるものであるから再抗弁にあたる。

(I)　再抗弁3——所有権留保特約（抗弁1に対して）　⇐応用

①"	【所有権留保特約】 XとBは、抗弁①"の売買契約に付随して、所有権留保特約（Bが売買代金を完済するまで土地の所有権をXが留保するとの特約）を締結した。

解　説

■所有権留保特約の法的性質

　　所有権留保の法的性質につき、通説は、売買における所有権移転の効果を代金完済という事実（停止条件）の成就にかからしめる特約であると解する（所有権的構成）。所有権喪失の抗弁に対する所有権留保特約の再抗弁と捉えるのは、この見解に立つことを前提とする。

　　他方、売買代金債権を被担保債権とする担保権と解すると（担保的構成）、再抗弁としては主張自体失当になる。ただ、この見解からも、所有権留保特約の存在に加えて担保権の実行行為に該当する事実を主張立証すれば、別個の予備的請求原因が立つ。

(オ)　再々抗弁——代金完済（再抗弁3に対して）　⇐応用

①'''	【弁済】 BはXに対し、抗弁①'の契約に基づく代金債務の履行として、1000万円を支払った。

第4章　不動産の明渡しに関する紛争

イ　対抗要件の抗弁及びそれ以下の攻撃防御方法

(ｱ)　抗弁1──対抗要件（主たる請求（請求原因2）に対して）

①′	【前主・被告　売買契約の締結】 AはYに対し、令和2年4月23日、甲土地を、代金1000万円で売った。
②′	【対抗要件の抗弁を行使する旨の権利主張】 Yは、Xが請求原因②の売買契約に基づき甲土地の所有権移転登記を具備するまで、Xの所有権取得を認めない（権利主張）。

解説

■法的意味

　　原告による土地明渡請求に対して、被告は原告主張の売買契約の存在を前提とした上で、原告は登記を経ていないので、甲土地の二重譲受人である被告に対し、甲土地の所有権を対抗することができないと主張することが考えられる。これは、原告の主張する請求原因事実と両立し、かつその請求原因事実により生じた法律効果を阻止するものであるから抗弁にあたる。

■対抗要件の抗弁の要件事実

　　対抗要件に関する主張立証責任は誰が負うべきか、どのような要件事実を主張すべきかについて、見解が分かれている。

　　1つの見解として、第三者の側で、「対抗要件の不存在を主張し得る正当な利益を有する第三者性」を主張立証すれば足りるという考え方（第三者抗弁説）がある。しかし、本人の意思にかかわらず対抗要件の抗弁が提出されることになる場合もあるため、妥当でない。

　　また、第三者性に加え、原告が対抗要件を具備していないことを第三者の側で主張立証すべきという見解（事実抗弁説）もあるが、消極的事実の立証をさせることは登記以外の対抗要件（ex.民法178条の引渡し、467条の通知・承諾）の場合に妥当でないため、支持し得ない。

　　そこで、抗弁事実としては、①′「正当な利益を有する第三者であることを基礎づける事実」、②′「対抗要件の抗弁を行使する旨の権利主張」、が必要であると解するのが相当である（権利抗弁説）。

165

第1部　要件事実／第2編　要件事実各論──具体的な紛争と要件事実

【論点】

論点① 権利主張の要否	権利主張が必要である（権利抗弁説）。
	∵対抗要件の有無を問題とする意思があることを要件事実として取り出すことによって、対抗要件の抗弁を主張するつもりが全くないときに、当然に対抗要件の抗弁を主張したことになる事態を回避できる。また、対抗要件を具備した者に、その事実の主張立証責任を負わせる点で合理的である。

(イ)　再抗弁──対抗要件具備（抗弁1に対して）

①″	【対抗要件具備】 Aは、Xに対し、請求原因②の売買契約に基づき、甲土地の所有権移転登記手続をした。

ウ　対抗要件具備による所有権喪失の抗弁

(ア)　抗弁2──対抗要件具備による所有権喪失（主たる請求（請求原因2）に対して）

①′	【前主・被告　売買契約の締結】 Aは、Yに対し、令和2年4月23日、甲土地を、代金1000万円で売った。
②′	【基づく登記手続】 Aは、Yに対し、①′の売買契約に基づき、甲土地の所有権移転登記手続をした。

解　説

■対抗要件具備による所有権喪失の抗弁の要件事実

　　対抗要件具備による所有権喪失の抗弁とは、原告と対抗関係にある被告が対抗要件を具備したことによって、原告の所有者としての地位が失われ、被告が確定的に所有権を取得した、と主張するものである。

　　この抗弁の要件事実は、（ⅰ）被告が第三者（民法177条）であることを基礎付ける事実、（ⅱ）被告が対抗要件を具備したことである。

166

第4章　不動産の明渡しに関する紛争

エ　占有権原の抗弁（賃貸借）

(ア)　抗弁1──占有権原（主たる請求（請求原因3）に対して）

①'	【原告・被告　賃貸借契約の締結】 Xは、Yに対し、令和2年5月12日、甲土地を、賃料月額50万円で賃貸した。
②'	【基づく引渡し】 Xは、Yに対し、令和2年5月12日、①'の賃貸借契約に基づき、甲土地を引き渡した。

解説

■法的意味

　　原告による土地明渡請求に対して、被告は原告の土地所有権を認めた上でその土地に対して正当な占有権原を有していると主張することが考えられる。これは、原告の主張する請求原因事実と両立し、かつその請求原因事実により生じた法律効果を妨げるものであるから抗弁にあたる。

■占有権原の抗弁の要件事実

　　占有権原の抗弁として被告が主張すべき事実は、占有権原を取得する原因となる具体的な事実である。そして、本事例のように賃借権が占有権原として主張されている場合には、まず、賃貸借契約が成立したことを示す事実が必要である（賃貸借契約の成立要件については、136頁参照）。次に、その賃貸借契約と被告の当該土地に対する占有とが関連性を有することを示す事実が必要である。なぜなら、仮に、被告が抗弁で主張している賃貸借契約とは全く関係のない事情で当該土地を占有しているとすると、被告は自らが主張している賃貸借契約によらないで当該土地を占有しているということになり、被告によるその賃貸借契約の主張は意味がないことになってしまうからである。なお、上記関連性を有することを示すために「基づく引渡し」という表現が用いられる。

167

第1部 要件事実／第2編 要件事実各論──具体的な紛争と要件事実

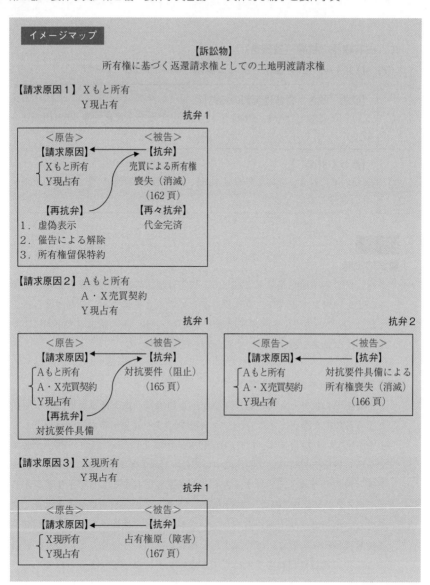

第4章　不動産の明渡しに関する紛争

2　所有権に基づく建物収去土地明渡請求訴訟

(1)　事例

　　XがYに対し、甲土地の所有権に基づいて、乙建物を収去して甲土地を明け渡すよう求める訴えを提起した。

(2)　訴訟物

ア　主たる請求——土地明渡請求

所有権に基づく返還請求権としての土地明渡請求権　1個　（旧1個説）

> **解　説**

■訴訟物の個数

　　請求の趣旨及び判決主文に建物収去が記載されるのは、土地明渡しの債務名義だけでは別個の不動産たる地上建物の収去執行ができないという執行法上の制約（民執 168 条1項参照）があるために、執行方法を明示したにすぎず、建物収去は土地明渡しと別個の実体法上の請求権に基づくものではない（旧1個説）。

　　これに対し、土地所有権に基づく妨害排除請求権としての建物収去請求権と土地所有権に基づく返還請求権としての土地明渡請求権の2個であるとする説（2個説）もあるが、同一人の同一土地に対する同一時期の妨害として、占有侵奪という態様によるものとそれ以外の態様によるものとは併存し得ないのではないかという疑問があり、妥当でない。

　　さらに、物権的請求権の伝統的な3類型は通常の型を示しただけであり、同請求権の内容は、侵害態様に応じて変化すると考えて、建物収去土地明渡請求権の訴訟物は、所有権に基づく建物収去土地明渡請求権1個であるとする説（新1個説）もある。しかし、伝統的な3類型との関係について、なお検討を要するとされている。

　　判例はこの点について明確に判示していないが、通説である旧1個説に立つと考えられている（最判昭 33.6.6、最判昭 36.2.28、最判昭 54.4.17）。

169

第1部　要件事実／第2編　要件事実各論——具体的な紛争と要件事実

【論点】

論点① 建物収去土地明渡請求訴訟の訴訟物は何か。	所有権に基づく返還請求権としての土地明渡請求権1個である（旧1個説）。 ∵土地明渡しの債務名義だけでは建物の収去執行が不可能という執行法上の制約から、建物収去を判決主文に加えて執行方法を明示したにすぎない。

(3)　請求の趣旨

被告は、原告に対し、乙建物を収去して甲土地を明け渡せ。

(4)　請求原因

①	【原告　土地現所有】 Xは、甲土地を所有している。
②	【土地上建物　現在存在】 甲土地上に乙建物が存在している。
③	【被告　建物もと所有】 Yは、令和○年○月○日当時、乙建物を所有していた。

解説

■建物収去土地明渡請求の請求原因事実

本来②③は「被告が本件土地を現占有」となるはずであるが、建物収去の主文を導くため、占有に関する争いの有無にかかわらず、占有態様として建物の存在及び建物の被告所有を主張する必要がある。

第4章　不動産の明渡しに関する紛争

(5)　抗弁以下の攻撃防御方法──建物所有権喪失の抗弁及びそれ以下の攻撃防御方法

ア　抗弁1──売買契約に基づく所有権喪失

①′	【被告・第三者　売買契約締結】 Yは、Bに対し、令和〇年〇月〇日、乙建物を代金1000万円で売った。

イ　再抗弁（抗弁1に対して）（最判平6.2.8）　←応用

①″	【被告の意思に基づく移転登記】 Yが乙建物をもと所有していた令和〇年〇月〇日当時、乙建物について、Yの意思に基づくY名義の所有権移転登記が存在した。
②″	【抗弁①′後の被告登記保有】 乙建物について、Y名義の所有権移転登記が存在する。

解　説

■法的意味

　　判例（最判平6.2.8、百選Ⅰ47事件）は、「他人の土地上の建物の所有権を取得した者が自らの意思に基づいて所有権取得の登記を経由した場合には、たとい建物を他に譲渡したとしても、引き続き右登記名義を保有する限り、土地所有者に対し、右譲渡による建物所有権の喪失を主張して建物収去・土地明渡しの義務を免れることはできない」と判示する。よって、被告の所有権喪失の抗弁に対し、原告は、上記①″②″の事実を再抗弁として主張立証することができる。

第1部 要件事実／第2編 要件事実各論──具体的な紛争と要件事実

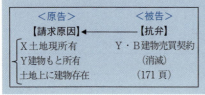

抗弁1

第5章　不動産登記に関する紛争

第5章　不動産登記に関する紛争

1　総論——登記請求権

　　登記権利者が登記義務者に対し、登記官に対する登記申請という公法上の意思
表示をすることを求める権利の総称を「**登記請求権**」という。

　　登記請求権の法的性質に関しては諸説あるが、一元的に理解することは困難で
あるとして、実務・有力説は多元説に立つ。その上で、一般的には、物権的登記
請求権、債権的登記請求権、及び物権変動的登記請求権の3種類に分類される。

(1)　物権的登記請求権

　　「**物権的登記請求権**」とは、物権に関する現在の実体関係と登記内容が一致
しない場合に、物権そのものの効力によって不一致状態を除去するための登記
請求権をいう。

　　物権的登記請求権は、物権的請求権の一種であり、また、不実の登記の存在
は目的物の占有以外の方法により物権を侵害するものであるから、そのうちの
妨害排除請求権に位置づけられる。

　　妨害排除請求権としての物権的登記請求権の具体的内容としては、一般的に
は、消極的権利として、不実登記の抹消登記請求権となる。もっとも、判例は、
積極的権利として、真正な登記名義の回復を登記原因とする移転登記請求権も
認めている（最判昭 30.7.5）。前者と後者は、訴訟物は同じ「物権に基づく妨
害排除請求権」であるが、請求の趣旨が異なる点に注意する必要がある(174 頁、
178 頁参照)。

(2)　債権的登記請求権

　　「**債権的登記請求権**」とは、物権の登記手続を内容に含めた契約の効果とし
て発生する登記請求権をいう。例えば、不動産売買契約に基づいて第三者対抗
要件を具備させる義務を負う場合等がこれにあたる。

173

第1部　要件事実／第2編　要件事実各論──具体的な紛争と要件事実

(3)　物権変動的登記請求権

　「物権変動的登記請求権」とは、物権変動の過程・態様と登記内容とが一致しない場合に、物権変動それ自体を根拠に認められる、その不一致状態を除去するための登記請求権をいう。

　物権変動的登記請求権には、積極的物権変動的登記請求権と消極的物権変動的登記請求権とがある。「積極的物権変動的登記請求権」とは、現在の登記上の実体関係に新たな物権変動事由が生じた場合に、その物権変動を生じた当事者間において認められるものである（大判大5.4.1）。例えば、不動産売買契約が締結された場合、所有権に基づく妨害排除請求権としての物権的登記請求権、売買契約に基づく債権的登記請求権のほかに、売買契約に基づく積極的物権変動的登記請求権が発生する。また、「消極的物権変動的登記請求権」とは、現在の登記上の実体関係を生ぜしめた最後の物権変動（売買契約等）が解除や取消しによって無効となった場合や、現在の登記内容が示す物権変動がもとより不存在又は無効である場合に、登記を実体関係に符合させる目的で従前の登記内容に戻すため外観的変動の当事者間において認められるものである（最判昭36.4.28）。

2　所有権移転登記抹消登記手続請求訴訟

(1)　物権的登記請求権の場合

ア　事例

　Ｘが所有する甲土地について、Ｘ名義からＹ名義への所有権移転登記があった。そこで、Ｘは、Ｙに対し、甲土地の所有権に基づいて、同土地のＹ名義の所有権移転登記の抹消登記手続を求める訴えを提起した。

イ　訴訟物

所有権に基づく妨害排除請求権としての所有権移転登記抹消登記請求権
　1個

第5章　不動産登記に関する紛争

解 説

■訴訟物の法的性質

　物権的登記請求権は、他人名義の登記の存在という占有以外の方法によって自己の所有権が侵害されていることを理由に発生するものであるから、その法的性質は、物権的請求権のうち、返還請求権ではなく妨害排除請求権となる（類型別71頁以下）。

　なお、登記請求権は、登記権利者が登記義務者に対して、登記官に対する登記申請という公法上の意思表示をするという手続を求める権利であるから、厳密には、「所有権移転登記抹消登記手続請求権」と表現すべきであるが、講学上の用語例に従って、「所有権移転登記抹消登記請求権」とするのが通常の言い方である。

■訴訟物の個数

　所有権とその侵害のいずれも1個であるから、訴訟物は1個である（30頁参照）。

ウ　請求の趣旨

被告は、甲土地について、別紙登記目録記載の所有権移転登記の抹消登記手続をせよ。

解 説

■請求の趣旨

　登記は登記官の専権事項であるから（不動産登記法11条）、被告に対する請求の内容は、登記そのものの履行ではなく、被告による抹消登記手続の申請の意思表示である（同法16条1項）。したがって、請求の趣旨も「抹消登記」ではなく「抹消登記手続」を請求することになる。また、所有権移転登記抹消登記手続請求訴訟における請求の趣旨においては、「登記権利者の明示」及び「登記原因の明示」を必要としない。

　なお、訴状の添付書類として物件目録を作成するのが一般的であるため、対象となる不動産は同目録の記載によって示すことになる。

175

第1部　要件事実／第2編　要件事実各論——具体的な紛争と要件事実

【論点】

論点① 請求の趣旨において「登記権利者の明示」を必要とするか。	必要としない。 ∵抹消登記手続の場合、所有権移転登記とは異なり、単に現存する登記事項の抹消を求めるにすぎないから、移転登記すべき相手方の存在を必要としない。
論点② 請求の趣旨において「登記原因の明示」を必要とするか。	必要としない。 ∵　不動産登記法 59 条 3 号は、不動産の権利に関する登記をする場合には、登記事項における登記原因の明示を要求している。また、同法 61 条は、登記申請にあたって登記原因の明示を要求している。したがって、判決主文及びこれのもととなる請求の趣旨において登記原因を明らかにするのが原則である。 　しかし、抹消登記の場合には、これに付すべき適当な登記原因の名称がないため、実務においては抹消登記の登記原因を明示しないのが通例である。

エ　請求原因

①	【原告もと所有】 Xは、甲土地を、もと所有していた。
②	【被告名義の登記】 甲土地について、別紙登記目録記載のY名義の所有権移転登記がある。

解 説

■物権的登記請求権の請求原因

　　物権的登記請求権は、現在の実体的な物権関係と登記とが一致しない場合に発生するものであり（173 頁参照）、物権的請求権の一種であるから、その発生要件は、同じ物権的請求権である所有権に基づく返還請求権の発生要件と同様に考えることができる。したがって、所有権に基づく所有権移転登記抹消登記請求権の発生要件は、①原告が当該不動産を所有していること、及び②当該不動産について被告名義の所有権移転登記が存在すること、となる。

　　このうち、①に関しては、権利を内容とするため、権利関係不変の公理が及ぶことから、原告においては、現所有について争いがある場合には、過去の一

176

第5章　不動産登記に関する紛争

時点において所有権を有していたことを基礎づける事実を主張立証すれば足りる。したがって、この場合には「原告もと所有」が請求原因となる。

これに対し、②に関しては、登記という物権侵害の存在は事実を内容とするため、権利関係不変の公理は及ばず、登記が現存することを主張立証しなければならない。そして、複数ある登記事項のうち対象となる登記事項を特定するために、その登記の記載内容（登記の名称、受付年月日、受付番号、登記原因等）を具体的に示すことになる。

(2) 抗弁以下の攻撃防御方法──売買による所有権喪失の抗弁及びそれ以下の攻撃防御方法

ア　抗弁1──売買による所有権喪失

| ①' | 【売買契約の締結】
Xは、Yに対し、令和2年4月1日、甲土地を代金1000万円で売った。 |

イ　再抗弁──解除（抗弁1に対して）

＊詳しくは120頁以下を参照。

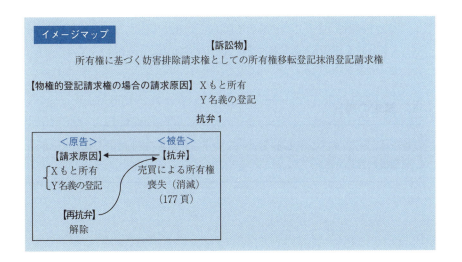

第1部　要件事実／第2編　要件事実各論——具体的な紛争と要件事実

3　真正な登記名義の回復を原因とする抹消に代わる所有権移転登記手続請求訴訟

(1)　事例

ア　事例

　Xが所有する甲土地について、X名義からA名義への所有権移転登記があり、さらに、A名義からY名義への所有権移転登記があった。そこで、Xは、Yに対し、甲土地の所有権に基づいて、同土地についてXへの所有権移転登記手続を求める訴えを提起した。

(2)　訴訟物

所有権に基づく妨害排除請求権としての所有権移転登記請求権　　1個

> 解　説

■訴訟物の法的性質

　他人名義の所有権移転登記の存在によって自己の所有権が侵害されている場合は、所有権に基づく妨害排除請求権を訴訟物とする「所有権移転登記抹消登記手続請求」をするのが通常であるが、これに代えて、同じく所有権に基づく妨害排除請求権を訴訟物とする「所有権移転登記手続請求」をすることもできると解されている。

(3)　請求の趣旨

被告は、原告に対し、甲土地について、真正な登記名義の回復を原因とする所有権移転登記手続をせよ。

第 5 章　不動産登記に関する紛争

> 解　説

■登記権利者と登記原因の明示

　　移転登記手続請求の場合、移転登記抹消登記手続請求の場合とは異なり、登記権利者の明示及び登記原因の明示を必要とする。この場合、登記原因は、物権変動に従った登記事項の記載を求めるものであるから、「真正な登記名義の回復」を内容とすることになる。

【論点】

論点① 請求の趣旨において「登記権利者の明示」を必要とするか。	必要である。 ∵移転登記手続請求であるから、登記移転の相手方を明らかにする必要がある。
論点② 請求の趣旨において「登記原因の明示」を必要とするか。	必要である。 ∵不動産登記法 59 条 3 号に基づき、登記原因を明らかにする必要がある。「真正な登記名義の回復を原因とする」という部分がこれに対応する。

(4)　請求原因

①	【原告もと所有】 X は、令和 2 年 4 月 1 日当時、甲土地を所有していた。
②	【被告名義の登記】 甲土地について、別紙登記目録記載の Y 名義の所有権移転登記がある。

(5)　抗弁以下の攻撃防御方法

　＊所有権移転登記抹消登記手続請求訴訟の場合と同じ（177 頁参照）。

179

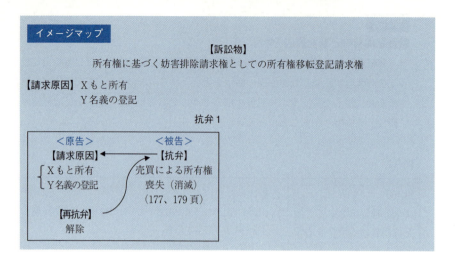

第5章　不動産登記に関する紛争

4　時効取得を原因とする所有権移転登記手続請求訴訟

(1)　物権的登記請求権の場合

ア　事例

【長期取得時効を主張する場合】
　　Xは、令和2年4月1日、Y所有の甲土地を無権利者であるAから買い受けて、それ以後、占有を継続してきた。そこで、Xは、Yに対し、甲土地の所有権を時効取得したとして、同土地についての所有権移転登記手続を求める訴えを提起した。

【短期取得時効を主張する場合】
　　Xは、令和12年4月1日、Y所有の甲土地を無権利者であるAから買い受けて、それ以後、占有を継続してきた。そこで、Xは、Yに対し、甲土地の所有権を時効取得したとして、同土地についての所有権移転登記手続を求める訴えを提起した。

イ　訴訟物

所有権に基づく妨害排除請求権としての所有権移転登記請求権　1個

ウ　請求の趣旨

(ｱ)　長期取得時効を主張する場合

被告は、原告に対し、甲土地について、令和2年4月1日時効取得を原因とする所有権移転登記手続をせよ。

(ｲ)　短期取得時効を主張する場合

被告は、原告に対し、甲土地について、令和12年4月1日時効取得を原因とする所有権移転登記手続をせよ。

181

第1部　要件事実／第2編　要件事実各論——具体的な紛争と要件事実

解　説

■登記権利者と登記原因の明示

　　移転登記手続請求であるため、請求の趣旨では「登記権利者の明示」及び「登記原因の明示」を必要とする。このうち後者については、「時効の効力は、その起算日にさかのぼる」（民法144条）ことから、登記原因においては起算点に時効取得した旨を明らかにすることになる。「令和12年4月1日時効取得を原因とする」という部分がこれに対応する。

　　次に、取得時効による所有権取得は、これにより第三者が所有権を取得するとともに、その反射的効果として前主が所有権を喪失するものであり、前主から第三者への物権変動を観念することができるため、「移転登記抹消登記手続」ではなく「移転登記手続」を求めることになる。

エ　請求原因

(7)　請求原因1——長期取得時効を主張する場合

①	【原告　時効期間開始時の占有の事実】 Xは、令和2年4月1日、甲土地を占有していた。
②	【原告　時効期間経過時の占有の事実】 Xは、令和22年4月1日経過時、甲土地を占有していた。
③	【原告→被告　時効期間経過後の援用の意思表示】 Xは、Yに対し、②の経過後、甲土地について取得時効を援用する意思表示をした。
④	【被告名義の登記】 甲土地について、別紙登記目録記載のY名義の所有権移転登記がある。

解　説

■長期取得時効を主張する場合の要件事実

　　所有権に基づく妨害排除請求権としての所有権移転登記請求権の基本的な要件事実は、原告現所有及び被告名義の登記である。

　　そして、長期取得時効の成立要件は、民法162条1項に従えば、（ⅰ）所有の意思、（ⅱ）平穏かつ公然、及び（ⅲ）20年間の占有継続の3要件である。このうち、（ⅰ）（ⅱ）の各要件は占有の事実によって推定される（暫定真実、

182

第5章　不動産登記に関する紛争

同法 186 条 1 項）。次に、(iii) の要件は、同条 2 項により、時効の起算日における占有の事実（①）及び時効完成日における占有の事実（②）を証明することによりその間の占有継続が法律上推定される。なお、取得時効は自己の物についても成立するため（最判昭 42.7.21、百選 I 41 事件）、民法 162 条 1 項にいう「他人の物」は成立要件に含まれない。また、時効の援用の法的性質について、判例の立場（不確定効果説の中の停止条件説）によれば、時効の援用が権利の得喪を確定させる実体法上の要件となるから、時効援用の意思表示（③）が必要となる。

(イ)　請求原因 2 ── 短期取得時効を主張する場合

①	**【原告　時効期間開始時の占有の事実】** X は、令和 12 年 4 月 1 日、甲土地を占有していた。
②	**【原告　時効期間経過時の占有の事実】** X は、令和 22 年 4 月 1 日経過時、甲土地を占有していた。
③	**【原告　占有開始時の無過失の評価根拠事実】** ex.) X が A から甲土地を買い受けた当時、A が甲土地を駐車場として占有しており、その甲土地を X は A から買い受けた。
④	**【原告→被告　時効期間経過後の援用の意思表示】** X は Y に対し、②の経過後、甲土地について取得時効を援用する意思表示をした。
⑤	**【被告名義の登記】** 甲土地について、別紙登記目録記載の Y 名義の所有権移転登記がある。

解 説

■短期取得時効を主張する場合の要件事実

短期取得時効の場合は、長期取得時効の場合とは異なり、占有開始時における善意・無過失が成立要件として加わる。このうち、善意要件については民法 186 条 1 項により暫定真実として推定されるため、請求原因事実として主張立証することを要しない。これに対し、無過失要件については、即時取得（同法 192 条）と異なり、無過失の推定を受けないため、請求原因事実として主張立証する必要がある。そして、無過失は規範的要件であることから、原告におい

183

第1部　要件事実／第2編　要件事実各論──具体的な紛争と要件事実

て、無過失の評価根拠事実を主張立証することになる（42頁参照）。その他の
要件については、長期取得時効の場合と同じである。

【論点】

論点①	主張立証は不要である。
民法 162 条2項の要件のうち、「所有の意思をもって、平穏に、かつ、公然」及び「善意」の各要件を請求原因事実として主張立証する必要はあるか。	∵民法186条1項は、同法162条2項の「占有」という構成要件該当事実によって同項の「所有の意思をもって、善意で、平穏に、かつ、公然」という構成要件の該当性を推定する暫定真実の規定である。
論点②	主張立証は不要である。
当該不動産を 10 年間継続して占有していた事実を主張立証する必要があるか。	∵民法186条2項の規定により、時効期間開始時及び時効期間経過時の両時点で当該不動産を占有している事実を主張立証すれば足りる。
論点③	無過失との評価を基礎づける具体的事実を主張立証する必要がある。
「無過失」（民法 162 条2項）の要件について具体的にどのような事実を主張立証しなければならないか。	∵無過失とは、自己の所有物であると信ずるにつき過失がないことであり、規範的要件であるから、それを基礎づける具体的事実を主張立証する必要がある。

(2)　抗弁以下の攻撃防御方法

ア　自然中断の抗弁　←応用

(ア)　抗弁1──自然中断（請求原因1、2に対して）

①′	【占有中止の事実】 Ｘは、令和 18 年4月1日の時点において、甲土地を占有していなかった。

184

第5章　不動産登記に関する紛争

解　説
■自然中断

　時効取得の請求原因①②（182頁エ(ｱ)(ｲ)）による２時点間の占有継続の事実
はあくまで法律上の事実推定にすぎないため、被告において、時効完成前の占
有中止の事実を主張立証することができる（民法164条）。いわゆる自然中断
である。

イ　他主占有の抗弁

　(ｱ)　抗弁２──他主占有権原（請求原因１、２に対して）

	【他主占有権原】
①'	ex.）請求原因①②（182頁エ(ｱ)(ｲ)）で主張されるＸの占有は、ＡＸ間の賃貸借契約に基づくものである。

　(ｲ)　抗弁３──他主占有事情（請求原因１、２に対して）

	【他主占有事情】
①'	ex.）Ｘは、令和２年４月１日から令和22年４月１日までの間、甲土地についての固定資産税を支払っていなかった。

解　説
■他主占有権原・他主占有事情

　「所有の意思」の要件については、民法186条１項の暫定真実の規定により
推定されるため、被告において同意思の不存在を抗弁として主張立証する必
要がある。この場合に、「所有の意思」の有無は、占有者の内心の意思ではな
く、外形的客観的事実に基づいて決すべきものとされる。具体的には、他主占
有権原又は他主占有事情の存在を主張立証することになる（最判昭58.3.24）。

185

第1部 要件事実／第2編 要件事実各論——具体的な紛争と要件事実

ウ 対抗要件具備による所有権喪失の抗弁 ←応用

(ア) 抗弁4——対抗要件具備による所有権喪失（請求原因1、2に対して）

①'	【時効完成時及び被告が当該物を取得した当時に前主が所有していた事実】 Aは、令和22年4月1日当時及び同月10日当時、甲土地を所有していた。
②'	【時効完成後に被告が当該物の所有権を取得した原因事実】 Aは、Yに対し、令和22年4月10日、甲土地を代金1000万円で売った。
③'	【被告による対抗要件具備】 Yは、令和22年4月12日、②'の売買契約に基づき、甲土地につき所有権移転登記を具備した。

解 説

■法的意味

　　原告の時効取得を原因とする所有権移転登記手続請求に対して、被告は時効完成後に登記を備えて確定的に所有権を取得したと主張することが考えられる。これは、原告の主張する請求原因事実と両立し、かつその請求原因事実により生じた法律効果を消滅させるものであるから抗弁にあたる。

■対抗要件具備による所有権喪失の抗弁の要件事実

　　時効完成後に当該物を取得した第三者が対抗要件を具備した場合、その第三者が確定的に所有権を取得する（大連判大14.7.8）。したがって、被告がそうした時効完成後の第三者にあたることが、原告による時効取得の主張に対する抗弁となる。

　　そして、この抗弁の要件事実は、上で述べたところからすると、（ⅰ）被告が時効完成後に当該物を取得したこと、及び（ⅱ）被告が対抗要件を具備したことであるが、これらの要件に加え、（ⅰ）の前提として、（ⅲ）時効完成時及び被告が前主から当該物を取得した当時、前主が当該物の所有権者であったことも必要となる。

186

第5章　不動産登記に関する紛争

エ　対抗要件の抗弁　←応用

(ア)　抗弁5——対抗要件（請求原因1、2に対して）

①'	【時効完成時及び被告が当該物を取得した当時に前主が所有していた事実】 Aは、令和22年4月1日当時及び同月10日当時、甲土地を所有していた。
②'	【時効完成後に被告が当該物の所有権を取得した原因事実】 Aは、Yに対し、令和22年4月10日、甲土地を代金1000万円で売った。
③'	【被告による権利主張】 Xが、所有権移転登記を具備するまで、Xの所有権取得を認めない。

解　説

■法的意味

　　原告の時効取得を原因とする所有権移転登記手続請求に対して、被告は、原告主張の事実を認めた上で、原告が登記を経ていないことを主張するにつき正当な利益を有する第三者であることを基礎付ける事実を主張することが考えられる。これは、原告の主張する請求原因事実と両立し、かつその請求原因事実により生じた法律効果を阻止するものであるから抗弁にあたる。

■対抗要件の抗弁の要件事実

　　対抗要件の抗弁は、時効完成後の第三者が主張することのできる権利抗弁である（165頁参照）。

　　したがって、同抗弁の要件は、(ⅰ)時効完成後の第三者であること及び(ⅱ)同抗弁の権利主張である。

　　(ⅰ)については、対抗要件具備による所有権喪失の抗弁と同じである。(ⅱ)については、裁判所に対して権利行使の意思表示をすれば足りる。

187

第1部 要件事実／第2編 要件事実各論──具体的な紛争と要件事実

イメージマップ

【訴訟物】
所有権に基づく妨害排除請求権としての所有権移転登記請求権

【長期取得時効の場合の請求原因】 X時効期間開始時の占有
　　　　　　　　　　　　　　　　　X時効期間経過時の占有
　　　　　　　　　　　　　　　　　時効期間経過後の援用の意思表示
　　　　　　　　　　　　　　　　　Y名義の登記

抗弁1

<原告>　　　　　　　　　　　　　　<被告>
【請求原因】◀────────────【抗弁】
X時効期間開始時の占有　　　　　　自然中断（消滅）
X時効期間経過時の占有　　　　　　　（185頁）
時効期間経過後の援用の意思表示
Y名義の登記

抗弁2

<原告>　　　　　　　　　　　　　　<被告>
【請求原因】◀────────────【抗弁】
X時効期間開始時の占有　　　　　　他主占有権原（障害）
X時効期間経過時の占有　　　　　　　（185頁）
時効期間経過後の援用の意思表示
Y名義の登記

抗弁3

<原告>　　　　　　　　　　　　　　<被告>
【請求原因】◀────────────【抗弁】
X時効期間開始時の占有　　　　　　他主占有事情（障害）
X時効期間経過時の占有　　　　　　　（185頁）
時効期間経過後の援用の意思表示
Y名義の登記

抗弁4

<原告>　　　　　　　　　　　　　　<被告>
【請求原因】◀────────────【抗弁】
X時効期間開始時の占有　　　　　　対抗要件具備による
X時効期間経過時の占有　　　　　　所有権喪失（消滅）
時効期間経過後の援用の意思表示　　　（186頁）
Y名義の登記

188

第5章　不動産登記に関する紛争

第1部　要件事実／第2編　要件事実各論——具体的な紛争と要件事実

5　抵当権設定登記抹消登記手続請求訴訟

(1)　事例

　　Xが所有する甲土地について、Y名義の抵当権設定登記があった。そこで、Xは、Yに対し、甲土地の所有権に基づいて、同土地のY名義の抵当権設定登記の抹消登記手続を求める訴えを提起した。

(2)　訴訟物

所有権に基づく妨害排除請求権としての抵当権設定登記抹消登記請求権
　　1個

(3)　請求の趣旨

被告は、甲土地について、別紙登記目録記載の抵当権設定登記の抹消登記手続をせよ。

　＊所有権移転登記抹消登記手続請求訴訟の場合と同じである（174頁参照）。

(4)　請求原因

①	【原告現所有】 Xは、甲土地を、現在、所有している。
②	【被告名義の抵当権設定登記】 甲土地について、現在、別紙登記目録記載のY名義の抵当権設定登記がある。

解 説

■所有権に基づく妨害排除請求権としての抵当権設定登記抹消登記請求権の請求原因事実

　　所有権に基づく妨害排除請求権としての抵当権設定登記抹消登記請求権の請求原因は、①原告が当該不動産を所有していること、②当該不動産について被告名義の抵当権設定登記が存在することである。

第5章　不動産登記に関する紛争

　まず、①については、原告の主張する所有権の取得経緯と、それに対する被告の認否や被告の主張の内容との関係から、どの時点における原告の所有について権利自白が成立しているかを検討すべきである。例えば、被告が、「原告が当該不動産を平成○○年以来所有していることは認めます」と主張している場合、被告の認否が「原告が当該不動産を……所有していることは認めます」となっている点をとらえ、原告の現所有について権利自白が成立しているとみて、請求原因を摘示することが考えられる。一方で、被告は、後述のように、登記保持権原の抗弁を主張することが考えられ、この場合、被告は、当該不動産の所有者である原告との間で抵当権設定契約を締結したことを主張する必要があることから、この主張との関係では、被告は抵当権設定契約締結当時の原告の所有を認めているとみて、抵当権設定契約締結当時の原告の所有について権利自白が成立していると考える立場もありうる。本書では、一応前者の考え方にしたがった事実摘示をしておく。

　また、登記により法律上の権利推定を認める見解をとるならば、主張自体失当となることを回避するため、①②に加えて③「抵当権不存在」について原告が主張立証する必要があるが、判例（最判昭34.1.8）は事実上の推定の効力を認めるだけであるから、③の主張立証は必要ではない。

(5)　抗弁以下の攻撃防御方法──登記保持権原（抵当権）の抗弁及びそれ以下の攻撃防御方法

ア　抗弁1──登記保持権原（抵当権）

①'	【被担保債権の発生原因事実】 YはXに対し、令和2年4月1日、1500万円を貸し付けた。
②'	【原告・被告　抵当権設定契約の締結】 XとYは、令和2年4月1日、①'の貸金債権を担保するため、甲土地に抵当権を設定するとの契約を締結した。
③'	【抵当権設定当時、原告土地所有】 Xは、②'の抵当権設定契約締結当時、甲土地を所有していた。
④'	【基づく登記】 請求原因②の抵当権設定登記は、②'の抵当権設定契約に基づくものである。

191

第1部　要件事実／第2編　要件事実各論——具体的な紛争と要件事実

解説

■法的意味

　　原告による抵当権設定登記抹消登記手続請求に対して、被告は、被告名義の抵当権設定登記が正当な権原に基づくものであると主張することが考えられる。これは、原告の主張する請求原因事実と両立し、かつその請求原因事実により生じた法律効果を障害するものであるから抗弁にあたる。

■登記保持権原の抗弁の要件事実

　　抵当権設定契約は、担保物権の創設という実体関係と担保権設定登記という手続関係を内容とする物権契約であって、後者は前者の存在を前提とする有因行為であるから、その成立要件は（i）実体的権利関係の要件、（ii）手続の有効性要件、及び（iii）（i）（ii）の関連性の要件を満たす必要がある。

　　（i）については、①'「被担保債権の存在」及び②'「抵当権設定契約の締結」、さらに、抵当権設定契約は物権契約であるから、③'「担保権設定者が担保目的物の担保価値を処分する権原を有すること」が要件事実となる。

　　（iii）については、原因関係を明らかにするため、④'「基づく登記」が要件事実となる。

　　（ii）については、登記手続が実体的権利関係と独立して争点となっていない場合には、④'「基づく登記」で足りる。

【論点】

論点① 抵当権設定者が抵当権設定契約当時に抵当不動産を所有していたことを被告が主張立証する必要があるか。	必要である。 ∵抵当権設定契約は物権の発生を目的とする物権契約であるから、同契約が有効に成立するためには、抵当権設定者が契約当時に抵当不動産の担保価値を処分する権原を有していることが必要となる。

イ　再抗弁1──弁済（抗弁1に対して）

①"	【被担保債務の弁済】 Xは、Yに対し、抗弁①'の貸金債務の履行として、1500万円を支払った。

解説

■法的意味

　　被告による登記保持権原の抗弁の主張に対して、原告は、被担保債務は存在したが、その後弁済により消滅し、付従性により抵当権も消滅したと主張することが考えられる。これは、被告の主張する抗弁事実と両立し、かつその抗弁事実により生じた法律効果を覆して請求原因事実により生じた法律効果を復活させるものであるから再抗弁にあたる。

ウ　再抗弁2──消滅時効（抗弁1に対して）

①"	【消滅時効期間の経過】 令和12年4月1日が経過した。
②"	【時効期間経過後の援用の意思表示】 XはYに対し、①"の経過後、抗弁①'の貸金債権について、消滅時効を援用するとの意思表示をした。

解説

■法的意味

　　被告による登記保持権原の抗弁の主張に対して、原告は、被担保債務は発生したが、その後時効完成により消滅し、付従性により抵当権も消滅したと主張することが考えられる。これは、被告の主張する抗弁事実と両立し、かつその抗弁事実により生じた法律効果を覆して請求原因事実により生じた法律効果を復活させるものであるから再抗弁にあたる。

■消滅時効期間の起算点

　　抗弁①'の貸金債権の権利消滅事実として消滅時効（民法166条1項）の再抗弁を提出する場合、消滅時効期間の起算点たる同債権の権利行使可能時は

抗弁①'の要件事実により明らかにされているため、原告において同事実を再抗弁事実として主張立証することを必要としない。

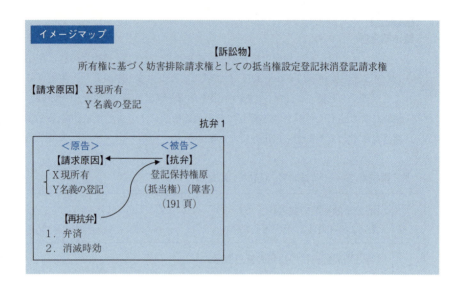

第5章 不動産登記に関する紛争

6 登記上利害関係を有する第三者に対する承諾請求訴訟

←応用

(1) 事例

　　Xが、Y1に対し、甲土地の所有権に基づいて、同土地のY1名義の所有権
移転登記の抹消登記手続を求める訴訟を提起するとともに、同土地について
Y1から抵当権の設定を受けているY2に対し、同土地の所有権に基づいて、
同土地のY1名義の所有権移転登記の抹消登記手続に対する承諾を求める訴
えを提起した。

(2) 総説

　　Xの所有地について、Y1名義の所有権移転登記、及びY1名義の同登記を
前提としたY2名義の抵当権設定登記がある場合、Y1及びY2のそれぞれ
に対する請求権の組合せとしては、以下の4種類がある。

		Y2	
		抵当権設定登記の抹消登記手続請求	所有権移転登記の抹消登記への承諾請求
Y1	所有権移転登記の抹消登記手続請求	⑦	⑦
	X名義への所有権移転登記手続請求	⑨	

　　一般に利用される組合せは、①である。権利に関する登記を抹消する場合に、
登記上利害関係を有する第三者が存在するときは、当該第三者の承諾を必要
とする（不動産登記法68条）。この第三者の承諾は、当該第三者に対抗するこ
とができる裁判の謄本をもって代えることができる。そこで、Xは、Y1に対
する同人名義の所有権移転登記抹消登記手続請求訴訟の認容判決（以下、「Y
1判決」という。）及びY2に対する同抹消登記手続への承諾請求訴訟の認容
判決（以下、「Y2判決」という。）を得た上で、Y1判決の謄本に基づくY1
名義の所有権移転登記抹消登記手続を申請し、その際の申請書にY2判決の
謄本を添付することになる。

195

第1部　要件事実／第2編　要件事実各論——具体的な紛争と要件事実

　次に、㋐の組合せについて検討する。上述したように、Ｙ１判決が得られたとしても、同抹消登記を実現するためには、登記上の利害関係を有する第三者たるＹ２の承諾が必要となる。しかし、Ｙ２に対する同人名義の抵当権設定登記の抹消登記手続請求訴訟の認容判決は、登記実務上、Ｙ２の承諾に代わる裁判の謄本には該当しないと解されている。そのため、Ｘとしては、後者の抹消登記手続を経てＹ２の登記上の利害関係を有する第三者の地位を剥奪し、その後に前者の抹消登記手続を経るという、二度の登記手続を必要とする。また、後者の抹消登記手続の申請権者は抵当権設定者たるＹ１及び抵当権者たるＹ２に限定されるため、Ｘが同手続を申請するためには、債権者代位権に基づく登記申請を要する。このように、㋐の組合せは煩雑であるため、通常はとられない。

　さらに、㋑の組合せについて検討する。この場合、Ｙ１に対するＸ名義への所有権移転登記手続請求訴訟の認容判決の正本に基づいてＸ名義への所有権移転登記手続を申請することができる。したがって、Ｘは、Ｙ２名義の抵当権設定登記を残したまま、Ｘ名義への所有権移転登記手続を申請することができる。そこで、Ｘにおいては、Ｙ１に対する訴訟につき勝訴の見込みがあるが、Ｙ２に対する訴訟につき勝訴の見込みがない場合に、㋑の組合せをとることになる。

(3)　Ｙ１を被告とする場合

ア　訴訟物

所有権に基づく妨害排除請求権としての所有権移転登記抹消登記請求権
　１個

イ　請求の趣旨

被告Ｙ１は、甲土地について、別紙登記目録記載の所有権移転登記の抹消登記手続をせよ。

第5章　不動産登記に関する紛争

ウ　請求原因1

①	【原告もと所有】 Xは、令和2年4月1日当時、甲土地を所有していた。
②	【Y1名義の登記】 甲土地について、別紙登記目録記載のY1名義の所有権移転登記がある。

(4)　Y2を被告とする場合

ア　訴訟物

所有権に基づく妨害排除請求権としての承諾請求権　　1個

イ　請求の趣旨

被告Y2は、Xに対し、別紙登記目録記載の所有権移転登記の抹消登記手続に対する承諾をせよ。

ウ　請求原因2

①	【原告もと所有】 Xは、令和2年4月1日当時、甲土地を所有していた。
②	【Y1名義の登記】 甲土地について、別紙登記目録記載のY1名義の所有権移転登記がある。
③	【Y2名義の登記】 甲土地について、別紙登記目録記載のY2名義の抵当権設定登記がある。
④	【③の登記時におけるY1の登記名義】 ③の抵当権設定登記の登記申請受付当時、Y1が甲土地についての所有名義人であった。

第1部　要件事実／第2編　要件事実各論──具体的な紛争と要件事実

解説

■抹消登記の承諾請求の請求原因事実

　登記上利害関係を有する第三者であるＹ２に対して抹消登記の承諾を請求する場合には、（ⅰ）Ｘが所有権に基づく妨害排除請求権を有すること及び（ⅱ）Ｙ２が登記上利害関係を有する第三者であることが要件となる（不動産登記法68条）。

　このうち、（ⅰ）については、①「原告の所有権の存在」及び②「同権利の妨害事由たるＹ１名義の所有権移転登記の存在」が要件事実となる。

　次に、（ⅱ）については、③「Ｙ２における独自の登記上の利益の存在」及び④「②と③の関連性を示す事実」が要件事実となる。なぜなら、第三者の登記上の利害関係は所有権に基づく妨害排除請求の対象となる登記の存続を要請するものであるから、その要請の理由を示すための第三者の登記上の利益と妨害事由たる登記との関連性を明らかにする必要があるからである。

（5）　抗弁以下の攻撃防御方法

ア　売買による所有権喪失の抗弁（Ｙ１、Ｙ２の主張）

(ｱ)　抗弁１──売買による所有権喪失（請求原因1、2に対して）

①′	【売買契約の締結】 Ｘは、Ｙ１に対し、令和２年４月１日、甲土地を代金1000万円で売った。

解説

■法的意味

　原告による所有権移転登記抹消登記手続請求及び承諾請求に対して、被告は原告の甲土地もと所有は認めつつ、原告は既に甲土地を売却し、所有権を喪失したと主張することが考えられる。これは、原告の主張する請求原因事実と両立し、かつその請求原因事実により生じた法律効果を消滅させるものであるから抗弁にあたる。

■所有権喪失の抗弁の機能

　Ｙ１に対する同人名義の所有権移転登記抹消登記請求権も、Ｙ２に対する承諾請求権も、ともに「所有権に基づく妨害排除請求権」に基礎を置くものであるから、「所有権に基づく妨害排除請求権」に対する権利消滅事実としての

198

第5章　不動産登記に関する紛争

売買による所有権喪失の抗弁は、Ｙ１及びＹ２のいずれに対する訴訟においても所有権喪失の抗弁として機能することになる。

イ　善意の第三者（請求原因２に対するＹ２の主張）

(ア)　総説

売買による所有権喪失の抗弁に対しては、原告からさらに虚偽表示の再抗弁が提出される場合がある。この再抗弁に対し、被告Ｙ２としては、自己が民法94条2項にいう「善意の第三者」である旨を主張立証することができるが、この主張が攻撃防御方法の系列においてどのように位置づけられるのかが、「善意の第三者」による権利取得の法律構成に関する見解の対立に応じて問題となる。

「善意の第三者」による権利取得の法律構成については、法定承継取得説と順次取得説がある。

法定承継取得説とは、当事者間の仮装譲渡は民法94条1項に基づき無効であり、第三者の権利取得は法律の規定に基づいて認められるものと捉える。判例（最判昭42.10.31）は、法定承継取得説を前提としていると考えられている。この見解をとった場合、善意の第三者の主張は、虚偽表示の再抗弁の法律効果を覆滅させて、所有権喪失の抗弁の法律効果を復活させるものではないから、再々抗弁に位置づけられるものではない。また、善意の第三者の主張は、所有権喪失の抗弁における売買契約締結の事実を包含するもので、かつ、所有権に基づく妨害排除請求権に対する権利消滅事実の主張となる点で、所有権喪失の抗弁との関係で「ａ＋ｂ」の関係に立ち、訴訟上独自の意味をもつ。したがって、善意の第三者の主張は予備的抗弁に位置づけられることになる。

次に、順次取得説とは、当事者間の仮装譲渡は民法94条2項に基づき有効なものとして扱われる、すなわち、Ｘ→Ｙ１→Ｙ２と権利が順次移転するものと捉える見解である。この見解をとった場合、善意の第三者の主張は、虚偽表示の再抗弁の法律効果を覆滅させ、かつ、ＸＹ１間の有効な所有権移転という所有権喪失の抗弁の法律効果を復活させるものであるから、再々抗弁に位置づけられることになる。

199

第1部　要件事実／第2編　要件事実各論──具体的な紛争と要件事実

(イ)　法定承継取得説の場合

A　予備的抗弁──善意の第三者（売買による所有権喪失の抗弁及び虚偽表示の再抗弁を前提として）

①"	【被担保債権の発生原因事実】 Ｙ2は、Ｙ1に対し、令和2年5月12日、2000万円を貸し付けた。
②"	【Ｙ1・Ｙ2　抵当権設定契約の締結】 Ｙ1とＹ2は、令和2年5月12日、①"の貸金債権を担保するため、甲土地に抵当権を設定するとの契約を締結した。
③"	【Ｙ2　（虚偽表示につき）善意】 Ｙ2は、②"の抵当権設定契約締結当時、ＸＹ1間の売買契約が虚偽表示によるものであることを知らなかった。
④"	【基づく登記】 請求原因2③のＹ2名義の抵当権設定登記は、②"の抵当権設定契約に基づくものである。

解説

■**法的意味**

　原告による虚偽表示の再抗弁に対して、被告は売買契約が虚偽表示に基づくものであることは認めつつ、被告が当該売買契約が虚偽表示に基づくものであることについて善意で抵当権の設定を受けたから、原告は売買契約の無効を被告に対抗することができないと主張することが考えられる。法定承継取得説によると、これは、所有権喪失の抗弁・虚偽表示の再抗弁を前提としつつ、請求原因によって生じる法律効果の発生を妨げるものであるから予備的抗弁にあたる。

■**法定承継取得説の場合の要件事実**

　法定承継取得説をとった場合、善意の第三者の主張は、Ｙ2名義の登記が有効であることを示す登記保持権原の抗弁として機能する。そして、登記保持権原の内容である抵当権設定契約は、（ⅰ）実体的権利関係の要件、（ⅱ）手続の有効性要件、及び（ⅲ）（ⅰ）（ⅱ）の関連性が要件となる（192頁参照）。

200

第5章　不動産登記に関する紛争

　このうち、（ⅰ）については、「抵当権設定契約の締結」及び「抵当権設定者に処分権原があること」が要件事実となるが、法定承継取得説は抵当権設定者が無権利者であることを前提とするため、これに代わりＹ２が善意の第三者であることが要件事実となる。具体的には、①"②"及び③"がこれに該当する。

　次に、（ⅱ）（ⅲ）については、「請求原因２③の登記が②"の抵当権設定契約に基づく」ことが要件事実となる。

（ウ）　順次取得説の場合

　Ａ　再々抗弁──善意の第三者（虚偽表示の再抗弁に対して）

①'''	【被担保債権の発生原因事実】 Ｙ２は、Ｙ１に対し、令和２年５月12日、2000万円を貸し付けた。
②'''	【Ｙ１・Ｙ２　抵当権設定契約の締結】 Ｙ１とＹ２は、令和２年５月12日、①'''の貸金債権を担保するため、甲土地に抵当権を設定するとの契約を締結した。
③'''	【Ｙ２　（通謀虚偽表示につき）善意】 Ｙ２は、②'''の抵当権設定契約締結当時、ＸＹ１間の売買契約が虚偽表示によるものであることを知らなかった。

解説

■法的意味

　原告による虚偽表示の再抗弁に対して、被告は売買契約が虚偽表示に基づくものであることは認めつつ、被告が当該売買契約が虚偽表示に基づくものであることにつき善意で抵当権の設定を受けたから、原告は売買契約の無効を被告に対抗することができないと主張することが考えられる。順次取得説によると、原告からＹ１へと所有権が移転したことを前提として、被告はＹ１から有効に抵当権の設定を受けたと解釈することになる。したがって、被告の主張は、虚偽表示の再抗弁の法律効果を覆して所有権喪失の抗弁の法律効果を復活させるものであるから、再々抗弁にあたる。

201

第1部　要件事実／第2編　要件事実各論——具体的な紛争と要件事実

■順次取得説の場合の要件事実

　順次取得説をとった場合、善意の第三者の主張は、原告による虚偽表示の再抗弁を前提とする再々抗弁に位置づけることができる。この場合、抵当権設定者を無権利者と捉えるか否かで法定承継取得説とは異なるが、その帰結も、善意の要件事実が成立してはじめて生じるものであるため、抵当権設定者の処分権原の主張立証に代わって「第三者の善意」を主張立証しなければならない。

　もっとも、順次取得説に立った場合には、「基づく登記」の各事実を主張立証する必要はない。なぜなら、この見解は、登記保持権原によって直接登記請求権の発生を障害するのではなく、再々抗弁によって再抗弁の法律効果を消滅させて、復活した売買契約に基づく所有権喪失の抗弁の法律効果によって登記請求権の発生を障害するものだからである。

第5章 不動産登記に関する紛争

> **イメージマップ**

[Y1を被告とする場合]

【訴訟物】
所有権に基づく妨害排除請求権としての所有権移転登記抹消登記請求権

【請求原因1】 Xもと所有
　　　　　　 Y1名義の登記

抗弁1

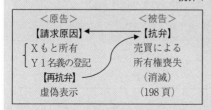

[Y2を被告とする場合]

【訴訟物】
所有権に基づく妨害排除請求権としての承諾請求権

【請求原因2】 Xもと所有
　　　　　　 Y1名義の登記
　　　　　　 Y2登記上利害関係のある第三者

抗弁1（法定承継取得説の場合）　　　　　抗弁1（順次取得説の場合）

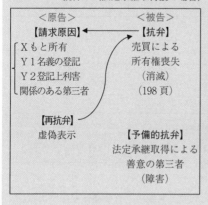 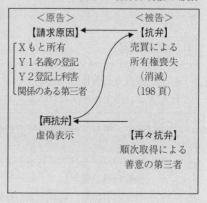

第1部 要件事実／第2編 要件事実各論——具体的な紛争と要件事実

7 真正な登記名義の回復を原因とする所有権移転登記手続請求訴訟

(1) 事例

> Xは、令和2年9月9日、Aが所有する甲土地を代金1000万円でAから買い受けたが、甲土地についてA名義からY名義への所有権移転登記があった。そこで、Xは、Yに対し、甲土地の所有権に基づいて、同土地についての所有権移転登記手続を求める訴えを提起した。

(2) 訴訟物

> 所有権に基づく妨害排除請求権としての所有権移転登記請求権　1個

> ＊真正な登記名義の回復を原因とする抹消に代わる所有権移転登記手続請求訴訟の場合（178頁参照）と同じである。

(3) 請求の趣旨

> 被告は、原告に対し、甲土地について、真正な登記名義の回復を原因とする所有権移転登記手続をせよ。

(4) 請求原因

①	【前主もと所有】 Aは、甲土地を、もと所有していた。
②	【前主・原告　不動産売買契約の締結】 Aは、Xに対し、令和2年9月9日、甲土地を代金1000万円で売った。
③	【被告名義の登記】 甲土地について、別紙登記目録記載のY名義の所有権移転登記がある。

204

第5章 不動産登記に関する紛争

(5) 抗弁以下の攻撃防御方法

ア 対抗要件の抗弁及びそれ以下の攻撃防御方法

(ア) 抗弁1——対抗要件

①'	【前主・被告　売買契約の締結】
②'	【対抗要件の抗弁を行使する旨の権利主張】

＊詳しくは165頁参照。

(イ) 再抗弁——対抗要件具備（抗弁1に対して）

①"	【対抗要件具備】

＊詳しくは166頁参照。

イ 対抗要件具備による所有権喪失の抗弁

(ア) 抗弁2——対抗要件具備による所有権喪失

①'	【前主・被告　売買契約の締結】
②'	【基づく登記手続】

＊詳しくは166頁参照。

イメージマップ

【訴訟物】
所有権に基づく妨害排除請求権としての所有権移転登記請求権

【請求原因1】　Aもと所有
　　　　　　　AX間の売買契約
　　　　　　　Y名義の登記

抗弁1

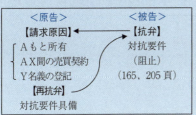

抗弁2

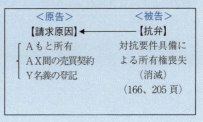

第1部　要件事実／第2編　要件事実各論——具体的な紛争と要件事実

8　売買契約に基づく所有権移転登記手続請求訴訟

(1)　事例

> 　Xは、令和2年4月1日、Y所有名義の登記がある甲土地を代金1500万円でYから買い受けた。そこで、Xは、Yに対し、XY間の土地売買契約に基づいて、同土地の所有権移転登記手続を求める訴えを提起した。

(2)　債権的登記請求権の場合

ア　訴訟物

売買契約に基づく所有権移転登記請求権　1個

イ　請求の趣旨

被告は、原告に対し、甲土地について、令和2年4月1日売買を原因とする所有権移転登記手続をせよ。

解　説

■登記権利者と登記原因の明示

　　真正な登記名義の回復を原因とする抹消に代わる所有権移転登記手続請求の場合（178頁参照）と同様、「登記権利者の明示」及び「登記原因の明示」を必要とする。

ウ　請求原因1

①	【原告・被告　不動産売買契約の締結】 　Yは、Xに対し、令和2年4月1日、甲土地を代金1500万円で売った。

206

第5章　不動産登記に関する紛争

エ　抗弁以下の攻撃防御方法

(ア)　虚偽表示の抗弁

A　抗弁1──虚偽表示

①′	【原告・被告　請求原因①の契約につき仮装する旨の合意】 XとYは、請求原因①の売買契約締結の際、いずれも売買の合意をする意思がないのに、その意思があるように仮装することを合意した。

(イ)　債務不履行解除の抗弁

A　抗弁2──債務不履行解除

＊詳しくは120～124頁参照。

(3)　物権的登記請求権の場合　⇐応用

ア　訴訟物

所有権に基づく妨害排除請求権としての所有権移転登記請求権　1個

イ　請求の趣旨

被告は、原告に対し、甲土地について、令和2年4月1日売買を原因とする所有権移転登記手続をせよ。

ウ　請求原因2

①	【被告もと所有】 Yは、令和2年4月1日当時、甲土地を所有していた。
②	【被告・原告　不動産売買契約の締結】 Yは、Xに対し、令和2年4月1日、甲土地を代金1500万円で売った。
③	【被告名義の登記】 甲土地について、別紙登記目録記載の被告名義の所有権移転登記がある。

207

第1部　要件事実／第2編　要件事実各論——具体的な紛争と要件事実

解 説

■物権的登記請求権と債権的登記請求権

　　物権的登記請求権の請求原因は、債権的登記請求権における売買契約締結の事実を包含する関係に立つが、両請求は訴訟物が異なることから、「a＋b」の関係に立つものではない。もっとも、実際上は主張立証すべき要件事実の少ない債権的登記請求権を訴訟物にすることが多い。

(4)　物権変動的登記請求権の場合　　←応用

ア　訴訟物

売買契約に基づく積極的物権変動的登記請求権としての所有権移転登記請求権　1個

イ　請求の趣旨

被告は、原告に対し、甲土地について、令和2年4月1日売買を原因とする所有権移転登記手続をせよ。

ウ　請求原因3

①	【被告もと所有】 Yは、令和2年4月1日当時、甲土地を所有していた。
②	【被告・原告　不動産売買契約の締結】 Yは、Xに対し、令和2年4月1日、甲土地を代金1500万円で売った。
③	【被告名義の登記】 甲土地について、別紙登記目録記載の被告名義の所有権移転登記がある。

208

第5章　不動産登記に関する紛争

■積極的物権変動的登記請求権と債権的登記請求権

　積極的物権変動的登記請求権の請求原因は、債権的登記請求権における売買契約締結の事実を包含する関係に立ち、また、物権的登記請求権と同じ要件事実からなるが、それぞれの請求は訴訟物が異なることから、「ａ＋ｂ」の関係に立つものではない。もっとも、実際上は主張立証すべき要件事実の少ない債権的登記請求権を訴訟物にすることが多い。

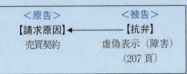
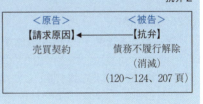

209

第6章 動産に関する紛争

所有権に基づく動産引渡請求訴訟

(1) 事例

> Yは、令和2年5月1日から、Xの所有する機械甲（時価100万円）を占有している。そこで、XはYに対し、甲の引渡しを求めると同時に、Yの占有による所有権侵害に対し不法行為に基づく損害賠償を請求する訴えを提起した。また、引渡請求の執行が効を奏しない場合に備えて、代償を請求する訴えを提起した。なお、機械甲の賃料相当額は月額5万円である。

(2) 訴訟物

ア 主たる請求──動産引渡請求

所有権に基づく返還請求権としての機械引渡請求権　1個

> [解 説]
> ■訴訟物の法的性質
> 物権的請求権には3種類あるが（155頁参照）、本件では被告の占有によって原告の所有権が侵害されているため、（物権的）返還請求権がその内容になる。

イ 附帯請求──不法行為に基づく損害賠償請求

不法行為に基づく損害賠償請求権　1個

第6章　動産に関する紛争

ウ　代償請求──不法行為に基づく損害賠償請求

> 不法行為に基づく損害賠償請求権　1個

解　説

■引渡請求と代償請求

　　代償請求は、主たる請求である引渡請求の強制執行が効を奏しない場合に備えて、あらかじめ目的物の時価相当額の金銭支払を請求するものである。

　　引渡請求と代償請求の訴訟物は、それぞれ現在と将来とで時点を異にして存在し、かつ、両立するものといえるので、両請求は単純併合となる。

(3)　請求の趣旨
ア　主たる請求

> 被告は、原告に対し、機械甲を引き渡せ。

イ　附帯請求

> 被告は、原告に対し、令和2年5月1日から機械甲の引渡済みまで、1か月当たり5万円の割合による金員を支払え。

ウ　代償請求

> 被告は、原告に対し、100万円を支払え。

211

第1部　要件事実／第2編　要件事実各論──具体的な紛争と要件事実

(4)　請求原因

ア　動産引渡請求（主たる請求）

(ア)　甲型──被告が原告のもと所有を認めている（原告のもと所有につき権利自白が成立する）場合

①	【原告　もと所有】 Xは、令和2年5月1日当時、機械甲を所有していた。
②	【被告　現占有】 Yは、機械甲を占有している。

(イ)　乙型──被告が前主のもと所有を認めている（前主のもと所有につき権利自白が成立する）場合

①	【前主　もと所有】 Aは、機械甲をもと所有していた。
②	【前主・原告　売買契約の締結】 Aは、Xに対し、令和2年4月21日、機械甲を代金120万円で売却した。
③	【被告　現占有】 Yは、機械甲を占有している。

(ウ)　丙型──被告が原告の現所有を認めている（原告の現所有につき権利自白が成立する）場合

①	【原告　現所有】 Xは、機械甲を所有している。
②	【被告　現占有】 Yは、機械甲を占有している。

212

第6章　動産に関する紛争

解説

■所有権に基づく動産引渡請求の請求原因事実

　所有権に基づく返還請求権としての動産引渡請求権の発生要件は、（ⅰ）原告現所有、（ⅱ）被告現占有である。

　もっとも、権利関係不変の公理により、一度過去のある時点で発生した権利は、障害・消滅・阻止事由がない限り、口頭弁論終結時にも存在するものとされる。そこで、原告のもと所有について被告の権利自白が成立する場合、所有権の存在の摘示についてはもと所有で足りる。

　次に、被告が占有権原を有することは抗弁に回るため、原告において被告の占有権原の不存在という消極的事実を主張立証する必要はない。

イ　附帯請求（請求原因甲型を前提とした場合）

	【原告　もと所有】 （Xは、令和2年5月1日当時、機械甲を所有していた。） 　∵「原告もと所有」は附帯請求における要件事実に位置づけられるが、すでに主たる請求の請求原因①において主張立証される予定であるから、実際上は摘示する必要はない。
③	【被告　過去の時点での占有】 Yは、令和2年5月1日、機械甲を占有していた。
	【被告　現時点での占有】 （Yは、機械甲を占有している。） 　∵主たる請求の請求原因②において主張立証される予定であるから、実際上は摘示する必要はない。
④	【故意又は過失】 Yは、①②③について故意又は過失がある。
⑤	【損害（賃料相当額）】 令和2年5月1日以降の機械甲の賃料相当額は、月額5万円である。
⑥	【因果関係】 ①②③と⑤との間には因果関係がある。

213

第1部　要件事実／第2編　要件事実各論——具体的な紛争と要件事実

解　説

■不法行為に基づく損害賠償請求の要件事実

　不法行為に基づく損害賠償請求権の成立要件は、（ⅰ）権利侵害、（ⅱ）損害の発生及びその数額、（ⅲ）（ⅰ）・（ⅱ）の間の因果関係、及び（ⅳ）（ⅰ）についての故意又は過失である。

　（ⅰ）の権利侵害は、所有権侵害の不法行為に基づく損害賠償請求の場合には、「原告が所有権を有すること」及び「被告による占有」である。前者については、権利関係不変の公理が及ぶため、「原告もと所有」を主張立証すれば足りる。後者については民法186条2項の適用がある。したがって、附帯請求としての不法行為に基づく損害賠償請求の請求原因事実は、ⓐ「原告もと所有」、ⓑ「被告・過去の時点における占有」、ⓒ「被告・現時点における占有」、ⓓ「ⓐⓑⓒについての故意又は過失の評価根拠事実」、ⓔ「損害の発生及びその数額」、及びⓕ「ⓐⓑⓒとⓔの間の因果関係」となる。

　そして、ⓐについては主たる請求の請求原因①で主張立証されるため、ここであらためて主張立証する必要はない。また、ⓕについては、ⓐⓑⓒの各事実が主張立証されることにより事実上の推定を受けるため、実際は省略されることが多い。

ウ　代償請求（請求原因甲型を前提とした場合）

①	【原告　もと所有】 Xは、令和2年5月1日当時、機械甲を所有していた。
②	【被告　現占有】 Yは、機械甲を占有している。
③	【損害の発生及びその数額（事実審の口頭弁論終結時の時価）】 機械甲の時価は、100万円である。

第6章　動産に関する紛争

解説

■代償請求の要件事実

　　代償請求の訴訟物を所有権侵害の不法行為に基づく損害賠償請求権と構成した場合、その要件事実は、（ⅰ）権利侵害、（ⅱ）損害の発生及びその数額、（ⅲ）（ⅰ）（ⅱ）の間の因果関係、及び（ⅳ）（ⅰ）についての故意又は過失の評価根拠事実となる。

　　このうち、（ⅱ）については、動産の時価は変動しやすく、執行不奏効時の時価を主張立証することは不可能である。そこで、上記③のように、事実審の口頭弁論終結時における当該動産の時価相当額を主張立証すれば足りることになる。

　　また、（ⅲ）については、既述のとおり、他の要件事実を主張立証することで事実上の推定を受けるため、摘示しないのが通例である。

　　（ⅳ）については、主たる請求の請求原因甲型①②によって現れる口頭弁論終結時におけるYのXに対する返還義務の発生と、執行手続中に明らかとなる執行不奏効の事実が過失の評価根拠事実としても機能するので、ここであらためて主張立証する必要はない。

　　したがって、結局のところ、（ⅰ）及び（ⅱ）を摘示すれば足りることになる。

　　なお、主たる請求と代償請求を併合提起する場合は、①「原告もと所有」、②「被告現占有」の事実は、主たる請求の請求原因甲型①②と同じであるため、あらためてここで主張立証する必要はない。

(5)　抗弁以下の攻撃防御方法

ア　所有権喪失の抗弁・対抗要件の抗弁・対抗要件具備による所有権喪失の抗弁

　　要件事実については、162頁以下参照。

　　もっとも、不動産明渡請求訴訟の場合とは異なり、対抗要件具備による所有権喪失の抗弁が主張立証されることで、XYの対抗関係が明らかとなり、XがYに先立つ対抗要件具備の再抗弁を提出・主張立証する必要が生じる場合があり得る。これは、不動産二重譲渡の場合と異なり、「引渡し」（民法178条）の態様が観念化している動産の二重譲渡の場合に、対抗要件が二重に具備されるときがあるためである（ex.占有改定と現実の引渡しが二重に行われる場合）。

215

第1部　要件事実／第2編　要件事実各論——具体的な紛争と要件事実

イ　代物弁済による所有権喪失の抗弁

(ｱ)　抗弁1——代物弁済による所有権喪失（主たる請求に対して）

①'	【代物弁済の対象となる債務の発生原因事実】 Yは、Xに対し、令和2年4月1日、120万円を貸し付けた。
②'	【原告・被告　代物弁済契約の締結】 XとYは、令和2年5月1日、①'の貸金債権120万円の弁済に代えて、機械甲の所有権をYに移転するとの合意をした。
	【原告　②'の時点における代物の所有】 （Xは、②'の代物弁済契約締結の当時、機械甲を所有していた。）

解説

■法的意味

　　原告の所有権に基づく動産引渡請求に対して、被告は代物弁済契約による当該所有権の喪失を主張することが考えられる。これは、原告のもと所有という請求原因事実と両立し、かつ、所有権の法律効果を消滅させるものであるから、抗弁にあたる。

■所有権取得原因としての代物弁済の主張

　　判例によれば、代物弁済契約に基づく債務消滅の効果とは異なり、同契約に基づく所有権移転の効果は、代物弁済契約締結の意思表示により生じるので（最判昭57.6.4）、被告において、所有権喪失の抗弁の抗弁事実として「Yが対抗要件を具備したこと」までを主張立証する必要はない。

　　次に、代物弁済契約は、本来の弁済に代えて代物の所有権を移転することを内容とする契約であるので、「代物弁済契約締結時において債務者が代物弁済の目的物を所有していたこと」は抗弁事実に含まれる。もっとも、この事実は請求原因①においてすでに主張立証されるため、ここであらためて主張立証する必要はない。また、動産につき即時取得が成立する場合にも主張立証が不要になる。

　　なお、債権の消滅原因として代物弁済契約が主張される場合については88頁以下参照。

216

第6章　動産に関する紛争

ウ　即時取得による所有権喪失の抗弁及びそれ以下の攻撃防御方法

(ア)　抗弁2──即時取得による所有権喪失（主たる請求に対して）

①′	【取引行為】 BはYに対し、令和2年5月1日、機械甲を代金130万円で売った。
②′	【基づく引渡し】 BはYに対し、①′の売買契約に基づき、機械甲を引き渡した。

解　説

■法的意味

　　原告の所有権に基づく動産引渡請求に対して、被告は即時取得による当該所有権の喪失を主張することが考えられる。これは、代物弁済の場合と同様に、原告のもと所有という請求原因事実と両立し、かつ、所有権の法律効果を消滅させるものであるから、抗弁にあたる。

【論点】

論点① 平穏、公然、善意（民法192条）についても主張立証する必要があるか。	不要である。 ∵民法186条1項により平穏、公然、善意は推定される（暫定真実、259頁参照）。
論点② 無過失（民法192条）についても主張立証する必要があるか。	不要である。 ∵民法188条により、占有者が占有物について行使する権利は適法な権利と推定されることから、前主に所有権があると信じるについて過失がないと推定されるためである（最判昭41.6.9）。
論点③ 抗弁②′の引渡し時まで前主が当該動産を占有していた事実について主張立証する必要はあるか。	「前主による占有」も即時取得の成立要件に含まれるが、この事実を独立して主張立証する必要はない。 ∵「前主による占有」の事実は、抗弁②′の中に含まれると考えられるからである。

217

第1部　要件事実／第2編　要件事実各論──具体的な紛争と要件事実

(イ)　再抗弁1──悪意（抗弁2に対して）

| ①″ | 【悪意】
抗弁②′の引渡し当時、YはBが機械甲の所有者であると信じていなかった。 |

【論点】

論点① 即時取得における「悪意」の意義	前主が無権利者であることを知っていた場合だけでなく、権利者であることを疑っていた場合（半信半疑）も含む。 ∵即時取得にいう「善意」は、取引の相手方が権利者であると誤信したことをいうとされている（最判昭 41.6.9、最判昭 26.11.27）。この立場に立てば、「悪意」とは、この意味での善意ではないことをいい、半信半疑も含まれることになる。
論点② 「悪意」の時期	認定の基準は被告の占有取得時である。 ∵動産取引の安全を図るという即時取得の制度趣旨からは、占有取得時の主観的要件を問題とするべきだからである。

(ウ)　再抗弁2──過失の評価根拠事実（抗弁2に対して）

| ①″ | 【過失の評価根拠事実】
ex.1）抗弁②′の引渡し当時、機械甲には、Xの名前が印字してあった。
ex.2）Yは、抗弁②′の引渡しに際し、機械甲の所有者について何ら確認をしていなかった。 |

218

第6章　動産に関する紛争

【論点】

論点① 「過失」のような規範的要件については何を主要事実とみるべきか。	過失の存在を基礎づける具体的事実が主要事実である（主要事実説）。 ∵「過失」はそれ自体を証拠によって直接立証することができないので、評価根拠事実を間接事実とすると、弁論主義の適用を受けるのは「過失」という主張だけになり、当事者にとって不意打ちとなる。
論点② 「過失」の基準時	認定の基準は被告の占有取得時である。 ∵動産取引の安全を図るという即時取得の制度趣旨からすれば、取引行為時である占有取得時の主観的要件の問題とすべきだからである。
論点③ 「過失」の判断基準	過失の有無は、（ⅰ）前主の処分権限について取得者に疑念を生じさせるような事由があったかどうか（不審事由の存在）、（ⅱ）その疑念があったときは、その疑念を解明するためにどのような措置を講ずべきであったか（調査確認義務の存在とその内容）、そして、（ⅲ）取得者がその措置を講じたかどうか（調査確認義務の懈怠）によるので、これらの点について検討し、過失の有無を判断する。なお、この判断を行う際には、取引の実情ないし慣行、商慣習、従来の当事者間の諸関係等を総合的に考慮する必要がある。

(Ⅰ)　再々抗弁──過失の評価障害事実（再抗弁2に対して）

①'''	【過失の評価障害事実】 ex.1）再抗弁①''にいう印字は、3cm程度の小さなものであった。 ex.2）その印字は、機械甲の底部分にあったにすぎない。

219

第1部　要件事実／第2編　要件事実各論——具体的な紛争と要件事実

エ　解除と第三者

(ア)　総説

解除と第三者の問題においては、主な見解として対抗関係説と権利保護要件説とがある。

A　対抗関係説の場合

ＸがＣに対して機械甲を売り、ＣがさらにＹに対してこの機械甲を転売し、ＸがＸＣ間の売買契約を解除した場合、対抗関係説によれば、その解除がＣＹ間の売買契約の前か後かにかかわらず、Ｃを起点とする二重譲渡関係（ＣからＸへの復帰的物権変動とＣからＹへの売買契約を原因とする積極的物権変動）が形成されることになる。したがって、Ｙは、「対抗要件の抗弁」や「対抗要件具備による所有権喪失の抗弁」を主張することができる。

そして、「対抗要件具備による所有権喪失の抗弁」や「対抗要件の抗弁」は、「売買による所有権喪失の抗弁」と「ａ＋ｂ」の関係に立ち、かつ、「売買による所有権喪失の抗弁」に対して「債務不履行解除の再抗弁」等が主張立証されることによってはじめて訴訟上独自の意味を有する攻撃防御方法になることから、予備的抗弁（64頁参照）に位置づけられる。

B　権利保護要件説の場合

権利保護要件説の場合、「解除前の第三者（であること）」は、債務不履行解除の再抗弁の法律効果を覆滅して売買による所有権喪失の抗弁の法律効果を復活させるものであるから、「解除前の第三者（であること）」は再々抗弁に位置づけられる。

220

第6章　動産に関する紛争

(イ)　対抗関係説に立った場合

　　A　抗弁3──所有権喪失（主たる請求に対して）

①′	【原告・後主　売買契約の締結】 Xは、Cに対し、令和2年5月1日、機械甲を代金130万円で売った。

　　B　再抗弁1──債務不履行解除（抗弁3に対して）

①″	【原告→後主　催告】 Xは、Cに対し、令和2年5月7日、抗弁①′の契約に基づく売買代金の支払を催告した。
②″	【催告後相当期間の経過】 令和2年5月14日は経過した。
③″	【原告→後主　解除の意思表示】 Xは、Cに対し、令和2年5月15日、抗弁①′の契約を解除するとの意思表示をした。
④″	【③″に先立つ反対債務の履行】 Xは、Cに対し、令和2年5月1日、抗弁①′の契約に基づいて機械甲を引き渡した。

　　C　予備的抗弁1′──対抗要件具備による所有権喪失
　　　　（抗弁3及び再抗弁1を前提とする）　←応用

	【原告・後主　売買契約の締結】 Xは、Cに対し、令和2年5月1日、機械甲を代金130万円で売った。
②′	【後主・被告　売買契約の締結】 Cは、Yに対し、令和2年5月16日、機械甲を代金130万円で売った。
③′	【対抗要件具備】 YとCは、令和2年5月16日、②′に基づき、以後CがYのために機械甲を占有するとの合意をした。

221

第1部　要件事実／第2編　要件事実各論——具体的な紛争と要件事実

【論点】

論点① 解除前又は解除後の第三者にあたるとの主張はどのように位置づけられるか。	解除の前後を問わず、予備的抗弁として位置づけられる。 ∵判例は、解除と第三者の問題について、解除前と解除後のいずれであるかを問わず、解除者と第三者との関係を対抗関係と考えているものとされる（最判昭 33.6.14、最判昭 35.11.29、百選Ⅰ 52 事件参照）。そうすると、第三者に該当し対抗要件を具備したとの主張は、対抗要件具備による所有権喪失の抗弁として位置づけられる。また、第三者にあたるとの主張は、解除の再抗弁に対してなされるものであるが、対抗関係説によれば、解除の効果を覆滅させるものではなく、解除がなされたことを前提にするものにすぎないから、予備的抗弁に位置づけられる。

D　予備的抗弁2'
——対抗要件（抗弁3及び再抗弁1を前提とする）　←応用

	【原告・後主　売買契約の締結】 Xは、Cに対し、令和2年5月1日、機械甲を代金130万円で売った。
④'	【後主・被告　売買契約の締結】 Cは、Yに対し、令和2年5月16日、機械甲を代金130万円で売った。
⑤'	【権利主張】 Xが対抗要件を具備するまで、Xの所有権取得を認めない。

E　再抗弁2——先立つ対抗要件具備（予備的抗弁1'に対して）

⑤"	【先立つ対抗要件具備】 XとCは、令和2年5月15日、抗弁3①'の売買契約の解除に基づき、以後CがXのために機械甲を占有するとの合意をした。

222

第6章　動産に関する紛争

【論点】

論点① 「先立つ」ことの主張立証は必要か。	必要である。 ∵動産について二重譲渡の関係が現れている以上、動産の所有権を主張するためには、一方が他方に対して優先することの主張立証が必要である。

F　再抗弁3──対抗要件具備（予備的抗弁2'に対して）

⑦"	【対抗要件具備】 Cは、Xに対し、令和2年5月17日、抗弁3①'の売買契約の解除による原状回復義務に基づいて、機械甲を引き渡した。

(ウ)　権利保護要件説に立った場合
A　抗弁4──所有権喪失（主たる請求に対して）

①'	【原告・後主　売買契約の締結】

＊詳しくは217頁参照。

B　再抗弁──債務不履行解除（抗弁4に対して）

①"	【原告→後主　催告】
②"	【催告後相当期間の経過】
③"	【原告→後主　解除の意思表示】
④"	【③"に先立つ反対債務の履行】

＊詳しくは221頁参照。

第1部　要件事実／第2編　要件事実各論——具体的な紛争と要件事実

C　再々抗弁——解除前の第三者（再抗弁に対して）　⇐応用

①'''	【後主・被告　売買契約の締結】 Cは、Yに対し、令和2年5月1日、機械甲を代金130万円で売った。
②'''	【対抗要件具備】 Yは、Cから、①'''の契約に基づき、機械甲の引渡しを受けた。
③'''	【解除前の第三者】 （①'''の売買契約は、再抗弁③''の解除の意思表示以前に締結された。）

オ　占有権原の抗弁

(ア)　抗弁5——占有権原（主たる請求に対して）

①'	【賃貸借契約の締結】 Xは、Yに対し、令和2年5月1日、機械甲を、賃料月額3万円で賃貸した。
②'	【基づく引渡し】 Xは、Yに対し、①'の賃貸借契約に基づき、機械甲を引き渡した。

＊詳細は167頁参照。

第6章 動産に関する紛争

イメージマップ

【訴訟物】
所有権に基づく返還請求権としての機械引渡請求権

【請求原因甲型】Xもと所有
　　　　　　　Y現占有

抗弁1

抗弁2

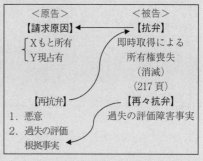

抗弁3（対抗関係説に立った場合）

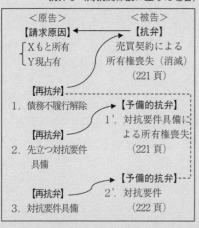

抗弁4（権利保護要件説に立った場合）

抗弁5

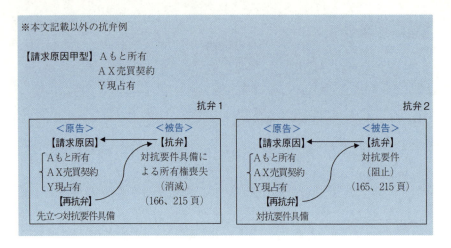

第7章 債権譲渡に関する紛争

譲受債権請求訴訟

(1) 事例

　Aは、Yに対し、令和2年4月15日、代金1000万円で甲土地を売った。そして、Aは、Xに対し、令和2年5月13日、当該契約に基づく売買代金債権を代金950万円で売った。その後、Xは、Yに対し、Aから同債権を譲り受けたとして、その売買代金の支払を請求する訴えを提起した。しかし、Aは、Xのみならず、Bにも同債権を譲渡していたことが判明した。

(2) 訴訟物

> ＡＹ間の売買契約に基づく代金支払請求権　1個

解説
■譲受債権請求訴訟における訴訟物
　債権譲渡（民法466条）は、その債権の帰属主体のみを変更する法律行為であり、債権の同一性は変更されない。したがって、「ＡＹ間の売買契約に基づく代金債権」が訴訟物であることは、ＸＡ間の債権譲渡によっても異ならない。
　また、発生原因の当事者が帰属主体及び相手方である原告被告ではないので、他の訴訟物との混同を避け、かついかなる債権が訴訟の目的となっているのかを明らかにするためには、「ＡＹ間の」という形で発生原因の当事者を特定する必要がある。

(3) 請求の趣旨

> 被告は、原告に対し、1000万円を支払え。

第1部　要件事実／第2編　要件事実各論——具体的な紛争と要件事実

(4)　請求原因

①	【譲受債権の発生原因事実】 Aは、Yに対し、令和2年4月15日、代金1000万円で甲土地を売った。
②	【原告　①の債権の取得原因事実】 Aは、Xに対し、令和2年5月13日、①の代金債権を代金950万円で売った。

解 説

■譲受債権請求の請求原因事実

　　前述した通り、譲受債権請求訴訟における訴訟物は、債権譲渡がなされる前の債権者の債務者に対する債権であるから、債権の譲受人が債務者に対してその債務の履行を請求するためには、まず、(ⅰ) 譲受債権の発生原因事実を主張立証する必要がある。次に、債権の譲受人は、譲受債権を取得したからこそ、債権者としてその債務の履行を求めることができるのだから、(ⅱ)(ⅰ)の債権の取得原因事実も主張立証する必要がある。

　　なお、譲受債権が貸金債権の場合、消費貸借契約のような貸借型の契約は、契約関係が終了した時に、貸主から借主に対する返還請求が可能となるため、返還時期の合意とその返還時期の到来といった消費貸借契約を終了させる事実についても主張立証する必要がある。

【論点】

論点① 債権移転のために、原因行為となる債権行為とは別個に、債権の移転自体を目的とする準物権行為としての処分行為は必要か。	不要である。 ∵債権譲渡は不要式の意思表示によって行われるので、同一行為によって債権行為と準物権行為を同時に行ったと解しても差し支えない。また、債権の移転を目的とした意思表示がなされた場合にその効果意思に従った法的効果が発生すると扱っても問題はない。よって、債権の移転自体についての準物権行為としての独自性は否定されるべきである。
論点② 債権の取得原因事実として売買契約、贈与契約等	できない。 ∵いわゆる返還約束説の立場によれば、債権譲渡の合意部分のみを取り出して主張することができるが、同説

228

を主張する場合に、その契約中の債権譲渡についての合意部分のみを取り出して主張することができるか。	は、実体法上の権利ごとに訴訟物を考えようとする伝統的な考え方と調和しないなどの点で妥当でない。契約の法的性質を示す事実は不可分であり、債権譲渡の合意部分のみを取り出すことはできないと考えるべきである（冒頭規定説、52頁以下参照）。

第7章　債権譲渡に関する紛争

(5)　抗弁以下の攻撃防御方法

ア　譲渡制限特約の抗弁

(ア)　抗弁1 ── 譲渡制限特約

①'	【譲渡制限特約】 AとYは、請求原因①の売買契約に際して、代金債権の譲渡制限特約を締結した。
②'	【原告　（①'につき）悪意】 Xは、請求原因②の売買契約の際、①'の譲渡制限特約の存在を知っていた。 <div align="center">又は</div>【原告　（①'につき）重過失の評価根拠事実】 ex.）Xは、請求原因②の売買契約の際、従前の取引でYが不動産取引をするにあたって必ず譲渡制限特約を締結していることを認識していた。
③'	【履行拒絶の主張】 Yは、Xに対し、請求原因①の売買契約の代金債務の履行を拒絶する。 <div align="center">又は</div>【債務の消滅事由】 Yは、Aに対し、令和2年5月17日、請求原因①の売買契約の債務の履行として、1000万円を支払った。

解 説

■法的意味

　　民法466条1項本文は、債権の自由譲渡を原則とするため、譲渡制限特約の存在は例外事情に該当し、請求原因事実には含まれない。そして、譲渡制限特約による履行の拒絶又は債務の消滅の主張は、譲受債権請求の請求原因事実

229

第1部　要件事実／第2編　要件事実各論——具体的な紛争と要件事実

と両立し、かつ、前者は債権の取得原因事実の法律効果を阻止するものであり、後者はそれを消滅させるものであるから、いずれも抗弁にあたる。

■譲渡制限特約の抗弁の要件事実

　　債権については、当事者間で譲渡制限特約を付したときであっても、債権譲渡の効力は妨げられない（民法466条2項）。ただし、その例外として、譲渡制限特約について悪意又は重過失の譲受人に対しては、その特約を主張して、履行を拒絶し、又は、譲渡人への弁済等による債務の消滅を対抗することができる（民法466条3項）。

　　したがって、譲渡制限特約の抗弁の要件事実は、①「譲渡制限特約の存在」、②'「譲受人の悪意又は重過失の評価根拠事実」及び③'「履行拒絶の主張又は債務の消滅事由」である。

イ　債務者対抗要件の抗弁及びそれ以下の攻撃防御方法

(ア)　抗弁2——債務者対抗要件

①'	【債務者対抗要件の抗弁を行使する旨の権利主張】 請求原因②の債権譲渡につき、AがYに通知し又はYが承諾するまで、Xを債権者と認めない。

【解説】

■債務者対抗要件の抗弁の要件事実

　　民法467条1項は、「債権の譲渡……は、譲渡人が債務者に通知をし、又は債務者が承諾をしなければ、債務者その他の第三者に対抗することができない」と規定する。この対抗要件の抗弁は、権利阻止事実の主張であるとともに権利抗弁であることから、債務者が抗弁事実として①'「対抗要件の抗弁を行使する旨の権利主張」をする必要がある。

230

第7章　債権譲渡に関する紛争

(イ)　再抗弁──債務者対抗要件具備（抗弁2に対して）

<table>
<tr><td rowspan="2">①"</td><td>【譲渡人→債務者　債権譲渡以後の通知】

Aは、Yに対し、令和2年5月16日、請求原因②の債権譲渡を通知した。
　∵譲渡人の債務者に対する対抗要件具備としての譲渡通知は、債権譲渡以後に
　　されなければならない（最判昭28.5.29。「債権譲渡以後」であることが時的
　　要素となる。）。また、通知をすべき者は債権の譲渡人に限られる（民法467
　　条1項）。

 又は
【債務者→譲渡人（or 譲受人）　承諾】

Yは、A（又はX）に対し、令和2年5月15日、請求原因②の債権譲渡
を承諾した。
　∵承諾は、債権譲渡の前後のいずれにおいてされたものであるかを問わない（最
　　判昭28.5.29）。また、承諾は、譲渡人・譲受人のいずれかに対してすれば足
　　りる（最判昭49.7.5）。</td></tr>
</table>

ウ　譲渡人について生じた事由に基づく抗弁及びそれ以下の攻撃防御方法
(ア)　抗弁3──譲渡人について生じた事由

<table>
<tr><td>①'</td><td>【譲渡人について生じた事由】
ex.) Yは、Aに対し、令和2年5月17日、請求原因①の売買契約に基づ
　　く代金債務の履行として1000万円を支払った。</td></tr>
</table>

解説

■譲渡人について生じた事由に基づく抗弁の要件事実

　債務者は、対抗要件具備時までに譲渡人に対して生じた事由を、譲受人に対抗することができる（民法468条1項）。具体的には、事実記載例にあるような弁済の事実等の事由が考えられる。

第1部　要件事実／第2編　要件事実各論——具体的な紛争と要件事実

(ｲ)　再抗弁１——先立つ債務者対抗要件具備（抗弁３に対して）

①"	【譲渡人→債務者　抗弁①'に先立つ通知】 Aは、Yに対し、令和２年５月16日、請求原因②の債権譲渡を通知した。 又は 【債務者→譲渡人（or 譲受人）　抗弁①'に先立つ承諾】 Yは、A（又はX）に対し、令和２年５月15日、請求原因②の債権譲渡を承諾した。

解　説

■　「先立つ」

　譲渡人について生じた事由に基づく抗弁が主張立証された場合、原告は、再抗弁として対抗要件具備の事実を主張立証することになる。この再抗弁が成り立つためには、上記事由が生じる以前に債務者対抗要件を具備している必要があるため、時的要素としての「先立つ」が加わる。

エ　第三者対抗要件の抗弁及びそれ以下の攻撃防御方法

(ｱ)　抗弁４——第三者対抗要件

①'	【第三者　請求原因①の債権の取得原因事実】 Aは、Bに対し、令和２年５月17日、代金970万円で請求原因①の代金債権を売った。
②'	【譲渡人→債務者　①'以後の通知】 Aは、Yに対し、令和２年５月19日、①'の債権譲渡を通知した。 又は 【債務者→譲渡人（or 第三者）　承諾】 Yは、A（又はB）に対し、令和２年５月19日、①'の債権譲渡を承諾した。
③'	【第三者対抗要件の抗弁を行使する旨の権利主張】 請求原因②の債権譲渡につき、Aが確定日付のある証書によってYに通知し又はYが確定日付のある証書によって承諾するまで、Xを債権者と認めない。

232

第7章　債権譲渡に関する紛争

解 説

■第三者対抗要件

　債権が二重譲渡された場合において、いずれの譲渡についても単なる通知
又は承諾がされたにとどまる場合の各譲受人と債務者との関係につき、各譲
受人は互いに優先することができないとの見解に立った場合の抗弁である。

【論点】

論点① ②'の債務者対抗要件具備の事実は抗弁事実として必要か。	必要である。 ∵債務者の視点からは、債務者対抗要件の具備がない限り、債務者はその譲受人を債権者として取り扱う必要はなく、二重弁済の危険を生じないのであり、譲受人相互間の優劣関係は、債権譲渡が行われるのみならず、債務者対抗要件の具備があってはじめて問題になるからである。
論点② 第三者対抗要件の抗弁と債務者対抗要件の抗弁はいかなる関係に立つか。	両者は包括関係に立つものではなく、それぞれ別個独立の抗弁となる。 ∵両抗弁は性格を異にし、その権利主張の内容も異なるからである。

(1)　再抗弁──第三者対抗要件具備（抗弁4に対して）

①"	【譲渡人→債務者　請求原因②以後の確定日付のある通知】 Aは、Yに対し、令和2年5月19日、内容証明郵便によって、請求原因②の債権譲渡を通知した。 <div align="center">又は</div>【債務者→譲渡人（or 譲受人）　請求原因②の確定日付のある承諾】 Yは、A（又はX）に対し、令和2年5月19日、確定日付のある承諾書によって、請求原因②の債権譲渡を承諾した。

233

第1部　要件事実／第2編　要件事実各論──具体的な紛争と要件事実

オ　債権の二重譲受人に対する弁済の抗弁及びそれ以下の攻撃防御方法
　　⇐応用

(7)　抗弁5──債権の二重譲受人に対する弁済

①′	**【第三者　請求原因①の債権の取得原因事実】** Aは、Bに対し、令和2年5月17日、代金970万円で請求原因①の代金債権を売った。
②′	**【債務者→第三者　弁済】** Yは、Bに対し、令和2年5月20日、請求原因①の売買契約に基づく代金債務の履行として1000万円を支払った。

(イ)　再抗弁──弁済（抗弁②′）に先立つ第三者対抗要件具備（抗弁5に対して）

①″	**【譲渡人→債務者　弁済（抗弁②′）に先立つ請求原因②以後の確定日付のある通知】** Aは、Yに対し、令和2年5月19日、内容証明郵便によって、請求原因②の債権譲渡を通知した。 <div align="center">又は</div>**【債務者→譲渡人（or譲受人）　弁済（抗弁②′）に先立つ確定日付のある承諾】** Yは、A（又はX）に対し、令和2年5月19日、確定日付のある承諾書によって、請求原因②の債権譲渡を承諾した。

解説

■法的意味

　　民法467条2項に基づき二重譲受人相互間の優劣関係が定まる場合には、債務者は優先する譲受人に対して弁済しなければならない。すなわち、債務者による弁済に先立って、二重譲受人のいずれかが第三者対抗要件を先に具備した場合には、債務者が劣後する者に弁済してもその効力を生じないことになる。

　　したがって、弁済に先立つ第三者対抗要件具備の事実は、弁済の事実と両立し、かつ、弁済による債務消滅の法律効果を障害して請求原因事実の法律効果を復活させるものであるから、再抗弁にあたる。

234

第 7 章　債権譲渡に関する紛争

(ウ)　再々抗弁──弁済（抗弁②'）に先立つ第三者対抗要件具備（再抗弁に
　　　対して）

①'''	【譲渡人→債務者　弁済（抗弁②'）に先立つ抗弁①'以後の確定日付のある通知】 Aは、Yに対し、令和 2 年 5 月 19 日、内容証明郵便によって、抗弁①'の債権譲渡を通知した。 又は 【債務者→譲渡人（or 第三者）　弁済（抗弁②'）に先立つ確定日付のある承諾】 Yは、A（又はB）に対し、令和 2 年 5 月 19 日、確定日付のある承諾書によって、抗弁①'の債権譲渡を承諾した。

解　説

■法的意味

　　第三者対抗要件具備者同士の優劣がない場合は、各人は、債務者に対してはいずれも債権全額を請求できると解される。

(エ)　再々々抗弁──再々抗弁①'''の第三者対抗要件具備に先立つ第三者対
　　　抗要件具備（再々抗弁に対して）

①''''	【再々抗弁①'''の第三者対抗要件具備に先立つ第三者対抗要件具備】 再抗弁①''の対抗要件具備が、再々抗弁①'''の第三者対抗要件具備に先立つ。

解　説

■法的意味

　　通常は、再抗弁、再々抗弁における時的因子によって先後関係が明らかになるので、(ウ)以降の攻撃防御方法が問題とならないことが多い。

235

第１部　要件事実／第２編　要件事実各論——具体的な紛争と要件事実

カ　受領権者としての外観を有する者に対する弁済の抗弁及びそれ以下の攻撃防御方法　←応用

(ア)　抗弁６——受領権者としての外観を有する者に対する弁済

①'	【債務者→第三者　弁済】 Ｙは、Ｂに対して、請求原因①の売買契約に基づく代金債務の履行として1000万円を支払った。
②'	【受領権者としての外観を有する者の基礎づけ事実】 ex.）Ａは、Ｂに対し、令和２年５月17日、代金970万円で請求原因①の代金債権を売った。
③'	【債務者　善意】 Ｙは、①'の弁済当時、Ｂが請求原因①の代金債権の帰属主体であることを信じていた。
④'	【債務者（③'につき）無過失の評価根拠事実】 ex.）ア　ＡはＹに対し、請求原因②の債権譲渡が虚偽表示によるものであることを告げた。 　　イ　ＡはＹに対し、アの告知の際、Ｘの実印の印影付きの仮装譲渡合意書を示した。 　　ウ　Ｙは、アイによって、請求原因②の債権譲渡が無効であると誤信した。

解説

■受領権者としての外観を有する者に対する弁済の抗弁の要件事実

　受領権者としての外観を有する者に対する弁済（民法478条）は権利外観法理の一種であり、その成立要件は、（ⅰ）弁済、（ⅱ）（ⅰ）の相手方が受領権者としての外観を有すること、及び（ⅲ）債務者の善意・無過失である。このうち、「受領権者としての外観を有する者」との要件は価値的要件であり、これにつき当事者間で争いがある場合には、債務者は弁済の相手方が受領権者としての外観を有する者であることの「基礎づけ事実」を主張立証しなければならない（44頁以下参照）。また、無過失は規範的要件であるため、債務者は無過失の評価根拠事実を主張立証しなければならない。

236

第7章　債権譲渡に関する紛争

(イ)　再抗弁──無過失の評価障害事実（抗弁6に対して）

①''	【無過失の評価障害事実】 ex.）XとYは継続的取引関係にあり、抗弁④'ex.）アの告知の際、Yは、直ちにXに真意を確認することができた。

キ　第三者対抗要件具備による債権喪失の抗弁及びそれ以下の攻撃防御方法

(ア)　抗弁7──第三者対抗要件具備による債権喪失

①'	【第三者　請求原因①の債権の取得原因事実】 Aは、Bに対し、令和2年5月17日、代金970万円で請求原因①の代金債権を売った。
②'	【譲渡人→債務者　①'以後の確定日付のある通知】 Aは、Yに対し、令和2年5月19日、内容証明郵便によって、①'の債権譲渡を通知した。 又は 【債務者→譲渡人（or第三者）　①'の確定日付のある承諾】 Yは、A（又はB）に対し、令和2年5月19日、確定日付のある承諾書によって、①'の債権譲渡を承諾した。

(イ)　再抗弁──第三者対抗要件具備（抗弁7に対して）

①''	【譲渡人→債務者　請求原因②以後の確定日付のある通知】 Aは、Yに対し、令和2年5月19日、内容証明郵便によって、請求原因②の債権譲渡を通知した。 又は 【債務者→譲渡人（or譲受人）　②の確定日付のある承諾】 Yは、A（又はX）に対し、令和2年5月19日、確定日付のある承諾書によって、請求原因②の債権譲渡を承諾した。

解　説

■法的意味

　　第二譲受人が第三者対抗要件を具備している場合であっても、第一譲受人も第三者対抗要件を具備しており、かつ、対抗要件具備の時点が同時であると

237

第1部　要件事実／第2編　要件事実各論──具体的な紛争と要件事実

き（最判昭49.3.7、百選Ⅱ23事件）やその時点の先後関係が不明であるとき
（最判平5.3.30、百選Ⅱ24事件）は、債務者はいずれの譲受人に対しても弁
済を免れることができない。

　したがって、上記事由は第三者対抗要件具備による債権喪失の抗弁の要件
事実と両立し、かつその抗弁から生じる法律効果を覆滅して請求原因事実の
効果を復活させるものとして、再抗弁事実に位置づけられる。

【論点】

論点① 債権の二重譲渡における譲受人相互の優劣の決定基準は何か。	対抗要件たる通知の到達時が基準となる（到達時説、最判昭49.3.7、百選Ⅱ23事件）。 ∵確定日付の先後を基準とすると、確定日付の先後と対抗要件具備の先後の一致しないことがあり、法律関係が不安定になる。
論点② 到達時説を前提とした場合の確定日付のある通知が債務者に同時に到達した場合、譲受人相互の優劣関係はどうなるか。	両者に優劣はない（最判昭55.1.11）。 ∵同時到達の場合、通知の発信の先後等を考慮して優劣を決するのでは、債務者の認識困難な事情によって弁済すべき相手方が定まることになり債務者の保護に欠け、また対抗要件具備の先後により優劣を決しようとした民法467条の趣旨に反することになる。なお、いずれの譲渡通知も債務者に到達したが、その到達の先後が不明であるために優劣を決することができない場合も、同時到達の場合と同様に扱われる（最判平5.3.30、百選Ⅱ24事件）。
論点③ 譲受人相互間に優劣のない場合、各譲受人から債務者に対し譲受債権の履行請求ができるか。	債権全額を請求できる（最判昭55.1.11）。 ∵各譲受人は、債務者に対する関係では完全な権利者としての地位を取得する。

解説

■所有権に基づく動産引渡請求訴訟との比較

　二重譲渡の事例で、所有権に基づく動産引渡請求訴訟において所有権喪失
の抗弁が提出された場合であって、これに対して第三者対抗要件具備の再抗
弁を提出するときには、再抗弁事実として、原告が対抗要件を具備したことに

第7章　債権譲渡に関する紛争

加え、この対抗要件具備が被告のそれに「先立つ」ことが時的要素になる。これは、物権の排他性から、複数の者が完全所有権を取得することはなく、必ず優劣関係が定まるため、一方の譲受人が、他方の譲受人に対して所有権を主張するためには、自らが優先することを示す必要があるからである。

　これに対し、債権は相対性を有するため、一方の譲受人は他方の譲受人に対して自らが優先することを主張立証する必要はない。したがって、優先性を示すための「先立つ」事実を時的要素として主張立証することを要しない。

(ウ)　再々抗弁──先立つ第三者対抗要件具備（再抗弁に対して）

①'''	【先立つ第三者対抗要件具備】 抗弁②'の第三者対抗要件具備は、再抗弁①''の第三者対抗要件具備に先立つ。

解説

■時的因子との関係

　事実摘示を行うにあたっては、時的因子によって特定するのが通常である。したがって、実際上は、Ｙが、第三者対抗要件具備による債権喪失の抗弁を主張した段階で、Ｂが第三者対抗要件を具備した時点が明らかになり、Ｘとしては、Ｂの第三者対抗要件具備が自己の第三者対抗要件具備に先立っているのであれば、そもそも第三者対抗要件具備の再抗弁を主張しないし、反対に、自己の第三者対抗要件具備がＢの第三者対抗要件具備に先立っているのであれば、第三者対抗要件具備の再抗弁を主張する。そして、遅くともＸが再抗弁を主張した段階では、時的因子により、ＸとＢの第三者対抗要件具備の先後関係が現れてしまっているので、Ｙが先立つ第三者対抗要件具備の再々抗弁を主張することはないのが通常である。

239

【イメージマップ】

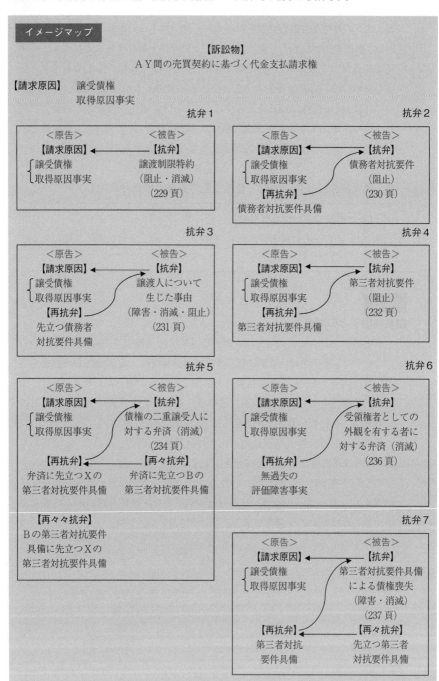

第2部
事実認定

序論

1 事実認定とは

　事実認定とは、訴訟物たる権利・法律関係の存否を明らかにするうえで、法規の適用の対象となる事実の存否を確定する作業をいう。民事訴訟においては、当事者間の具体的な権利義務ないし法律関係の存否が争われるが、権利・法律関係自体は抽象的・観念的なものにすぎず、これを直接証明することはできない。したがって、権利・法律関係の存否を確定するためには、実体法が定める、権利の発生・変更・消滅に必要な事実の存否を確定しなければならない。そこで必要となるのが事実認定なのである。

2 要件事実と事実認定の関係

　要件事実は、これに基づく当事者の的確な主張により争点を明確化するという争点整理、充実した審理を実現する一手段にすぎない。要件事実によって当事者の主張が整理され、争いのある事実と争いのない事実が整理され、争いのある事実について、証拠調べによって事実を確定していくことになる。これが事実認定である。
　事実認定は、紛争解決の実現に「直接」必要となる点で、要件事実とは異なる。このことからも、事実認定がいかに重要であるかを認識できよう。

3 予備試験と事実認定

　司法試験予備試験の論文式試験で、具体的な事例を基に、事実認定を問うのは、時間的制約等の点から限界があることから、事実認定の分野においては、証拠に関する基本的な考え方等を問うような問題が出題されている。特に、二段の推定は重要頻出論点である。

4　事実認定の方法

　事実認定は、要証事実との関連性で考える。その際には、動かし難い事実を中心に事実を認定した上で、経験則を用い、証拠の信用性の評価や要証事実の存否を推認させる程度を検討する。この検討においては、認定した各事実の時系列や、当事者双方が主張するストーリーを意識した上で、適切な視点（例えば、「動機」、「資金状況」等）を設定し、その視点の下に事実を整理する。そして、整理した事実の中で特に重要な事実につき、相互の関係や要証事実の存否を総合的に判断し、結論を導くことになる。なお、単に時系列順に動かし難い事実を羅列することは、主張に説得力を与える方法とは言い難いことに注意すべきである。

244

第 1 編

事実認定の構造

第2部　事実認定／第1編　事実認定の構造

第1章　はじめに

1　基本構造

(1)　概要

　事実認定とは、訴訟物たる権利・法律関係の存否を明らかにするうえで、**法規の適用の対象となる事実の存否を確定する作業**をいう。事実認定においては、主要事実という「点」の存否を判断するだけでは足りず、紛争の全体像を把握するために、間接事実や事実相互の流れといった「線」でのつながりを把握することが重要となる。この「点」の把握と「線」での全体の把握を行うことで、裁判所における事実認定及び判断の合理性を確保することができる。

(2)　動かし難い事実の考察

　当事者間に争いのない事実、顕著な事実、証拠によって確実に認定される客観的事実といった**動かし難い事実**は、**紛争の全体像を把握する**うえで**重要な支柱として機能する**。「動かし難い事実」は、争いのない事実、当事者双方の供述等が一致する事実、成立の真正が認められ信用性が高い書証に記載された事実、不利益事実の自認の4パターンになる。ここで、不利益事実の自認とは、一方当事者が認めた自己に不利益な事実や供述を指す。当事者は、意図的に自己に不利益な虚偽事実を認めることは少ないと考えられることから、不利益事実について自認した場合、その事実は動かしがたい事実と考えられるのである。もっとも、不利益事実の不利益性を、安易に認めないように注意する必要がある。例えば、動かし難い事実と整合しない証人の供述等は、その信用性に疑いを生じさせることになる。

246

第1章　はじめに

(3)　「線」の把握

ア　概要

　上述したように、事実認定においては、「点」の把握だけでなく、各事実の「線」でのつながりを把握することが重要となる。そのためには、当事者相互の主張するストーリーを比較検討し、さらに**経験則を適用する**ことで、**動かし難い事実**を裁判所の心証としてのストーリーとし、それが個別ないし全体のつながりとして合理性を有するかを判断することになる。その際には、**時系列表**による考察が役立つ。

　「線」での把握においては、**経験則の特徴に留意する必要がある**（257頁参照）。すなわち、経験則は過去の同種同様の事例群によって得られた蓋然性を示すものにすぎないため、当該事案の特殊事情を踏まえて、その経験則の適用の是非及び適用結果の合理性を常に検討する必要がある。具体的には、その経験則を適用すべきでない特殊事情の有無、あるいは、他に優先して適用されるべき経験則の有無といったことや、蓋然性が高まる他の証拠の有無を検討することになろう。

イ　時系列表

　時系列表とは、**主張や証拠に現れたさまざまな出来事を時間の流れに従って並べたもの**をいう。時系列表は、動かし難い事実と当事者双方の主張するストーリーを時間軸に沿って配置することで、紛争の全体像を明らかにし、これによって個々の流れが経験則に適合するかどうか、個々の認定が不明確ではないかを把握することが可能となる。

247

第2部　事実認定／第1編　事実認定の構造

第2章　事実認定の到達点──証明度

事実認定の基本的内容を理解する際には、まず事実認定の到達点を理解する必要がある。

1　証明度

(1)　一般

証明度とは、要証事実の存在を認定するために必要とされる証明の程度をいう。

民事事件における証明度に関しては、一点の疑義も許されない自然科学的証明ではなく、真実であることの「高度の蓋然性」、すなわち、「通常人が疑を差し挟まない程度に真実性の確信を持ちうる」程度の証明が必要とされ、かつ、その程度で足りるとされる（最判昭 50.10.24、ルンバール事件、百選 54 事件）。最判平 12.7.18 も、「相当程度の蓋然性」を明確に否定し、同様に解している。

上記判旨にいう「確信」は通常人を基準とするが、学説には、さらに裁判官の主観的確信を必要とする見解もある。裁判官の主観的確信がないのに証明があったと判断するのは、良心に従った裁判（憲法 76 条 3 項）とはいえない、との根拠に基づく。

最判昭 50.10.24　百選 54（ルンバール事件）

「訴訟上の因果関係の立証は、一点の疑義も許されない自然科学的証明ではなく、経験則に照らして全証拠を総合検討し、特定の事実が特定の結果発生を招来した関係を是認しうる高度の蓋然性を証明することであり、その判定は、通常人が疑を差し挟まない程度に真実性の確信を持ちうるものであることを必要とし、かつ、それで足りるものである。」

248

第2章　事実認定の到達点──証明度

⑵　間接事実における証明度

　間接事実における証明度も、主要事実と同様に、「通常人が疑を差し挟まない程度に真実性の確信を持ちうる」程度の証明がなされなければ、その間接事実を主要事実の存否の認定に用いることはできないものとされる。ここで注意すべきは、間接証拠から主要事実を認定する場合、①間接証拠により間接事実を証明したうえで、②その間接事実から主要事実を推認する、という2つの過程を経なければならないことである。

　この二段階構造から、間接事実における証明度は主要事実におけるそれよりも高度のものが要求されるとする見解も主張されている。この見解は、主要事実の認定における蓋然性とともに、間接証拠から間接事実を認定する過程でも経験則の蓋然性が問題となるため、間接事実による証明は割引を受けることを根拠とする。例えば、一般に証明度は80%を要するものとする。そして、間接事実の存在が90%の確率で認められるものの、当該間接事実からある主要事実を推認する経験則が80%の確実性をもつにすぎない場合には、間接事実に基づく主要事実の立証は90%×80%で72%の確実性でしかなされていないことになり、立証に失敗したことになる。この立証に成功するためには、当該経験則を前提にすれば、間接事実それ自体の証明度は100%でなければならないため、間接事実における証明度は主要事実のそれよりも高度のものが要求される、というのである。しかし、経験則の適用における蓋然性も、そのことが相手方より主張立証されない限り、その存在をもって直ちに主要事実の存否に関する証明の割引が許容されるものではない。また、この見解をとると、間接事実による事実認定は著しく困難となり、実際の訴訟運営に支障を来たすことになるため、妥当でない。

2　証明度と解明度

　証明度をめぐる議論として、証明度とは別個の概念として、解明度という概念が提唱されている。**解明度とは、当該事実についてどの程度の解明・立証活動が尽くされたかを図る基準**をいう。別の表現を用いるならば、証明度の基礎となる訴訟審理の成熟度と捉えることも可能である。

　証明度と解明度という概念を区別する実益は、裁判所が証明度を超える心証を得た場合に、なお当該事実を認定するために訴訟審理を経ることが、**費用対効果のうえで効率的と認められるかを客観的に判断できる**ことにある。

249

第2部　事実認定／第1編　事実認定の構造

> 第3章　事実認定の基本原則

　　事実認定の基本原則は、弁論主義における三原則のほか民訴上の諸原則が
これにあたる。このうち、とくに重要なものを挙げておく。

1　自由心証主義

　　自由心証主義（民訴247条）とは、裁判官による心証形成の方法について、
これに用いることのできる証拠方法や経験則を法がとくに限定せず、裁判官
の自由な選択に任せる建前をいう。もっとも、まったくの自由ではなく、合理
性に裏付けられた判断でなければならない。

2　証拠共通の原則

　　証拠共通の原則とは、自由心証主義に基づき、当事者がいったん申請・提出
した証拠は、その者の主張事実の認定のみならず、相手方が証拠調べの援用を
しなくても、相手方の主張事実の認定にも用いることができる原則をいう。こ
れを一方当事者の主張事実から見れば、その者の申請・提出した証拠方法によ
り得られた証拠資料のみならず、相手方の申請・提出した証拠方法も証拠原因
とすることが許される。また、その証拠資料を、提出者の有利にも不利にも評
価することができる。

3　証明と疎明

(1)　証明

　　　証明とは、紛争の事実関係の存否について裁判官にその真実性の確信を
　　抱かせる作用又はその結果をいう。証明は、裁判所による事実認定に基づ
　　く裁判が、その裁判の当事者に対する説得力をもち、これにより裁判に対
　　する信頼を一般的に確立し維持するために用いられる法技術である。それ
　　ゆえ、ここでいう証明とは、自然科学における論理的証明を意味するもの
　　ではなく、歴史的証明で足りる（最判昭50.10.24（ルンバール事件）、百選
　　54事件）。

250

(2) 疎明

疎明とは、事実の存在が一応確からしいといった、確信よりも低い蓋然性の程度の心証を抱かせる作用又はその結果をいう。疎明は、証拠調べの簡易迅速化を図るという政策的目的のために証明度が引き下げられるものであるから、明文で定められている場合にのみ認められる（民訴35条1項、44条1項等）。

疎明に用いられる証拠方法は、疎明の制度目的から、即時に取り調べることができる証拠によってしなければならない（民訴188条）。

4 本証と反証

(1) 一般

自己に証明責任のある事実を証明するために挙証者が行う立証活動を本証といい、相手方がその事実の不存在を証明するために行う立証活動を反証という。本証は、要証事実について裁判官に確信を生ぜしめなければならない。これに対し、反証は、その事実の不存在について裁判官に確信を生じさせることは必ずしも必要でなく、要証事実についての裁判官の確信を動揺せしめ、真偽不明の状態に追い込めばそれで目的を達成する。

(2) 間接反証

間接反証とは、ある主要事実について証明責任を負う者がこれを推認させるに十分な間接事実を一応証明した場合に、相手方がその間接事実とは別個の、しかもこれと両立し得る間接事実を本証の程度に立証することによって主要事実の推認を妨げる立証活動である。間接事実の立証による「間接」的な防御方法であって、かつ、証明責任をともなわない「反証」で足りることから、間接反証と呼ばれる。

間接反証は、相手方に証明責任のある主要事実につき真偽不明の状態に持ち込めば足りる点で、反証の一種ではあるが、そのための間接事実は証明されなければならない点で、本証である。

第2部　事実認定／第1編　事実認定の構造

5　相手方の認否

　一方当事者による、ある事実の主張に対する相手方の認否は、当該事実の立証の要否を左右するため、重要である。相手方の認否の種類としては、自白、否認、不知、及び沈黙の4種類がある。

　自白とは、相手方の主張する自己に不利益な事実を認めて争わない旨の陳述をいい、そのうち口頭弁論又は弁論準備手続においてなされたものを**裁判上の自白**という。裁判上の自白があった場合には、当該事実については証明が不要となる（民訴179条）。

　否認とは、相手方による、一方当事者による事実上の主張に対しその事実の存在を否定する態度をいう。この場合には、一方当事者はその主張事実の存在を証明しなければならない。

　不知とは、相手方による、一方当事者による事実上の主張に対しその事実を認知していない旨を述べる態度をいう。この場合にも、否認と同様、一方当事者はその主張事実の存在を証明しなければならない。

　沈黙とは、相手方による、一方当事者による事実上の主張に対し明確な態度を示さないことをいう。沈黙は、弁論の全趣旨によりその主張事実の存否を争うものと認められない限り、自白したものとみなされる（民訴159条1項）。

6　証拠契約

(1)　概要

　証拠契約とは、**判決の基礎をなす事実の証明に用いる証拠方法の提出に関する合意**をいう。一般的なものとしては、ある事実の証明を特定の証拠方法に限定する、証拠制限契約がある。

(2)　効果

ア　概要

　裁判所が大量かつ複雑な訴訟を円滑かつ能率的に処理できるように訴訟法規が制定されていることから、当事者によって個別かつ自由に訴訟法規上の手続等が変更される任意訴訟は、原則として禁止されている。

　しかし、処分権主義ないし弁論主義が妥当する範囲内において、当事者の私的自治が訴訟上も認められている。そこで、証拠契約も、当事者が自

252

由に処分できる権利関係については、その存否若しくは内容を一定の事実なり一定の方法で定まる事実を前提にして決めることは、間接にその係争の権利を変更・処分することに他ならないから、有効である。

イ　自由心証主義との関係

証拠契約も、私的自治の原則を前提とする処分権主義・弁論主義の及ぶ範囲内で認められるものであり、自由心証主義との関係で制限を受ける。

まず、一般に、間接事実の存否のみを自白する合意は、争いのある主要事実の認定を裁判所の自由心証に委ねることと矛盾するため、許されない。

次に、すでに取り調べた証拠方法を後から用いないこととする合意は、いったん形成された心証を抹消することはできないことから、許されない。

第2部 事実認定／第1編 事実認定の構造

第4章 事実認定の対象

1 事実認定の対象事実

　事実認定の対象となる事実としては、当事者間に争いのある(1)主要事実がある。当事者間に争いのない事実はそのまま判決の基礎とされるから（弁論主義第2テーゼ）、事実認定の対象とはならない。

　争いのある主要事実を直接証拠から認定できない場合や当該証拠が存在しない場合に、(2)間接事実が事実認定の対象となる。

　また、証拠の証拠力に影響を及ぼす(3)補助事実が事実認定の対象となる。

(1) 主要事実

　主要事実とは、権利の発生等の法律効果の発生要件として直接必要な事実をいう（直接事実とも呼ばれる）。主要事実は、基本的には要件事実と一致する（通説）。例えば、絹糸の売買契約に基づく代金支払請求権を訴訟物とする給付訴訟を提起した場合、原告が証明すべき主要事実（要件事実）は同権利の権利根拠事実たる「売買契約の締結（具体的には代金支払約束及び財産権移転約束）」である。

(2) 間接事実

　間接事実とは、主要事実の存否を推認するのに役立つ事実をいう。その推認の判断過程では、経験則（257頁参照）を適用することになる。間接事実の例としては、上記売買契約を例にとれば、「被告は、原告主張の売買契約締結日以降、絹製品を通常の2倍以上製造・販売していた」との事実は、「絹製品を増産するために、原材料たる絹糸の仕入れを増加させた可能性が高い」という経験則を適用することで、売買契約の締結という主要事実の存在を推認させる間接事実として機能する。

254

(3) 補助事実

補助事実とは、証拠の証拠力に関する事実をいう。上記売買契約の例で見れば、「被告の製造した絹製品で用いられた絹糸と原告の販売する絹糸とでは、品質が異なる」という事実は、上記間接事実の証拠力を低下させる補助事実として機能する。

なお、主要事実の認定において間接事実として機能する事実が、同時にその主要事実を認定する証拠の信用性を判断する上での補助事実として機能することがある。これを、間接事実の補助事実的機能という。

2　証明の要否による分類

(1) 証明を必要とする事項
ア　事実

当事者と裁判所の役割分担から、評価の問題は裁判所の役割であり、当事者は事実を証明すべきものとされる。そのため、証明の対象は、原則として事実である。

イ　法規と経験則

法規の解釈適用は裁判所の専権事項である。また、評価の際に用いられる経験則の取捨選択も裁判所の専権事項である。それゆえに、法規と経験則は、原則として証明の対象に含まれない。

しかしながら、さまざまな慣習・外国法といった法規や高度に専門技術的な経験則の場合には、裁判官がこれらの法規や経験則について十分な知見を有するとは限らず、それゆえに裁判官の自由心証に委ねたのでは事実認定及び裁判に対する公正さを確保することができなくなる。したがって、これらの法規や経験則については、当事者による証明の対象となる。

(2) 証明を必要としない事項

ア 主張のない事実

　弁論主義の第1テーゼにより、当事者の弁論に現れない事実については、裁判所はこれを判断することができないので、証明の対象とならない。

イ 当事者に争いのない事実

　当事者に争いのない事実も、証明不要効（民訴179条）が及び、証明の対象とならない。

ウ 顕著な事実

　顕著な事実も、証明の対象とならない（民訴179条）。顕著な事実とは、公知の事実及び裁判所において職務上明白な事実をいう。これらが証明の対象とならないのは、その明白性ゆえに、証拠に基づく判断を経ずとも、裁判所の当該判断の公正さに疑いが生じないためである。

　公知の事実とは、一般通常人をしてその存在に疑いを生じさせない程度に認識されている事実をいう。天災、大事故、歴史上の重大事件等がこれに該当する。

　裁判所において職務上明白な事実とは、受訴裁判所の裁判官がその職務遂行上認識した事実をいう。職務との関連性が要求されるのは、顕著な事実における証明不要効の根拠たる公正さが前提条件となるからである。

　顕著な事実においては、立証責任が免除されるにとどまり、主張責任まで免除されるものではない。したがって、顕著な事実が主要事実である場合には、当事者はこれについても陳述する必要がある。また、顕著な事実は真実とは限らないため、相手方はそれが真実に反することについて立証活動を展開することも可能である。

第5章　経験則と推定

第5章　経験則と推定

1　経験則

(1)　概要

　　経験則とは、経験から帰納して得られる事物についての知識や法則をいう。経験則は、一方で、裁判所による事実認定を簡易かつ迅速にするためのスキルとして機能する。しかし、他方で、経験則はある事象群から得られる結果の最大公約数を示すものに過ぎないため、個別具体の事案に対して形式的に経験則を適用することはできない（経験則の例外の問題）し、他の相反する経験則も適用し得る場合の優劣関係を考察する必要がある（複数の経験則の優劣の問題）。

　　例えば、1億円の売買契約の成否が争われている事案においては、「高額の売買契約を締結する場合には契約書を作成する」という経験則が働く場合でも、実際は大富豪Aが同じく大富豪のBに対して1億円のF社製自動車を売ったというときは、むしろ「個人的な付き合いのある当事者間では契約書を作成しない」という別の経験則の適用についても考察しなければならない。

(2)　経験則の証明

　　「裁判官の通常の知識により認識し得べき推定法則の如きは、その認識のためにとくに鑑定等の特別の証拠調を要するものではなく、またかかる推定の生ずる根拠につきとくに説示することを要するものではない」ものとされる（最判昭 36.4.28）。その根拠は、常識的な経験則は、社会人たる裁判官をしてその認識を有していることは当然とされるため、裁判官の自由心証（民訴 247 条）を侵害するものではないし、また、一般人をしてその経験則の内容に疑義を抱くことはない、ということに求められる。

　　経験則の証明不要効の法的根拠を以上のように解釈すれば、専門性・特殊性の強い経験則の場合には、一般人がその内容に関する認識を共有しているわけではないため、当該経験則の証明を必要とする。

257

2 推定

(1) 一般

経験則に基づく事実認定の１つに、推定がある。**推定**とは、Aの存否の認定にあたり経験則を踏まえることでBの存否を推認することをいう。推認の対象は、事実のみならず権利も含まれる。推定は、裁判所による事実認定を簡易・迅速化するとともに、立証の公平の見地から当事者の立証の軽減を図る機能をもつものである。なお、経験則の適用において個別具体の事案に応じた判断が必要であることは、推定にも妥当する点に注意する必要がある。

推定には、法律上の事実推定、法律上の権利推定、及び事実上の推定の３種類がある。また、推定に類似する概念として、暫定真実、解釈規定、及び法定証拠法則がある。

【推定と推定に類似する概念】

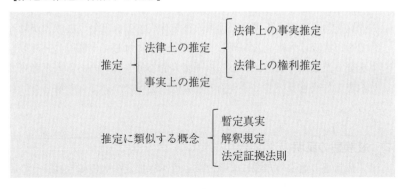

(2) 推定の種類

ア 法律上の事実推定

法律上の事実推定とは、**A事実があるときには、法律効果甲の発生原因事実であるB事実があると推認することが法律上認められたもの**をいう。このとき、推定に用いられるA事実を**（推定の）前提事実**といい、推定の対象となるB事実を**推定事実**という。例えば、ある時点の占有の事実（A‐1事実）とその後の別時点の占有の事実（A-2事実）が認定された場

合には、民法 186 条 2 項に基づき、両時点の間占有が継続していたこと（B 事実）が法律上推認される。

　法律上の事実推定も、推定である以上、相手方当事者において反証の余地が認められている。もっとも、法律上の事実推定は、推定事実の証明を容易にするために設けられた政策的規定であり、推定の前提事実の証明によって推定事実の存在も証明されたことになるため、推定事実の存在が推認される場合には、立証責任が転換され、推定事実の不存在について相手方当事者が立証責任を負うことになる。すなわち、法律上の事実推定の法律効果により、推定事実の証明責任が転換されることになる。

　したがって、相手方当事者としては、①推定の前提事実の存在について反証することで法律上の事実推定の法律効果発生を妨害するか、あるいは②推定事実の不存在を証明（本証）することになる。

イ　法律上の権利推定

　法律上の権利推定とは、**A 事実があるときは甲権利の存在が認められると推認するとの規定**をいう。この場合には、法律効果のレベルで立証責任が転換され、甲権利の権利根拠事実の不存在、甲権利の権利障害事実、権利消滅事実又は権利阻止事実について、相手方当事者が立証責任を負うことになる。

　具体例としては、民法 188 条が挙げられる。

ウ　事実上の推定

　事実上の推定とは、経験則に基づいてある事実から別の事実を推認することをいう。事実上の推定の場合には、通常は法律上の事実推定のような立証責任の転換は生じない。

(3)　推定と類似する概念

ア　暫定真実

　暫定真実とは、推定の前提事実がない無条件の推定であり、A 事実及び B 事実によってある法律効果が発生する場合に、A 事実があれば B 事実を推認することが法律上認められたものをいう。

　民法 162 条 1 項が、取得時効の要件として、所有の意思をもって平穏・公然に物を占有することを要求しているのに対し、民法 186 条 1 項が、占

第2部　事実認定／第1編　事実認定の構造

有の事実から、所有の意思をもって平穏・公然・善意で占有していること
を推定すると規定しているのは、この暫定真実の具体例の1つである。

イ　解釈規定

法が、意思表示について一定の内容を推定するとの規定を設けている
場合に、このような規定を**解釈規定**と呼ぶ。例えば、期限は債務者のため
に定めたものと推定するという民法136条1項がこれにあたる。

ウ　法定証拠法則

一定の事実を認定する際に根拠とすべき事実が法定されることがある。
これを**法定証拠法則**という。例えば、文書の成立の真正に関する民事訴訟
法228条2項・4項がこれにあたる。

第6章　裁判上の自白

1　概要

　自白とは、相手方の主張する自己に不利益な事実を認めて争わない旨の陳述をいう。このうち、口頭弁論又は弁論準備手続においてなされたものを**裁判上の自白**という。

　不利益の基準に関しては、主として敗訴可能性説と証明責任説とで争いがあるものの、実務では、基準の明確性から、**証明責任説**が採用されている（大判昭8.2.9参照）。

　自白の態様としては、当事者が自ら進んで自己に不利益な事実を陳述し、後に相手方がこれを援用する**先行自白**、相手方の主張を全体として争いながら、主要事実の一部につき一致した陳述をする**理由付否認**や、相手方の主張を認めながら、これと両立する自己に証明責任のある事実を防御方法として主張立証して、相手方の主張を排斥する**制限付自白**等がある。

　裁判上の自白の効果としては、①証明不要効、②審判排除効、及び③不可撤回効の3種類がある。①**証明不要効**とは、自白が成立した事実は証明することを要しないことをいう（民訴179条）。②**審判排除効**とは、裁判上の自白がなされた場合には、裁判所は、当該事実をそのまま判決の基礎としなければならず、これに反する事実を認定することはできないことをいう。審判排除効は、弁論主義の帰結である。③**不可撤回効**とは、自白した者は、自ら認めて争わない意思を表明した以上、原則として、自白内容に矛盾する内容を主張することはできない。いわば自己責任と禁反言の原則が訴訟上作用することになる。

261

第2部　事実認定／第1編　事実認定の構造

2　自白の撤回

　　自白は、その効果としての不可撤回効ゆえに原則として撤回が禁止されるが、自白の拘束力の根拠に抵触しない限りにおいては、撤回が認められる。具体的には、①相手方の同意がある場合、②自白の内容が真実に反し、かつ錯誤に基づく場合、③刑事上罰すべき他人の行為によって自白がなされた場合、の3つの場合に自白の撤回が認められる。

(1)　相手方の同意がある場合

　　自白によって訴訟上の有利な状態を得た者がこれを放棄することを禁止する理由はないから、この場合には、自白を撤回することが許される。

(2)　自白の内容が真実に反し、かつ錯誤に基づく場合

　　自白の撤回に対し、相手方が異議を述べる等その同意が得られなかった場合であっても、自白当事者は、自白内容が真実に反し、かつ錯誤に基づいてした自白であることを証明して、自白の拘束力を免れることができる。錯誤に基づく場合は、自己責任ないし禁反言の原則に抵触しないといえるからである。なお、反真実の証明があった場合には、錯誤に基づくことが事実上推定される（最判昭25.7.11）。

(3)　刑事上罰すべき他人の行為によって自白がなされた場合

　　例えば、詐欺・脅迫等、刑事上罰すべき他人の行為によって自白がなされた場合、判決確定後は再審事由となる（民訴338条1項5号）。もっとも、再審事由となるためには、刑事上罰すべき他人の行為が存在し、自白との間に因果関係が認められるだけでは足りず、当該行為について、有罪の判決若しくは過料の裁判が確定でき、又は証拠がないという理由以外の理由により有罪の確定判決若しくは過料の確定裁判を得ることができないことを必要とするが（同条2項）、これでは自白の撤回方法として迂遠であり、訴訟経済の要請に合致しない。そこで、解釈上、民訴338条1項5号の法意に基づき、再審事由の訴訟内顧慮として、後者の要件が充たされずとも、自白の撤回が認められている（最判昭36.10.5）。

262

3 自白の対象

(1) 主要事実

　主要事実について裁判上の自白があった場合には、裁判上の自白におけるすべての効果が発生する。

(2) 間接事実

　間接事実についての自白の場合には、証明不要効が発生することについて争いはないが、審判排除効及び不可撤回効については、それぞれ自由心証主義ないし自己責任原則との関係で争いがある。この点、最判昭41.9.22（百選51事件）は、「間接事実についての自白は、裁判所を拘束しないのはもちろん、自白した当事者を拘束するものでもない」として、審判排除効及び不可撤回効のいずれも否定している。

(3) 補助事実

　補助事実の自白の場合も間接事実と同様に、証明不要効が発生することについて争いはないが、審判排除効及び不可撤回効については争いがある。この点、最判昭52.4.15は、審判排除効についてはこれを否定している。また、自白制度が弁論主義に基づく証明責任の軽減を図ることにあり、かつ、裁判所の自由心証主義を重視する立場から、不可撤回効も否定されている。これに対して、審判排除効及び不可撤回効を認める見解も有力である。

(4) 公知の事実に反する自白

　訴訟当事者の一方が、公知の事実に反する事実を主張し、これを相手方が認めても、原則として自白の効果は生じない（多数説）。なぜならば、公知の事実に反する事実を裁判の基礎とすることは、一般通常人の認識に反するものとして、裁判所による事実認定及び裁判の公正さに疑いを生じさせることになるからである。

第2部　事実認定／第1編　事実認定の構造

4　擬制自白

　擬制自白とは、当事者が口頭弁論又は弁論準備手続で相手方の主張する事実を明らかに争わないときは、裁判上自白したものとみなすことをいう（民訴159条1項本文）。これは、争う機会があるのに争わなかったことによる自己責任原則を根拠とするものであるから、弁論主義の適用される事項にのみ及ぶ。口頭弁論に出席していて相手方の主張事実を争わない場合だけでなく、欠席している場合でも、出頭した相手方の準備書面の記載によって予告されている事実については、争わないものとみなされる（同条3項本文）。

　もっとも、次の場合には、擬制自白は成立しない。第1に、弁論の全趣旨により、その事実を争ったものと認めるべき場合が挙げられる（同条1項ただし書）。その成否の判断基準時は事実審の口頭弁論終結時である。また、第2に、当事者が欠席した場合で、その欠席した期日の呼出しが公示送達によるときである（同条3項ただし書）。その者において争う機会が十分に保障されていたとはいえないからである。

5　権利自白

　権利自白とは、訴訟物たる権利関係の前提をなす権利関係や法律関係を認める旨の陳述をいう。これに対し、訴訟物自体についての自白は、請求の放棄・認諾として扱われる。基本的には、権利関係の成否それ自体は裁判所の判断に委ねられるべきものであるから、権利自白の成立を否定すべきであるが、その権利にかかるすべての要件事実の存在を包括的に認める趣旨であれば、包括的な主要事実の自白としての法律効果を認めることができる。

　具体的な効果の内容として、証明不要効は認められるが、実務上、審判排除効及び不可撤回効は否定されている。

第2編

証　拠

第1章　証拠の意義

1　証拠の分類

(1) 証拠方法・証拠資料・証拠原因

　証拠調べにおいて、取調べの対象となる有形物を**証拠方法**という。証拠方法には、取調べの対象が人である**人証**と、取調べの対象が物体である**物証**とがある。人証には、証人、当事者本人、鑑定人があり、物証には、文書、検証物がある。
　このような証拠方法の取調べから得られる証言内容、当事者の供述内容、鑑定意見、文書の記載内容、検証結果等の資料を**証拠資料**という。そして、裁判官の心証形成の基礎となった証拠資料及び弁論の全趣旨を**証拠原因**という。

(2) 直接証拠・間接証拠

　直接証拠とは、主要事実を証明するための証拠をいう。これに対し、**間接証拠**とは、間接事実及び補助事実を証明するための証拠をいう。

2　証拠の内容

(1) 証拠能力

　証拠能力とは、証拠方法が裁判上用いられるための法律上の適格をいう。民事訴訟法上、原則として証拠の証拠能力に制限はないが、いくつかの例外がある（275頁参照）。

(2) 証拠力

　証拠力とは、証拠資料が裁判官による心証形成に役立つ程度をいう。証拠力は、形式的証拠力と実質的証拠力に分類される。詳しくは後述する（275頁参照）。

【証拠方法と証拠資料と証拠原因の関係】

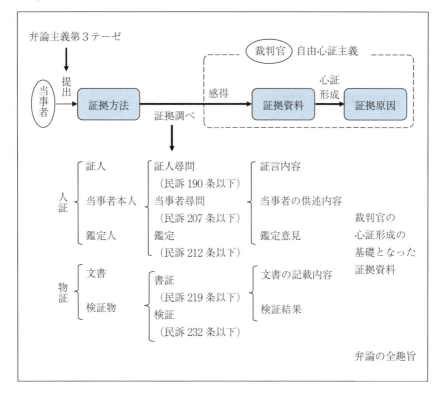

第2章 判断の枠組み

1 判断の枠組みの4類型

> 第1類型
>   直接証拠である類型的信用文書があり、その成立に争いがない場合
> 第2類型
>   直接証拠である類型的信用文書があり、その成立に争いがある場合
> 第3類型
>   直接証拠である類型的信用文書はないが、直接証拠である供述証拠がある場合
> 第4類型
>   直接証拠である類型的信用文書も直接証拠である供述証拠もない場合

　判断枠組みを認定するにあたっては、まずは類型的信用文書（類型的に信用性の高い文書）の有無を確認する。
　類型的信用文書とは、通常は、それに記載された事実が存在しなければ作成されない文書であり、その記載及び体裁から、類型的にみて信用性が高いと考えられる文書をいう。

【類型的信用文書の具体例】

文書の種類	文書から直接証明できる要証事実
契約書	契約の意思表示の有無
領収書	金銭交付の事実の有無
預金通帳	預入れ・引き出し等の事実の有無

※処分証書といえるのは、この3つの中では契約書のみである。

第2章　判断の枠組み

2　判断の枠組みごとの判断構造

⑴　直接証拠である類型的信用文書があり、その成立に争いがない場合

特段の事情のない限り、直接証拠である類型的信用文書に記載されたとおりの事実を認定することになる。したがって、そのような「特段の事情」があるといえるかどうかが判断の中心になる。

⑵　直接証拠である類型的信用文書があり、その成立に争いがある場合

挙証者に、書証の成立の真正についての立証責任がある（民訴228条1項）。もっとも、私文書に本人の意思に基づく署名又は押印があるときは、真正に成立したものと推定される（同4項）。この場合には、民訴228条4項の推定が働くか、推定が働くときには反証が成功するか、が判断の中心となる（278頁以降参照）。

⑶　直接証拠である類型的信用文書はないが、直接証拠である供述証拠がある場合

直接証拠である供述証拠の信用性（実質的証拠力）が、判断の中心となる。

⑷　直接証拠である類型的信用文書も直接証拠である供述証拠もない場合

間接事実の積み上げによって、要証事実の存在を推認できるかどうかが判断の中心となる。

（司法研修所編『改訂　事例で考える民事事実認定』（法曹会）25〜28、33〜41頁参照）

269

第2部　事実認定／第2編　証拠

> ## 第3章　書証

1　概要

(1)　文書

ア　文書

　　文書とは、文字その他の記号の組合せによって、人の思想を表現している外観を有する有体物をいう。民事訴訟の証拠調べでは、文書は書証となる場合のほか、検証物となる場合がある。

　　文書としての成立要件は、①文字その他の記号の組合せが使用されていること、②人の思想内容を表現している外観を有していること、及び③紙片等の有形物に表示され、外観上閲読可能であること、の3要件である。

【文書の成立要件】

①　文字その他の記号の組合せが使用されていること
②　人の思想内容を表現している外観を有していること
③　紙片等の有形物に表示され、外観上閲読可能であること

　　①の要件に関しては、使用される記号は日常使用されているものに限定されず、思想内容を表現し得るものであれば暗号等でもよい。

　　②の要件に関しては、文書は人の思想内容を表現するものであるから、単にその有形物の存在自体や外観が証拠となるにすぎない場合には、これにあたらない。

　　③の要件に関しては、文書は、書証となり得る程度に人の思想内容が記号等によって一定時間表現されていれば足りるため、表現の客体は有形物であればよく、その記載手段も限定されない。

270

第3章　書証

イ　準文書

　　準文書とは、「図面、写真、録音テープ、ビデオテープその他の情報を表すために作成された物件で文書でないもの」（民訴231条）をいう。すなわち、文書の①ないし③の成立要件のいずれかが欠けたものである。境界標のように境界線の位置情報を示すだけのものや、ＵＳＢメモリのように記号等の情報がコンピュータを使用することで可視化できるもの等がこれにあたる。

　　準文書についても、一定の情報を有する点で文書に類似し、また、それ自体から情報を閲読することができずとも、適当な装置を利用すればこれが可能になることから、書証に関する規定が準用される（民訴231条）。

(2)　書証

　　書証とは、文書に記載された特定の人の思想内容を証拠資料とする場合の証拠調べをいう。「書証の申出は、文書を提出し、又は文書の所持者にその提出を命ずることを申し立ててしなければならない」（民訴219条）。

　　書証としての文書は、過去のある時点における特定人の思想内容をそのまま記録したものであるため、「点」ないし動かし難い事実等を認定するうえできわめて重要な証拠である。もっとも、事実認定においては、「点」の認定のみならず「線」の把握が必要不可欠であることからすれば、文書が重要な証拠であるとしても、これに偏重してよいものではなく、人証と併せて総合的に考察する必要がある。

2　文書の分類

　　文書の分類としては、①公文書・私文書、②処分証書・報告証書、③原本・謄本・正本・抄本といったものがある。

(1)　公文書・私文書

ア　公文書

　　公文書とは、公務員がその権限に基づき、職務の執行として作成した文書をいう。

　　民訴228条2項により、文書の方式及び記載内容から判断される趣旨によって公文書と認められれば、真正に成立したものと推定される。同項は法定証拠法則と解されている（詳細は278頁参照）。また、公文書は、

271

第2部　事実認定／第2編　証拠

公務員がその職務権限内の事項について作成したものに限定される。したがって、公文書の成立要件は、①文書の方式及び趣旨から公文書と認められること、及び、②公務員がその職務権限内の事項について作成したものであること、となる。

イ　私文書

私文書とは、公文書以外の文書をいう。

私文書の場合には、公文書と異なり、民訴 228 条 2 項のような規定はないことから、これを訴訟資料とするためには、まずその形式的証拠力についての立証が必要となる。もっとも、私文書の場合にも別の推定規定がある（同条 4 項。詳細は 279 頁参照）。

ウ　公文書と私文書が結合している場合

1 つの文書に公文書たる部分と私文書たる部分がある場合には、いずれか一方に統一して取り扱われるのではなく、それぞれの部分が公文書ないし私文書として扱われることになる。このような結合文書の例として、以下のようなものがある。

	公文書たる部分	私文書たる部分
内容証明郵便	証明部分	その他の部分
登記済権利証	登記官によって記載された部分	その他の部分
確定日付ある文書	確定日付の部分	その他の部分

第3章 書証

(2) 処分証書・報告証書

ア 処分証書

処分証書とは、意思表示その他の法律行為を記載した文書をいう。公文書であると私文書であると、また、その法律行為が公法上の行為であると私法上の行為であるとを問わない。

処分証書は、文書の記載内容中に立証命題たる法律行為が包含されるため、その形式的証拠力が認められれば、特段の事情がない限り、実質的証拠力も認められる。

イ 報告証書

報告証書とは、作成者の経験した事実認識を記載した文書をいい、受取証、商業帳簿、調書、戸籍簿・登記簿謄本、日記、診断書等をいう。

報告証書は、処分証書と異なり、形式的証拠力が認められても、これによって必然的に実質的証拠力が認められるものではない。そして、報告証書の実質的証拠力は、作成者が、一定事項について、作成時点において、一定の事実認識を有していたことを内容とする。そこで、報告証書の実質的証拠力を認定する際の重要な考慮要素としては、以下のものが挙げられる。①作成時の近接性、②作成者の属性、③作成状況等が重要な考慮要素となる。

考慮要素	実質的証拠力 弱 ──────→ 強	
時間的近接性	ex.) 事実関係と離れた時期	ex.) 事実関係に近接した時期
作成者の属性	ex.) 利害関係人・親族	ex.) 利害関係がない者
作成状況等	ex.) 訴訟提起後に作成	ex.) 紛争発生前に作成

273

第2部　事実認定／第2編　証拠

(3)　原本・謄本・正本・抄本
ア　概念
　　原本とは、最初に確定的に思想を表示するものとして作成された文書をいう。

　　謄本とは、原本の内容をそのまま完全に記載して報告する文書をいう。このうち、原本と同一である旨の、権限ある公務員の証明を付記した謄本を認証謄本という。

　　正本とは、謄本の一種で原本と同一の効力を有し、法定の場合に作成・交付するものをいう。原本を保存しなければならない場合、原本の使用と同一の効力を得させる目的の文書をいう。

　　抄本とは、謄本のうち原本の一部を抜粋したものをいう。

イ　作成者
　　原本の作成者とは、その文書の思想内容を示した者である。これに対し、謄本・正本・抄本の作成者は、原本の作成者ではなく、写しを作成した者である。

ウ　証拠調べとの関係
　　文書を書証として提出する場合には、原本、正本又は認証謄本でしなければならない（民訴規則143条1項）。これらの文書は、原本の作成者ないし公的機関によって記載内容の正確性が担保されているからである。また、原本以外の文書を提出した場合でも、裁判所は、原本の提出を命じ、又は送付させることができる（同条2項）。

　　もっとも、謄本も、原本の存在とその成立につき当事者間で争いがなく、かつ、相手方が写しをもって原本の代用とすることに異議がないときは、原本に代えて写しを提出することができる（大判昭5.6.18）。また、原本の写しそれ自体を原本として提出する場合もある。これらの場合には、民訴規則143条1項違反の問題は生じない。

　　原本以外の写しを証拠方法とする場合には、原本そのものではない以上、その実質的証拠力は割り引かれる。また、原本不所持の事実があることも、事実認定における重要な考慮要素となる。

第3章　書証

3　文書の証拠能力と証拠力

(1)　証拠能力

　　文書の証拠能力とは、ある文書が裁判上証拠方法として用いられるための法律上の適格をいう。証拠能力を欠く文書は審理の対象とすることができない。

　　法律上、文書の証拠能力には原則として制限がない。その根拠としては、弁論主義の下で訴訟当事者間の証明活動を尽くさせ、一方当事者が証拠不足による訴訟上の不利益を被ることを防止すべく、証拠能力ある証拠方法は原則として提出を認めたうえで、後は証明力（証拠価値）の問題として、裁判官の自由心証に委ねるのが適切であることが挙げられる。それゆえ、民事訴訟においては、刑事訴訟と異なり、伝聞証拠（刑訴 320 条以下）の証拠能力も制限されていない（最判昭 27.12.5）。

　　もっとも、相手方に秘して採集された録音テープの証拠能力が争われた事案において、「その証拠が、著しく反社会的な手段を用いて、人の精神的肉体的自由を拘束する等の人格権侵害を伴う方法によって採集されたものであるときは、それ自体違法の評価を受け、その証拠能力を否定されてもやむを得ない」ものとされた（東京高判昭 52.7.15）。

(2)　証拠力

　　文書の証拠力とは、文書の記載内容が裁判官の心証形成に役立つ程度をいう。証拠力は、以下で詳述する、形式的証拠力と実質的証拠力の二段階に区別することができる。

第2部　事実認定／第2編　証拠

4　文書の形式的証拠力

(1)　総説

ア　概要

　　文書の形式的証拠力とは、文書の記載内容が作成者の思想の表現であると認定されることをいう。当該文書の記載内容の真実性等を検討するために最低限必要な証拠力である（民訴 228 条 2 項参照）。

　　文書の形式的証拠力は、その文書が特定人の意思に基づいて作成されたものであり、かつ、その人の思想内容が表明されたものと認められること（＝「文書の真正」）をもって判断される。具体的には、①特定人の意思に基づいて作成されていること、②書証の記載内容が思想の表現と認められること、及び③作成したとされる者がその意思に基づいてその書証を作成したこと、の 3 要件を充たす必要がある。

【形式的証拠力の認定要件】

① 　特定人の意思に基づいて作成されていること
② 　書証の記載内容が思想の表現と認められること
③ 　作成したとされる者がその意思に基づいてその書証を作成したこと

　　文書の形式的証拠力の認定要件からすれば、例えば下書きや習字のために書かれた文書は、特定人の意思に基づいて作成されたものではあるが、思想を表現することを目的としない文書であるから、形式的証拠力は否定されることになる。

　　文書の真正は、書証の信用性に関する補助事実であるため、裁判所は証拠調べの結果及び弁論の全趣旨からこれを認定することができ（最判昭 27.10.21）、また、当事者が、その書証が真正に作成されたものであることを自白しても、審判排除効及び不可撤回効は生じない（最判昭 52.4.15）。

　　相手方が文書の真正を争う場合には、その理由を明らかにしなければならず（民訴規則 145 条）、理由を明示せずに成立の否認や不知をするにとどまる場合には、申出をした者による特段の立証を待たずして文書の真正が認定される。これは、民訴 229 条及び 230 条の制裁規定とともに、理由なき否認を排斥して争点整理による審理の迅速・適正化を図ったも

のである。また、文書の形式的証拠力に争いがある場合には、筆跡や印影等を対照することで立証することになる（同法229条、民訴規則146条）。

イ　写しの形式的証拠力

　　文書の提出又は送付は、原本、正本又は認証謄本でなすのが原則である（原本提出の原則、民訴規則143条）。文書の偽造や筆跡等の微妙な違いを把握して、作成者の意思を正確に読み取るためである。

　　もっとも、文書の写しは、その原本が滅失している場合であっても、写しであることをもって証拠調べの対象から除外されるものではなく、写しに作成者の思想内容が正しく反映されているときには、写しも書証とすることができる。具体的には、①原本が存在すること、②原本において文書の真正が認められること、③写しが原本を正確に投影したものであること、の3要件を充たす必要がある。

【写しの形式的証拠力の認定要件】

① 　原本が存在すること
② 　原本において文書の真正が認められること
③ 　写しが原本を正確に投影したものであること

(2)　文書の作成者

ア　作成者の意義等

　　文書の作成者とは、その記載内容たる思想を表明した者をいう。そのため、名義人と作成者は必ずしも一致するものではない。例えば、偽造文書の場合、作成者は名義人でなく、偽造した者である。このように、名義人と作成者の同一性は形式的証拠力を認定するうえで必須ではなく、偽造文書であっても、名義人の文書としてではなく、偽造した者の文書として証拠申出をすれば、形式的証拠力が認められる。

イ　代理人による作成と作成者

　　本人に代わって代理人が文書を作成した場合に、作成者は本人と代理人のいずれであるかについて争いがある。記載内容の効果帰属という実質面を重視すれば、本人を作成者と捉えることになる（本人説）が、意思

第2部　事実認定／第2編　証拠

表示をなしたという形式面を重視すれば、代理人を作成者と捉えることになる（代理人説）。後者は、代理関係を表面化すべき点を重視する。

　もっとも、署名代理の場合には、文書それ自体から代理関係を特定することが困難であるという消極的理由に加え、推定規定（民訴228条4項）を適用できるという積極的理由から、本人説が有力である。

ウ　挙証者による作成者の特定の要否

　文書の形式的証拠力が認められるためには、作成者を特定する必要があるが、その際、「特定人」による作成であることさえ特定すれば足りるのか、それとも具体的な個人による作成であることまで特定しなければならないのかについて争いがある。通説は、不意打ち防止の観点から、後者に立つ。この場合、挙証者の特定した個人以外の者が作成者であると認定されれば、その文書の形式的証拠力は否定されることになる。このような結果は、前者の見解からは当事者の意思に反すると批判されるが、これに対しては、裁判所の適切な訴訟指揮によって回避することが可能であるという反論が可能である。

(3)　文書の真正の推定規定

ア　推定規定の法的性質

　文書の成立に関しては、民訴228条が推定規定を定めている。この規定の法的性質については争いがある。法定証拠法則説は、推定規定は、文書の成立に関する経験則を根拠とする法定証拠法則であるとする（実務・通説）。この見解からは、推定規定は裁判官の自由心証主義の例外を定めたにすぎないものであり、当事者の証明責任に影響を与えず、したがって相手方は推定事実に対する反証をすれば足りる。

　これに対し、法律上の推定規定説は、民訴228条は法律上の推定規定であるとする。この見解によると、相手方は文書成立の不真正について本証の責任を負うことになる。しかしながら、この見解では証明責任の転換をともなうところ、処分証書の実質的証拠力が強いことを踏まえると、当事者間に不公平を生じることや、裁判官の自由心証に対する過度な制約になるため、妥当でない。

イ　公文書に関する推定規定

　「文書は、その方式及び趣旨により公務員が職務上作成したものと認めるべきときは、真正に成立した公文書と推定する」（民訴228条2項）。公文書とは、公務員がその権限に基づいて職務上作成した文書をいう。この推定規定は、公文書の場合、公務員はその作成時に官公署名等を明確にするのが原則であるとの経験則から、所定の方式及び趣旨により職務権限に基づいて作成されれば真正に成立したとの推定を働かせることができる、との根拠に基づく。

　このように、公文書に関する推定規定は経験則に基づくことから、相手方は、公務員の意思に基づくものではない旨の反証を挙げることによって、この推定を覆すことができる。もっとも、裁判所は、公文書の成立の真否について疑義がある場合には、職権で当該官公署に照会することができる（民訴228条3項）ため、実際上争いが生じることは稀である。

ウ　私文書に関する推定規定

　「私文書は、本人又はその代理人の署名又は押印があるときは、真正に成立したものと推定する」（民訴228条4項）。先述の通り、「真正に成立」とは、文書が、挙証者の主張する作成者の意思に基づいて作成されたことを指し、同項は、挙証者の証明責任を緩和することを目的とする推定を規定するものである。本人又は代理人が当該文書にその意思に基づいて署名又は押印した場合には、当該文書全体も同人の意思によりその思想内容が表明されたものであるとの経験則に基づく。

　「本人又は代理人の署名又は押印があるとき」とは、その署名又は捺印が、本人又は代理人の意思に基づいて、真正に成立したときをいう（最判昭39.5.12、百選68事件）。ここで押印の前提となる印章に三文判も含まれるかにつき争いがある。実印と比較し、三文判の保管・使用が厳重になされているものではないことを重視すれば、三文判は含まれないとの見解に至りやすいが、三文判も銀行への届出印として通用しているという経済的効用を重視すれば、必ずしも三文判の保管・使用が実印のそれと類型的に劣るものとはいえず、したがって三文判も含まれるとの見解に至りやすくなる。判例の立場は明確でないが、少なくとも印章を実印に限定してはいない（最判昭50.6.12）。

　文書の真否の証明のためには、人証調べのほか筆跡又は印影の対照によることができる（民訴229条1項）。相手方が文書の作成者として特定

第2部　事実認定／第2編　証拠

されている場合は、裁判所は、対照の適当な相手方の筆跡がないときは、対照の用に供すべき文字の筆記を相手方に命ずることができる（同条3項）。相手方が正当な理由なくこの決定に従わないときは、裁判所は、文書の成立の真否に関する挙証者の主張を真実と認めることができる。書体を変えて筆記したときも、同様である（同条4項）。

エ　二段の推定

(ア)　概要

　上述のとおり、「署名又は押印」は作成者の意思に基づくことが要求されるところ、最判昭39.5.12は、「文書中の印影が本人または代理人の印章によって顕出された事実が確定された場合には、反証がない限り、該印影は本人または代理人の意思に基づいて成立したものと推定する」ことを許容している。これは、わが国では作成者の意思表明を担保する手段として押印がなされており、第三者に印章を使用させることは稀であるため、その押印は作成者自身によるとの経験則に基づいて事実上の推定を認めたものである。

　上記判決に従えば、成立を争う私文書に本人又は代理人による印影が存在する場合には、特段の事情がない限り、本人又は代理人の意思に基づく押印であるとの事実上の推定が及び（第一段階の推定）、これにより民訴228条4項の「押印」の要件が充たされる結果、同項により文書全体が真正に成立したとの推定が及ぶことになる（第二段階の推定）。このような二段階による推定によって文書の真正を立証することを**二段の推定**と呼ぶ。この場合における印章は、実印に限定されておらず、三文判も含まれるが、経験則との関係上、その印章は文書の名義人のものでなければならない（最判昭50.6.12）。

【二段の推定の基本構造】

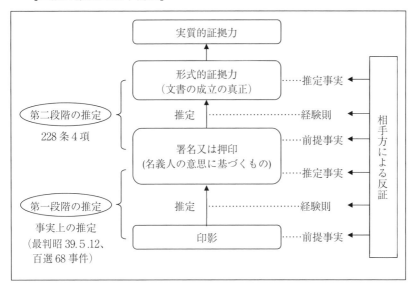

（イ）　相手方の反証

　挙証者が二段の推定による立証を試みた場合に、相手方の防御手段としては、挙証者の主張立証に対し否認することのほか、各段階における①前提事実の存在に対する反証、②推定で働く経験則を排斥する事情の立証、ないし③推定事実の不存在の立証を行うことになる。

　第一段階の推定は事実上の推定であり、第二段階の推定も法定証拠法則であるから、証明責任の転換をともなわない。このうち推定で働く経験則を排斥する事情の主張立証は間接反証にあたり、その事実自体については本証を必要とする見解も有力である。しかし、この考え方では法律上の推定説と実際上異ならないし、また、第一段階の推定における推定事実の不存在を示す事情と第二段階の推定における前提事実の存在を否定する事情とはほぼ重なるにもかかわらず、その事情の位置づけ次第で本証を要するか反証で足りるのかという差異が生じるのは妥当でない。したがって、相手方による防御手段としては、いずれも反証で足りると解すべきである。具体的な事情の例としては、以下のとおりである。

第2部　事実認定／第2編　証拠

第一段階の推定	**① 前提事実の存在に対する反証** ・本人及び代理人のいずれの印章でもない ・本人の印章による印影と当該文書のそれとが異なる ・名義人が他の者と共有、共用している印章である（最判昭50.6.12） **② 推定で働く経験則を排斥する事情の立証** ・当該文書が作成された以前にそこで使用されている印章は盗難被害にあっていた ・文書中の印影は名義人の印章によるものであるが、名義人の同居人によってその印章が冒用された（最判昭45.9.8） ・他人に預託した印章が使用目的外に使用された（最判昭48.6.26） 　∵取引関係者がその印章を他人に交付する場合には、その相手方に対し印章の使用目的を確認しないまでも、少なくとも主観的にはその使用目的を意識したうえでされることが、経験則上の取引通例であるから、他人に預託した事実だけでなく、使用目的外の使用であることを示す事情の立証が必要になる。 **③ 推定事実の不存在の立証** ・当該文書にある署名（又は押印）は、強迫を受けたため、自らの意思に反して行ったものである
第二段階の推定	**① 前提事実の存在に対する反証** （第一段階の推定に関する①ないし③の事項がほぼ妥当する） **② 推定で働く経験則を排斥する事情の立証** ・当該文書は、その性質上、複数の者によって修正・加筆が加えられるものである **③ 推定事実の不存在の立証** ・本人がその意思に基づいて文書を作成した後に、他人がその記載内容を変造した

第3章　書証

（ウ）　裁判所による訴訟指揮

　　書証に関しては、多くの場合、挙証者は推定規定に基づく立証活動を展開することになるため、裁判所としても、そのことを念頭において訴訟指揮を行うことになる。まず、相手方が否認する場合には、その理由を聴取することになる（民訴規則 145 条）。次に、挙証者による第一段階の推定における前提事実ないし第二段階の推定における前提事実の立証を踏まえ、相手方による反証活動を促すか否かを検討することになる。

5　文書の実質的証拠力

(1)　定義

　　文書の**実質的証拠力**とは、**真正な文書に示された思想内容が要証事実に対する裁判官の心証形成に役立つ効果を有する**ことをいう。文書の成立について当事者間に争いがある場合には、まず文書の形式的証拠力を認定した後に、文書の実質的証拠力の有無を判断することになる。そして、文書の実質的証拠力は、裁判官が自由な心証によって決定すべき事項である。

　　なお、書証は、その証拠方法全体として処分証書ないし報告証書に区別されるものではなく、そこに記載された個々の証拠資料ごとに性質が決定されることに注意を要する。

(2)　処分証書の実質的証拠力

　　処分証書は、その文書の性質上、形式的証拠力の審理判断は実質的証拠力の検討とほとんど重なるため、その書証が真正に成立したと認められた場合には、特段の事情がない限り、その記載内容である法律行為等がなされたものと認められる【命題①】。そのため、書証の記載及びその体裁から、特段の事情がない限り、その記載どおりの事実を認めるべき場合に、なんら首肯するに足りる理由を示すことなく、ただ漫然とその書証を排斥するのは、理由不備の違法を免れない（最判昭 32.10.31）。そこで、裁判所が、形式的証拠力の認められる書証があるにもかかわらず、当該書証の記載内容と異なる事実を認定する場合には、その理由を示す必要があろう。もっとも、実質的証拠力が認められることと法律行為等の解釈は別問題であるから、処分証書から認められる法律行為について不発生、消滅、無効、取消しの各事由があることを主張立証することはできる。

283

処分証書の実質的証拠力における上記特徴の派生効果として、処分証書の記載内容である法律行為が一般に根幹ないし重要なものであり、それゆえに同証書に記載されることが通常である場合、これに記載されていないときは、特段の事情がない限り、その法律行為は存在しないものと認められる（最判昭47.3.2）【命題②】。

【処分証書の実質的証拠力】

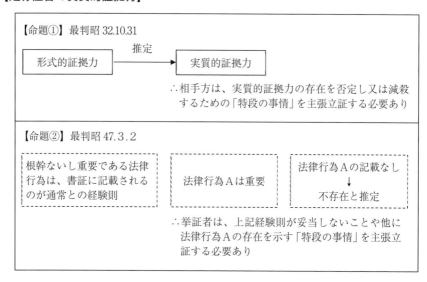

(3) **報告証書の実質的証拠力**
　ア　報告証書の特徴
　　報告証書の場合は、処分証書と異なり、その文書の性質上、その形式的証拠力が認められれば実質的証拠力も原則として認められる、というものではない。そのため、裁判所が報告証書の実質的証拠力を評価するにあたっては、その記載内容の真実性の検討を経る必要がある。具体的には、その記載内容の報告者による知覚・記憶・表現の正確性、報告者の性格、記載内容の性質、知覚時と報告時の近接性等の事情を総合的に考慮することになる。
　　したがって、報告証書の中でも類型的に実質的証拠力の高いものでない限り、処分証書における【命題①】・【命題②】は妥当せず、裁判所はその書証の実質的証拠力を否定する際にその理由を逐一判示する必要はな

い（最判昭 38.6.21）し、相手方は常にその内容の真実性について争うことができる。

　なお、報告証書の中でも、領収書のように、金銭交付の事実との関係では直接証拠となる類型的信用文書も存在する。

イ　具体例

	考慮事由例
領収書・受領書	・領収書・受領書の作成者と原本所持者の関係 ・領収書・受領書の記載内容及びその体裁と係争債務との関連性（立証命題との関連性）……etc.
帳簿等	・帳簿等を記載する者が同一であるか ・記載内容が機械的に記述することになじむか ・記載内容の性質が機械的に記述することになじむか ・帳簿等の記載者の同一性 ・帳簿等の記載内容の日時と記載時の日時の近接性……etc.
陳述書	・人証において考慮すべき事項（286 頁参照） ・陳述書の目的（従前の陳述を実質的に修正するものか、形式的修正をはかるものにすぎないか） ・記載内容と他の間接事実との整合性……etc.

第4章 人証

1 概要

　証人と当事者本人を合わせて人証と呼び、証人尋問と当事者尋問を合わせて人証調べと呼ぶ。

　人証による供述は、書証がある時点における文書又は文字が正確に記録されているのに対し、時間の経過等による人証の記憶の低下や供述情況の変化によってその内容が変遷し得るものであるため、その供述内容の信用性については複雑かつ慎重な判断が要請されることになる。

2 人証による供述の信用性判断

　民事訴訟における人証による供述の信用性判断は、刑事訴訟におけるそれとほとんど共通する。具体的には、以下の考慮事項を踏まえて総合判断することになる。もっとも、例えば、供述者が事前に作り上げたストーリーを供述している場合に「供述内容の一貫性」は供述内容の信用性判断において無益であるように、いずれの考慮事項も、各事案ないし人証において存在する特殊事情によって一般的な認定方法とは異なる作用を示すことがある点に注意を要する。

第4章　人証

1　人証そのものに関連する事項

① 当該事案における利害関係の有無
② 記憶力の程度や記憶内容・事実認識の正確性
③ 供述者の性格・素性
④ 供述の経緯・動機等（ex.虚偽供述の動機の有無）

2　供述の方法・過程に関連する事項

① 言葉の齟齬
② 話し方
③ 供述態度

3　供述内容に関連する事項

① 客観的証拠（特に「動かしがたい事実」）との整合性
② 供述内容の変遷
③ 供述内容の合理性
　　　—— 経験則との符合
　　　—— 推測・評価の混入
④ 新たな証拠資料の顕出の有無
⑤ 供述内容の一貫性

第2部 事実認定／第2編 証拠

第5章 鑑定

1 概要

　鑑定とは、事実認定に際して科学技術上の知識のように高度に専門的な経験則の知見が要求される場合に、裁判官の判断能力の限界を補充すべく、特別の学識経験を有する第三者から、その専門知識又はその知識を具体的事実に適用して得た事実判断を報告させることを目的とする証拠調べである。そして、鑑定における証拠方法を鑑定人という。

　鑑定の対象となる経験則等は、厳格な証明ではなく自由な証明で足りる。そのため、鑑定を行うか否かは、原則として裁判官の裁量判断に基づく。

2 鑑定書

　鑑定書は、裁判所から鑑定を求められた事項に対する回答としての結論部分が鑑定主文として示され、その結論に到達した判断の過程の説明は鑑定理由として示される。鑑定理由の示されていない鑑定も事実認定の証拠資料とすることについて、最判昭35.3.10はこれを許容しており、それゆえに、法律上鑑定意見となるのは鑑定主文のみと捉えるのが通説である。

3 筆跡鑑定

　筆跡鑑定とは、人の筆跡における個人差（筆跡個性）に着目して、執筆者の特定されている複数の文書において書かれた文字を比較対照し、それらの文書・文字の執筆者の同一性を識別する鑑定をいう。判例は、筆跡鑑定の鑑定結果を証拠資料として事実認定における心証形成に用いることを許容している（刑事裁判に関する最判昭30.4.6参照）。

　筆跡鑑定による事実認定では、比較対象となる文書又は文字の筆跡個性における①相同性、②相異性、③常同性、及び④希少性といった事項を考慮することになる（最決昭41.2.21）。具体的には、以下のとおりである。なお、筆跡

288

個性は筆者の日々の心情・体調の変化等で変動を生じ得る性質のものであるため、筆跡鑑定における事実認定は慎重を要し、特に相異性の認定が重要とされる。

【前提条件】

① 鑑定人に関する考慮事項
 1）鑑定人が筆跡鑑定について十分な経験と知識を有しているか
 2）鑑定人による恣意的判断は排除されているか
② 鑑定資料に関する考慮事項
 1）鑑定資料が原本であるか
 2）鑑定資料が鑑定を実施するに十分な量・質を備えているか
 3）訓練された作為筆跡ではないか

【考慮要素】

① 相同性 ＝ 比較対象となる各文書又は文字より顕出された筆跡個性が共通すること
     相同性　　大　＝　筆者の同一性　　大
② 相異性 ＝ 比較対象となる各文書又は文字より顕出された筆跡個性が異なること
     相異性　　大　＝　筆者の同一性　　小
③ 常同性 ＝ ある個人の筆跡個性が固定化していること
     常同性　　大　＝　筆者の同一性　　大
④ 希少性 ＝ ある個人の固定化された筆跡個性が、平均的一般人の筆跡個性と大きく異なること
     希少性　　大　＝　筆者の同一性　　大

290

第3部
民事執行・保全手続

第3部　民事執行・保全手続／序論

序　論

1　予備試験と民事執行・保全手続

　平成 23 年〜令和元年の予備試験口述試験において、民事執行手続や民事保全手続が問われていた（口述試験の詳細は、第6部参照）。

　また、論文式試験でも出題がある。すなわち、平成 28 年〜令和6年の予備試験論文式試験において、民事執行手続や民事保全手続が問われている（論文式試験の詳細は、第5部参照）。

　口述試験、論文式試験ともに、重点は民事保全手続についてである。

　民事保全手続については、本案の訴訟に先立って、原告代理人があらかじめ講ずべき法的手段が、民事執行手続については、本案訴訟後の確定判決に基づく民事執行手続の基本が問われている。

　基本的な保全・執行手続上の手段が問われている。条文を引き、出題形式に対応させる形で問いに答えることができるように勉強しておくべきである。

　ここでは、普段の学習において手薄になりがちな、執行手続・保全手続について、紹介する。第1編では民事執行法を、第2編では民事保全法を、それぞれ解説していく。

第1編

民事執行法

第3部　民事執行・保全手続／第1編　民事執行法

第1章　民事執行法総説

1　意義

(1)　制度目的

　民事執行とは、国家権力による民事上の強制手段をいう。法が予定し、又は要求する点を実現する国家作用であり、それが民事につき、国家権力による強制処分としてなされるものである。

(2)　民事執行の種類

　民事執行は、①強制執行、②担保権の実行としての競売（担保執行）、③民法、商法その他の法律の規定による換価のための競売（形式的競売）、④債務者の財産状況の調査（財産状況調査手続）、の4種類の手続を総称したものをいう（民執1条）。

　強制執行とは、請求権の強制的満足のために確定判決等の個別の債務名義に基づいてなされる執行手続である（民執22条～177条）。請求権が金銭の支払を目的とするか否かによって、金銭執行と非金銭執行とに分かれている。

　担保執行とは、実体法上の担保権の実行に関する諸種の手続のうち、抵当権、質権又は先取特権の実行として目的財産を競売その他の方法によって強制的に換価し、被担保債権の満足を図る執行手続である（民執180条～194条）。

　形式的競売とは、請求権の満足を目的としないものの、対象財産の価値保存のための換価を目的とする競売をいう（民執195条）。

　財産状況調査手続とは、権利実現の実効性確保の見地から、債権者の申立てに基づき、執行裁判所が債務者に対して財産開示を命じる手続（財産開示手続、民執196条～203条）と債務者以外の第三者（金融機関、登記所、市町村、日本年金機構、債務者の勤務先等）から債務者財産に関する情報を取得する手続（第三者からの情報取得手続、令和元年改正により新設、民執204条～211条）である（民執196条～211条）。

294

第1章　民事執行法総説

【民事執行の種類】

種類	請求権の内容		対象となる財産		執行方法
強制執行	金銭執行		不動産執行	強制競売	差押え→換価→満足（扶養義務等にかかる金銭執行では間接強制も可能）
				強制管理	
			準不動産執行	船舶執行	
				航空機執行	
				自動車・建設機械執行	
			動産執行		
			債権その他の財産権に対する執行		
	非金銭執行	物の引渡請求権の執行	不動産		直接強制・間接強制
			動産		
		作為・不作為債権の執行			代替執行・間接強制
		意思表示債権の執行			意思表示の擬制
担保執行	金銭執行		不動産	担保不動産競売	差押え→換価→満足
				担保不動産収益執行	
			準不動産競売		
			動産競売		
			債権その他の財産権に対する担保権の実行		

(3)　機関・当事者

　民事執行の実施を担当する国家機関を**執行機関**といい、**執行裁判所**と**執行官**から成っている（民執2条）。**執行裁判所**とは、執行処分を行う裁判所及び執行官の所属する地方裁判所のことをいい（民執3条）、複雑な法律判断を含む行為を担当するものである。**執行官**とは、裁判の執行、裁判所の発する文書の送達、その他の事務を担当する独立の単独制の司法機関であり

295

第3部　民事執行・保全手続／第1編　民事執行法

（裁判所法 62 条）、事実的要素の多い行為・実力行使にわたる行為を担当するものである。

　このような二元的構成を採用しているのは、**執行対象の種類及び執行方法の内容的差異に対応しやすく、それぞれの機能的特性を発揮することにより、執行の迅速性と実効性を確保するためである**。また、執行機関は、迅速かつ効率的な請求権の実現のために、判決手続を担当する機関から分離されている。

　次に、執行手続に当事者として関与する**執行当事者**としては、執行を求める**債権者**と、その相手方である**債務者**が挙げられる。

2　基本構造

　民事執行法は、第1章で総則を規定し、その後、第2章で強制執行、第3章で担保権の実行としての競売等、第4章で債務者の財産状況の調査について規定している。この区分は、原則として上記の執行の種類に対応しているが、第3章については、担保執行と形式的競売の双方を含んでいることに注意を要する。また、第3章の手続については、第2章の規定が大幅に準用されているので（民執 188 条、192 条、193 条2項）、この点についても注意が必要となってくる。

※債務者財産の開示制度の実効性の向上（令和元年民事執行法改正）

　強制執行の申立てには、執行の対象となる債務者の財産を特定することが必要であることから、平成 15 年に、債務者の財産に関する情報を債務者自身の陳述により取得する手続として、「財産開示手続」を創設した。しかし、「財産開示手続」の利用実績は年間 1000 件前後と低調であった。そこで、債務者財産の開示制度の実効性を向上させるために、令和元年民事執行法改正により、以下の制度が新設された。

(1)　債務者以外の第三者からの情報取得手続を新設（民執204条～211条）
　　・金融機関（銀行、信金、労金、信組、農協、証券会社等）から、①預貯金債権、②上場株式、国債等に関する情報を取得（民執 207 条）
　　・登記所から、③土地・建物に関する情報を取得（民執 205 条）
　　・市町村、日本年金機構等から、④給与債権（勤務先）に関する情報を取得（民執 206 条）

⑵　従来の財産開示手続の申立権者については、確定判決等を有する債
権者に限定されていたが、申立権者の範囲を拡大して、仮執行宣言付判
決を得た者や公正証書により金銭（例えば養育費など）の支払を取り決
めた者等も利用可能とした（民執 197 条）。また、債務者の不出頭や虚
偽陳述に対する制裁として刑事罰を新設した（民執 213 条）。

第3部　民事執行・保全手続／第1編　民事執行法

第2章　強制執行

1　総論

(1)　概要

ア　目的

　　強制執行は、私法上の請求権を強制的に満足させることを目的とするものである。強制執行は、権利義務の内容に従い利害の調整を図ることで、法の妥当性を確保するという重要な機能を有しているといえる。

イ　要件

(ｱ)　実体的要件

　　上記の目的からすれば、強制執行の要件は、本来、即時に給付の請求ができる実体法上の請求権が存在し、債権者がこの請求権を行使でき、債務者がそれに対して履行の責任を負う地位にあること、になるはずである。しかし、**執行機関は権利判定機関から分離されている**ことから、これらの要件の具備を直接に判断することは適切ではない。そこで法は、**文書の存在を通して形式的・間接的にこれらの要件を確認すべき**ものと規定した。この文書が、給付請求権の存在を示した**債務名義**、及び債務名義の執行力の存在・範囲を公証した**執行文**である。

(ｲ)　手続的要件

　　以上の実体的要件に加え、手続的要件として、**有効な執行申立ての存在**（民執2条）、**訴訟要件**（管轄、当事者能力、訴訟能力等）の具備も必要である。

(ｳ)　執行開始要件

　　さらに、執行開始要件として、**債務名義の正本が、あらかじめ、又は同時に債務者に送達されることが必要**である（民執29条前段）。また、**条件成就執行文・承継執行文が付与されている場合には、執行文及び証明文書の債務者への送達も必要**である（民執29条後段）。これらは、執

298

第2章　強制執行

行債務者に強制執行の事実・根拠を了知させ、防御の機会を保障することを目的としている。

　これに加え、債務名義の種類によっては、それぞれ別途の執行開始要件が課されることがある（民執30条、31条）。

【強制執行の要件】

＜実体的要件＞
① 　債務名義の存在
② 　執行文付与
　　　＋
＜手続的要件＞
③ 　有効な執行申立ての存在
④ 　訴訟要件（管轄、当事者能力、訴訟能力等）具備
　　　＋
＜執行開始要件＞
⑤ 　債務名義の債務者への送達（強制執行に先立つか、同時）
⑥ 　執行文・債務名義の種類によっては、民執29条後段・30条・31条の各要件の具備

　(Ⅰ)　詳説
　　　債務名義とは、強制執行で実現されるべき給付請求権の存在と範囲を明らかにし、執行機関による強制執行の基本となる役割を持たされている文書のことをいう。具体的には、以下の14の文書をさす（民執22条各号）。

i 　確定判決（1号）
ii 　仮執行宣言付判決（2号）
iii 　抗告によらなければ不服を申立てることができない裁判（3号）
iv 　仮執行宣言付損害賠償命令（3号の2）
v 　仮執行宣言付届出債権支払命令（3号の3）
vi 　仮執行宣言付支払督促（4号）
vii 　訴訟費用・執行費用等に関する裁判所書記官の処分（4号の2）
viii 　執行証書（5号）
ix 　確定した執行判決のある外国裁判所の判決（6号）

299

第3部　民事執行・保全手続／第1編　民事執行法

ⅹ	確定した執行決定のある仲裁判断（6号の2）
ⅺ	確定した執行等認可決定のある暫定保全措置命令（6号の3）
ⅻ	確定した執行決定のある国際和解合意（6号の4）
ⅹⅲ	確定した執行決定のある特定和解（6号の5）
ⅹⅳ	確定判決と同一の効力を有するもの（7号）

　執行文とは、**債務名義の執行力の存在及び範囲を公証する文言**をいう。強制執行の実施は、執行文の付された債務名義の正本に基づいてなされるので（民執25条）、債務名義に執行文を付与する必要がある。

　執行文の付与手続は、執行証書以外の債務名義については事件の記録がある裁判所の書記官が、執行証書についてはその原本を保存する公証人が担当し（民執26条1項）、債務名義の正本の末尾に付記する方法で行われる（民執26条2項）。

　執行文の種類としては、単純執行文・条件成就執行文・承継執行文の3種類がある。

　単純執行文とは、**債務者が証明すべき事実も債務名義に表示された当事者の変動等もない場合に、単純に給付を命じるだけの執行文**を意味する。

　条件成就執行文とは、**請求が債権者の証明すべき事実の到来にかかる場合に、債権者がその事実の到来したことを証する文書を提出することによって付与される執行文**のことである（民執27条1項）。

　承継執行文とは、**債務名義に表示された当事者以外の者を債権者又は債務者とする執行文で、その者に債務名義の執行力が及ぶことが執行文付与機関に明白であるとき、又は債権者がそのことを証する文書を提出することによって付与される執行文**を意味する（民執27条2項）。

第2章　強制執行

(2)　執行方法

ア　金銭執行

金銭執行は、申立てを経て、差押え→換価→配当（満足）という３つの段階を経る。

(ア)　差押え

差押えとは、債務者の特定の財産を執行目的物として確保するために、執行機関が当該財産に対する債務者の事実上・法律上の処分を禁止し、これを国家支配下に拘束することを意味する。

金銭執行は差押えによって開始される（民執 45 条１項、93 条１項、114 条２項、122 条１項、143 条等）。

(イ)　換価

換価とは、差押物を売却し、金銭に換える手続をいう。

(ウ)　配当（満足）

金銭執行における債権者の満足は、一般に、目的財産の売却等により得た換価金等をもってする弁済金の交付又は配当手続の実施による配当によって行われる。わが国では、配当に関して、差押え等の先後を問わず、配当を受ける各債権者の債権額に応じて按分に配当する平等主義が原則的に採用されている。

イ　非金銭執行

非金銭執行は、大別して、①物の引渡し（明渡し）の強制執行、②作為・不作為の強制執行、③意思表示の強制執行の３つに分けられる。

①の対象財産は、不動産・動産であり、執行方法は、直接強制か間接強制となる。

②については、（ⅰ）第三者が債務者に代わって債務を履行できるという代替的な場合と、（ⅱ）債務者しか履行し得ないという非代替的な場合とがある。前者の執行方法は代替執行か間接強制となるが、後者の場合には債務者しか履行し得ないため、間接強制による方法しかない。

③の執行方法は、意思表示があったものとみなされるという意思表示の擬制による。典型例として、登記手続請求の場合がこれにあたる。

301

第3部　民事執行・保全手続／第1編　民事執行法

 (ｱ)　直接強制

  直接強制とは、債務者が任意に履行しないときに、国家機関によって債務者の意思にかかわらず、債務の内容を実現する強制履行の方法をいう。

 (ｲ)　間接強制

  間接強制とは、不履行に対して強制金等を課することによって、債務者に心理的圧迫を与えて給付を促す方法をいう（民執172条）。

 (ｳ)　代替執行

  代替執行とは、給付実現の権限を債権者に与え、それに要した費用を債務者から取り立てる方法をいう（民執171条1項）。

(3)　執行救済手続

ア　概要

 執行手続に対する救済手段としては、大別して、執行文の付与に対する救済手続、及び違法・不当執行に対する救済手続がある。

【執行文の付与に対する救済手続】

救済手続の種類	適用範囲		申立権者
執行文の付与等に関する異議の申立て（32条）	執行文付与の申立てに関する処分	執行文付与の拒絶	債権者
		執行文付与	債務者
執行文付与の訴え（33条）	条件成就執行文、承継執行文等の特殊執行文の付与を求める債権者が付与の特別要件である条件成就、承継等を証明するに足りる文書（27条）を提出することができないとき		債権者
執行文付与に対する異議の訴え（34条）	27条の規定により執行文が付与された場合において、債務者が債権者の証明すべき事実が到来していないこと又は執行力の拡張事由（承継事由）の不存在を理由とするもの		債務者

第2章　強制執行

【違法・不当執行に対する救済手続】

対象	意義	救済手続の種類	適用範囲
違法執行	執行機関の執行行為が執行法上の規定に違背している場合の執行	執行抗告（10条）	民事執行手続に関する執行裁判所の裁判に対する、特別の規定がある場合にのみ許される上訴
		執行異議（11条）	執行裁判所の処分で執行抗告できないもの、及び執行官の執行処分ないしその遅滞に対する、一審限りの不服申立方法
不当執行	実体法上違法で、実行の実体的正当性に欠ける執行	請求異議の訴え（35条）	成立時には有効な債務名義が、その後そこに表記された請求権が消滅したり、あるいは表記内容やその態様に変化が生じたときの債務者の訴え
		第三者異議の訴え（38条）	強制執行の目的物について、所有権その他目的物の譲渡又は引渡しを妨げる権利を有する第三者の訴え

イ　執行文の付与に対する救済手続

(ｱ)　異議の申立て（民執32条）

　　執行文の付与の申立てに関する処分に対して、当事者は、裁判所に対し**異議の申立て**ができる（民執32条1項）。執行文付与を拒絶されたときは債権者が、執行文が付与されたときは債務者が、それぞれ異議を申し立てることができる。

　　この申立てには、当然には執行停止の効力が生じないので（民執32条2項）、債務者が異議を申し立てる場合は、執行停止等の仮の処分の発令を促すべきである。

(ｲ)　執行文付与の訴え（民執33条）

　　条件成就執行文、承継執行文等の特殊執行文の付与を求める債権者が付与の特別要件である条件成就、承継等を証明するに足りる文書（民

303

第3部 民事執行・保全手続／第1編 民事執行法

執27条1項、2項）を提出することができないときは、債権者は**執行文付与の訴え**を提起することができる（民執33条1項）。

(ｳ) **執行文付与に対する異議の訴え（民執34条）**

条件成就執行文・承継執行文が付与された場合において、債権者の証明すべき事実の到来又は執行力の拡張・承継について異議のある債務者は、その執行文の付された債務名義の正本に基づく強制執行の不許を求めて、**執行文付与に対する異議の訴え**を提起することができる（民執34条1項）。

かかる訴えが提起されても強制執行は停止されないので、債務者は別途、強制執行の停止・執行処分の取消しの申立てを行う必要がある（民執36条1項）。

ウ 違法執行に対する救済手続

(ｱ) **執行抗告（民執10条）**

執行抗告とは、民事執行手続に関する執行裁判所の裁判に対する上訴であり、特別の規定がある場合にのみ許されるものである（民執10条1項）。

執行抗告による手続の遅延や執行妨害防止のため、執行抗告には理由の提示が義務付けられ（民執10条3項）、執行停止の効力は認められていない。また、執行抗告は1週間の不変期間内に提起しなければならない（民執10条2項）。

抗告理由は手続違背に限られ、しかも法定されている。これを分類すると、およそ以下の3種類に分けられる。

①**民事執行の手続全体又は特定の債権者との関係で、その手続上なされる最終処分となる裁判**

ex.申立ての却下（民執14条5項、45条3項、145条6項）

②**実体権の存否を判断した決定で、債務名義となるもの又は効果が重要なもの**

ex.不動産の売却許可決定（民執74条1項）

③**中間的な特別の執行処分又は執行緩和処分の許否に関する裁判**

ex.不動産売却等の保全処分（民執55条6項）

第2章　強制執行

(1)　執行異議（民執11条）

執行異議とは、執行裁判所の執行処分で執行抗告をすることができないものや、執行官の執行処分及びその遅怠に対する不服申立方法をいう（民執11条1項）。

異議審となるのは、執行裁判所であり（民執11条1項）、その実質は再度の考案（民訴333条）の申立てである。

執行異議の裁判は、原則として第一審限りであり、上訴は認められない。例外は、手続を取り消す旨の裁判に対する場合のみである（民執12条）。

異議事由は、原則として手続上・形式上の瑕疵に限られる。しかし、担保権実行手続においては、簡易な執行開始を債権者に認めているため、公平の観点から、担保権の不存在・消滅という実体法上の事由を異議事由として主張できる（民執182条、189条、191条、193条2項、195条）。

エ　不当執行に対する救済手続

(ア)　請求異議の訴え（民執35条）

請求異議の訴えとは、債務名義が有効に成立していても、その後そこに表記された請求権が消滅したり、表記内容・態様に変化が生じたときに、債務者がその債務名義による強制執行の不許を求めて提起する訴えのことをいう（民執35条1項）。

(イ)　第三者異議の訴え（民執38条）

強制執行の目的物について、所有権その他目的物の譲渡又は引渡しを妨げる権利を有する第三者が、債権者に対して、その強制執行の不許を求めて提起する訴えを、第三者異議の訴えという（民執38条1項）。

(4)　強制執行の停止

強制執行の停止（民執39条）とは、法律上の事由により執行機関が執行を開始・続行しないことをいう。具体的には、全部停止と一部停止とに分けられる。また、停止には、終局的停止と一時的停止とがある。

305

第3部　民事執行・保全手続／第1編　民事執行法

ア　全部停止

全部停止とは、全体としての強制執行又は各個の強制執行手続につきその全体を停止する場合をいう。

イ　一部停止

一部停止とは、複数の債権者、債務者又は執行対象の一部に限定した停止のことをいう。

ウ　終局的停止

終局的停止とは、既になされた執行処分の取消しを伴う停止のことをいう（民執39条1項1号〜6号、40条）。

エ　一時的停止

一時的停止とは、将来の執行の可能性を残す停止のことをいう（民執39条1項7・8号）。

2　金銭執行

(1)　不動産執行──強制競売（民執43条1項）

ア　差押段階

債権者が執行力ある債務名義の正本とその他の必要書類を添付して強制執行の申立てをしたときには、管轄する執行裁判所（民執44条）は、強制競売の開始決定をし、それと同時に債権者のために目的不動産を差し押さえる旨を宣言し、その開始決定を債務者に送達しなければならない（民執45条1項、2項）。開始決定がなされたときは、裁判所書記官は直ちにその開始決定にかかる不動産差押登記を管轄登記所に嘱託する（民執48条1項）。

差押えの効力は、開始決定が送達されたときに生じる（民執46条1項本文）。もっとも、差押えの登記がこの開始決定の送達前になされたときは、差押えの効力は、この登記のときに生じる（民執46条1項ただし書）。

強制執行の開始決定にかかる差押えの効力が生じた場合は、裁判所書記官は、配当要求の終期を定めなければならないとされている（民執49条1項）。配当要求の終期を定めたときは、裁判所書記官は、開始決定がされた旨及び配当要求の終期を公告し、仮差押債権者や抵当権者等に対

306

して、債権の存否・原因・額を配当要求の終期までに届け出るべき旨を催告しなければならない（民執49条2項）。

【差押段階のまとめ】

開始決定→配当要求の終期決定・債権届出の催告

イ　換価段階

(ア)　売却準備手続

売却を適正に行い、買受人に不測の損害を与えないためには、まず**不動産上の権利関係を的確に把握**する必要がある。

具体的には、執行裁判所は、執行官に対し不動産の形状・占有関係その他の現況の調査を命じ（民執57条1項）、評価人を選任して不動産の評価を命じ（民執58条1項）、その評価に基づいて売却基準価額を定め（民執60条1項）、物件明細書を作成する（民執62条1項）。

※売却のための保全処分

債務者又は不動産の占有者が、不動産の価格を減少する行為又はそのおそれがある行為（価格減少行為）をするときは、執行裁判所は、差押債権者の申立てにより、買受人が代金を納付するまでの間、価格減少行為の禁止、執行官による保管、占有移転禁止等の保全処分を命ずることができる（民執55条1項）。

※不動産内覧制度

平成15年改正により、不動産の買受けを希望する者をこれに立ち入らせて見学させることができるようになった（民執64条の2）。

(イ)　売却手続

裁判所書記官は、売却方法を決定し、売却の日時・場所を定め、執行官に売却の実施を命じる（民執64条1項、3項）。売却方法には、期日入札・期間入札・競り売り・特別売却がある（民執64条2項、民執規則34条、51条）。

最高価買受申出人に法定の売却不許可事由（民執71条）がなければ売却許可決定が言い渡される（民執69条）。

売却許可決定後、買受人は、裁判所書記官が定める代金納付期限までに代金を納付しなければならず（民執78条）、買受人は代金を納付した

第3部　民事執行・保全手続／第1編　民事執行法

ときに不動産を取得し（民執79条）、裁判所書記官は買受人のために所
有権移転登記等を嘱託する（民執82条）。

※不動産引渡命令制度

　買受人は、債務者に対してだけではなく、「買受人に対抗すること
ができる権原により占有していると認められる者」にあたらない占
有者に対しても、直ちに、執行裁判所の引渡命令を得て、引渡しの強
制執行ができる（民執83条1項）。

※不動産競売における暴力団員の買受け防止の方策（令和元年民事執行法改正）

　公共事業や企業活動等からの暴力団排除の取組が官民を挙げて行われて
おり、民間の不動産取引でも暴力団排除の取組が進展したが、従来の民事
執行法において暴力団員等の買受け自体を制限する規定はなかった。そこ
で、令和元年民事執行法改正により、以下の制度が新設された（民執65条
の2、213条、68条の4、71条）。

【制度の概要】

(1)　裁判所の判断により暴力団員、元暴力団員（暴力団員でなくなってか
ら5年を経過しない者）、法人で役員のうちに暴力団員等がいるもの等
が買受人となることを制限

(2)　暴力団員等でない者が、暴力団員等の指示に基づき買受けの申出を
することも制限→例えば、買受人自身は暴力団員ではなかったとして
も、暴力団員が買受人に資金を渡すなどして買受けをさせていた場合
も、買受けを制限

【具体的制度】

・暴力団員等に該当しないこと等を陳述（民執65条の2）

・虚偽の陳述には刑事罰による制裁（民執213条）

・最高価買受申出人が暴力団員等に該当するか否かを警察へ照会（民執
68条の4）

・暴力団員等に該当すること等が認められれば売却不許可決定（民執71
条）

308

第 2 章　強制執行

【換価段階のまとめ】

（換価準備）　現況調査・評価→売却基準価額の決定→物件明細書の作成
　↓
（換価）　　　売却実施→売却許可決定→代金納付→所有権の移転

ウ　配当段階

(ア)　配当手続

執行裁判所は、代金の納付があった場合は、下記(イ)の場合を除き、配当表に基づいて配当を実施しなければならない（民執 84 条 1 項）。

手続は民執 85 条、配当を受けるべき債権者の範囲については民執 87 条に、それぞれ規定されている。

(イ)　弁済金交付手続

債権者が 1 人である場合、又は債権者が 2 人以上であって売却代金で各債権者の債権・執行費用の全部を弁済することができる場合は、配当表に基づかず、交付計画書を作成して配当を実施することができる（民執 84 条 2 項）。この場合の担当は裁判所書記官である。

【配当段階のまとめ】

弁済金交付手続・配当手続→配当実施

(2)　不動産執行──強制管理（民執 43 条 1 項）

強制管理とは、不動産を執行裁判所の選任する管理人に管理させ、それにより得た収益をもって債権者に弁済し、債権の満足を図る方法をいう。

強制管理は、債権者の申出に基づき、裁判所が強制管理開始決定を下すことで開始され（民執 93 条 1 項）、それと同時に、管理人が選任される（民執 94 条 1 項）。

第3部　民事執行・保全手続／第1編　民事執行法

(3)　動産執行

ア　差押段階

動産執行は、**執行官の目的物に対する差押えにより開始**される（民執122条1項）。

動産執行の対象は、不動産執行等と異なり、申立段階からの個別的な特定は必要ではなく、執行申立書に特定して記載された差押目的動産の所在場所（民執規則99条）にある動産がその対象となる。それゆえ、超過差押えが禁止され（民執128条1項）、執行債権の満足に役立つ見込みのない差押えも禁止されている（無剰余差押えの禁止、民執129条1項）。

差押えの方法は、①債務者が目的物を占有している場合と②債権者、第三者がそれを占有している場合とで異なる。①の場合は、執行官が動産についての占有を債務者から奪い、自らこれを占有することによって差押えがなされる（民執123条1項）。②の場合は、債権者・第三者が、任意に動産を提出し又は差押えを承認した場合に限り、執行官は差押えをすることができるが（民執124条）、任意提出を拒む場合は、動産の引渡請求権を差し押さえる執行方法（民執163条）によることとなる。

イ　換価段階

動産執行の換価は、**執行官が、差押物を売却（入札、競り売り、特別売却）する方法**によって行われる（民執134条）。

ウ　配当段階

(ア)　執行官による配当等の実施

債権者が1人である場合、又は債権者が2人以上であって、売得金・差押金銭・手形等の支払金で各債権者の債権と執行費用の全部を弁済することができる場合は、執行官は債権者に弁済金を交付し、剰余金を債務者に交付する（民執139条1項）。

また、配当について債権者間に協議が調った場合には、執行官は、その協議に従って配当を実施する（民執139条2項）。

(イ)　執行裁判所による配当等の実施

配当について債権者間に協議が調わないときは、執行官はその事情を執行裁判所に届け出なければならない（民執139条3項）。そして、かかる届出があった場合は、執行裁判所は直ちに配当表の作成等の手続を実施しなければならない（民執142条）。

第2章　強制執行

⑷　債権及びその他の財産権に対する強制執行

ア　差押段階

　　債権執行においては、執行裁判所が執行機関となり、執行裁判所の差押命令により手続が開始される（民執143条）。

　　裁判所は、発令に際し、債務者や第三債務者を審尋する必要はない（民執145条2項）。

　　差押命令は、以下の2つの内容を持つ。すなわち、①執行債務者は、差し押さえられた債権について取立てその他の処分をしてはならず（処分禁止）、②第三債務者は、差し押さえられた債権について執行債務者に対し弁済をしてはならない（弁済禁止）というものである（民執145条1項）。

　　なお、差押命令は、第三債務者へ送達された時に、差押えの効力を生じる（民執145条5項）。

※差押禁止債権をめぐる規律の見直し（令和元年民事執行法改正）

　　債権の差押えにより債務者の生活が困窮することを防止するため、従来、債務者が、差押命令の取消しを求める制度（差押禁止債権の範囲変更の制度）があった。しかし、①債務者がこの制度の存在を十分に認識していない、②債務者が申立ての準備をしている間に差押債権者によって差押債権が取り立てられてしまう、などの理由により、この制度があまり活用されていなかった。そこで、制度を見直し、令和元年民事執行法改正により、⑴差押禁止債権の範囲変更の制度の存在を、裁判所書記官が債務者に対して教示する制度を新設した（民執145条4項）。

イ　換価段階

㈎　差押債権者の取立て

　　金銭債権を差し押さえた債権者は、債権者が競合したときを除き、債務者に対して差押命令が送達された日から1週間を経過したときは、その債権を取り立てることができる（民執155条1項）。

㈏　取立訴訟

　　第三債務者が任意に支払に応じないときには、差押債権者は取立権に基づいて取立訴訟を提起することができる（民執157条）。

311

第3部　民事執行・保全手続／第1編　民事執行法

(ウ)　転付命令

転付命令とは、**執行債権・費用の支払に代えて**、**被差押債権を券面額で差押債権者に移転する命令**である（民執159条1項）。

転付命令が発せられて確定すると、同時に権利が移転し、弁済がなされたとの効力が生じるので（民執160条）、代物弁済と同様の機能を有するといえる。この場合、他の債権者に事実上優先して満足を受けられるという利点があるが、一方で、第三債務者の無資力のリスクを背負うという難点もある。

ウ　配当段階

差押債権者が被差押債権を取り立てたとき（上記ア）、又は転付命令が確定し、その命令が第三債務者に送達された場合（上記ウ）には、これによって執行手続は終了し、配当等の手続は行われない。

しかし、①第三債務者による供託（民執156条1項、2項）・民執157条5項による供託がなされた場合、②売却命令による売却（民執161条1項）がなされた場合、③管理命令による管理（民執161条7項、107条、109条）がなされた場合、には配当がなされる（民執166条1項）。

3　非金銭執行

(1)　種類

非金銭執行は、大別して、①**物の引渡し（明渡し）の強制執行**、②**作為・不作為の強制執行**、③**意思表示の強制執行**の3つに分けられる。

(2)　執行

ア　物の引渡執行

執行方法は、原則として**直接強制**だが、平成15年改正で、債権者が選択すれば、**間接強制**によることもできるとされた（民執173条1項、172条1項）。

(ア)　不動産の引渡し

不動産の引渡し又は明渡しの強制執行は、**執行官が債務者の目的物に対する占有を排除して**、**債権者にその占有を取得させる方法により**行うことから（民執168条1項）、債権者に占有を得させる必要があり、

312

債権者又はその代理人が執行の場所に出頭することを要する（民執 168
条 3 項）。

(イ)　動産の引渡し

　動産の引渡しの強制執行は、**執行官が債務者から目的物を取り上げ
て債権者に引き渡す方法**により行う（民執 169 条 1 項）。

　執行目的物を第三者が占有し、その第三者が債務者に引渡義務を負
う場合は、債権者は、執行裁判所に債務者の第三者に対する引渡請求権
を差し押さえて、請求権の行使を許す旨の命令を得ることにより、引渡
しの強制執行をすることができる（民執 170 条 1 項）。

イ　作為・不作為・意思表示の執行

　作為・不作為・意思表示を内容とする「なす債務」の執行方法としては、
代替執行（民執 171 条）、**間接強制**（民執 172 条）、**意思表示の擬制**（民執
177 条）がある。

　不動産登記の抹消を求める請求は意思表示を求める請求であり、勝訴
判決の確定によって被告が意思表示したものとみなされる（最判昭 40.
3.18　民事執行・保全百選［第 3 版］72 事件）ため、仮執行宣言の申立
て（259 条 1 項）は不要である。

313

第3部　民事執行・保全手続／第1編　民事執行法

第3章　担保執行

1　総論

(1)　概要

　　担保執行（担保権の実行としての競売）は、国家による請求権の強制的な満足のための法定手続である点において、強制執行と共通するといえる。しかし、強制執行は債務者の一般財産によって物的責任を実現するものである一方、担保執行は担保の目的である特定財産によって物的責任を実現するものであるという点で差異がある。

　　担保執行は、対象となる財産の種類によって、①**不動産担保権の実行**、②**船舶競売**、③**動産競売**、④**債権及びその他の財産権**についての担保権の実行に分けられる。このうち、①については、さらに、**担保不動産競売**と**担保不動産収益執行**とに分けられる。

(2)　執行方法

　　執行方法は、金銭執行の場合と同様に、差押え→換価→配当（満足）という3つの段階を経るものとされている。もっとも、担保執行においては、強制執行の場合と異なり、**債務名義は必要ではない**。すなわち、担保権の実行としての競売を開始するには、債務名義は要件とはならず、これに代えて**担保権の存在を証する一定の文書の提出**を要求するのが原則である（民執181条、189条、190条1項3号・2項、193条1項・2項）。

2　不動産担保権の実行

(1)　概説
　不動産担保権の実行については、担保不動産競売と担保不動産収益執行とに分かれる。

(2)　担保不動産競売

ア　要件
　不動産担保権の実行をするための要件は、①書面による競売申立て（民執2条、民執規則1条）、②担保権を証する文書（法定文書）の提出（民執181条1項）である。②が必要とされている理由は、債務名義が不要であるとしても、担保権・被担保債権の存否等の判断を執行機関に委ねたのでは、権利の実現を図るという執行機関の性質に反し、また迅速性が求められる競売手続の性質にも反することから、形式的判断を可能とするためである。

イ　手続
　担保不動産競売の手続については、不動産に対する強制執行のうちの強制競売の規定が大幅に準用されている（民執188条）。もっとも、担保不動産競売についての特則として、競売開始決定前の保全処分についての規定がある（民執187条）。

ウ　効果
　買受人は代金の納付により不動産の所有権を取得するが（民執188条、79条）、その取得の効果は担保権の不存在・消滅によっても妨げられないとされている（民執184条）。これを競売の公信的効果という。その根拠としては、①担保権の実行にあたり法定文書の提出が要求されており、担保権存在の蓋然性が高いといえること、②仮に担保権が不存在・消滅の場合には、執行異議の申立て（民執182条）や担保権不存在確認の訴え（民執183条1項1号・2号参照）といった手段をとることができ、不服申立ての機会の保障がされていること、が挙げられる。

第3部　民事執行・保全手続／第1編　民事執行法

(3)　担保不動産収益執行

ア　要件

要件については、担保不動産競売と同様の規律が妥当する（民執181条1項）。

イ　手続

手続については、全面的に強制管理に関する規定が準用されている（民執188条）。

3　動産競売

(1)　要件

動産競売の要件は、①債権者（担保権者）による動産の提出、②動産の占有者が差押えを承諾することを証する文書の提出、③執行裁判所の動産競売開始許可決定書謄本の提出及びその債務者に対する送達、のいずれかを満たすことである（民執190条1項）。従来は①②の場合にしか競売開始が認められてなかったが、それでは動産売買の先取特権のように担保権者が動産の占有を有していない場合に事実上権利行使が不可能となっていたという問題点があったことから、③の方法が認められることとなった。

(2)　手続

動産競売の手続については、ほぼ全面的に動産執行の規定が準用されている（民執192条）。

4　債権及びその他の財産権についての担保権の実行

(1)　要件

債権その他の財産権についての担保権の実行は、一般には**担保権の存在を証する文書**の提出により開始するが、**権利移転について登記・登録を要するその他の財産権**については、不動産担保権の実行の場合と同様の**法定文書**の提出を必要とする（民執193条1項、181条）。

第3章　担保執行

(2)　**手続**

　　債権その他の財産権についての担保権の実行の手続については、債権及びその他の財産権に対する強制執行の規定がほぼ全面的に準用されている（民執193条2項）。

318

第2編

民事保全法

第3部　民事執行・保全手続／第2編　民事保全法

第1章　概説

1　意義

(1)　制度目的

　民事訴訟は、その開始から終了までに相当程度の時間を費やすため、例えば、その間に相手方が唯一の財産である預金の払戻しを受けて費消してしまう等、権利実現が不能又は著しく困難になるリスクを伴う。そのため、本案によって権利が実現されるまでの間、権利者を保護するための制度が必要となる。そこで設けられたのが民事保全制度である。**民事保全とは、民事訴訟の本案の権利の実現に先立って権利者保護を図るべく、裁判所が暫定的な措置を講じる制度である**（民保1条）。

(2)　民事保全の種類

　民事保全は、①仮差押え、②係争物に関する仮処分、③仮の地位を定める仮処分の3種類の保全手続を総称したものである（民保1条）。これらの民事保全を内容とする裁判所の命令を総称して**保全命令**という。

　仮差押えとは、債権者が債務者に対し金銭の支払を目的とする債権を有し、かつ、債務者の現在の財産状態が変わることにより将来の強制執行が不可能又は著しく困難になるおそれがある場合に、債務者の責任財産のうちの適当なものを暫定的に差し押さえる手続をいう（民保20条1項）。

　係争物に関する仮処分とは、債権者が債務者に対し特定物についての給付請求権を有し、かつ、対象物の現在の物理的又は法律的状態の変更により将来における権利実行が不可能又は著しく困難になるおそれがある場合に、対象物の現状を維持するのに必要な暫定措置を講じる手続をいう（民保23条1項）。

　仮の地位を定める仮処分とは、債権者と債務者との権利関係について争いがあるため、債権者に現在における著しい損害又は急迫の危険が生じるおそれがある場合に、これを避けるのに必要な暫定措置を講じる手続をいう（民保23条2項）。

320

第1章　概説

【民事保全の種類】

種　類		被保全権利	保全の内容	具体例
仮差押え		金銭債権	現状の維持を命じる	不動産・船舶・動産・債権その他の財産権の差押え
仮処分	係争物に関する仮処分	非金銭債権		処分禁止の仮処分、占有移転禁止の仮処分等
	仮の地位を定める仮処分		現状維持では保全目的を達成できない場合に、暫定的な法律関係を形成する	地位保全の仮処分、出版禁止の仮処分、子の引渡しを命ずる仮処分等

(3)　基本事項

　民事保全手続における当事者は、**保全命令を申し立てる当事者を債権者、その相手方となる当事者を債務者**という。

　権利を終局的に確定する通常の訴訟手続を本案訴訟という。本案訴訟の対象となる権利関係は訴訟物というのに対し、**民事保全手続において保全すべき権利又は権利関係を被保全権利**という。

2　基本構造

　民事保全手続は、通常の訴訟手続が権利確定手続と権利執行手続の二段階構造をとるのと同様、保全命令に関する手続（民事保全法第2章）及び保全執行に関する手続（同法第3章）の二段階構造となっている。

　保全命令に関する手続は、債権者による申立て、審理、裁判という申立手続と保全命令発令後の不服申立手続によって構成されている。

　これに対し、保全執行に関する手続は、保全命令に基づきその内容を実現するための手続である。

第3部　民事執行・保全手続／第2編　民事保全法

3　特性及び特徴

(1)　民事保全手続の特性

　　民事保全手続の特性としては、その制度目的ゆえに、本案訴訟との比較において、①緊急性、②密行性、③暫定性、④付随性がある。

ア　緊急性

　　民事保全は、権利の実現が不能又は著しく困難になることを防止するための手続であるから、保全命令の発令及び保全命令の執行はいずれも迅速になされる必要がある。そのため、民事保全手続は、本案訴訟と比較して、いずれも迅速に実施されるよう制度設計されている。

イ　密行性

　　権利の実現が不能又は著しく困難になる原因としては、債務者による妨害行為も含まれる。たとえば、債務者が債権者による強制的な権利実現の可能性を察知した場合には、債務者は自己の預金債権への強制執行を免れる目的で事前に預金全額の払戻しを受ける危険がある。そのため、民事保全（特に、仮差押え）は、債務者がその手続の開始を察知することを防ぐべく、債務者にその手続の開始及び進行を秘匿し得る制度設計となっている。

　　もっとも、仮の地位を定める仮処分の場合には、その仮処分命令の執行は本案訴訟の債務名義に基づく強制執行と同様の効果をもつため、債務者の利害が大きくなる。そのため、債務者の保護を重視して、必要的審尋制度がとられている（民保23条4項）。

ウ　暫定性

　　民事保全手続は、その多くは債務名義に基づく強制執行の効果を保全するためのものなので、判決手続から強制執行手続に移行し、その目的が達せられるまで、暫定的に一定の権利関係を認めるという制度構造になっている。

第1章　概説

エ　付随性

　民事保全は本案訴訟の存在を予定し、本案訴訟による権利実現を補充する役割を果たす制度である。そのため、民事保全は、本案訴訟との関係で付随性がある。

(2)　民事保全手続の特徴

ア　オール決定主義の採用

　民事保全手続における緊急性を実現するための制度設計として、民事保全法は、「民事保全の手続に関する裁判は、口頭弁論を経ないですることができる」と規定しており、いずれの手続であるかを問わず、すべての裁判において決定手続を採用している（任意的口頭弁論、民保3条）。これを一般に、**オール決定主義**と呼ぶ。

イ　釈明処分の特例

　「裁判所は、争いに係る事実関係に関し、当事者の主張を明瞭にさせる必要があるときは、口頭弁論又は審尋の期日において、当事者のための事務を処理し、又は補助する者で、裁判所が相当と認めるものに陳述させることができる」（**釈明処分の特例**、民保9条）。これは、当事者以外の第三者に対する釈明権行使の一種であり、民事保全の迅速化を図るための制度である。

ウ　当事者恒定のための仮処分

　権利の実現が不能又は著しく困難になる原因として、当事者の権利移転等による変更が挙げられる。そこで、民事保全法は、当事者の恒定を目的とした処分禁止の仮処分及び占有移転禁止の仮処分を規定している（民保53条、58条、62条）。これは、従来の判例法理を実定化したものである。

323

第2章 仮差押え

1 概要

(1) 目的

　仮差押えは、金銭債権を被保全権利とする民事保全であり、金銭債権者が将来の債務名義に基づく強制執行を保全するために、債務者の責任財産を仮に差し押さえてその処分権を剝奪することを目的とする。金銭債権の場合には、その処分が容易であるため、他の債権とは別個独立の民事保全手続が設けられているのである。

(2) 管轄

　仮差押命令手続の管轄は、本案の管轄裁判所又は仮に差し押さえるべき物若しくは係争物の所在地を管轄する地方裁判所である（民保12条1項、6条）。これは、迅速に仮差押えの審理や執行をなすことを目的としている。
　「本案の管轄裁判所」とは、本案が第一審に係属している場合には第一審裁判所、控訴審に係属している場合には控訴審裁判所であり、本案訴訟をいまだ提起していない場合には「土地及び事物管轄の規定に従い本案の係属すべき第一審裁判所」となる（民保12条3項、大判昭15.2.28）。

2 仮差押命令手続

(1) 要件

　保全命令手続を開始するためには、申立てが必要である（民保2条1項）。そして、かかる申立ては書面によってなされなければならず（民保規則1条1号）、その中で、保全の趣旨・被保全権利・保全の必要性を明らかにしなければならない（民保13条1項）。なお、申立ての効果としては、訴訟法上の効果として、二重申立ての禁止効が生じ（民保7条、民訴142条）、実体法上の効果として、被保全権利の消滅時効の完成が猶予される（民法149条1号）。

第2章　仮差押え

【仮差押えの要件】

＜実体的要件＞
①　被保全権利
②　保全の必要性
　　　　　＋
＜手続的要件＞
③　有効な申立ての存在→保全の趣旨の記載
④　訴訟要件（管轄、当事者能力、訴訟能力等）

ア　実体的要件

　　仮差押えにおける**被保全権利**とは、**金銭の支払を目的とする請求権**である（民保20条1項）。ただし、特定物の引渡請求権であっても、その債務不履行に基づく損害賠償請求権のために仮差押えを求めることができる。金銭債権は、条件付又は期限付のものでもよいが（民保20条2項）、強制執行のできる請求権でなければならない。

　　保全の必要性とは、被保全権利の存否が**本案訴訟において確定される**までの間の暫定的な措置が必要なことをいう。仮差押えの場合には、債務名義に基づく強制執行が不可能又は著しく困難になるおそれのあることである（民保20条1項）。判断の際には、債権者側の事情のほか、債務者側の事情をも考慮される。

イ　手続的要件

　　保全の趣旨（民保13条1項）とは、**本案訴訟における請求の趣旨に対応するもの**で、仮差押えの場合には、仮差押えを求める旨の表示である。

(2)　審理

　　民事保全の手続に関する裁判は、口頭弁論を経ないですることができる（**任意的口頭弁論**、民保3条）。もっとも、裁判所は、実際には、書面審理又は債権者の審尋（民保7条・民訴87条2項）を行ったうえで裁判をしている。

　　債権者は、被保全権利及び保全の必要性のそれぞれの存在については**疎明で足りる**（民保13条2項）。民事保全手続の緊急性からの要請である。

325

第3部　民事執行・保全手続／第2編　民事保全法

疎明は、即時に取り調べることができる証拠によってする（民保7条・民訴
188条）。これに対し、訴訟要件については証明が必要である。

(3)　裁判

ア　形式

仮差押命令の申立てについての裁判は常に決定である（オール決定主
義、民保3条）。申立てについて訴訟要件又は実質的要件が欠けるときは、
裁判所は申立てを却下する（民保規則16条1項参照）。

仮差押命令では、目的物を特定して、仮差押えを宣言することになる
（民保21条本文）。ただし、申立てにおいて仮差押えの対象たる責任財産
が動産の場合には特定が不要であるのと同じく、仮差押えの対象が動産
の場合には、仮差押えの宣言において目的物を特定する必要はない（民保
21条ただし書）。

イ　仮差押命令

仮差押命令においては、仮差押えの執行の停止を得るため、又は既にし
た仮差押えの執行の取消しを得るために債務者が供託すべき金銭の額を
定めなければならない（民保22条1項）。仮差押解放金額は、裁判所が諸
事情を考慮して一定額を定めることになる。

仮差押命令における決定は、原則として決定書を作成して行うが（民保
規則9条1項）、口頭弁論又は審尋の期日において、①担保の額及び担保
提供方法、②主文、及び③理由又は理由の要旨を、口頭で言い渡し、かつ、
これを調書に記載させる「調書決定」をとることもできる（民保規則 10
条）。

ウ　担保

仮差押命令は、担保を立てさせ、若しくは一定の期間内に担保を立てる
ことを仮差押執行の実施の条件として、又は担保を立てさせないで、発す
ることができる（民保14条1項）。この担保は、違法な仮差押命令や仮差
押執行によって債務者に損害が生じた場合における債務者の損害賠償請
求権を担保すると同時に、債権者による濫用的な仮差押命令の申立てを
抑止する機能を有する。立担保命令が発令された場合において、債権者が
担保を提供しないときは、申立ては却下されることになる。

326

第2章　仮差押え

⑷　**不服申立手続**

「第4章　不服申立手続」（336頁）を参照。

3　仮差押執行手続

⑴　**仮差押執行の開始**

仮差押えの執行は、債権者の申立てにより、裁判所又は執行官が行う（民保2条2項）。

民事執行法による強制執行と比較した場合、仮差押執行の特色としては、①執行文付与は原則として不要であること（民保43条1項）、②執行期間が債権者への仮差押命令の送達から2週間と明定されていること（民保43条2項）、③仮差押命令が債務者へ送達される前であっても執行ができること（民保43条3項）が挙げられる。これらの特色は、民事保全手続の緊急性による。

⑵　**仮差押執行の方法**

ア　**不動産に対する仮差押えの執行**

仮差押えの登記をする方法と強制管理の方法があり、両者を併用することもできる（民保47条1項）。

イ　**動産に対する仮差押えの執行**

動産に対する仮差押えの執行は、執行官が目的物を占有する方法によって行う（民保49条1項）。

ウ　**債権その他の財産権に対する仮差押えの執行**

債権に対する仮差押えの執行は、仮差押えの発令裁判所が執行裁判所となり、**第三債務者に対して債務者への弁済を禁止する命令を発する方法**によって行われる（民保50条1項、2項）。

⑶　**仮差押えの効力**

仮差押えの効力は、**目的物に対する処分禁止の効力**を内容とする。そのため、仮差押えの執行がなされると債務者は目的物についての処分を禁止される。また、その処分禁止の効力は、仮差押えに基づく執行手続に参加したすべての債権者に及ぶ。ただし、仮差押命令に違反する債務者の処分行

327

第3部　民事執行・保全手続／第2編　民事保全法

為は、絶対的に無効にされるのではなく、本執行との関係で相対的にその効力が否定されるにすぎない（**手続相対効説**）。

(4)　仮差押執行の停止・取消し

ア　停止

仮差押命令は、保全抗告手続による仮の処分としての執行停止命令や、執行異議、第三者異議の訴えに基づく執行停止命令によって停止されることがある。

イ　取消し

仮差押命令は、停止の場合と同様に、保全抗告手続による仮の処分としての執行取消命令や、執行異議、第三者異議の訴えに基づく執行取消命令によって取り消されることがある。

仮差押命令の取消しには、義務的取消しと裁量的取消しとがある。義務的取消しとして、保全執行裁判所は、債務者が解放金額を供託したことを証明したときは、仮差押えの執行を取り消さなければならない（民保51条）。裁量的取消しとして、保全執行裁判所は、仮差押えの続行につき必要な特別の費用を債権者が予納しないときは、仮差押えの執行の取消しを命ずることができる（民保46条・民執14条4項）。民保32条2項による担保が提供されないときも同様である（民保44条2項）。

仮差押命令の執行取消決定に対しては執行抗告ができる（民保46条・民執12条1項）。ただし、その仮差押執行の取消決定は即時に効力を生じる（民保51条2項）。

328

第3章　仮処分

第3章　仮処分

1　概要

(1)　仮処分の種類

　仮処分には、①係争物に関する仮処分と②仮の地位を定める仮処分の2種類がある。

　係争物に関する仮処分とは、非金銭債権の権利実現を保全する目的で、物の現状を維持する処置を講じようとするものである。ここで係争物とは、金銭以外の争いの対象となっている物又は権利を指す。

　仮の地位を定める仮処分とは、本案訴訟による権利関係の確定を待っていたのでは訴訟の目的が達せられなくなったり重大な不利益を受けることになるという場合に、仮にその権利関係の内容に沿うような法的状態を定めるものである。この点で、強制執行の保全を目的とする金銭債権の仮差押えや係争物に関する仮処分とは異なる。

(2)　管轄

　民事保全の管轄はすべて専属管轄である（民保6条）。具体的には、仮差押えと同様に、①本案訴訟の管轄裁判所、②係争物の所在地を管轄する地方裁判所が管轄する（民保12条1項）。

2　仮処分命令手続

(1)　要件

　仮処分命令の申立ては、仮差押えの場合と同様、①申立ての趣旨、②被保全権利の存在、③保全の必要性を明らかにし、②と③を疎明して行わなければならない（民保13条）。

　①については、本案訴訟における請求の趣旨と対応するもので、係争物に関する仮処分命令ないし仮の地位を定める仮処分命令を求める旨の表示で足りる。

329

第3部　民事執行・保全手続／第2編　民事保全法

　②については、（ⅰ）係争物に関する仮処分の場合には、**特定物について引渡し、登記手続等の特定の給付を求める権利**が、（ⅱ）仮の地位を定める仮処分の場合には、特に限定はなく、**債権者・債務者間の権利関係でありそれについて争いがあるもの**が、それぞれ被保全権利となる。

　③については、（ⅰ）係争物に関する仮処分の場合には、**対象物の現状の変更により将来における権利実行が不可能又は著しく困難になるおそれのあること**（民保23条1項）、（ⅱ）仮の地位を定める仮処分の場合には、**権利関係について争いがあることにより、債権者に著しい損害又は急迫の危険が生じるおそれがあり、そのために暫定的な措置が必要であること**（民保23条2項）、をそれぞれ疎明することとなる。

【仮処分の要件】

	係争物に関する仮処分	仮の地位を定める仮処分
申立ての趣旨	係争物に関する仮処分命令を求める旨の表示	仮の地位を定める仮処分命令を求める旨の表示
被保全権利	特定物について引渡し、登記手続等の特定の給付を求める権利	債権者・債務者間の権利関係であって、それについて争いがあるもの
保全の必要性	対象物の現状の変更により将来における権利実行が不可能又は著しく困難になるおそれがあること（民保23条1項）	権利関係について争いがあることにより、債権者に著しい損害又は急迫の危険が生じるおそれがあり、そのために暫定的な措置が必要であること（民保23条2項）

(2)　審理

　決定手続で行い、口頭弁論を開かないでもすることができるのが原則だが（民保3条）、仮の地位を定める仮処分については、口頭弁論又は債務者が立ち会うことができる審尋の期日を経なければ、原則として命令を発することができない（民保23条4項本文）。ただし、期日を経ることによって仮処分命令の申立ての目的を達することができない事情があるときは、この限りではない（同項ただし書）。

第3章　仮処分

(3)　裁判
ア　形式
　　仮処分命令の申立てについての裁判は、**口頭弁論を経た場合であって
も決定でなされる**。決定は、原則として決定書を作成しなければならない
（民保規則9条1項）。もっとも、口頭弁論又は審尋の期日において、①
担保の額及び担保提供方法、②主文、③理由又は理由の要旨を口頭で言い
渡し、かつ、これを調書に記載させてすることができる（**調書決定**。民保
規則10条）。

　　裁判所が仮処分命令の申立てを認容する場合には、仮処分命令が発せ
られる。

　　これに対し、訴訟要件を満たしていない場合、又は仮処分命令の実体的
要件を欠いている場合には、申立却下の裁判がなされる。

イ　効力
　　仮処分命令は、当事者に送達しなければならない（民保17条）。しか
し、仮処分命令の執行は送達前でもすることができる（民保43条3項）。

　　申立てを認容する裁判、却下する裁判のいずれも、自己拘束力を生じ、
裁判所自身もこれを変更することはできない。ただし、保全異議又は保全
取消しの申立てがなされた場合には、仮処分命令を発令した裁判所みずか
ら、仮処分命令を変更又は取り消すことができる（民保32条1項、37
条3項、38条1項、39条1項）。

ウ　仮処分命令
　　仮処分命令の申立てを認容する場合には、仮処分命令を発令する。その
際には、主文で仮処分の方法を定めることができる（民保24条）。

　　仮処分命令においても、「保全すべき権利が金銭の支払を受けることを
もってその行使の目的を達することができるものであるときに限り」、仮
処分解放金額を定めることができる（民保25条1項）。そして、「保全す
べき権利」とあるから、**係争物に関する仮処分に限定される**。

　　仮処分解放金の供託場所は、①仮処分命令を発した裁判所又は②保全
執行裁判所の所在地を管轄する地方裁判所の管轄区域内の供託所である
（民保25条2項・22条2項）。

331

第3部　民事執行・保全手続／第2編　民事保全法

エ　担保

　仮処分命令の場合にも、仮差押命令の場合と同様に、裁判所は、債権者に担保を立てさせて、又は立てさせないでこれを発令することができる（民保14条1項）。

　仮処分命令を発令するにあたって、債権者に担保を立てさせるか否か、担保を立てさせるとしてその額をいくらにするかは、裁判所が、担保の機能及び個別の事情等を勘案して、その自由裁量によって決定することになる。

　債権者に担保を立てさせて仮処分命令を発令する場合には、あらかじめ担保決定を行うが、この場合にも密行性の要請が働くから、この決定は債権者に告知すれば足り、債務者に告知する必要はない（民保規則16条2項）。

　担保の提供は、金銭若しくは担保の提供を命じた裁判所が相当と認める有価証券を供託する方法、又は支払保証委託契約を締結する方法によらなければならない（民保4条1項本文、民保規則2条）。ただし、当事者が特別の契約をしたときは、その契約による（民保4条1項ただし書）。

　債務者は、違法な仮処分命令又は仮処分執行の結果、債権者に対して有することとなるべき損害賠償請求権に関して、供託された金銭又は有価証券について、他の債権者に先立ち弁済を受ける権利を取得する（民保4条2項・民訴77条）。

(4)　不服申立手続

　「第4章　不服申立手続」（336頁）を参照。

3　仮処分執行手続

　仮処分の執行は、原則として仮差押えの執行又は強制執行の例によるものとされている（民保52条1項）。ただし、仮処分命令は、仮差押えの場合と異なり、被保全権利の種類、保全の必要性の態様に応じて、その内容も多様なので、執行の方法も様々である。そこで、ここでは、典型例を挙げて紹介する。

332

第3章　仮処分

(1)　不動産の占有移転禁止の仮処分

ア　概要

　　占有移転禁止の仮処分とは、物の引渡・明渡請求権の保全のために、その物の現状維持を目的として、債務者に対し、その物の占有を他に移転することを禁止し、その占有を解いて、執行官にこれを保管させることを内容とする仮処分である（民保23条1項、25条の2第1項）。

イ　執行方法

　　債権者の執行申立てに基づいて、執行官によって行われる。債務者による不動産の使用は当然に許されているので、実際に執行官が行うことは、当該不動産を執行官が保管中であることを示す公示書を債権者側、債務者側立会いのもとに建物に貼付して掲示し、公示書の損壊等に対する法律上の制裁（封印等破棄罪、刑法96条）を債務者に告げることになる（民保規則44条1項、2項）。

　　執行官は執行の後も債権者の申請により、債務者に仮処分違反の事実がないかどうかを現場に赴いて調査する。

ウ　効力

　　占有移転禁止の仮処分は、債務者に対してだけでなく、仮処分執行後に占有を取得した第三者に対して債務者に対する債務名義をもって強制執行をなし得る（**当事者恒定効**）。ここでいう第三者には、①仮処分執行後に債務者の占有を承継した者（承継占有者）、②仮処分執行後に承継によらずに占有を取得した者（非承継占有者）の双方が含まれる。

　　①承継占有者に対しては、仮処分執行がされたことについて善意・悪意を問わず、当事者恒定効が及ぶ（民保62条1項2号）。

　　②非承継占有者に対しては、仮処分執行がされたことについて悪意である場合に限り、当事者恒定効が及ぶ（民保62条1項1号）。ただし、仮処分執行後に占有を取得した者には悪意の推定がなされる（同条2項）。

エ　債務者の特定

　　仮処分の執行前に債務者を特定することを困難とする特別の事情がある場合には、裁判所は、債務者を特定しないで仮処分命令を発することができる（民保25条の2第1項）。執行妨害に対処するため、平成15年改正で設けられた制度である。ただし、その仮処分命令の執行は、目的不動

333

第3部　民事執行・保全手続／第2編　民事保全法

産の占有を解く際にその占有者を特定することができなければすることができない（同法54条の2）。

(2)　不動産の処分禁止の仮処分

ア　執行方法

①不動産の登記請求権を保全するための処分禁止の仮処分の執行は、処分禁止の登記をする方法によって行う（民保53条1項）。

②保全すべき登記請求権が所有権以外の権利の保存、設定又は変更についてのものである場合は、処分禁止の登記とともに、保全仮登記をする方法によって行う（民保53条2項）。

③同様の仮処分の方法は、登記・登録制度のある他の物や権利（船舶・自動車・特許権等）の処分禁止仮処分においても採られている（民保54条）。

④建物収去土地明渡請求権を保全するための建物の処分禁止の仮処分の執行は、処分禁止の登記をする方法によって行う（民保55条1項）。

イ　効力

①処分禁止の登記のみをした処分禁止の仮処分において、仮処分債権者が保全すべき登記請求権にかかる登記をする場合には、処分禁止の登記の後にされた登記にかかる第三者の権利は、保全すべき登記請求権と抵触する限りにおいて、仮処分債権者に対抗できない（民保58条1項）。

②処分禁止の登記とともに保全仮登記をした場合においても、仮処分債権者が保全仮登記に基づく本登記をする方法によって保全すべき登記請求権にかかる登記をすれば、処分禁止の登記の後にされた登記にかかる第三者の権利は、保全すべき登記請求権と抵触する限りにおいて、仮処分債権者に対抗できない（民保58条3項・1項）。

③登記・登録制度のある他の物や権利の処分禁止仮処分の場合も、①②の場合に準じる（民保61条・58条）。

④建物収去土地明渡請求権を保全するための建物の処分禁止の仮処分は、処分禁止の登記がされたときは、債権者は、債務者に対する本案の債務名義に基づき、その登記がされた後に建物を譲り受けた者に対し、建物の収去及びその敷地の明渡しの強制執行をすることができる（民保64条）。

334

第3章 仮処分

(3) **職務執行停止・代行者選任の仮処分**

　職務執行停止・代行者選任の仮処分とは、取締役の選任又は解任の効力が争われるときに、登記簿上取締役となっている者の職務の執行を停止し、本案訴訟の確定に至るまで職務代行者を選任する仮処分である。

　ア　**執行方法**

　　この仮処分命令は、告知によって直ちに形成的効力を生じる。

　　この仮処分が登記事項とされているときは、裁判所書記官の嘱託による登記がなされる（民保56条）。

　イ　**効力**

　　この仮処分があると、取締役は当然にその職務権限を失い、代行者がその権限を取得する。そして、仮処分命令に違反して、職務執行を停止された取締役又は代表取締役の行為は無効になる。この効果は、事後的に仮処分が取り消された場合であっても、その取消原因の如何を問わず、遡って有効になるものではない（最判昭39.5.21）。

(4) **地位保全の仮処分**

　地位保全の仮処分とは、債権者が従業員・学生等の特定の法律上の地位にあることを暫定的に定める仮処分である。

　地位保全の仮処分は、仮処分命令の内容を執行によって実現することは予定されておらず、債務者の任意の履行を期待するにすぎない。

335

第3部　民事執行・保全手続／第2編　民事保全法

第4章　不服申立手続

1　保全命令一般に対する不服申立手続

(1)　概要

　　仮差押命令における不服申立手続としては、債務者のためのものとして、①保全異議（民保26条以下）及び②保全取消し（民保37条以下）があり、債権者のためのものとして、③即時抗告（民保19条1項）があり、さらに両者のためのものとして、④保全抗告（民保41条）がある。

【仮差押命令に対する不服申立て】

申立権者	不服申立ての種類	適用範囲
債務者	保全異議 （民保26条以下）	保全命令に不服のある債務者がその命令を発した裁判所に不服を申し立てる手続
	保全取消し （民保37条以下）	保全命令の存在を前提として、本案の不提起（民保37条）、事情変更（同法38条）等のその後に生じた事由に基づいてこれを取り消す手続
債権者	即時抗告 （民保19条1項）	保全命令の申立てを却下する裁判に対して債権者が申し立てる手続
債務者・ 債権者	保全抗告（民保41条）	保全異議又は保全取消しの申立てについての裁判に対する上訴

336

第4章　不服申立手続

(2)　保全異議

ア　概要

保全異議とは、保全命令に不服のある債務者がその命令を発した裁判所に不服を申し立てる手続をいう。保全異議の申立ては書面でしなければならない（民保規則1条3号）。また、保全異議を申し立てることができるのは、債務者、債務者の一般承継人又は破産管財人である。保全異議の申立てについては、申立期限の制限がなく、保全命令が有効である限り、いつでもすることができる。保全異議の申立てがなされても、保全執行は当然には停止されない。また、保全異議の申立ての取下げは、書面（口頭弁論又は審尋の期日において申立てを取り下げる場合は口頭）により申請者が単独ですることができる（民保35条）。

保全異議事件については、保全命令を発した裁判所が専属管轄権を有する（民保26条、6条）。また、債務者が保全命令を発した裁判所に保全異議の申立てをした場合でも、著しい遅滞を避け、又は当事者間の衡平を図るために必要があるときは、申立てにより又は職権で、保全命令事件につき管轄権を有する他の裁判所に事件を移送することができる（民保28条）。

イ　審理

保全異議の申立てについての裁判も決定手続で行われる。しかし、この場合には慎重な審理の要請が密行性の要請に優越するため、当事者双方の対席の機会を付与すべく、裁判所は、口頭弁論又は当事者双方が立ち会うことができる審尋の期日を経なければ、保全異議の申立てについて決定することができない（民保29条）。また、保全命令の発令手続とは異なり、この裁判は判事補が単独ですることはできない（民保36条）。

裁判所は、保全異議の審理を終結するには、相当の猶予期間を置いて、審理を終結する日を決定しなければならない（民保31条本文）。この決定は、相当な方法によって当事者に告知することを要する（民保7条・民訴119条）。ただし、口頭弁論又は当事者双方が立ち会うことができる審尋の期日においては、直ちに審理を終結する旨を宣言することができる（民保31条ただし書）。

337

第3部　民事執行・保全手続／第2編　民事保全法

ウ　裁判

保全異議の申立てについての決定においては、裁判所は、保全命令の認可・変更・取消しのいずれかの判断を示さなければならない（民保32条1項）。保全異議の申立ては、すでに発せられている保全命令の当否についての再審理を求めるものだからである。保全命令を取り消す場合には、保全命令の申立てについてこれを却下する旨の宣言をすることになる。保全異議の申立てについての決定には、理由を付し、そして、当事者に送達しなければならない（民保32条4項・16条本文・17条）。

(3)　保全取消し

保全取消しとは、保全命令の存在を前提として、本案の不提起（民保37条）、事情変更（民保38条）といった保全命令後に生じた事由に基づいてこれを取り消す手続をいう。

(4)　即時抗告

即時抗告とは、保全命令の申立てを却下する裁判に対して債権者が不服を申し立てる手続をいう。保全命令の申立てを却下された債権者は、告知を受けた日から2週間の不変期間内に、即時抗告をすることができるが（民保19条1項）、即時抗告を却下する裁判に対しては、さらに抗告をすることはできない（同条2項）。

(5)　保全抗告

保全抗告とは、保全異議又は保全取消しの申立てについての裁判に対し債権者又は債務者が行う上訴をいう。

保全抗告は保全異議又は保全取消しの申立てについての裁判の送達を受けた日から2週間の不変期間内に、書面でしなければならない（民保41条1項本文、民保規則1条5号）。申立権者は、保全異議又は保全取消しの申立てについての裁判に不服のある債権者又は債務者である。

保全抗告を受けた原裁判所は、再度の考案（民訴333条）をすることなく、直ちに事件を抗告裁判所に送付しなければならない（民保41条2項）。保全抗告がなされても、すでに認可されている保全命令について保全執行が当然に停止されたり、保全命令を取り消した決定の効力が当然に停止されるわけではない点は、保全異議の場合と同様である。

338

第4章　不服申立手続

　保全抗告についての裁判も、保全異議・保全取消しにおけるのと同様に、**決定手続**によって行われ、また、口頭弁論又は当事者双方が立ち会うことができる審尋の期日を経なければ、保全抗告についての裁判をすることはできず（民保41条4項・29条）、審理を終結するには、原則として相当の猶予期間をおいて、審理を終結する日を決定しなければならない（民保41条4項・31条）。

　保全抗告についての決定には、理由を付さなければならず、かつ、当事者に送達しなければならない（民保41条4項・16条・17条）。保全命令を認可し又は変更する決定においては追加担保、保全命令を取り消す決定においては立担保を、それぞれ条件とすることができる（民保41条4項・32条2項、3項）。

　保全抗告についての裁判に対しては、さらに抗告をすることはできない（民保41条3項）。ただし、これによっても、高等裁判所のした保全抗告についての決定に対して最高裁判所に許可抗告をすることは妨げられない（最決平11.3.12）。

2　仮処分命令に特有の不服申立手続

(1)　特別事情による仮処分命令の取消し

　仮処分に特有の取消手続であり、仮処分命令により償うことができない損害を生ずるおそれがある等の特別の事情があるときに、債務者の申立てにより、裁判所が、債務者が担保を立てることを条件として仮処分命令の取消しを行うものである（民保39条）。

(2)　原状回復の裁判

　保全異議、保全取消し、保全抗告の裁判において仮処分命令が取り消される場合において、裁判所は債権者に対して原状回復を命ずることができる（民保33条、40条1項、41条4項）。

339

340

第4部
法曹倫理

序論

1 法曹倫理とは

(1) 法曹倫理とは

　法曹倫理とは、専門家としての法曹が国民、裁判官、同僚及び依頼者に対して負っている義務や責任、職務遂行にあたっていかに行動すべきかの原理・規範を扱う道徳学の一分野である。弁護士法や弁護士職務基本規程、検察庁法等をもとに学ぶこととなる。

　法曹倫理、特に弁護士倫理が必要な理由としては、法を体現している弁護士が法を守らないとすれば、弁護士に対する一般的社会的な信頼を損なってしまうおそれがあるので、それを防止することである。行為規範としての倫理規範を定め、国民の弁護士に対する信頼を確保することが目的である。

　本書の民事法曹倫理では特に、私人間の紛争解決にあたって一番身近な法曹である弁護士の職務に関する法曹倫理を扱う。

(2) 弁護士倫理とは
ア　弁護士法
(ｱ)　弁護士自治

　　歴史的に見て、政府機関が社会的正義や基本的人権に反する行為をすることは、否定できないといえる。戦前の旧々弁護士法・旧弁護士法の時代においては、弁護士・弁護士会が判事・検事・司法大臣等の監督下に置かれていたため、弁護士の正当な活動や、国に対する批判的言動が懲戒の対象とされ、社会的正義や基本的人権を守るべくかかる行動をとった者が懲戒の対象とされた。

　　しかし、このような事態を許容したのでは、社会正義を実現し、基本的人権を擁護するという弁護士の使命を達成することは不可能である。

そこで、かかる使命を達するため、現行法下においては、弁護士自治が確立された。具体的には、弁護士の強制加入団体である弁護士会、日弁連が弁護士に対する監督・懲戒権を有することとされている。

このような現行の弁護士懲戒制度（法第8章）は、弁護士自治の中核をなすといえる。

イ 弁護士職務基本規程

(ア) 制定

弁護士は、独立性を保ち、その重要な使命を達するために、弁護士自治が認められている。かかる権能が認められていることで、弁護士の責任はより一層重くなり、職務に対する誠実さ・品位保持が要求され、それに見合った自律的行動が要請されることから、それを規律するための弁護士倫理が必要となる。

そこで、弁護士法は、弁護士会は会則を定めなければならず（法33条1項）、そこには、「弁護士道徳その他会員の綱紀保持に関する規定」を盛り込む必要があるとしている（同条2項7号）。また、法56条1項は、会則違反を懲戒事由として掲げており、懲戒すべきか否かの判断をするにあたり、弁護士の職務上の倫理を「会則」として定める必要性があったといえる。

さらに、弁護士を取り巻く社会情勢の変化・経済状況の多様化に伴い、弁護士の職務環境も著しく変化したことから、新たに倫理規定を設ける必要に迫られていた。

そこで、弁護士職務基本規程が、日弁連の会則として定められることとなった。

(イ) 性格

以上のように、職務規程は、会則として制定されている。その結果、規程自体が懲戒の根拠となり、弁護士の行為規範として機能している。

これにより、利用者は、弁護士の職務の行為規範の内容及び、その規範に違反した場合には懲戒という処分がなされることを知ることができ、安心して弁護士に事件を依頼することができるというメリットがある。

第4部　法曹倫理／序論

また、弁護士自治をいくら強調したところで、弁護士業務の行為規範を個々の弁護士の道徳的良心に委ねるものであれば、弁護士自治を維持することはできず、弁護士自治に対する国民の理解を得ることもできない。弁護士自治を実現するためには、弁護士会が所属弁護士に懲戒権を厳格に行使するという自律的な倫理規律が必要不可欠である。職務規程は、そのために会則化されたものといえる。

(3)　弁護士法と弁護士職務基本規程の関係

法56条1項は、「弁護士及び弁護士法人は、この法律（弁護士・外国法事務弁護士共同法人の社員又は使用人である弁護士及び外国法事務弁護士法人の使用人である弁護士にあっては、この法律又は外国弁護士による法律事務の取扱い等に関する法律）又は所属弁護士会若しくは日本弁護士連合会の会則に違反し、所属弁護士会の秩序又は信用を害し、その他職務の内外を問わずその品位を失うべき非行があったときは、懲戒を受ける。」と定めている。

もっとも、規程82条2項において行動指針・努力目標として定められた規定に違反した場合、それによって直ちに懲戒事由にあたると判断すべきではなく、それは「品位を失うべき非行」（法56条1項）の認定の際の考慮要素となるにすぎない。

また、上記以外の規定に違反した場合でも、形式的な判断により懲戒をすべきではなく、実質的に解釈運用して懲戒の有無を決すべきである（規程82条1項前段）。

問題を解く際には、まず、基幹法規である弁護士法を検討すべきである。もっとも、上記の通り、職務規程も法規範として機能しているし、利益相反等の場面においては、職務規程のほうが細かく規律をしていることから、職務規程を中心に論じることもありえよう。法と職務規程の規律を覚え、個々の問題によって問題となる点を的確に論じることが重要である。

2 予備試験と法曹倫理

平成 23 年〜27 年の予備試験論文式試験では、法曹倫理に関する出題がなされ、基礎的な知識が問われている。しかし、平成 28 年〜令和 6 年の予備試験論文式試験では、法曹倫理に関する出題はなかった。

もっとも、口述試験では、平成 24 年以降、必ず法曹倫理の出題がある。

司法試験委員会においても、法曹倫理が予備試験の出題範囲に含まれることは明示されており、司法試験予備試験受験生は、法曹倫理の学習を避けて通ることはできないといえる。

346

第1編

弁護士倫理

第4部　法曹倫理／第1編　弁護士倫理

第1章　民事弁護ケーススタディ

1　民事弁護において弁護士が負う義務

【ケース1　事件の受任・処理・辞任】

　弁護士Xは、依頼人Aから、Bに対する1500万円の損害賠償請求訴訟の委任を受けた。
(1)　本件訴訟において、裁判所は、BがAに80万円を支払う旨の和解を勧告した。XはAの意思を確認せずに和解をすることはできるか。
　　仮に裁判所の勧告が1500万円の支払いを内容とするものであった場合はどうか。
　　なお、XはAから和解についての委任を受けているものとする。
(2)　証拠の提出や証人尋問の方法等についてXとAの意見が一致しない場合、Xはどのような措置をとるべきか。

■ポイント
小問(1)　「依頼者の意思」（規程22条）・事件処理の報告（規程36条）
　　　　　該当性
小問(2)　弁護士の依頼者との関係における自由と独立（規程20条）

■解説
　規程22条1項は、「弁護士は、委任の趣旨に関する依頼者の意思を尊重して職務を行うものとする」と定める。そのため、弁護士は、依頼者がいかなる利益の獲得を望んでいるかについて確認することが必要である。
　規程36条は、弁護士が、依頼者に対して、事件の経過及び事件の帰趨に影響を及ぼす事項を報告すべきことを定めている。
　規程20条は、「弁護士は、事件の受任及び処理に当たり、自由かつ独立の立場を保持するように努める」と規定しており、弁護士は、職務上の良心に従いつつ、誠実に裁量権を行使すべきである。そして、この裁量権の

範囲は、弁護士が法の専門家であることにかんがみ、法的手段の選択及び
法律判断に及ぶと解せる。

■論述の流れ

小問(1)
1　規程 22 条違反について
　　規程 22 条 1 項により弁護士は、依頼者がいかなる利益の獲得を望んでい
るかについて確認することが必要
　　　　↓
　　本件では、総額 1500 万円の損害賠償請求に対する 80 万円の和解案で納
得できるかを依頼者に確認することが必要
　　∵金額的な乖離が大きい
　　　　↓
　　たとえ 1500 万円の和解案だとしても、当事者はあくまで和解ではなく判
決による紛争解決を望んでいる場合もあるだろうから、やはり依頼者の意思
を確認すべき
　　　　↓よって
　　X が A の意思を確認せずに和解することは、規程 22 条に反し、認められ
ない
　　※なお、民訴 55 条 2 項 2 号の「和解」の特別の委任がある本件では、民
　　　事訴訟法上は A の意思を確認することは不要とも思えるが、弁護士倫理
　　　を考える上で最も重要なのが依頼者との関係であること、原則として和
　　　解の権限を持つのは依頼者であること（民訴 55 条 2 項柱書参照）から、
　　　弁護士倫理上は A の意思の確認が必要である

2　規程 36 条違反について
　　規程 36 条により、弁護士は、依頼者に対して、事件の経過及び事件の帰
趨に影響を及ぼす事項を報告すべき
　　　　↓
　　仮に、X が、裁判所から和解を勧告されたことすらも A に報告していない
場合
　　→「事件の経過及び事件の帰趨に影響を及ぼす事項」の報告義務を怠って
　　　いる
　　→規程 36 条にも反する

第4部　法曹倫理／第1編　弁護士倫理

　　　　　　　↓

　前段・後段ともに、Xは依頼者の意思を確認せずに和解するべきではない

小問(2)

　規程20条による弁護士の裁量権の範囲は、法的手段の選択及び法律判断に
及ぶと解する

　∵弁護士は法の専門家

　　　　　　　↓

　本件のような事件処理の方法については、自己の裁量にもとづき訴訟追行す
ることができるといえる

　　　　　　　↓

　Xは、自己の判断に従い訴訟追行をなし得ると解する

【ケース2　守秘義務】

　弁護士Xは、過去にA社の顧問弁護士を務めていたため、A社の有している
資産や財務状況について正確に認識していた。

　その後、Xは、B社から、A社に対する売掛金債権の支払がなされないこと
を理由とする、売掛金債権支払請求訴訟について委任を受けた。

　(1)　Xは、A社の財務状況・資産内容をB社に伝えることはできるか。

　(2)　仮に、XがA社とは何ら関係のない職務の過程において、上記の事実を
　　　知った場合、B社に伝えることはできるか。

　(3)　Xは自らの有する情報をもとに、A社の有する資産を仮差押えすること
　　　はできるか。

■ポイント

　小問(1)　守秘義務（法23条、規程23条）該当性

　小問(2)　法23条と規程23条の相違

　小問(3)　守秘義務の内容

第 1 章　民事弁護ケーススタディ

■解説

　守秘義務（法 23 条）の趣旨は、弁護士は職務上多くの人の秘密に接する機会が多いことから、そのプライバシーを守るために、秘密を保持すべきものとする点にある。

　守秘義務（規程 23 条）の趣旨は、弁護士が依頼の趣旨を理解しその目的に沿って職務を遂行するためには依頼者の秘密に触れざるを得ない場合が多く、積極的に依頼者の秘密開示を求める必要も多々あるので、依頼者のプライバシーを守るために、弁護士がその秘密を他に漏らしてはならないとする点にある。

　まず、守秘義務（法 23 条及び規程 23 条の法文上は秘密保持義務とされているが、本書では、一般の通例に従い、守秘義務とする）について、それが及ぶ期間が問題となるが、受任事件が終了すれば守秘義務からも解放されるとすれば、結局秘密は守られないこととなるので、弁護士は受任事件の終了後も守秘義務を負うといえる。「職務上」とは、弁護士が法 3 条に定める職務を行う過程で知り得たことをいう。また、「秘密」とは、一般に知られていない事実であって、本人が特に秘匿しておきたいと考える性質の事項に限らず、一般人の立場からみて秘匿しておきたいと考える性質をもつ事項も含む。

　規程 23 条は「依頼者について」と規定していることから、規程 23 条との関係では、守秘義務は依頼者の秘密に限られるといえる。これに対し、法 23 条は、規程 23 条と異なり、秘密を「依頼者」の秘密に限定していない。

351

第4部　法曹倫理／第1編　弁護士倫理

■論述の流れ

小問(1)

　守秘義務（法 23 条、規程 23 条）該当性

（1）守秘義務が及ぶ期間

　　受任事件の終了後も守秘義務を負う

　　∵秘密を守るためには受任事件の終了後にも守秘義務を課す必要

　　　↓

　　Xが過去にA社の顧問事務を行う過程で知った情報についても、なお守秘義務を負っている

（2）「職務上」該当性

　　本件において、XはA社の顧問という「一般の法律事務」（法3条1項）を行う過程で秘密を知ったといえる

　　　↓

　　「職務上」知り得た秘密といえる

（3）「秘密」該当性

　　「秘密」とは、一般に知られていない事実であって、一般人の立場からみても秘匿しておきたいと考えるような事項

　　　↓

　　A社の財務状況や資産内容は、債権者たるB社に知られたくないと考えるのが通常

　　　↓

　　「秘密」にあたる

（4）結論

　　XがB社に対し、A社の財務状況・資産内容を伝えることは守秘義務（法 23 条、規程 23 条）に反するものであり、許されない

　　→この場合、Xとしては、①辞任する、②財務状況・資産内容は知らないものとして扱う、といった措置をとるべき

小問(2)

　規程 23 条との関係では、守秘義務は「依頼者について職務上知り得た秘密」に限られる

　　　↓これに対して

　法 23 条は、「職務上知り得た秘密」としており、「依頼者について職務上知り得た秘密」に限定していない

　　　↓したがって

352

第1章　民事弁護ケーススタディ

　「職務上知り得た秘密」については、法23条によって暴露は許されない
　　　↓よって
　XがB社に対し、A社の財務状況・資産内容を伝えることは、守秘義務（法23条）に反するものであり、許されない

小問(3)
　職務上知った事実をそのまま漏らすのではなく、事実上利用する行為も守秘義務（法23条）に反するか
　　　↓
　守秘義務は、第三者に秘密を漏洩する行為のみならず、職務上知り得た秘密を利用する行為一切を禁止するものと解すべき
　∵守秘義務の趣旨
　　　↓
　本件の仮差押えは、利用に該当するので、守秘義務（法23条）に反し、許されない
　　　↓また
　規程23条は、秘密の「利用」を禁止しており、本件仮差押えは、「利用」に該当するから、許されない

【ケース3　報酬と依頼者との金銭関係】

　弁護士Xは、Aから、AのBに対する損害賠償請求訴訟を依頼された。XはAから説明を聞き、各種の証拠資料の提示を受け、これを受任することにしたが、Aには半身不随の疾患があり、職に就けていないという理由から、経済的余裕がないとのことであった。
　そこでXは、(1)Aに代わり諸費用を一切立て替えること、(2)その代わり勝訴の際には受領した損害賠償金の4割に相当する金額の報酬を受けることを約束し、損害賠償請求訴訟を提起した。
　(1)・(2)の受任の仕方には弁護士倫理上の問題があるか。

（素材判例：東京高判平3.12.4）

■ポイント
　・「特別の事情」（規程25条）と依頼者に対する費用立替の適否
　・「適正かつ妥当な弁護士報酬」（規程24条）と完全成功報酬

353

第4部　法曹倫理／第1編　弁護士倫理

■解説

　　規程 25 条の趣旨は、弁護士が依頼者と金銭貸借等をすると独立性を失い、過度に当事者的となって職務の公正を保ち得ないこととなるおそれが生じ、また、これらを原因として依頼者との間に利益相反が生じ、信頼関係を傷つける可能性も高いことから、かかる金銭貸借等を禁止する点にある。

　　2004 年に弁護士報酬等標準規程が廃止され弁護士報酬が自由化されたが、当該規程の廃止前は、完全成功報酬制度によって弁護士が事件の当事者と化し、訴訟の勝敗にとらわれ冷静な判断・職務の公正さを害するおそれ、仕事あさりを招き不必要な訴訟を誘発するおそれ等から、完全成功報酬契約には否定的な見解が一般であった。

　　しかし、弁護士倫理の徹底によりそのような事態は回避できるし、また、依頼者の資力等の事情により完全成功報酬契約の方が合理的である場合もある。

■論述の流れ

小問(1)
　「特別の事情」（規程 25 条）該当性
　　　　　↓
　弁護士が依頼者に対してする諸費用の立替は、規程 25 条の禁止する「金銭の貸借」にあたる
　　　　　　　↓しかし
　規程 25 条の趣旨
　　　　　↓
　本件のように、依頼者に身体的障害があり弁護士費用を支払う余裕がない場合等に費用を立て替えて事件を受任することは、かかる趣旨に反しない
　　→むしろ弁護士使命にもかなう（法 1 条）
　　　　　↓
　「特別の事情」（規程 25 条）にあたり許されると解する

小問(2)
　完全成功報酬の適否
　　　　　↓

354

第1章　民事弁護ケーススタディ

完全成功報酬制度により弁護士が訴訟の勝敗にとらわれ冷静な判断・職務の〔公正〕さを害するおそれ、仕事あさりを誘発するおそれ

↓

・弁護士倫理の徹底によりそのような事態は回避可能
・依頼者の資力等の事情により完全成功報酬契約の方が合理的である場合がある

↓

報酬額が著しく高額である等の理由により「適正かつ妥当な弁護士報酬」（規程24条）といえない場合を除き、本件のような完全成功報酬契約も許されると解する

2　民事弁護における利益相反

【ケース1　利益相反①】

(1)　弁護士Xは、市の市民法律相談の担当者として、B女から、ABの離婚についての相談を受けた。Bは具体的事実関係を述べないで離婚についての一般的な処理や慰謝料等の相場についての相談をしたにすぎず、Xもそれに対して答えたのみであった。

　　その数日後、Xは、顧問先の会社の従業員から紹介を受けてXを尋ねてきたA男から、同事件について相談を受けた。

　　この場合、XはAを依頼者として、事件を受任することができるか。

(2)　上記の事例で、BのXに対する相談の内容が、A男とC女の不倫による精神的ストレスといった具体的なものであり、これに対しXも、早急に離婚調停を申し立てるべきとの助言をし、慰謝料等についても、Bの具体的事情を考慮したうえで返答をしていた、という場合にはどうか。

■ポイント

小問(1)　「相手方」、「協議を受けた」（法25条2号、規程27条2号）の
　　　　　該当性

小問(2)　「賛助」（法25条1号、規程27条1号）の該当性

355

第4部　法曹倫理／第1編　弁護士倫理

■解説

1　法25条2号、規程27条2号の要件

「相手方」（法25条2号、規程27条2号）とは、民事・刑事を問わず、同一案件における事実関係において利害の対立する状態にある当事者をいう。

「協議を受けた」とは、当該具体的事件の内容について、法律的な解釈や解決を求める相談を受けることをいう。

「協議の程度及び方法が信頼関係に基づくと認められるもの」とは、法25条1号、規程27条1号に比肩し得るほどの強い信頼関係によることが必要である。

2　法25条1号、規程27条1号の要件

「賛助」（法25条1号、規程27条1号）とは、協議を受けた当該具体的事件について、相談者が希望する一定の結論・利益を擁護するための具体的な見解を示したり、法律的手段を教示し、あるいは助言することをいう。

■論述の流れ

小問(1)

　法25条2号、規程27条2号該当性

(1)　「相手方」

　　Bは本事件における事実関係において、Aと利害が対立しているといえる

　　　↓

　　Bは「相手方」にあたる

(2)　「協議を受けた」

　　BはXに対し、本件の内容たる離婚について、一般的な処理や慰謝料等の相場について相談をしている

　　　↓

　　Xは相手方たるBから「協議を受けた」といえる

　　　↓しかし

　　Xは市民法律相談の担当者にすぎず、未だ相談者たるBとの間に強い信頼関係が形成されているとはいいがたい

356

↓

　Bとの「協議の程度及び方法が信頼関係に基づくと認められる」とはいえず、かかる要件を満たさない

　　　↓

　XがAの依頼により事件を受任することは、法25条2号、規程27条2号に反するものとはいえない

　　　↓

　Xは事件を受任することができる

小問(2)
　法25条1号、規程27条1号該当性
　(1)　「賛助」
　　　小問(1)と異なり、Xは、Bに対し、早急に離婚調停を申し立てるべきである旨や、具体的な慰謝料の額等についても助言している

　　　↓

　　Xは本事件について「賛助」したといえる

　　　↓

　　XがAの依頼により事件を受任することは、法25条1号、規程27条1号に反するといえる

　　　↓

　　Xは事件を受任することができない

【ケース2　利益相反②】

　弁護士Xは、Bから、Aを相手方とする損害賠償請求についての相談を受け、その中で当該事件に関する情報や資料の開示を受けた。しかし、XはBの請求は認められがたいと考え、その旨をBに伝え、当該事件の受任をしなかった。

　その後、Bは別の弁護士に当該事件の委任を依頼し、Aに対し訴訟を提起した。この場合、XはAの代理人として事件を受任することができるか。

■ポイント
　・「相手方の協議を受けて賛助」（法25条1号、規程27条1号）該当性
　・「協議の程度及び方法が信頼関係に基づく」（法25条2号、規程27条2号）該当性

第4部　法曹倫理／第1編　弁護士倫理

■解説

1　法25条1号、規程27条1号

　「相手方」とは、民事・刑事を問わず、同一案件における事実関係において利害の対立する状態にある当事者をいう。

　「事件」とは、当該弁護士が関与した事件が一方当事者とその相手方との間において同一であることを要する。

　「協議を受けて」とは、当該具体的事件の内容について、法律的な解釈や解決を求める相談を受けることをいう。

　「賛助」とは、協議を受けた当該具体的事件について、相談者が希望する一定の結論・利益を擁護するための具体的な見解を示したり、法律的手段を教示し、あるいは助言することをいう。

2　法25条2号、規程27条2号

　法25条2号、規程27条2号との関係においては、「相手方の協議を受けた事件で、その協議の程度及び方法が信頼関係に基づくと認められる」ことが必要である。

　「協議の程度及び方法が信頼関係に基づくと認められる」といえるかが問題となるところ、「協議の程度」とは、協議の内容、深さに着目するものであり、「協議の方法」とは、協議の回数・時間・場所・資料の有無等の態様に着目するものである。

■論述の流れ

1　法25条1号、規程27条1号該当性
(1)　「相手方」
　　本件において、AとBは損害賠償請求の内容について争いがあると考えられ、利害が対立している
　　　　↓
　　Bは「相手方」にあたる
(2)　「事件」
　　本件では、同一の損害賠償請求が問題となっている
　　　　↓
　　「事件」という要件を満たす

第1章　民事弁護ケーススタディ

(3)　「協議を受けて」

　　本件では、XはBから損害賠償請求事件の内容・可否につき法律相談を受けている

　　　　↓

　　「協議を受けて」いるといえる

(4)　「賛助」

　　本問においてXは、本件事件につき、Bから開示を受けた具体的情報に基づいて、否定的な見解を述べて終了しているにすぎない

　　　　↓

　　「賛助」したとはいえない

　　　　↓

　　法25条1号、規程27条1号には違反しない

2　法25条2号、規程27条2号該当性

(1)　「相手方の協議を受けた事件」

　　本件は上述の通り、「相手方の協議を受けた事件」という要件は満たしている

　　　　↓そこで、

　　「協議の程度及び方法が信頼関係に基づくと認められる」といえるかが問題

　　　　↓

(2)　「協議の程度及び方法が信頼関係に基づくと認められる」

　　ア　「協議の程度」

　　　　本件においては、XはBから、Aに対する損害賠償請求についての情報の開示を受けている

　　　　　　↓

　　　　「協議の程度」は深いといえる

　　　　∵XはBに対し守秘義務（法23条、規程23条）を負っている

　　　　　　↓

　　イ　「協議の方法」

　　　　Bから情報や資料の提出も受けている

　　　　　　↓

　　　　「協議の方法」も軽微なものであったとはいえない

　　　　　　↓

　　　　「協議の程度及び方法が信頼関係に基づくと認められる」といえる

359

第4部　法曹倫理／第1編　弁護士倫理

```
        ↓
    Ｘが本件事件を受任することは、法 25 条２号、規程 27 条２号に違
反する
        ↓
    ＸはＡからの訴訟依頼を受任し得ない
```

3　組織内弁護士・他の弁護士との関係における弁護士倫理

【ケース１　組織内弁護士】

　Ｘは、食品会社Ａ社の法務部に所属する企業内弁護士である。

　Ａ社の経理部長は、同社の業績を仮装するために、粉飾決算を行っている。また、営業部長は、医療機関から、同社が製造販売している食品が人体に悪影響を及ぼすおそれがある旨の報告を受けているにもかかわらず、何らの措置もとっていない。

　Ｘは、職務上、上記の事実を知った。

　⑴　Ｘはいかなる措置をとるべきか。

　⑵　Ｘは上記事実につき、外部通報することができるか。

■ポイント

　小問⑴　「組織内弁護士」（規程 50 条）該当性

　　　　　措置義務（規程 51 条）の適用の有無

　小問⑵　措置義務（規程 51 条）と守秘義務（法 23 条、規程 23 条）との

　　　　　関係

■解説

　　弁護士に規程 51 条の措置義務が認められるのは、当該弁護士が所属する部署において「担当する職務に関し」知った事項に限られる。

　　また、規程 51 条の対象となる行為は、「法令に違反する行為」を現に行っているとき、又は行おうとしているときに限定され、違反するおそれのある行為は対象外である。

　　組織内弁護士（規程 50 条）に要求されるのは、あくまで「組織内における適切な措置」であり、組織の外へ通報する義務を課すものではない。外

360

部へ通報することは、かえって守秘義務（法23条、規程23条）違反になりかねず、認められないと解すべきである。

　もっとも、措置を尽くしてもなお違法行為が行われるおそれがあり、かつ、その違法行為の程度・社会に与える損害のいずれもが顕著であるような場合には、秘密の開示が許される「正当な理由」（規程23条）が認められる余地はあろう。

■論述の流れ

```
小問(1)
1 「組織内弁護士」
  Xは、「私の団体」たるA社の「使用人」となっている弁護士
    ↓
  「組織内弁護士」にあたる（規程50条）
    ↓そこで
  本件において、Xが規程51条の適用を受けることとなるか
    ↓
2 規程51条の適否
 (1) 「担当する職務に関し」
    本件において、Xは法務部に所属しているが、法務部は会社全体のコンプライアンスに努める職務を担っている
      ↓
    食品の法令違反や粉飾決算の事実は弁護士の「担当する職務に関し」て知り得る事実といえる
 (2) 「法令に違反する行為」
    本件では、粉飾決算の事実と食品による人体への悪影響のおそれが現に生じており、会社法・証券取引法等に反している
      ↓
    「法令に違反する行為」を現に行っているといえる
      ↓
    本件のXには規程51条の適用がある
    Xとしては、
      経理担当者・営業担当者に対して、上記事実が違法行為であることを説明し、止めるように説得・勧告する
```

361

第4部　法曹倫理／第1編　弁護士倫理

　　　②代表取締役、取締役会等の上級機関に対して、上記事実を説明し、
　　　　これらの行為を止めさせるように説得・勧告する
　といった「適切な措置」をとるべき
　　→なお、Ｘは上記の措置をとっても規程23条の守秘義務に反すること
　　　にはならない
　　∵「依頼者」たるＡ社との関係で守秘義務を負っているのであり（規
　　　程23条）、個人に対して守秘義務を負っているわけではないし、
　　　上記措置は正当な理由にあたる

小問(2)
　組織内弁護士に要求されるのは、あくまで「組織内における適切な措置」
　　　　↓
　外部へ通報することは、かえって守秘義務（法23条、規程23条）違反
　　　　↓
　外部通報することはできない

【ケース2　他の弁護士・事件の相手方との関係】

　M社に勤務する女性Aは、上司である部長Bからパワハラを受けていること
について、弁護士Xに相談した。Xは、Aの同僚や取締役部長Cと面談して事
実調査を行い、さらに、M社の代表取締役Dに面談を求めた。
(1)　XとDが面談した際、DはXに対し、事件についての助言を求めた。こ
　の場合、Xはどのような対応をすべきか。
　　　面談の最中にDが高級寿司の出前を注文し、これを提供した場合はどう
　か。
(2)　XがAを代理して、M社に損害賠償請求を行ったが、M社には顧問弁護
　士Yがおり、Xもそれを認識していたものとする。XがYに無断でC・D
　等と面談していた場合、この行為に問題はあるか。

■ポイント
　小問(1)　相手方からの利益供与（規程53条）該当性
　小問(2)　相手方本人との直接交渉（規程52条）該当性

第1章　民事弁護ケーススタディ

■解説

1　規程53条

　「受任している事件」とは、現に受任して処理している事件をいい、「相手方」とは、依頼を受けている事件の当事者と実質的に利害が対立する者をいう。

　そして、「利益」とは、人の需要・欲望を満たすに足りる一切の利益をいい、「供応」とは、酒食を共にしてもてなすことをいう。

2　規程52条

　規程52条は、「正当な理由」があれば、代理人の承諾を得ないで直接相手方と交渉できるとしているが、この「正当な理由」は、直接交渉することが弁護士の職業倫理と社会通念から是認される場合に認められる。具体的には、相手方代理人の事情により長期にわたり連絡が取れない場合、相手方代理人が業務を行うことを禁止された場合、度重なる連絡にもかかわらず、相手方代理人が回答をせずそれが本人の意思に基づくものでないと考える合理的な事情がある場合等がこれにあたる。

■論述の流れ

```
小問(1)
1　小問(1)前段
　　Dは、弁護士であるＸが法律に関しては公平な立場にあると誤解している
　可能性がある
　　　　↓しかし
　　・弁護士は依頼者に対して忠実義務・誠実義務を負う立場にある
　　・Ｘは依頼者たるＡのために行動する以上、本件に関してＤらのために行
　　　動することはできない
　　　　↓
　　①弁護士は依頼者の利益を図る行動をとること、及び自分の依頼者ＡとＭ
　　　社とは利害が対立していることを説明すべき
　　②Ｄに対し、弁護士を依頼すべきであるとの助言以外の法的な助言をする
　　　ことは避けるべき

2　小問(1)後段
　(1)　「受任している事件」と「相手方」
```

363

Xは現にAから受任して処理している本件パワハラ事件に関し、実質的に利害が対立している「相手方」D（M社）と面談している
　　　　↓
　　　「受任している事件に関し、相手方から」との要件をみたす
(2)　「利益の供応」
　　　面談中であれ、食事の提供をすることは、Xの欲望（食欲）を満たすのに十分なもの
　　　　↓
　　　「利益の供応」にあたるといえる
　　　　↓
　　　本件面談は規程53条に反するので、Xは食事の提供を断るべき

小問(2)
1　「代理人」
　　　M社には、顧問弁護士Yがいる
　　　　↓
　　　「代理人」たるYの承諾を得ないで直接相手方と交渉してはならない
　　→「交渉」には面談も含む

2　「正当な理由」
　　　本件では直接交渉することが弁護士の職業倫理と社会通念から是認されるような事情はみられない
　　　　↓
　　　「正当な理由」は認められない
　　　　↓
　　　Yの承諾なしに直接DやC、Aの同僚と交渉することはできない
　　　　↓
　　　Xの行為は規程52条に違反する

4 共同事務所における弁護士倫理

【ケース1　共同事務所・利益相反】

　共同事務所 a に所属していた弁護士Xは、依頼者AのBに対する損害賠償請求事件（①事件）を受任していたが、①事件を受任していたのはXのみであり、当該事件の情報は、他の所属弁護士に一切開示していなかった。
　その後、Xは①事件を受任したまま a を離脱して独立し、Bに対し①事件の訴訟を提起した。
(1)　a 所属の弁護士Yは、Bを依頼者として①事件の受任ができるか。
(2)　a 所属の弁護士Yは、Cを依頼者とする、Aに対する①事件と無関係な貸金返還請求事件（②事件）を受任することができるか。

■ポイント
　小問(1)　相手方の依頼を承諾した事件（規程27条1号）・他の所属弁護士が、規程27条の規定により職務を行い得ない事件（規程57条）該当性
　小問(2)　受任している他の事件の依頼者を相手方とする事件（規程28条2号）・他の所属弁護士が、規程28条の規定により職務を行い得ない事件（規程57条）該当性

■解説
小問(1)

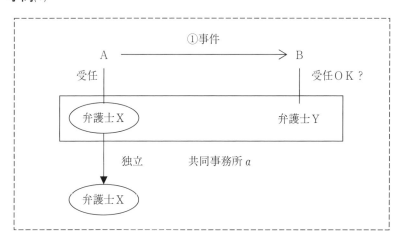

規程57条本文によると、「他の所属弁護士（所属弁護士であった場合を含む。）が、第27条……の規定により職務を行い得ない事件」を受任することはできない。

もっとも、規程57条ただし書は、例外として「職務の公正を保ち得る事由」がある場合（具体的には、規程27条、28条の趣旨である当事者の利益を保護し弁護士の職務遂行の公正を確保して弁護士に対する信頼確保を保持し得る事由がある場合）に事件の受任を認めている。これは、職務を行い得ない者が共同事務所から離脱した場合、職務の公正を保ち得ない事情は希薄化するのが一般であるといえることに基づく。

小問(2)

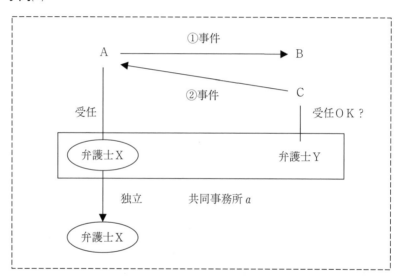

規程28条2号は、「受任している他の事件」という時間的限定を要件としているところ、離脱弁護士の利益相反事由が、かかる時間的限定を要件としている場合、その弁護士が事件を引き受けたまま共同事務所を離脱した以上、もはや共同事務所から見れば、離脱弁護士に依頼した者は、「受任している他の事件の依頼者」（規程28条2号）にはあたらず、利益相反の拡張事由たる要件を欠くといえる。とすれば、形式的に「受任している他の事件の依頼者……を相手方とする事件」を受任したとしても、規程57条の趣旨である共同事務所の信頼の確保は損なわないといえる。

第1章　民事弁護ケーススタディ

■論述の流れ

小問(1)

1　「相手方の……依頼を承諾した事件」（規程27条1号）

　　①事件は、Xにとって「相手方（A）の……依頼を承諾した事件」

　　　　　　↓

　　X自身はBから依頼されてAを相手とする①事件を受任することはできない（規程27条1号）

　　　　　　↓

　　・Xは共同事務所αの「所属弁護士であった」者

　　・Yにとって①事件は、「他の所属弁護士（所属弁護士であった場合を含む。）が、第27条……の規定により職務を行い得ない事件」（規程57条本文）にあたる

　　　　　　↓

　　規程57条本文によればYは①事件を受任できない

2　規程57条ただし書該当性

　　本件において、Xはα所属の弁護士Yを含む他のいかなる所属弁護士にも①事件の秘密情報を開示していなかった

　　　　　　↓

　　「職務の公正を保ち得る事由」があるといえる

　　　　　　↓

　　Yは規程57条ただし書により①事件につきBを依頼者として訴訟を受任することができる

　　（cf.情報開示があった場合につき、3　ケース1参照）

小問(2)

1　規程57条該当性

　　Xにとって②事件は、「受任している他の事件（①事件）の依頼者（A）……を相手方とする事件」（規程28条2号）にあたる

　　　　　　↓

　　規程57条を形式的に適用すると、Yも②事件の受任はできないことになる

　　∵規程57条は利益相反の拡張規程

2　規程28条2号との均衡

　　規程28条2号は、「受任している他の事件」という時間的限定を要件としている

367

第4部　法曹倫理／第1編　弁護士倫理

　　　↓

　弁護士Xは事件を引き受けたまま共同事務所を離脱

　　　↓

　共同事務所から見れば、Aは「受任している他の事件の依頼者」（規程28
条2号）にはあたらず、利益相反の拡張事由たる要件を欠く

　　　↓

　規程57条の趣旨である共同事務所の信頼の確保は損なわない

　　　↓

　本件の受任は、規程57条本文に反しないと解すべき

　　　↓

　YはCから②事件を受任することができる

【ケース2　共同事務所・守秘義務・利益相反①】

　共同事務所 a に所属していた弁護士Xは、依頼者AのBに対する損害賠償請
求事件（①事件）を受任していたが、Xは、当該事件の情報を a の所属弁護士
であるYに開示し協議をしていた。

　その後、Xは①事件を受任したまま a を離脱して独立し、Bに対し①事件の
訴訟を提起した。

　Yは、Bを依頼者として①事件の受任ができるか。

■ポイント

・守秘義務（法23条・規程23条）該当性
・相手方の依頼を承諾した事件（規程27条1号）・「所属弁護士であった」
　（規程57条）該当性

第1章　民事弁護ケーススタディ

■当事者関係図

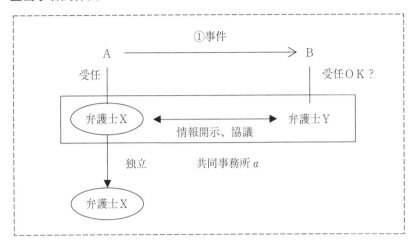

■論述の流れ

1　法23条・規程23条
　　YはXから①事件に関する秘密情報の開示を受けている
　　　↓
　　仮にYがBから受任できるとしても、Yは開示を受けた秘密情報を守秘義務によりBのために利用できない（法23条・規程23条）
　　　↓
　　それではYはBのための最善の代理活動ができない
　　　↓
　　本件の場合には、守秘義務（法23条・規程23条）の効果により、YはBから①事件を受任できない

2　規程27条1号、規程57条
　(1)　規程27条1号
　　　①事件は、Xにとって「相手方」Aの「依頼を承諾した事件」
　　　↓
　　　X自身はBから依頼されてAを相手とする①事件を受任することはできない（規程27条1号）
　　　↓
　(2)　規程57条

369

第4部 法曹倫理／第1編 弁護士倫理

　ア　本文
　　　・Ｘは共同事務所αの「所属弁護士であった」者
　　　・Ｙにとって①事件は、「他の所属弁護士（所属弁護士であった場合を
　　　　含む。）が、第27条……の規定により職務を行い得ない事件」（規
　　　　程57条本文）
　　　にあたる
　　　　↓
　イ　ただし書
　　　本件では、ＸがＹに①事件の秘密情報を開示している
　　　　↓
　　　「職務の公正を保ち得る事由」はなく、規程57条ただし書の適用も
　　　ない
　　　　↓よって
　　　規程57条によっても、Ｙは①事件を受任できない

【ケース3　共同事務所・守秘義務・利益相反②】

　共同事務所αに所属していた弁護士Ｘは、依頼者ＡのＢに対する損害賠償請
求事件（①事件）を受任していた。その後、αに所属していた弁護士Ｙは、α
を離脱して独立したが、下記それぞれの場合に、ＹはＢを依頼者として①事件
の受任ができるか。
　(1)　Ｙがαに所属していた当時、①事件の受任はしておらず、当該事件につ
　　　き何らの情報開示も受けていなかった場合
　(2)　Ｙがαに所属していた当時、①事件の受任はしていなかったが、当該事
　　　件につきＸから情報開示も受けて協議をしていた場合

■ポイント
　小問(1)　相手方の依頼を承諾した事件（規程27条1号）・「所属弁護士であっ
　　　　　た」（規程57条本文）該当性
　小問(2)　守秘義務（規程56条）該当性

第1章 民事弁護ケーススタディ

■解説

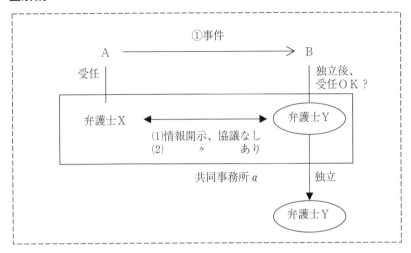

規程57条本文かっこ書は、利益相反事由が自らにある弁護士が共同事務所を離脱した場合に、他の所属弁護士への利益相反が拡張されることを規定したにとどまり、利益相反の拡張を受けた弁護士が共同事務所を離脱した後の制約は法にも規程にも存在しない。

また、実質的にも、規程57条は同一事務所に所属しているがゆえに他の所属弁護士の依頼者に対して同一の忠誠義務を果たすことを趣旨としているのだから、離脱弁護士に利益相反の再拡張を認めなくても同条の趣旨には反しないといえる。

規程56条は、同一事務所での弁護士間の秘密開示や協議を認める一方、同一事務所内での秘密開示を受けて協議を行った弁護士には守秘義務を課している。

第4部　法曹倫理／第1編　弁護士倫理

■論述の流れ

小問(1)

　Ｙが共同事務所αに所属している間は、ＹはＢを依頼者として①事件の受任をすることはできない

　∵規程27条1号、57条本文

　　　　↓

　規程57条本文かっこ書は、Ｘが共同事務所を離脱した場合に、他の所属弁護士への利益相反が拡張されることを規定したにとどまる

　　　　↓

　Ｙが共同事務所を離脱した後の制約は法にも規程にも存在しない

　　　　↓

　実質的にも、Ｙに利益相反の再拡張を認めなくても規程57条の趣旨に反しない

　　　　↓

　Ｙはαから独立した後は、Ｂから①事件を受任することができる

小問(2)

　小問(1)と同様に、規程57条の規定や趣旨解釈からは受任してよいと考えられる

　　　　↓しかし

　規程56条により、同一事務所内で秘密開示を受けて協議を行った弁護士には守秘義務がある

　　　　↓

　仮にＹが独立後にＢから①事件の受任をできるとしても、Ｙはαに所属している間に取得したＡの秘密情報をＢのために利用できない

　　　　↓

　Ｂにとって最善の弁護活動ができないことにもなる

　　　　↓

　規程56条の秘密の不使用義務の効果として、Ｙは、Ｂから①事件を受任することができない

372

第1章 民事弁護ケーススタディ

【ケース４　共同事務所における共同受任と利益相反】

共同事務所 a に所属する弁護士X・Yは、依頼者AのBに対する損害賠償請求事件（①事件）を共同で受任していた。その後、Yは①事件を辞任したうえで a を離脱し独立した。

Yは、Bを依頼者として①事件の受任ができるか。

■ポイント
・相手方の依頼を承諾した事件（規程27条1号）該当性

■解説

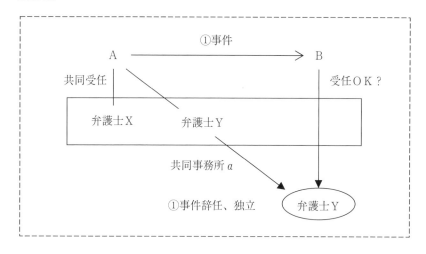

規程27条1号は、「相手方の」「依頼を承諾した事件」について、職務を行ってはならない旨規定している。「相手方」とは、民事・刑事を問わず、同一案件における事実関係において利害の対立する状態にある当事者をいうところ、いったん受任した事件と同一事件について、後に辞任したとしても、先に依頼を受けた者と利害の対立する相手方当事者から事件を受任することは許されない。

なお、先に依頼を受けた者の同意がある場合であっても、1号は同意を解除事由としていないことから（同条柱書ただし書参照）、やはり許されない。

また、本ケースにおいて、規程57条は問題とならないことに注意を要する。

373

第4部　法曹倫理／第1編　弁護士倫理

■論述の流れ

> Yは一度Aから受任した①事件を辞任している
>
> 　　　↓しかし
>
> Bは同一事件（①事件）についての相手方であるから規程27条1号に該当
>
> 　　　↓
>
> Yは①事件を受任することができない
>
> ∵規程57条による利益相反の拡張の問題ではなく、自らが規程27条1号に該当することの結果
>
> 　　　↓
>
> 仮にAの同意があっても、YはBから①事件を受任することができない
>
> ∵規程27条1号は、同意を利益相反禁止の解除事由としていない（規程27条柱書ただし書参照）

【ケース5　共同事務所】

　共同事務所αに所属していた弁護士Xは、依頼者AのBに対する損害賠償請求事件（①事件）を受任しており、①事件につきBの代理をしていたのは共同事務所β所属の弁護士Zであった。

　下記それぞれの事情のもとで、X又はYは、αからβへ移籍できるか。移籍できるとすれば、Bを依頼者として①事件の受任ができるか。

(1) i 　α所属の弁護士Yが①事件の受任はせず、情報開示も受けていなかった場合の、Yのβへの移籍

　　ⅱ 　α所属の弁護士Yが①事件の受任はしていなかったが、情報開示を受けていた場合の、Yのβへの移籍

(2) i 　Aから①事件を受任したままでの、Xのβへの移籍

　　ⅱ 　Aからの①事件を辞任した上での、Xのβへの移籍（辞任に基づく他の弁護士への引継ぎは、なされているものとする）

■ポイント

小問(1) i 　相手方の依頼を承諾した事件（規程27条1号）・他の所属弁護士が、規程27条の規定により職務を行い得ない事件（規程57条）該当性

小問(1)ⅱ 　守秘義務（規程56条）該当性

小問(2) i 　利益相反の拡張についての規程57条の効果

第1章　民事弁護ケーススタディ

小問(2) ii　利益相反の拡張についての規程57条の効果

■当事者関係図

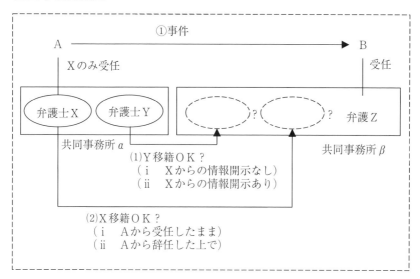

■論述の流れ

小問(1) i
　法・規程のいずれにおいても、Yの受けた利益相反の拡張を、共同事務所離脱後にも再拡張させる規定は存在しない
　　↓
　Yはβに移籍することができる
　　↓
　Yがαに所属している間にBから①事件の依頼を受けた場合
→規程27条1号及び規程57条により、かかる事件を受任できない
　移籍後にBから①事件の依頼を受けた場合
→そのような制約は課されない
　　↓
　YはBを依頼者として①事件を受任することができるといえる

第4部 法曹倫理／第1編 弁護士倫理

小問⑴ⅱ

　Yがβに移籍することについて、何ら制約はなく、Yはβに移籍できるとも思える

　　　　↓もっとも

　YはXから①事件についての秘密情報の開示を受けており、規程56条により秘密の不使用義務を課せられる

　　→義務は、Yがβに移籍した後も存続する

　　　　↓

　Yがかかる守秘義務の制約を受けており、自ら①事件を引き受けることができない以上、守秘義務の効果として、移籍そのものが認められないと解すべき

　　　　↓

　Yはβに移籍することができず、①事件を受任することもできない

　　　　↓もっとも

　チャイニーズ・ウォールの設定等、正当理由の存在が認められれば、なお移籍が認められると解する余地はあるといえる

小問⑵ⅰ

　Xが①事件を受任したままβに移籍できるとすれば、βにおいては、XとZが同一事件につき対立する当事者から受任するという利益相反関係が生じる

　　　　↓

　・X　→ZがBから①事件を受任していることによる利益相反の拡張を受ける（規程27条1号、57条）

　・Z　→XがAから①事件を受任していることによる利益相反の拡張を受ける（規程27条1号、57条）

　　　　↓

　XZはともに①事件を受任できないこととなる

　　　　↓

　Xによるβへの移籍は認められないと解すべきである

小問⑵ⅱ

　本件では、Xは①事件を辞任しているが、その場合でも、Xは規程27条1号により受任事件について制限を受ける

　　　　↓

　小問⑵ⅰと同様に、XZは互いに利益相反を拡張させることとなる

　　　　↓

第1章　民事弁護ケーススタディ

原則としてXによるβへの移籍は認められないと解すべき
　　　　↓もっとも
βがチャイニーズ・ウォールを構築する等の措置をとっている場合
→「職務の公正を保ち得る事由」があるものとして、Xの移籍が認められる
　こともあり得る（規程57条ただし書）

第4部 法曹倫理／第1編 弁護士倫理

第2章 弁護士法の重要条文、趣旨、ポイント解説、弁護士職務基本規程との比較

章	条文番号	条文の文言	趣旨、ポイント解説、弁護士職務基本規程との比較
第1章 弁護士の使命及び職務	第1条（弁護士の使命）	1　弁護士は、基本的人権を擁護し、社会正義を実現することを使命とする。 2　弁護士は、前項の使命に基き、誠実にその職務を行い、社会秩序の維持及び法律制度の改善に努力しなければならない。	【趣旨】 弁護士の使命が基本的人権の擁護と社会正義の実現にあることを明らかにし、かかる使命を達成するための行動目標を定めた。
	第2条（弁護士の職責の根本基準）	弁護士は、常に、深い教養の保持と高い品性の陶やに努め、法令及び法律事務に精通しなければならない。	【趣旨】 1条の規定する使命を果たすべく、その職責を遂行する際の根本基準を定めた。
	第3条（弁護士の職務）	1　弁護士は、当事者その他関係人の依頼又は官公署の委嘱によって、訴訟事件、非訟事件及び審査請求、再調査の請求、再審査請求等行政庁に対する不服申立事件に関する行為その他一般の法律事務を行うことを職務とする。 2　弁護士は、当然、弁理士及び税理士の事務を行うことができる。	【趣旨】 弁護士の職務範囲を明らかにしたものである。

378

第2章　弁護士法の重要条文、趣旨、ポイント解説、弁護士職務基本規程との比較

第4章　弁護士の権利及び義務	第20条（法律事務所）	1　弁護士の事務所は、法律事務所と称する。 2　法律事務所は、その弁護士の所属弁護士会の地域内に設けなければならない。 3　弁護士は、いかなる名義をもってしても、2箇以上の法律事務所を設けることができない。但し、他の弁護士の法律事務所において執務することを妨げない。	【趣旨】 1項は、弁護士事務所が従来から法律事務所と称されていた慣例に基づいて規定された。 3項は、法律事務所単一主義を定めたものである。
	第21条（法律事務所の届出義務）	弁護士が法律事務所を設け、又はこれを移転したときは、直ちに、所属弁護士会及び日本弁護士連合会に届け出なければならない。	【趣旨】 弁護士は、所属弁護士会・日弁連の指導・連絡・監督を受けることとされているので（31条1項、45条2項）、その前提として法律事務所の所在を明確にするために法律事務所の届出を必要なものとした。
	第22条（会則を守る義務）	弁護士は、所属弁護士会及び日本弁護士連合会の会則を守らなければならない。	【趣旨】 所属弁護士会及び日弁連の会員である弁護士が会則を守る義務を有することは当然のことであり、このことを定めたものである。

第4部　法曹倫理／第1編　弁護士倫理

| 第4章　弁護士の権利及び義務 | 第23条（秘密保持の権利及び義務） | 弁護士又は弁護士であった者は、その職務上知り得た秘密を保持する権利を有し、義務を負う。但し、法律に別段の定めがある場合は、この限りでない。 | 【趣旨】
弁護士は職務上多くの人の秘密に接する機会が多いことから、そのプライバシーを守るために、秘密を保持すべきものとする点にある。また、かかる義務が遵守されることで弁護士の職業の存立が保障されるともいえる。
【ポイント解説】
「職務上知り得た」とは、弁護士が職務を行う過程で知り得たという意味であり、職務から離れたところで知り得た場合を含まない。
「秘密」には、一般に知られていない事実であって、本人が特に秘匿しておきたいと考える性質のものに限られず、一般人の立場から見て秘匿しておきたいと考える性質を持つものも含まれる。
【弁護士職務基本規程との比較】
弁護士職務基本規程 23 条にも同様の規定があるが、本条よりもその射程は狭いといえる。 |
| | 第23条の2（報告の請求） | 1　弁護士は、受任している事件について、所属弁護士会に対し、公務所又は公私の団体に照会して必要な事項の報告を求めることを申し出ることができる。申出があった場合において、当該弁護士会は、その申出が適当でないと認めるときは、これを拒絶することができる。
2　弁護士会は、前項の規定による申出に基き、公務所又は公私の団体に照会して必要な事項の報告を求めることができる。 | 【趣旨】
弁護士が受任事件について、訴訟資料を収集し、事実を調査する等、職務活動を円滑に執行処理するために設けられた。 |

第2章　弁護士法の重要条文、趣旨、ポイント解説、弁護士職務基本規程との比較

第4章　弁護士の権利及び義務	第24条（委嘱事項等を行う義務）	弁護士は、正当の理由がなければ、法令により官公署の委嘱した事項及び会則の定めるところにより所属弁護士会又は日本弁護士連合会の指定した事項を行うことを辞することができない。	【趣旨】 弁護士の職務の公共的性格を示すために定められた。 【弁護士職務基本規程との比較】 本条については、弁護士職務基本規程80条と同旨である。
	第25条（職務を行い得ない事件）	弁護士は、次に掲げる事件については、その職務を行ってはならない。ただし、第3号及び第9号に掲げる事件については、受任している事件の依頼者が同意した場合は、この限りでない。 ① 相手方の協議を受けて賛助し、又はその依頼を承諾した事件 ② 相手方の協議を受けた事件で、その協議の程度及び方法が信頼関係に基づくと認められるもの ③ 受任している事件の相手方からの依頼による他の事件 ④ 公務員として職務上取り扱った事件 ⑤ 仲裁手続により仲裁人として取り扱った事件 ⑥ 弁護士法人（第30条の2第1項に規定する弁護士法人をいう。以下この条において同じ。）若しくは弁護士・外国法事務弁護士共同法人（外国弁護士による法律事務の取扱い等に関する法律（昭和61年法律第66号）第2条第6号に規定する弁護士・外国法事務弁護士共同法人をいう。以下同じ。）の社員若しくは使用人である弁護士又は外国法事務弁護士法人（同条第5号に規定する外国法事務弁護士法人をいう。以下この条において同じ。）の使用人である弁護士	【趣旨】 ①当事者の利益保護、②弁護士の職務執行の公正の確保、③弁護士の品位の保持、をその趣旨としている。これらの趣旨を通じて、基本的人権の擁護と社会正義の実現という重大な使命を負わされた弁護士に対する国民の信頼を確保しようとするものである。 【ポイント解説】 1号から5号については、弁護士職務基本規程27条と同様である。 6号から9号については、同63条と同様である。 本条に違反した場合、事実審の口頭弁論終結時までに相手方が異議の申出をすれば、当該行為は無効となる（相対的無効説。1号違反の事案につき、最大判昭38.10.30、百選18事件）。本条の趣旨からすれば、当該行為を完全に有効なものとすることはできず、また、相手方が違反の事実を知りながら異議を述べないときには、その者の保護を図る必要はないからである。

381

| 第4部　法曹倫理／第1編　弁護士倫理 |

第4章　弁護士の権利及び義務	第25条（職務を行い得ない事件）	としてその業務に従事していた期間内に、当該弁護士法人、当該弁護士・外国法事務弁護士共同法人又は当該外国法事務弁護士法人が相手方の協議を受けて賛助し、又はその依頼を承諾した事件であって、自らこれに関与したもの

⑦　弁護士法人若しくは弁護士・外国法事務弁護士共同法人の社員若しくは使用人である弁護士又は外国法事務弁護士法人の使用人である弁護士としてその業務に従事していた期間内に、当該弁護士法人、当該弁護士・外国法事務弁護士共同法人又は当該外国法事務弁護士法人が相手方の協議を受けた事件で、その協議の程度及び方法が信頼関係に基づくと認められるものであって、自らこれに関与したもの

⑧　弁護士法人若しくは弁護士・外国法事務弁護士共同法人の社員若しくは使用人又は外国法事務弁護士法人の使用人である場合に、当該弁護士法人、当該弁護士・外国法事務弁護士共同法人又は当該外国法事務弁護士法人が相手方から受任している事件

⑨　弁護士法人若しくは弁護士・外国法事務弁護士共同法人の社員若しくは使用人又は外国法事務弁護士法人の使用人である場合に、当該弁護士法人、当該弁護士・外国法事務弁護士共同法人又は当該外国法事務弁護士法人が受任している事件（当該弁護士が自ら関与しているものに限る。）の相手方からの依頼による他の事件

第2章　弁護士法の重要条文、趣旨、ポイント解説、弁護士職務基本規程との比較

第4章　弁護士の権利及び義務	第26条（汚職行為の禁止）	弁護士は、受任している事件に関し相手方から利益を受け、又はこれを要求し、若しくは約束してはならない。	【趣旨】 基本的人権の擁護と社会正義の実現を使命とする弁護士の職責に鑑み、その職務執行の公正と誠実性を担保するために定められた（最判昭36.12.20）。 【ポイント解説】 本条については、弁護士職務基本規程53条と同旨である。 なお、本条違反の行為がなされても、法的安定性の見地から、当該行為は有効であると解する（本条違反の訴訟行為の効力につき、最判昭31.11.15）。
	第27条（非弁護士との提携の禁止）	弁護士は、第72条乃至第74条の規定に違反する者から事件の周旋を受け、又はこれらの者に自己の名義を利用させてはならない。	【趣旨】 72条から74条の規定に違反する行為を直接・間接に助長する弁護士の行為を禁止して、同条の違反行為を防止しようとしたものである。 【ポイント解説】 「周旋」とは、訴訟事件の当事者等と弁護士との間に介在し、両者間における委任関係その他の関係成立のための便宜を図り、その成立を容易ならしめる行為をいう。 【弁護士職務基本規程との比較】 本条については、弁護士職務基本規程11条と同旨である。
	第28条（係争権利の譲受の禁止）	弁護士は、係争権利を譲り受けることができない。	【趣旨】 弁護士が事件に介入して利益をあげることにより、その職務の公正・品位が害せられることを未然に防止することを目的とするものである（最判昭35.3.22参照）。 【ポイント解説】 「係争権利」とは、訴訟、調停その他の紛争解決機関に現に係属中の権利に限定されると解すべきである（制限説）。「係争」の範囲が明確ではないし、本条から漏れる行為は懲戒等で対処すれば足りるからである。

第4章　弁護士の権利及び義務	第28条（係争権利の譲受の禁止）		「譲り受け」とは、有償、無償を問わず、権利の移転をする一切の行為をいう。もっとも、譲渡行為は、弁護士の計算においてなされることが必要である。 【弁護士職務基本規程との比較】 本条については、弁護士職務基本規程17条と同旨である。
	第29条（依頼不承諾の通知義務）	弁護士は、事件の依頼を承諾しないときは、依頼者に、すみやかに、その旨を通知しなければならない。	【趣旨】 弁護士に事件を依頼しようとする者は、当該弁護士を信頼してこれを行うものであるから、依頼を承諾しないときは、速やかにその旨を通知して、その依頼者が他の弁護士に依頼する等の機会を奪わないようにした。 【弁護士職務基本規程との比較】 本条は、弁護士職務基本規程34条と同旨である。
	第30条（営利業務の届出等）	1　弁護士は、次の各号に掲げる場合には、あらかじめ、当該各号に定める事項を所属弁護士会に届け出なければならない。 ①　自ら営利を目的とする業務を営もうとするとき　商号及び当該業務の内容 ②　営利を目的とする業務を営む者の取締役、執行役その他業務を執行する役員（以下この条において「取締役等」という。）又は使用人になろうとするとき　その業務を営む者の商号若しくは名称又は氏名、本店若しくは主たる事務所の所在地又は住所及び業務の内容並びに取締役等になろうとするときはその役職名	【趣旨】 営利業務に従事する弁護士の状況を把握し、弁護士会が弁護士倫理の遵守を図ることを可能とするため、届出制を採用した。

第2章　弁護士法の重要条文、趣旨、ポイント解説、弁護士職務基本規程との比較

第4章　弁護士の権利及び義務	第30条（営利業務の届出等）	2　弁護士会は、前項の規定による届出をした者について、同項各号に定める事項を記載した営利業務従事弁護士名簿を作成し、弁護士会の事務所に備え置き、公衆の縦覧に供しなければならない。 3　第1項の規定による届出をした者は、その届出に係る事項に変更を生じたときは、遅滞なく、その旨を所属弁護士会に届け出なければならない。届出に係る業務を廃止し、又は届出に係る取締役等若しくは使用人でなくなったときも、同様とする。 4　弁護士会は、前項の規定による届出があったときは、直ちに、営利業務従事弁護士名簿の記載を訂正し、又はこれを抹消しなければならない。	
第8章　懲戒	第56条（懲戒事由及び懲戒権者）	1　弁護士及び弁護士法人は、この法律（弁護士・外国法事務弁護士共同法人の社員又は使用人である弁護士及び外国法事務弁護士法人の使用人である弁護士にあっては、この法律又は外国弁護士による法律事務の取扱い等に関する法律）又は所属弁護士会若しくは日本弁護士連合会の会則に違反し、所属弁護士会の秩序又は信用を害し、その他職務の内外を問わずその品位を失うべき非行があつたときは、懲戒を受ける。 2　懲戒は、その弁護士又は弁護士法人の所属弁護士会が、これを行う。 3　弁護士会がその地域内に従たる法律事務所のみを有する弁護士法人に対して行う懲戒の事由は、その地域内にある従たる法律事務所に係るものに限る。	

385

第4部　法曹倫理／第1編　弁護士倫理

第8章　懲戒	第57条（懲戒の種類）	1　弁護士に対する懲戒は、次の4種とする。 ①　戒告 ②　2年以内の業務の停止 ③　退会命令 ④　除名 2　弁護士法人に対する懲戒は、次の4種とする。 ①　戒告 ②　2年以内の弁護士法人の業務の停止又はその法律事務所の業務の停止 ③　退会命令（当該弁護士会の地域内に従たる法律事務所のみを有する弁護士法人に対するものに限る。） ④　除名（当該弁護士会の地域内に主たる法律事務所を有する弁護士法人に対するものに限る。） 3　弁護士会は、その地域内に従たる法律事務所のみを有する弁護士法人に対して、前項第2号の懲戒を行う場合にあっては、その地域内にある法律事務所の業務の停止のみを行うことができる。 4　第2項又は前項の規定の適用に当たっては、日本弁護士連合会は、その地域内に当該弁護士法人の主たる法律事務所がある弁護士会とみなす。	
	第58条（懲戒の請求、調査及び審査）	1　何人も、弁護士又は弁護士法人について懲戒の事由があると思料するときは、その事由の説明を添えて、その弁護士又は弁護士法人の所属弁護士会にこれを懲戒することを求めることができる。 2　弁護士会は、所属の弁護士又は弁護士法人について、懲戒の事由があると思料するとき又は前項の請求があったときは、懲戒の手続に付し、綱紀委員会に事案の調査をさせなければならない。	

第8章 懲戒	第58条（懲戒の請求、調査及び審査）	3　綱紀委員会は、前項の調査により対象弁護士等（懲戒の手続に付された弁護士又は弁護士法人をいう。以下同じ。）につき懲戒委員会に事案の審査を求めることを相当と認めるときは、その旨の議決をする。この場合において、弁護士会は、当該議決に基づき、懲戒委員会に事案の審査を求めなければならない。 4　綱紀委員会は、第2項の調査により、第1項の請求が不適法であると認めるとき若しくは対象弁護士等につき懲戒の手続を開始することができないものであると認めるとき、対象弁護士等につき懲戒の事由がないと認めるとき又は事案の軽重その他情状を考慮して懲戒すべきでないことが明らかであると認めるときは、懲戒委員会に事案の審査を求めないことを相当とする議決をする。この場合において、弁護士会は、当該議決に基づき、対象弁護士等を懲戒しない旨の決定をしなければならない。 5　懲戒委員会は、第3項の審査により対象弁護士等につき懲戒することを相当と認めるときは、懲戒の処分の内容を明示して、その旨の議決をする。この場合において、弁護士会は、当該議決に基づき、対象弁護士等を懲戒しなければならない。 6　懲戒委員会は、第3項の審査により対象弁護士等につき懲戒しないことを相当と認めるときは、その旨の議決をする。この場合において、弁護士会は、当該議決に基づき、対象弁護士等を懲戒しない旨の決定をしなければならない。	

第4部　法曹倫理／第1編　弁護士倫理

| 第9章 法律事務の取扱いに関する取締り | 第72条（非弁護士の法律事務の取扱い等の禁止） | 弁護士又は弁護士法人でない者は、報酬を得る目的で訴訟事件、非訟事件及び審査請求、再調査の請求、再審査請求等行政庁に対する不服申立事件その他一般の法律事件に関して鑑定、代理、仲裁若しくは和解その他の法律事務を取り扱い、又はこれらの周旋をすることを業とすることができない。ただし、この法律又は他の法律に別段の定めがある場合は、この限りでない。 | 【趣旨】
弁護士は、基本的人権の擁護と社会正義の実現を使命とし、広く法律事務を行うことをその職務とするものであって、そのために法は厳格な資格要件を設け、かつ、その職務の誠実適正な遂行のため必要な規律に服すべきものとされる等、諸般の措置が講ぜられている。しかし、かかる資格もなく、何らの規律にも服しない者が、自らの利益のため、みだりに他人の法律事件に介入することを業とするような例もあり、これを放置したのでは、当事者その他の関係人の利益を損ね、法律生活の公正かつ円滑な営みを妨げ、ひいては法律秩序を害することになるので、本条は、かかる行為を禁圧するために設けられた（最大判昭46.7.14）。
【ポイント解説】
「報酬」とは、具体的な法律事件に関して、法律事務取扱いのために主として精神的労力に対する対価をいう。金銭に限らないし、額の多少や名称のいかんも問わない。
「訴訟事件」とは、訴訟として裁判所に係属する民事・刑事・行政の各事件をいう。
「法律事件」とは、法律上の権利義務に関し争いや疑義があり、又は、新たな権利義務関係の発生する案件をいう。
「業とする」とは、反復的に、又は反復継続の意思をもって法律事務の取扱い等をし、それが業務性を帯びるに至った場合をいう（最判昭50.4.4）。他の職業に従事しても差し支えなく、反復継続意思が認められれば、具体的行為の多少も問うところではない。 |

第2章　弁護士法の重要条文、趣旨、ポイント解説、弁護士職務基本規程との比較

第9章 法律事務の取扱いに関する取締り	第73条（譲り受けた権利の実行を業とすることの禁止）	何人も、他人の権利を譲り受けて、訴訟、調停、和解その他の手段によって、その権利の実行をすることを業とすることができない。	【趣旨】 弁護士でない者が、権利の譲渡を受けることによって、みだりに訴訟を誘発したり、紛議を助長したりするほか、72条の潜脱となる行為をして、国民の法律生活上の利益に対する弊害が生じることを防止するために規定された（最判平14.1.22）。
	第74条（非弁護士の虚偽標示等の禁止）	1　弁護士又は弁護士法人でない者は、弁護士又は法律事務所の標示又は記載をしてはならない。 2　弁護士又は弁護士法人でない者は、利益を得る目的で、法律相談その他法律事務を取り扱う旨の標示又は記載をしてはならない。 3　弁護士法人でない者は、その名称中に弁護士法人又はこれに類似する名称を用いてはならない。	【趣旨】 弁護士・弁護士法人でない者が、弁護士等の名称を勝手に名乗り、あるいは、法律相談等を取り扱う旨の標示をなすことによって、一般人がこの者を弁護士・弁護士法人と誤信する等して損害を被ることを防止しようとした。
第10章 罰則	第77条（非弁護士との提携等の罪）	次の各号のいずれかに該当する者は、2年以下の拘禁刑又は300万円以下の罰金に処する。 　一　第27条（第30条の21において準用する場合を含む。）の規定に違反した者 　二　第28条（第30条の21において準用する場合を含む。）の規定に違反した者 　三　第72条の規定に違反した者 　四　第73条の規定に違反した者	

389

第4部　法曹倫理／第1編　弁護士倫理

第3章　弁護士職務基本規程の重要条文、趣旨、ポイント解説、弁護士法との比較

章	条文番号	条文の文言	趣旨、ポイント解説、弁護士法との比較
第1章　基本倫理	第1条（使命の自覚）	弁護士は、その使命が基本的人権の擁護と社会正義の実現にあることを自覚し、その使命の達成に努める。	【趣旨】 弁護士の使命が、基本的人権の擁護と社会正義の実現にあることを自覚したうえで、この使命の達成に向けて努力すべきことにあることを明らかにしている（弁護士法1条参照）。
	第5条（信義誠実）	弁護士は、真実を尊重し、信義に従い、誠実かつ公正に職務を行うものとする。	【趣旨】 弁護士は、自らの職務を誠実かつ公正に行うことによって基本的人権を擁護し、社会正義の実現を図るものであるため、それを規定した。
	第6条（名誉と信用）	弁護士は、名誉を重んじ、信用を維持するとともに、廉潔を保持し、常に品位を高めるように努める。	【趣旨】 弁護士が基本的人権の擁護と社会正義の実現という使命を果たし、法の支配を社会の隅々にまで行き渡らせる役割を果たすためには、国民からの信頼が何よりも重要である。そこで、国民の信頼を受けるべく、そのための心構えを規定した。
第2章　一般規律	第11条（非弁護士との提携）	弁護士は、弁護士法（昭和24年法律第205号）第72条から第74条までの規定に違反する者又はこれらの規定に違反すると疑うに足りる相当な理由のある者から依頼者の紹介を受け、これらの者を利用し、又はこれらの者に自己の名義を利用させてはならない。	【趣旨】 弁護士が、非弁活動を行う無資格者と提携して、これらの者をはびこらせ、又はその行為を助長することを禁止し、弁護士の職務の公正と品位を保持しようとしたものである（弁護士法27条参照）。 【ポイント解説】 「利用する」とは、弁護士法72条から

390

第2章 一般規律	第11条 （非弁護士との提携）		74条までの規定に違反する者又はこれらの規定に違反すると疑うに足りる相当な理由のある者を使って事件を集め、又は、事件の具体的な処理をすることをいう。 「自己の名義を利用させ」るとは、弁護士でないにもかかわらず、自己の計算又は裁量において弁護士の職務に属する業務を行う者に対し、弁護士が自己の名義の利用を明示的又は黙示的に許容することをいう。
	第13条 （依頼者紹介の対価）	1　弁護士は、依頼者の紹介を受けたことに対する謝礼その他の対価を支払ってはならない。 2　弁護士は、依頼者の紹介をしたことに対する謝礼その他の対価を受け取ってはならない。	【趣旨】 1項は、事件の周旋を業とする者との結びつきを強め、ひいては弁護士の品位を損なうことを防止し、また、過大な弁護士報酬の請求を防ぐことを目的としている。 2項は、1項とのバランスから、紹介をした弁護士が対価を受けることも禁止したものである。 【ポイント解説】 1項において、「依頼者」とは、紹介を受けた弁護士から見ての依頼者をいう。また、「紹介」とは、紹介者が弁護士以外の者である場合だけでなく、弁護士である場合も含む。 2項において、「依頼者」とは、弁護士から紹介を受けた側から見ての依頼者又は業務上の顧客をいう。また、「紹介」とは、紹介した相手方が弁護士である場合だけでなく、弁護士以外の者である場合も含む。 「謝礼その他の対価」とは、依頼者ないし事件の紹介料を指す。依頼者・事件の紹介と関連性を有することが必要である。

第4部　法曹倫理／第1編　弁護士倫理

第3章　依頼者との関係における規律	第20条（依頼者との関係における自由と独立）	弁護士は、事件の受任及び処理に当たり、自由かつ独立の立場を保持するように努める。	【趣旨】 2条に規定する義務を、依頼者との関係において、改めて規定したものである。
	第22条（依頼者の意思の尊重）	1　弁護士は、委任の趣旨に関する依頼者の意思を尊重して職務を行うものとする。 2　弁護士は、依頼者が疾病その他の事情のためその意思を十分に表明できないときは、適切な方法を講じて依頼者の意思の確認に努める。	【趣旨】 1項は、弁護士の基本的職責である依頼者の権利及び正当な利益の実現を図るためには、依頼者の意思を尊重することが前提になることから規定された。 2項は、依頼者の意思の尊重のためには、依頼者の意思を把握することが困難な場合でもその把握に努めることは当然であることから規定された。
	第23条（秘密の保持）	弁護士は、正当な理由なく、依頼者について職務上知り得た秘密を他に漏らし、又は利用してはならない。	【趣旨】 弁護士が依頼の趣旨を理解しその目的に沿って職務を遂行するためには依頼者の秘密に触れざるを得ない場合が多く、積極的に依頼者の秘密開示を求める必要も多々あるので、依頼者のプライバシーを守るために、弁護士がその秘密を他に漏らしてはならないとする点にある。 【ポイント解説】 「依頼者」とは、個別事件を依頼した者のほか、顧問先、組織内弁護士の雇用主等を含む。 「職務上知り得た」とは、弁護士が弁護士法3条に定める職務を行う過程で知り得たことをいう。

第3章　弁護士職務基本規程の重要条文、趣旨、ポイント解説、弁護士法との比較

| 第3章　依頼者との関係における規律 | 第23条（秘密の保持） | | 「秘密」とは、一般に知られていない事実であって、本人が特に秘匿しておきたいと考える性質の事項に限らず、一般人の立場から見て秘匿しておきたいと考える性質を持つ事項も含む。
「漏らす」とは、第三者に開示することをいう。不特定多数人に開示するだけでなく、特定少数人に開示する場合も含む。
「利用」とは、秘密をもとに一定の効果を得ることを企図して行為することをいう。
なお、受任事件が終了した後でも、守秘義務から解放されるものではない。
【弁護士法との比較】
守秘義務については、弁護士法23条にも規定があるが、同条は、秘密を依頼者の秘密に限定しておらず、また、弁護士であった者も規制の対象とされている。そこで、弁護士法23条による規制は本条よりも広いものといえる。 |

	弁護士法	弁護士職務基本規程
主体	弁護士又は弁護士であった者	弁護士
対象	職務上知り得た秘密	依頼者について職務上知り得た秘密
内容	保持する権利を有し、義務を負う	他に漏らし又は利用してはならない
例外	法律に別段の定めがある場合	正当な理由

| 第24条（弁護士報酬） | 弁護士は、経済的利益、事案の難易、時間及び労力その他の事情に照らして、適正かつ妥当な弁護士報酬を提示しなければならない。 | 【趣旨】
弁護士が報酬の額や算定方法を自由に定めることができるようになったことに照らし、適正妥当な報酬を提示すべきことを定めた。 |

393

第4部 法曹倫理／第1編 弁護士倫理

第3章 依頼者との関係における規律	第25条（依頼者との金銭貸借等）	弁護士は、特別の事情がない限り、依頼者と金銭の貸借をし、又は自己の債務について依頼者に保証を依頼し、若しくは依頼者の債務について保証をしてはならない。	【趣旨】 弁護士が依頼者と金銭貸借等をすると、独立性を失い、過度に当事者的となって職務の公正を保ち得ないこととなるおそれが生じる。また、これらを原因として依頼者との間に利益相反が生じ、信頼関係を傷つける可能性も高い。そこで、かかる金銭貸借等を禁止したものである。 【ポイント解説】 「金銭の貸借」には、弁護士が依頼者に貸し付ける場合と、依頼者から借り受ける場合を含む。 「貸借」「保証」には、それらと同様の経済的機能を有するその他の法律関係を含む。
	第27条（職務を行い得ない事件）	弁護士は、次の各号のいずれかに該当する事件については、その職務を行ってはならない。ただし、第3号に掲げる事件については、受任している事件の依頼者が同意した場合は、この限りでない。 ① 相手方の協議を受けて賛助し、又はその依頼を承諾した事件 ② 相手方の協議を受けた事件で、その協議の程度及び方法が信頼関係に基づくと認められるもの ③ 受任している事件の相手方からの依頼による他の事件 ④ 公務員として職務上取り扱った事件 ⑤ 仲裁、調停、和解斡旋その他の裁判外紛争解決手続機関の手続実施者として取り扱った事件	【趣旨】 弁護士法25条と同様の規定である。①当事者の利益保護、②弁護士の職務執行の公正の確保、③弁護士の品位の保持、をその趣旨としている。 1号の趣旨は、弁護士が1号所定の事件について職務を行うことは、さきに当該弁護士を信頼して協議又は依頼した相手方の信頼を裏切ることになり、このような行為は弁護士の品位を失墜させるので、これを未然に防止することにある（最大判昭38.10.30、百選18事件）。 2号も同旨。 3号の趣旨は、受任事件の相手方から、別の事件の依頼を受けてこれに職務行為を行うことを許せば、当初の受任事件の依頼者の利益を害するおそれが多分にあり、ひいては弁護士の職務行為の公正に疑惑を招来し、弁護士の品位と信用を傷つけるおそれがあるから、これを防止することにある。 4号・5号の趣旨は、公務員であった時に知った情報を利用して事件処理す

第3章　弁護士職務基本規程の重要条文、趣旨、ポイント解説、弁護士法との比較

第3章　依頼者との関係における規律	第27条（職務を行い得ない事件）

ることは、弁護士の品位、信用を害するからこれを防止することにある。

【ポイント解説】

①1号

「相手方」とは、民事・刑事を問わず、同一案件における事実関係において利害の対立する状態にある当事者をいう。利害の対立とは、実質的なものであることを要する。

「協議を受けて」とは、当該具体的事件の内容について、法律的な解釈や解決を求める相談を受けることをいう。主体的に協議を受けたことが必要である。

「賛助」とは、協議を受けた当該具体的事件について、相談者が希望する一定の結論・利益を擁護するための具体的な見解を示したり、法律的手段を教示し、あるいは助言することをいう。

「依頼を承諾した」とは、事件を受任することの依頼に対する承諾をいう。協議を受けることの依頼を承諾しただけではあたらない。もっとも、事件の受任の依頼を承諾した場合にはそれだけで該当し、必ずしも事件の内容の協議を受けることまでは要しない。

「事件」とは、当該弁護士が関与した事件が一方当事者とその相手方との間において同一であることを要する。事件の同一性は、その基礎をなす紛争の実体を同一と見るべきかどうかによって判断すべきである。

②2号

「相手方」「協議を受けた」「事件」については、1号と同様である。

「協議の程度及び方法が信頼関係に基づくと認められるもの」とは、1号に比肩し得るほどの強い信頼関係によることが必要である。「協議の程度」とは、協議の内容、深さに着目するものであり、「協議の方法」とは、協議の回数・

395

第4部　法曹倫理／第1編　弁護士倫理

第3章　依頼者との関係における規律	第27条（職務を行い得ない事件）		時間・場所・資料の有無等の態様に着目するものである。 ③3号 「受任している事件」とは、現に受任している事件をいい、過去において受任しすでに終了している事件を含まない（最判昭40.4.2）。 「相手方」とは、現に受任している事件の相手方当事者本人をいう。 本号の趣旨が、第一義的には依頼者の保護にあることに鑑み、受任している事件の依頼者が同意した場合は、職務禁止が解除される。 ④4号 「公務員」には、判事、検事のほか、国家公務員法・地方公務員法上の一般職・特別職の公務員が含まれる。また、各委員等もこれにあたる。さらに、法令により公務に従事する者一般も含むと解すべきである。 「公務員として職務上取り扱った事件」と弁護士が受任した事件とは、同一であることを要する。 ⑤5号 「裁判外紛争解決手続機関」には、仲裁法に定める仲裁手続やＡＤＲ基本法に基づき認証を受けた紛争解決機関のほか、広く裁判外の紛争解決手続機関を含む。 「手続実施者」とは、仲裁手続の仲裁人、調停手続の調停委員、斡旋手続の斡旋員等、紛争を解決するために中立公平な立場で手続に参与する者をいう。
	第28条（同前）	弁護士は、前条に規定するもののほか、次の各号のいずれかに該当する事件については、その職務を行ってはならない。ただし、第1号及び第4号に掲げる事件についてその依頼者が同意した場合、第2号に掲げる事件についてその依頼者及び相手方が同意した場合並	**【趣旨】** 前条と同様に、①当事者の利益保護、②弁護士の職務執行の公正の確保、③弁護士の品位の保持にある。 1号は、弁護士と特別な関係にある者を相手方とする事件においては、受任事件の依頼者の利益を害するおそれ

396

| 第3章 依頼者との関係における規律 | 第28条（同前） | びに第3号に掲げる事件についてその依頼者及び他の依頼者のいずれもが同意した場合は、この限りでない。
① 相手方が配偶者、直系血族、兄弟姉妹又は同居の親族である事件
② 受任している他の事件の依頼者又は継続的な法律事務の提供を約している者を相手方とする事件
③ 依頼者の利益と他の依頼者の利益が相反する事件
④ 依頼者の利益と自己の経済的利益が相反する事件 | が多分にあり、ひいては弁護士の職務執行の公正に疑惑を招来し、弁護士の品位・信用を害するおそれがあるので、そのような事件について職務を行い得ないものとした。
2号は、受任事件の依頼者の利益を害するおそれがあり、弁護士の職務執行の公正に疑惑を招来し、弁護士の品位・信用を害するおそれがあるので、そのような事件について職務を行い得ないものとした。
3号は、複数の依頼者相互間の利益が相反する場合、弁護士がその事件を受任することにより、一方の依頼者の利益や権利を擁護して、他方の依頼者の利益を害する場合があることから、弁護士の職務執行の公正に疑惑を招来し、弁護士の品位・信用を害するおそれがあるので、職務を行い得ないものとした。
4号は、弁護士が事件を受任し遂行するうえで、当該弁護士自身の利益が相反する状況にあると、依頼者の利益を犠牲にして自己の利益を優先し、受任事件の依頼者の利益を害するおそれがあるため、そのような職務を行い得ないものとした。
【ポイント解説】
①1号
「相手方」は、27条1号の「相手方」と同義であり、民事・刑事を問わず、同一案件における事実関係において利害の対立する状態にある当事者をいう。
本号の趣旨が、第一義的には依頼者の保護にあることに鑑み、事件の依頼者が同意した場合は、職務禁止が解除される。
②2号
「受任している事件」とは、現に受任している事件をいい、過去において受任しすでに終了している事件を含ま |

第4部　法曹倫理／第1編　弁護士倫理

| 第3章　依頼者との関係における規律 | 第28条（同前） | | ない。
「依頼者」は、委任契約に基づく場合に限られず、国選弁護事件の被告人等も含む。
「継続的な法律事務の提供を約している者」とは、顧問契約を締結している相手方に限らず、嘱託として継続的に法律事務の提供をしている場合の相手方や、企業不祥事の調査委員会の委員として法律事務の提供をしている企業をいう。
事件の同一性は、その基礎をなす紛争の実体を同一と見るべきかどうかによって判断すべきである。
本号においては、受任している他の事件の依頼者又は継続的な法律事務の提供を約している者の同意があり、かつ、これから受任しようとしている依頼者の同意がある場合には職務禁止が解除される。
③3号
「依頼者の利益」とは、法律上保護に値する利益を指し、法律上問題とする必要のない感情的な利害、人間関係上の感情的な反発や軋轢は含まない。
「他の依頼者」とは、現に委任を受けている他の事件の依頼者をいい、過去の依頼者、終了した事件の依頼者を含まない。
本号においては、依頼者の同意があり、かつ、他の依頼者の同意がある場合には、職務禁止が解除される。
④4号
「依頼者の利益」は、前号と同様である。
「自己の経済的利益が相反する」とは、弁護士が自己の利益を図るあまり依頼者にとって誠実な事件処理を疎かにするような場合をいう。
本号においては、依頼者の同意があれば、職務禁止を解除される。 |

398

第3章　弁護士職務基本規程の重要条文、趣旨、ポイント解説、弁護士法との比較

第3章 依頼者との関係における規律	第36条（事件処理の報告及び協議）	弁護士は、必要に応じ、依頼者に対して、事件の経過及び事件の帰趨に影響を及ぼす事項を報告し、依頼者と協議しながら事件の処理を進めなければならない。	【趣旨】 前段は、委任契約に基づく報告義務（民法645条）を定めたものである。 後段は、弁護士は、依頼者の意思や希望を確知しなければ委任の目的を果たせず、ひいては依頼者の権利及び正当な利益も実現できなくなることから、依頼者と協議すべきことを定めたものである。
第5章 組織内弁護士における規律	第50条（自由と独立）	官公署又は公私の団体（弁護士法人及び外国法事務弁護士法人を除く。以下これらを合わせて「組織」という。）において職員若しくは使用人となり、又は取締役、理事その他の役員となっている弁護士（以下「組織内弁護士」という。）は、弁護士の使命及び弁護士の本質である自由と独立を自覚し、良心に従って職務を行うように努める。	【趣旨】 組織内弁護士は、弁護士たる身分と、その組織の一員たる身分の双方を有するが、弁護士の身分を持ったまま組織に入る以上、組織内に法の支配を徹底していく使命を負っていることを明らかにしたものである。 【ポイント解説】 「官公署」とは、官庁と地方公共団体の役所をいう。 「公私の団体」とは、公益法人、その他の公的な団体、及びNPO・NGO・企業等の私的な団体をいう。 「職員」は、当該弁護士が官公署に属する場合をいう。 「使用人、取締役、理事その他の役員」は、当該弁護士が公私の団体に属する場合をいう。 「良心」とは、21条の場合と同義であり、その職務に内在する職務上の良心のことであり、個人的な良心とは異なる。

第5章 組織内弁護士における規律	第51条（違法行為に対する措置）	組織内弁護士は、その担当する職務に関し、その組織に属する者が業務上法令に違反する行為を行い、又は行おうとしていることを知ったときは、その者、自らが所属する部署の長又はその組織の長、取締役会若しくは理事会その他の上級機関に対する説明又は勧告その他のその組織内における適切な措置を採らなければならない。	【趣旨】 組織内弁護士が、組織内において違法行為がなされていることを知ったときにとるべき行為についての指針を示すことで、自らの果たすべき義務の範囲を認識し、後に思いもよらぬ専門家責任を問われる危険を回避することを目的としている。 【ポイント解説】 本条の措置義務が認められるのは、当該弁護士が所属している部署において「担当する職務に関し」て知った事柄に限られ、担当外の事柄について偶然知った場合には義務を負わない。 本条の対象となる行為は、「法令に違反する行為」を現に行っているとき、又は行おうとしているときに限定され、違反するおそれのある行為は本条の対象外である。 当該弁護士に要求されるのは、「組織内における適切な措置」であり、組織外へ通報する義務までも課すものではない。
第6章 事件の相手方との関係における規律	第52条（相手方本人との直接交渉）	弁護士は、相手方に法令上の資格を有する代理人が選任されたときは、正当な理由なく、その代理人の承諾を得ないで直接相手方と交渉してはならない。	【趣旨】 法令上の資格を有する者を代理人とする交渉制度の実効性を確保するものである。 【ポイント解説】 「直接相手方と交渉」するとは、電話・書簡・面談等、様々な方法があり得る。「正当な理由」とは、直接交渉することが弁護士の職業倫理と社会通念から是認される場合に認められる。

第3章　弁護士職務基本規程の重要条文、趣旨、ポイント解説、弁護士法との比較

第6章 事件の相手方との関係における規律	第53条（相手方からの利益の供与）	弁護士は、受任している事件に関し、相手方から利益の供与若しくは供応を受け、又はこれを要求し、若しくは約束をしてはならない。	【趣旨】 弁護士法26条を受けて、弁護士の汚職行為を禁止する旨を定めた。 【ポイント解説】 「受任している事件」とは、現に受任して処理している事件をいう。 「相手方」とは、依頼を受けている事件の当事者と実質的に利害が対立する者をいう。 「利益」とは、人の需要・欲望を満たすに足りる一切の利益をいう。 「供与」とは、利益を相手方に得させることをいう。 「供応」とは、酒食を共にしてもてなすことをいう。 「要求」とは、利益の供与・供応を相手方に求めることをいう。 「約束」とは、相手方から弁護士への利益の供与・供応の合意をすることをいう。
第7章 共同事務所における規律	第56条（秘密の保持）	所属弁護士は、他の所属弁護士の依頼者について執務上知り得た秘密を正当な理由なく他に漏らし、又は利用してはならない。その共同事務所の所属弁護士でなくなった後も、同様とする。	【趣旨】 23条に規定されている秘密保持義務の実効性を確保し、依頼者の利益を守るとともに共同事務所における弁護士の職務に対する信頼を確保するために定められた。 【ポイント解説】 漏示・利用が禁止される秘密は、他の所属弁護士の依頼者について「執務上知り得た秘密」であり、事務所を共にすることによって知り得る秘密が全て対象とされる。また、本条の秘密保持義務の実効性を確保するため、所属弁護士でなくなった後も秘密保持義務は消滅しないものとされた。

401

第4部　法曹倫理／第1編　弁護士倫理

第7章　共同事務所における規律	第57条（職務を行い得ない事件）	所属弁護士は、他の所属弁護士（所属弁護士であった場合を含む。）が、第27条又は第28条の規定により職務を行い得ない事件については、職務を行ってはならない。ただし、職務の公正を保ち得る事由があるときは、この限りでない。	【趣旨】 弁護士の職務の公正を保ち、所属弁護士・共同事務所の信用を損なわないために、利益相反ルールを共同事務所の範囲で敷衍して規定した。もっとも、職務の公正を保ち得る事由のあるときは、これを禁止する必要はないので、例外的に職務を行い得るものとした。 【ポイント解説】 「職務の公正を保ち得る事由」とは、27条・28条の趣旨である、当事者の利益を保護し、弁護士の職務遂行の公正を確保し、弁護士に対する信頼確保を保持し得る事由をいう。具体的には、①チャイニーズ・ウォールがある場合、②職務を行い得ない者が共同事務所から離脱した場合、が挙げられる。 ①については、利益相反行為の有無をチェックする体制を整備し、依頼事件に関する情報や秘密が他の所属弁護士に漏れないような体制を確立するとともに、このような体制の整備・確立を事務所の内部だけでなく対外的にも開示しておくような措置（＝チャイニーズ・ウォール）が構築されていれば、職務の公正を保ち得るといえることに基づく。 ②については、かかる場合には職務の公正を保ち得ない事情は希薄化するのが一般であるといえることに基づく。 なお、所属弁護士であった者が、当該共同事務所からの離脱後に職務を行い得なくなったような場合には、共同事務所において職務の公正を保ち得ないという事情は存在しないので、本条の適用はない。

第4章　弁護士法と弁護士職務基本規程の対応関係

	弁護士法	弁護士職務基本規程
第1章 弁護士の 使命及び職務	1条（弁護士の使命）	1条（使命の自覚） 4条（司法独立の擁護） 5条（信義誠実）
	2条（弁護士の職責の根本基準）	6条（名誉と信用） 7条（研鑽） 9条（広告及び宣伝） 37条（法令等の調査） 70条（名誉の尊重）
第4章 弁護士の 権利及び義務	23条（秘密保持の権利及び義務）	23条（秘密の保持） 56条（秘密の保持）
	24条（委嘱事項等を行う義務）	80条（委嘱事項の不当拒絶）
	25条（職務を行い得ない事件）	27条（職務を行い得ない事件） 63条（職務を行い得ない事件）
	26条（汚職行為の禁止）	53条（相手方からの利益の供与）
	27条（非弁護士との提携の禁止）	11条（非弁護士との提携）
	28条（係争権利の譲受の禁止）	17条（係争目的物の譲受け）
	29条（依頼不承諾の通知義務）	34条（受任の諾否の通知）
第4章の2 弁護士法人	30条の18（特定の事件についての業務の制限）	65条（業務を行い得ない事件） 66条（業務を行い得ない事件）
第5章 弁護士会	41条（紛議の調停）	26条（依頼者との紛議）

403

第4部　法曹倫理／第1編　弁護士倫理

第5章　弁護士職務基本規程全条文

弁護士職務基本規程（平成 16 年 11 月 10 日会規第 70 号）

改正　平成 26 年 12 月 5 日

改正　令和 3 年 6 月 11 日

目次

第1章　基本倫理（第1条―第8条）

第2章　一般規律（第9条―第19条）

第3章　依頼者との関係における規律

　第1節　通則（第20条―第26条）

　第2節　職務を行い得ない事件の規律（第27条・第28条）

　第3節　事件の受任時における規律（第29条―第34条）

　第4節　事件の処理における規律（第35条―第43条）

　第5節　事件の終了時における規律（第44条・第45条）

第4章　刑事弁護における規律（第46条―第49条）

第5章　組織内弁護士における規律（第50条・第51条）

第6章　事件の相手方との関係における規律（第52条―第54条）

第7章　共同事務所における規律（第55条―第60条）

第8章　弁護士法人等における規律（第61条―第69条）

第9章　他の弁護士等との関係における規律（第70条―第73条）

第10章　裁判の関係における規律（第74条―第77条）

第11章　弁護士会との関係における規律（第78条・第79条）

第12章　官公署との関係における規律（第80条・第81条）

第13章　解釈適用指針（第82条）

附則

弁護士は、基本的人権の擁護と社会正義の実現を使命とする。

その使命達成のために、弁護士には職務の自由と独立が要請され、高度の自治が保障されている。

弁護士は、その使命を自覚し、自らの行動を規律する社会的責任を負う。

よって、ここに弁護士の職務に関する倫理と行為規範を明らかにするため、弁護士職務基本規程を制定する。

第5章　弁護士職務基本規程全条文

第1章　基本倫理

（使命の自覚）

第1条　弁護士は、その使命が基本的人権の擁護と社会正義の実現にあることを自覚し、その使命の達成に努める。

（自由と独立）

第2条　弁護士は、職務の自由と独立を重んじる。

（弁護士自治）

第3条　弁護士は、弁護士自治の意義を自覚し、その維持発展に努める。

（司法独立の擁護）

第4条　弁護士は、司法の独立を擁護し、司法制度の健全な発展に寄与するように努める。

（信義誠実）

第5条　弁護士は、真実を尊重し、信義に従い、誠実かつ公正に職務を行うものとする。

（名誉と信用）

第6条　弁護士は、名誉を重んじ、信用を維持するとともに、廉潔を保持し、常に品位を高めるように努める。

（研鑽）

第7条　弁護士は、教養を深め、法令及び法律事務に精通するため、研鑽に努める。

（公益活動の実践）

第8条　弁護士は、その使命にふさわしい公益活動に参加し、実践するように努める。

第2章　一般規律

（広告及び宣伝）

第9条　弁護士は、広告又は宣伝をするときは、虚偽又は誤導にわたる情報を提供してはならない。

2　弁護士は、品位を損なう広告又は宣伝をしてはならない。

（依頼の勧誘等）

第10条　弁護士は、不当な目的のため、又は品位を損なう方法により、事件の依頼を勧誘し、又は事件を誘発してはならない。

（非弁護士との提携）

第11条　弁護士は、弁護士法（昭和24年法律第205号）第72条から第74条までの規定に違反する者又はこれらの規定に違反すると疑うに足りる相当な理由のある者から依頼者の紹介を受け、これらの者を利用し、又はこれらの者に自己の名義を利用させてはならない。

（報酬分配の制限）

第12条　弁護士は、その職務に関する報酬を弁護士、弁護士法人又は弁護士・外国法事務弁護士共同法人（以下「共同法人」という。）でない者との間で分配してはならない。ただし、法令又は本会若しくは所属弁護士会の定める会則に別段の定めがある場合その他正当な理由がある場合は、この限りでない。

（依頼者紹介の対価）

第13条　弁護士は、依頼者の紹介を受けたことに対する謝礼その他の対価を支払ってはならない。

2　弁護士は、依頼者の紹介をしたことに対する謝礼その他の対価を受け取ってはならない。

第4部　法曹倫理／第1編　弁護士倫理

（違法行為の助長）

第14条　弁護士は、詐欺的取引、暴力その他の違法若しくは不正な行為を助長し、又はこれらの行為を利用してはならない。

（品位を損なう事業への参加）

第15条　弁護士は、公序良俗に反する事業その他の品位を損なう事業を営み、若しくはこれに加わり、又はこれらの事業に自己の名義を利用させてはならない。

（営利業務従事における品位保持）

第16条　弁護士は、自ら営利を目的とする業務を営むとき、又は営利を目的とする業務を営む者の取締役、執行役その他業務を執行する役員若しくは使用人となったときは、営利を求めることにとらわれて、品位を損なう行為をしてはならない。

（係争目的物の譲受け）

第17条　弁護士は、係争の目的物を譲り受けてはならない。

（事件記録の保管等）

第18条　弁護士は、事件記録を保管し、又は廃棄するに際しては、秘密及びプライバシーに関する情報が漏れないように注意しなければならない。

（事務職員等の指導監督）

第19条　弁護士は、事務職員、司法修習生その他の自らの職務に関与させた者が、その者の業務に関し違法若しくは不当な行為に及び、又はその法律事務所の業務に関して知り得た秘密を漏らし、若しくは利用することのないように指導及び監督をしなければならない。

第3章　依頼者との関係における規律

第1節　通則

（依頼者との関係における自由と独立）

第20条　弁護士は、事件の受任及び処理に当たり、自由かつ独立の立場を保持するように努める。

（正当な利益の実現）

第21条　弁護士は、良心に従い、依頼者の権利及び正当な利益を実現するように努める。

（依頼者の意思の尊重）

第22条　弁護士は、委任の趣旨に関する依頼者の意思を尊重して職務を行うものとする。

2　弁護士は、依頼者が疾病その他の事情のためその意思を十分に表明できないときは、適切な方法を講じて依頼者の意思の確認に努める。

（秘密の保持）

第23条　弁護士は、正当な理由なく、依頼者について職務上知り得た秘密を他に漏らし、又は利用してはならない。

（弁護士報酬）

第24条　弁護士は、経済的利益、事案の難易、時間及び労力その他の事情に照らして、適正かつ妥当な弁護士報酬を提示しなければならない。

（依頼者との金銭貸借等）

第25条　弁護士は、特別の事情がない限り、依頼者と金銭の貸借をし、又は自己の債務について依頼者に保証を依頼し、若しくは依頼者の債務について保証をしてはならない。

（依頼者との紛議）

第26条　弁護士は、依頼者との信頼関係を保持し紛議が生じないように努め、紛議が生じたときは、所属弁護士会の紛議調停で解決するように努める。

第2節　職務を行い得ない事件の規律

（職務を行い得ない事件）

第27条　弁護士は、次の各号のいずれかに該当する事件については、その職務を行ってはならない。ただし、第3号に掲げる事件については、受任している事件の依頼者が同意した場合は、この限りでない。

　①　相手方の協議を受けて賛助し、又はその依頼を承諾した事件

　②　相手方の協議を受けた事件で、その協議の程度及び方法が信頼関係に基づくと認められるもの

　③　受任している事件の相手方からの依頼による他の事件

　④　公務員として職務上取り扱った事件

　⑤　仲裁、調停、和解斡旋その他の裁判外紛争解決手続機関の手続実施者として取り扱った事件

（同前）

第28条　弁護士は、前条に規定するもののほか、次の各号のいずれかに該当する事件については、その職務を行ってはならない。ただし、第1号及び第4号に掲げる事件についてその依頼者が同意した場合、第2号に掲げる事件についてその依頼者及び相手方が同意した場合並びに第3号に掲げる事件についてその依頼者及び他の依頼者のいずれもが同意した場合は、この限りでない。

　①　相手方が配偶者、直系血族、兄弟姉妹又は同居の親族である事件

　②　受任している他の事件の依頼者又は継続的な法律事務の提供を約している者を相手方とする事件

　③　依頼者の利益と他の依頼者の利益が相反する事件

　④　依頼者の利益と自己の経済的利益が相反する事件

第3節　事件の受任時における規律

（受任の際の説明等）

第29条　弁護士は、事件を受任するに当たり、依頼者から得た情報に基づき、事件の見通し、処理の方法並びに弁護士報酬及び費用について、適切な説明をしなければならない。

2　弁護士は、事件について、依頼者に有利な結果となることを請け合い、又は保証してはならない。

3　弁護士は、依頼者の期待する結果が得られる見込みがないにもかかわらず、その見込みがあるように装って事件を受任してはならない。

（委任契約書の作成）

第30条　弁護士は、事件を受任するに当たり、弁護士報酬に関する事項を含む委任契約書を作成しなければならない。ただし、委任契約書を作成することに困難な事由があるときは、その事由がやんだ後、これを作成する。

2　前項の規定にかかわらず、受任する事件が、法律相談、簡易な書面の作成又は顧問契約その他継続的な契約に基づくものであるときその他合理的な理由があるときは、委任契約書の作成を要しない。

第4部　法曹倫理／第1編　弁護士倫理

（不当な事件の受任）

第 31 条　弁護士は、依頼の目的又は事件処理の方法が明らかに不当な事件を受任しては
ならない。

（不利益事項の説明）

第 32 条　弁護士は、同一の事件について複数の依頼者があってその相互間に利害の対立
が生じるおそれがあるときは、事件を受任するに当たり、依頼者それぞれに対し、辞任
の可能性その他の不利益を及ぼすおそれのあることを説明しなければならない。

（法律扶助制度等の説明）

第 33 条　弁護士は、依頼者に対し、事案に応じ、法律扶助制度、訴訟救助制度その他の資
力の乏しい者の権利保護のための制度を説明し、裁判を受ける権利が保障されるように
努める。

（受任の諾否の通知）

第 34 条　弁護士は、事件の依頼があったときは、速やかに、その諾否を依頼者に通知しな
ければならない。

第4節　事件の処理における規律

（事件の処理）

第 35 条　弁護士は、事件を受任したときは、速やかに着手し、遅滞なく処理しなければな
らない。

（事件処理の報告及び協議）

第 36 条　弁護士は、必要に応じ、依頼者に対して、事件の経過及び事件の帰趨に影響を及
ぼす事項を報告し、依頼者と協議しながら事件の処理を進めなければならない。

（法令等の調査）

第 37 条　弁護士は、事件の処理に当たり、必要な法令の調査を怠ってはならない。

2　弁護士は、事件の処理に当たり、必要かつ可能な事実関係の調査を行うように努める。

（預り金の保管）

第 38 条　弁護士は、事件に関して依頼者、相手方その他利害関係人から金員を預かったと
きは、自己の金員と区別し、預り金であることを明確にする方法で保管し、その状況を
記録しなければならない。

（預り品の保管）

第 39 条　弁護士は、事件に関して依頼者、相手方その他利害関係人から書類その他の物品
を預かったときは、善良な管理者の注意をもって保管しなければならない。

（他の弁護士の参加）

第 40 条　弁護士は、受任している事件について、依頼者が他の弁護士又は弁護士法人に依
頼をしようとするときは、正当な理由なく、これを妨げてはならない。

（受任弁護士間の意見不一致）

第 41 条　弁護士は、同一の事件を受任している他の弁護士又は弁護士法人との間に事件
の処理について意見が一致せず、これにより、依頼者に不利益を及ぼすおそれがあると
きは、依頼者に対し、その事情を説明しなければならない。

（受任後の利害対立）

第 42 条　弁護士は、複数の依頼者があって、その相互間に利害の対立が生じるおそれのあ
る事件を受任した後、依頼者相互間に現実に利害の対立が生じたときは、依頼者それぞ
れに対し、速やかに、その事情を告げて、辞任その他の事案に応じた適切な措置を採ら

第5章 弁護士職務基本規程全条文

なければならない。

（信頼関係の喪失）

第43条 弁護士は、受任した事件について、依頼者との間に信頼関係が失われ、かつ、その回復が困難なときは、その旨を説明し、辞任その他の事案に応じた適切な措置を採らなければならない。

第5節 事件の終了時における規律

（処理結果の説明）

第44条 弁護士は、委任の終了に当たり、事件処理の状況又はその結果に関し、必要に応じ法的助言を付して、依頼者に説明しなければならない。

（預り金等の返還）

第45条 弁護士は、委任の終了に当たり、委任契約に従い、金銭を清算した上、預り金及び預り品を遅滞なく返還しなければならない。

第4章 刑事弁護における規律

（刑事弁護の心構え）

第46条 弁護士は、被疑者及び被告人の防御権が保障されていることに鑑み、その権利及び利益を擁護するため、最善の弁護活動に努める。

（接見の確保と身体拘束からの解放）

第47条 弁護士は、身体の拘束を受けている被疑者及び被告人について、必要な接見の機会の確保及び身体拘束からの解放に努める。

（防御権の説明等）

第48条 弁護士は、被疑者及び被告人に対し、黙秘権その他の防御権について適切な説明及び助言を行い、防御権及び弁護権に対する違法又は不当な制限に対し、必要な対抗措置を採るように努める。

（国選弁護における対価受領等）

第49条 弁護士は、国選弁護人に選任された事件について、名目のいかんを問わず、被告人その他の関係者から報酬その他の対価を受領してはならない。

2 弁護士は、前項の事件について、被告人その他の関係者に対し、その事件の私選弁護人に選任するように働きかけてはならない。ただし、本会又は所属弁護士会の定める会則に別段の定めがある場合は、この限りでない。

第5章 組織内弁護士における規律

（自由と独立）

第50条 官公署又は公私の団体（弁護士法人、外国法事務弁護士法人及び共同法人を除く。以下これらを合わせて「組織」という。）において職員若しくは使用人となり、又は取締役、理事その他の役員となっている弁護士（以下「組織内弁護士」という。）は、弁護士の使命及び弁護士の本質である自由と独立を自覚し、良心に従って職務を行うように努める。

（違法行為に対する措置）

第51条 組織内弁護士は、その担当する職務に関し、その組織に属する者が業務上法令に違反する行為を行い、又は行おうとしていることを知ったときは、その者、自らが所属する部署の長又はその組織の長、取締役会若しくは理事会その他の上級機関に対する説

第4部　法曹倫理／第1編　弁護士倫理

明又は勧告その他のその組織内における適切な措置を採らなければならない。

第6章　事件の相手方との関係における規律
（相手方本人との直接交渉）

第52条　弁護士は、相手方に法令上の資格を有する代理人が選任されたときは、正当な理由なく、その代理人の承諾を得ないで直接相手方と交渉してはならない。

（相手方からの利益の供与）

第53条　弁護士は、受任している事件に関し、相手方から利益の供与若しくは供応を受け、又はこれを要求し、若しくは約束をしてはならない。

（相手方に対する利益の供与）

第54条　弁護士は、受任している事件に関し、相手方に対し、利益の供与若しくは供応をし、又は申込みをしてはならない。

第7章　共同事務所における規律
（遵守のための措置）

第55条　複数の弁護士が法律事務所（弁護士法人又は共同法人の法律事務所である場合を除く。）を共にする場合（以下この法律事務所を「共同事務所」という。）において、その共同事務所に所属する弁護士（以下「所属弁護士」という。）を監督する権限のある弁護士は、所属弁護士がこの規程を遵守するための必要な措置を採るように努める。

（秘密の保持）

第56条　所属弁護士は、他の所属弁護士の依頼者について執務上知り得た秘密を正当な理由なく他に漏らし、又は利用してはならない。その共同事務所の所属弁護士でなくなった後も、同様とする。

（職務を行い得ない事件）

第57条　所属弁護士は、他の所属弁護士（所属弁護士であった場合を含む。）が、第27条又は第28条の規定により職務を行い得ない事件については、職務を行ってはならない。ただし、職務の公正を保ち得る事由があるときは、この限りでない。

（同前―受任後）

第58条　所属弁護士は、事件を受任した後に前条に該当する事由があることを知ったときは、速やかに、依頼者にその事情を告げて、辞任その他の事案に応じた適切な措置を採らなければならない。

（事件情報の記録等）

第59条　所属弁護士は、職務を行い得ない事件の受任を防止するため、他の所属弁護士と共同して、取扱い事件の依頼者、相手方及び事件名の記録その他の措置を採るように努める。

（準用）

第60条　この章の規定は、弁護士が外国法事務弁護士と事務所を共にする場合について準用する。この場合において、第55条中「複数の弁護士が」とあるのは「弁護士及び外国法事務弁護士が」と、「（以下この法律事務所を「共同事務所」という。）」とあるのは「（以下この事務所を「共同事務所」といい、外国法事務弁護士と事務所を共にする弁護士を「所属弁護士」という。）」と、「共同事務所に所属する弁護士（以下「所属弁護士」という。）」とあるのは「共同事務所に所属する外国法事務弁護士（以下「所属外国法事

務弁護士という。）」と、「所属弁護士がこの規程を」とあるのは「所属外国法事務弁護士
が外国法事務弁護士等職務基本規程（会規第100号）を」と、第56条、第57条及び前
条の規定中「他の所属弁護士」とあるのは「所属外国法事務弁護士」と、第57条中「所
属弁護士であった」とあるのは「所属外国法事務弁護士であった」と、「第27条又は第
28条」とあるのは「外国法事務弁護士等職務基本規程第27条又は第28条」と、それぞ
れ読み替えるものとする。

第8章　弁護士法人等における規律

（遵守のための措置）

第61条　弁護士法人の社員である弁護士は、その弁護士法人の社員又は使用人である弁
　　護士（以下「社員等」という。）がこの規程を、使用人である外国法事務弁護士が外国法
　　事務弁護士職務基本規程を遵守するための必要な措置を採るように努める。

（秘密の保持）

第62条　社員等は、その弁護士法人、他の社員等又は使用人である外国法事務弁護士の依
　　頼者について執務上知り得た秘密を正当な理由なく他に漏らし、又は利用してはならな
　　い。社員等でなくなった後も、同様とする。

（職務を行い得ない事件）

第63条　社員等（第1号及び第2号の場合においては、社員等であった者を含む。）は、
　　次に掲げる事件については、職務を行ってはならない。ただし、第4号に掲げる事件に
　　ついては、その弁護士法人が受任している事件の依頼者の同意がある場合は、この限り
　　でない。
　①　社員等であった期間内に、その弁護士法人が相手方の協議を受けて賛助し、又はそ
　　　の依頼を承諾した事件であって、自らこれに関与したもの
　②　社員等であった期間内に、その弁護士法人が相手方の協議を受けた事件で、その協
　　　議の程度及び方法が信頼関係に基づくと認められるものであって、自らこれに関与し
　　　たもの
　③　その弁護士法人が相手方から受任している事件
　④　その弁護士法人が受任している事件（当該社員等が自ら関与しているものに限る。）
　　　の相手方からの依頼による他の事件

（他の社員等との関係で職務を行い得ない事件）

第64条　社員等は、他の社員等が第27条、第28条又は前条第1号若しくは第2号のいず
　　れかの規定により職務を行い得ない事件については、職務を行ってはならない。ただし、
　　職務の公正を保ち得る事由があるときは、この限りでない。

2　社員等は、使用人である外国法事務弁護士が外国法事務弁護士職務基本規程第27条、
　　第28条又は第59条第1号若しくは第2号のいずれかの規定により職務を行い得ない事
　　件については、職務を行ってはならない。ただし、職務の公正を保ち得る事由があると
　　きは、この限りでない。

（業務を行い得ない事件）

第65条　弁護士法人は、次の各号のいずれかに該当する事件については、その業務を行っ
　　てはならない。ただし、第3号に規定する事件については受任している事件の依頼者の
　　同意がある場合及び第5号に規定する事件についてはその職務を行い得ない社員がその
　　弁護士法人の社員の総数の半数未満であり、かつ、その弁護士法人に業務の公正を保ち

第4部　法曹倫理／第1編　弁護士倫理

得る事由がある場合は、この限りでない。
① 相手方の協議を受けて賛助し、又はその依頼を承諾した事件
② 相手方の協議を受けた事件で、その協議の程度及び方法が信頼関係に基づくと認められるもの
③ 受任している事件の相手方からの依頼による他の事件
④ 社員等又は使用人である外国法事務弁護士が相手方から受任している事件
⑤ 社員が第 27 条、第 28 条又は第 63 条第 1 号若しくは第 2 号のいずれかの規定により職務を行い得ない事件

（同前）

第 66 条　弁護士法人は、前条に規定するもののほか、次の各号のいずれかに該当する事件については、その業務を行ってはならない。ただし、第 1 号に掲げる事件についてその依頼者及び相手方が同意した場合、第 2 号に掲げる事件についてその依頼者及び他の依頼者のいずれもが同意した場合並びに第 3 号に掲げる事件についてその依頼者が同意した場合は、この限りでない。
① 受任している他の事件の依頼者又は継続的な法律事務の提供を約している者を相手方とする事件
② 依頼者の利益と他の依頼者の利益が相反する事件
③ 依頼者の利益とその弁護士法人の経済的利益が相反する事件

（同前―受任後）

第 67 条　社員等は、事件を受任した後に第 63 条第 3 号の規定に該当する事由があることを知ったときは、速やかに、依頼者にその事情を告げ、辞任その他の事案に応じた適切な措置を採らなければならない。
2　弁護士法人は、事件を受任した後に第 65 条第 4 号又は第 5 号の規定に該当する事由があることを知ったときは、速やかに、依頼者にその事情を告げ、辞任その他の事案に応じた適切な措置を採らなければならない。

（事件情報の記録等）

第 68 条　弁護士法人は、その業務が制限されている事件を受任すること及びその社員等若しくは使用人である外国法事務弁護士が職務を行い得ない事件を受任することを防止するため、その弁護士法人、社員等及び使用人である外国法事務弁護士の取扱い事件の依頼者、相手方及び事件名の記録その他の措置を採るように努める。

（外国法事務弁護士法人の使用人である弁護士への準用）

第 68 条の 2　第 62 条から第 64 条まで及び第 67 条第 1 項の規定は、外国法事務弁護士法人の使用人である弁護士について準用する。この場合において、次の表の上欄（※左欄）に掲げる規定中同表の中欄に掲げる字句は、同表の下欄（※右欄）に掲げる字句と読み替えるものとする。

412

第5章　弁護士職務基本規程全条文

※辰已注：原文（縦書）を横書に編集している為、本書では「上欄」と「左欄」、「下欄」を「右欄」と読み替えてください。

第62条	社員等は	外国法事務弁護士法人の使用人である弁護士は
	その弁護士法人	その外国法事務弁護士法人
	他の社員等	その外国法事務弁護士法人の社員若しくは使用人である外国法事務弁護士（以下「外国法事務弁護士法人の社員等」という。）
	使用人である外国法事務弁護士	使用人である他の弁護士
	社員等でなくなった後	外国法事務弁護士法人の使用人である弁護士でなくなった後
第63条	社員等	外国法事務弁護士法人の使用人である弁護士
	その弁護士法人	その外国法事務弁護士法人
第64条 第1項	社員等は	外国法事務弁護士法人の使用人である弁護士は
	他の社員等	その外国法事務弁護士法人の社員等
	第27条、第28条又は前条第1号若しくは第2号	外国法事務弁護士職務基本規程第27条、第28条又は第59条第1号若しくは第2号
第64条 第2項	社員等は	外国法事務弁護士法人の使用人である弁護士は
	使用人である外国法事務弁護士	使用人である他の弁護士
	外国法事務弁護士職務基本規程第27条、第28条又は第59条第1号若しくは第2号	第27条、第28条又は前条第1号若しくは第2号
第67条 第1項	社員等は	外国法事務弁護士法人の使用人である弁護士は
	第63条第3号	第68条の2において準用する第63条第3号

413

第4部　法曹倫理／第1編　弁護士倫理

（準用）
第69条　第1章から第3章まで（第16条、第19条、第23条及び第3章第2節を除く。）、
　　　第6章及び第9章から第12章までの規定は、弁護士法人について準用する。

第9章　他の弁護士等との関係における規律
（名誉の尊重）
第70条　弁護士は、他の弁護士、弁護士法人、外国法事務弁護士、外国法事務弁護士法人
　　　及び共同法人（以下「他の弁護士等」という。）との関係において、相互に名誉と信義を
　　　重んじる。
（他の弁護士等に対する不利益行為）
第71条　弁護士は、信義に反して他の弁護士等を不利益に陥れてはならない。
（他の事件への不当介入）
第72条　弁護士は、他の弁護士等が受任している事件に不当に介入してはならない。
（他の弁護士等との間の紛議）
第73条　弁護士は、他の弁護士等との間の紛議については、協議又は弁護士会の紛議調停
　　　による円満な解決に努める。

第10章　裁判の関係における規律
（裁判の公正と適正手続）
第74条　弁護士は、裁判の公正及び適正手続の実現に努める。
（偽証のそそのかし）
第75条　弁護士は、偽証若しくは虚偽の陳述をそそのかし、又は虚偽と知りながらその証
　　　拠を提出してはならない。
（裁判手続の遅延）
第76条　弁護士は、怠慢により、又は不当な目的のため、裁判手続を遅延させてはならない。
（裁判官等との私的関係の不当利用）
第77条　弁護士は、その職務を行うに当たり、裁判官、検察官その他裁判手続に関わる公
　　　職にある者との縁故その他の私的関係があることを不当に利用してはならない。

第11章　弁護士会との関係における規律
（弁護士法等の遵守）
第78条　弁護士は、弁護士法、外国弁護士による法律事務の取扱い等に関する法律（昭和
61年法律第66号）並びに本会及び所属弁護士会の会則を遵守しなければならない。
（委嘱事項の不当拒絶）
第79条　弁護士は、正当な理由なく、会則の定めるところにより、本会、所属弁護士会及
　　　び所属弁護士会が弁護士法第44条の規定により設けた弁護士会連合会から委嘱された
　　　事項を行うことを拒絶してはならない。

第12章　官公署との関係における規律
（委嘱事項の不当拒絶）
第80条　弁護士は、正当な理由なく、法令により官公署から委嘱された事項を行うことを
　　　拒絶してはならない。

414

（受託の制限）

第81条　弁護士は、法令により官公署から委嘱された事項について、職務の公正を保ち得ない事由があるときは、その委嘱を受けてはならない。

第13章　解釈適用指針

（解釈適用指針）

第82条　この規程は、弁護士の職務の多様性と個別性に鑑み、その自由と独立を不当に侵すことのないよう、実質的に解釈し適用しなければならない。第5条の解釈適用に当たって、刑事弁護においては、被疑者及び被告人の防御権並びに弁護人の弁護権を侵害することのないように留意しなければならない。

2　第1章並びに第20条から第22条まで、第26条、第33条、第37条第2項、第46条から第48条まで、第50条、第55条、第59条、第61条、第68条、第70条、第73条及び第74条の規定は、弁護士の職務の行動指針又は努力目標を定めたものとして解釈し適用しなければならない。

附　則

この規程は、平成17年4月1日から施行する。

附　則（平成26年12月5日会規第102号

外国法事務弁護士法人制度創設に係る外国弁護士による法律事務の取扱いに関する特別措置法の一部改正に伴う会規（外国特別会員関係を除く。）の整備に関する規程　目次、第11条、第14条、第15条、第18条、第30条、第42条、第43条、第45条、第46条、第48条、第50条、第51条、第55条、第58条、第59条、第60条、第8章の章名、第61条、第64条、第67条、第68条、第68条の2、第69条、第9章の章名、第70条、第71条、第73条、第76条、第82条改正）抄

第1条　この規程は、外国弁護士による法律事務の取扱いに関する特別措置法の一部を改正する法律（平成26年法律第29号）の施行の日から施行する。

（平成27年政令第414号で平成28年3月1日から施行）

附　則（令和3年6月11日会規第116号

弁護士・外国法事務弁護士共同法人制度創設に係る外国弁護士による法律事務の取扱いに関する特別措置法の一部改正に伴う会規（外国特別会員関係を除く。）の整備に関する規程　第12条、第40条、第41条、第50条、第55条、第60条、第61条、第62条、第63条、第64条、第68条の2の表、第70条、第78条改正）

この規程は、外国弁護士による法律事務の取扱いに関する特別措置法の一部を改正する法律（令和2年法律第33号）第2条の規定の施行の日から施行する。

（令和4年政令第41号で令和4年11月1日から施行）

416

第5部
論文式試験について

第5部　論文式試験について

序　本試験過去14年間のまとめ

1　出題分野について

　要件事実、事実認定については、毎年出題されている。配点割合は要件事実
＞事実認定の順となっている。法曹倫理については、平成23年から27年に
出題されていたが、それ以後は論文式試験では出題がなく、もっぱら口述試験
で出題されている。平成28年以降は、代わりに、民事執行・保全手続の分野
が出題されている。

2　要件事実分野の出題内容

　平成23年から始まった司法試験予備試験は、法科大学院の課程を修了した
者と「同等の学識及びその応用能力並びに法律に関する実務の基礎的素養を
有するかどうかを判定することを目的」（司法試験法5条1項）とする。実際
に平成23年から令和6年までの司法試験予備試験で問われた主な内容は、次
のとおりである。

年度	設問	出題テーマ	本書の参照頁
H23	設問1	債権譲渡及び譲受債権の内容たる消費貸借契約の要件事実とその理由	227頁
	設問2	消滅時効の援用に関する不確定効果説と確定効果説の違いと要件事実	90頁
	設問3	消滅時効の抗弁に対する再抗弁としての時効完成前の催告と時効完成後の債務承認の要件事実	91頁
H24	設問1	相殺の抗弁と留置権の抗弁の要件事実	93頁
	設問3	相殺の抗弁と解除の効果、留置権の抗弁と解除の効果	93頁
H25	設問1	占有権原の抗弁（転貸借）の要件事実	167頁
	設問3	相続による賃借権の取得の効果（混同）、占有権原（賃借権）の抗弁に対する解除の再抗弁	―
	設問4	無断転貸を理由とする解除と背信性の評価根拠・障害事実	151頁

418

序 本試験過去14年間のまとめ

H26	設問1	贈与契約に基づく所有権移転登記手続請求訴訟の請求の趣旨と請求原因事実	206頁
	設問2	短期取得時効の要件事実	181頁
	設問3	占有権原の抗弁（使用貸借）の要件事実	185頁
H27	設問1	売買契約に基づく所有権移転登記手続請求訴訟及び目的物引渡請求訴訟の請求の趣旨と請求原因事実	206頁
	設問2	抗弁と否認の区別	36頁
H28	設問1(2)	所有権移転登記手続請求及び土地明渡請求の請求の趣旨	155、206頁
	設問1(3)	土地明渡請求の要件事実	155頁
	設問2	対抗要件具備による所有権喪失の抗弁	166頁
	設問3	背信的悪意者の再抗弁	38頁
H29	設問1(2)〜(4)	所有権に基づく返還請求権としての動産引渡請求権と要件事実	210頁
	設問2	対抗要件具備による所有権喪失の抗弁、即時取得の抗弁	215、217頁
H30	設問1(2)〜(4)	消費貸借契約に基づく貸金返還請求の訴訟物、請求の趣旨、請求を理由付ける事実	74頁
	設問2	金銭請求に対する典型的な抗弁事実、相殺の抗弁	88、93頁
	設問3	相殺と消滅時効に関する実体法上の規律	―
R1	設問1(1)〜(3)	保証契約に基づく保証債務履行請求権の訴訟物、請求の趣旨及び請求原因事実	100頁
	設問2	譲渡制限特約、代物弁済等についての抗弁事実の内容、その理由	89、229頁
	設問3	債権譲渡における債務者対抗要件の抗弁と保証契約の性質	230頁
R2	設問1(1)(2)(4)	所有権に基づく妨害排除請求権としての抵当権設定登記抹消登記請求権の要件事実	190頁
	設問2(1)(2)	抗弁と否認の区別、94条2項の「第三者」の要件事実	36、252頁
	設問3	時効の更新の要件効果、時効援用権の喪失	91、92頁
R3	設問1(1)〜(4)	賃貸借契約に基づく賃料支払請求権の請求の趣旨、要件事実	592頁
	設問3	代物弁済による債権喪失の抗弁、敷金	88、598頁

419

第5部　論文式試験について

R4	設問1 (1)〜(4)	請負契約に基づく報酬支払請求権及びその附帯請求である履行遅滞に基づく損害賠償請求権の請求の趣旨、要件事実とその理由	9頁
	設問2	免除の抗弁、請負契約における相殺の抗弁	14、614頁
R5	設問1 (1)〜(4)	保証契約に基づく保証債務履行請求権の請求の趣旨、要件事実	100頁
	設問2	保証人の弁済拒絶の抗弁	105頁
	設問3	法定追認の再抗弁	633頁
R6	設問1 (1)〜(3)	所有権に基づく返還請求権としての土地明渡請求権の請求の趣旨、要件事実	155頁
	設問2	賃貸借契約の解除、相殺の抗弁	93、147頁
	設問3(1)	和解の要件事実	653頁

(1)　出題傾向

　　要件事実分野では、請求の趣旨、請求を理由付ける事実（請求原因事実）、抗弁、再抗弁の意義を押さえた上で、具体的に使いこなすことが求められている。年々、基本的な問題にシフトしているような印象があり、その分実力が出るのではないだろうか。**実体法上の要件を押さえた上で、要件事実として主張する事実はどのようなものになるのか、またそのような結論になるのはどうしてなのかを理由付きで問うことが多い。**要件事実を暗記しているだけでは足りず、なぜそのような要件事実になっているのかを深く理解していることが求められる。また、弁護人が主張する事実がなぜ必要なのかという問い方もしており、これに対しても要件事実を暗記するだけではなく、何のためにその事実の主張が求められているかを理解することで対応できると考えられる。

(2)　勉強方法

　　(1)で述べた通り、要件事実の深い理解が求められる。**具体的には、実体法上の要件を押さえた上で、主張立証責任の所在や推定規定により請求原因事実を始めとして主張すべき事実がどうなるのかを理由を理解した上で押さえる必要がある。また、請求の趣旨、請求を理由付ける事実、抗弁、再抗弁の意義を正確に押さえておく必要がある。**出題される分野自体は、典型的なものが多く、マニアックな勉強は求められていないと感じる。仮に本番で、定番の本で扱われていない要件事実が問われたとしても、実体法

420

序　本試験過去 14 年間のまとめ

上の要件を冒頭規定をもとに定立し、主張立証責任の所在や推定規定等を参考にして、請求原因事実として主張すべきこととなる事実を論じることができれば必要十分であると思われる。上記のことを意識しながら、本書を勉強するのが良い。

3　事実認定分野の出題内容

年度	設問	出題テーマ	本書の参照頁
H23	設問 4	二段の推定	280 頁
H24	設問 2	当事者が文書の成立の真正を否認した場合の裁判所の対応	283 頁
H25	設問 2	文書の成立の真正を否認した場合の立証活動（書証と人証）	266 頁
H26	設問 4	当事者尋問の結果を踏まえたうえで被告代理人が作成すべき準備書面	—
H27	設問 3	文書の成立の真正、証拠調べを踏まえたうえで原告代理人が作成すべき準備書面	278 頁
H28	設問 4	当事者尋問及び書証を踏まえたうえで原告代理人が作成すべき準備書面	—
H29	設問 3	文書の成立の真正、当事者尋問及び書証を踏まえたうえで原告代理人が作成すべき準備書面	278 頁
H30	設問 4	弁済の抗弁について準備書面に記載すべき事項	—
R1	設問 4	二段の推定	280 頁
R2	設問 4	当事者尋問及び書証を踏まえたうえで原告代理人が作成すべき準備書面	583 頁
R3	設問 4	二段の推定	280 頁
R4	設問 3	供述が直接証拠となる場合において原告代理人が作成すべき準備書面	615 頁
R5	設問 4	二段の推定	280 頁
R6	設問 3 (2)	二段の推定の証拠構造	280 頁

第5部　論文式試験について

(1)　出題傾向

　　二段の推定は重要論点である。二段の推定は、司法試験でも出題された
ことがあり、司法修習でも事実認定分野で絶対押さえておくべきものとさ
れている。近年は、事実認定を実際にさせる問題が出題されている。平成
26 年～30 年、令和2、4年には準備書面を起案させる問題が出題された。
分量が1頁という指定もなされており、相応の配点があると思われる。

　　二段の推定は一度押さえてしまえば比較的容易に論じることができるし、
知っているか否かで点数が変わってしまう。一方、実際に事実認定をさせ
る問題では、事実を大切にし、それに説得的な評価を加えることで自分の
採りたい結論になるように論じるという法曹に必要な資質を測ることがで
きる。

(2)　勉強方法

　　まず、二段の推定については、一段目の推定が事実上の推定であり、二
段目の推定が法定証拠法則であること、どちらの推定も立証責任が転換さ
れるわけではないことから推定を覆すには反証で足りることを押さえた上
で、それぞれの段階の推定を覆す具体例をいくつか想起しておけばよい。

　　次に、実際に事実認定をさせる問題についてである。事実認定とは、民
事裁判において、争いのある主要事実（要証事実）を適正に認定すること
であり、これについては第2章で解説されていることを理解した上で、「視
点の設定」を意識した勉強をすることが重要である。ポイントは、事例を
読みながら、①動かし難い事実を中心として信用性の高い供述証拠から確
実に認定できる事実（間接事実をも加味したもの）を認定する。②その認
定した事実について、適切な経験則を用いながら、証拠の信用性の評価や
要証事実の存否を推認させる程度を検討する。③この検討に当たっては、
認定した各事実（間接事実・補助事実）の時系列や当事者双方のストーリー
を意識し、適切な視点（例えば、「動機」、「資金状況」など）を設定して、
事実を視点の下に整理して検討する。④③において整理し検討した事実の
うち特に重要な事実について、相互の関係や要証事実の存否を推認させる
程度を総合的に判断して、結論を導く。この①②③④のプロセスを問題を
解きながら養う作業が有用である。具体的方法として、過去問や問題集の
問題文と解答例を読みながら、上記のプロセスに当てはまるようになって
いるか検討し、ある程度できるようになったら自分で答案を作成してみる
ことがおすすめである。

4 民事執行・保全手続分野の出題内容

年度	設問	出題テーマ	本書の参照頁
H28	設問1(1)	不動産の登記請求権を保全するための処分禁止の仮処分と占有移転禁止の仮処分	329、332、334頁
H29	設問1(1)	占有移転禁止の仮処分	329、332頁
H30	設問1(1)	債権を対象とする民事保全の効力	324頁
R1	設問1(4)	確定判決に基づく民事執行手続	299頁
R2	設問1(3)	意思表示の擬制	301、313頁
R3	設問2	債権者代位権の行使及び仮差押え	595頁
R4	設問4	請求異議の訴えにおける相殺の取扱い	305頁
R5	設問1(5)	仮差押命令において疎明すべき保全の必要性	324頁
R6	設問4	占有移転禁止の仮処分	333頁

(1) 出題傾向

　民事保全手続については、本案の訴訟に先立って、原告代理人があらかじめ講ずべき法的手段が問われている。民事執行手続については、本案訴訟後の確定判決に基づく民事執行手続の基本が問われている。

(2) 勉強方法

　基本的な保全・執行手続上の手段が問われている。条文を引き、出題形式に対応させる形で問いに答えることができるように勉強しておくべきである。

第5部　論文式試験について

5　法曹倫理分野の出題内容

年度	設問	出題テーマ	本書の参照頁
H23	設問5	相手方本人との直接交渉（弁護士職務基本規程 52 条）	306 頁
H24	設問4	共同法律事務所における守秘義務（弁護士法 23 条、弁護士職務基本規程 56 条）	289、306 頁
H25	設問5	受任の際の説明等（弁護士職務基本規程 29 条）	312 頁
H26	設問5	依頼者の意思の尊重（弁護士職務基本規程 22 条）と預り金等の返還（同 45 条）	299、313 頁
H27	設問4	信義誠実義務（弁護士職務基本規程 5 条）、名誉と信用（同 6 条）、依頼者の意思の尊重（同 22 条）	298、299 頁
H28	なし		
H29	なし		
H30	なし		
R1	なし		
R2	なし		
R3	なし		
R4	なし		
R5	なし		
R6	なし		

(1)　出題傾向

　　法曹倫理については、特定の分野に偏った出題はないように思える。問われ方は弁護士倫理上問題があるかというものでオーソドックスな出題方法である。比較的短めの事例であり、一通り勉強した者であれば、問題点も見えやすい基本的な出題がほとんどである。

(2)　勉強方法

　　本書を用いて弁護士法や弁護士職務基本規程の重要な条文についての趣旨と要件、典型的な事例を確認しておくことで足りると考える。また、弁護士職務基本規程の分量はそれほど多くない為、何度か目次と条文を素読

しておいて、ある程度の内容と位置を把握し、問題となりそうな条文を見つけることができるようになっていればよいと考える。他の科目同様に要件を検討し、事実をあてはめるという姿勢を守ることが重要である。

第5部　論文式試験について

> ## 第1章　平成23年

〔設問1〕
　別紙【Xの相談内容】は、弁護士PがXから受けた相談の内容の一部を記載したものである。これを前提に、以下の問いに答えなさい。

　弁護士Pは、Xの依頼により、Xの訴訟代理人として、ＡＹ間の消費貸借契約に基づく貸金返還請求権を訴訟物として、Ｙに対して 100 万円の支払を請求する訴え（以下「本件訴え」という。）を提起しようと考えている（なお、利息及び遅延損害金については請求しないものとする。以下の設問でも同じである。）。弁護士Pが、別紙【Xの相談内容】を前提に、本件訴えの訴状において、請求を理由づける事実（民事訴訟規則第 53 条第 1 項）として必要十分な最小限のものを主張する場合、次の各事実の主張が必要であり、かつ、これで足りるか。結論とともに理由を説明しなさい。
　　①　平成 16 年 10 月 1 日、Ｙは、平成 17 年 9 月 30 日に返済することを約して、Ａから 100 万円の交付を受けたとの事実
　　②　平成 22 年 4 月 1 日、Ａは、Ｘに対して、①の貸金債権を代金 80 万円で売ったとの事実
　　③　平成 17 年 9 月 30 日は到来したとの事実

〔設問2〕
　弁護士Pは、訴状に本件の請求を理由づける事実を適切に記載した上で、本件訴えを平成 23 年 2 月 15 日に提起した（以下、この事件を「本件」という。）。数日後、裁判所から訴状の副本等の送達を受けたＹが、弁護士Qに相談したところ、弁護士Qは、Ｙの訴訟代理人として本件を受任することとなった。別紙【Ｙの相談内容】は、弁護士QがＹから受けた相談の内容の一部を記載したものである。これを前提に、以下の問いに答えなさい。

　弁護士Qは、別紙【Ｙの相談内容】を前提に、答弁書において抗弁として消滅時効の主張をしようと考えている。弁護士Qとして、答弁書において必要十分な最小限の抗弁事実を主張するに当たり、消滅時効の理解に関する下記の甲説に基づく場合と乙説に基づく場合とで、主張すべき事実に違いがあるか。結論とと

426

もに理由を説明しなさい。

> 〔辰已注：平成 29 年民法・債権法改正により、消滅時効期間について改正がなされ、商事消滅時効に関する商法 522 条が削除されたため、「結論とともに理由を説明しなさい。」の後に続く「なお、本件の貸金返還請求権について商法 522 条が適用されることは解答の前提としてよい。」の一文は削除した。〕

　甲説・・時効による債権消滅の効果は、時効期間の経過とともに確定的に生じるものではなく、時効が援用されたときに初めて確定的に生じる。
　乙説・・時効による債権消滅の効果は、時効期間の経過とともに確定的に生じる。時効の援用は、「裁判所は、当事者の主張しない事実を裁判の資料として採用してはならない」という民事訴訟の一般原則に従い、時効の完成に係る事実を訴訟において主張する行為にすぎない。

〔設問 3〕
　弁護士Ｑは、別紙【Ｙの相談内容】を前提に、答弁書に消滅時効の抗弁事実を適切に記載して裁判所に提出した。
　本件については、平成 23 年 3 月 14 日に第 1 回口頭弁論期日が開かれた。同期日には、弁護士Ｐと弁護士Ｑが出頭し、弁護士Ｐは訴状のとおり陳述し、弁護士Ｑは答弁書のとおり陳述した。その上で、両弁護士は次のとおり陳述した。これを前提に、以下の問いに答えなさい。
　弁護士Ｐ：Ｙ側は消滅時効を主張しています。しかし、私がＸから聴取しているところでは、Ａは、平成 22 年 4 月 1 日にＸに本件の貸金債権を譲渡し、同日にＹにその事実を電話で通知した、そこで、Ｘは、5 年の時効期間が経過する前の同年 5 月 14 日にＹの店に行き、Ｙに対して本件の借金を返済するよう求めたが、そのときにＹが確たる返事をしなかったことから、しばらく様子を見ていた、その後、Ｘが、同年 12 月 15 日に再びＹの店に行ったところ、Ｙの方から返済を半年間待ってほしいと懇請された、とのことでした。このような経過を経て、私がＸから依頼を受けて、平成 23 年 2 月 15 日に本件訴えを提起したものです。ですから、Ｙ側の消滅時効の主張は通らないと思います。
　弁護士Ｑ：私も、Ｙから、Ａ及びＸとの間のやりとりについて詳しく確認してきましたが、Ｙは、平成 22 年中に、ＡともＸとも話をしたことはないとのことです。

第5部　論文式試験について

　訴状に記載された本件の請求を理由づける事実及び答弁書に記載された消滅時効の抗弁事実がいずれも認められるとした場合、裁判所は、本件の訴訟の結論を得るために、弁護士Pによる上記陳述のうちの次の各事実を立証対象として、証拠調べをする必要があるか。結論とともにその理由を説明しなさい。なお、各事実を間接事実として立証対象とすることは考慮しなくてよい。
　　①　Xは、5年の時効期間が経過する前の平成22年5月14日に、Yに対して、本件の借金を返済するよう求めたとの事実
　　②　平成22年12月15日に、YがXに対して、本件の借金の返済を半年間待ってほしいと懇請したとの事実

〔設問4〕
　本件の第1回口頭弁論期日において、弁護士Pは、「平成22年4月1日、Aは、Xに対して、①の貸金債権を80万円で売った。」との事実（設問1における②の事実）を立証するための証拠として、A名義の署名押印のある別紙【資料】の領収証を、作成者はAであるとして提出した。これに対して弁護士Qは、この領収証につき、誰が作成したものか分からないし、A名義の署名押印もAがしたものかどうか分からないと陳述した。これを前提に、以下の問いに答えなさい。

　　　　上記弁護士Qの陳述の後、裁判官Jは、更に弁護士Qに対し、別紙【資料】の領収証にあるA名義の印影がAの印章によって顕出されたものであるか否かを尋ねた。裁判官Jがこのような質問をした理由を説明しなさい。

〔設問5〕
　本件の審理の過程において、弁護士P及びQは、裁判官Jからの和解の打診を受けて、1か月後の次回期日に和解案を提示することになった。和解条件についてあらかじめ被告側の感触を探りたいと考えた弁護士Pは、弁護士Qに電話をかけたが、弁護士Qは海外出張のため2週間不在とのことであった。この場合において、早期の紛争解決を望む弁護士Pが、被告であるYに電話をかけて和解の交渉をすることに弁護士倫理上の問題はあるか。結論と理由を示しなさい。なお、弁護士職務基本規程を資料として掲載してあるので、適宜参照しなさい。

　弁護士職務基本規程については、404頁参照。

428

（別紙）

【Xの相談内容】
　私は甲商店街で文房具店を営んでおり、隣町の乙商店街で同じく文房具店を営んでいるAとは旧知の仲です。平成16年10月1日、Aと同じ乙商店街で布団店を営んでいるYは、資金繰りが苦しくなったことから、いとこのAから、平成17年9月30日に返済する約束で、100万円の交付を受けて借り入れました。ところが、Yは、返済期限が経過しても営業状況が改善せず、返済もしませんでした。Aもお人好しで、特に催促をすることもなく、Yの営業が持ち直すのを待っていたのですが、平成21年頃、今度はAの方が、資金繰りに窮することになってしまいました。そこで、Aは、Yに対して、上記貸金の返済を求めましたが、Yは返済をしようとしなかったそうです。そのため、私は、Aから窮状の相談を受けて、平成22年4月1日、Yに対する上記貸金債権を代金80万円で買い取ることとし、同日、Aに代金として80万円を支払い、その場でAはYに対して電話で債権譲渡の通知をしました。
　このような次第ですので、Yにはきちんと100万円を支払ってもらいたいと思います。

【Yの相談内容】
　私は、乙商店街で布団店を営んでいますが、営業が苦しくなったことから、平成16年10月1日に、いとこのAから、返済期限を平成17年9月30日として100万円を借りました。私は、この金を使って店の立て直しを図りましたが、うまくいかず、返済期限を過ぎても返済しないままになってしまいました。Aからは、平成21年頃に一度だけ、この借金を返済してほしいと言われたことがありますが、返す金もなかったことから、ついあの金はもらったものだなどと言ってしまいました。その後は、気まずかったので、Aとは会っていませんし、電話で話したこともありません。
　そうしたところ、平成23年2月15日に、XがP弁護士を訴訟代理人として本件訴えを起こしてきました。そこで、私は、同月21日に、訴訟関係書類に記載されていたXの連絡先に電話をかけて、Xに対し、XがAから本件の貸金債権を譲り受けたという話は聞いていないし、そもそも今回の借金は、Aから借りた時から既に6年以上が経過しており、返済期限からでも5年以上が経過していて、時効にかかっているから支払うつもりはないと伝えました。
　このような次第ですので、私にはXに100万円を支払う義務はないと思います。

第5部　論文式試験について

【資料】

```
                  領　収　証

     X　様

        本日、Yに対する百萬円の貸金債権の譲渡代金として、
     金八十萬円を領収致しました。


     平成22年4月1日            A    A印
```

430

第 1 章　平成 23 年

第5部　論文式試験について

1 〔設問1〕

【出題趣旨】
　設問1は、貸金債権を譲り受けて請求する場合の請求を理由付ける事実の説明を求めるものである。訴訟物である権利の発生、取得及び行使を基礎付ける事実について、条文を基礎とする実体法上の要件の観点から説明することが求められる。

(1)　答案構成例

1　債権譲渡の要件事実
　　本問では、まず、債権譲渡の要件事実が問題になる。
　　　↓
　　譲受債権請求訴訟における要件事実は、（ア）譲受債権の発生原因事実と（イ）譲受債権の取得原因事実である。
　　　∵譲受債権請求訴訟の訴訟物は、譲渡前の債権者が債務者に対して有する債権である（ア）。また、原告が債権の帰属主体として債務の履行を請求できることを示す必要がある（イ）。
2　事実①③について
　　（ア）について、本件の場合、譲受債権は消費貸借契約に基づく貸金返還請求権であるから、その要件事実も問題になる。
　　　↓
　　冒頭規定説に従えば、賃借型の契約は、それぞれ民法587条、593条、601条に規定された事実のみの合意で成立する。もっとも、賃貸借型の契約は、一定期間借主に目的物を利用させることに意義があるため、貸主は、目的物の返還を請求する場合、消費貸借契約の終了も併せて主張しなければならないと解する。そこで、（ⅰ）金銭の返還合意（「返還をすることを約して」（民法587条））、（ⅱ）金銭を交付したこと（「相手方から金銭……を受け取ることによって」（民法587条））、（ⅲ）弁済期の合意、（ⅳ）弁済期の到来が要件事実となる。
　　　↓そして
　　事実①は（ⅰ）金銭の返還合意、（ⅱ）金銭を交付したこと及び（ⅲ）弁済期の合意を含み、事実③は（ⅳ）弁済期の到来を含む。
　　　↓したがって
　　事実①及び③は、（ア）譲受債権の発生原因事実の主張として必要であり、かつ、これで足りる。

432

第1章　平成23年

3　事実②について

　（イ）について、債権譲渡はその原因行為と不可分かつ有因であるから、処分行為としての準物権行為たる債権譲渡行為の主張は不要であり、債権譲渡の原因行為に当たる事実を主張すれば足りる。本件の場合、それはＡＸ間の債権売買契約である。

　　　↓そして

　事実②は、ＡＸ間の債権売買契約を示す事実である。

　　　↓したがって

　事実②は（イ）譲受債権の取得原因事実の主張として必要であり、かつ、これで足りる。

4　以上より、①②③に掲げられた事実の主張は必要であり、かつ、これで足りる。

(2)　**解説**

　ア　**概要**

　　設問1は、債権譲渡及び譲受債権の内容たる消費貸借契約の要件事実を問うものである。

　　譲受債権請求訴訟における請求原因事実は、（ア）譲受債権の発生原因事実と（イ）譲受債権の取得原因事実の2つである。なお、債権譲渡の対抗要件については債務者側が権利抗弁として主張する必要がある。

　　消費貸借契約に基づく貸金返還請求権の請求原因事実は、（ⅰ）金銭の返還合意、（ⅱ）金銭を交付したこと、（ⅲ）弁済期の合意、（ⅳ）弁済期の到来である。貸借型理論を否定する場合には、（ⅲ）弁済期の合意は消費貸借契約の成立要件としては不要であるものの、消費貸借契約の終了の要件として必要となる。これに対し、貸借型理論を肯定する場合には、消費貸借契約の成立要件として、（ⅲ）弁済期の合意が必要となる。

　イ　**事実①③**

　　事実①は、Ｙが「返済することを約し」たこと（金銭の返還合意）、「100万円の交付を受けたとの事実」（金銭の交付）及び「平成17年9月30日に返済する」旨の合意（弁済期の合意）から成る。「平成17年9月30日に返済する」という部分（弁済期の合意）を①の中で主張することが必要か否かについては、貸借型理論を採るかどうかで結論が異なる。平成23年司法試験予備試験論文式試験出題当時（平成23年7月18日）公刊さ

433

第5部　論文式試験について

れていた「改訂　問題研究　要件事実」では、貸金返還請求訴訟において
は貸借型理論によって説明されていたが、平成 23 年9月に出版された
「新問題研究　要件事実」では、貸借型理論によらない見解で説明がな
されている。

　貸借型理論を採らない場合、「平成 17 年9月 30 日に返済する」旨の合
意（弁済期の合意）は、消費貸借契約の成立の要件としては主張の必要が
なく、金銭の返還請求権を発生させるための消費貸借契約の終了の要件
に該当する事実として①〜③の事実とは別に主張が必要となる。

　事実③は「平成 17 年9月 30 日は到来したとの事実」（弁済期の到来）
であり、事実①と③を合わせると、（ア）譲受債権の発生原因事実の主張
として必要十分となる。

ウ　事実②

　事実②は「Aは、Xに対して、①の貸金債権を代金 80 万円で売ったと
の事実」であり、（イ）譲受債権の取得原因事実の主張として必要十分か
つ最小限である。

　なぜなら、債権譲渡はその原因行為と不可分かつ有因であるから、処
分行為としての準物権行為たる債権譲渡行為の主張は不要であり、債権
譲渡の原因行為に当たる事実を主張すれば足りるからである。判例（最
判昭 43.8.2 民集 22-8-1558）も債権譲渡の独自性を否定する。

2　〔設問2〕

【出題趣旨】

　設問2は、時効の援用に関する考え方の相違が消滅時効の抗弁事実に及ぼ
す影響を問うものであり、実体法上の効果発生のための要件という観点から
検討することが求められる。

(1)　答案構成例

```
1　甲説
　甲説＝不確定効果説（停止条件説）
　　　↓したがって
　時効援用の意思表示は消滅時効の抗弁の要件事実となり、弁護士Qが主
```

434

第1章　平成23年

張すべき事実にあたる。

2　乙説

乙説＝確定効果説

　　↓したがって

時効援用の意思表示は消滅時効の抗弁の要件事実とはならず、弁護士Q
の主張を要しない。

3　結論

甲説に基づく場合と乙説に基づく場合とで、主張すべき事実に違いがある。

(2)　解説

ア　概要

消滅時効の援用に関する学説の関係を問うものである。

イ　甲説

甲説は、判例の立場とされる、不確定効果説（停止条件説）である。民
法162条・166条1項・2項の文言と整合しないとの批判があるが、時効
利益の享受を当事者の意思に委ねる民法145条に合致する考え方である。

ウ　乙説

乙説は確定効果説であり、民法162条・166条1項・2項の文言を強調
する立場である。実体法上と訴訟法上の矛盾が生じる点及び民法145条
の趣旨に合致しない点に批判がある。

エ　両説の相違

本問では、抗弁事実として主張すべき事実に違いがあるか、という点
に絞って問われている。不確定効果説の場合は時効援用の意思表示の主
張が必要となるが、確定効果説の場合は時効援用の意思表示は攻撃防御
方法にすぎないことになる。

両説は、他にも、援用の撤回の可否、時効利益の放棄の性質などで違い
が生じる。

第5部　論文式試験について

3　〔設問3〕

【出題趣旨】
　設問3は、要件事実が民事訴訟の動態において果たす機能の理解を問うものである。時効完成前の催告（小問1）と時効完成後の債務承認（小問2）について、実体法上の効果、攻撃防御方法としての意味、相手方の認否といった観点から検討することが求められる。

(1)　答案構成例

1　事実①について
　事実①は、XがYに対して、時効完成前に催告（民法150条1項）を行ったことを意味する。
　　　　↓しかし
　催告は、催告の時から6箇月を経過するまでの間時効は完成しないとの効果を有するにとどまり、実質的には裁判上の請求（民法147条1項1号）による時効更新（民法147条2項）など他の手続をとるための6箇月の猶予期間を与える機能しか与えられていない。
　　　　↓本件では
　Xが催告をしたのが平成22年5月14日、本件訴えを提起したのが平成23年2月15日であるから、催告による6箇月の時効完成猶予期間中に裁判上の請求をしたとはいえない。
　　　　↓したがって
　事実①の存在が認められても時効の更新の効果は発生しないから、時効更新の再抗弁における再抗弁事実とはならず、立証対象として証拠調べをする必要はない。
2　事実②について
　時効完成後の債務の承認は、時効完成の知・不知にかかわらず、信義則上、債務者の時効援用権を喪失させる。
　　　　∵矛盾挙動の禁止、相手方の信頼保護
　　　　↓したがって
　時効完成後の債務承認の事実は、消滅時効の抗弁に対する再抗弁事実となる。
　　　　↓そして
　事実②は、時効完成後にYが債務の存在を認識した上で履行期間の猶予を求めたこと、すなわち時効完成後の債務承認の事実を示す。また、事実②

436

第1章　平成23年

の存否につき当事者間で争いがある。
　　　↓よって
　事実②は再抗弁事実にあたり、立証対象として証拠調べをする必要がある。

(2)　解説
　ア　概要
　　　設問3は、事実①及び②の位置づけを通して消滅時効の抗弁に対する
　　再抗弁事実の理解を問うものである。

　イ　時効完成猶予・更新
　　(ア)　平成29年民法・債権法改正により、改正前の時効障害事由である時
　　　効中断・停止は、時効完成猶予・更新に整理された（従来の「中断」を
　　　「更新」に、「停止」を「完成猶予」にしている。）。改正法は概ね、権
　　　利行使の意思が明確にされた場合に時効の完成が猶予されるとし、権
　　　利の存在が確定的になった場合に時効が更新されるとする。
　　　　裁判又は強制執行等による時効障害については、手続の申立てがな
　　　されると、手続の進行中は時効の完成が猶予され、その手続での権利の
　　　確定等により時効が更新される。例えば、裁判上の請求（民法147条1
　　　項1号）がなされれば、手続が終了するまでの間は時効は完成せず（民
　　　法147条1項柱書）、確定判決等により権利が確定すれば、時効が更新
　　　される（民法147条2項）。
　　　　これに対して、催告は、催告の時から6箇月間時効の完成が猶予され
　　　るにすぎず（民法150条1項）、完成猶予中に再度の催告をしても時効
　　　完成猶予の効力はない（民法150条2項）。
　　　　なお、消滅時効期間についても、債権者が権利を行使することができ
　　　ることを知った時から5年（主観的起算点）、権利を行使できる時から
　　　10年間（客観的起算点）、権利行使しなければ時効消滅すると改正され
　　　た（民法166条1項）。
　　(イ)　本件の事実①は、「Xは、5年の時効期間が経過する前の平成22年
　　　5月14日に、Yに対して、本件の借金を返済するように求めた」もの
　　　であり、XがYに対して、時効完成前に催告（民法150条1項）を行っ
　　　たことを意味する。しかし、催告は、催告の時から6箇月を経過するま
　　　での間時効は完成しないとの効果を有するにとどまり、実質的には裁

437

判上の請求（民法 147 条 1 項 1 号）による時効更新（民法 147 条 2 項）など他の手続をとるための 6 箇月の猶予期間を与える機能しか与えられていない。

本件では、X が催告をしたのが平成 22 年 5 月 14 日、本件訴えを提起したのが平成 23 年 2 月 15 日であるから、催告による 6 箇月の時効完成猶予期間中に裁判上の請求をしたとはいえない。したがって、事実①の存在が認められても時効の更新の効果は発生しないから、時効更新の再抗弁における再抗弁事実とはならず、立証対象として証拠調べをする必要はない。

ウ　時効完成後の債務承認

時効完成後に債務を承認した場合、信義則上、債務者は時効援用権を喪失するとするのが判例である。すなわち、最大判昭 41.4.20（民法判例百選 I 39 事件）は、「債務者は、消滅時効が完成したのちに債務の承認をする場合……時効完成の事実を知らなかつたときでも、爾後その債務についてその完成した消滅時効の援用をすることは許されないものと解するのが相当である。けだし、時効の完成後、債務者が債務の承認をすることは、時効による債務消滅の主張と相容れない行為であり、相手方においても債務者はもはや時効の援用をしない趣旨であると考えるであろうから、その後においては債務者に時効の援用を認めないものと解するのが、信義則に照らし、相当であるからである。」とする。

本問における事実②は、時効が完成した平成 22 年 9 月 30 日より後に、債務者 Y が X に対して債務の存在を認識した上で履行期間の猶予を求めた、というものであるから、時効完成後の債務の承認にあたる。したがって、事実②は再抗弁事実にあたり、当事者間で争いがあるため、証拠調べを要することになる。

第1章　平成23年

4　〔設問4〕

【出題趣旨】

　設問4は、私文書の成立の真正に関するいわゆる二段の推定の理解を問うものである。

(1)　答案構成例

> 　Qは本件領収証の成立の真正を争っているため、原則としてPはその成立の真正を証明する必要がある（民訴228条1項）。
>
> 　　　　　↓もっとも
>
> 　領収証にあるA名義の印影がAの印章と一致した場合、Aが自らの意思に基づき押印したことが事実上推定され、Aの意思による押印の事実からAが領収証を作成したことが「推定される」（民訴228条4項）。
>
> 　　　　　↓そこで
>
> 　A名義の印影がAの印章によって顕出されたものであるか否かについて、Qの側で反証をする必要が生じる。
>
> 　　　　　↓しかし
>
> 　Qは、A名義の印影がAの印章によって顕出されたものであるか否かについて何ら陳述していない。
>
> 　　　　　↓したがって
>
> 　Jは、本件領収証の成立の真正を判断する前提として、A名義の印影とAの印章の一致についてQに反証のための立証活動をする意思があるか否かを明らかにするために本問のような質問をした。

(2)　解説
ア　概要

　設問4は、文書の成立に関するいわゆる二段の推定を問うものである。二段の推定の構造及び裁判官が行う釈明についての正確な理解が必要となる。Qの陳述はどの事実に関するものであるかを整理することも重要である。

439

第5部　論文式試験について

イ　二段の推定

　本件領収証は、「平成 22 年４月１日、Aは、Xに対して、①の貸金債権を 80 万円で売った。」との事実を立証するための証拠として提出されたものである。この事実は設問１で検討したように請求原因事実であるから、その証拠となる本件領収証の成立の真正もX・P側が立証すべきである。

　ここで、私文書の成立の真正については、いわゆる二段の推定がはたらく。まず、印影が本人の印章によって顕出されたものであるときは、本人の意思に基づいて顕出されたと事実上推定される（第１段階の推定）。そして、本人の意思に基づいて顕出されたものと推定された結果、民訴 228 条４項による推定（一種の法定証拠法則であり、証明責任は転換されない）により、文書の成立の真正が推定される（第２段階の推定）。したがって、本人の印影が存在する場合ないし本人の意思に基づく押印がある場合には、文書の成立の真正を争う者において反証する必要がある。

　本問において、Qはこの領収証につき「誰が作成したものか分からない」としてその成立の真正を争い、また、「A名義の署名押印も Aがしたものかどうか分からない」として第２段階の推定の前提事実を争う旨陳述している。もっとも、第１段階の推定の前提事実については何ら陳述していない。

　したがって、裁判官 Jが、Qに質問をした理由は、本件領収証の成立の真正を判断するための立証活動を促すべくQの態度を明らかにさせることにあると考えられる。

5　〔設問５〕

【出題趣旨】
　設問５は、弁護士倫理の問題であり、弁護士職務基本規程第 52 条に留意して検討することが求められる。

民事実務基礎　M627

法律実務基礎科目ハンドブック１
民事実務基礎〔第6版〕
●●●購読者特典のご案内●●●

▍監修者による令和6年度予備試験 論文式試験「民事実務基礎」の解説動画

本書の監修者である清武宗一郎先生による令和6年予備試験の論文式試験・民事実務基礎の解説動画（約70分）が視聴できます（レジュメ付き）。

※本動画は 2024 年 8 月～実施の令和の論文過去問完璧講座 2025 の民事実務基礎と同じものです。

●監修者プロフィール

清武　宗一郎（きよたけ　そういちろう）

辰已講師・弁護士。東京大学法学部卒業。卒業時に「卓越」を受賞。
2021 年予備試験合格（短答 6 位・論文 3 位・口述 4 位）、2022 年司法試験合格（総合 10 位）。
みずほ学術振興財団の第 65 回懸賞論文【法律の部・研究者等】にて佳作を受賞する等、司法試験委員会以外からも高い評価を受けている。

●特典応募方法

下記の特設サイトにアクセスいただき、簡単なアンケートにご協力ください。辰已法律研究所のマイページ※で上記動画をご視聴いただけます。

URL：https://service.tatsumi.co.jp/special/44257/

※辰已法律研究所のマイページのご登録がない方は、別途ご登録が必要になります（ご登録は無料です）。
　視聴期間：2025 年 5 月 1 日～ 2026 年 9 月末まで

あなたの熱意・辰已の誠意
辰已法律研究所　https://service.tatsumi.co.jp/

第1章　平成23年

(1)　答案構成例

1　結論
　　弁護士倫理上の問題がある。
2　理由
　　Yは弁護士Qを選任しているため、PがQの承諾を得ないで直接Yと交渉することは、規程52条に違反しないか、問題となる。
　　　　↓
　　同条は、「正当な理由なく」直接交渉することを禁止しているが、その趣旨は、法的知識に乏しい相手方の利益を保護することにある。
　　　　↓そこで
　　「正当な理由」とは、公正・信義の観点からみて、相手方代理人の了承を得ずに直接交渉することが客観的にやむを得ない場合をいうと解すべきである。
　　　　↓
　　本件の場合、Qは2週間不在であるが、次回期日は1か月後であって時間に余裕がある。Y側の感触を探る必要性も乏しい。また、Qは海外出張のため不在であるにすぎないから、Qと連絡をとる可能性がないとまではいえない。
　　　　↓したがって
　　Pの行為に「正当な理由」は認められず、規程52条に違反し、弁護士倫理上の問題がある。

(2)　解説
ア　概要

　　「Yに電話をかけて和解の交渉をすること」は「直接相手方と交渉」することにあたる。このように、相手方が代理人を選任しているにもかかわらず、弁護士が直接相手方本人と交渉する場合には、「正当な理由なく」相手方本人と直接交渉をすることを禁止した規程52条に反しないかが問題となる。
　　その判断においては、同条の趣旨から「正当な理由」の意義を解釈したうえで具体的事実をあてはめることが求められる。

441

第5部　論文式試験について

イ　「正当な理由」について

同条は、代理人に交渉を依頼した相手方の意思を尊重し、原則として相手方代理人と交渉させることにより有資格者を代理人とする交渉の制度を実効あらしめ、もって法的知識に乏しい相手方の利益を保護することを趣旨とする。

したがって、相手方代理人の承諾を得ないで直接交渉することが認められるための「正当な理由」は、限定的に解釈する必要がある。そこで、公正・信義の観点から見て、相手方代理人の了承を得ずに直接交渉することが客観的にやむを得ない場合をいう、といった解釈を示すべきである。具体的には、相手方代理人の事情により長期にわたり連絡がとれない場合や、度重なる連絡にもかかわらず相手方代理人が回答をせずそれが本人の意思に基づくものでないと考える合理的な事情がある場合などが考えられる。

ウ　あてはめ

本件において「正当な理由」が認められるか否かを判断するにあたっては、次回期日が1か月後であること、弁護士Pの意図は和解条件についてあらかじめ被告側の感触を探りたいという点にあること、弁護士Qの不在期間は2週間であること、弁護士Qが不在である理由は海外出張であること、といった事実を適宜検討する必要がある。

これらの事実を評価したうえで、「正当な理由」として認められるか否かを判断することになるが、緊急性の欠如、必要性の乏しさ、Qへの連絡手段が全くないわけではないことを踏まえれば、「正当な理由」は認められないと判断すべきであろう。

第 1 章　平成 23 年

443

第5部　論文式試験について

> ## 第2章　平成24年

　司法試験予備試験用法文及び本問末尾添付の資料を適宜参照して、以下の各設問に答えなさい。なお、以下の〔設問1〕から〔設問3〕では、甲建物の賃貸借契約に関する平成23年5月分以降の賃料及び賃料相当損害金については考慮する必要はない。

〔設問1〕
　別紙【Xの相談内容】を前提に、弁護士Pは、平成23年11月1日、Xの訴訟代理人として、Yに対し、賃貸借契約の終了に基づく目的物返還請求権としての建物明渡請求権を訴訟物として、甲建物の明渡しを求める訴え（以下「本件訴え」という。）を提起した。そして、弁護士Pは、その訴状において、請求を理由づける事実（民事訴訟規則第53条第1項）として、次の各事実を主張した（なお、これらの事実は、請求を理由づける事実として適切なものであると考えてよい。）。
　　①　Xは、Yに対し、平成20年6月25日、甲建物を次の約定で賃貸し、同年7月1日、これに基づいて甲建物を引き渡したとの事実
　　　　　　賃貸期間　　　　　平成20年7月1日から5年間
　　　　　　賃料　　　　　　　月額20万円
　　　　　　賃料支払方法　　　毎月末日に翌月分を支払う
　　②　平成22年10月から平成23年3月の各末日は経過したとの事実
　　③　Xは、Yに対し、平成23年4月14日、平成22年11月分から平成23年4月分の賃料の支払を催告し、同月28日は経過したとの事実
　　④　Xは、Yに対し、平成23年7月1日、①の契約を解除するとの意思表示をしたとの事実
　上記各事実が記載された訴えの副本の送達を受けたYは、弁護士Qに相談をし、同弁護士はYの訴訟代理人として本件を受任することになった。別紙【Yの相談内容】は、弁護士QがYから受けた相談の内容を記載したものである。これを前提に、以下の各問いに答えなさい。なお、別紙【Xの言い分】を考慮する必要はない。

444

第2章　平成24年

(1) 別紙【Yの相談内容】の第3段落目の主張を前提とした場合、弁護士Qは、適切な抗弁事実として、次の各事実を主張することになると考えられる。

⑤　Yは、平成22年10月頃、甲建物の屋根の雨漏りを修理したとの事実

⑥　Yは、同月20日、⑤の費用として150万円を支出したとの事実

⑦　Yは、Xに対し、平成23年6月2日頃、⑤及び⑥に基づく債権と本件未払賃料債権とを相殺するとの意思表示をしたとの事実

上記⑤から⑦までの各事実について、抗弁事実としてそれらの事実を主張する必要があり、かつ、これで足りると考えられる理由を、実体法の定める要件や当該要件についての主張・立証責任の所在に留意しつつ説明しなさい。

(2) 別紙【Yの相談内容】を前提とした場合、弁護士Qは、上記(1)の抗弁以外に、どのような抗弁を主張することになると考えられるか。当該抗弁の内容を端的に記載しなさい（なお、当該抗弁を構成する具体的事実を記載する必要はない。）。

〔設問2〕

本件訴えにおいて、弁護士Qは、別紙【Yの相談内容】を前提として、〔設問1〕のとおりの各抗弁を適切に主張するとともに、甲建物の屋根修理工事に要した費用についての証拠として、次のような本件領収証（斜体部分はすべて手書きである。）を、丙川三郎作成にかかるものとして裁判所に提出した。これを受けて弁護士PがXと打合せを行ったところ、Xは、別紙【Xの言い分】に記載したとおりの言い分を述べた。そこで、弁護士Pは、本件領収証の成立の真正について「否認する」との陳述をした。

この場合、裁判所は、本件領収証の成立の真正についての判断を行う前提として、弁護士Pに対して、更にどのような事項を確認すべきか。結論とその理由を説明しなさい。

445

第5部 論文式試験について

```
                                    平成22年10月20日

        領収証

    金  150万  円

    但し  屋根修理代金として

                        ○○建装  丙川三郎
```

〔設問3〕

　本件訴えでは、〔設問1〕のとおりの請求を理由づける事実と各抗弁に係る抗弁事実が適切に主張されたのに加えて、Ｘから、別紙【Ｘの言い分】に記載された事実が主張された。これに対して、Ｙは、Ｘが30万円を修理費用として支払ったとの事実（⑧）を否認した。そこで、⑥から⑧の各事実の有無に関する証拠調べが行われたところ、裁判所は、⑥の事実については、Ｙが甲建物の屋根の修理費用として実際に150万円を支払い、その金額は相当なものである、⑦の事実については、相殺の意思表示はＸによる本件契約の解除の意思表示の後に行われた、⑧の事実については、ＸはＹに屋根の修理費用の一部として30万円を支払ったとの心証を形成するに至った。

　以上の主張及び裁判所の判断を前提とした場合、裁判所は、判決主文において、どのような内容の判断をすることになるか。結論とその理由を簡潔に記載しなさい。

以下の設問では、〔設問1〕から〔設問3〕までの事例とは関係がないものとして解答しなさい。

〔設問4〕

　弁護士Ａは、弁護士Ｂを含む4名の弁護士とともに共同法律事務所で執務をしているが、弁護士Ｂから、その顧問先であり経営状況が厳しいＲ株式会社について、複数の倒産手続に関する意見を求められ、その際に資金繰りの状況からＲ株式会社の倒産は避けられない情勢であることを知った。

　これを前提に、以下の各問いに答えなさい。

（1）　弁護士Ａは、義父Ｓから、その経営するＴ株式会社がＲ株式会社と共同で

446

事業を行うに当たり、Ｒ株式会社が事業資金を借り入れることについてＴ株式会社が保証することに関する契約書の検討を依頼された。この場合において、弁護士Ａが、義父ＳにＲ株式会社の経営状況を説明して保証契約を回避するよう助言することに弁護士倫理上の問題はあるか。結論とその理由を簡潔に記載しなさい。

(2)　Ａは、義父Ｓの跡を継ぎ、会社経営に専念するため弁護士登録を取り消してＴ株式会社の代表取締役に就任したが、その後、Ｒ株式会社から共同事業を行うことを求められるとともに、Ｒ株式会社が事業資金を借り入れることについてＴ株式会社が保証することを求められた。この場合において、Ａが、Ｒ株式会社の経営状況と倒産が避けられない情勢であることをＴ株式会社の取締役会において発言することに弁護士倫理上の問題はあるか。結論とその理由を簡潔に記載しなさい。

（別紙）

【Ｘの相談内容】

　私は、平成20年6月25日、Ｙに対し、私所有の甲建物を、賃料月額20万円、毎月末日に翌月分払い、期間は同年7月1日から5年間の約束で賃貸し（以下「本件契約」といいます。）、同日、甲建物を引き渡しました。

　Ｙは、平成22年10月分の賃料までは、月によっては遅れることもあったものの、一応、順調に支払っていたのですが、同年11月分以降は、お金がないなどと言って、賃料を支払わなくなりました。

　私は、Ｙの亡父が私の古くからの友人であったこともあって、あまり厳しく請求することは控えていたのですが、平成23年3月末日になっても支払がなかったことから、しびれを切らし、同年4月14日、Ｙに対し、平成22年11月分から平成23年4月分までの未払賃料合計120万円（以下「本件未払賃料」といいます。）を2週間以内に支払うよう求めましたが、Ｙは一向に支払おうとしません。

　そこで、私は、本件未払賃料の支払等に関してＹと話し合うことを諦め、Ｙに対し、平成23年7月1日、賃料不払を理由に、本件契約を解除して、甲建物の明渡しを求めました。このように、本件契約は終わっているのですから、Ｙには、一日も早く甲建物を明け渡してほしいと思います。なお、Ｙは、甲建物を修理したので、その修理費用と本件未払賃料とを対当額で相殺したとか、甲建物の修理費用を支払うまでは甲建物を明け渡さない等と言って、明渡しを拒否しています。Ｙが甲建物の屋根を修理していたこと自体は認めますが、甲建物はそれほど古いものではありませんので、Ｙが言うほどの高

第5部　論文式試験について

額の費用が掛かったとは到底思えません。また、Yは、私に対して相殺の意思表示をしたなどと言っていますが、Yから相殺の話が出たのは、同年7月1日に私が解除の意思表示をした後のことです。

【Yの相談内容】

　X所有の甲建物に関する本件契約の内容や、賃料の未払状況及び賃料支払の催告や解除の意思表示があったことは、Xの言うとおりです。

　しかし、私は甲建物を明け渡すつもりはありませんし、そのような義務もないと思います。

　甲建物は、昭和50年代の後半に建てられたもののようですが、屋根が傷んできていたようで、平成22年8月に大雨が降った際に、かなりひどい雨漏りがありました。それ以降も、雨が降るたびに雨漏りがひどいので、Xに対して修理の依頼をしたのですが、Xは、そちらで何とかしてほしいと言うばかりで、修理をしてくれませんでした。そこで、私は、同年10月頃、仕方なく、自分で150万円の費用を負担して、業者の丙川三郎さんに修理をしてもらったのです。この費用は、同月20日に私が丙川さんに支払い、その場で丙川さんに領収証（以下「本件領収証」といいます。）を書いてもらいました。しかし、これは、本来、私が支払わなければならないものではないので、その分を回収するために、私は平成22年11月分以降の賃料の支払をしなかっただけなのです。ところが、Xは、図図しくも、平成23年4月になって未払分の賃料の支払を求めてきたものですから、しばらく無視していたものの、余りにもうるさいので、最終的には、知人のアドバイスを受けて、同年6月2日頃、Xに対し、甲建物の修理費用と本件未払賃料とを相殺すると言ってやりました。

　また、万が一相殺が認められなかったとしても、私は、Xが甲建物の修理費用を払ってくれるまでは、甲建物を明け渡すつもりはありません。

【Xの言い分】

　甲建物はそれほど老朽化しているというわけでもないのですから、雨漏りの修理に150万円も掛かったとは考えられません。Yは修理をしたと言いながら、本件訴えの提起までの間に、私に対し、修理に関する資料を見せたこともありませんでした。そこで、実際に、知り合いの業者に尋ねてみたところ、雨漏りの修理程度であれば、せいぜい、30万円くらいのものだと言っていました。そこで、私は、Yとの紛争を早く解決させたいとの思いから、平成23年8月10日、Yに対して、修理費用として30万円を支払っています。

　本件訴訟に至って初めて本件領収証の存在を知りましたが、丙川さんは評

448

判の良い業者さんで、30万円程度の工事をして150万円もの請求をするような人ではありません。したがって、本件領収証は、Yが勝手に作成したものだと思います。

　いずれにせよ、Yの主張には理由がないと思います。

本問末尾添付の資料とは、弁護士職務基本規程（404頁参照）を指す。

第5部　論文式試験について

1 〔設問1〕

【出題趣旨】
　設問1は、Yの相談内容に基づき、相殺の抗弁と留置権の抗弁の検討を求めるものである。相殺の抗弁については、法律効果の発生を基礎付けるための抗弁事実について、条文を基礎とする実体法上の要件と主張立証責任の所在に留意しつつ説明することが求められる。

(1) 答案構成例

　1　小問(1)について
　(1)　相殺の抗弁について
　　　Xは、Yの賃料不払を原因として本件契約の解除を行い、賃貸借契約終了に基づいて甲建物の明渡しを請求しているところ、Xの解除前にYの相殺がなされたことが認められると、相殺適状のときに遡って賃料債権を消滅させるため、Yの相殺の主張は、Xの解除の法律効果の発生を障害する抗弁となる。
　　　　　↓そこで
　　　相殺の実体法上の要件を検討すると、
　　　　(a)　二人が互いに……債務を負担すること
　　　　(b)　同種の目的を有する債務を負担すること
　　　　(c)　双方の債務が弁済期にあること（以上、民法505条1項本文）
　　　　(d)　債務の性質が相殺を許さないときにあたらないこと（同条同項ただし書）
　　　　(e)　当事者が相殺を禁止し、又は制限する旨の意思を表示していないこと（民法505条2項本文）
　　　　(f)　相手方に対する意思表示（民法506条1項前段）
　　　が必要となる。
　(2)　各要件について
　　ア　(a)について
　　　　受働債権たるXの有する未払賃料債権は、その発生原因事実が既にXの請求原因事実に現れている。よって、Yは自働債権の発生原因事実及び受働債権を特定する事実を主張立証すれば足りる。
　　　　⑤、⑥の事実より、民法608条1項に基づく必要費返還請求権を自働債権の発生原因事実とする主張がなされ、⑦の事実より、受働債権の特定がなされている。

450

イ　(b)について

　　⑤、⑥の事実及びXの請求原因事実より、共に金銭債権であることがわかる。

ウ　(c)について

　　受働債権が弁済期にあることは、Xの請求原因に現れている。

　　一方、自働債権は、⑤、⑥の事実から必要費返還請求権であり、「直ちに」返還請求が可能であるから（民法608条1項）、弁済期にあることが現れている。

エ　(d)(e)について

　　主張立証責任は、実体法上の法律効果の発生によって利益を受ける当事者にある。∵法律要件分類説（第1編　要件事実入門参照）

　　(d)(e)の事実は、利益を受けるXに主張立証責任があり、Yの主張立証は不要。

オ　(f)について

　　⑦の事実により、Xに対する意思表示がなされたことが現れている。

(3)　以上より、Yが主張すべき必要十分な最小限の事実は、⑤、⑥、⑦となる。

2　小問(2)について

(1)　結論

　　弁護士Qは、留置権の抗弁を主張すべき（民法295条1項本文）。

(2)　理由

　　Yは、Xが修理費用を払うまでは甲建物を明け渡すつもりはない旨、主張する。

　　この主張は、被担保債権の弁済を受けるまで目的物を留置するという留置権の抗弁を意味していると考えられる。

　　　↓そして

　　留置権は権利行使の意思表示がなされてはじめて権利を享受しうる権利抗弁であるから、留置権の抗弁を主張することになる。

第5部　論文式試験について

(2)　解説

ア　概要

　　設問1の小問(1)は、相殺の抗弁として主張立証すべき要件事実につい
て、設問中の事実で足りることの理由を、実体法上の要件や主張立証責
任を含めて問うものである。

　　相殺の実体法上の要件については、答案構成例中に示した通りである
が、要件事実として主張立証する必要のある事実は、必ずしも実体法上
の要件とは一致しない。本小問では、この不一致についての理解を正確
に示す必要がある。

　　民法の論文式試験であれば、答案構成例中に示した実体法上の要件に
ついて検討する必要があるが、要件事実として主張立証する必要のある
事実はそれと異なる。いかなる事実について主張立証責任を負うかにつ
いては、実体法上の構造の解釈と立証難易及び当事者間の公平等の各観
点から決定される（法律要件分類説、第1編　要件事実入門参照）。

　　本小問で問われている相殺については、先述の(a)(b)(c)(f)についてのみ、
主張立証すれば足りる。(d)(e)については、Yが主張する当該相殺の抗弁
と両立し、相殺により生じる法律効果の発生の障害となり、請求原因に
より生じる法律効果を復活させる事実であるから、再抗弁として位置付
けられる。したがって、(d)(e)については、Yは主張立証責任を負うこと
はない。答案上でこの違いを示せたか否かによって、評価が分かれたと
いえるだろう。

イ　留置権

　　設問1の小問(2)は、相殺以外の抗弁について、問うものである。

　　相殺の抗弁は、請求原因となっている賃貸借契約の終了という効果の
発生の障害となる主張であるが、Yは相殺が認められなかった場合、つ
まり賃貸借契約の解除が認められた場合を想定して、抗弁を主張してい
る。

　　そしてその内容は、Xが甲建物の修理費用を払うまでは甲建物を明け
渡すつもりはないというものであるから、これは留置権（民法 295 条1
項）の抗弁であることがいえる。そして、留置権は権利抗弁であり、権利
行使の意思表示をしてはじめてその効果が発生することから、留置権の
抗弁の行使を主張することになる。

第2章　平成24年

　なお、設問文から、抗弁を構成する具体的事実を記載する必要はないので、端的に【Yの相談内容】から読み取れる抗弁の内容を記載すればよい。法律実務基礎科目は、時間的に余裕が無いと思われることから、具体的事実を記載する等をすることで、時間を無駄にしないように注意する必要がある。

2　〔設問2〕

【出題趣旨】
　設問2は、作成者名義の署名がある私文書の成立の真正に関して、民事訴訟法第228条第4項の理解を問うものである。

(1)　答案構成例

1　結論
　裁判所は、Pに対して、本件領収書の成立の真正を否認する理由を確認すべきである。（民事訴訟規則145条）
2　理由
(1)　本問において、Pは本件領収書の成立の真正を否認している。
　　文書の成立の真正を否認する場合には、争点を明らかにして審理の充実・効率化を図るため、理由の開示が求められる。
　　　↓したがって
　　裁判所は、Pがどのような理由で本件領収書の成立の真正を否認したのか、確認する必要がある。
(2)　なぜなら、本件領収書は私文書であるところ、私文書は、本人の署名があるときは、真正に成立したものと推定されるからである（民事訴訟法228条4項）。
　　この推定は、本人が署名している文書は、通常本人によって作成されたと考えられるという経験則に基づくものである（法定証拠法則）。
　　　↓したがって
　　Pは、署名が丙川によってなされたか、P署名後に丙川が内容を改ざんした等の主張をして真偽不明の状態にすれば足りる。
　　　↓そこで
　　裁判所は、Pがどのような理由で否認したのか、その理由を確認して争点を明らかにすべき。

453

第5部　論文式試験について

(2)　解説
ア　概説

　　本問は、出題趣旨で説明されているように、作成者名義の署名がある
私文書の成立の真正に関して、民事訴訟法 228 条 4 項の理解を問うもの
である。

　　Ｘは【Ｘの言い分】で主張するように、修理費用として 150 万円もか
かるはずはないし、丙川が良い業者であるとの評判から、私文書である
本件領収書の成立の真正を否定している。

　　本件領収書は、先述のように私文書であって、「丙川三郎」の署名があ
ることから、成立の真正が推定される（民事訴訟法 228 条 4 項）。そこで
Ｘとしては、この推定を覆す、不存在である、または、最低限真偽不明の
状態にする事実を主張立証する必要がある。

イ　文書の証拠力

　　文書の証拠力とは、文書の記載内容が裁判官の心証形成に役立つ程度
をいう。

　　証拠力については、詳細に「第 2 編　証拠　第 2 章　書証」において解
説していることから、そちらを参照して欲しい。

　　本件のような問題は、従来の試験科目であれば、民事訴訟法において問
われる問題であった。しかし、予備試験では、法律実務基礎科目でも問わ
れ得ることを示した出題であるということができる。そして、その出題の
され方についても、注意が必要である。

　　民事訴訟法であれば、同法 228 条 4 項を示して、事実をあてはめて結
論（文書の成立の真正が推定されるか否か）を導くというのが、答案作成
において主に求められていたといえる。しかし、本問の設問文を読んで
分かるように、法律実務基礎科目では、そのような問われ方ではなく、
「裁判所は、……弁護士Ｐに対して、更にどのような事項を確認すべき
か。結論とその理由を説明しなさい。」という問われ方がされた。したがっ
て、答案作成においては、法律上の知識だけでは太刀打ちできず、実務
において同法 228 条 4 項がどのように使われ、どのような事項が確認でき
れば成立の真正の推定を否定することができるのか、判断することが求
められたといえる。

第2章　平成24年

このような設問に対しては、単に法律的知識を詰め込むだけでは対応できないと思われるので、受験生は日頃から具体的な事案を想定しながら学習をすることが求められるといえる。この傾向は、平成25年においても見られたことから、今後も継続すると考えられるので、十分対策をして本番に臨んで欲しい。

3　〔設問3〕

【出題趣旨】
　設問3は、要件事実の整理と事実認定の結果を踏まえて、請求原因・抗弁・再抗弁がそれぞれどのように判断され、どのような主文が導かれるかの検討を求めるものである。その際には、各認定事実が設問1の各抗弁とどのように関係するのかを簡潔に説明することが求められる。

(1)　答案構成例

1　結論
　裁判所は、「Yは、Xに対し、甲建物を明け渡せ。」との全部認容判決をすべきである。
2　理由
　Xは、賃料不払いを理由とする本件契約の解除を主張しているから、解除の有効性が問題となる。
　(1)　相殺の抗弁
　　裁判所は、Yの相殺の意思表示は、Xによる本件契約解除後に行われたとの心証を抱いた。他方、解除の意思表示前に相殺適状になったから、相殺の遡及効（民法506条2項）により、解除は無効とならないか。

　　　↓

　　相殺の遡及効は、相殺の対象となる債権債務それ自体に対して生じるのであり、相殺の意思表示以前に適法になされた契約解除の効力には何らの影響を与えるものではない。（最判昭32.3.8参照）

　　　↓したがって

　　Yによる相殺の意思表示により、賃料債権を消滅させる効果は発生するが、契約解除の意思表示には影響がなく、Xによる本件契約の解除は有効である。
　(2)　留置権の抗弁

455

第5部　論文式試験について

> 　　裁判所は、Yが屋根の修理費用として相当な金額である 150 万円を支払い、Xがその費用の一部の 30 万円を支払ったとの心証を抱いた。
> 　　　↓そうすると
> 　　120 万円の必要費返還請求権を被担保債権とする留置権の抗弁が認められるとも、思える。
> 　　　↓しかし
> 　　相殺の意思表示により、相殺適状に遡って本件未払賃料の消滅の効果は生じているので、Yの必要費償還請求権は、もはや存在しない。
> 　　　↓したがって
> 　　Yの留置権の主張は理由がない。

(2)　**解説**

ア　**概説**

　　本問は、先に検討したX、Yの主張に対して、裁判所の抱いた心証を前提として、裁判所が判決主文においてどのような判断をおこなうかを問うものである。

　　そこで、〔設問3〕の設問文において新たに与えられた事実を加えて、X及びYの主張の適否について判断することになる。

　　なお、設問は「裁判所は、判決主文において、どのような内容の判断をすることになるか。」とされていることから、答案作成の際には、「Xの主張が認められる。」「認められない。」という形式ではなく、「請求を認容する。」「請求を棄却する。」という形式で、解答する必要があるということに注意が必要である。

イ　**相殺と解除**

　　本問の解答においては、実体法上の相殺と解除の関係が問題となる。

　　民法 506 条 2 項は、相殺の効果としての遡及効について定めている。契約が解除されたとしても、相殺適状の状態まで遡って相殺の効果が発生すると考えると、本件契約解除の根拠となった賃料債務の不履行という効果も、遡及的に消滅するのではないか問題となる。

　　この点について、答案構成例中に示した最判昭 32.3.8 は、解除が適法に行われた以上、その後に解除前から相殺適状にあった債権により相殺

第2章　平成24年

しても、債権は相殺により消滅するものの、解除の効果は失われないとした。

　同判例は詳細な判断の理由を示していないが、これについて学説は、契約解除の効力が、解除以後、意思表示により左右されると法律関係の不確定な状態が存続し公益上弊害を生じるおそれがあるからであると説明する（潮見佳男『プラクティス民法　債権総論　第5版補訂』（信山社）427頁）。したがって、解除前の相殺であれば解除は根拠を失うから効果は生じないし、解除後の相殺であれば解除は適法であるから効果が生じると思われる。

4　〔設問4〕

【出題趣旨】
　設問4は、弁護士倫理の問題であり、弁護士職務基本規程第56条と弁護士法第23条に留意して検討することが求められる。

(1)　答案構成例

1　小問(1)について
(1)　弁護士Aは、共同法律事務所の所属弁護士Bから、Bの顧問先であるR株式会社の経営状態が厳しく、倒産は避けられない情勢であるという情報を得た。これは、「他の所属弁護士の依頼者について執務上知り得た秘密を正当な理由なく他に漏らし」（弁護士職務基本規程56条）にあたるのではないか。
　　　　↓
　　　弁護士職務基本規程56条の趣旨は、同23条に規定される守秘義務を共同事務所の他の弁護士にも負わせることで、依頼者の利益を広く保護することにある。
　　　　↓そこで
　　　「職務上知り得た」、「秘密」、「正当な理由」、「漏らす」の意義が問題となる。
　　　弁護士職務基本規程56条は同23条と同一の趣旨から設けられた規定であり、「職務上知り得た」、「秘密」、「正当な理由」、「漏らす」の意義も同一であると考える。
　　　「職務上知り得た」とは、弁護士が職務を行う過程で知り得たことをい

457

第 5 部　論文式試験について

う。

↓

　弁護士Ａは、弁護士Ｂが顧問を務めるＲ社の倒産手続について、職務として意見を求められており、その前提としてＲ社の状況を知ったのであるから、「職務上知り得た」に該当するといえる。

　次に「秘密」とは、一般に知られていない事実であって、本人が特に秘匿しておきたいと考える性質の事項（主観的意味の秘密）に限らず、一般人の立場から見て秘匿しておきたいと考える性質をもつ事項（客観的意味の秘密）をも指すとされる。

↓

　Ｒ社が、資金繰りの状況から倒産は避けられない情勢であるという事実は、それを一般的に知られると、そのような会社に資金提供や保証を行う会社が現れなくなるという性質の事項であり、主観的にも客観的にも秘匿しておきたい事項である。

↓したがって

　上記事実は、「秘密」に該当する。

　「正当な理由」とは、依頼者の承諾がある場合や、公益上の必要がある場合等をいう。

↓

　本件では、依頼者であるＲ社の承諾はなく、Ｔ社とＲ社の私的な問題であり公益を有する問題でもない。

↓したがって

　「正当な理由」は、存在しない。

　「漏らす」とは、第三者に開示することをいう。

↓

　義父ＳにＲ社の資金繰り情報を教えることは、第三者であるＳに開示したといえる。

(2)　以上より、弁護士Ａが義父ＳにＲ社の経営状況を説明して保証契約を回避するように助言することは、弁護士Ｂから倒産手続について意見を求められる上で、「職務上知り得た」、Ｒ社の経営状況という「秘密」を、義父という個人的な理由で、「正当な理由」があるといえないのに、他（第三者である義父）に「漏ら」すことであり、Ｒ社の利益を害する行為であるといえる。

↓したがって

　弁護士Ａの行為は、同条前段に違反するものとして、弁護士倫理上問題

458

第2章　平成24年

がある。
2　小問(2)について
　先述の弁護士職務基本規程56条の趣旨は、弁護士が所属事務所を離れた
場合のみならず、弁護士登録を取り消した場合であっても妥当する。
　∵そうしないと、依頼者を保護するという趣旨を守れない。
　　　↓したがって
　弁護士登録を取り消した場合も、「その共同事務所の所属弁護士でなく
なった」場合にあたる。(弁護士職務基本規程56条後段)
　　　↓よって
　AがR社の経営状況をT社取締役会で発言することは、R社の「秘密」を
「正当な理由なく他に漏ら」す行為であり、同条後段に違反するものとし
て、弁護士倫理上問題がある。

(2)　解説
　ア　概説
　　　本問は、弁護士が依頼者に対して負う守秘義務、特に共同事務所にお
　　ける弁護士間の守秘義務について検討させる問題である。
　　　弁護士が依頼者に対して負う守秘義務を規定した弁護士職務基本規程
　　23条に関する理解を前提に、上記守秘義務を共同事務所の弁護士間に対
　　しても拡張した弁護士職務基本規程56条が該当する場面における理解
　　が問われている。
　　　弁護士職務基本規程23条と同56条は、同一の趣旨に基づいて規定さ
　　れたものであることから、同56条の条文の解釈においては、同23条の
　　場合と同様に解することになる。
　　　出題趣旨においても、同23条と同56条に留意して解答することが求
　　められるとされていることから、基本的な規定である同23条についての
　　理解を示した上で、同56条を規定することで依頼者の利益をより広く保
　　護しようとしたという趣旨に基づいて、所属弁護士でなくなり、弁護士
　　登録まで取り消した場合においての扱いも検討する必要がある。

　イ　「職務上知り得た」、「秘密」、「正当な理由」、「漏らす」について
　　　上記の各要件については答案構成例中に示した通りであるが、その解
　　釈の際には、弁護士職務基本規程23条の趣旨から検討するという姿勢を
　　示すことが必要である。

459

第5部　論文式試験について

　しかし実際の試験においては、答案構成例で示した内容を全て記述していると、およそ90分で1科目の答案を作成することが求められる法律実務基礎科目においては、他の設問との兼ね合いから時間が不足することが予想される。したがって、答案構成例を参考にしつつ、それぞれの受験生が自分は90分でどの程度書けるのかにつき事前に検討し、その範囲で答案作成の練習をしておくことが望ましい。

　なお、平成23年と平成24年の予備試験においては、法律実務基礎科目（民事）の各設問に対する配点がどの程度であるか試験問題中に記載がなかったが、平成25年の予備試験においては、各設問に対する配点が明記された。平成25年は設問が5つであり、法曹倫理についてはその配点が50分の8であった。設問が4つであった平成24年の上記の問題では、それ以上の配点がなされていた可能性もあることから、それに応じて、90分という時間の配分を行う必要がある。自分が時間内にどの程度の答案を作成できるかを検討する上での情報として、参考として欲しい。

460

第 2 章　平成 24 年

第5部　論文式試験について

第3章　平成25年

〔〔設問1〕から〔設問5〕までの配点の割合は、12：5：8：17：8〕

司法試験予備試験用法文及び本問末尾添付の資料を適宜参照して、以下の各設問に答えなさい。

〔設問1〕
弁護士Pは、Xから次のような相談を受けた。

【Xの相談内容】
「私は、平成17年12月1日から「マンション甲」の301号室（以下「本件建物」といいます。）を所有していたAから、平成24年9月3日、本件建物を代金500万円で買い受け（以下「本件売買契約」といいます。）、同日、Aに代金500万円を支払い、本件建物の所有権移転登記を具備しました。

本件建物には現在Yが居住していますが、Aの話によれば、Yが本件建物に居住するようになった経緯は次のとおりです。

Aは、平成23年4月1日、Bに対し、本件建物を、賃貸期間を定めずに賃料1か月5万円とする賃貸借契約（以下「本件賃貸借契約」といいます。）を締結し、これに基づき、本件建物を引き渡しました。ところが、Bは、平成24年4月2日、Bの息子であるYに対し、Aの承諾を得ずに、本件建物を、賃貸期間を定めずに賃料1か月5万円とする賃貸借契約（以下「本件転貸借契約」といいます。）を締結し、これに基づき、本件建物を引き渡しました。こうして、Yが本件建物に居住するようになりました。

そこで、Aは、同年7月16日、Bに対し、Aに無断で本件転貸借契約を締結したことを理由に、本件賃貸借契約を解除するとの意思表示をし、数日後、Yに対し、本件建物の明渡しを求めました。しかし、Yは、本件建物の明渡しを拒否し、本件建物に居住し続けています。

このような次第ですので、私は、Yに対し、本件建物の明渡しを求めます。」

弁護士Pは、【Xの相談内容】を前提に、Xの訴訟代理人として、Yに対し、所有権に基づく返還請求権としての建物明渡請求権を訴訟物として、本件建物

462

第3章　平成25年

の明渡しを求める訴えを提起した。そして、弁護士Pは、その訴状において、請求を理由づける事実（民事訴訟規則第53条第1項）として、次の各事実を主張した（なお、以下では、これらの事実が請求を理由づける事実となることを前提に考えてよい。）。

①　Aは、平成23年4月1日当時、本件建物を所有していたところ、Xに対し、平成24年9月3日、本件建物を代金500万円で売ったとの事実

②　Yは、本件建物を占有しているとの事実

上記各事実が記載された訴状の副本を受け取ったYは、弁護士Qに相談をした。Yの相談内容は次のとおりである。

【Yの相談内容】

「Aが平成23年4月1日当時本件建物を所有していたこと、AがXに対して平成24年9月3日に本件建物を代金500万円で売ったことは、Xの主張するとおりです。

しかし、Aは、私の父であるBとの間で、平成23年4月1日、本件建物を、賃貸期間を定めずに賃料1か月5万円で賃貸し（本件賃貸借契約）、同日、Bに対し、本件賃貸借契約に基づき、本件建物を引き渡しました。そして、本件賃貸借契約を締結する際、Aは、Bに対し、本件建物を転貸することを承諾すると約したところ（以下、この約定を「本件特約」といいます。）、Bは、本件特約に基づき、私との間で、平成24年4月2日、本件建物を、賃貸期間を定めずに賃料1か月5万円で賃貸し（本件転貸借契約）、同日、私に対し、本件転貸借契約に基づき、本件建物を引き渡しました。その後、私は、本件建物に居住しています。

このような次第ですので、私にはXに本件建物を明け渡す義務はないと思います。」

そこで、弁護士Qは、答弁書において、Xの主張する請求を理由づける事実を認めた上で、占有権原の抗弁の抗弁事実として次の各事実を主張した。

③　Aは、Bに対し、平成23年4月1日、本件建物を、期間の定めなく、賃料1か月5万円で賃貸したとの事実。

④　Aは、Bに対し、同日、③の賃貸借契約に基づき、本件建物を引き渡したとの事実。

⑤　Bは、Yに対し、平成24年4月2日、本件建物を、期間の定めなく、賃料1か月5万円で賃貸したとの事実。

⑥　Bは、Yに対し、同日、⑤の賃貸借契約に基づき、本件建物を引き渡したとの事実。

463

第5部　論文式試験について

以上を前提に、以下の各問いに答えなさい。

(1)　本件において上記④の事実が占有権原の抗弁の抗弁事実として必要になる
　　理由を説明しなさい。

(2)　弁護士Qが主張する必要がある占有権原の抗弁の抗弁事実は、上記③から
　　⑥までの各事実だけで足りるか。結論とその理由を説明しなさい。ただし、本
　　設問においては、本件転貸借契約締結の背信性の有無に関する事実を検討す
　　る必要はない。

〔設問2〕
　平成24年11月1日の本件の第1回口頭弁論期日において、弁護士Qは、本
件特約があった事実を立証するための証拠として、次のような賃貸借契約書（斜
体部分は全て手書きである。以下「本件契約書」という。）を提出した。

賃貸借契約書

1　AはBに対し、本日から、Aが所有する「マンション甲」301号室
　を賃貸し、Bはこれを賃借する。
2　賃料は1か月金5万円とし、Bは、毎月末日限り翌月分をAに支払
　うものとする。
3　本契約書に定めがない事項は、誠意をもって協議し、解決するもの
　とする。
4　　Aは、Bが上記建物を転貸することを承諾する。

　以上のとおり、契約が成立したので、本書を2通作成し、AB各1通
を保有する。

平成23年4月1日
賃貸人　　*A*　　A印
賃借人　　*B*　　B印

　本件契約書について、弁護士PがXに第1回口頭弁論期日の前に確認したと
ころ、Xの言い分は次のとおりであった。

464

第3章　平成25年

【Xの言い分】

　「Aに本件契約書を見せたところ、Aは次のとおり述べていました。

　『本件契約書末尾の私の署名押印は、私がしたものです。しかし、本件契約書に記載されている本件特約は、私が記載したものではありません。本件特約は、B又はYが、後で書き加えたものだと思います。』」

　そこで、弁護士Pは、第1回口頭弁論期日において、本件契約書の成立の真正を否認したが、それに加え、本件特約がなかった事実を立証するための証拠の申出をすることを考えている。次回期日までに、弁護士Pが申出を検討すべき証拠には、どのようなものが考えられるか。その内容を簡潔に説明しなさい。なお、本設問に解答するに当たっては、次の〔設問3〕の⑦の事実を前提にすること。

〔設問3〕

　本件の第1回口頭弁論期日の1週間後、弁護士Qは、Yから次の事実を聞かされた。

　⑦　本件の第1回口頭弁論期日の翌日にBが死亡し、Yの母も半年前に死亡しており、Bの相続人は息子のYだけであるとの事実

　これを前提に、次の各問いに答えなさい。

⑴　上記⑦の事実を踏まえると、弁護士Qが主張すべき占有権原の抗弁の内容はどのようなものになるか説明しなさい。なお、当該抗弁を構成する具体的事実を記載する必要はない。

⑵　弁護士Pは、⑴の占有権原の抗弁に対して、どのような再抗弁を主張することになるか。その再抗弁の内容を端的に記載しなさい。なお、当該再抗弁を構成する具体的事実を記載する必要はない。

〔設問4〕

　本件においては、〔設問3〕の⑴の占有権原の抗弁及び⑵の再抗弁がいずれも適切に主張されるとともに、〔設問1〕の①から⑥までの各事実及び〔設問3〕の⑦の事実は、全て当事者間に争いがなかった。そして、証拠調べの結果、裁判所は、次の事実があったとの心証を形成した。

【事実】

　本件建物は、乙市内に存在するマンションの一室で、間取りは1DKである。Aは、平成17年12月1日、本件建物を当時の所有者から賃貸目的で代金600万円で買い受け、その後、第三者に賃料1か月8万円で賃貸していたが、平成22年4月1日から本件建物は空き家になっていた。

465

第5部　論文式試験について

　平成23年3月、Aは、長年の友人であるBから、転勤で乙市に単身赴任することになったとの連絡を受けた。AがBに転居先を確認したところ、まだ決まっていないとのことであったため、Aは、Bに本件建物を紹介し、本件賃貸借契約が締結された。なお、賃料は、友人としてのAの計らいで、相場より安い1か月5万円とされた。

　平成24年3月、Bの長男であるY（当時25歳）が乙市内の丙会社に就職し、乙市内に居住することになった。Yは、22歳で大学を卒業後、就職もせずに遊んでおり、平成24年3月当時、貸金業者から約150万円の借金をしていた。そこで、Bは、Yが借金を少しでも返済しやすくするため、Aから安い賃料で借りていた本件建物をYに転貸し、自分は乙市内の別のマンションを借りて引っ越すことにした。こうして、本件転貸借契約が締結された。

　本件転貸借契約後も、BはAに対し、約定どおり毎月の賃料を支払ってきたが、同年7月5日、本件転貸借契約の締結を知ったAは、同月16日、Bに対し、本件転貸借契約を締結したことについて異議を述べた。これに対し、Bは、転貸借契約を締結するのに賃貸人の承諾が必要であることは知らなかった、しかし、賃料は自分がAにきちんと支払っており、Aに迷惑はかけていないのだから、いいではないかと述べた。Aは、Bの開き直った態度に腹を立て、貸金業者から借金をしているYは信用できない、Yに本件建物を無断で転貸したことを理由に本件賃貸借契約を解除すると述べた。しかし、Bは、解除は納得できない、せっかくYが就職して真面目に生活するようになったのに、解除は不当であると述べた。

　その後、Bは、無断転貸ではなかったことにするため、本件契約書に本件特約を書き加えた。そして、Bは、Yに対し、本件転貸借契約の締結についてはAの承諾を得ていると嘘をつき、Yは、これを信じて本件建物に居住し続けた。

　この場合、裁判所は、平成24年7月16日にAがした本件賃貸借契約の解除の効力について、どのような判断をすることになると考えられるか。結論とその理由を説明しなさい。なお、上記事実は全て当事者が口頭弁論期日において主張しているものとする。

〔設問5〕
　弁護士Pは、平成15年頃から継続的にAの法律相談を受けてきた経緯があり、本件についても、Aが本件転貸借契約の締結を知った翌日の平成24年7月6日、Aから相談を受けていた。その際、弁護士Pは、Aに対し、本件建物を売却するのであれば、無断転貸を理由に本件賃貸借契約を解除してYから

466

第3章　平成25年

　本件建物の明渡しを受けた後の方が本件建物を売却しやすいとアドバイスした。

　その後、Aは、無断転貸を理由に本件賃貸借契約を解除したが、Yから本件建物の明渡しを受ける前に本件建物をXに売却した。その際、Aは、Xから、本件建物の明渡しをYに求めようと思うので弁護士を紹介してほしいと頼まれ、本件の経緯を知っている弁護士PをXに紹介した。

　弁護士Pは、Aとの関係から、Xの依頼を受けざるを得ない立場にあるが、受任するとした場合、受任するに当たってXに何を説明すべきか（弁護士報酬及び費用は除く。）について述べなさい。

本問末尾添付の資料とは、弁護士職務基本規程（404頁参照）を指す。

467

第5部　論文式試験について

1　〔設問1〕

> 【出題趣旨】
> 　設問1は、転貸借に基づく占有権原の抗弁の抗弁事実について説明・検討を求めるものであり、実体法上の要件に留意して説明・検討することが求められる。

(1)　答案構成例

1　小問(1)について
(1)　占有権原の抗弁（転貸借）の要件事実
　　本問では、建物転貸借の要件事実が問題になる。
　　　　↓
　　建物転貸借に基づく占有権原の抗弁が適法であるためには、（ア）原賃貸借契約が有効に成立していること、と（イ）転貸借契約が有効に成立していること、が必要である。
(2)　事実④について
　　本問では（ア）の要件事実が問題になるところ、賃貸借契約は、民法601条より諾成契約であるから、設問中の③の事実のみ主張すれば良いとも思える。
　　　　↓しかし
　　占有権原の抗弁が認められるためには、賃貸借契約と賃借人の占有とが関連性を有することを示す事実が必要となる。
　　　　∵賃借人が当該契約と無関係の事情で本件建物を占有していたとすると、賃借人の主張が意味をなさなくなるから。
　　　　↓また
　　AはXに本件建物を売却していることから、対抗要件具備のためにも、本件建物の引渡しの事実を主張する必要がある（借地借家法31条）。
　　　　↓したがって
　　占有権原の抗弁事実として、④の事実が必要となる。
2　小問(2)について
(1)　（ア）と（イ）の要件事実
　　（ア）の要件事実については、先述の通り③及び④の事実があればよい。
　　　　↓そこで

468

第3章　平成25年

　　　（イ）の要件事実が問題になる。
(2)　（イ）転貸借の要件事実
　　　転貸借は原則として認められず、賃貸人の承諾が得られた場合のみ、有
　　効になし得る（民法612条1項）。
　　　　↓そして
　　　賃貸人の承諾は転借人にとって有利な事実であり、主張立証の難易か
　　ら転借人が主張立証する必要がある。
　　　∵法律要件分類説（第1編　要件事実入門参照）
　　　　↓したがって
　　　転借人は、賃貸人が転貸借につき承諾した旨を主張する必要があり、③
　　から⑥の各事実だけでは足りず、賃貸人が承諾した事実（本件特約）の主
　　張立証が必要となる。

(2)　解説
　ア　概要
　　　設問1の小問(1)は、建物転貸借契約における要件事実に関して、建物
　を引き渡したという事実（④）の位置付けを問うものである。
　　　転貸借に基づく占有権原の抗弁の抗弁事実は、（ア）原賃貸借契約が有
　効に成立していること、と（イ）転貸借契約が有効に成立していること、
　であることは先述の通りである。本問では、（ア）について問われている。
　　　（ア）は、賃貸借契約の成立に関する要件事実である。賃貸借について
　規定した民法601条の条文構造から、賃貸借は諾成契約であるといえる
　から、契約当事者双方の合意（本設問における③の事実）を主張立証すれ
　ば、占有権原を基礎付ける要件事実として十分であるようにも思える。
　　　しかし、占有が適法であり占有権原の抗弁が認められるためには、③
　の事実に加えて、賃貸借契約と賃借人の占有とが関連性を有することを
　示す事実が必要となる。なぜなら、賃借人が当該契約と全く関係ない事
　情で本件建物を占有していたとすると、賃借人の主張が全く意味をなさ
　ないことになってしまうからである。賃借人の占有が、適法に成立した
　賃貸借契約に基づいて行われているからこそ、占有権原の抗弁として意
　味をなすのである。
　　　したがって、賃貸借契約と賃借人の占有が関連性を有することを示す
　事実として、④の事実である、③の賃貸借契約に基づく本件建物の引渡
　しという事実の主張が必要となる。

469

イ　対抗要件としての④の事実

　本問では、上記の本件賃貸借契約を本件売買契約に対抗するためには、対抗要件を備えておく必要がある。そして、本件賃貸借契約は本件建物に関する契約であるので、対抗要件を満たすためには、借地借家法 31 条より、引渡しが必要となる。

　したがって、④の事実は、本件賃貸借契約の対抗要件具備のために必要となるという理由も存在することから、この点についても指摘する必要がある。

ウ　転貸借における賃貸人の承諾

　民法 612 条 1 項の規定から、転貸借は原則として認められず、賃貸人の承諾が得られた場合のみ、有効になし得る。小問(2)では、この承諾について、誰が主張立証責任を負うのかが問題となる。

　承諾がなかったことについて、賃貸人に主張立証責任を負わせることは、困難であることから妥当とはいえない。また上述のように、転貸借は原則的に認められず、賃貸人の承諾がある場合に例外的に認められるという民法 612 条 1 項の条文構造からすれば、賃貸人からの承諾がないとの再抗弁に対する再々抗弁と位置付けることも妥当ではない。

　さらに、転貸借契約に対する承諾がなされたという事実は、転借人側に有利な事実であり、認められれば転借人が求める法律効果が発生することから、転借人に主張立証責任を負わせることが、当事者間の公平の観点から妥当であるといえる。

　したがって、本問における抗弁事実としては、③から⑥までの事実だけでは足りず、弁護士Ｑは、賃貸人が転貸借について承諾したことについても、主張立証する必要がある。

　なお、法律要件分類説については、本書の「第 1 編　要件事実入門」に記述があることから、詳細についてはそちらを参照のこと。

第3章　平成25年

2　〔設問2〕

【出題趣旨】
　設問2は、転貸承諾の事実を争うための立証手段を問うものであり、書証と人証の双方を検討することが求められる。

(1)　答案構成例

1　申出を検討すべき証拠
　証拠の申出を行う上で、まず本件契約書の手書部分を誰が手書きしたのか、手書きの日時がいつかを求釈明すべきである。そして、釈明の結果を受けて、申出をすべき証拠について検討する。
2　手書者がAの場合
　(1)　書証について
　　・Aの手元にある本件契約書に手書部分が存在しない事実を証明すること
　　・Aの署名と本件特約の記述の筆跡対照（民事訴訟法229条1項）
　(2)　人証について
　　・Aの証人申請（民事訴訟規則106条）
3　手書者がBの場合
　(1)　書証について
　　・Aの手元にある本件契約書には手書部分がなく、本件手書部分にはA、Bの訂正印がないことを証明する。
　(2)　人証について
　　・Bは既に死亡していることから、証人申請はできない。
4　手書者がYの場合
　(1)　書証について
　　・Yの署名と本件特約の記述の筆跡対照（民事訴訟法219条、229条2項）
　(2)　人証について
　　・Yの当事者尋問の申出（民事訴訟規則107条、127条）

471

第5部　論文式試験について

(2)　**解説**

　ア　**概説**

　　　本問は、弁護士Ｐが申出を検討すべき証拠について問う問題である。

　イ　**書証**

　　　Ｙ（弁護士Ｑ）が、Ａが本件特約を書き加えたと釈明したら、Ａが保有する本件契約書を書証として提出し、Ｙの主張が正しいか否かについての資料とする。また、本件特約について筆跡鑑定を行うことで、本当にＡが書き加えたといえるのかについても資料とすることができる。

　　　Ｙ（弁護士Ｑ）が、Ｂが本件特約を書き加えたと釈明したら、Ａの手元にある本件契約書には手書部分がなく、ＡとＢの合意により本件特約が書き加えられたのではないとの判断の資料とすることができる。また、本件手書部分にはＡ、Ｂの訂正印がないことも、ＡとＢの合意により本件特約が書き加えられたのではないとの判断の資料とすることができる。

　ウ　**人証**

　　　Ｙ（弁護士Ｑ）が、Ａが本件特約を書き加えたと釈明したら、Ａを証人申請することで、本当にＡが本件特約を書き加えたのか否かの資料にすることができる。

　エ　書証・人証共に、民事訴訟法において学習する分野であるが、短答式試験や従来の民事訴訟法の論文式試験では、具体的事案においてどのような証拠の申出をすべきかの検討を行うといった出題は見られなかったと思われる。

　　　法律実務基礎科目においては、実務と名が付くだけあって、本問のように、表面的・形式的な理解だけでなく、具体的な場面における法の理解まで求められることを示した問題であるといえる。

　　　したがって、法律実務基礎科目の学習の際には、単に教科書等を読むだけでなく、普段から具体的場面を想定して、具体的な例が頭に浮かぶような学習を行う必要があるだろう。

第3章　平成25年

3　〔設問3〕

【出題趣旨】

　設問3は、訴訟中に事実関係が変動した場合の影響を問うものであり、従前の抗弁を維持できるか否か、維持できない場合にはどのような抗弁とすべきかを検討した上で、その抗弁に対する再抗弁を検討することが求められる。

(1)　答案構成例

1　小問(1)について

　本件賃貸借契約の当事者の一方であるBが死亡したことから、当該契約がどうなるか、問題となる。

　　　↓

　Bの相続人は息子のYだけであることから、Yは、AB間で発生した賃借権を相続により包括承継する（民法896条）。

　　　↓この場合

　転貸人の地位と転借人の地位がYに帰属し、「債権及び債務が同一人に帰属した」（民法520条）といえることから、転貸借債権債務は消滅する。そうすると、Yは占有権原の抗弁として、転借権に基づく占有の抗弁を主張し得ない。

　　　↓それゆえ

　Yとしては、包括承継したAB間の賃貸借契約に基づく占有権原の抗弁を主張すべきことになる。

2　小問(2)について

　YがBの地位を包括承継したのは、Bが死亡した平成24年11月2日である（民法882条、896条）。

　　　↓

　一方、Aは、既に平成24年7月16日に本件賃貸借契約を、無断転貸を理由として解除するとの意思表示をBに対して行っている。

　　　↓したがって

　X（弁護士P）は、Aによる本件賃貸借契約解除により、Yは占有権原を喪失したとの再抗弁を主張すると考えられる。

473

第5部　論文式試験について

(2)　解説

ア　概説

　　本問は、訴訟係属中に賃借人かつ転貸人であるＢが死亡した場合に、
当該事実が本件契約関係に及ぼす影響について検討する問題である。

イ　混同

　　民法 520 条は、混同について「債権及び債務が同一人に帰属したとき
は、その債権は、消滅する。」と規定している。本件におけるような、賃
貸人（転貸人）・賃借人（転借人）のような関係における場合等が、混同
の典型的な事例の一つである。

　　本件では、転貸人であるＢが死亡し、転借人であるＢの唯一の相続人
であるＹが、Ｂの地位を包括承継しており、転貸借の債権債務が同一人
に帰属したといえる。したがって、転貸借債権債務は消滅し、Ｙとしては
従来の転貸借契約に基づく占有権原の抗弁を主張しえず、Ｂから包括的
に承継した本件賃貸借契約に基づく占有権原の抗弁を主張することにな
る。

　　混同は、短答式試験以外ではあまり馴染みのない条文かもしれないが、
予備試験の論文式試験で出題されたことから、今後も、従来は論文式試
験ではあまり馴染みのない条文を検討させる問題が出題される可能性が
あるといえる。学習の際には、穴となる分野を作らないようにする注意
が必要である。

4　〔設問4〕

【出題趣旨】

　　設問4は、解除の有効性に関する判断を問うものである。主に、転貸借が
背信行為と認めるに足りない特段の事情という規範的要件について、当事者
が主張し、裁判所が認定した事実の中から、どの事実がいかなる理由から評
価を根拠付け又は障害する上で重要であるかに留意して、検討することが求
められる。

474

第3章　平成25年

(1)　答案構成例

　　本問では、無断転貸を理由に本件賃貸借契約の解除が認められるかが問題
となる。どのような場合に、解除が認められるか。
　　　　　↓
　　民法612条2項は、賃借人が賃貸人の承諾を得ずに無断で転貸し、使用収
益させた場合には、原賃貸借契約を解除できると規定していることから、無断
転貸の場合には、無条件で原賃貸借契約を解除できるとも思える。
　　　　　↓しかし
　　民法612条の趣旨は、賃貸借契約が目的物の継続的な使用収益を目的とす
るものであり、当事者間の信頼関係を基礎としている契約であることから、賃
借人が賃貸人に無断で目的物を第三者に使用収益させないようにして賃貸人
の信頼を保護し、その信頼が破られた場合には、賃貸人に解除権を認めるとい
うものである。
　　　　　↓
　　上記趣旨からすると、賃借人が賃貸人に無断で第三者に目的物を使用収益
させた場合でも、賃貸人に対する背信的行為と認めるに足りない特段の事情
がある場合には、解除が認められないと考えられる。
　　　　　↓そして
　　背信性の有無については、転借人の個性、転貸の営利性、転貸の動機等を総
合的に考慮し、賃貸人の合理的な信頼が害されているか否かについて判断す
る。
　　　　　↓
　　本件においては、以下の各事情を総合的に考慮して判断する。
　　・転借人Yは、賃借人Bの息子である
　　・転借人Yは、貸金業者から約150万円もの多額の借金をしている
　　・本件賃貸借契約の賃料と本件転貸借契約の賃料は、共に毎月5万円である
　　・転貸の動機は、ようやく就職できた息子Yの借金返済を少しでも容易に
　　　するためであった
　　・Bは、本件契約書に本件特約を書き加えて、文書の偽造を行った
　　　　　↓
　　以上の各事情等を総合考慮して、自身の結論を説得的に記述する。

475

第5部　論文式試験について

(2) **解説**

ア　**概説**

　　本問は、本件賃貸借契約の解除の可否について、裁判所の立場に立って判断させる問題である。

　　無断転貸借を解除の理由としていることから（民法612条2項）、賃貸人・賃借人間の信頼関係が破壊されたか否か、背信性の有無という規範的要件について、設問文から評価根拠事実・評価障害事実に該当すると思われる具体的事実を抽出し、評価を加えて、判断することになる。

　　法律実務基礎科目では、本問における事実の抽出・評価・あてはめのような流れでの答案作成が求められる。単に法律的知識（本問では、無断転貸解除の可否）を示すだけでは、高得点は得られないと思われる。したがって、日頃からの学習の際には、判例の中でどのような判断がなされているのか等、具体的な事案を用いて、どのような事実が評価根拠事実となり、どのような事実が評価障害事実になるかを意識しておくことが重要であると思われる。

イ　**背信性の有無について**

　　上記の答案構成例においては、信頼関係破壊の有無の判断に際して参考となるであろうと思われる、設問文中に挙げられた事実のみ指摘した。そこで本解説では、例としてこれらの事実に対して考えられ得る評価を以下に行ってみることにする。

　　指摘した事実に対する評価として、必ずしも以下と同じ評価をする必要はない。あくまで評価の一例に過ぎないということに注意して欲しい。そして、信頼関係が破壊されたか否かについて、なるべく両評価を記述するようにしたが、このように一つの事実についても全く反対の評価も可能であるということを、頭に入れておいて欲しい。最終的な結論としては、上記のような事実に対する評価を、自らの結論を導く上で矛盾のないように説得的に説明していく必要がある。

（事実とそれに対する評価）

　・転借人Yは、賃借人Bの息子である

　　→人的関係が密接であり、実質的に転貸とはいえないのではないか。

　　→しかし、Bは別のマンションを借りて引っ越しており、Yと同居していないことから、やはり転貸といえるのではないか。

　・転借人Yは、貸金業者から約150万円もの多額の借金をしている

→賃貸借は、実際に使用する人物の属性が重要であって、多額の借
　金をして、返済に困っているＹは、賃料不払のおそれがあり、信
　用できない。そのようなＹに転貸する転貸借は、信頼関係を破壊
　するものである。

　→しかし、賃料はＢがきちんと支払っていることから、Ｙに借金が
　ある事実は、信頼関係を破壊しないのではないか。

・本件賃貸借契約の賃料と本件転貸借契約の賃料は、共に毎月５万円
　である

　→賃料が同額であり営利性は認められないから、信頼関係を破壊す
　るものではないのではないか。

　→しかし、本件建物の賃料は友人としての計らいから、相場よりも
　安い金額としたのであり、相場との差額分の経済的利益を得てい
　るとも考えられ、営利性がないという事情は、重要ではないので
　はないか。

・転貸の動機は、ようやく就職できた息子Ｙの借金返済を少しでも容
　易にするためであった。

　→大学卒業後、就職もせずに遊んでいて150万円もの借金を作った
　Ｙが早く立ち直ることができるようにするために本件転貸借契約
　を締結したのであり、信頼関係を破壊するものではないのではな
　いか。

　→しかし、長年の友人関係であるＡとＢの関係であれば、Ｙの事情
　を話して許可を得るのが通常であり、無断で転貸したのは、動機
　に営利性があったのではないか。結果的に見ても、第三者に転貸
　して差額を借金返済に充てたのと同じであり、友人としての計ら
　いを悪用したといえるのではないか。

・Ｂは、本件契約書に本件特約を書き加えて、文書の偽造を行った

　→信頼関係破壊の有無の判断を判断するのは、解除時であると考え
　る。上記の文書の偽造は、解除後に行われたのであり、信頼関係
　破壊の有無の判断に関しては、考慮すべきでないのではないか。

　→しかし、賃貸借という継続的な契約関係から、賃借人の解除後の
　行為も、信頼性破壊の有無の判断に役立つ間接事実として、考慮
　できるという説もありえるのではないか。

第5部 論文式試験について

5 〔設問5〕

【出題趣旨】
　設問5は、弁護士倫理の問題であり、弁護士職務基本規程第29条に留意して、将来生じ得る状況を想定した上で、依頼者に対していかなる説明をすべきかを検討することが求められる。

(1) 答案構成例

1　受任の際の説明等

　弁護士Pは、Xの事件を受任するにあたり、Xに対して、事件の見通し、処理の方法等を説明しなければならない（弁護士職務基本規程29条）。

　　↓すなわち

　無断転貸を理由とする解除の難易・成功可能性等について説明する必要あり。

2　不利益事項の説明

　弁護士Pは、Xの依頼を受任する前に、本件建物の売却についてAから相談を受けていた。弁護士職務基本規程32条に該当し、不利益事項の説明をする必要があるのではないか、同条該当性が問題となる。

(1)　「同一の事件」該当性

　「同一の事件」とは、社会的に見て同一の紛争をいう。

　　↓

　本件建物の明渡しをめぐるA、X、B、Yの紛争は、社会的に見て同一である。

　　↓

　A、X、B、Yの紛争は、「同一の事件」に該当する。

　　↓したがって

　弁護士Pには、「同一の事件」について、AとXという複数の依頼者があるといえる。

(2)　依頼者「相互間に利害の対立が生じるおそれがあるとき」該当性

　「利害の対立」とは、原則的に、弁護士職務基本規程28条3号にいう「利益が相反する」と同義であり、複数の依頼者相互間の利益が相反する場合のことをいう。

　　↓

　本問では、XからYに対する本件建物の明渡請求が認められなかった

478

とすると、Ａの担保責任（民法565条）をめぐり、ＡＸ間で紛争が生じ
るおそれがある。

　　　↓したがって

　依頼者「相互間に利害の対立が生じるおそれがあるとき」に該当する。
(3)　以上より、弁護士職務基本規程32条に該当するから、弁護士ＰはＸに
対して、辞任の可能性その他の不利益をおよぼすおそれがあることも説
明しなければならない。

(2)　解説

ア　概説

　　本問は、弁護士が依頼を受けるに際して、依頼者に対して説明すべき
内容について、検討させる問題である。

　　弁護士が依頼者に対して負う説明義務については、一般的に弁護士が
負う説明義務として、弁護士職務基本規程29条で規定される「受任の際
の説明等」がある。また上記の一般的な説明義務以外のものの一つとし
て、本問で問題となる、弁護士職務基本規程32条で規定される「不利益
事項の説明」がある。

　　本問では、これら両方の説明義務について、触れることが求められる。

イ　「同一の事件」、「利害の対立」について

　　弁護士職務基本規程32条は、複数の依頼者間に利害の対立が生じるお
それがあるときに、弁護士が受任の時点においてとるべき第一次的措置
について定め、依頼者の自己決定の機会を保障し、依頼者の利益の実現
に支障がないようにすることを、その趣旨としている。

　　以上のような趣旨からすると、同条の「同一の事件」とは、厳密に解釈
して訴訟物が同一である場合と限定すべきではなく、社会的な実体とし
ての紛争の同一性を意味していると解することができる。

　　また、「利害の対立」とは、先述のように弁護士職務基本規程28条3
号の「利益が相反する」と同義であると考えられる。同条の趣旨は、複数
の依頼者が対立している場面で、弁護士が一方の依頼者のみに肩入れし
た活動を行うと、他方の依頼者の利益を害するおそれがあり、そのよう
な不利益を避けることを目的としている。このような趣旨からすると、

第5部　論文式試験について

「利益」とは法律上保護に値する利益をいい、保護に値しない感情的な利害対立等、事実上の利益は含まれないと考えられる。

ウ　あてはめ

上記イの解釈から、各要件についてあてはめていくことになる。

先述のように、本件建物の明渡しを巡るＡ、Ｘ、Ｂ、Ｙの紛争は、社会的な実体としての紛争の同一性が認められることから、「同一の事件」に該当するといえる。また、ＸＹの訴訟の結果次第では、ＡはＸから担保責任を追及される可能性があることから、ＡＸ間で紛争が生じる可能性のある「利害」の対立とは、「担保責任」という法律上保護に値する利益をめぐる対立であって、「利害の対立」に該当するといえる。

以上のあてはめの結果から判断すると、弁護士職務基本規程32条該当性が認められるから、弁護士Ｐは「不利益事項の説明」義務も負うことになる。

第3章　平成25年

第5部　論文式試験について

第4章　平成26年

〔設問1〕から〔設問5〕までの配点の割合は、8：16：4：14：8）

　　司法試験予備試験用法文を適宜参照して、以下の各設問に答えなさい。

〔設問1〕
　　弁護士Pは、Xから次のような相談を受けた。

【Xの相談内容】
　　「私の父Yは、その妻である私の母が平成14年に亡くなって以来、Yが所有していた甲土地上の古い建物（以下「旧建物」といいます。）に1人で居住していました。平成15年初め頃、Yが、生活に不自由を来しているので同居してほしいと頼んできたため、私と私の妻子は、甲土地に引っ越してYと同居することにしました。Yは、これを喜び、旧建物を取り壊した上で、甲土地を私に無償で譲ってくれました。そこで、私は、甲土地上に新たに建物（以下「新建物」といいます。）を建築し、Yと同居を始めました。ちなみにYから甲土地の贈与を受けたのは、私が新建物の建築工事を始めた平成15年12月1日のことで、その日、私はYから甲土地の引渡しも受けました。
　　ところが、新建物の完成後に同居してみると、Yは私や妻に対しささいなことで怒ることが多く、とりわけ、私が退職した平成25年春には、Yがひどい暴言を吐くようになり、ついには遠方にいる弟Aの所に勝手に出て行ってしまいました。
　　平成25年10月頃、Aから電話があり、甲土地はAに相続させるとYが言っているとの話を聞かされました。さすがにびっくりするとともに、とても腹が立ちました。親子なので書類は作っていませんが、Yは、甲土地が既に私のものであることをよく分かっているはずです。平成16年から現在まで甲土地の固定資産税等の税金を支払っているのも私です。もちろん母がいるときのようには生活できなかったかもしれませんが、私も妻もYを十分に支えてきました。

482

甲土地は、Yの名義のままになっていますので、この機会に、私は、Yに対し、所有権の移転登記を求めたいと考えています。」

　弁護士Pは、【Xの相談内容】を受けて甲土地の登記事項証明書を取り寄せたところ、昭和58年12月1日付け売買を原因とするY名義の所有権移転登記（詳細省略）があることが明らかとなった。弁護士Pは、【Xの相談内容】を前提に、Xの訴訟代理人として、Yに対し、贈与契約に基づく所有権移転登記請求権を訴訟物として、所有権移転登記を求める訴えを提起することにした。

　以上を前提に、以下の各問いに答えなさい。
⑴　弁護士Pが作成する訴状における請求の趣旨（民事訴訟法第133条第2項）を記載しなさい。（辰已注：現在は第134条第2項）
⑵　弁護士Pは、その訴状において、「Yは、Xに対し、平成15年12月1日、甲土地を贈与した。」との事実を主張したが、請求を理由づける事実（民事訴訟規則第53条第1項）は、この事実のみで足りるか。結論とその理由を述べなさい。

〔設問2〕
　上記訴状の副本を受け取ったYは、弁護士Qに相談した。贈与の事実はないとの事情をYから聴取した弁護士Qは、Yの訴訟代理人として、Xの請求を棄却する、贈与の事実は否認する旨記載した答弁書を提出した。
　平成26年2月28日の本件の第1回口頭弁論期日において、弁護士Pは訴状を陳述し、弁護士Qは答弁書を陳述した。また、同期日において、弁護士Pは、次回期日までに、時効取得に基づいて所有権移転登記を求めるという内容の訴えの追加的変更を申し立てる予定であると述べた。
　弁護士Pは、第1回口頭弁論期日後にXから更に事実関係を確認し、訴えの追加的変更につきXの了解を得て、訴えの変更申立書を作成し、請求原因として次の各事実を記載した。
　①　Xは、平成15年12月1日、甲土地を占有していた。
　②　〔ア〕
　③　無過失の評価根拠事実
　　　平成15年11月1日、Yは、Xに対し、旧建物において、「明日からこの建物を取り壊す。取り壊したら、甲土地はお前にただでやる。いい建物を頼むぞ。」と述べ、甲土地の登記済証（権利証）を交付した。〔以下省略〕

第5部　論文式試験について

④　Ｘは、Ｙに対し、本申立書をもって、甲土地の時効取得を援用する。

⑤　〔イ〕

⑥　よって、Ｘは、Ｙに対し、所有権に基づき、甲土地について、上記時効取得を原因とする所有権移転登記手続をすることを求める。

以上を前提に、以下の各問いに答えなさい。

(1)　上記〔ア〕及び〔イ〕に入る具体的事実を、それぞれ答えなさい。

(2)　上記①から⑤までの各事実について、請求原因事実としてそれらの事実を主張する必要があり、かつ、これで足りると考えられる理由を、実体法の定める要件や当該要件についての主張・立証責任の所在に留意しつつ説明しなさい。

(3)　上記③無過失の評価根拠事実（甲土地が自己の所有に属すると信じるにつき過失はなかったとの評価を根拠付ける事実）に該当するとして、「Ｘは平成16年から現在まで甲土地の固定資産税等の税金を支払っている。」を主張することは適切か。結論とその理由を述べなさい。

〔設問３〕

上記訴えの変更申立書の副本を受け取った弁護士Ｑは、Ｙに事実関係の確認をした。Ｙの相談内容は次のとおりである。

【Ｙの相談内容】

「私は、長男Ｘと次男Ａの独立後しばらくたった昭和58年12月1日、甲土地及び旧建物を前所有者であるＢから代金3000万円で購入して所有権移転登記を取得し、妻と生活していました。

その後、妻が亡くなってしまい、私も生活に不自由を来すようになりましたので、Ｘに同居してくれるよう頼みました。Ｘは、甲土地であれば通勤等が便利だと言って喜んで賛成してくれました。私とＸは、旧建物は私の方で取り壊すこと、甲土地をＸに無償で貸すこと、Ｘの方で二世帯が住める住宅を建てることを決めました。

しかし、いざ新建物で同居してみると、だんだんと一緒に生活することが辛くなり、平成25年春、Ａに頼んでＡの所で生活をさせてもらうことにしました。

このような次第ですので、私が甲土地上の旧建物を取り壊して甲土地をＸに引き渡したこと、Ｘに甲土地を引き渡したのが新建物の建築工事が始まった平成15年12月1日であり、それ以来Ｘが甲土地を占有していること、Ｘが新建物を所有していることは事実ですが、私はＸに対し甲土地を無

484

償で貸したのであって、贈与したのではありません。平成15年12月1日に私とXが会って新築工事の話をしましたが、その際に甲土地を贈与するという話は一切出ていませんし、書類も作っていません。私には所有権の移転登記をすべき義務はないと思います。」

弁護士Qは、【Yの相談内容】を踏まえて、どのような抗弁を主張することになると考えられるか。いずれの請求原因に関するものかを明らかにした上で、当該抗弁の内容を端的に記載しなさい（なお、無過失の評価障害事実については記載する必要はない。）。

〔設問4〕
　第1回弁論準備手続期日において、弁護士Pは訴えの変更申立書を陳述し、弁護士Qは前記抗弁等を記載した準備書面を陳述した。その後、弁論準備手続が終結し、第2回口頭弁論期日において、弁論準備手続の結果の陳述を経て、XとYの本人尋問が行われた。本人尋問におけるXとYの供述内容の概略は、以下のとおりであった。

【Xの供述内容】
　「私は、平成15年11月1日、旧建物に行き、Yと今後の相談をしました。その際、Yは、私に対し、『明日からこの建物を取り壊す。取り壊したら、甲土地はお前にただでやる。いい建物を頼むぞ。』と述べ、甲土地の登記済証（権利証）を交付してくれました。私は、Yと相談して、Yの要望に沿った二世帯住宅を建築することにし、Yが住みやすいような間取りにしました。新建物は、仮にYが亡くなった後も、私や私の妻子が末永く住めるよう私が依頼して鉄筋コンクリート造の建物としました。
　平成15年12月1日、更地になった甲土地で新建物の建築工事が始まることになり、Yと甲土地で会いました。Yは、『今日からこの土地はお前の土地だ。ただでやる。同居が楽しみだな。』と言ってくれ、私も『ありがとう。』と答えました。
　私はその日に土地の引渡しを受け、工事を開始し、新建物を建築しました。その後、私は、甲土地の登記済証（権利証）を保管し、平成16年以降、甲土地の固定資産税等の税金を支払い、Yが勝手に出て行った平成25年春までは、その生活の面倒も見てきました。
　新建物の建築費用は3000万円で、私の預貯金から出しました。移転登記については、いずれすればよいと思ってそのままにし、贈与税の申告もしていませんでした。なお、親子のことですから、贈与の書面は作っていません

第5部　論文式試験について

が、Yが事実と異なることを言っているのは、Aと同居を始めたからに違いありません。」

【Yの供述内容】

　「私は、平成15年11月1日、旧建物で、Xと今後の相談をしましたが、その際、私は、Xに対し、『明日からこの建物を取り壊す。取り壊したら、甲土地はお前に無償で貸す。いい建物を頼むぞ。』と言ったのであって、『譲渡する』とは言っていません。Xには、生活の面倒を見てもらい、甲土地の固定資産税等の支払いをしてもらい、正直、私が死んだら、甲土地はXに相続させようと考えていたのは事実ですが、生前に贈与するつもりはありませんでしたし、贈与の書類も作っていません。なお、甲土地の登記済証（権利証）を交付しましたが、これは旧建物を取り壊す際に、Xに保管を依頼したものです。

　平成15年12月1日、更地になった甲土地で新建物の建築工事が始まることになり、Xと甲土地で会いましたが、私が言ったのは、『今日からこの土地はお前に貸してやる。お金はいらない。』ということです。その日からXが新建物の工事を始め、私の意向を踏まえた二世帯住宅が建ち、私たちは同居を始めました。

　しかし、いざ新建物で同居してみると、Xらは私を老人扱いしてささいなことも制約しようとしましたので、だんだんと一緒に生活することが辛くなり、平成25年春、別居せざるを得なくなったのです。Xには、誰のおかげでここまで来れたのか、もう一度よく考えてほしいと思います。」

　本人尋問終了後に、弁護士Qは、次回の第3回口頭弁論期日までに、当事者双方の尋問結果に基づいて準備書面を提出する予定であると陳述した。弁護士Qは、「Yは、Xに対し、平成15年12月1日、甲土地を贈与した。」とのXの主張に関し、法廷におけるXとYの供述内容を踏まえて、Xに有利な事実への反論をし、Yに有利な事実を力説して、Yの主張の正当性を明らかにしたいと考えている。

　この点について、弁護士Qが作成すべき準備書面の概略を答案用紙1頁程度の分量で記載しなさい。

〔設問5〕

　弁護士Qは、Yから本件事件を受任するに当たり、Yに対し、事件の見通し、処理方法、弁護士報酬及び費用について一通り説明した上で、委任契約を交わした。その際、Yから「私も高齢で、難しい法律の話はよく分からない。息子

486

のAに全て任せているから、今後の細かい打合せ等については、Aとやってく
れ。」と言われ、弁護士Qは、日頃Aと懇意にしていたこともあったため、そ
の後の訴訟の打合せ等のやりとりはAとの間で行っていた。

第3回口頭弁論期日において裁判所から和解勧告があり、ＸＹ間において、
ＹがＸに対し甲土地の所有権移転登記手続を行うのと引換えにＸがＹに対し
1500万円を支払うとの内容の和解が成立したが、弁護士Qは、その際の意思
確認もAに行った。また、弁護士Qは、和解成立後の登記手続等についても、
Aから所有権移転登記手続書類を預かり、その交付と引換えにＸから1500万
円の支払を受けた。さらに、弁護士Qは、受領した1500万円から本件事件の
成功報酬を差し引いて、残額については、Aの指示により、A名義の銀行口座
に送金して返金した。

弁護士Qの行為は弁護士倫理上どのような問題があるか、司法試験予備試
験用法文中の弁護士職務基本規程を適宜参照して答えなさい。

第5部　論文式試験について

1 〔設問1〕

【出題趣旨】
　設問1は、贈与契約に基づく所有権移転登記請求権を訴訟物とする訴訟において、原告代理人が作成すべき訴状における請求の趣旨及び請求を理由付ける事実について説明を求めるものであり、債権的登記請求権の特殊性に留意して説明することが求められる。

(1)　答案構成例

　1　小問(1)について
　　被告は、原告に対し、甲土地について平成15年12月1日贈与を原因とする所有権移転登記手続をせよ。
　2　小問(2)について
　　(1)　結論
　　　問題文記載の事実のみで請求を理由付ける事実として足りる。
　　(2)　理由
　　　贈与契約（民法（以下略）549条）は諾成契約だから、契約の成立のみで所有権移転登記請求権が発生する。
　　　　　↓
　　　他人物贈与契約も債権的に有効（561条、559条）であるから、Ｙが甲土地を所有していることの主張は不要である。また、物権的請求権と異なり、Ｙ名義の登記が存在することも請求原因とならない。

(2)　解説
ア　小問(1)について

　　設問1小問(1)は請求の趣旨の記載を求めている。移転登記手続を求める場合、請求の趣旨としては、移転登記をすべき相手方及び登記原因を明らかにする必要がある。また、移転登記をするのは、登記官であり、被告がすべきであるのは登記手続である。そのため、請求の趣旨では、「登記手続をせよ」と記載することになる。

イ 小問(2)について

設問1小問(2)は請求を理由付ける事実についての説明を求めている。また、贈与契約に基づく所有権移転登記請求権が訴訟物となっているため、債権的登記請求権であることについても留意する必要がある。

結論としては、問題文記載の事実のみで請求を理由付ける事実として足りる。その理由としては以下の通りである。

贈与契約は諾成契約であるため、引渡し等を要せず、契約の成立のみで所有権移転登記請求権が発生する。また、他人物贈与契約も債権的に有効であるから、契約時にYが甲土地を所有していることは必要でないから、当該事実の主張は不要である。さらに、上記贈与契約の効力として、XのYに対する債権的登記請求権が発生する。そのため、物権的請求権と異なり、Yが所有権登記を有していることの主張は不要である。

2 〔設問2〕

【出題趣旨】

設問2は、所有権に基づく妨害排除請求権としての所有権移転登記請求の請求原因事実についての理解を問うものであり、短期取得時効（民法第162条第2項）の法律要件を同法第186条の規定に留意して説明することが求められる。

(1) 答案構成例

---

1 小問(1)

(1) アの事実

Xは、平成25年12月1日経過時、甲土地を占有していた。

(2) イの事実

甲土地について、Y名義の所有権移転登記がある。

2 小問(2)

(1) 訴訟物は、所有権に基づく妨害排除請求権としての所有権移転登記請求権　1個

所有権移転登記請求権の発生要件は、（i）原告Xの甲土地所有、（ii）甲土地に被告Y名義の所有権登記があることである。

(2) Xは、①について短期取得時効（162条2項）を甲土地の取得原因として主張する。

第5部　論文式試験について

　　　短期取得時効の実体法上の要件は、(a) 所有の意思、(b) 平穏かつ公然、(c) 他人の物、(d) 10 年間の占有、(e) 占有開始時に善意、(f)(e) について無過失であることである。
　　　　↓

　　　(a)、(b)、(e) の要件は、186 条 1 項によって、暫定真実として主張立証責任が転換されるため、請求原因事実として主張する必要はない。
(d) は、186 条 2 項により、時効期間の開始時と時効期間経過時の両時点で占有している事実を主張立証すれば、10 年間占有が継続していたと推定されるため（法律上の事実推定）、両時点での占有のみを主張立証すればよい。(c) は、取得時効の対象物は、自己の所有物であっても良いため（判例）、主張立証は不要である。(f) は、規範的要件であり、当該要件の規範的評価を根拠付ける具体的事実を主張立証することになる。
　　　　↓

　　　また、時効取得の効果は、時効援用によってはじめて確定的に生じると考えられるから、（不確定効果説・停止条件説）時効援用の意思表示も要件となる。
　　　　↓

　　　以上より、(i) の内容として（ア）ある時点での占有、（イ）（ア）の時から 10 年経過時の占有、（ウ）（ア）の時点で自己に所有権があると信じることについて無過失であることの評価根拠事実、（エ）時効援用の意思表示をしたことが必要である。

(3)　本件では、事実①が（ア）、事実②が（イ）、事実③が（ウ）、事実④が（エ）、事実⑤が（ ii ）に当たる。

(4)　したがって、①～⑤までの事実の主張は必要であり、かつ、これで足りる。

3　小問(3)

(1)　結論
　　　適切でない。

(2)　理由
　　　短期取得時効の無過失は、「占有の開始の時に」（162 条 2 項）要求されている。本問では、占有開始時は平成 15 年 12 月 1 日であるから、それ以降の平成 16 年から現在までの事情は、無過失か否かの要件を判断する際に考慮できない。

490

第 4 章　平成 26 年

(2)　解説

ア　小問(1)について

　　所有権に基づく妨害排除請求権としての所有権移転登記請求権の要件事実（原告所有、被告名義の登記の存在）と短期取得時効の要件事実（後述する。）を理解しているかを問われている。

イ　小問(2)について

　　短期取得時効の実体法上の要件の理解と、186 条の推定規定による立証責任の転換についての理解が問われている。問題文で、「実体法の定める要件や当該要件についての主張・立証責任の所在に留意しつつ説明しなさい。」と指示されている為、答案構成例のようにまず実体法上の要件を挙げ、186 条や判例によって主張立証が不要となる要件を述べ、請求原因事実として主張立証すべき要件事実を確定し、本件にあてはめるという構成をとるのが良いだろう。詳しくは答案構成例を参照して欲しいが、①186 条 1 項により暫定真実として主張立証責任が転換されること、②186 条 2 項により、ある時点での占有とその時点から 10 年後の時点での占有のみ主張立証すればよいこと、③時効制度の趣旨（長年継続した事実状態の保護等）から考えて、「他人の物」だけでなく自己物も取得時効の対象となるから、「他人の物」であることの主張立証は不要であること（最判昭 42.7.21、民法判例百選 I 41 事件）、④無過失の規範的評価を基礎づける具体的事実の主張が必要であること、⑤時効援用の意思表示が時効の効果を発生するために必要であること（最判昭 61.3.17、民法判例百選 I 37 事件）について言及することが求められる。

ウ　小問(3)について

　　短期取得時効における無過失は、「占有の開始の時に」（162 条 2 項、時的要素）必要であり、その後悪意になったとしても時効の成否に影響しないということを知っていれば解答は容易であったろう。

491

第5部　論文式試験について

3　〔設問3〕

【出題趣旨】
　設問3は、使用貸借の主張が、いずれの請求原因に対し、いかなる抗弁となり得るかについて問うものである。

(1)　答案構成例

　取得時効に基づく請求原因に対し、Xに所有の意思がないとして、他主占有権原の抗弁を主張すべきである。
　　　　　↓
　具体的には、「Yは、Xに対し、平成15年12月1日、甲土地を期間の定めなく無償で貸し渡した。」と主張することになる。

(2)　解説

　　「いずれの請求原因に関するものか」を明らかにした上で、「抗弁の内容」を記載する必要がある。抗弁とは、請求原因事実と両立する事実で、請求原因事実に基づく法律効果の発生を覆滅させる事実で、被告に主張立証責任があるものである。
　　取得時効の成立には所有の意思が必要であり、使用貸借の主張は、所有の意思がなかったことを示すものであるから、他主占有権原の抗弁となる。使用貸借契約は諾成契約であるから、無償で貸し渡すことの合意を主張立証すれば足りる。他方で、債権的登記請求権との関係では、贈与と使用貸借とでは事実が両立しないため、使用貸借の主張はＸＹ間の贈与の主張に対する積極否認となる。

4　〔設問4〕

【出題趣旨】
　設問4は、贈与契約の成否という争点に関し、被告代理人が作成すべき準備書面において、当事者尋問の結果を踏まえ各供述をどのように取り上げるべきかについての概要の説明を求めるものであり、主要事実との関係で各供述の位置付けを分析し、重要な事実を拾って、検討・説明することが求められる。

492

第4章　平成26年

(1)　答案構成例

1　Xに有利な事実とそれに対する反論
・YがXに権利証を交付し、Xが保管していること←旧建物を取り壊す際に保管を依頼しただけであって、甲土地を贈与する意思ではない。
・Xが甲土地の固定資産税等の税金を支払っていること、新建物の費用3000万円をXの預貯金から支払ったこと←無償の使用貸借に対する実質的な対価であり、贈与の事実を基礎づけない。
2　Yに有利な事実
・甲土地の移転登記がなされていないこと
　　贈与を受けたにもかかわらず、未だに確定的に権利を確保するために移転登記をしていないのは不自然である。
・贈与税の申告をしていないこと
　　贈与があったならば贈与税を納めなければならないため、その申告がないということは、贈与の事実はなく、使用貸借であったことを推認させる。
・贈与の書面を作っていないこと
　　仮に贈与があったとするならば、土地は高額であり、後日争いになる可能性が高いから、親子といえども、書面を作成するのが通常である。それにもかかわらず贈与の書面がないことから、贈与の事実がなかったことが推認される。
3　結論
　　以上より、XY間で甲土地の贈与があったという事実はなく、YがXに甲土地を使用貸借していたに過ぎないと考えるべきである。

---

(2)　解説

　　「XとYの供述内容を踏まえて、Xに有利な事実への反論をし、Yに有利な事実を力説して」という問題文の指定があるため、これにしたがって、Xに有利な事実の提示→それに対する反論→Yに有利な事実を力説するという順序で答案を書くのがよいだろう。この順序に従えば自然に説得的な答案になるのではないだろうか。結局のところ、贈与契約の成立を否定し、使用貸借契約が成立したに過ぎないという旨の論述をすることになる。重要な事実を数多く摘示し、その事実があることでなぜ贈与契約がなく、使用貸借契約があったといえるのかという評価を説得的

第5部　論文式試験について

にできれば高評価であったと思われる。準備書面の起案をしなさいという問題文であり、戸惑った受験生も多かったと思われるが、司法試験で重視される事実の摘示と評価を意識していれば対応できたのではなかろうか。

　本問では、Xに有利な事実として、YがXに権利証を交付しXが保管していること、甲土地の固定資産税等の税金をXが支払っていたこと、Yに有利な事実として、移転登記がされていないこと、贈与の書面が作成されていなかったこと、贈与税の申告がされていなかったことについては少なくとも触れておくべきであろう。

5　〔設問5〕

【出題趣旨】
　設問5は、弁護士倫理の問題であり、弁護士職務基本規程の依頼者との関係における規律に留意しつつ、被告代理人の各行為の問題点を検討することが求められる。

(1)　答案構成例

1(1)　弁護士Qが和解の成立に際し、意思確認を依頼者Yでなく Aに行った行為は、弁護士職務基本規程（以下略）22条1項に反しないか。
(2)　同条の趣旨は、依頼者の権利及び正当な利益の実現のために、依頼者の意思を尊重する点にある。YはAに弁護士Qとのやり取りを任せているが、依頼者がYである以上、Qは重要な事項についてはYに直接報告し、意向を確認すべきである。
　　　　↓
　　　和解には訴訟終了効（民事訴訟法267条）があり、Yの権利に重要な影響が及ぶから、依頼者Yの意向を確認すべきであった。それにもかかわらず、Aの意思の確認しかせず、Yの意思確認をしなかった弁護士Qの行為は、22条1項に反する。
2(1)　弁護士Qが受領した1500万円から本件事件の成功報酬を差し引いて、Aの指示により、Aの口座に送金した行為が45条に反しないか。
(2)　同条は、委任契約上の受任者の引渡し義務（民法646条）を前提にするものであり、委任の終了にあたり、委任契約に従い、金銭を清算し、預り金等を遅滞なく返還しなければならない旨を規定している。この趣旨

494

第4章　平成26年

からすれば、委任契約の当事者であるＹに返金すべきであり、後日の紛争を防止する観点からもそう解すべきである。

↓

本件では、Ａの指示でＡの口座に送金しており、依頼者Ｙに確認をとっていない。依頼者であるＹの口座に送金するのが望ましく、Ａの口座に送金するにしてもＹに報告し許可を取るべきであった。したがって、45条に反する。

(2)　**解説**

答案構成例は、弁護士倫理上問題があるという筋で書いたが、Ｙは息子のＡに全て任せるという発言をしていることから、問題がないという結論も採りうると思われる。出題趣旨も他の設問に比べ、抽象的であるため様々な筋道を許容しているのではないか。受験生の多くが万全の対策をすることができていないと考えられるから、重要条文を押さえ、趣旨から規範を立ててあてはめるという姿勢を守れば、上々ではないかと思われる。

495

第5部 論文式試験について

> ## 第5章 平成27年

（〔設問1〕から〔設問4〕までの配点の割合は、14：10：18：8）

　司法試験予備試験用法文を適宜参照して、以下の各設問に答えなさい。

〔設問1〕

　弁護士Pは、Xから次のような相談を受けた。

　なお、別紙の不動産売買契約書「不動産の表示」記載の土地を以下「本件土地」といい、解答においても、「本件土地」の表記を使用してよい。

【Xの相談内容】

　「私は、平成26年9月1日、Yが所有し、占有していた本件土地を、Yから、代金250万円で買い、同月30日限り、代金の支払と引き換えに、本件土地の所有権移転登記を行うことを合意しました。

　この合意に至るまでの経緯についてお話しすると、私は、平成26年8月中旬頃、かねてからの知り合いであったAからYが所有する本件土地を買わないかと持ちかけられました。当初、私は代金額として200万円を提示し、Yの代理人であったAは350万円を希望したのですが、同年9月1日のAとの交渉の結果、代金額を250万円とする話がまとまったので、別紙のとおりの不動産売買契約書（以下「本件売買契約書」という。）を作成しました。Aは、その交渉の際に、Yの記名右横に実印を押印済みの本件売買契約書を持参していましたが、本件売買契約書の金額欄と日付欄（別紙の斜体部分）は空欄でした。Aは、その場で、交渉の結果を踏まえて、金額欄と日付欄に手書きで記入をし、その後で、私が自分の記名右横に実印を押印しました。

　平成26年9月30日の朝、Aが自宅を訪れ、登記関係書類は夕方までに交付するので、代金を先に支払ってほしいと懇願されました。私は、旧友であるAを信用して、Yの代理人であるAに対し、本件土地の売買代金額250万円全額を支払いました。ところが、Aは登記関係書類を持ってこなかったので、何度か催促をしたのですが、そのうちに連絡が取れなくなってしまいました。そこで、私は、同年10月10日、改めてYに対し、所有権移転登記

496

を行うように求めましたが、Yはこれに応じませんでした。

　このようなことから、私は、Yに対し、本件土地の所有権移転登記と引渡しを請求したいと考えています。」

　上記【Xの相談内容】を前提に、弁護士Pは、平成27年1月20日、Xの訴訟代理人として、Yに対し、本件土地の売買契約に基づく所有権移転登記請求権及び引渡請求権を訴訟物として、本件土地の所有権移転登記及び引渡しを求める訴え（以下「本件訴訟」という。）を提起することにした。

　弁護士Pは、本件訴訟の訴状（以下「本件訴状」という。）を作成し、その請求の原因欄に、次の①から④までのとおり記載した。なお、①から③までの記載は、請求を理由づける事実（民事訴訟規則第53条第1項）として必要かつ十分であることを前提として考えてよい。

　①　Aは、平成26年9月1日、Xに対し、本件土地を代金250万円で売った（以下「本件売買契約」という。）。

　②　Aは、本件売買契約の際、Yのためにすることを示した。

　③　Yは、本件売買契約に先立って、Aに対し、本件売買契約締結に係る代理権を授与した。

　④　よって、Xは、Yに対し、本件売買契約に基づき、（以下記載省略）を求める。

　以上を前提に、以下の各問いに答えなさい。

(1)　本件訴状における請求の趣旨（民事訴訟法第133条第2項第2号）を記載しなさい（付随的申立てを記載する必要はない。）。

　　（辰已注：現在は第134条第2項）

(2)　弁護士Pが、本件訴状の請求を理由づける事実として、上記①から③までのとおり記載したのはなぜか、理由を答えなさい。

〔設問2〕

　弁護士Qは、本件訴状の送達を受けたYから次のような相談を受けた。

【Yの相談内容】

Ⅰ　「私は、Aに対し、私が所有し、占有している本件土地の売買に関する交渉を任せましたが、当初希望していた代金額は350万円であり、Xの希望額である200万円とは隔たりがありました。その後、Aから交渉の経過を聞いたところ、Xは代金額を上げてくれそうだということでした。そこで、私は、Aに対し、280万円以上であれば本件土地を売却してよい

第5部　論文式試験について

と依頼しました。しかし、私が、平成26年9月1日までに、Aに対して本件土地を250万円で売却することを承諾したことはありません。ですから、Xが主張している本件売買契約は、Aの無権代理行為によるものであって、私が本件売買契約に基づく責任を負うことはないと思います。」

Ⅱ　「Xは、平成26年10月10日に本件売買契約に基づいて、代金250万円を支払ったので、所有権移転登記を行うように求めてきました。しかし、私は、Xから本件土地の売買代金の支払を受けていません。そこで、私は、念のため、Xに対し、同年11月1日到着の書面で、1週間以内にXの主張する本件売買契約の代金全額を支払うように催促した上で、同月15日到着の書面で、本件売買契約を解除すると通知しました。ですから、私が本件売買契約に基づく責任を負うことはないと思います。」

上記【Yの相談内容】を前提に、弁護士Qは、本件訴訟における答弁書（以下「本件答弁書」という。）を作成した。

以上を前提に、以下の各問いに答えなさい。なお、各問いにおいて抗弁に該当する具体的事実を記載する必要はない。

(1)　弁護士Qが前記Ⅰの事実を主張した場合、裁判所は、その事実のみをもって、本件訴訟における抗弁として扱うべきか否かについて、結論と理由を述べなさい。

(2)　弁護士Qが前記Ⅱの事実を主張した場合、裁判所は、その事実のみをもって、本件訴訟における抗弁として扱うべきか否かについて、結論と理由を述べなさい。

〔設問3〕

本件訴訟の第1回口頭弁論期日において、本件訴状と本件答弁書が陳述された。また、その口頭弁論期日において、弁護士Pは、XとAが作成した文書として本件売買契約書を書証として提出し、これが取り調べられたところ、弁護士Qは、本件売買契約書の成立を認める旨を陳述し、その旨の陳述が口頭弁論調書に記載された。

そして、本件訴訟の弁論準備手続が行われた後、第2回口頭弁論期日において、本人尋問が実施され、Xは、【Xの供述内容】のとおり、Yは、【Yの供述内容】のとおり、それぞれ供述した（Aの証人尋問は実施されていない。）。

その後、弁護士Pと弁護士Qは、本件訴訟の第3回口頭弁論期日までに、準備書面を提出することになった。

498

【Xの供述内容】

「私は、本件売買契約に関する交渉を始めた際に、Aから、Aが本件土地の売買に関するすべてをYから任されていると聞きました。また、Aから、それ以前にも、Yの土地取引の代理人となったことがあったと聞きました。ただし、Aから代理人であるという委任状を見せられたことはありません。

当初、私は代金額として200万円を提示し、Yの代理人であったAは350万円を希望しており、双方の希望額には隔たりがありました。その後、Aは、Yの希望額を300万円に引き下げると伝えてきたので、私は、250万円でないと資金繰りが困難であると返答しました。私とAは、平成26年9月1日に交渉したところ、Aは、何とか280万円にしてほしいと要求してきました。しかし、私が、それでは購入を諦めると述べたところ、最終的には、本件土地の代金額を250万円とする話がまとまりました。

Aは、その交渉の際に、Yの記名右横に実印を押印済みの本件売買契約書を持参していましたが、本件売買契約書の金額欄と日付欄（別紙の斜体部分）は空欄でした。Aは、Yが実印を押印したのは250万円で本件土地を売却することを承諾した証であると述べていたので、Aが委任状を提示していないことを気にすることはありませんでした。そして、Aは、その場で、金額欄と日付欄に手書きで記入をし、その後で、私が自分の記名右横に実印を押印しました。」

【Yの供述内容】

「私は、Aに本件土地の売買に関する交渉を任せましたが、当初希望していた代金額は350万円であり、Xの希望額である200万円とは隔たりがありました。私は、それ以前に、Aを私の所有する土地取引の代理人としたことがありましたが、その際はAを代理人に選任する旨の委任状を作成していました。しかし、本件売買契約については、そのような委任状を作成したことはありません。

その後、私が希望額を300万円に値下げしたところ、Aから、Xは代金額を増額してくれそうだと聞きました。たしか、250万円を希望しており、資金繰りの関係で、それ以上の増額は難しいという話でした。

そこで、私は、Aに対し、280万円以上であれば本件土地を売却してよいと依頼しました。しかし、私が、本件土地を250万円で売却することを承諾したことは一度もありません。

Aから、平成26年9月1日よりも前に、完成前の本件売買契約書を見せられましたが、金額欄と日付欄は空欄であり、売主欄と買主欄の押印はいずれもありませんでした。本件売買契約書の売主欄には私の実印が押印され

第5部　論文式試験について

ていることは認めますが、私が押印したものではありません。私は、実印を自宅の鍵付きの金庫に保管しており、Aが持ち出すことは不可能です。ただ、同年8月頃、別の取引のために実印をAに預けたことがあったので、その際に、Aが勝手に本件売買契約書に押印したに違いありません。もっとも、その別の取引は、交渉が決裂してしまったので、その取引に関する契約書を裁判所に提出することはできません。Aは、現在行方不明になっており、連絡が付きません。」

以上を前提に、以下の各問いに答えなさい。
(1)　裁判所が、本件売買契約書をAが作成したと認めることができるか否かについて、結論と理由を記載しなさい。
(2)　弁護士Pは、第3回口頭弁論期日までに提出予定の準備書面において、前記【Xの供述内容】及び【Yの供述内容】と同内容のXYの本人尋問における供述、並びに本件売買契約書に基づいて、次の【事実】が認められると主張したいと考えている。弁護士Pが、上記準備書面に記載すべき内容を答案用紙1頁程度の分量で記載しなさい（なお、解答において、〔設問2〕の【Yの相談内容】については考慮しないこと。）。
【事実】
　　「Yが、Aに対し、平成26年9月1日までに、本件土地を250万円で売却することを承諾した事実」

〔設問4〕
　　弁護士Pは、訴え提起前の平成26年12月1日、Xに相談することなく、Yに対し、差出人を「弁護士P」とする要旨以下の内容の「通知書」と題する文書を、内容証明郵便により、Yが勤務するZ社に対し、送付した。

500

第5章　平成27年

通知書

平成 26 年 12 月 1 日

被通知人Ｙ

弁護士Ｐ

　当職は、Ｘ（以下「通知人」という。）の依頼を受けて、以下のとおり通知する。

　通知人は、平成 26 年 9 月 1 日、貴殿の代理人であるＡを通じて、本件土地を代金 250 万円で買い受け、同月 30 日、Ａに対し、売買代金 250 万円全額を支払い、同年 10 月 10 日、貴殿に対し、本件土地の所有権移転登記を求めた。

　ところが、貴殿は、「売買代金を受領していない。」などと虚偽の弁解をして、不当に移転登記を拒否している。その不遜極まりない態度は到底許されるものではなく、貴殿はＡと共謀して上記代金をだまし取ったとも考えられる。

　以上より、当職は、本書面において、改めて本件土地の所有権移転登記に応ずるよう要求する。

　なお、貴殿が上記要求に応じない場合は、貴殿に対し、所有権移転登記請求訴訟を提起するとともに、刑事告訴を行う所存である。

以　　上

以上を前提に、以下の問いに答えなさい。

　弁護士Ｐの行為は弁護士倫理上どのような問題があるか、司法試験予備試験用法文中の弁護士職務基本規程を適宜参照して答えなさい。

501

第5部　論文式試験について

別紙

（注）　斜体部分は手書きである。

不動産売買契約書

　売主Yと買主Xは、後記不動産の表示記載のとおりの土地（本件土地）に関して、下記条項のとおり、売買契約を締結した。

記

第1条　　Yは本件土地をXに売り渡し、Xはこれを買い受けることとする。

第2条　　本件土地の売買代金額は　*250*　万円とする。

第3条　　Xは、平成　*26*　年　*9*　月　*30*　日限り、Yに対し、本件土地の所有権移転登記と引き換えに、売買代金全額を支払う。

第4条　　Yは、平成　*26*　年　*9*　月　*30*　日限り、Xに対し、売買代金全額の支払と引き換えに、本件土地の所有権移転登記を行う。

（以下記載省略）

　以上のとおり契約を締結したので、本契約書を弐通作成の上、後の証としてYXが各壱通を所持する。

平成　*26*　年　*9*　月　*1*　日

売　　主　　住　所　　　　○○県○○市○○

氏　名　　　　　　Y　　　Y印

買　　主　　住　所　　　　○○県○○市○○

氏　名　　　　　　X　　　X印

不動産の表示

所　在　　　○○市○○

地　番　　　○○番

地　目　　　宅地

地　積　　　○○○．○○㎡

第 5 章　平成 27 年

第5部　論文式試験について

1　〔設問1〕

【出題趣旨】
　設問1は、売買契約に基づく所有権移転登記請求権及び土地引渡請求権を訴訟物とする訴訟において、原告代理人が作成すべき訴状における請求の趣旨及び請求を理由づける事実について説明を求めるものであり、債権的請求権及び代理の特殊性に留意して説明することが求められる。

(1)　答案構成例

1　小問(1)
　　被告（Y）は、原告（X）に対し、別紙物件目録記載の土地について、平成 26 年9月1日売買を原因とする所有権移転登記手続及び同土地の引渡しをせよ。
2　小問(2)
　　本件訴えの訴訟物は、売買契約に基づく土地引渡請求権及び所有権移転登記請求権の2個（単純併合）である。上記請求の要件は、売買契約が締結されたことのみで足りる。他人物売買が有効である（民法（以下略）561 条）以上、被告に所有権があることの主張立証を要しない。
　　そして、Xは、AをYの代理人として本件土地を購入した旨述べていることから、代理によって売買契約を締結した旨の主張をする必要がある。有権代理の要件事実は、法律行為、顕名、先立つ代理権授与行為（99 条1項）である。
　(1)　①について
　　　①はXとY代理人Aとの間の法律行為である本件売買を示す事実である。代理人によりなされた意思表示は本人に直接効力を生じるが、それは効力の話であって、法律行為をするのは代理人である。そのため、①のような記載となる。また、売買契約の締結を主張するに当たっては、目的物と代金が定まっている必要がある（555 条）ため、目的物を本件土地、代金を 250 万円と記載している。
　(2)　②について
　　　②は顕名にあたる事実である。代理人であっても「本人のためにすることを示さないでした意思表示」（100 条本文）は、原則として代理人のための意思表示とみなされる。
　　　　↓

504

第5章　平成27年

　　　また、99条1項は本人に対して直接効力を生じるために「本人のために
　　することを示」すことを要求している。
　　　　↓
　　　意思表示の効果を代理人自身ではなく、本人に直接帰属させるために
　　②の記載は必要である。
　(3)　③について
　　　③は先立つ代理権授与行為に該当する事実である。有権代理を主張す
　　るためには、法律行為に先立って代理権授与行為があったという事実を
　　主張する必要がある。
　　　　↓
　　　なぜなら、事後的な授権であれば、無権代理行為の追認となり、それと
　　区別する必要があるからである。
　　　　↓
　　　そのため、③の記載は必要である。

⑵　**解説**

　ア　**小問⑴について**

　　　請求の趣旨の記載を求める出題であり、頻出である。移転登記請求を
　　する場合には、「登記手続をせよ」と記載すべきこと、原因を記載すべき
　　ことは押さえておきたい。

　イ　**小問⑵について**

　　　有権代理の要件事実についての出題である。要件事実を説明させる問
　　題が出題された場合であっても、いきなり要件事実の話に飛びつくので
　　はなく、まずは訴訟物から検討することが必須である。なぜなら、訴訟物
　　が異なれば当然要件事実も異なってくるからである。本問では、設問中
　　に訴訟物の記載があるから、これを前提に要件事実を検討することにな
　　る。有権代理の要件事実は、多くの受験生が押さえているであろうから、
　　書き負けないようにしたい。配点の割合を見てもある程度詳しく書く必
　　要があると考えられる。まず、要件事実は、冒頭規定から導かれることが
　　ほとんどであるから、99条1項を指摘するのは必須であると思われる。
　　そのうえで、①については、なぜ本人であるＹではなく、代理人Ａとの間
　　の法律行為を記載するのか、②については、顕名は何のためになされる
　　のか、③については「先立って」代理権を授与したことはなぜ必要なのか

505

第5部　論文式試験について

という点に答える必要がある。要件事実を暗記するだけでなく、なぜこのような要件事実になっているのかについて理解しておく必要がある。

2　〔設問2〕

【出題趣旨】

　設問2は、被告本人の相談内容に基づく被告代理人の各主張に関し、裁判所が本件訴訟における抗弁として扱うべきか否かについて結論とその理由を問うものであり、無権代理の主張の位置づけや解除の主張と同時履行の抗弁権の関係に留意して説明することが求められる。

(1)　答案構成例

1　小問(1)について

(1)　抗弁は、請求原因事実と両立し、請求原因事実から発生する法律効果を障害・消滅・阻止する事実の主張である。

↓

　　そこで、Ⅰの事実を抗弁として扱うべきか否かは、それが設問1の①から③の請求原因事実と両立するか否か、そしてⅠの事実から生じる法律効果が請求原因事実から発生する法律効果にいかに働くか、によって判断すべきことになる。

(2)　設問1の①②の事実とは両立するが、③の事実とは両立しない。

↓

　　なぜなら、同一人に対し同一の土地について280万円以上で売却することの代理権を授権することと250万円で売却することの代理権を授権することは同時に存在し得ない事実であるからである。

↓

　　そのため、Ⅰの事実は、積極否認として扱うべきであり、抗弁として扱うべきではない。

2　小問(2)について

(1)　事実Ⅱについても上記基準で判断する。

(2)　事実Ⅱは本件売買契約が成立したことを前提とした解除の主張であると考えられる。

↓

　　そのため、請求原因事実である設問1の①②③の事実とは両立する。

また、事実Ⅱの解除の主張が有効であれば、本件売買契約は遡及的に効力が消滅すると解されているから（直接効果説）、訴訟物である原告の売買契約に基づく土地引渡請求権及び所有権移転登記請求権の消滅原因となり、売買契約成立から発生する法律効果を消滅させるため、抗弁となりうる。

↓

事実Ⅱで主張されている解除は、催告による解除（541条）であると考えられる。催告による解除の要件事実は、催告、催告後相当期間経過、相当期間経過後の解除の意思表示、催告に先立つ反対給付の提供である。

↓

双務契約では、同時履行の抗弁権（533条）が付着しており、同時履行の存在効果により、履行遅滞の違法性が阻却される結果、債務不履行責任を負わないことになる。

↓

ゆえに反対給付の提供の事実の主張をしないまま解除の主張をしても主張自体失当となる。

↓

本問においては、請求原因①により、双務契約である売買契約の成立が主張されていることから、同時履行の存在効果により、反対給付の提供の事実を主張することを要する。

しかし、事実Ⅱにおいて、Ｙは反対給付の提供を主張していない。

↓

そのため、事実Ⅱの解除の主張は有効でない結果、請求原因事実の効果の発生を消滅させない。

↓

以上から、事実Ⅱは抗弁として扱うべきでない。

第5部　論文式試験について

(2)　解説

抗弁として扱えるかどうかが聞かれているから、抗弁の意義を正確に示し、その意義に該当するかしないかをチェックする形で論述をすれば、自然と求められる答案になるであろう。

ア　小問(1)について

小問(1)は無権代理の主張である。無権代理の主張は有権代理の主張と両立しない。本問では、法律行為に先立って本件土地を売却することについての代理権授与をしている点は共通であるが、同一の土地につき、同一人に対して、280万円以上で売却することの授権と250万円で売却することの授権は事実として両立しない。理由付否認（積極否認）である。抗弁の意義を押さえていれば、正確に解答できたのではないかと思われる。

イ　小問(2)について

小問(2)は解除の主張である。ここで気をつけるべきは、同時履行の抗弁権が付着していることである。請求原因で売買契約を結んだことが主張されているから、双務契約であることの主張は不要である。同時履行の抗弁権が付着している場合、履行遅滞の違法性が阻却されるため、反対給付を提供しないと、その存在効果として主張自体失当となる。本問とは関係ないが、相殺の抗弁を主張する際も同時履行の抗弁権を不当に奪ってしまう結果とならないように反対給付の提供をすることが求められる。本問は、どのような書き方をするか迷った方も多いかもしれない。答案構成例はあくまで一つの書き方を示したに過ぎない。違う書き方をしていたとしても、同時履行の抗弁権の存在効果説の説明と、抗弁の意義にあてはめて結論を出す姿勢を見せればよいだろう。

3　〔設問3〕

【出題趣旨】

設問3は、当事者本人尋問の結果を踏まえ、代理人が署名代理の方法により文書を作成した場合における文書の成立の真正や代理権の授与に関して準備書面に記載すべき事項について問うものである。

第5章　平成27年

(1)　答案構成例

1　小問(1)について
 (1)　結論
　　本件売買契約書をＡが作成したと認めることは、適法かつ妥当であるから、裁判所は、本件売買契約書をＡが作成したと認めることができる。
 (2)　理由
　ア　まず、本件売買契約書について、Ｘ側の弁護士Ｐが、Ａが作成した文書として提出している。そうだとするならば、Ａが作成したか否か（文書の成立の真正）は、Ｘ側が証明しなければならない（民訴228条1項）。
　　　　↓
　　　もっとも、Ｙ側の弁護士Ｑは、本件売買契約書の成立を認めている。そうだとするならば、本件売買契約書をＡが作成したか否か（文書の成立の真正）について、これは裁判所を拘束しない補助事実の自白であるが、裁判所がこの自白を証拠として用いることは許される。
　　　　↓
　　　したがって、裁判所が本件売買契約書をＡが作成したと認めることは適法である。
　イ　ところで、本件売買契約書は、本人Ｙの名義だけがあり、代理人Ａの名称がない。いわゆる「署名代理」である。署名代理の作成者については、本人説（本件で言えば、Ｙが作成者とする説）と代理人説（本件で言えば、Ａを作成者とする説）があるが、いずれが妥当か。
　　　　↓
　　　この点、代理の要件事実のうち、代理行為・顕名には争いがなく、代理権授与に争いがある場合、本人説によれば、訴訟において、二段の推定を前提として、本人の意思に基づく作成の有無が争点となると考えられる。他方、代理人説によれば、文書の成立の真正に自白が成立し、代理権の授与が争点となる。したがって、要件事実上の争いと訴訟上の争点とが一致する。
　　　そうだとすると、代理行為・顕名には争いがなく、代理権授与に争いがある場合には、代理人説が妥当である。
　　　　↓
　　　そして、本件では、代理行為・顕名には争いがなく、「Ｙが、Ａに対し、平成26年9月1日までに、本件土地を250万円で売却することを承諾した事実」、すなわち、代理権授与に争いがある。

509

第5部 論文式試験について

↓

したがって、裁判所が、代理人説に立ち、本件売買契約書をAが作成したと認めることは妥当である。

2 小問(2)について

確かに、Aが作成した本件売買契約書は、Yによる代理権授与の意思が表現されていないので、要証事実である、「Yが、Aに対し、平成26年9月1日までに、本件土地を250万円で売却することを承諾した事実」との関係で、直接証拠にならない。→もっとも、下記の通り間接証拠として、要証事実を推認させる。

↓

「Yが、Aに対し、平成26年9月1日までに、本件土地を250万円で売却することを承諾した事実」を否定する方向の事実

・別の取引のために実印をAに預けていた←別取引があったことを裏付ける証拠はないし、それ以外にAが実印を冒用したことを疑わせる事実はない。

↓

「Yが、Aに対し、平成26年9月1日までに、本件土地を250万円で売却することを承諾した事実」を肯定する方向の事実

・当初、Xの購入希望額200万円とAが提示した売却希望額350万円は大きく隔たっていた。その後、Aが300万円に希望額を減額した際にXは、250万円でないと資金繰りの関係で困難であると返答した。平成26年9月1日の交渉で、Aが280万円を提示した際、Xは購入を諦める旨述べ、最終的に本件土地の代金が250万円に決定した。

→Xの買値は最大250万円であったことは交渉の最初から最後まで一貫している。また、Xとの交渉を経てAも、250万円が妥協点であると認識している。

・Yは希望額を300万円に下げた際、AからXが250万円での売買を希望しており、資金繰りの関係でそれ以上の増額は難しいということを聞いている。

→Yは250万円でなければ、本件売買契約が成立し難いという認識を持っていた。

・本件売買契約書にYの実印が押印してあったこと、Yが実印を自宅の鍵付きの金庫に保管していたこと

→実印は、一般に厳重に保管されており、実際にYも厳重に保管していた。そのため、Yの実印により印影が顕出されていれば、Yが押印し

ていたことが経験則により事実上推定される。上記したように金額が250万円でなければ売買が成立し難いという認識をYが持っていたことをあわせて考えれば、それ以上の金額での売買のみの許諾の意味で本件売買契約書に押印することは考えがたい。

→また、Yの実印による押印から、Yが本件売買契約書の連帯保証人欄の作成に先立ち、自分の印章をAに交付していたことが推認できる。その際に、Aに対し本件売買契約の締結についての代理権も授与していたことが考えられる。

↓

よって、「Yが、Aに対し、平成26年9月1日までに、本件土地を250万円で売却することを承諾した事実」は認められる。

(2) 解説

ア 小問(1)について

文書の成立の真正が争われない場合には、立証を要せず、裁判所は成立の真正を認めてよい。自白法則（民訴179条）に基づく、審判排除効、不可撤回効は主要事実についての自白についてのみ及ぶと考えられている。文書の成立の真正に対する自白は、補助事実に対する自白であるため、審判排除効等の効力は生じない。そのため、裁判所はA以外の者が本件売買契約書を作成したと認定することも可能である。しかし、実務上は、特段の事情がない限り、当事者間で成立の真正についての争いがないのにそれと異なる認定をすることはないだろう。

また、本件売買契約書には、本人Yの名義しかなく、代理人Aの名称がない。本件売買契約書は、いわゆる「署名代理」によって作成されたものである。文書の作成者とは、文書に記載された思想の主体をいうところ、署名代理の作成者については、本人説と代理人説がある。本人説に立つと、代理人ではなく、本人が事実上も作成した場合と同様に解されるから、二段の推定が適用される。そして、本人の意思に基づく作成の有無が争点となる。他方、代理人説に立つと、二段の推定は適用されない。文書の成立の真正から代理行為と顕名が推認され、代理権授与は推認されない。代理人説は、代理の要件事実について代理行為・顕名・代理権授与を要求する要件事実論と馴染むと言える。また、代理では、法律行為の主体は代理人であるから、実質的には代理人の思想が記載されていると解すべきである。

第５部　論文式試験について

イ　小問(2)について

　小問(2)は平成26年度と同様、準備書面を起案させる問題である。検討の仕方について特に指定はないが、自分が導きたい結論とは反対の結論を導く事実を的確に抽出した上説得的に否定し、自分の導きたい結論にとって有利な事実を拾い、説得的に評価するのが良いだろう。全ての事実を拾う必要はないが、重要な事実を中心になるべく多くの事実を拾うことが高得点の鍵となるだろう。事実を拾う際には、その事実からなぜ導きたい結論に繋がるのか（推認できるのか）の説明を付したい。答案構成例はあくまで一例であるから、暗記をしようとするのではなく、色々な問題に触れ自分の頭で考える経験を積んでいくべきである。

4　〔設問4〕

【出題趣旨】
　設問4は、弁護士倫理の問題であり、原告代理人が依頼者に相談することなく、相手方本人の就業先に不適切な内容の文書を送付した行為の問題点について、弁護士職務基本規程の規律に留意しつつ検討することが求められる。

(1)　答案構成例

1　弁護士職務基本規程（以下、規程という。）5条について
　(1)　規程5条により、弁護士は真実を尊重し、信義に従い、誠実かつ公正である必要がある。
　(2)　Pは、Yの「売買代金を受領していない」との弁解が虚偽であると決めつけており、真実尊重の態度が感じられず、「YがAと共謀して本件土地の売買代金250万円をだまし取ったとも考えられる」として、所有権移転登記請求に応じなければ刑事告訴を行う所存とYの行為を犯罪行為呼ばわりしており、誠実さ、公正さに欠ける。
　　　　↓
　　　また、要求に応じない場合は刑事告訴して処罰を受けさせるという害悪の告知をすることで、登記申請に応じさせようとする強要行為であり、強要罪が成立する恐れさえある。
　　　　↓
　　　以上のように真実を尊重し、信義に従い、誠実かつ公正であるとはいえ

512

第5章　平成27年

ない、Pの職務の行い方は、規程5条に違反している。
2　規程6条について
　規程6条の趣旨は、「弁護士は自他の名誉を重んじつつ、人格的にも国民の信頼を受けるに足る廉潔性を保持する」ことを実行させるという点にある。
　　　　↓
　Pは、「YがAと共謀して本件土地の売買代金250万円をだまし取ったとも考えられる」とのYの名誉を毀損する言辞を記載した書面を、送達がうまくいかなかったという事情もないのに、わざわざYの勤務先であるZ社に送っている。このような行為は、名誉を重んじた行為とは言えない。また、上記したような相手方を脅迫する行為も廉潔性の観点から問題がある。
　　　　↓
　したがって、Pのこれらの行為は規程6条違反となる。
3　規程22条1項、2項について
　規程22条1項、2項は依頼者の意思を尊重して依頼者の権利と正当な利益を実現することを要求している。
　　　　↓
　Pは依頼者Xに無断で通知書を送付していることから、依頼者の意思を尊重しているといえず、規程22条1項、2項に違反している。
4　結論
　以上のようにPの行為は、複数の規程に違反しており、弁護士倫理上問題がある。

(2)　**解説**

　本問は論じる問題が多いことや配点割合が他の設問に比べて低いことから、重要な事項に絞って書くことも考えられる。Xに相談することなく通知書を送付していること、送達が功を奏しない等の事情がないにもかかわらず、Yではなく勤務先のZ社に送付していること、Yの言い分を嘘だと決め付けてかかり名誉毀損、強要とも取れる記載をしていること等について、規程の条文にあてはめれば必要十分であろう。
　弁護士倫理は、条文の数もさほど多くなく見出しも分かりやすいため、何度か条文を読み、条文の位置と内容をある程度把握しておいて、現場で問題文に真摯に向き合うのが良いだろう。

513

第5部　論文式試験について

第6章　平成28年

司法試験予備試験用法文を適宜参照して、以下の各設問に答えなさい。

〔設問1〕
弁護士Ｐは、Ｘから次のような相談を受けた。

【Ｘの相談内容】
「私は、自宅を建築するために、平成27年6月1日、甲土地の所有者であったＡから、売買代金1000万円で甲土地を買い受け（以下「本件第1売買契約」という。）、同月30日に売買代金を支払い、売買代金の支払と引換えに私宛てに所有権移転登記をすることを合意しました。
　私は、平成27年6月30日、売買代金1000万円を持参してＡと会い、Ａに対して甲土地の所有権移転登記を求めましたが、Ａから、登記識別情報通知書を紛失したので、もうしばらく所有権移転登記を待ってほしい、事業資金が必要で、必ず登記をするので先にお金を払ってほしいと懇願されました。Ａは、大学時代の先輩で、私の結婚に際し仲人をしてくれるなど、長年お世話になっていたので、Ａの言うことを信じ、登記識別情報通知書が見つかり次第、所有権移転登記をすることを確約してもらい、代金を支払いました。しかし、その後、Ａからの連絡はありませんでした。
　ところが、平成27年8月上旬頃から、Ｙが私に無断で甲土地全体を占有し始め、現在も占有しています。
　私は、平成27年9月1日、Ｙが甲土地を占有していることを確認した上で、Ｙに対してすぐに甲土地を明け渡すよう求めました。これに対して、Ｙは、Ａが甲土地の所有者であったこと、自分が甲土地を占有していることは認めましたが、Ａから甲土地を買い受けて所有権移転登記を経由したので、自分が甲土地の所有者であるとして、甲土地の明渡しを拒否し、私に対して甲土地の買取りを求めてきました。
　甲土地の所有者は私ですので、Ｙに対し、甲土地について、所有権移転登記と明渡しを求めたいと考えています。」

514

第6章　平成28年

弁護士Pは、【Xの相談内容】を受けて甲土地の登記事項証明書を取り寄せたところ、平成27年8月1日付け売買を原因とするAからYへの所有権移転登記（詳細省略）がされていることが判明した。弁護士Pは、【Xの相談内容】を前提に、Xの訴訟代理人として、Yに対し、所有権に基づく妨害排除請求権としての所有権移転登記請求権及び所有権に基づく返還請求権としての土地明渡請求権を訴訟物として、甲土地について所有権移転登記及び甲土地の明渡しを求める訴訟（以下「本件訴訟」という。）を提起することにした。

以上を前提に、以下の問いに答えなさい。

(1)　弁護士Pは、本件訴訟に先立って、Yに対し、甲土地の登記名義の変更、新たな権利の設定及び甲土地の占有移転などの行為に備え、事前に講じておくべき法的手段を検討することとした。弁護士Pが採るべき法的手段を2つ挙げ、そのように考えた理由について、それらの法的手段を講じない場合に生じる問題にも言及しながら説明しなさい。

(2)　弁護士Pが、本件訴訟の訴状（以下「本件訴状」という。）において記載すべき請求の趣旨（民事訴訟法第133条第2項第2号）を記載しなさい（附帯請求及び付随的申立てを考慮する必要はない。）。

　　　（辰已注：現在は第134条第2項）

(3)　弁護士Pは、本件訴状において、甲土地の明渡請求を理由づける事実（民事訴訟規則第53条第1項）として、次の各事実を主張した。

　　ア　Aは、平成27年6月1日当時、甲土地を所有していた。

　　イ　〔　　　　　　　　　　　　　　　　　　　　　　　　　　　　　〕

　　ウ　〔　　　　　　　　　　　　　　　　　　　　　　　　　　　　　〕

　　上記イ及びウに入る具体的事実を、それぞれ答えなさい。

〔設問2〕

弁護士Qは、本件訴状の送達を受けたYから次のような相談を受けた。

【Yの相談内容】

「Aは、私の知人です。Aは、平成27年7月上旬頃、事業資金が必要なので甲土地を500万円で買わないかと私に持ちかけてきました。私は、同年8月1日、Aから甲土地を代金500万円で買い受け（以下「本件第2売買契約」という。）、売買代金を支払って所有権移転登記を経由し、甲土地を資材置場として使用しています。したがって、甲土地の所有者は私です。」

515

第5部　論文式試験について

上記【Yの相談内容】を前提に、以下の問いに答えなさい。

　　弁護士Qは、本件訴訟における答弁書（以下「本件答弁書」という。）を作成するに当たり、抗弁となり得る法的主張を検討した。弁護士QがYの訴訟代理人として主張すべき抗弁の内容（当該抗弁を構成する具体的事実を記載する必要はない。）を述べるとともに、それが抗弁となる理由について説明しなさい。

〔設問3〕

　　本件答弁書を受け取った弁護士Pは、Xに事実関係を確認した。Xの相談内容は以下のとおりである。

【Xの相談内容】

　　「Yは、既に甲土地について所有権移転登記を経由しており、自分が甲土地の所有者であるとして、平成27年9月1日、甲土地を2000万円で買い取るよう求めてきました。Yは、事情を知りながら、甲土地を私に高値で買い取らせる目的で、本件第2売買契約をして所有権移転登記をしたことに間違いありません。このようなYが甲土地の所有権を取得したことを認めることはできません。」

　　上記【Xの相談内容】を前提に、弁護士Pは、再抗弁として、以下の事実を記載した準備書面を作成して提出した。
　　エ　〔　　　　　　　　　　　　　　　　　　　　　　　　　　　　　　〕
　　オ　Yは、本件第2売買契約の際、Xに対して甲土地を高値で買い取らせる
　　　　目的を有していた。

　　以上を前提に、以下の問いに答えなさい。

　　　上記エに入る具体的事実を答え、そのように考えた理由を説明しなさい。

〔設問4〕

　　第1回口頭弁論期日において、本件訴状と本件答弁書が陳述され、第1回弁論準備手続期日において、弁護士P及び弁護士Qがそれぞれ作成した準備書面が提出され、弁護士Qは、〔設問3〕のエ及びオの各事実を否認し、弁護士Pは、以下の念書（斜体部分は全て手書きである。以下「本件念書」という。）を提出し、証拠として取り調べられた。なお、弁護士Qは、本件念書の成立の真正を認めた。

516

その後、2回の弁論準備手続期日を経た後、第2回口頭弁論期日において、本人尋問が実施され、Xは、下記【Xの供述内容】のとおり、Yは、下記【Yの供述内容】のとおり、それぞれ供述した（なお、Aの証人尋問は実施されていない。）。

念書

A殿

　今般、貴殿より甲土地を買い受けましたが、売却して利益が生じたときにはその3割を謝礼としてお渡しします。

　　　　　　　　　　　　　　　　　　平成27年8月1日
　　　　　　　　　　　　　　　　　　　Y　　Y印

【Xの供述内容】

　「Yは、建築業者で、今でも甲土地を占有し、資材置場として使用しているようですが、置かれている資材は大した分量ではなく、それ以外に運搬用のトラックが2台止まっているにすぎません。

　不動産業者に確認したところ、平成27年7月当時の甲土地の時価は、1000万円程度とのことでした。

　私は、平成27年9月1日、Y宅を訪れて、甲土地の明渡しを求めたところ、Yはこれを拒絶して、逆に私に2000万円で甲土地を買い取るよう求めてきましたが、私は納得できませんでしたので、その場でYの要求を拒絶しました。

　その後、私は、Aに対し、Yとのやりとりを説明して、Aが本件第2売買契約をして、甲土地をYに引き渡したことについて苦情を述べました。すると、Aは、私に対して謝罪し、『事業資金が必要だったので、やむなくYに甲土地を売却してしまった。その際、既にXに甲土地を売却していることをYに対して説明したが、Yはそれでも構わないと言っていた。Yから、代金500万円は安いが、甲土地を高く売却できたら謝礼をあげると言われたので、Yにその内容の書面を作成してもらった。』と事情を説明して、私に本件念書を渡してくれました。ただ、それ以降、Aとは連絡が取れなくなりました。」

第5部　論文式試験について

【Yの供述内容】

　「私は、建築業者で、現在、甲土地を資材置場として使用しています。本件第2売買契約に際して不動産業者に確認したところ、当時の甲土地の時価は、1000万円程度とのことでした。

　私は、平成27年9月1日、Xが自宅を訪れた際、甲土地を2000万円で買い取るよう求めたことはありません。Xと話し合って、Xが希望する価格で買い取ってもらえればと思って話をしただけで、例えば2000万円くらいではどうかと話したことはありますが、最終的にXとの間で折り合いがつきませんでした。

　Aは、本件第2売買契約をした時、甲土地を高く転売できたときには謝礼がほしいと言うので、本件念書を作成してAに渡しました。その際、AがXに甲土地を売却していたという話は聞いていません。」

以上を前提に、以下の問いに答えなさい。

　弁護士Pは、本件訴訟の第3回口頭弁論期日までに、準備書面を提出することを予定している。その準備書面において、弁護士Pは、前記【Xの供述内容】及び【Yの供述内容】と同内容のXYの本人尋問における供述並びに本件念書に基づいて、〔設問3〕の再抗弁について、オの事実（「Yは、本件第2売買契約の際、Xに対して甲土地を高値で買い取らせる目的を有していた。」）が認められること（Yに有利な事実に対する反論も含む。）を中心に、〔設問3〕の再抗弁についての主張を展開したいと考えている。弁護士Pにおいて、上記準備書面に記載すべき内容を答案用紙1頁程度の分量で記載しなさい。

518

第6章　平成28年

第5部　論文式試験について

1　〔設問1〕

【出題趣旨】
　　設問1は、不動産に係る登記請求及び明渡請求が問題となる訴訟において、原告代理人があらかじめ講ずべき法的手段とともに、訴状における請求の趣旨及び請求を理由付ける事実について説明を求めるものであり、民事保全の基本的理解に加えて、所有権に基づく物権的請求権の法律要件に留意して説明することが求められる。

(1)　答案構成例

1　小問(1)
　　①不動産の登記請求権を保全するための仮処分（民事保全法23条1項、53条1項）
　　　　　　↓
　　本件訴訟の口頭弁論終結前に、第三者に甲土地の登記名義が変更された場合、本件訴訟の判決では第三者名義の登記は抹消できず、Yに対する所有権移転登記手続請求を実現できなくなる
　　②占有移転禁止の仮処分（民事保全法23条1項、25条の2第1項）
　　　　　　↓
　　本件訴訟の口頭弁論終結前に、第三者に甲土地の占有が移転された場合、Yによる占有がなくなり、棄却判決を出されるおそれがある
2　小問(2)
　　「被告は、原告に対し、別紙物件目録記載の土地について、真正な登記名義の回復を原因とする所有権移転登記手続をせよ。」
　　「被告は、原告に対し、甲土地を明け渡せ。」
3　小問(3)
　　イ「Aは、Xに対し、平成27年6月1日、甲土地を代金1000万円で売った。」
　　ウ「Yは、甲土地を占有している。」

520

(2) 解説

ア 概要

設問1は民事保全法上の仮処分、所有権に基づく所有権移転登記手続請求及び土地明渡請求訴訟の請求の趣旨、要件事実について問うものである。

イ 民事保全法上の仮処分

①不動産の登記請求権を保全するための仮処分（民事保全法23条1項、53条1項）と②占有移転禁止の仮処分（同法23条1項、25条の2第1項、62条1項、2項）という2つの仮処分の申立てが考えられる。

①について、本件訴訟の口頭弁論終結前に、Yが第三者に甲土地の登記名義を変更したり新たな権利の設定をした場合、本件訴訟の判決では第三者名義の登記は抹消できず、Yに対する所有権移転登記手続請求を実現できなくなる。①の仮処分が発令・執行されれば処分禁止の登記をすることができ（同法53条1項）、これに反する債務者の処分行為は登記に抵触する限度で債権者に対抗することができなくなる（同法58条1項）。そして、債権者に対抗できなくなったものについて、債権者は通知をしたうえで登記の抹消をすることができる（同法58条2項）。

②について、本件訴訟の口頭弁論終結前に、Yから第三者に甲土地の占有が移転された場合、Yによる占有がなくなり、Yの被告適格が失われ棄却判決を出されるおそれがある。この場合、第三者に訴訟の引受け（民事訴訟法50条1項）をすることで、対処することもできる。しかし、Xが占有移転について気づかなければかかる手続をとることはできないうえ、たとえ本件訴訟の認容判決を得てもその効力が第三者に及ばず、第三者から異議の申立てがあれば執行力が排除される（民事執行法38条1項）。②の仮処分が発令・執行されれば第三者への占有移転はXに対抗できず、第三者は異議権を有しないから、第三者に対する執行ができる（民事保全法62条1項）。

ウ 請求の趣旨

所有権移転登記手続請求について、XはYに対して抹消登記を求めることとなるように思えるが、登記実務上は所有権移転登記の抹消に代えて、真正な登記名義の回復を原因とする所有権移転登記手続を求めることが認められている。

第5部　論文式試験について

エ　土地明渡請求の要件事実

　　所有権に基づく返還請求権としての土地明渡請求権の要件事実は、土地の所有、土地の占有である。土地の所有について、ＸはＡからの売買を原因として主張することになる。本問では、Ｙは「平成27年8月1日付け売買を原因とする所有権移転登記」により所有権を取得したとされていることから、Ｘとしては、それよりも早い平成27年6月1日における甲土地所有、同日ＡＸ間において売買契約があったことを主張することとなる。土地の占有について、ＸＹ間で甲土地の占有形態に争いはないから、Ｙによる甲土地の占有を主張すれば足りる。

2　〔設問2〕

【出題趣旨】
　　設問2は、不動産の二重譲渡事案における実体法上の権利関係に留意しつつ、被告本人の主張を適切に法律構成した上で、抗弁となる理由を説明することが求められる。

(1)　答案構成例

> ア　主張すべき抗弁の内容
> 　　対抗要件具備による所有権喪失の抗弁
> イ　抗弁となる理由
> 　　甲土地が本件第2売買契約によりＹに譲渡されると、甲土地はＸとＹに二重譲渡されていることになり、ＸとＹは対抗関係に立つから、ＹはＸにとって民法177条の「第三者」に当たる。そして、Ｙが本件第2売買契約に基づいて登記を具備すると、Ｙは確定的に甲土地の所有権を取得し、Ｘは所有権を喪失する。したがって、対抗要件具備による所有権喪失の主張は、Ｘの請求原因事実である本件第1売買契約と両立し、その法律効果の発生を障害するから、抗弁となる。

(2)　解説

　　ＸＹの主張によると、両者はＡとそれぞれ甲土地の売買契約を締結しているから、二重譲渡の対抗関係に立っている。そのため、先に対抗要件と

522

第6章　平成28年

しての登記を具備した者が確定的に所有者になり、これを他方に主張することができる（民法177条）。かかる主張はXが主張する甲土地のX所有という法律効果の発生を障害するものであるから、Yの抗弁となる。

3　〔設問3〕

【出題趣旨】
　　設問3は、再抗弁の事実について問うものである。判例で示された当該再抗弁に係る要件事実に即して、原告の主張内容から必要な事実を選択し、他の主張事実との関係にも留意することが求められる。

(1)　答案構成例

　　「Yは、本件第2売買契約締結当時、本件第1売買契約の締結を知っていた。」
　　理由としては、背信的悪意者の再抗弁の要件事実は悪意と背信性から成るところ、オに背信性が主張されているため、エで主張すべきは悪意の事実だからである。

(2)　解説

　　設問2におけるYの対抗要件具備による所有権喪失の抗弁は、Yが「第三者」（民法177条）に当たることを前提としている。「第三者」とは、当事者又はその包括承継人以外の者で不動産物権の得喪及び変更の登記の欠缺を主張するにつき正当な利益を有する者をいうところ、背信的悪意者については自由競争の枠を越えており正当な利益を有しないとされている（最判昭43.8.2民集22-8-1571　民法判例百選I 57事件）。そこで、Xは再抗弁としてYが背信的悪意者に当たること主張することになる。
　　Yが背信的悪意者に当たれば、Xは、Yに対し、登記なくして甲土地の所有権を主張できるから、背信的悪意者の抗弁は、Yの対抗要件具備による所有権喪失の抗弁の法律効果の発生を障害し、請求原因の法律効果を復活させるものであり、再抗弁となる。
　　そして、背信的悪意者とは、「実体上物権変動があった事実を知る者」であり、かつ、「登記の欠缺を主張することが信義に反すると認められる事情を有する者」であるから、背信的悪意者の再抗弁の要件事実は、i）相手

523

第5部 論文式試験について

方の悪意、ⅱ）背信性を基礎付ける評価根拠事実、となる。ⅰ）においては、悪意の基準時及び対象を明らかにする必要があるから、抗弁で主張されている「AからYへの所有権移転原因事実」の発生時において、請求原因で主張されている「AからXへの所有権移転原因事実」の存在を知っていたことについて事実摘示しなければならない。

そうすると、本件のエに入る具体的事実は、「Yは、本件第2売買契約締結当時、本件第1売買契約が締結されていることを知っていた。」となる。

4 〔設問4〕

【出題趣旨】

設問4は、上記の再抗弁の主張について、書証と人証の双方を検討し、必要な事実を抽出した上で、どの事実がいかなる理由から再抗弁に係る評価を根拠付ける際に重要であるかに留意して、準備書面に記載すべき事項を問うものである。

(1) 答案構成例

ア　Yの悪意について

Aは、本件第2売買契約締結の際、既にXに甲土地を売却していることをYに説明したが、Yはそれでも構わないと言っていた、とXは主張する。

これに対して、Yは、本件第2売買契約をした時、AがXに甲土地を売却したという話は聞いていないと主張する。

しかし、Yは、本件第2売買契約に際して不動産業者に確認し、当時の甲土地の時価は1000万円程度であることを知っていた。それにもかかわらず、Yは甲土地を時価の半額の500万円で買い受けており、特段の事情なくしてこのような廉価での売買は考えられない。

したがって、Yは、特段の事情である「本件第2売買契約締結当時、本件第1売買契約が締結されていること」を知っていたといえる。

イ　Yの背信性を基礎付ける評価根拠事実について

XYの供述では、Yが、本件第2売買契約をした時、甲土地を高く売却できたときにはその利益の3割を謝礼として渡す旨の念書を作成した点については一致している。そして、このような念書を作成したのは、売却相手として本件第1売買契約の当事者であるXを想定していたからであるといえる。

524

第6章　平成28年

　これに対して、Yは、現在、甲土地を資材置場として使用していると主張している。しかし、置かれている資材は大した分量ではなく、それ以外に運搬用のトラックが2台止まっているにすぎない。そうだとすると、Yが甲土地を購入した目的は自己使用ではなく、売却にあると考えられる。また、Yは、Xに対して甲土地を2000万円で買い取るよう求めたことはないと言いつつ、Xが希望する価格で買い取ってもらえればと思って2000万円くらいではどうかと話をしたことは認めている。

　したがって、Yは、本件第2売買契約締結の際、Xに対して甲土地を高値で買い取らせる目的を有していたといえる。

(2)　**解説**

　オの事実（Yは本件第2売買契約の際、Xに対して甲土地を高値で買い取らせる目的を有していた）が認められるための主張として、事実を細分化すると①本件第2売買契約の真の目的が巨利取得にあったこと②利益分与の約束があったこと③甲土地が時価の半値で二重売却・登記されたこと④Y及びAの悪意を主張立証していく必要がある。

　①の事実について、【Xの供述内容】、【Yの供述内容】、念書から、Yが時価の半値の価格で甲土地を買い受けたこと、Xに対して2000万円の売値を提示したことから、本件第2売買契約の真の目的がXを対象とした巨利取得にあることは明らかであり、Yの背信性が推認される。

　②の事実について、【Xの供述内容】、【Yの供述内容】、念書から甲土地の売却利益の3割を利益分与する約束があったことが明らかであり、Yが甲土地の転売利益をAの協力のもと得ようとしていたことが推認される。

　③の事実について、【Xの供述内容】におけるAの発言、【Yの供述内容】から明らかであり、YがXからの売却利益を得る目的があったことが推認される。

　④の事実について、【Xの供述内容】から明らかであり、AYが本件第1売買契約の存在を認識しつつ互いに利益を得る目的で本件第2売買契約を締結したことは、YがAと協力し合いXを陥れたというYの背信性を推認させる事実である。

　オの事実を否定する事実として、Yが甲土地を資材置き場として使用し運搬用のトラックが止められていることが挙げられる。この事実により、本件第2売買契約の主たる目的は転売ではなく甲土地の使用にあったと推

第5部　論文式試験について

認させるからである。しかし、実際にＹが置いている資材は大した分量ではないことが【Ｘの供述内容】からわかるから、本件第2売買契約の主たる目的が使用目的にあるとは認められないと反論することができる。

第7章　平成29年

> **第7章　平成29年**

　司法試験予備試験用法文を適宜参照して、以下の各設問に答えなさい。

〔設問1〕
　弁護士Pは、Xから次のような相談を受けた。

【Xの相談内容】
　「私は、骨董品を収集することが趣味なのですが、親友からBという人を紹介してもらい、平成28年5月1日、B宅に壺（以下「本件壺」という。）を見に行きました。Bに会ったところ、Aから平成27年3月5日に、代金100万円で本件壺を買って、同日引き渡してもらったということで、本件壺を見せてもらったのですが、ちょうど私が欲しかった壺であったことから、是非とも譲ってほしいとBにお願いしたところ、代金150万円なら譲ってくれるということで、当日、本件壺を代金150万円で購入しました。そして、他の人には売ってほしくなかったので、親友の紹介でもあったことから信用できると思い、当日、代金150万円をBに支払い、領収書をもらいました。当日は、電車で来ていたので、途中で落としたりしたら大変だと思っていたところ、Bが、あなた（X）のために占有しておきますということでしたので、これを了解し、後日、本件壺を引き取りに行くことにしました。
　平成28年6月1日、Bのところに本件壺を取りに行ったところ、Bから、本件壺は、Aから預かっていただけで、自分のものではない、あなた（X）から150万円を受け取ったこともない、また、本件壺は、既に、Yに引き渡したので、自分のところにはないと言われました。
　すぐに、Yのところに行き、本件壺を引き渡してくれるようにお願いしたのですが、Yは、本件壺は、平成28年5月15日にAから代金150万円で購入したものであり、渡す必要はないと言って渡してくれません。
　本件壺の所有者は、私ですので、何の権利もないのに本件壺を占有しているYに本件壺の引渡しを求めたいと考えています。」

527

第5部　論文式試験について

　　弁護士Ｐは、【Ｘの相談内容】を前提に、Ｘの訴訟代理人として、Ｙに対し、本件壺の引渡しを求める訴訟（以下「本件訴訟」という。）を提起することを検討することとした。

　　以上を前提に、以下の各問いに答えなさい。

(1)　弁護士Ｐは、本件訴訟に先立って、Ｙに対して、本件壺の占有がＹ以外の者に移転されることに備え、事前に講じておくべき法的手段を検討することとした。弁護士Ｐが採り得る法的手段を一つ挙げ、そのような手段を講じなかった場合に生じる問題についても併せて説明しなさい。

(2)　弁護士Ｐが、本件訴訟において、選択すると考えられる訴訟物を記載しなさい。なお、代償請求については、考慮する必要はない。

(3)　弁護士Ｐは、本件訴訟の訴状（以下「本件訴状」という。）において、本件壺の引渡請求を理由づける事実（民事訴訟規則第53条第1項）として、次の各事実を主張した。

　　ア　Ａは、〔①〕

　　イ　Ａは、平成27年3月5日、Ｂに対し、本件壺を代金100万円で売った。

　　ウ　〔②〕

　　エ　〔③〕

　　上記①から③までに入る具体的事実を、それぞれ答えなさい。

(4)　弁護士Ｐは、Ｙが、ＡＢ間の売買契約を否認すると予想されたことから、上記(3)の法的構成とは別に、仮に、Ｂが本件壺の所有権を有していないとしても、本件壺の引渡請求を理由づける事実（民事訴訟規則第53条第1項）の主張をできないか検討した。しかし、弁護士Ｐは、このような主張は、判例を踏まえると認められない可能性が高いとして断念した。弁護士Ｐが検討したと考えられる主張の内容（当該主張を構成する具体的事実を記載する必要はない。）と、その主張を断念した理由を簡潔に説明しなさい。

〔設問2〕

　　弁護士Ｑは、本件訴状の送達を受けたＹから次のような相談を受けた。

【Ｙの相談内容】

　　「私は、Ａから、本件壺を買わないかと言われました。壺に興味があることから、Ａに見せてほしいと言ったところ、Ａは、Ｂに預かってもらっているということでした。そこで、平成28年5月15日、Ｂ宅に見に行ったところ、一目で気に入り、Ａに電話で150万円での購入を申し込み、Ａが承諾してくれました。私は、すぐに近くの銀行で150万円を引き出しＡ宅に向か

528

第7章　平成29年

い、Aに現金を交付したところ、Aが私と一緒にB宅に行ってくれて、Aから本件壺を受け取りました。したがって、本件壺の所有者は私ですから、Xに引き渡す必要はないと思います。」

　　弁護士Qは、【Yの相談内容】を前提に、Yの訴訟代理人として、本件訴訟における答弁書を作成するに当たり、主張することが考えられる二つの抗弁を検討したところ、抗弁に対して考えられる再抗弁を想定すると、そのうちの一方の抗弁については、自己に有利な結論を得られる見込みは高くないと考え、もう一方の抗弁のみを主張することとした。

　以上を前提に、以下の各問いに答えなさい。
(1)　弁護士Qとして主張することを検討した二つの抗弁の内容（当該抗弁を構成する具体的事実を記載する必要はない。）を挙げなさい。
(2)　上記(1)の二つの抗弁のうち弁護士Qが主張しないこととした抗弁を挙げるとともに、その抗弁を主張しないこととした理由を、想定される再抗弁の内容にも言及した上で説明しなさい。

〔設問3〕
　　Yに対する訴訟は、審理の結果、AB間の売買契約が認められないという理由で、Xが敗訴した。そこで、弁護士Pは、Xの訴訟代理人として、Bに対して、BX間の売買契約の債務不履行を理由とする解除に基づく原状回復請求としての150万円の返還請求訴訟（以下「本件第2訴訟」という。）を提起した。
　　第1回口頭弁論期日で、Bは、Xから本件壺の引渡しを催告され、相当期間が経過した後、Xから解除の意思表示をされたことは認めたが、BがXに対して本件壺を売ったことと、BX間の売買契約に基づいてXからBに対し150万円が支払われたことについては否認した。弁護士Pは、当該期日において、以下の領収書（押印以外、全てプリンターで打ち出されたものである。以下「本件領収書」という。）を提出し、証拠として取り調べられた。これに対し、Bの弁護士Rは、本件領収書の成立の真正を否認し、押印についてもBの印章によるものではないと主張している。
　　その後、第1回弁論準備手続期日で、弁護士Pは、平成28年5月1日に150万円を引き出したことが記載されたX名義の預金通帳を提出し、それが取り調べられ、弁護士Rは預金通帳の成立の真正を認めた。
　　第2回口頭弁論期日において、XとBの本人尋問が実施され、Xは、下記【Xの供述内容】のとおり、Bは、下記【Bの供述内容】のとおり、それぞれ供述した。

第5部　論文式試験について

```
                    領  収  書
   X   様
         下記金員を確かに受領しました。
         金 150 万円
         ただし、壺の代金として
         平成 28 年 5 月 1 日
                        B    Ⓑ
```

【Xの供述内容】

「私は、平成 28 年 5 月 1 日に、親友の紹介でB宅を訪問し、本件壺を見せてもらいました。Bとは、そのときが初対面でしたが、Bは、現金 150 万円なら売ってもいいと言ってくれたので、私は、すぐに近くの銀行に行き、150 万円を引き出して用意しました。Bは、私が銀行に行っている間に、パソコンとプリンターを使って、領収書を打ち出し、三文判ではありますが、判子も押して用意してくれていたので、引き出した現金 150 万円をB宅で交付し、Bから領収書を受け取りました。当日は、電車で来ていたので、取りあえず、壺を預かっておいてもらったのですが、同年 6 月 1 日に壺を受け取りに行った際には、Bから急に、本件壺は、Aから預かっているもので、あなたに売ったことはないと言われました。

また、Yに対する訴訟で証人として証言したAが供述していたように、Aは同年 5 月 2 日にBから 200 万円を借金の返済として受け取っているようですが、この 200 万円には私が交付した 150 万円が含まれていることは間違いないと思います。」

【Bの供述内容】

「確かに、平成 28 年 5 月 1 日、Xは、私の家を訪ねてきて、本件壺を見せてほしいと言ってきました。私はXとは面識はありませんでしたが、知人からXを紹介されたこともあり、本件壺を見せてはあげましたが、Xから 150 万円は受け取っていません。Xは、私に 150 万円を現金で渡したと言っているようですが、そんな大金を現金でもらうはずはありませんし、領収書についても、私の名前の判子は押してありますが、こんな判子はどこでも買えるもので、Xがパソコンで作って、私の名前の判子を勝手に買ってきて押印したものに違いありません。

第7章　平成29年

　　私は、同月2日に、Aから借りていた200万円を返済したことは間違いありませんが、これは、自分の父親からお金を借りて返済したもので、Xからもらったお金で工面したものではありません。父親は、自宅にあった現金を私に貸してくれたようです。また、父親とのやり取りだったので、貸し借りに当たって書面も作りませんでした。その後、同年6月1日にもXが私の家に来て、本件壺を売ってくれと言ってきましたが、断っています。」

　　以上を前提に、以下の各問いに答えなさい。

(1)　本件第2訴訟の審理をする裁判所は、本件領収書の形式的証拠力を判断するに当たり、Bの記名及びB名下の印影が存在することについて、どのように考えることになるか論じなさい。

(2)　弁護士Pは、本件第2訴訟の第3回口頭弁論期日までに、準備書面を提出することを予定している。その準備書面において、弁護士Pは、前記【Xの供述内容】及び【Bの供述内容】と同内容のX及びBの本人尋問における供述並びに前記の提出された書証に基づいて、Bが否認した事実についての主張を展開したいと考えている。弁護士Pにおいて準備書面に記載すべき内容を、提出された書証や両者の供述から認定することができる事実を踏まえて、答案用紙1頁程度の分量で記載しなさい。

531

第5部　論文式試験について

1 〔設問1〕

【出題趣旨】
　設問1は、動産の引渡請求が問題となる訴訟において、原告代理人があらかじめ講ずべき法的手段とともに、引渡請求の訴訟物や当該請求を理由付ける事実について説明を求めるものである。民事保全の基本的理解に加えて、所有権に基づく物権的請求権の法律要件について、民事実体法及び判例で示された規律や動産取引の特殊性に留意して検討することが求められる。

(1) 答案構成例

　ア　小問(1)
　　　占有移転禁止の仮処分
　　　この手段を講じなかった場合、本件訴訟の口頭弁論終結前にYが第三者に本件壺の占有を移転し、Yの被告適格が失われて請求棄却判決を出されるおそれがある。
　イ　小問(2)
　　　所有権に基づく返還請求権としての動産引渡請求権
　ウ　小問(3)
　　　平成27年3月5日当時、本件壺を所有していた。
　　　Bは、平成28年5月1日、Xに対し、本件壺を代金150万円で売った。
　　　Yは、本件壺を占有している。
　エ　小問(4)
　　(ア)　弁護士Pが検討したと考えられる主張の内容
　　　　仮にBが本件壺の所有権を有していないとしても、Bを所有者と信じてXはBから本件壺を買い受け、引渡しを受けたことから、即時取得（民法192条）により所有権を取得したとの主張をすることが考えられる。
　　(イ)　主張を断念した理由
　　　　Xは、Bから本件壺の引渡しを受けているが、これは、「Bが、あなた（X）のために占有しておきます」というものであり、占有改定による引渡し（民法183条）である。そして、判例は、即時取得の成立には無権利者からの譲受人が外観上従来の占有状態に変更を生ずるような占有を取得することが必要であるところ、占有改定による引渡しはそのような占有ではないとしている。

532

第7章　平成29年

　　したがって、弁護士Ｐは、前記主張は判例を踏まえると認められない可
能性が高いとして断念したと考えられる。

(2)　**解説**
　ア　**小問(1)**
　　　本件訴訟の口頭弁論終結前に、Ｙから第三者に本件壺の占有が移転さ
　　れた場合、Ｙによる占有がなくなり、Ｙの被告適格が失われ棄却判決を
　　出されるおそれがある。この場合、第三者に訴訟を引き受けさせる（民事
　　訴訟法50条1項）ことで、対処することもできる。しかし、Ｘが占有移
　　転について気づかなければかかる手続をとることはできないうえ、たと
　　え本件訴訟の認容判決を得てもその効力が第三者に及ばず、第三者から
　　異議の申立てがあれば執行力が排除される（民事執行法 38 条1項）。占
　　有移転禁止の仮処分（民事保全法23条1項）が発令・執行されれば第三
　　者への占有移転はＸに対抗できず、第三者は異議権を有しないから、第
　　三者への執行を実行できる（民事保全法62条1項）。

　イ　**小問(2)**
　　　ＸＹ間に契約関係はなく、ＸがＹに対して本件壺の引渡請求をするに
　　は物権的請求によることになる。そして、ＹによるＸの所有権侵害の形
　　態は占有であるため訴訟物は所有権に基づく返還請求権としての動産引
　　渡請求権となる。

　ウ　**小問(3)**
　　　所有権に基づく返還請求権としての動産引渡請求権の要件事実は、ⅰ）
　　動産の所有とⅱ）相手方の占有である。
　　　動産の所有について、ＸはＡ→Ｂ→Ｘという売買契約の過程を主張し
　　ているのに対して、ＹはＡ→Ｙという売買契約を主張している。そのた
　　め、ＸＹ間においては平成27年3月5日当時Ａが本件壺を所有していた
　　ことについて権利自白が成立し、ＸはＡＢ間売買契約、ＢＸ間売買契約
　　を主張することで本件壺の所有権がＸにあることを主張立証しなければ
　　ならない。
　　　動産の占有について、Ｙの占有につき当事者間に争いはないから、Ｙ
　　の占有を主張すれば足りる。

533

第5部　論文式試験について

エ　小問(4)

　　Bが本件壺の所有権を有していないことを前提としてXが本件壺の所有を主張する方法としては即時取得（民法 192 条）の成立を主張することが考えられる。

　　即時取得は動産の占有に公信力を与え、物権変動に対する積極的な信頼を保護し取引の安全を保護するため、原権利者の犠牲のもと占有者を保護する制度である。そのため、現権利者と占有者との公平の観点から、「占有」は一般外観上従来の占有状態に変更が生じている必要があり、占有改定という一般外観上占有状態の変更がない占有方法は「占有」に含まれないものとするのが判例（最判昭 35.2.11　民法判例百選 I 64 事件）の立場である。

　　本件でXB間の売買契約は占有改定によって本件壺の引渡しがなされており、判例によればXの即時取得は認められない。

　　このことからPは即時取得の主張を断念したのである。

2　〔設問2〕

【出題趣旨】

　　設問2は、動産の二重譲渡事案における実体法上の権利関係及びそれに係る要件事実の理解を前提に、原告の所有権喪失原因について幅広く検討した上、本件の時系列の下で予想される再抗弁の内容を念頭に、適切な抗弁を選択し、その理由を説明することが求められる。

(1)　答案構成例

ア　小問(1)
　　即時取得の抗弁
　　対抗要件具備による所有権喪失の抗弁
　の主張を検討したと考えられる。

イ　小問(2)
　(ア)　主張しないこととした抗弁
　　　対抗要件具備による所有権喪失の抗弁
　(イ)　理由

534

> 　ＸＹはＡを起点とする二重譲渡の関係にあることから、弁護士Ｑとしては、Ａから引渡しを受けたＹが確定的に本件壺の所有権を取得する（民法178条）と主張することが考えられる。
> 　　　↓
> 　しかし、同条の「引渡し」には占有改定（民法183条）も含まれるところ、Ｙが引渡しを受けたのは平成28年5月15日、Ｘが引渡しを受けたのは同月1日であることから、Ｘから先立つ対抗要件具備の再抗弁が主張されると考えられる。
> 　　　↓
> 　したがって、弁護士Ｑは対抗要件具備による所有権喪失の抗弁を主張しないこととした。

⑵　**解説**

　Ｘの請求に対しＹから主張されることが考えられるのは即時取得の抗弁と対抗要件具備による所有権喪失の抗弁である。前者はＹによる本件壺を原始取得したという主張であり、請求原因にあるＡ→Ｂ→Ｘの売買契約と両立し、その効果を障害する主張である。後者はＸＹがＡを起点とする二重譲渡の対抗関係にあり、Ａから引渡しを受けたＹが確定的に本件壺の所有権を取得した（民法178条）という主張である。

　もっとも、同条の「引渡し」には占有改定も含まれるところ、ＹがＡから引渡しを受けたのは平成28年5月15日であり、Ｘは同月1日に本件壺の引渡しを占有改定によって受けている。そのため、Ｙの対抗要件具備による所有権喪失の抗弁に対してＸから先立つ対抗要件具備の再抗弁が主張された場合、Ｘの再抗弁が認められてしまう。

　したがって、Ｑが主張しないことにした抗弁は対抗要件具備による所有権喪失の抗弁である。

第5部　論文式試験について

3　〔設問3〕

【出題趣旨】
　設問3は、二段の推定についての基本的理解と当てはめを問うとともに、原告代理人の立場から、準備書面に記載すべき事項を問うものである。争点に関する書証及び当事者尋問の結果を検討し、証拠により認定することができる事実を摘示した上で、原告の主張を根拠付けるために、各認定事実に基づき、いかなる推論・評価が可能か、その過程を検討・説明することが求められる。

(1)　答案構成例

ア　小問(1)
　本件領収書は私文書であり、本人の署名又は押印があるときは、真正に成立したものと推定される（民事訴訟法228条4項）。この押印は本人の意思に基づくものでなければならないところ、判例によれば、本人の印章に基づく印影が顕出されていれば本人の意思に基づく押印と事実上推定される（二段の推定）。
　　　　　↓
　まず、Bの記名については、プリンターによる印字であるから、民事訴訟法228条4項の「署名」には当たらず、本件領収書の形式的証拠力の判断には特段の意味を有しない。
　　　　　↓
　次に、Bの押印については、Bが、どこでも買える三文判でBの印章によるものではないと主張している。
　　　　　↓
　三文判も銀行印等で利用されることから、これだけで直ちにBの印章によるものではないとはされないが、XはBの印章による印影であることを証明していない。
　　　　　↓
　したがって、二段の推定によって、本件領収書の成立の真正は推定されない。
　裁判所としては、本件領収書を売買契約に基づく金員交付の証拠とすることはできず、他の事実を考慮して成立の真正を検討することとなる。
イ　小問(2)

536

(7) BがXに対して150万円を支払ったことについて

　　XとBは、平成28年5月1日が初対面であってにもかかわらず、XがBに対して150万円もの現金を支払ったのは、同日、XB間で本件壺の売買契約が成立したからであると考えることが合理的であり、他に150万円を支払う理由は存在しない。

　　　↓

　　したがって、BがXに本件壺を売ったことが推認できる。

　　　↓

　　また、売買契約と同日に同額の金銭を支払ったという事実自体からも、その支払が売買契約に基づくことが推認できる。

(イ) BX間の売買契約に基づきXからBに対して150万円が支払われたことについて

　　Bは、Xが平成28年5月1日にBを訪ねたと供述している。そして、Pは、現金150万円の引出しについて、X名義の預金通帳を提出しており、その成立の真正に争いはないところ、Xには、Bに本件壺の売買代金を支払う以外に150万円もの大金を引き出す理由は存在しない。

　　　↓

　　また、Bは、その翌日である同月2日にAに対して200万円を返済したと供述しているところ、Bがかかる資金を有していたのは、XがBに対して前日に150万円を支払っていたからである。

　　　↓

　　これに対して、Bは自分の父親から金を借りて返済したと主張する。しかし、親族間であっても200万円もの借入れに契約書を作成しないのは不自然である。また、Bは父親が自宅にあった現金を貸してくれたと主張するが、一般家庭に200万円もの現金が置いてあることは通常ない。さらに、BはXから150万円もの大金を現金でもらうはずはないと主張するが、これは自分が200万円もの大金を父親から現金でもらったとの主張と整合性を欠く。

　　　↓

　　したがって、BはXから支払われた現金150万円をAへの弁済に充てたと考えるのが合理的であり、平成28年5月1日にXがBに対して150万円を支払ったと推認できる。

第5部　論文式試験について

(2)　解説

ア　小問(1)

　　民事訴訟法 228 条 4 項は「私文書は、本人又はその代理人の署名又は押印があるときは、真正に成立したものと推定する。」と規定しており、「本人又はその代理人の署名又は押印」は作成者の意思に基づくものでなければならない。もっとも判例は「文書中の印影が本人又は代理人の印章によって顕出された事実で確定された場合には、反証がない限り、該印影は本人又は代理人の意思に基づいて成立したものと推定する」としている。これは、我が国で作成者の意思の表明を担保する手段として押印がされており、第三者に印章を使用させることは稀であるため、その押印は作成者自身によるとの経験則に基づいて事実上の推定を認めたものである。

　　これにより、成立を争う私文書に本人又は代理人の印章による印影が存在する場合には、特段の事情がない限り、本人又は代理人の意思に基づく押印であるとの事実上の推定が及び、民事訴訟法 228 条 4 項によって文書全体が真正に成立したものと推定される（二段の推定）。

　　押印の前提となる印章に三文判が含まれるかについては実印に比べ三文判の保管・使用は厳重ではないが、三文判も銀行への届出印として通用しているという経済的効用を重視すれば必ずしも三文判の保管・使用が実印のそれと類型的に劣るものとはいえず、三文判も含まれるとの見解もあろう。判例の立場は明確ではないが、少なくとも印章を実印に限定はしていない。

　　本件領収書のBの記名はあるが、これはプリンターで打ち出され印字されたものであり「署名」には当たらない。印影については当事者間に争いがあり、Bの印章として認められ、三文判による事実上の推定を認めるのであれば、本件領収書の形式的証拠力を認めることになろうが、本件では本件領収書のB名下の印影がBの印章によるものであることの証明がなされておらず、本件領収書の成立の真正は認められないこととなる。

イ　小問(2)

　　Bが否認した事実は①BがXに対して本件壺を売ったこと、②BX間売買契約に基づきXからBに対して 150 万円が支払われたことであり、かかる事実につきPは準備書面を作成しなければならない。

538

①について、預金通帳の記載からXが平成28年5月1日に150万円を引き出したことが認定されるところ、このことからXが現金150万円を必要としていたことが推認される。このことは、Xの供述における本件壺の売買代金支払のために150万円を引き出したという供述と一致するものであり、Xの供述の信用性が高いものといえる。また、本件領収書の記載内容は信用できるXの供述と一致し、Xには本件領収書を偽造するまでの動機もない。また、150万円の引き出しなどの、認定できる事実とも整合的である。

　②について、上述の通りXの供述は信用性が高く、本件領収書の「壺の代金として」との記載からXからBに対して代金150万円が支払われたことが推認される。また、X・Bの供述から、Bが平成28年5月2日にAに対して借金の返済として200万円を交付したこと、200万円の出所がBの財産からではないことが認定できるところ、Bの借金の返済がXのB宅訪問の翌日であることからXがBに交付した150万円を借金の返済に充てたと推認される。Bは父親からお金を借りて200万円を返済したと主張するが、200万円もの大金を自宅に保管していることは稀であり、このような大金の貸し借りに当たって親子関係といえども何ら書面を作成しないことは不自然であるから、Bの主張には信用性がない。したがって、BX間売買契約に基づきXからBに対して150万円が支払われたという事実が認められる。

第5部　論文式試験について

> 第8章　平成30年

司法試験予備試験用法文を適宜参照して、以下の各設問に答えなさい。

〔設問1〕
　弁護士Pは、Xから次のような相談を受けた。

【Xの相談内容】
　「私（X）とYは、かつて同じ大学に通っており、それ以来の知り合いです。私は、平成27年8月頃、Yから、『配偶者が病気のため、急に入院したりして、お金に困っている。他に頼める人もおらず、悪いが100万円程度を貸してくれないか。』と頼まれました。私は、会社勤めで、さほど余裕があるわけでもないので、迷いましたが、困っているYの姿を見て放っておくわけにはいかず、友人のよしみで、1年後くらいには返してもらうという前提で、Yに100万円を貸してもよいと考えました。私とYは、平成27年9月15日に会いましたが、その際、Yは、『100万円借り受けました。平成28年9月30日までに必ず返済します。』と書いた借用証書を準備しており、これを私に渡し、私も、その内容を了解して、Yに現金100万円を渡しました。なお、友人同士でもあり、利息を支払ってもらう話は出ませんでした。
　ところが、返済期限が過ぎても、Yは、一向に返済しません。私は、直ちに100万円を返してほしいですし、返済が遅れたことについての損害金も全て支払ってほしいです。
　なお、Yは、平成29年7月末頃までは会社勤めでしたが、同年8月頃から現在まで、個人で自営業をしています。Yは、現在、顧客であるAに対して80万円の売買代金債権を持っているものの、それ以外にめぼしい資産はないようです。」

　弁護士Pは、【Xの相談内容】を前提に、Xの訴訟代理人として、Yに対し、Xの希望する金員の支払を求める訴訟（以下「本件訴訟」という。）を提起することを検討することとした。

　以上を前提に、以下の各問いに答えなさい。

540

第8章　平成30年

(1)　弁護士Ｐは、勝訴判決を得た場合の強制執行を確実に行うために、本件訴訟に先立ってＸが事前に講じておくべき法的手段を検討した。Ｘが採り得る法的手段を一つ挙げなさい。また、その手段を講じなかった場合に生じる問題について、その手段の有する効力に言及した上で説明しなさい。

(2)　弁護士Ｐが、本件訴訟において、Ｘの希望を実現するために選択すると考えられる訴訟物を記載しなさい。

(3)　弁護士Ｐが、本件訴訟の訴状（以下「本件訴状」という。）において記載すべき請求の趣旨（民事訴訟法第133条第2項第2号）を記載しなさい。なお、付随的申立てについては、考慮する必要はない。

　　　（辰已注：現在は第134条第2項第2号）

(4)　弁護士Ｐが、本件訴状において、請求を理由づける事実（民事訴訟規則第53条第1項）として主張すると考えられる具体的事実を記載しなさい。

〔設問2〕

　　弁護士Ｑは、本件訴状の送達を受けたＹから次のような相談を受けた。

【Ｙの相談内容】　　〔辰已注：平成29年民法・債権法改正により改題〕

　　「確かに、私（Ｙ）は、Ｘが主張する時期に、借用証書を作成した上で、Ｘから100万円を借りたことはあります。しかし、私は、返済期限の平成28年9月30日に、全額をＸに返済しました。

　　平成29年に入って、私とＸは、大学の同窓会の幹事を担当するようになったのですが、同年9月半ば頃に、私の発言をきっかけにＸが幹事を辞任しなければならなくなり、関係が悪化してしまったのです。そのようなこともあって、Ｘは、突然、返したものを返していないなどと言い出したのだと思います。

　　また、今回、Ｘから請求を受けて思い返してみたのですが、私とＸが大学を卒業した直後である平成24年10月1日、私は、Ｘから懇願されて、気に入っていたカメラ（以下「本件カメラ」という。）を8万円で売って、同日、Ｘに本件カメラを渡したことがありました。その後、忙しくて、Ｘに催促しそびれて、お金を受け取らないまま現在に至っています。100万円を返す必要は全くないと考えていますが、万一、その主張が認められなかったとしても、少なくとも前記8万円分を支払う必要はないと思います。」

　　弁護士Ｑは、【Ｙの相談内容】を前提に、Ｙの訴訟代理人として、弁済の抗弁と相殺の抗弁を主張することとし、これらが記載された本件訴訟における答弁書（以下「本件答弁書」という。）を作成した。弁護士Ｑは、本件答弁書の提出に先立ち、Ｘに対し、Ｘの請求を全面的に争うとともに、8万円分の相殺の抗弁を主

541

第5部　論文式試験について

張する旨を詳しく記載した内容証明郵便を発送し、Ｘは、平成30年2月2日、弁護士Ｐを経由して、同内容証明郵便を受領した。

　以上を前提に、以下の各問いに答えなさい。なお、〔設問2〕以下においては、遅延損害金の請求やこれについての主張を考慮する必要はない。

(1)　弁護士Ｑは、本件答弁書に記載した弁済の抗弁につき、次の事実を主張した。
　　　　　Ｙは、Ｘに対し、〔①〕。
　　上記〔①〕に入る具体的事実を記載しなさい。
(2)　弁護士Ｑは、本件答弁書に記載した相殺の抗弁につき、次の各事実を主張することを検討した。

　　　　ア　Ｙは、Ｘに対し、平成24年10月1日、本件カメラを代金8万円で売った。
　　　　イ　Ｙは、Ｘに対し、平成30年2月2日、〔②〕。
　（ⅰ）　上記〔②〕に入る具体的事実を記載しなさい。
　（ⅱ）　弁護士Ｑとして、上記ア及びイの各事実に加えて、「Ｙは、Ｘに対し、平成24年10月1日、アの売買契約に基づき、本件カメラを引き渡した。」との事実を主張することが必要か否か。結論とその理由を述べなさい。

〔設問3〕
　　弁護士Ｐは、相殺の抗弁に対して、下記の主張をできないか検討したが、下記の主張は認められない可能性が高いとして断念した。弁護士Ｐが断念した理由を説明しなさい。
記
　ＹのＸに対する本件カメラの売買代金債権につき、消滅時効が成立しているところ、Ｘは同時効を援用する。

〔設問4〕
　　第1回口頭弁論期日において、本件訴状と本件答弁書が陳述され、弁護士Ｐは、弁済の抗弁に係る事実を否認した。第1回弁論準備手続期日において、弁護士Ｑは、書証として下記①及び②を提出し、いずれも取り調べられ、弁護士Ｐはいずれも成立の真正を認めた。
記
①　銀行預金口座（Ｙ名義）から、平成28年9月28日に現金50万円、同月29日に現金50万円がそれぞれ引き出された旨が記載された預金通帳（本件通帳）

542

第8章　平成30年

② 現在のＹの住所につき、「住所を定めた日平成 29 年 8 月 31 日転入」との記載がある住民票写し（本件住民票）

　その後、2 回の弁論準備手続期日を経た後、第 2 回口頭弁論期日において、本人尋問が実施され、Ｘは、下記【Ｘの供述内容】のとおり、Ｙは、下記【Ｙの供述内容】のとおり、それぞれ供述した。

【Ｘの供述内容】
　「今回、Ｙから、Ｙの配偶者が急な病気のため入院して、お金に困っていると泣き付かれました。私には小さい子供が 2 人おり、家計のやりくりは楽ではないのですが、困っているＹを見捨てるわけにもいかず、お金を貸しました。
　Ｙから食事をおごられた記憶はあります。Ｙのいうとおり、平成 28 年 9 月 30 日だったかもしれません。ただし、その際にお金を返してもらったということは絶対にありません。
　私も色々と忙しかったので、私が初めてＹにお金の返済を求めたのは、平成 29 年 10 月だったと思います。確かに、同年 9 月半ば頃、私は、同窓会の経理につき、他の幹事たちの面前で、Ｙから指摘を受けたことはありますが、私が同窓会の幹事を辞任したのは、それとは無関係の理由ですので、私がＹを恨みに思っているということはありません。
　時期までは聞いていませんが、Ｙが引っ越しをしたことは聞いています。でも、だからといって、Ｙがいうように領収書を処分してしまうということは普通は考えられません。そもそも、Ｙは私に返済していないのですから、Ｙのいうような領収書が存在するわけもないのです。」

【Ｙの供述内容】
　「私は、配偶者が急に病気になり、入院するなどしたため、一時期、お金に困り、Ｘに相談しました。Ｘは快くお金を貸してくれて、本当に助かりました。
　幸い、私の配偶者は、一時期の入院を経て元気になり、私たちは生活を立て直すことができました。
　私は、返済期限である平成 28 年 9 月 30 日に、Ｘと会って、レストランで食事をおごるとともに、前々日と前日に銀行預金口座から引き出しておいた合計 100 万円をＸに渡しました。
　Ｘも私もあらかじめ書面は用意していなかったのですが、Ｘが、その場で自分の手帳から紙を 1 枚切り取って、そこに、『領収書　確かに 100 万円を

543

第 5 部　論文式試験について

受け取りました。』との文言と、日付と、Ｘの氏名を記載して、私に渡して
くれました。私は、平成 29 年 8 月 31 日に現在の住所に引っ越したのです
が、返済して 1 年近く経っていたこともあり、その引っ越しの際に、他の不
要な書類とともに先ほど述べた領収書を処分してしまったので、今回の訴訟
にこの領収書を証拠として提出していません。

　平成 29 年に入って、私とＸは、大学の同窓会の幹事を担当するようになっ
たのですが、同年 9 月半ば頃、Ｘが同窓会費を使い込んでいたことが判明し
たため、私が、他の幹事たちの面前で、その点をＸに指摘し、それをきっか
けにＸが幹事を辞任したことがあったため、Ｘは、私を恨みに思っているよ
うでした。そのようなこともあって、同年 10 月に、返したものを返してい
ないなどと言い出し、請求し始めたのだと思います。」

以上を前提に、以下の問いに答えなさい。
　弁護士Ｑは、本件訴訟の第 3 回口頭弁論期日までに、準備書面を提出するこ
とを予定している。その準備書面において、弁護士Ｑは、前記の提出された各
書証並びに前記【Ｘの供述内容】及び【Ｙの供述内容】と同内容のＸ及びＹの
本人尋問における供述に基づいて、弁済の抗弁が認められることにつき主張を
展開したいと考えている。弁護士Ｑにおいて、上記準備書面に記載すべき内容
を答案用紙 1 頁程度の分量で記載しなさい。

544

第 8 章　平成 30 年

第5部 論文式試験について

1 〔設問1〕

【出題趣旨】
　設問1は、消費貸借契約に基づく貸金返還請求等が問題となる訴訟において、原告代理人があらかじめ講ずべき法的手段とともに、原告の求める各請求に対応した訴訟物や請求の趣旨、請求を理由付ける事実について説明を求めるものである。債権を対象とする民事保全の効力について検討を行うほか、消費貸借契約に基づく貸金返還請求の法律要件につき、附帯請求に係るものを含め、正確な理解が問われる。

(1) 答案構成例

ア　小問(1)

　(ア)　弁護士Ｐが採り得る法的手段は、ＹがＡに対して有する 80 万円の売買代金債権（以下、「本件債権」という）に対して、仮差押命令の申立てをし、同命令を裁判所に発してもらうことである（民事保全法 20 条1項）。

　(イ)　仮差押命令は、金銭債権の強制執行を保全することを目的とした処分である。仮差押えの執行により、債務者は目的財産についての処分を禁止され、第三債務者がいる場合は債務者への弁済が禁止される（弁済禁止効。民事保全法 50 条1項）。

　　仮に、弁護士Ｐが本件債権に対して、仮差押命令の申立てをしなかった場合には、同命令が裁判所から発せられることはなく、Ｙが本件債権を処分することを防止できない。Ｙが本件債権を第三者に譲渡等すると、Ｙには他にめぼしい財産がないため、金銭執行（民事執行法 143 条以下参照）ができなくなる。また、本件債権の処分が行われた後に、その処分を取り消すためには、詐害行為取消権（民法（以下、法令名を省略する）424 条1項）を行使しなければならず、負担になる。

　　したがって、弁護士Ｐが本件債権に対して仮差押命令の申立てをしなかった場合には、「強制執行をすることができなくなるおそれが」生じるという問題がある。

イ　小問(2)

　　訴訟物は、金銭消費貸借契約に基づく貸金返還請求権及び、履行遅滞に基づく損害賠償請求権である。

ウ　小問(3)

546

第8章　平成30年

　　請求の趣旨は、被告は、原告に対し、100万円及びこれに対する平成28年10月1日から支払済みまで年3分の割合による金員を支払え、である。
エ　小問(4)
　　請求を基礎付ける事実としては、以下の具体的事実が考えられる。
(ア)　Xは、Yに対し、平成27年9月15日、100万円を貸し付けた。
(イ)　XとYは、(ア)に際し、返還時期を平成28年9月30日と定めた。
(ウ)　平成28年9月30日は経過した。

(2)　解説
ア　小問(1)
　　本件で、勝訴判決後の強制執行を確実に行うために、訴訟に先立って事前に講じておくべき法的手段としては、Xの有する権利が消費貸借契約に基づく貸金返還請求権であり、Yの有するめぼしい資産がYのAに対する80万円の売買代金債権（以下、「本件債権」という）であることから、本件債権を仮差押えすることが考えられる。
　　そうすると、まず、Xは、貸金返還請求権を被保全権利として、本件債権に対して、仮差押命令の申立てをし、同命令を裁判所に発してもらうことになる（民事保全法20条1項）。
　　このような手段を講じないと、第三債務者に対する弁済禁止効や債務者に対する処分禁止効が発生せず、AのYに対する弁済やYの債権譲渡により金銭執行ができなくなるという問題が生ずる。また、本件債権の処分が行われた後に、その処分を取り消すためには、詐害行為取消権（民法424条1項）を行使しなければならず、債権者に負担となる。

イ　小問(2)
　　Xは、「直ちに100万円を返してほしいですし、返済が遅れたことについての損害金も全て支払ってほしい」と希望していることから、XがYに貸し付けた金銭の返還と遅延損害金の支払を求めているといえる。したがって、訴訟物は、金銭消費貸借契約に基づく貸金返還請求権及び履行遅滞に基づく損害賠償請求権である。

547

第5部　論文式試験について

ウ　小問(3)

　　Xは、100万円の貸金債権と遅延損害金の支払を求めている。そして、金銭債務の債務不履行においては、特約がなくとも法定利率による遅延損害金の支払を請求できる（民法404条、419条）。そして、遅延損害金を請求するには弁済期の経過が必要であるから、請求の趣旨は、「被告は、原告に対し、100万円及びこれに対する平成28年10月1日から支払済みまで年3分の割合による金員を支払え」ということになる。

エ　小問(4)

　　消費貸借契約に基づく貸金返還請求権の請求原因事実は、①金銭の返還合意、②金銭の授受、③弁済期の合意、④弁済期の到来、である。そして、遅延損害金の請求原因事実は、(i)元本債権の発生原因事実、(ii)弁済期の経過、(iii)損害の発生及びその数額、である。

　　そうすると、(i)は①により、主張されていることになり、また、(iii)については、前述のように特約がなくとも法定利率による遅延損害金の請求が可能であることから、事実摘示は不要となる。そして、④の弁済期の到来は、(ii)の弁済期の経過に包摂されることから、事実摘示は不要となる。

　　以上より、請求を基礎付ける事実としては、以下の具体的事実が考えられる。

　　(ｱ)　Xは、Yに対し、平成27年9月15日、100万円を貸し付けた。

　　(ｲ)　XとYは、(ｱ)に際し、返還時期を平成28年9月30日と定めた。

　　(ｳ)　平成28年9月30日は経過した。

2　〔設問2〕

【出題趣旨】
　　設問2は、金銭請求に対する典型的な抗弁事実に関し、民事実体法及び要件事実の理解を問うものである。相殺の抗弁については、自働債権が双務契約に基づいて発生したことを踏まえ、本件の事案に即して、自説を的確に論ずることが求められる。

548

第8章 平成30年

(1) 答案構成例

ア 小問(1)

まず、①には、平成28年9月30日、本件貸金返還債務の履行として100万円を支払った、という事実が入る。

イ 小問(2)

(ア) (ⅰ)について

次に、②には、上記アの売買契約に基づく代金債権をもって、請求原因アの消費貸借契約に基づく貸金返還請求権のうち対当額について相殺をする旨の意思表示をした、という事実が入る。

(イ) (ⅱ)について

結論として、当該事実を主張することは必要である。

その理由としては、以下の通りである。まず、自働債権の発生原因事実を抗弁事実アで主張しているところ、これが双務契約に基づくものであると同時履行の抗弁権（533条）が付着する。そうすると、この同時履行の抗弁権の存在効果により相殺が許されなくなる。そこで、自働債権の抗弁権の発生障害または消滅原因を抗弁事実として主張する必要がある。そのため、反対債務を履行したことについての具体的事実として当該事実の主張が必要となる。

(2) 解説

ア 小問(1)

弁済の法律要件を規定した民法473条は、「債務の弁済をしたとき」とのみ規定しているが、弁済の抗弁の要件事実は、ⅰ)債務の本旨に従った給付をしたこと、ⅱ)その給付が当該債権についてなされたこと（給付と債権の牽連性）、である（最判昭30.7.15）。

したがって、①には「平成28年9月30日に、本件貸金返還債務の履行として100万円を支払った」が入る。

イ 小問(2)

(ア) (ⅰ)について

相殺の法律要件を規定した民法505条、506条によれば、相殺の実体法上の要件は、①相対立する債権の存在、②両債権が同種目的であるこ

549

第5部　論文式試験について

と、③両債権が弁済期にあること、④債務の性質が相殺を許さないものではないこと、⑤相殺の意思表示、である。

そして、①については、受働債権の発生原因事実は既に請求原因事実で現れているので、自働債権の発生原因事実のみ主張すればよい。②については、両債権の発生原因事実の主張により、同種目的であることは現れるから、自働債権の発生原因事実のみ主張すればよい。③については、自働債権が売買契約（民法555条）であれば、期限の定めは契約の附款にすぎないから、原則として契約締結と同時に弁済期が到来するため、自働債権の発生原因事実の主張があれば、自働債権が弁済期にあることも現れることになる。④については、これにより利益を受ける相殺の相手方が主張すべき再抗弁である。⑤については、相殺は意思表示により効力が発生することから、相殺の意思表示をする必要がある。

以上より、相殺の要件事実は、ⅰ)自働債権の発生原因事実、ⅱ)相殺の意思表示、である。

本件では、アで自働債権の発生原因事実が主張されている。したがって、イでは相殺の意思表示をすることが必要であるから、②に入るのは、「上記アの売買契約に基づく代金債権をもって、請求原因アの消費貸借契約に基づく貸金返還請求権のうち対当額について相殺をする旨の意思表示をした」である。

(イ)　(ⅱ)について

相殺により自働債権は受働債権と対当額で消滅するが、これは、自働債権の弁済が強制されたことと同様といえるから、自働債権に同時履行の抗弁権（民法533条）が付着している場合、自働債権の弁済の強制が許されないのと同様に、相殺も許されないこととなる。したがって、自働債権に同時履行の抗弁権が付着している場合、その存在効果を消滅させるため、相殺の抗弁を主張するには、自働債権の同時履行の抗弁権の発生障害又は消滅原因となる事実を主張する必要がある。本件では、自働債権の同時履行の抗弁権の発生障害又は消滅原因となる事実である「Yは、Xに対し、平成24年10月1日、アの売買契約に基づき、本件カメラを引き渡した。」との事実を主張することが必要となる。

第8章　平成30年

3　〔設問3〕

【出題趣旨】

　設問3は、原告代理人の訴訟活動上の選択につき、理由を説明するものである。相殺と消滅時効に関する実体法上の規律を前提に、本件の事案に適切に当てはめて論ずることが求められる。

(1)　答案構成例

> 消滅時効の再抗弁は認められない可能性が高い。
>
> 　なぜなら、508条は、時効によって消滅した債権がその消滅以前に相殺適状になっていた場合には、例外的に相殺できるとしている。そして、本件売買代金支払債権は平成24年10月1日に発生していて、既に弁済期にあったと考えられるところ、本件貸金返還請求権との関係では、後者の弁済期である平成28年9月30日には相殺適状にあったと考えられる。そのため、時効完成時たる平成29年10月1日より以前に相殺適状にあったといえる。ゆえに、508条により例外的に相殺が許されるからである。

(2)　解説

　弁護士Pの主張は、相殺の抗弁に対して、自働債権が時効消滅していることから、相殺の効果発生が障害され、請求原因事実による法律効果が復活するという再抗弁の主張である。

　しかし、民法508条は、時効によって消滅した債権がその消滅以前に相殺適状になっていた場合には、相殺の合理的期待を保護するため、例外的に相殺できるとしている。

　本件では、YのXに対する本件カメラの売買代金債権は平成24年10月1日に発生していて、既に弁済期にあったと考えられるところ、本件貸金返還請求権との関係では、後者の弁済期である平成28年9月30日には相殺適状にあったと考えられる。そのため、時効完成時たる平成29年10月1日（民法166条1項1号）より以前に相殺適状にあったといえる。したがって、民法508条により例外的に相殺が許されることとなる。

　以上の理由から、弁護士Pは再抗弁の主張を断念したと考えられる。

551

第5部　論文式試験について

4　〔設問4〕

【出題趣旨】
　設問4は、被告代理人の立場から、弁済の抗弁について準備書面に記載すべき事項を問うものである。書証及び当事者尋問の結果を検討し、いかなる証拠によりいかなる事実を認定することができるかを示すとともに、各認定事実に基づく推認の過程を、本件の具体的な事案に応じて、説得的に論述することが求められる。

(1)　答案構成例

(1)　弁済金の準備
　　本件通帳の記載からは、「Yは、平成28年9月28日と同月29日にそれぞれ現金50万円を引き出した」という事実を認定することができる。この事実からは、Yに100万円を引き出す何らかの必要性があったといえる。100万円を本件貸金の返済に使った趣旨を含むYの供述はその必要性を自然に説明するから信用できる。そして、引き出した日は本件貸金の返済期限である同年9月30日に近いことから当該金銭は本件貸金の返済として使用されたことが強く推認される。

(2)　弁済の機会と現金所持
　　さらに、XとY両者の供述からは、Xが平成29年10月に初めてYに貸金の返済を求めた事実及びXとYが平成28年9月30日に会った事実を認定することができる。100万円という大金を貸し付けている場合、通常弁済期が到来すれば直ちに弁済を求めると考えられる。そして、弁済期当日に債権者と債務者が会っているのは通常弁済のためといえるところ、債務者がその前日と前々日に合計して債務と同額の現金を引き出していれば、弁済期での弁済のために引き出したと考えるのが自然である。よって、これらの事実から弁済があったと推認することができる。

(3)　領収書の不存在の理由
　　Yは領収書を処分したという不利な事実を認めており、その供述から領収書が存在しないという事実を認定することができる。もっとも、本件住民票の記載から、Yが平成29年8月31日に引っ越しをしたという事実が認定される。この事実からは領収書を処分する動機があったといえる。Yが返済してから約1年が経過しており領収書を不要なものであると考えても不合理とは言えないことから、引っ越しの際に領収書を処分してしまったと

552

いうYの供述は信用できる。したがって、領収書が存在しないという事実は重視すべきではない。

(4) Xの虚偽供述

　確かにXは弁済を受けていないと供述している。しかし、XY両者の供述の一致から、同窓会の経理について争いがあったことが認定できる。そうすると、XがYに対して恨みを持っている可能性が高い。この争いが平成29年9月半ば頃であり、Xが初めて返済を求めた同年10月のわずか約1か月前の出来事である。そうすると、Xの当該要求はYへの嫌がらせ目的であり、上記供述も嘘である可能性が高いといえる。

　以上を総合すれば、弁済の事実があったことは明らかである。

(2) 解説

　前述のとおり、弁済の抗弁の要件事実は、ⅰ)債務の本旨に従った給付をしたこと、ⅱ)その給付が当該債権についてなされたこと（給付と債権の牽連性）、であるから、弁護士Qとしては、本件通帳、本件住民票、X及びYの供述内容から認定できる事実、そして、各認定事実から要証事実への推認の過程を準備書面に記載すべきである。

　まず、本券通帳の記載からは、「Yは、平成28年9月28日と同月29日にそれぞれ現金50万円を引き出した」という事実を認定することができる。この事実からは、Yに100万円を引き出す何らかの必要性があったといえる。100万円を本件貸金の返済に使った趣旨を含むYの供述は、その必要性を自然に説明するから信用できる。そして、引き出した金額は合計100万円であり貸金債務額と一致すること、引き出した日は貸金の返済期限である同年9月30日に近いことから、当該金銭は本件貸金の返済として使用されたことが強く推認される。

　さらに、XとYの供述からは、Xが平成29年10月に初めてYに貸金の返済を求めた事実及びXとYが平成28年9月30日に会った事実を認定することができる。100万円もの大金を貸し付けている場合、通常は弁済期が到来すれば直ちに弁済を求めるものと考えられる。そして、弁済期当日に債権者と債務者が会っているのは、先の現金引き出しの事実も合わせれば通常弁済のためと考えるのが自然である。よって、これらの事実から弁済があったと推認することができる。

第 5 部　論文式試験について

　次に、Yは領収書を処分したという不利な事実を認めている。領収書にはY曰く、100 万円の弁済を受領した旨の記載があったとされていることから、弁済期当日に両者が会っていた事実と併せると弁済の推認を一層強めるものと考えられる。他方、本件住民票の記載から、Yが平成 29 年 8 月 31 日に引っ越しをしたという事実が認定される。引っ越しの際には大量の荷物の搬出入があり、同時に不要な物の処分も行われることから、この際に領収書を処分することも考えられ、返済から 1 年という期間が経過していることも併せると、殊更Yの言動が不合理とはいえない。したがって、領収書が存在しないという事実は重視すべきではない。

　最後に、Xは弁済を受けていないと供述している点について、ＸＹ両者の供述から、同窓会の経理について争いがあったことが認定できる。そうすると、XがYに対して何らかの恨みを持っている可能性が否定できない。この争いがあったとされるのが平成 29 年 9 月半ば頃であり、Xが初めて返済を求めた動燃 10 月のわずか 1 か月前の出来事である。そうすると、Xの当該要求はYへの嫌がらせの目的があり、上記供述も嘘である可能性が高いといえる。

　弁護士Qは、以上のような主張を準備書面で展開すべきである。

第9章　令和元年

　司法試験予備試験用法文を適宜参照して、以下の各設問に答えなさい。

〔設問1〕
　弁護士Pは、Xから次のような相談を受けた。

【Xの相談内容】
　「Aは、知人のBに対し、平成29年9月1日、弁済期を平成30年6月15日、無利息で損害金を年10%として、200万円を貸し渡しました。AとBは、平成29年9月1日、上記の内容があらかじめ記載されている「金銭借用証書」との題の書面に、それぞれ署名・押印をしたとのことです（以下、この書面を「本件借用証書」という。）。加えて、本件借用証書には、「Yが、BのAからの上記の借入れにつき、Aに対し、Bと連帯して保証する。」旨の文言が記載されていました。AがBから聞いたところによれば、Yは、あらかじめ、本件借用証書の「連帯保証人」欄に署名・押印をして、Bに渡しており、平成29年9月1日に上記の借入れにつき、Bと連帯して保証したとのことです。なお、YはBのいとこであると聞いています。
　ところが、弁済期である平成30年6月15日を過ぎても、BもYも、Aに何ら支払をしませんでした。
　私（X）は、Aから懇願されて、平成31年1月9日、この200万円の貸金債権とこれに関する遅延損害金債権を、代金200万円で、Aから買い受けました。Aは、Bに対し、私にこれらの債権を売ったことを記載した内容証明郵便（平成31年1月11日付け）を送り、同郵便は同月15日にBに届いたとのことです。
　ところが、その後も、BもYも、一向に支払をせず、Yは行方不明になってしまいました。私は、まずは自分で、Bに対する訴訟を提起し、既に勝訴判決を得ましたが、全く回収することができていません。今般、Yの住所が分かりましたので、Yに対しても訴訟を提起して、貸金の元金だけでなく、その返済が遅れたことについての損害金全てにつき、Yから回収したいと考えています。」

555

第5部　論文式試験について

　弁護士Ｐは、【Ｘの相談内容】を前提に、Ｘの訴訟代理人として、Ｙに対し、Ｘの希望する金員の支払を求める訴訟（以下「本件訴訟」という。）を提起することを検討することとした。

　以上を前提に、以下の各問いに答えなさい。
(1)　弁護士Ｐが、本件訴訟において、Ｘの希望を実現するために選択すると考えられる訴訟物を記載しなさい。
(2)　弁護士Ｐが、本件訴訟の訴状（以下「本件訴状」という。）において記載すべき請求の趣旨（民事訴訟法第133条第2項第2号）を記載しなさい。なお、付随的申立てについては、考慮する必要はない。
　　（辰已注：現在は第134条第2項第2号）
(3)　弁護士Ｐは、本件訴状において、請求を理由づける事実（民事訴訟規則第53条第1項）として、以下の各事実を主張した。
　(あ)　Ａは、Ｂに対し、平成29年9月1日、弁済期を平成30年6月15日、損害金の割合を年10％として、200万円を貸し付けた（以下「本件貸付」という。）。
　(い)　Ｙは、Ａとの間で、平成29年9月1日、〔①〕。
　(う)　(い)の〔②〕は、〔③〕による。
　(え)　平成30年6月15日は経過した。
　(お)　平成31年1月〔④〕。
　　　上記①から④までに入る具体的事実を、それぞれ記載しなさい。
(4)　仮に、Ｘが、本件訴訟において、その請求を全部認容する判決を得て、その判決は確定したが、Ｙは任意に支払わず、かつ、Ｙは甲土地を所有しているが、それ以外のめぼしい財産はないとする。Ｘの代理人である弁護士Ｐは、この確定判決を用いてＹから回収するために、どのような手続を経て、どのような申立てをすべきか、それぞれ簡潔に記載しなさい。

〔設問2〕
　弁護士Ｑは、本件訴状の送達を受けたＹから次のような相談を受けた。

【Ｙの相談内容】
　「(a)　私（Ｙ）はＢのいとこに当たります。
　　　　確かに、Ｂからは、Ｂが、Ｘの主張する時期に、Ａから200万円を借りたことはあると聞いています。また、Ｂは、Ｘの主張するような内容証明郵便を受け取ったと言っていました。しかし、私が、Ｂの債務を保証したことは決してありません。私は、本件借用証書の「連帯

556

第9章　令和元年

保証人」欄に氏名を書いていませんし、誰かに指示して書かせたこと
もありません。同欄に押されている印は、私が持っている実印とよく
似ていますが、私が押したり、また、誰かに指示して押させたりした
こともありません。

(b)　Bによれば、この200万円の借入れの際、AとBは、AのBに対す
る債権をAは他の者には譲渡しないと約束し、Xも、債権譲受時には、
そのような約束があったことを知っていたとのことです。

(c)　また、仮に、(b)のような約束がなかったとしても、Bは、既に全て
の責任を果たしているはずです。

　　Bは、乙絵画を所有していたのですが、平成31年3月1日、乙絵
画をXの自宅に持っていって、Xに譲り渡したとのことです。Bは、
乙絵画をとても気に入っていたところ、何の理由もなくこれを手放す
ことはあり得ないので、この200万円の借入れとその損害金の支払
に代えて、乙絵画を譲り渡したに違いありません。」

以上を前提に、以下の各問いに答えなさい。

⑴　①弁護士Qは、【Yの相談内容】(b)を踏まえて、Yの訴訟代理人として、
答弁書（以下「本件答弁書」という。）において、どのような抗弁を記載す
るか、記載しなさい（当該抗弁を構成する具体的事実を記載する必要はな
い。）。②それが抗弁となる理由を説明しなさい。

⑵　弁護士Qは、【Yの相談内容】(c)を踏まえて、本件答弁書において、以下
のとおり、記載した。

(ア)　Bは、Xとの間で、平成31年3月1日、本件貸付の貸金元金及びこれ
に対する同日までの遅延損害金の弁済に代えて、乙絵画の所有権を移転す
るとの合意をした。

(イ)　（ア）の当時、〔　　　　〕。

上記〔　　〕に入る事実を記載しなさい。

⑶　①弁護士Qは、本件答弁書において、【Yの相談内容】(c)に関する抗弁を
主張するために、⑵の(ア)及び(イ)に加えて、Bが、Xに対し、本件絵画を引
き渡したことに係る事実を主張することが必要か不要か、記載しなさい。②
その理由を簡潔に説明しなさい。

〔設問3〕

Yが、下記のように述べているとする。①弁護士Qは、本件答弁書において、
その言い分を抗弁として主張すべきか否か、その結論を記載しなさい。②その
結論を導いた理由を、その言い分が抗弁を構成するかどうかに言及しながら、
説明しなさい。

557

第5部　論文式試験について

記

　Aが本件の貸金債権や損害金をXに譲渡したのだとしても、私は、譲渡を承諾していませんし、Aからそのような通知を受けたことはありません。確かに、Bからは、「Bは、Aから、AはXに対して債権を売ったなどと記載された内容証明郵便を受け取った。」旨を聞いていますが、私に対する通知がない以上、Xが債権者であると認めることはできません。

〔設問4〕
　第1回口頭弁論期日において、本件訴状と本件答弁書が陳述された。同期日において、弁護士Pは、本件借用証書を書証として提出し、それが取り調べられ、弁護士Qは、本件借用証書のY作成部分につき、成立の真正を否認し、「Y名下の印影がYの印章によることは認めるが、Bが盗用した。」と主張した。
　その後、2回の弁論準備手続期日を経た後、第2回口頭弁論期日において、本人尋問が実施され、Y名義の保証につき、Yは、下記【Yの供述内容】のとおり、Xは、下記【Xの供述内容】のとおり、それぞれ供述した（なお、それ以外の者の尋問は実施されていない。）。

【Yの供述内容】
　「私とBは、1歳違いのいとこです。私とBは、幼少時から近所に住んでおり、家族のように仲良くしていました。Bは、よく私の自宅（今も私はその家に住んでいます。）に遊びに来ていました。
　Bは、大学進学と同時に、他の県に引っ越し、大学卒業後も、その県で就職したので、行き来は少なくなりましたが、気が合うので、近所に来た際には会うなどしていました。
　平成29年8月中旬だったと思いますが、Bが急に私の自宅に泊まりに来て、2日間、滞在していきました。今から思えば、その際に、本件借用証書をあらかじめ準備して、連帯保証人欄に私の印鑑を勝手に押したのだと思います。私が小さい頃から、私の自宅では、印鑑を含む大事なものを寝室にあるタンスの一番上の引き出しにしまっていましたし、私の印鑑はフルネームのものなので、Bは、私の印鑑を容易に見つけられたと思います。この印鑑は、印鑑登録をしている実印です。Bが滞在した2日間、私が買物などで出かけて、B一人になったことがあったので、その際にBが私の印鑑を探し出したのだと思います。

558

私は、出版関係の会社に正社員として勤務しています。会社の業績は余り芳しくなく、最近はボーナスの額も減ってしまいました。私には、さしたる貯蓄はなく、保証をするはずもありません。

私は、平成29年当時、Bから、保証の件につき相談を受けたことすらなく、また、Aから、保証人となることでよいかなどの連絡を受けたこともありませんでした。

なお、本件訴訟が提起されて少し経った頃から、Bと連絡が取れなくなってしまい、今に至っています。」

【Xの供述内容】

「YとBがいとこ同士であるとは聞いています。YとBとの付き合いの程度などは、詳しくは知りません。

Bが、平成29年8月中旬頃、Yの自宅に泊まりに来て、2日間滞在したかは分かりませんが、仮に、滞在したとしても、そんなに簡単に印鑑を見つけ出せるとは思いません。

なお、Aに確認しましたら、Aは、Yの保証意思を確認するため、平成29年8月下旬、Yの自宅に確認のための電話をしたところ、Y本人とは話をすることができませんでしたが、電話に出たYの母親に保証の件について説明したら、『Yからそのような話を聞いている。』と言われたとのことです。」

以上を前提に、以下の問いに答えなさい。

弁護士Pは、本件訴訟の第3回口頭弁論期日までに、準備書面を提出することを予定している。その準備書面において、弁護士Pは、前記の提出された書証並びに前記【Yの供述内容】及び【Xの供述内容】と同内容のY及びXの本人尋問における供述に基づいて、Yが保証契約を締結した事実が認められることにつき、主張を展開したいと考えている。弁護士Pにおいて、上記準備書面に記載すべき内容を、提出された書証や両者の供述から認定することができる事実を踏まえて、答案用紙1頁程度の分量で記載しなさい。なお、記載に際しては、本件借用証書のY作成部分の成立の真正に関する争いについても言及すること。

第5部　論文式試験について

1 〔設問1〕

【出題趣旨】

　　設問1は、保証契約に基づく保証債務履行請求権が問題となる訴訟において、原告の求めに応じた訴訟物、請求の趣旨及び請求原因事実の説明を求めるとともに、確定判決に基づく民事執行手続の基本を問うものである。保証契約や債権譲渡に関する法律要件について、正確な理解を確認するものである。

(1)　答案構成例

1　小問(1)

　　ＡＹ間の保証契約に基づく保証債務履行請求権

2　小問(2)

　　被告は、原告に対し、200万円及びこれに対する平成30年6月16日から支払済みまで年10％の割合による金員を支払え。

3　小問(3)

　(1)　①には、（あ）の債務を保証する旨の合意をした、が入る。

　(2)　②には、意思表示、が入る。

　(3)　③には、書面、が入る。

　(4)　④には、Ａは、Ｘに対し、（あ）の債権及び遅延損害金債権を代金200万円で売った、が入る。

4　小問(4)

　(1)　経るべき手続の内容

　　　強制執行は、執行文の付された債務名義の正本に基づいて実施される（民事執行法25条本文）ことから、確定判決を債務名義（同法22条1号）として執行文の付与の申立て（同法26条）の手続を経るべきである。

　(2)　申立ての内容

　　　不動産執行（同法43条1項）の申立て（同法2条）をすべきである。

(2)　解説

ア　小問(1)

　　Ｘは、ＡからＡのＢに対する貸金とこれに関する遅延損害金債権を買い受け、保証人Ｙに対して貸金の元金及び損害金全てにつき、Ｙから回収したいと考えている。したがって、Ｘの希望を実現するために選択する訴訟物は、保証契約に基づく保証債務履行請求権である。

560

第9章　令和元年

イ　小問(2)

　貸金 200 万円及び年 10％の割合による損害金を請求していること、貸金債権の弁済期が平成 30 年 6 月 15 日であることから、前記答案構成例記載の請求の趣旨となる。なお、損害金の請求は附帯請求であり、付随的申立て（訴訟費用の負担者についての裁判の申立てや仮執行宣言の申立て等）ではない。

ウ　小問(3)

　債権譲渡の場合、請求原因事実は、①債権の発生原因事実及び②債権の取得原因事実である。債権の発生原因事実は、ⅰ)主債務の発生原因事実、ⅱ)保証契約の締結、ⅲ)ⅱ)が書面による意思表示でなされたこと（民法 446 条 2 項）、である。本件の主債務の発生原因事実は、成立要件としての金銭授受と返還合意、返還要件としての弁済期の合意及び弁済期到来である（民法 587 条）。ただし、本件では、遅延損害金の請求をしていることから、弁済期の経過を主張・立証する必要がある。また、法定利率（民法 404 条）を超える年 10％の割合による遅延損害金の請求をしていることから、その旨の合意も主張・立証する必要がある。

　以上より、①には、保証契約締結の事実である「(あ) の債務を保証する旨の合意をした」が入る。②、③には、保証契約締結の意思表示が書面でなされたことを示す「意思表示」、「書面」が入る。④には、債権の取得原因事実である「Aは、Xに対し、(あ) の債権及び遅延損害金債権を代金 200 万円で売った」が入る。

エ　小問(4)

　Xの請求認容判決が確定しているにもかかわらず、Yは任意に支払わず、かつ、甲土地以外のめぼしい財産を有しないことから、Xとしては、強制執行を申し立てることが考えられる。

　強制執行は、執行文の付された債務名義の正本に基づいて実施される（民事執行法 25 条本文）ことから、確定判決を債務名義（同法 22 条 1 号）として執行文の付与の申立て（同法 26 条）の手続を経るべきである。

　そして、金銭執行の場合、対象財産により手続が異なり、Yが有するめぼしい財産が甲土地であることから、不動産執行（同法 43 条 1 項）の申立て（同法 2 条）をすべきである。

561

第5部　論文式試験について

2　〔設問2〕

【出題趣旨】
　　設問2は、2つの抗弁主張に関し、譲渡禁止特約（譲受人が悪意である場合）、代物弁済等についての民事実体法の要件・効果を踏まえ、抗弁事実の内容やその理由について、自説の立場から丁寧に論ずることが求められる。

(1)　答案構成例

1　小問(1)
(1)　①譲渡制限特約の抗弁
(2)　②現代の取引社会では債権の流動化が重視されていることから、債権譲渡は原則として自由であり（民法466条1項）、譲渡制限特約が結ばれても譲渡自体の効力は有効である（同条2項）。しかし、債務者にも、過誤払の防止等、弁済の相手方を固定する利益があることから、譲渡制限特約に違反して債権譲渡がなされた場合、同特約の存在について悪意又は重過失のある譲受人に対して、債務者は特約を対抗して、譲受人からの履行請求を拒絶し、譲渡人に対して弁済その他の債権消滅行為をすることができる（同条3項）。これは、請求原因事実と両立し、請求原因から発生する法律効果を阻止するものであるから、抗弁となる。
2　小問(2)
　　Bは、乙絵画を所有していた、と記載する。
3　小問(3)
(1)　①必要である。
(2)　②代物弁済による債務の消滅という効果が発生するためには、代物の給付が完了しなければならないところ、この給付の完了には、対抗要件の具備まで必要となるからである。

---

(2)　解説

　　設問2は、譲渡禁止特約の抗弁（改正法では譲渡制限特約の抗弁）、代物弁済の抗弁について問うものである。改正前の譲渡禁止特約は物権的効果があるとされていたが、改正により特約違反の譲渡も有効になった。代物弁済の抗弁については、目的物が不動産であり、債務消滅の効果が発生するには対抗要件の具備まで必要であることがポイントである。

562

第9章　令和元年

ア　小問(1)

【Yの相談内容】(b)によると、ＡＢ間では「ＡのＢに対する債権をＡは他の者には譲渡しないと約束」しており、Ｘも「債権譲受時には、そのような約束があったことを知っていた」から、Ｑが記載すべき抗弁は譲渡制限特約の抗弁であることがわかる。

そして、現代の取引社会では債権の流動化が重視されていることから、債権譲渡は原則として自由であり（民法466条1項）、譲渡制限特約が結ばれても譲渡自体の効力は有効である（同条2項）。しかし、債務者にも、過誤払の防止等、弁済の相手方を固定する利益があることから、譲渡制限特約に違反して債権譲渡がなされた場合、同特約の存在について悪意又は重過失のある譲受人に対して、債務者は特約を対抗して、譲受人からの履行請求を拒絶し、譲渡人に対して弁済その他の債権消滅行為をすることができる（同条3項）。これは、請求原因事実と両立し、請求原因から発生する法律効果を阻止するものであるから、抗弁となる。

イ　小問(2)

【Yの相談内容】(c)によると、Ｂは所有する乙絵画を200万円の借入れとその損害金の支払に代えてＸに譲り渡したのであるから、Ｑの主張しているのは代物弁済の抗弁である。

そして、代物弁済（民法482条）の要件事実は、ⅰ)弁済に代えて動産の所有権を移転する合意がなされたこと、ⅱ)債務者がⅰ)の当時、当該動産を所有していたこと、ⅲ)ⅰ)の合意に基づき、当該動産の引渡しがなされたこと、である。

そうすると、(イ)に入るのは、「Ｂは、乙絵画を所有していた」ということになる。

ウ　小問(3)

債務消滅原因として代物弁済を主張する場合、本来的給付と異なる他の給付が完了することが必要であり、動産であれば、対抗要件である「引渡し」（178条）が必要である。

したがって、①本件絵画を引き渡したことに係る事実を主張することが必要、と記載することになり、②代物弁済による債務の消滅という効果が発生するためには、代物の給付が完了しなければならないところ、

563

第5部　論文式試験について

この給付の完了には、対抗要件の具備まで必要となるからである、との
理由を説明することになる。

3　〔設問3〕

【出題趣旨】
　　設問3は、被告代理人の訴訟活動上の選択に関し、債権譲渡における債務
者対抗要件や、保証契約の性質を踏まえながら、本件への当てはめを適切に
検討することが求められる。

(1)　答案構成例

1　結論について
　　抗弁として主張すべきではない。
2　理由について
　　Yの言い分は、Yに対する譲渡通知及びYの譲渡承認の欠缺を理由に、A
からXに対する保証債務履行請求権の譲渡について対抗要件の抗弁を主張
するものである。
　　しかし、保証契約の随伴性から、主債務者に対する債権譲渡の通知又は承
諾（民法467条1項）があれば、保証人に対する対抗要件となると解され
ている。
　　本件では、Bが、AX間の債権譲渡について、Aから確定日付のある証書
（平成31年1月11日付け内容証明郵便）による通知を受けているため、
XはYに対抗できる。
　　したがって、Yに対する譲渡通知及びYの譲渡承認の欠缺は、上記債権譲
渡の効力を否定するものではなく、抗弁を構成しない。
　　以上より、弁護士Qは、Yの言い分を抗弁として主張すべきではない。

(2)　解説

　　設問3は、債権譲渡の対抗要件である通知・承諾は、主債務者に対して
（又は主債務者が）行えば、保証債務の随伴性から、保証人に対してもそ
の効力が及ぶことを理解しているかが問われている。

第9章　令和元年

4　〔設問4〕

【出題趣旨】

　設問4は、まず、文書に作成名義人の印章により顕出された印影があることを踏まえ、いわゆる二段の推定が働くことや相手方の主張の位置付けについて、事案に即して適切な説明を加える必要がある。その上で、認定根拠に言及しながら、原告に有利・不利な複数の事実を適切に分析・評価して、いわゆる二段の推定が働くこととの関係を意識しつつ、原告代理人の立場から説得的に論述することが求められる。

(1)　答案構成例

1　本件借用証書には、「Yが、……Bと連帯して保証する」との文言が記載されていることから、処分証書に当たり、Yが保証契約を締結した事実の直接証拠となる。

　　本件では、弁護士Qが、本件借用証書のY作成部分について、成立の真正を否認しているので、弁護士Pは、Y作成部分の成立の真正を証明しなければならない（民事訴訟法228条1項）。

2　同条4項は、本人の押印があるときは、文書の成立の真正が推定されるとの法定証拠法則を規定している。そして、本人の押印とは、本人の意思に基づく押印を意味するところ、一般的に、印鑑は慎重に管理されるものであり、第三者が容易に押印することはできないという経験則からすると、本人の印鑑による印影があれば、その押印が本人の意思に基づくものであると事実上推定され（第一段階の推定）、さらに、前記法定証拠法則により、文書の成立の真正が推定される（第二段階の推定）。

　　本件では、Yは、Y名下の印影がYの印鑑によることを認めているので、以上の二段の推定により、本件借用証書の成立の真正が推定される。

3(1)　もっとも、弁護士Qは、Bによる印鑑の盗用の事実を主張して、上記第一段階の推定を反証しようとしている。

(2)　この点、Yは、Bがいとこであり、幼少時から近所に住んでいて、家族のように仲良くしており、Y宅に遊びにも来ていて、平成29年8月中旬にY宅に泊まって2日間滞在した際に、Yの印鑑を探し出したのではないかと供述している。

　　しかし、Xが供述しているとおり、YとBとの付き合いの程度は不明であって、Yに有利な供述であることから信用できない。

565

第5部　論文式試験について

　　　また、Ｘが供述しているとおり、平成29年8月中旬にＹ宅に泊まって
　　2日間滞在したかどうかも不明であって、Ｙに有利な供述であることか
　　ら信用できないところ、仮に、Ｙの供述するＢとの付き合いや滞在があっ
　　たとしても、一般的に印鑑は慎重に管理されるものであることから、Ｂが
　　Ｙ宅に遊びに来ていたからといって、幼少期の子供に印鑑の在処を把握
　　できていたとは思えない。さらに、幼少期にＹのフルネームの印鑑登録を
　　している実印があることは考えられず、当時その存在を確認していたと
　　いうこともあり得ない。Ｙの供述によると、大学進学以降はＢとの行き来
　　も少なくなったというのであるが、かかる事実はＹに不利であることか
　　ら認められるところ、わずか2日間の滞在でＹの目を盗んで簡単に印鑑
　　を見つけ出せるとも思われない。
　(3)　Ｙは、「平成29年当時、Ｂから、保証の件につき相談を受けたことす
　　らなく、また、Ａから、保証人となることでよいかなどの連絡を受けたこ
　　ともありませんでした。」と供述しているところ、Ｘの供述によれば、Ａ
　　が、Ｙの保証意思を確認するため、平成29年8月下旬、Ｙの自宅に確認
　　のための電話をしたところ、電話に出たＹの母親に保証の件について説
　　明したら「Ｙからそのような話を聞いている。」と言われたとのことであ
　　り、Ｘのかかる供述は具体的であり、Ｙの母親の発言であるので信用でき
　　る。そうすると、これに反するＹの上記供述が認められず、むしろ、Ｙが
　　保証契約について認識を有していた事実が認められるのであり、保証契
　　約に際し必要となる印鑑をＢに手渡した事実が推認される。したがって、
　　これと相反するＢによるＹの印鑑の盗用という事実は存在しない。
　(4)　以上より、弁護士Ｑによる反証は認められないので、同法228条4項
　　により、本件借用証書の成立の真正が認められる。
4　本件借用証書は、処分証書なので、Ｙが保証契約を締結した事実が認めら
　れる。

(2)　**解説**

　ア　設問4は、民事実務科目の最頻出論点である二段の推定であり、過去問
　　で何度も問われていることから、正確な論証をしないと他の受験生に大
　　きく差をつけられるであろう。また、出題形式としても、近時頻出の準備
　　書面の内容を記載させるものであり、十分な対策が要求されるものである。

　イ　Ｐが準備書面に記載すべき内容は、Ｙが保証契約を締結した事実が認
　　められることについての主張である。そこで、まず、このような要証事実

566

第9章　令和元年

を直接証明する証拠（直接証拠）の有無を検討することになる。

　本件では、書証として借用証書が提出されているところ、借用証書は意思表示その他の法律行為を記載した文書たる処分証書であり、形式的証拠力が認められれば、特段の事情がない限り、実質的証拠力も認められる。したがって、本件借用証書のY作成部分の形式的証拠力が認められれば、Yが保証契約を締結した事実が認定されることになる。

ウ　ここで、文書の形式的証拠力とは、文書の記載内容が作成者の思想を真に表現していると認定されることであり、法文上は「文書の成立の真正」又は「文書の成立の真否」との文言が使用されている。そして、文書の成立の真正とは、文書が作成名義人の意思に基づいて作成されたことをいう。

　証拠により文書の形式的証拠力を証明する場合、挙証者の負担軽減のため、法定証拠法則についての規定があり、私文書については、文書に本人又は代理人の署名又は押印があるときは、真正に成立したものと推定される（民事訴訟法 228 条 4 項）。すなわち、文書の押印が本人の意思に基づくことが証明されれば、文書自体が本人の意思に基づいて作成されたことが推定されることになる。もっとも、押印が本人の意思に基づくことを証明するのは容易ではないため、判例（最判昭 39.5.12　民訴判例百選 68 事件）は、文書上の印影が本人の印章により顕出されたものであることが証明されれば、本人の意思に基づく押印であると事実上推定されるとする。このように、前記判例法理による事実上の推定（第 1 段階の推定）と法定証拠法則による推定（第 2 段階の推定）により文書の真正な成立の証明がなされることを二段の推定と呼ぶ。

エ　本件では、Y側が「Y名下の印影がYの印章によることは認めるが、Bが盗用した。」と主張していることから、第 1 段階の推定を争っていることがわかる。したがって、Pとしては、第 1 段階の推定についてのYの反証が認められないことを主張していくことになる。

　この点、Yは、Bがいとこであり、幼少時から近所に住んでいて、家族のように仲良くしており、Y宅に遊びにも来ていて、平成 29 年 8 月中旬にY宅に泊まって 2 日間滞在した際に、Yの印鑑を探し出したのではないかと供述している。

　しかし、Xが供述しているとおり、YとBとの付き合いの程度は不明で

567

第5部 論文式試験について

あって、Yに有利な供述であることから信用できない。

　また、Xが供述しているとおり、平成29年8月中旬にY宅に泊まって2日間滞在したかどうかも不明であって、Yに有利な供述であることから信用できないところ、仮に、Yの供述するBとの付き合いや滞在があったとしても、一般的に印鑑は慎重に管理されるものであることから、BがY宅に遊びに来ていたからといって、幼少期の子供に印鑑の在処を把握できていたとは思えない。さらに、幼少期にYのフルネームの印鑑登録をしている実印があることも考えられず、当時その存在を確認していたということもあり得ない。Yの供述によると、大学進学以降はBとの行き来も少なくなったというのであるが、かかる事実はYに不利であることから認められるところ、わずか2日間の滞在でYの目を盗んで簡単に印鑑を見つけ出せるとも思われない。

　Yは、「平成29年当時、Bから、保証の件につき相談を受けたことすらなく、また、Aから、保証人となることでよいかなどの連絡を受けたこともありませんでした。」と供述しているところ、Xの供述によれば、Aが、Yの保証意思を確認するため、平成29年8月下旬、Yの自宅に確認のための電話をしたところ、電話に出たYの母親に保証の件について説明したら「Yからそのような話を聞いている。」と言われたとのことであり、Xのかかる供述は具体的であり、Yの母親の発言であるので信用できる。そうすると、これに反するYの上記供述は認められず、むしろ、Yが保証契約について認識を有していた事実が認められるのであり、保証契約に際し必要となる印鑑をBに手渡した事実が推認される。したがって、これと相反するBによるYの印鑑の盗用という事実は存在しない。

　以上より、Yの反証は認められないので、民事訴訟法228条4項により、本件借用証書の成立の真正が認められる。

第9章　令和元年

第5部　論文式試験について

第10章　令和2年

　司法試験予備試験用法文を適宜参照して、以下の各設問に答えなさい。ただし、登記上の利害関係を有する第三者に対する承諾請求権（不動産登記法第68条参照）を検討する必要はない。

　なお、解答に当たっては、文中において特定されている日時にかかわらず、試験時に施行されている法令に基づいて答えなさい。

〔設問1〕
　弁護士Pは、Xから次のような相談を受けた。

【Xの相談内容】
　「私（X）はZ県の出身ですが、大学卒業後は仕事の都合でZ県を離れていました。近年、定年退職の時期が迫り、老後は故郷に戻りたいと考え、自宅を建築するためにZ県内で手頃な土地を探していたところ、甲土地の所有者であるAが甲土地を売りに出していることを知り、立地も良かったことから、甲土地を買うことにしました。

　私は、令和2年5月1日、Aから、売買代金500万円、売買代金の支払時期及び所有権移転登記の時期をいずれも同月20日とし、代金の完済時に所有権が移転するとの約定で甲土地を買い受け、同月20日に売買代金を支払いました。なお、所有権移転登記については、甲土地の付近に居住し、料亭を営む私の兄のBを名義人とした方が都合がよいと考え、AやBと相談の上、B名義で所有権移転登記を経由することにしました。

　ところが、甲土地の購入後、私は、引き続き勤務先で再雇用されることになり、甲土地上に自宅を建築するのを見合わせることにしました。すると、令和7年7月上旬頃、甲土地の隣地に住むCから、甲土地を使わないのであれば1000万円で買い受けたいとの申出があり、諸経費の負担を考慮しても相当のもうけがでることから、甲土地をCに売ることにしました。

　私は、早速、Cに甲土地を売却する準備にとりかかり、甲土地の登記事項証明書を取り寄せました。すると、原因を令和2年8月1日金銭消費貸借同日設定、債権額を600万円、債務者をB、抵当権者をYとする別紙登記目録

570

第 10 章　令和 2 年

（略）記載の抵当権設定登記（以下「本件抵当権設定登記」という。）がされていることが判明しました。

　私は、慌ててBに確認したところ、Bは、経営する料亭の資金繰りが悪化したことから、令和 2 年 8 月 1 日、友人のYから、返済期限を同年 12 月 1 日、無利息で、600 万円の融資を受けるとともに、甲土地に抵当権を設定したが、返済が滞っているとのことでした。

　以上のとおり、甲土地の所有者は私であり、本件抵当権設定登記は所有者である私に無断でされた無効なものですので、Yに対し、本件抵当権設定登記の抹消登記手続を求めたいと考えています。なお、Bは、甲土地の所有権名義を私に戻すことを確約していますし、兄弟間で訴訟まではしたくありませんので、今回は、Yだけを被告としてください。」

　弁護士Pは、令和 8 年 1 月 15 日、【Xの相談内容】を前提に、Xの訴訟代理人として、Yに対し、本件抵当権設定登記の抹消登記を求める訴訟（以下「本件訴訟」という。）を提起することにした。

　以上を前提に、以下の各問いに答えなさい。
⑴　弁護士Pが、本件訴訟において、Xの希望を実現するために選択すると考えられる訴訟物を記載しなさい。
⑵　弁護士Pが、本件訴訟の訴状（以下「本件訴状」という。）において記載すべき請求の趣旨（民事訴訟法第 133 条第 2 項第 2 号※）を記載しなさい。なお、付随的申立てについては、考慮する必要はない。
　　（辰已注：現在は第 134 条第 2 項第 2 号）
⑶　弁護士Pは、本件訴状において、仮執行宣言の申立て（民事訴訟法第 259 条第 1 項）をしなかった。その理由を、民事執行法の関係する条文に言及しつつ、簡潔に説明しなさい。
⑷　弁護士Pは、本件訴状において、請求を理由づける事実（民事訴訟規則第 53 条第 1 項）として、以下の各事実を主張した。
　（あ）　　Aは、令和 2 年 5 月 1 日当時、甲土地を所有していた。
　（い）　　Aは、〔①〕。
　（う）　　甲土地について、〔②〕。
　　上記①及び②に入る具体的事実を、それぞれ記載しなさい。

〔設問 2 〕
　弁護士Qは、本件訴状の送達を受けたYから次のような相談を受けた。

571

第5部　論文式試験について

【Yの相談内容】

「(a)　私（Y）は、Bの友人です。私は、令和2年7月下旬頃、Bから、Bが経営する料亭の資金繰りに困っているとして、600万円を貸してほしいと頼まれました。私は、他ならぬBの頼みではありましたが、金額も金額なので、誰かに保証人になってもらうか、担保を入れてほしいと告げました。すると、Bは、令和2年5月1日に所有者であるAから売買代金500万円で甲土地を買っており、甲土地を担保に入れても構わないと述べたため、私は、貸付けに応じることにしました。私は、令和2年8月1日、Bに対し、返済期限を同年12月1日、無利息で600万円を貸し付け、同年8月1日、Bとの間で、この貸金債権を被担保債権として、甲土地に抵当権を設定するとの合意をしました。ところが、Bは、令和4年12月1日に100万円を返済し、令和7年12月25日に200万円を返済したのみで、それ以外の返済をしません。

　　　Xは、Xが令和2年5月1日にAから甲土地を買ったと主張していますが、同日にAから甲土地を買ったのはXではなくBであり、私は、所有者であるBとの間で甲土地に抵当権を設定するとの合意をし、その合意に基づき本件抵当権設定登記を経由したのですから、正当な抵当権者であり、本件抵当権設定登記を抹消する必要はありません。

(b)　仮にXが主張するとおり、BではなくXが甲土地の買主であったとしても、Bは、令和2年8月1日の貸付けの際、甲土地の登記事項証明書を持参しており、私が確認すると、確かにBが甲土地の所有名義人となっていましたので、私は、Bが甲土地の所有者であると信じ、上記(a)で述べたとおり、Bに対して600万円を貸し付け、抵当権の設定を受けたのです。仮にXが甲土地の買主であったとしても、Xの意思でB名義の所有権移転登記がされたことは明らかですので、今回の責任はXにあることになります。私は、本件抵当権設定登記の抹消に応じる必要はないと思います。」

　弁護士Qは、【Yの相談内容】を前提に、Yの訴訟代理人として、本件訴訟の答弁書（以下「本件答弁書」という。）を作成した。

　以上を前提に、以下の各問いに答えなさい。

(1)　①弁護士Qは、【Yの相談内容】(a)の言い分を本件訴訟における抗弁として主張すべきか否か、その結論を記載しなさい。②抗弁として主張する場合には、どのような抗弁を主張するか、その結論を記載し（当該抗弁を構成する具体的

572

事実を記載する必要はない。）、抗弁として主張しない場合は、その理由を説明
しなさい。
⑵　弁護士Ｑは、【Ｙの相談内容】(b)を踏まえて、本件答弁書において、抗弁と
して、以下の各事実を主張した。
（ア）　　Ｙは、Ｂに対し、令和２年８月１日、弁済期を同年 12 月１日として、
600 万円を貸し付けた。
（イ）　　ＢとＹは、令和２年８月１日、Ｂの（ア）の債務を担保するため、甲土
地に抵当権を設定するとの合意をした（以下「本件抵当権設定契約」とい
う。）。
（ウ）　　本件抵当権設定契約当時、〔①〕。
（エ）　　（ウ）は、Ｘの意思に基づくものであった。
（オ）　　Ｙは、本件抵当権設定契約当時、〔②〕。
（カ）　　本件抵当権設定登記は、本件抵当権設定契約に基づく。
（ⅰ）　上記①及び②に入る具体的事実を、それぞれ記載しなさい。
（ⅱ）　弁護士Ｑが、本件答弁書において、【Ｙの相談内容】(b)に関する抗弁を主張
するために、上記(ア)の事実を主張した理由を簡潔に説明しなさい。

〔設問３〕
　　　弁護士Ｐは、準備書面において、本件答弁書で主張された【Ｙの相談内容】
(b)に関する抗弁に対し、民法第 166 条第１項第１号による消滅時効の再抗弁
を主張した。
　　　弁護士Ｑは、【Ｙの相談内容】を前提として、二つの再々抗弁を検討したと
ころ、そのうちの一方については主張自体失当であると考え、もう一方のみを
準備書面において主張することとした。

　　　以上を前提に、以下の各問いに答えなさい。
⑴　弁護士Ｑとして主張することとした再々抗弁の内容を簡潔に説明しなさい。
⑵　弁護士Ｑが再々抗弁として主張自体失当であると考えた主張について、主張
自体失当と考えた理由を説明しなさい。

〔設問４〕
　　　Ｙに対する訴訟は、審理の結果、Ｘが敗訴した。すると、Ｂは、自分が甲土
地の買主であると主張して、Ｘへの所有権移転登記手続を拒むようになった。
そこで、弁護士Ｐは、Ｘの訴訟代理人として、Ｂに対して、所有権に基づく妨
害排除請求権としての所有権移転登記請求権を訴訟物として、真正な登記名義

第5部　論文式試験について

の回復を原因とする所有権移転登記を求める訴訟（以下「本件第2訴訟」という。）を提起した。

　第1回口頭弁論期日で、Bは、Aが令和2年5月1日当時甲土地を所有していたことは認めたが、AがXに対して甲土地を売ったことは否認し、自分がAから甲土地を買ったと主張した。

　その後、第1回弁論準備手続期日で、弁護士Pは、書証として令和2年5月20日にAの銀行預金口座に宛てて500万円が送金された旨が記載されたX名義の銀行預金口座の通帳（本件預金通帳）及び甲土地の令和3年分から令和7年分までのBを名宛人とする固定資産税の領収書（本件領収書）を提出し、いずれも取り調べられ、Bはいずれも成立の真正を認めた。

　その後、2回の弁論準備手続期日を経た後、第2回口頭弁論期日において、本人尋問が実施され、Xは次の【Xの供述内容】のとおり、Bは次の【Bの供述内容】のとおり、それぞれ供述した。

【Xの供述内容】

　　「私はZ県の出身ですが、大学卒業後は仕事の都合でZ県を離れていました。近年、定年退職の時期が迫り、老後は故郷に戻りたいと考え、自宅を建築するためにZ県内で手頃な土地を探していたところ、甲土地の所有者であるAが甲土地を売りに出していることを知り、立地も良かったことから、甲土地を買うことにし、Aとの間で、売買代金額の交渉を始めました。最初は、私が400万円を主張し、Aが600万円を主張していましたが、お互い歩み寄り、代金を500万円とすることで折り合いがつきました。

　　私は、令和2年5月1日、兄のBと共にA宅を訪れ、Aと私は、口頭で、私がAから売買代金500万円で甲土地を買い受けることに合意しました。所有権移転登記については、甲土地の付近に居住し、料亭を営み地元でも顔が広いBを所有名義人とした方が、建物建築のための地元の金融機関からの融資が円滑に進むだろうと考え、AやBの了解を得て、B名義で所有権移転登記を経由することにしました。私は、同月20日、私の銀行口座からAの銀行口座に500万円を送金して、売買代金をAに支払いました。ところが、甲土地の購入後、私は、引き続き勤務先で再雇用されることになったため、甲土地上に自宅を建築するのを見合わせることにし、甲土地は更地のままになり、金融機関から融資を受けることもありませんでした。

　　甲土地は、私の所有ですので、令和3年分から令和7年分までその固定資産税は私が負担しています。甲土地は、登記上は、Bが所有者であり、Bに固定資産税の納付書が届くので、私は、Bから納付書をもらって固定資産税を納付していました。」

574

第10章　令和2年

【Bの供述内容】

「私は、Z県内の自己所有の建物で妻子と共に生活をしています。甲土地は、当初は、定年退職の時期が迫り、老後は故郷に戻りたいと考えたXが、自宅を建てるために購入しようと、Aとの間で代金額の交渉をしていました。しかし、Xは、令和2年の正月、やはり老後も都会で生活したいと考えるようになったので、甲土地の購入はやめようと思う、ただ甲土地は良い物件であるし、Aも甲土地を売りたがっていると述べて、私に甲土地を購入しないかと打診してきました。

私は、早速甲土地を見に行ったところ、立地もよく、XとAとの間でまとまっていた500万円という代金額も安く感じられたことから、私がAから甲土地を買うことにしました。

もっとも、令和元年末に私の料亭が食中毒を出してしまい、客足が遠のいており、私自身が甲土地の売買代金をすぐに工面することはできなかったことから、差し当たり、Xに立て替えてもらうことになりました。もちろん、私は、資金繰りがつき次第Xに同額を返還するつもりでしたが、なかなか料亭の売上げが回復せず、Xに立替金を返還することができないまま、今日に至ってしまいました。このことは大変申し訳ないと思っています。

所有権移転登記の名義が私であることからも、私が甲土地の所有者であることは明らかです。なお、甲土地の固定資産税は、私が支払っていると思いますが、税金関係は妻に任せており、詳しくは分かりません。」

以上を前提に、以下の問いに答えなさい。

弁護士Pは、本件第2訴訟の第3回口頭弁論期日までに、準備書面を提出することを予定している。その準備書面において、弁護士Pは、前記の提出された各書証並びに前記【Xの供述内容】及び【Bの供述内容】と同内容のX及びBの本人尋問における供述に基づいて、XがAから甲土地を買った事実が認められることにつき、主張を展開したいと考えている。弁護士Pにおいて、上記準備書面に記載すべき内容を、提出された各書証や両者の供述から認定することができる事実を踏まえて、答案用紙1頁程度の分量で記載しなさい。

575

第5部　論文式試験について

1　〔設問1〕

【出題趣旨】
　設問1は、所有権に基づく妨害排除請求権としての抵当権設定登記抹消登記請求権が問題となる訴訟において、原告の希望に応じた訴訟物、請求の趣旨、仮執行宣言の申立ての当否及び請求を理由づける事実について説明を求めるものである。物権的登記請求権の法律要件や意思表示を命ずる判決の効力について正確な理解が問われている。

(1)　答案構成例

1　小問(1)
　　所有権に基づく妨害排除請求権としての抵当権設定登記抹消登記請求権
2　小問(2)
　　Ｙは、甲土地について、本件抵当権設定登記の抹消登記手続をせよ。
3　小問(3)
　　抵当権抹消登記手続請求である本件訴訟は、意思表示を求める訴訟であり、判決確定とともに意思表示が成立したものとみなされるので（民事執行法177条1項本文）、仮執行宣言を付すことができない。
4　小問(4)
　　①「令和2年5月1日、Ｘに対し、甲土地を500万円で売った。」
　　②「Ｙ名義の本件抵当権設定登記がある。」

(2)　解説
ア　小問(1)

　　Ｘは、本件抵当権設定登記は所有者である私に無断でされた無効なものであるから、本件抵当権設定登記の名義人のＹに対して、本件抵当権設定登記の抹消登記手続を求めたいとしている。Ｘが、甲土地の所有者であることも示されているので、物権的請求のどれかを検討すべきであり、Ｘはその中でも抹消登記請求を望んでいるので、妨害排除請求権であることが分かる。
　　したがって、Ｘの希望を実現するために選択すべき訴訟物は、所有権に基づく妨害排除請求権としての抵当権設定登記の抹消登記請求権である。

576

第 10 章　令和 2 年

イ　小問(2)

　　所有権に基づいて抵当権設定登記の抹消を求めている場合、抵当権設定登記が抹消されるだけであり、原告Xを権利者とする新たな登記をするわけではないのであるから、「Xに対し」と記載しないことには注意が必要である。

ウ　小問(3)

　　登記手続は、登記権利者と登記義務者の共同申請が原則（不動産登記法 60 条）であるため、登記義務者が登記申請に協力しないと申請できないところ、登記訴訟は登記義務者が登記申請に協力しない場合において、登記義務者に対して登記申請をするという意思表示を求めるものである。そして、登記訴訟は、判決確定とともに意思表示が成立したものとみなされる（民事執行法 177 条 1 項本文）のであるから、仮執行宣言を付すことができない。したがって、登記訴訟において仮執行宣言の申立ては不要である。

エ　小問(4)

　　所有権に基づく妨害排除請求権としての抵当権設定登記抹消登記請求権の請求原因事実は、ⅰ）原告が土地を所有していること、ⅱ）土地について被告名義の抵当権設定登記が存在することである。

　　本件において、Xは、甲土地の所有者であるAとの間で売買契約を締結し、甲土地の所有権を承継取得したと主張しているので、ⅰ）Xが甲土地を所有しているとするためには、Aがもともと甲土地を所有していたこと及びXがAから甲土地の所有権を承継取得したことを主張する必要がある。したがって、（い）において、AからXに対する甲土地の所有権移転の原因となる事実を示す必要があり、「令和 2 年 5 月 1 日、Xに対し、甲土地を 500 万円で売った。」となる。

　　また、（う）は、ⅱ）の事実を示せば足りる。

577

第５部　論文式試験について

2 〔設問２〕

【出題趣旨】
　設問２は、被告の二つの主張に関し、各主張の位置付け及び抗弁となる場合の抗弁事実の内容を問うものである。否認と抗弁の違いについて正確な理解が求められるとともに、実体法及び判例の理解を踏まえて抗弁事実の内容を正確に論ずることが求められる。

(1) 答案構成例

1　小問(1)について
　(1)　結論
　　　弁護士Ｑは、（ａ）の言い分を本件訴訟における抗弁として主張すべきではない。
　(2)　理由
　　　Ｙは、Ａから令和２年５月１日に甲土地を買ったのはＸではなくＢであったと主張しているところ、同主張は請求原因事実（い）の「Ａは、令和２年５月１日、Ｘに対し、甲土地を500万円で売った」ことと両立せず、これを積極否認するにすぎないからである。
2　小問(2)について
　（ｉ）について
　　　①には、「Ｂ名義の所有権移転登記が存在した。」
　　　②には、「甲土地がＢの所有に属さないことを知らなかった。」
　（ⅱ）について
　　　登記保持権原の抗弁において、抵当権の付従性から被保全債権の発生原因事実を示す必要があるので、弁護人Ｑは被担保債権の発生原因事実たるＹＢ間の消費貸借契約の事実を主張している。

(2) 解説
　ア　小問(1)
　　　抗弁とは、請求原因に両立し、請求原因から発生する法律効果を障害、消滅、阻止する事実である。そのため、本問の解答のためには、【Ｙの相談内容】（ａ）の言い分におけるＹの主張が、請求原因に両立し、請求原因から発生する法律効果を障害、消滅、阻止するかを判断する必要がある。

578

第10章　令和2年

　本件訴訟における請求原因事実は、設問1の小問(4)で確認したように、（あ）Aが令和2年5月1日に甲土地を所有していたこと、（い）令和2年5月1日におけるX・A間の甲土地の売買契約、（う）甲土地にY名義の抵当権設定登記が存在することである。Yは、Aから令和2年5月1日に甲土地を買ったのはXではなくBであると主張しているが、かかる主張は（い）と両立せず、（い）の積極否認に該当する。

　このことから、弁護士Qは（a）の言い分を本件訴訟における抗弁として主張すべきではない。

イ　小問(2)

　弁護士Qは【Yの相談内容】（b）を踏まえて、本件答弁書において、Yが民法94条2項の類推適用により保護される「第三者」であるとして、登記保持権原の抗弁を主張していると考えられる。

　まず、登記保持権原の抗弁は、㋐被保全債権の発生原因事実、㋑抵当権者と抵当権設定者との間で㋐の債権を担保するため、当該不動産について抵当権設定契約を締結していること、㋒㋑の当時、抵当権設定者が当該不動産を所有していたこと、㋓登記が㋑の抵当権設定契約に基づくことが必要である。

　そして、抵当権設定契約の締結時に抵当権設定権者が担保不動産の所有者ではないにもかかわらず、抵当権者がそれを知らなかった場合には、民法94条2項類推適用により保護される余地がある。その場合における要件事実は、㋒の代わりに、㋒－1）㋑の当時、甲土地に抵当権設定権者名義の所有権移転登記が存在したこと、㋒－2）㋒－1）の登記は、所有者の意思に基づくこと（意思に基づかない場合には、帰責性のある事実）、㋒－3）抵当権者は、抵当権設定契約の締結時、当該不動産が抵当権設定権者の所有に属さないことを知らなかったことを示す必要があるだろう。

　Yは、「Xが甲土地の買主であったとしても、Xの意思でB名義の所有権移転登記がされたことは明らかです」「私は、Bが甲土地の所有者であると信じ……抵当権の設定を受けたのです。」等と述べており、94条2項類推適用により保護されうる事案であると考えることができる。

　このことから、本問（ i ）の①においては㋒－1）に対応する「B名義の甲土地の所有権移転登記の存在」、②においては㋒－3）に対応する「Yは、本件抵当権設定契約当時、甲土地がBの所有に属さないことを知らなかったこと」が記載されることになるだろう。

579

第 5 部 　論文式試験について

　　次に、（ⅱ）については、登記保持権原の抗弁における⑦の要件事実の説明が求められている。抵当権の登記保持権原の抗弁において、被保全債権の発生原因事実の記載が求められるのは、抵当権の付従性から要求されるものである。

3 　〔設問3〕

【出題趣旨】
　設問3は、被告代理人の訴訟活動上の選択に関し、時効の更新の要件効果や時効援用権の喪失に関する判例の理解を踏まえながら、本件への当てはめを適切に検討することが求められる。

(1) 　答案構成例

1 　小問(1)
　　消滅時効の再抗弁に対し、弁護士Qとして主張することとした再々抗弁は、BがYに対し、令和4年12月1日に100万円を弁済したことは、承認にあたり、時効が更新（民法152条1項）されたとの主張である。
2 　小問(2)
　　弁護士Qが再々抗弁として検討した令和7年12月25日に200万円を弁済したことによる時効完成後の債務承認（時効援用権の喪失）は、主張自体失当である。
　　Bが、Yに対して、200万円を返済した、令和7年12月25日には既に消滅時効が完成しており、同返済は時効完成後の債務承認にあたり、Yは時効援用権の喪失の再々抗弁の主張を行えるとも思える。
　　しかし、時効援用権の喪失は、債権者が時効完成後に債権者に対し債務の承認をした場合には、時効完成の事実を知らなかったとしても信義則に照らして、その後時効の援用することが許されなくなることであるところ、かかる信義則は個別で判断すべきであり、時効援用権の喪失は相対効であると解されるから、YはBによる時効援用権の喪失を物上保証人たるXに対抗することはできない。

580

第 10 章　令和 2 年

(2)　解説

ア　小問(1)

　　Ｙは、【Ｙの相談内容】（ａ）において、Ｂが、令和 4 年 12 月 1 日に 100 万円を返済し、令和 7 年 12 月 25 日に 200 万円を返済したと述べている。

　　本件抵当権設定契約の被担保債権たるＹ・Ｂ間の消費貸借契約は、返済の合意を令和 2 年 12 月 1 日にしており、そこから 5 年経過した令和 7 年 12 月 1 日には消滅時効が完成される（民法 166 条 1 項 1 号）ことになるので、Ｘからは消滅時効の再抗弁が主張されたと考えられる。

　　そして、上記 100 万円の返済については消滅時効の完成前になされており、200 万円の返済については消滅時効の完成後になされていることに注意して、主張されうる再々抗弁と主張自体失当の主張を検討する必要がある。

　　「承認」（民法 152 条 1 項）は、時効により利益を受ける者が、時効により利益を失う者に対し、権利の存在を知っていることを表示することをいい、時効更新事由となる。本件において、消滅時効完成前になされた 100 万円の返済については、承認に該当すると考えられ、時効更新事由となるので、小問(1)における再々抗弁として主張することができるといえる。

イ　小問(2)

　　弁護士Ｑが再々抗弁として主張自体失当であると考えた主張は、ＢがＹに令和 7 年 12 月 25 日にした 200 万円の支払は、時効援用権の喪失に当たるとの主張である。令和 7 年 5 月 1 日に消滅時効が完成しているところ、消滅時効完成後の債務承認は、時効による債務消滅と相容れない行為であるため、相手の信頼保護のため、信義則上、Ｂは時効援用権を喪失する。

　　しかし、信義則に反する事由の有無は、個別的に判断される事情であり、Ｙには信義則違反がない以上、Ｘは時効援用権の喪失を主張することはできない。

　　したがって、かかる時効援用権の喪失は、主張自体失当ということになるだろう。

581

第5部　論文式試験について

4 〔設問4〕

【出題趣旨】
　設問4は、原告代理人の立場から、請求原因事実が認められることに関し準備書面に記載すべき事項を問うものである。書証及び当事者尋問の結果を検討し、いかなる証拠によりいかなる事実を認定することができるかを示すとともに、各認定事実に基づく推認の過程を、本件の具体的な事案に即して、説得的に論述することが求められる。

(1)　答案構成例

1　甲土地購入の出捐者について
　ＸＡ間の売買を主張するＸの供述は直接証拠であるため、Ｘの供述の信用性を検討する。まず、本件通帳が存在しているところ、機械的に作出される点で信用性が高い。Ａに500万円支払われているところ、売買契約と同日に行われており、額も一致しているため、ＸＡ間で売買がなされた可能性が高いと推認できる。また、甲土地を購入しようとしたＸが実際に所有者であるＡと代金額の交渉を行い、その後、Ｘがその交渉結果である代金を支払ったことになる。通常、実際に土地を購入しようとして代金額の交渉まで行った者はよほどの理由がない限り購入を断念するとは考えられないことや、土地売買の購入者が代金を支払うものであることに照らすと、これらの事実は、ＸＡ売買が存在するというＸの供述の信用性を極めて大きく補強するものである。確かに、Ｂは、立て替えてもらった旨主張している。しかし、500万円という大金をＸに利益がないにもかかわらず、立て替えることはそもそも考えにくい。さらに、Ｂは資金繰りができていなかったという財政的状況下で、500万円が安いと感じることは考えにくい。以上の理由を考慮すると、本件土地を購入したのはＸであると一定程度推認できる。

2　甲土地の固定資産税の支払について
　次に、Ｘは売買契約翌年の令和3年から7年分までの固定資産税領収書を有しており、Ｘが甲土地の固定資産税を支払っていたことが推認される。領収書は処分証書ではないが、金銭の授受があった場合に作成されるものであり、契約書等の処分証書と同様に、一般的に高い実質的証拠力を有しているといえる。また、Ｂは、税金関係の事は妻に任せていた旨述べており、固定資産税を支払っている者を知らず、Ｘの主張と両立する。さらに、資金繰りで苦労していることを考えると、税金について知らないことも考えにくい。

第10章　令和2年

以上の事情を考えると、Xが甲土地の所有権を有していることが推認できる。
3　また、登記をB名義としたことは、金融機関への信用目的であるとの主張は上述の事実とも両立するため、Xが買主となったことを否定する事実とはならない。
4　以上の理由を考慮すると、XがAから甲土地を買ったといえる。

(2)　**解説**

ア　設問4は、例年通りの準備書面に記載すべき内容を求める問題であり、多くの受験生が書き方に慣れていると考えられる。そのため、提出された各書証や人証（両者の供述）から認められる事実を踏まえて、より適切な論述をすることが重要であろう。

イ　弁護士Pが準備書面に記載すべき内容は、XがAから甲土地を買った事実が認められることについての主張である。まず、XA間の売買契約の成立という要証事実を直接証明する証拠（直接証拠）の有無について検討する。

本件においては、弁護士Pは、書証として本件預金通帳及び本件領収書を提出し、いずれも取り調べられ、Bはいずれも成立の真正を認めている。しかし、本件預金通帳及び本件領収書は、意思表示その他の法律行為を記載した文書たる処分証書にあたらず、これらをもって要証事実を直接証明することはできない。もっとも、XA売買の存在を証言する契約当事者であるXの供述が存在し、これは要証事実であるXA売買を直接証明できる証拠として、直接証拠となる。

とはいえ、Xの供述は一方当事者の供述に過ぎない以上、弁護士Pとしては、提出された各書証や人証（両者の供述）から認められる間接事実を積み上げて、要証事実を立証することになる。

ウ　XがAから甲土地を買った事実について、以下のような証拠から以下のような事実を摘示して認定できる。

・**本件預金通帳**：XはAとの売買契約があったと主張する令和2年5月1日の数日後にAの口座に代金と同額の500万円を送金したこと
→この送金は、本件売買契約の締結日から数日後になされているので、同送金はAX間の甲土地売買契約の代金の支払である可能性が高い。したがって、本件預金通帳から認められる間接事実は、本件売買契約

第5部　論文式試験について

の存在を推認させる。

・**本件領収書**：Xは売買契約翌年の令和3年から7年分までのB名義の
固定資産税領収書を有していたこと
　　→Xが甲土地の固定資産税を支払っていたことが推認され、通常固定
　　　資産税は所有権者が負担するものであることから、登記名義がBで
　　　あっても真の所有権者はXであることが推認される。

・**Xの供述**：甲土地の登記名義人がBであったのは、建物を建築するに
あたり、地元金融機関からの融資を円滑に進めるためには、地元で顔
が広いBを名義人とした方がよいとして、X・A・Bの三者間で合意
したからである
　　→これはBが名義人であることの合理的な説明といえる。

・**Bの供述**：税金関係は妻に任せており詳しくは分からないが甲土地の
固定資産税は、Bが支払っていると主張する。
　　→売買契約、消費貸借契約、抵当権設定契約を自らしていると主張する
　　　Bが税金についてのみ妻に任せるというのは不自然である。また、B
　　　が甲土地の固定資産税を支払ったのであれば、Bが固定資産税領収
　　　書を保管しているのが通常であるにもかかわらず、B名義の固定値
　　　資産税領収書をXが保管していたのは不自然である。そして、Bは、
　　　これについて合理的な説明をしていない。したがって、固定資産税を
　　　Bが支払っていることは認められない。

584

第10章　令和2年

第5部　論文式試験について

第11章　令和3年

司法試験予備試験用法文を適宜参照して、以下の各設問に答えなさい。

〔設問1〕
　弁護士Pは、Xから次のような相談を受けた。

【Xの相談内容】
　「私（X）は、娘の夫であるYから、会社員を辞めて骨董品店を開業したいので甲建物を貸してほしいと頼まれ、Yの意志が固かったことから、これに応ずることにしました。私は、Yとの間で、令和2年6月15日、私が所有する甲建物について、賃貸期間を同年7月1日から3年間、賃料を月額10万円として毎月末日限り当月分を支払う、敷金30万円との約定で賃貸借契約（以下「本件賃貸借契約」という。）を締結し、Yから敷金30万円の交付を受け、同年7月1日、Yに甲建物を引き渡しました。私は、契約締結の当日、市販の賃貸借契約書の用紙に、賃貸期間、賃料額、賃料の支払日及び敷金額を記入し、賃貸人欄に私の氏名を、賃借人欄にYの氏名をそれぞれ記入して、Yの自宅を訪れ、私とYのそれぞれが自分の氏名の横に押印をし、賃貸借契約書（以下「本件契約書」という。）を完成させました。
　Yは、間もなく、甲建物で骨董品店を開業しましたが、その経営はなかなか軌道に乗らず、令和2年7月30日に同月分の賃料の一部として5万円を支払ったものの、それ以降は、賃料が支払われることは全くありませんでした。
　そこで、私は、Yに対し、令和2年7月分から同年12月分までの賃料合計60万円から弁済済みの5万円を控除した残額である55万円の支払を請求したいと思います。私は、支払が遅れたことについての損害金の支払までは求めませんし、私自身が甲建物を利用する予定はありませんので、甲建物の明渡しも求めません。
　なお、Yは、現在、友人であるAに対して、令和2年12月2日に壺を売った50万円の売掛債権を有しているものの、それ以外には、めぼしい財産を有していないようです。Yは、これまでのところ、この売掛債権の回収に着手しておらず、督促をするつもりもないようですが、Aがこの代金を支払っ

586

てしまうと、私の未払賃料債権を回収する手段がなくなってしまうので心配しています。」

　弁護士Pは、令和3年1月12日、【Xの相談内容】を前提に、Xの訴訟代理人として、Yに対し、Xの希望する金員の支払を求める訴訟（以下「本件訴訟」という。）を提起することにした。

　以上を前提に、以下の各問いに答えなさい。
⑴　弁護士Pが、本件訴訟において、Xの希望を実現するために選択すると考えられる訴訟物を記載しなさい。
⑵　弁護士Pが、本件訴訟の訴状（以下「本件訴状」という。）において記載すべき請求の趣旨（民事訴訟法第133条第2項第2号）を記載しなさい。なお、付随的申立てについては、考慮する必要はない。
⑶　弁護士Pが、本件訴状において記載すべき請求を理由づける事実（民事訴訟規則第53条第1項）を記載しなさい。
⑷　弁護士Pは、本件訴状において、「Yは、Xに対し、令和2年7月30日、本件賃貸借契約に基づく同月分の賃料債務につき、5万円を弁済した。」との事実を主張した。
　（ⅰ）　裁判所は、上記事実の主張をもって、本件訴訟における抗弁として扱うべきか否かについて、結論と理由を述べなさい。
　（ⅱ）　（ⅰ）のほかに、上記主張は本件訴訟においてどのような意味を有するか。簡潔に説明しなさい。

〔設問2〕
　弁護士Pは、Yから未払賃料を確実に回収するために、Aに対する売掛債権を仮に差し押さえた上で本件訴訟を提起する方法と、Yに代位してAに対して50万円の売買代金の支払を求める訴えを提起する方法とを検討したが、【Xの相談内容】の下線部の事情を踏まえ、後者の方法ではなく、前者の方法を採ることとした。その理由について説明しなさい。

〔設問3〕
　弁護士Qは、本件訴状の送達を受けたYから次のような相談を受けた。

587

第5部　論文式試験について

【Yの相談内容】

「(a)　私（Y）は、Xの娘の夫に当たります。

　　　私は、令和2年7月1日から甲建物で骨董品店を営業していますが、Xから甲建物を賃借したのではなく、無償で甲建物を使用させてもらっています。したがって、私が甲建物の賃料を支払っていないのは当然のことです。私は、本件契約書の賃借人欄に氏名を書いていませんし、誰かに指示して書かせたこともありません。私の氏名の横の印影は、私の印鑑によるものですが、私が押したり、また、誰かに指示して押させたりしたこともありません。

(b)　ところで、令和3年1月8日、Xの知人を名乗るBが私を訪れました。話を聞くと、令和2年8月1日、Xに、弁済期を同年10月15日として、50万円を貸したが、一向に返してもらえないので、督促を続けていたところ、令和3年1月5日、Xから、その50万円の返還債務の支払に代えて、私（Y）に対する令和2年7月分から同年12月分までの合計60万円の賃料債権を譲り受けたので、賃料を支払ってほしいとのことでした。もちろん、私は、Xから甲建物を賃借したことなどありませんので、Bの求めには応じませんでした。もっとも、Bの話が真実であれば、仮にXの言い分のとおり本件賃貸借契約締結の事実が認められたとしても、私が賃料を支払うべき相手はBであってXではないので、Xからの請求は拒むことができるのではないでしょうか。ただし、私はXからこの債権譲渡の通知を受けておらず、私がこの債権譲渡を承諾したこともありません。この場合でも、私はXからの請求を拒めるのか教えてください。

(c)　また、Xの言い分が認められるのであれば、私はXに対して敷金30万円を差し入れていることになるはずです。したがって、Xの言い分が認められる場合には、上記敷金返還請求権をもって相殺したいと考えています。」

　弁護士Qは、【Yの相談内容】を前提に、Yの訴訟代理人として、本件訴訟の答弁書（以下「本件答弁書」という。）を作成した。

　以上を前提に、以下の各問いに答えなさい。

(1)　弁護士Qは、【Yの相談内容】(b)を踏まえて、本件答弁書において、抗弁を主張した。

（ⅰ）　弁護士Qが、本件答弁書において、【Yの相談内容】(b)に関する抗弁を主張するために主張すべき要件事実（主要事実）を全て記載しなさい。

588

（ii）　弁護士Qは、【Yの相談内容】(b)の下線部の質問に対して、「Xからの請求を拒むことができる」と回答した。その理由を簡潔に説明しなさい。

（2）　弁護士Qは、【Yの相談内容】(c)を踏まえて、本件答弁書において抗弁を主張できないか検討したが、その主張は主張自体失当であると考えて断念した。弁護士Qが主張自体失当と考えた理由を簡潔に説明しなさい。

〔設問4〕

　第1回口頭弁論期日において、本件訴状と本件答弁書が陳述された。同期日において、弁護士Pは、本件契約書を書証として提出し、それが取り調べられ、弁護士Qは、本件契約書のY作成部分につき、成立の真正を否認し、「Y名下の印影がYの印章によることは認めるが、Xが盗用した。」と主張した。

　その後、2回の弁論準備手続期日を経た後、第2回口頭弁論期日において、本人尋問が実施され、本件賃貸借契約の締結につき、Xは、次の【Xの供述内容】のとおり、Yは、次の【Yの供述内容】のとおり、それぞれ供述した（なお、それ以外の者の尋問は実施されていない。）。

【Xの供述内容】

　「Yは、私の娘の夫です。私は、令和2年6月頃、Yから、『この度、会社員を辞めて、小さい頃からの夢であった骨董品店を経営しようと思います。ついては、空き家になっている甲建物を賃貸していただけないでしょうか。』との依頼を受けました。Yの言うとおり、甲建物は長年空き家になっており、時々様子を見に行くのも面倒でしたので、ちょうどよいと思い、Yに賃貸することにしました。その後、私とYは賃料額の交渉を行い、私は近隣の相場を参考にして、月額15万円を提案したのですが、Yからは、採算がとれるか不安なので月額10万円にしてくださいと懇願されたため、これに応ずることにしました。

　私は、令和2年6月15日、Yとの間で、私の所有する甲建物について、賃貸期間を同年7月1日から3年間、賃料を月額10万円として毎月末日限り当月分を支払う、敷金30万円との約定で賃貸借契約（本件賃貸借契約）を締結しました。私は、契約締結の当日、市販の賃貸借契約書の用紙に、賃貸期間、賃料額、賃料の支払日及び敷金額を記入し、賃貸人欄に私の氏名を、賃借人欄にYの氏名をそれぞれ記入して準備をして、Yの自宅を訪れ、私とYのそれぞれが自分の氏名の横に押印をして、本件契約書を完成させました。また、私は、その際、Yから現金で敷金30万円の交付を受けています。本来であれば、Yの方が私の自宅に来るべき筋合いでしたが、私は孫への会いたさから、週に2日はYの自宅を訪れていましたので、そのついでに契約書

を作成することにしたのです。ちなみに、Yは、この時、いわゆる三文判で押印しておりましたが、契約書を作成するのに礼儀知らずだなと思った記憶があります。

　私は、令和2年7月1日、Yに対し、甲建物を引き渡し、Yは甲建物で骨董品店を開業しました。ところが、Yの骨董品店の経営はなかなか軌道に乗らず、同月30日には、同月分の賃料の一部として5万円の支払を受けましたが、それ以降は、賃料が支払われることは全くありませんでした。もっとも、Yは私の娘の夫ですし、開業当初は何かと大変だろうと考え、その年の年末までは賃料の請求をするのを差し控えてきましたが、一言の謝罪すらないまま令和3年になりましたので、本件訴訟を提起することにしました。

　なお、最近、私の妻が体調を崩したため、娘はしばしば私の家に泊まって看病をするようになりましたが、Yと私の娘が別居したという事実はありません。」

【Yの供述内容】

　「私は、令和2年6月15日、妻の父であるXから甲建物を借り、同年7月1日から骨董品店の店舗として使用しています。しかし、甲建物は、Xから無償で借りたものであって、賃借しているものではありません。賃貸借契約を締結したのであれば、契約書を作成し、敷金を差し入れるのが通常ですが、私とXとの間では甲建物の使用についての契約書は作成されていませんし、私が敷金を差し入れたこともありません。Xが書証として提出した本件契約書の賃借人欄の氏名は、明らかにXの筆跡です。私の氏名の横の印影は、確かに私の印鑑によるものですが、これはいわゆる三文判で、Xが勝手に押したものだと思います。

　令和2年12月中旬だったと思いますが、私と妻が買物に行っている間、Xに私の自宅で子どもの面倒を見てもらっていたことがあります。恐らく、Xは、その際に、あらかじめ準備しておいた賃貸借契約書の賃借人欄に私の印鑑を勝手に押したのだと思います。この印鑑は、居間の引き出しの中に保管していたのですが、Xは週に2日は孫に会いに私の自宅に来ていましたので、その在りかを知っていたはずです。

　確かに、私は、令和2年7月30日、Xに対し、5万円を支払っていますが、これは、甲建物の賃料として支払ったものではありません。その年の6月頃にXと私の家族で買物をした際、私が財布を忘れたため、急きょXから5万円を借りたことがあったのですが、その5万円を返済したのです。

　私が骨董品店を開業してからも、令和2年の年末までは、Xから甲建物の賃料の支払を求められたことはありませんでした。ところが令和3年に入り、

第11章　令和3年

私と妻が不仲となり別居したのと時期を同じくして、突然Xが賃料を支払う
よう求めてきて困惑しています。私の骨董品店も、次第に馴染みの客が増え
ており、経営が苦しいなどということはありません。」

以上を前提に、以下の問いに答えなさい。
　弁護士Qは、本件訴訟の第3回口頭弁論期日までに、準備書面を提出するこ
とを予定している。その準備書面において、弁護士Qは、前記の提出された書
証並びに前記【Xの供述内容】及び【Yの供述内容】と同内容のX及びYの本
人尋問における供述に基づいて、XとYが本件賃貸借契約を締結した事実が認
められないことにつき、主張を展開したいと考えている。弁護士Qにおいて、
上記準備書面に記載すべき内容を、提出された書証や両者の供述から認定する
ことができる事実を踏まえて、答案用紙1頁程度の分量で記載しなさい。なお、
記載に際しては、本件契約書のY作成部分の成立の真正に関する争いについて
も言及すること。

第5部　論文式試験について

1　〔設問1〕

【出題趣旨】
　　設問1は、賃貸借契約に基づく賃料支払請求権が問題となる訴訟において、原告の希望に応じた訴訟物、請求の趣旨、請求を理由づける事実及び一部弁済の主張の訴訟上の位置付けについて説明を求めるものである。賃貸借契約に関する法律要件や一部請求と一部弁済との関係について正確な理解が問われている。

(1)　答案構成例

1　小問(1)
　　賃貸借契約に基づく賃料支払請求権
2　小問(2)
　　被告は、原告に対し、55万円を支払え。
3　小問(3)
　　(あ)　Xは、Yとの間で、令和2年6月15日、甲建物を、賃料月額10万円、毎月末日限り当月分を支払うとの約定で賃貸するとの合意をした。
　　(い)　Xは、Yに対し、令和2年7月1日、①の賃貸借契約に基づき、甲建物を引き渡した。
　　(う)　令和2年7月から12月まで各月末日は到来した。
4　小問(4)
　(ⅰ)について
　　Xは、令和2年7月分から同年12月分までの賃料合計60万円のうち弁済済みの5万円を控除した残額である55万円の支払いを請求しているので、明示の一部請求として訴訟物は賃料債権55万円といえる。とすれば、5万円の弁済の主張は、訴訟物の対象外の主張であり、抗弁にならない。
　(ⅱ)について
　　本件賃貸借契約の令和2年7月分の賃料として5万円の支払いがなされたことが認められるとしたら、(あ)本件賃貸借契約の締結という主張事実を推認させる強い間接事実となる。

592

(2) **解説**

ア　小問(1)

　　Xは、Yとの間で、X所有の甲建物を賃料月額10万円で賃貸するという旨の賃貸借契約を締結しているところ、Yが賃料を支払わなかったので、未払い賃料を請求したいと考えている。また、Xは、「私は、支払が遅れたことについての損害金の支払までは求めませんし、私自身が甲建物を利用する予定はありませんので、甲建物の明渡しも求めません。」としており、遅延損害金及び甲建物の明渡しは求めないと考えている。

　　したがって、Xの希望を実現するために選択する訴訟物は、賃貸借契約に基づく賃料支払請求権である。

イ　小問(2)

　　Xは、「私は、Yに対し、令和2年7月分から同年12月分までの賃料合計60万円から弁済済みの5万円を控除した残額である55万円の支払を請求したい」としているので、Xが求める請求認容判決の主文にあたる請求の趣旨は、「被告は、原告に対し、55万円を支払え」になる。

ウ　小問(3)

　　訴訟物である賃貸借契約に基づく賃料請求権の要件事実は、①賃貸借契約の締結、②①の契約に基づく目的物の引渡し、③賃料支払債務を発生させる一定期間の経過、④支払時期の到来である。

　　賃料は、目的物を一定期間賃借人の使用収益が可能な状態においたことに対する対価として発生するものであるから、目的物を一定期間賃借人の使用収益が可能な状態においたことが、賃料請求よりも先履行の関係にある。そのため、①賃貸借契約の締結に加えて、②③が必要とされる。

　　次に、賃料の支払い時期については、目的物の性質ごとにその時期を定めている（民法614条）ので、①賃貸借契約の具体的主張により、目的物の性質が明らかになり、支払時期の定めが現れる。そのため、賃料請求においては、支払時期の合意を主張する必要がなく、同支払時期の到来のみ主張・立証すれば足りる。

　　以上により、①には、賃貸借契約の締結の事実である（あ）が入る。②には、賃貸借契約に基づいて目的物を引渡した事実である（い）が入る。

第5部　論文式試験について

③④は、賃料支払債務を発生させる一定期間の経過及び支払時期の到来
として（う）が入る。

エ　小問(4)

(ア)　（ⅰ）について

Xは、「私は、Yに対し、令和2年7月分から同年12月分までの賃料
合計60万円から弁済済みの5万円を控除した残額である55万円の支
払を請求したい」と述べており、一部請求をすることを求めていると考
えられる。そして、上記主張は、Xの訴訟代理人である弁護士Pが、X
の意向通り、一部請求をすることを明示する主張であると考えられる。
とすれば、訴訟物は、賃料債権55万円となり、5万円を弁済した事実
は訴訟物外の主張として、抗弁にはあたらないことになる。

(イ)　（ⅱ）について

問題文において、「上記主張は本件訴訟においてどのような意味を有
するか」と書かれているところ、（ⅰ）において抗弁としては成立しな
いことの論述を求められていたのであるから、（ⅱ）においては、上記
主張が、立証活動においてどのような意味を持つのか検討する必要が
あると考えられる。

上記主張は、「Yが、Xに対し、本件賃貸借契約の令和2年7月分の
賃料債務として5万円を支払ったこと」である。本件賃貸借契約が締結
されていないのにもかかわらず、YがXに対して賃料債務の弁済とし
て5万円を支払うことは極めて不自然であるから、上記主張は、本件賃
貸借契約が存在したことを推認させる間接事実になる。

2　〔設問2〕

【出題趣旨】
設問2は、債権回収の手段について原告代理人としての選択を問うもので
ある。債権者代位権の行使及び仮差押えの効果についての正確な理解が求め
られる。

第11章　令和3年

(1)　答案構成例

> 　後者の債権者代位訴訟（民法423条）を提起したとしても、Yは、Aに対する売買代金の支払を求めることは妨げられないし、その場合、Aも、Yに対してその履行をすることを妨げられない（民法423条の5）。そして、AがYに対して当該売買代金を支払ってしまうと、被代位権利が消滅するので、XはAから当該売買代金の回収をすることができなくなってしまう。
>
> 　他方、仮差押えの効力は、目的物に対する処分禁止効を内容とする。そのため、仮差押えが行われると債務者は目的物についての処分を禁止され、その処分禁止の効力は仮差押えに基づく執行手続に参加したすべての債権者に及ぶ。従って、前者の売掛債権に対する仮差押え（民保法20条1項）をした場合、AはYに対して弁済することが禁止される（民保法50条1項）ことから、Aが売買代金をYに支払うことによって当該売掛債権が消滅することはない。
>
> 　そのため、Xは、前者の方法を採ることにした。

(2)　解説

　本問は、仮差押えと債権者代位を比較することが求められている。Yは、Aに対して50万円の売掛債権を有しており、それ以外には、めぼしい財産を有していないとしている。そこで、Xの債権回収の手段としては、同売掛債権を仮差押えする方法と債権者代位する方法とが考えられる。

　前者の方法は、XのYに対する賃料請求権を被保全債権としてYのAに対する売掛債権を仮差押えする方法であり（民事保全法20条1項、50条1項）、これによりAからYへの弁済が禁止され、かつ、Yによる債権譲渡等の処分が禁止されるという効果を持つことになる。

　他方、後者の方法はXがYに代位してAに対して売掛債権の支払請求訴訟（民法423条1項）を提起することである。Xが債権者代位訴訟中にもYは同債権を自ら取り立てることができるところ（民法423条の5）、Yはこれまで債権の回収に着手しておらず督促をするつもりもないためYによる請求のおそれは少ないものの、AからYへの弁済のおそれがあるので、その場合にはXは債権回収をできなくなる。そして、AからYへ弁済がなされると、代金がYの一般財産に混じってしまい他の債権者の引き当てとなりXの優先弁済権（民法423条の3）が図られないこともある。

595

第5部　論文式試験について

　以上により、AからYへの弁済を禁止してAからXが優先弁済を受けることができる地位を確保する観点から、前者の方法を採ることが望ましい。

3　〔設問3〕

【出題趣旨】
　設問3は、被告の二つの主張に関し、各主張の位置付けや抗弁となる場合の抗弁事実の内容を問うものである。実体法及び判例の理解を踏まえながら、本件への当てはめを適切に検討することが求められる。

(1)　答案構成例

1　小問(1)
　(1)　(ⅰ)について
　　　Yとしては代物弁済による債権喪失の抗弁を主張する。主張すべき要件事実は、
　　　(え)　Bは、令和2年8月1日、Xに対し、50万円を貸し付けた。
　　　(お)　XとBは、令和3年1月5日、(え)の貸金返還債務の弁済に代えて、XのYに対する令和2年7月分から同年12月分までの合計60万円の賃料債権を譲渡する旨の合意をした。
　(2)　(ⅱ)について
　　　民法所定の代物弁済は諾成契約だから（民法482条）、代物弁済による債権譲渡の効果は、原則として当事者間の代物弁済契約の意思表示によって生ずると解される。したがって、債務の消滅原因としてではなく、単に代物弁済による債権喪失の抗弁として代物弁済を主張する場合には、対抗要件の具備まで主張立証する必要はない。
2　小問(2)
　　　敷金は、賃借人の賃貸人に対する金銭の給付を目的とする債務を担保する目的で賃借人が賃貸人に交付する金銭をいうところ（民法622条の2第1項）、賃借人は、賃貸人に対し、敷金をその債務の弁済に充てることを請求することができない（同条2項）。そのため、本件のような未払賃料の支払に敷金を充てるという主張は主張自体失当となる。

596

(2) 解説

ア 小問(1)

(ア) （ⅰ）について

【Yの相談内容】(b)によるとYが伝えたいことは、XがBに対して、XのYに対する賃料債権を譲り渡したので、Xは債権者ではないとの主張である。

債権譲渡の要件事実は、①債権の発生原因事実及び②①の債権の取得原因事実である。①の債権の発生原因事実は、XのYに対する賃料債権であるところ、既に請求原因において主張されているので、抗弁として主張する必要はない。次に、②①の債権の取得原因事実は、代物弁済の構成をしているので、ⅰ）債権の発生原因事実、ⅱ）代物弁済の合意である。代物弁済の対象となる債権の発生原因事実は、金銭授受と返還合意（民法587条）が必要であるので、（え）が必要である。また、代物弁済の合意は、（お）が必要である。

(イ) （ⅱ）について

問題文において、Yは、Xから債権譲渡の通知を受けておらず、債権譲渡を承諾したこともないとしているところ、Yが債権譲渡を主張することができるかが問題となる。

確かに、本件債権譲渡について、対抗要件を具備していないので、BはYに対して債権譲渡を対抗することができない（民法467条1項）。

しかし、Yは譲渡債権の債務者であるから、対抗要件の具備の有無にかかわらず、債権譲渡があったことを認めることは、何ら制限されないといえる。

したがって、Yは、本件債権譲渡を理由にして、Xからの請求を拒むことができる。

代物弁済による債権譲渡の効果は、原則として当事者間の代物弁済契約の意思表示によって生ずると解される。したがって、債務の消滅原因としてではなく、単に代物弁済による債権喪失の抗弁として代物弁済を主張する場合には、対抗要件の具備まで主張立証する必要はない。債務消滅原因としての代物弁済との対比の視点が重要である。

第5部　論文式試験について

イ　小問(2)

　Yは、敷金返還請求権を自働債権として、相殺の抗弁を主張している。

　相殺の抗弁の要件事実は、㋐自働債権の発生原因事実、㋑相殺の意思表示が必要であるところ、本問において自働債権は敷金返還請求権であるので、同自働債権の成否が問題となる。

　敷金返還請求権は、①賃貸借契約が終了し、かつ、賃貸物の返還を受けたとき（民法622条の2第1項1号）、②賃借人が適法に賃借権を譲り渡したとき（同項2号）に発生する。本問においては、XとYの賃貸借契約は現在も続いており、賃貸借契約が終了したとは言えず（①）、Yが賃借権を譲り渡した事情も見受けられないので（②）、敷金返還請求権は発生していない。

　したがって、敷金返還請求権を自働債権とする相殺の主張は、主張自体失当である。

4　〔設問4〕

【出題趣旨】

　設問4は、被告代理人の立場から、本件賃貸借契約を締結した事実が認められないことに関し準備書面に記載すべき事項を問うものである。文書に作成名義人の印章により顕出された印影があることを踏まえ、いわゆる二段の推定が働くことを前提として、自らの主張の位置付けを明らかにすることが求められる。その上で、いかなる証拠によりいかなる事実を認定することができるかを示すとともに、各認定事実に基づく推認の過程を、本件の具体的な事案に即して、説得的に論述することが求められる。

(1)　答案構成例

1　本件契約書のY作成部分の成立の真正
　真正な成立を争う文書に名義人本人の印章による印影が存在する場合、名義人が自らの意思に基づいて押捺したものと事実上推定され（一段目の推定）、それにより、民事訴訟法228条4項の「押印」の要件が充足されるので、同項により、文書全体が真正に成立したとの「推定」を受ける（二段目の推定）。
　そして、一段目の推定は、日本における印章に対する慎重な保管慣行に照

らせば、本人の印章を他人が勝手に使用することは、通常ありえないという
ことが根拠となる。

　Yの印鑑（三文判）は、Y宅の居間の引き出しの中に保管されていたが、
この保管状況はけっして厳重なものとはいえない。令和2年12月中旬頃、
Yが同人の妻と買い物に行っている間、XにY宅で子どもの面倒をみても
らっていた事実や、前提として、Xは週に2日は孫に会いにY宅を訪れてい
るとの事情は、Xが、日常的にYの自宅に出入りし、孫を始めとするYの家
族と頻繁に交流する機会を有していたことを示すものである。したがって、
Xは、Yの家庭内事情に相当通じていたことが推認される。これは、三文判
の保管状況がけっして厳重なものとはいえないことと併せて、XがYの三
文判の保管場所を知っていたことを相当程度推認させるものである。その
ときにXがあらかじめ準備しておいた賃貸借契約書の賃借人欄にYの印鑑
をYに無断で押捺することは可能と考えられる。よって、本件ではXがYの
印鑑を勝手に使用する機会があったといえ、二段の推定のうちの一段目の
推定を破ることになる。なお、Xも認めているとおり、賃借人欄のYの氏名
はXが記入したものである。通常、契約書を作成する際には、それぞれの契
約当事者が自分の署名欄を自分で署名するはずである。それにもかかわら
ず、本件契約書のYの署名欄はY本人ではなくXがYの氏名を記入したの
だから、Y名義の押印についても、Y本人ではなくXが行ったものと考える
のが自然である。

　以上より、本件契約書のY作成部分の成立の真正は認められない。

2　5万円の支払

　Yは、令和2年7月30日、Xに対して5万円を支払っているが、これ
は、XとYの家族で買い物をした際、Yが財布を忘れたため、急きょXから
5万円を借りたことがあり、その返済をしたものである。Xの主張している
賃貸借契約では賃料は月額10万円であり、上記5万円と一致しない。ま
た、XからYに対し、差額の5万円を支払うよう求める催促等が令和2年7
月30日前後ではなされなかったことは、令和2年7月30日の5万円の支
払がYによる買い物の際の借入金の返済であることを裏付けるものとな
る。

3　その他の事情

　Xは、令和2年12月末になるまで賃料の請求をしたことはなく、YとX
の娘であるYの妻とが不仲となり別居したのと時期を同じくして、突然求
めてきた。この事情からXがYに対する腹いせで請求してきたものといえ
る。また、Yの経営する骨董品店は馴染みの客が増えており、経営が苦しい

第5部　論文式試験について

> ということはなく、仮に賃貸借契約が存在するならば、賃料を支払うことは可能であるため、6か月以上も賃料を滞納することはない。

(2)　**解説**

ア　設問4は、民事実務科目の最頻出論点である二段の推定が主な問題点となっており、立証構造について正確な論証ができないと他の受験生に大きく差をつけられることになる。また、出題形式も、頻出されている準備書面の内容を記載させるものであり、多くの受験生が対策していたと考えられるので、書証や人証（供述）を踏まえて適確な論述をすることが求められるといえる。

イ　弁護士Qが準備書面に記載すべき内容は、XとYが本件賃貸借契約を締結した事実が認められないことについての主張である。まず、この要証事実を直接証明する証拠（直接証拠）の有無を検討することにする。

本件では、弁護士Pが本件契約書を書証として提出しているところ、本件契約書は意思表示その他の法律行為を記載した文書たる処分証書であり、文書の記載及び体勢から類型的に見て信用性が高いと考えられる文書であるから、直接証拠が存在しているといえる。そして、本件契約書の形式的証明力が認められれば、特段の事情がない限り、実質的証明力も認められる。

したがって、本件契約書のY作成部分の形式的証明力が認められれば、XとYが本件賃貸借契約を締結した事実が認定されることになるので、Yとしては本件契約書のY作成部分の形式的証明力を争うことになる。

次に、弁護士Qは、YがXに対して5万円を支払っているとの間接事実が存在するので、本件契約書のY作成部分の形式的証明力が認められないことに加えて、間接事実を積み上げて、XとYが賃貸借契約を締結した事実が認められないことを立証することが必要である。

ウ　文書の形式的証拠力とは、文書の記載内容が作成者の思想を真に表現していると認定されることであり、法文上は「文書の成立の真正」又は「文書の成立の真否」との文言が使用されている。そして、文書の成立の真正とは、文書が作成者の意思に基づいて作成されたことをいう。

証拠により文書の形式的証拠力を証明する場合、挙証者の負担軽減のた

600

め、法定証拠法則についての規定があり、私文書については、文書に本人又は代理人の署名又は押印があるときは、真正に成立したものと推定される（民事訴訟法228条4項）。すなわち、文書の押印が本人の意思に基づくことが証明されれば、文書自体が本人の意思に基づいて作成されたことが推定されることになる。もっとも、押印が本人の意思に基づくことを証明するのは容易ではないため、判例（最判昭39.5.12、民事訴訟法百選68事件）は、文書の印影が本人の印章により顕出されたものであることが証明されれば、本人の意思に基づく押印であると事実上推定されるとするこのように、前記判例法理による事実上の推定（一段目の推定）と法定証拠法則による推定（二段目の推定）により文書の真正な成立の証明がなされることを二段の推定と呼ぶ。

エ　本件契約書

　本件では、弁護士Qが、本件契約書のY作成部分につき、成立の真正を否認し、「Y名義の印影がYの印章によることは認めるが、Xが盗用した。」と主張している。したがって、Qとしては、第1段階の推定についてのYの反証が認められることを主張していくことになる。

　この点、XとYの供述によると、Yの印鑑はいわゆる三文判であることが認められる。一段目の推定は、印鑑は慎重に保管・管理するものであるので、文書上の印影が本人の印章により顕出されたものであれば、経験則上本人の意思に基づく押印があると事実上推定するものであるところ、Yの印鑑は三文判であり、誰でも容易に入手することが可能なため、一段目の推定を裏付ける経験則が強くは妥当しない。

　また、Yの印鑑（三文判）は、Y宅の居間の引き出しの中に保管されていたが、この保管状況はけっして厳重なものとはいえない。令和2年12月中旬頃、Yがその妻と買い物に行った折、XにY宅で子どもを見てもらっていた事実や、Xは週に2日は孫に会いにY宅を訪れているとの事情は、Xが、日常的にYの自宅に出入りし、Yの家族と頻繁に交流する機会があったことを示している。したがって、Xは、Yの家庭内事情に相当通じていたことが推認される。これは、三文判の保管状況がけっして厳重なものとはいえないことと併せて、XがYの三文判の保管場所を知っていたことを相当程度推認させるものである。その際、Xが予め準備しておいた賃貸借契約書の賃借人欄にYの印鑑をYに無断で押捺することは可能と考えられる。なお、賃借人欄のYの氏名はXが記入したものである。通常、契約書

第5部　論文式試験について

の署名は、各契約当事者が自分で署名するが、本件契約書のYの署名欄は
Y本人ではなくXがYの氏名を記入しており、Y名義の押印についても、
Y本人ではなくXが行ったものと考えるのが自然といえる。

　以上により、Yの反証は認められるので、二段の推定のうち、一段目の
推定は認められなくなる。

オ　5万円の支払い

　次に、X供述によると、Xは、令和2年7月30日にYから同月分の賃料
の一部として5万円の支払いを受けたと述べている。Yも同日、Xに対し、
5万円を支払ったことを認めているので、同事実は要証事実たるXとY間
の本件賃貸借契約を立証させる間接事実となるようにも思われる。

　しかし、Yの供述によると、Yは令和2年7月30日に、Xに対して5万
円を支払ったことは、「その年の6月頃にXとYの家族での買い物をした際、
Yが財布を忘れたため、急きょXから5万円を借りたことがあり」「その5
万円を返済した」に過ぎないとしている。Xの主張している本件賃貸借契
約は、賃料が月額10万円であり、5万円の支払いは賃料と合致しないとこ
ろ、Yの骨董品店は次第に馴染みの客が増えており、経営が苦しいなどと
いうことはなく、Yがあえて賃料の一部支払いを行ったことについて合理
的理由が見受けられない。また、本件賃貸借契約が成立しており、賃料10
万円に対して5万円の支払いがなされると、賃貸人が賃料の差額分の支払
いを催告することは自然であるところ、XからYに対し、差額5万円を支
払うよう求める催告等が令和7月30日前後になされていないので、不自然
であるといえる。

　したがって、Yが、令和2年7月30日にXに対し、5万円を支払ったこ
とは、本件賃貸借の賃料としての支払いではないので、同事実は要証事実
を立証させる間接事実にならない。

カ　XとY両者の供述

　Yの供述によると、Xは、令和2年の年末までは、6か月賃料が滞納さ
れたのにも関わらず、賃料の支払いを求めることがなかったとしている。
これについてXは、「Yは私の娘の夫ですし、開業当初は何かと大変だろう
と考え、その年の年末までは賃料の請求をするのを差し控えてきました」
と説明している。

第11章　令和3年

　しかし、Yの供述によると、「Yの経営する骨董品店は馴染みの客が増えており、経営が苦しいということはなく」、仮に賃貸借契約が存在するならば、賃料を支払うことは可能であったので、Xの説明は不適切であると考えられる。また、Yの供述によると、「令和3年に入り、私と妻が不仲となり別居したのと時期を同じくして、突然Xが賃料を支払うよう求めてきた」としていて、XがYに対する腹いせで賃貸借契約が存在しないのに賃料の支払いを請求したと考えるのが自然である。

　以上により、XとYが本件賃貸借契約を締結した事実は認められない。

第5部　論文式試験について

> ## 第12章　令和4年

　司法試験予備試験用法文を適宜参照して、以下の各設問に答えなさい。

〔設問1〕
　弁護士Pは、Xから次のような相談を受けた。

【Xの相談内容】
　「私は、建物のリフォームを仕事としています。私は、Yとは十年来の付き合いで、Yが経営する飲食店の常連客でもありました。私は、令和3年の年末頃、Yから、M市所在の建物（以下「本件建物」という。）を飲食店に改修するための外壁・内装等のリフォーム工事（以下「本件工事」という。）について相談を受け、令和4年2月8日、本件工事を報酬1000万円で請け負いました。
　令和4年5月28日、私は、本件工事を完成させ、本件建物をYに引き渡し、本件工事の報酬として、1000万円の支払を求めましたが、Yは、700万円しか支払わず、残金300万円を支払いませんでした。私は、本件工事の報酬の残金300万円と支払が遅れたことの損害金全てをYに支払ってほしいと思います。」

　弁護士Pは、令和4年8月1日、【Xの相談内容】を前提に、Xの訴訟代理人として、Yに対し、Xの希望する金員の支払を求める訴訟（以下「本件訴訟」という。）を提起することとした。

　以上を前提に、以下の各問いに答えなさい。
(1)　弁護士Pが、本件訴訟において、Xの希望を実現するために選択すると考えられる訴訟物を記載しなさい。
(2)　弁護士Pが、本件訴訟の訴状（以下「本件訴状」という。）において記載すべき請求の趣旨（民事訴訟法第133条第2項第2号）を記載しなさい。なお、付随的申立てについては、考慮する必要はない。
(3)　弁護士Pが、本件訴状において記載すべき請求を理由づける事実（民事訴訟規則第53条第1項）を記載しなさい。なお、いわゆるよって書き（請求原因

604

第12章　令和4年

の最後のまとめとして、訴訟物を明示するとともに、請求の趣旨と請求原因の
記載との結びつきを明らかにするもの）は記載しないこと。
(4)　弁護士Pが、本件訴状において請求を理由づける事実として、上記(3)のとお
り記載した理由を判例を踏まえて簡潔に説明しなさい。なお、訴訟物が複数あ
る場合は、訴訟物ごとに記載すること。

〔設問2〕
以下、XがYとの間で、令和4年2月8日に締結した報酬を1000万円とする
本件工事の請負契約を「本件契約」という。
弁護士Qは、本件訴状の送達を受けたYから次のような相談を受けた。

【Yの相談内容】
「(a)　Xは、令和4年5月28日、本件工事を完成させ、私は、同日、本件
建物の引渡しを受け、Xに700万円を支払いました。しかし、私がXと
の間で締結したのは、報酬を700万円とする本件工事の請負契約であ
り、本件契約ではありません。
　私は、本件建物で飲食店を営業したいと考え、令和3年の年末頃、X
に本件建物のリフォーム工事について相談をしました。Xが本件建物を
見た上で、本件工事は700万円程度でできると述べたので、私は、令和
4年2月8日、Xとの間で、報酬を700万円とする本件工事の請負契約
を締結しました。したがって、私が本件工事の報酬としてXに支払うべ
き金額は、1000万円ではなく700万円であり、未払はありません。
　仮に、Xと私との間で、本件契約が締結されたというのであれば、X
は、令和4年5月28日、次のようなやり取りを経て、私に本件工事の
報酬残金300万円の支払を免除しましたので、私はそれを主張したいと
思います。
　私は、令和4年5月28日、本件建物の引渡しを受ける際、本件建物
の外壁に亀裂があるのを発見しました。私がその場で、Xに対し、外壁
の修補を求めたところ、Xは、この程度の亀裂は自然に発生するもので
修補の必要はないと言い、本件工事の報酬1000万円を支払うよう求め
てきました。私は、本件工事の報酬は700万円だと思っていましたので、
それを強く言うと、Xは、そのようなことはないなどと言っていました
が、最終的には、『700万円でいい。残りの300万円の支払はしなくて
よい。』と言いましたので、私は、700万円を支払って、本件建物の引渡
しを受けました。

605

第5部　論文式試験について

(b)　本件建物の外壁の亀裂は、その後、とんでもないことになりました。
令和4年6月初旬、雨が降り続いた際、本件建物の外壁の亀裂が原因
で雨漏りが生じました。私は、このままでは安心して本件建物で営業が
できないと思い、同月10日、Xに対し、本件建物の外壁の亀裂から雨
漏りが生じたことを伝え、外壁の修補を求めましたが、Xから断られま
したので、損害賠償を請求する旨を伝えました。そして、私は、本件建
物の外壁の補修工事を別の業者に依頼し、その報酬として350万円を支
出しました。」

弁護士Qは、【Yの相談内容】を前提に、Yの訴訟代理人として、本件訴訟の
答弁書（以下「本件答弁書」という。）を作成した。

以上を前提に、以下の各問いに答えなさい。

(1)　弁護士Qは、【Yの相談内容】(a)を踏まえて、抗弁を主張することとした。
その検討に当たり、本件訴訟において、抗弁として機能するためには、以下の
（ア）及び（イ）の事実が必要であると考えた。
（ア）〔　　　　　　　　〕
（イ）　Xは、Yに対し、令和4年5月28日、本件契約に基づく報酬債務のうち
300万円の支払を免除するとの意思表示をした。
（ i ）　（ア）に入る具体的事実を記載しなさい。
（ ii ）　弁護士Qが、（ア）の事実が必要であると考えた理由を簡潔に説明しな
さい。

(2)　弁護士Qは、【Yの相談内容】(b)から、YはXに対し、契約不適合を理由と
する債務不履行に基づく350万円の損害賠償債権を有すると考えた。弁護士Q
がこの350万円の回収方法として、本件訴訟手続を利用して選択できる訴訟行
為を判例を踏まえて挙げなさい。

〔設問3〕

本件訴訟の第1回口頭弁論期日において、本件訴状及び本件答弁書等は陳述さ
れた。弁護士Pは、その口頭弁論期日において、本件工事の報酬の見積金額が
1000万円と記載された令和4年2月2日付けのX作成の見積書（以下「本件見
積書①」という。）を書証として提出し、これが取り調べられたところ、弁護士
Qは、本件見積書①の成立を認める旨を陳述した。

これに対し、弁護士Qは、本件訴訟の第1回弁論準備手続期日において、本件
工事の報酬の見積金額が700万円と記載された令和4年2月2日付けのX作成

606

の見積書（以下「本件見積書②」という。）を書証として提出し、これが取り調べられたところ、弁護士Pは、本件見積書②の成立を認める旨を陳述した。

本件訴訟の第2回弁論準備手続期日を経た後、第2回口頭弁論期日において、本人尋問が実施され、本件契約の締結に関し、Xは、次の【Xの供述内容】のとおり、Yは、次の【Yの供述内容】のとおり、それぞれ供述した（なお、それ以外の者の尋問は実施されていない。）。

【Xの供述内容】

「私は、令和3年の年末頃に、Yから本件建物を飲食店にリフォームをしてもらえないかと頼まれ、本件建物を見に行きました。Yは、リフォームの費用は銀行から融資を受けるつもりなので、できるだけ安く済ませたいと言っていました。私は、Yの要望のとおりのリフォームをするのであれば1000万円を下回る報酬額で請け負うのは難しいと話し、本件工事の報酬金額を1000万円と見積もった本件見積書①を作成して、令和4年2月2日、Yに交付しました。Yが同月8日、本件工事を報酬1000万円で発注すると言いましたので、私は、同日、本件工事を報酬1000万円で請け負いました。見積金額が700万円と記載された本件見積書②は、Yから、本件建物は賃借している物件なので、賃貸人に本件工事を承諾してもらわなければならないが、大掛かりなリフォームと見えないようにするため、外壁工事の項目を除いた見積書を作ってほしいと頼まれて作成したものです。実際、私は、本件工事として本件建物の外壁工事を実施しており、本件見積書②は実体と合っていません。私は、Yは本件見積書①を銀行に提出し、同年5月初旬に銀行から700万円の融資を受けたと聞いていますが、本件見積書②を賃貸人に見せたかどうかは聞いていません。私は、契約書を作成しておかなかったことを後悔していますが、私とYは十年来の仲でしたので、作らなくても大丈夫だと思っていました。

以上のとおり、私は、Yとの間で、令和4年2月8日、本件契約を締結しました。」

【Yの供述内容】

「私は令和4年2月8日、Xに本件工事を発注しましたが、報酬は1000万円ではなく、700万円でした。Xが私に対し、1000万円を下回る報酬額で請け負うのは難しいと言ったことはなく、令和3年の年末頃に本件建物を見た際、700万円程度でできると言い、令和4年2月2日、本件工事の報酬金額を700万円と見積もった本件見積書②を私に交付しました。そこで、私は、同月8日、Xに対し、本件工事を報酬700万円で発注したいと伝え、Xとの間で、本件工事の請負契約を締結したのです。私から外壁工事の項目を除いた見積を作っ

第5部　論文式試験について

てほしいとは言っていません。確かに、本件見積書②には、本件工事としてX
が施工した外壁工事に関する部分の記載がありませんが、私は、本件見積書②
の交付を受けた当時、Xから、外壁工事分はサービスすると言われていました。
本件見積書①は、私が運転資金として300万円を上乗せして銀行から融資を受
けたいと考え、Xにお願いして、銀行提出用に作成してもらったものです。私
は、本件見積書①を銀行に提出しましたが、結局、融資を受けられたのは700
万円でした。本件見積書②は、本件工事の承諾を得る際、賃貸人に見せていま
す。」

　以上を前提に、以下の問いに答えなさい。
　弁護士Pは、本件訴訟の第3回口頭弁論期日までに、準備書面を提出するこ
とを予定している。その準備書面において、弁護士Pは、前記の提出された書
証並びに前記【Xの供述内容】及び【Yの供述内容】と同内容のX及びYの本
人尋問における供述に基づいて、XとYが本件契約を締結した事実が認められ
ることにつき、主張を展開したいと考えている。弁護士Pにおいて、上記準備
書面に記載すべき内容を、提出された書証や両者の供述から認定することがで
きる事実を踏まえて、答案用紙1頁程度の分量で記載しなさい。なお、記載に
際しては、冒頭に、XとYが本件契約を締結した事実を直接証明する証拠の有
無について言及すること。

〔設問4〕
　仮に、弁護士Qにおいて、〔設問2〕(2)の本件訴訟手続を利用して選択でき
る訴訟行為を行わないまま、本件訴訟の口頭弁論は終結し、その後、Xの請求
を全部認容する判決が言い渡され、同判決は確定したものとする（以下、この
確定した判決を「本件確定判決」という。）。Xは、Yが支払わないので、本件
確定判決を債務名義として、YのA銀行に対する預金債権を差押債権とする債
権差押命令の申立てをしたところ、これに基づく差押命令が発令されて、同命
令がA銀行及びYに送達された。
　弁護士Qは、Yの代理人として、〔設問2〕の【Yの相談内容】(b)を踏まえ、
本件確定判決に係る請求権の存在又は内容について異議を主張して、本件確定
判決による強制執行の不許を求めることができるか、結論を答えた上で、その
理由を民事執行法の関係する条文に言及しつつ、判例を踏まえて簡潔に説明し
なさい。

第12章　令和4年

第5部　論文式試験について

1 〔設問1〕

【出題趣旨】
　　設問1は、請負契約に基づく報酬支払請求権及びその附帯請求である履行遅滞に基づく損害賠償請求権が問題となる訴訟において、原告の希望に応じた訴訟物、請求の趣旨、請求を理由づける事実及びその事実が必要となる理由について説明を求めるものである。前記各訴訟物の法律要件及び要件事実の正確な理解が問われている。

(1) 答案構成例

1　小問(1)
　　請負契約に基づく報酬請求権および履行遅滞に基づく損害賠償請求権
2　小問(2)
　　被告は、原告に対し、300万円及びこれに対する令和4年5月29日から支払済みまで年3分の割合による金員を支払え。
3　小問(3)
　（ア）Xは、令和4年2月8日、Yとの間で本件工事を報酬1000万円で請け負うとの合意をした。
　（イ）Xは、令和4年5月28日、本件工事を完成した。
　（ウ）Xは、同日、Yに対し、（ア）の請負契約に基づき、本件建物を引き渡した。
4　小問(4)
　(1) 請負契約に基づく報酬支払請求権について
　　　まず、請負契約は報酬を対価として一定の仕事を完成する契約類型であり、「完成する仕事の内容」とそれに対する「報酬」が契約の本質的要素といえるから、これを具体的に特定する必要がある(①)。
　　　また、民法633条本文によれば、報酬は「仕事の目的物の引渡し」と同時履行の関係にあるから、仕事の完成は先履行となる（判例）。よって、仕事の完成についての具体的主張も必要となる（②）。
　　　なお、700万円一部弁済の事実は、抗弁事実であるので、主張の必要はない。
　(2) 報酬支払債務の履行遅滞に基づく損害賠償請求権について
　　　報酬支払請求権は、「引渡し」の翌日から遅滞に陥ることになる（民法633条本文）。

610

よって、引渡し（③）を具体的に主張する必要がある。

なお、「債務の発生」は①・②で既に現れており、「帰責事由」はこれにより利益を受ける債務者の主張すべき事実であるから主張の必要はない。

(2) 解説

ア 小問(1)

弁護士Pは「Xの希望する金員の支払を求める訴訟（以下「本件訴訟」という。）を提起」したとしているので、本件訴訟が金銭支払いを求める請求であることは明らかである。また、Xの相談内容の中で「私は、本件工事の報酬の残金300万円と支払が遅れたことの損害金全てをYに支払ってほしい」としているので、Xは請負契約の報酬及びその遅延損害金の支払いを求めていることがわかる。

したがって、本件訴訟の訴訟物は、請負契約に基づく報酬支払請求権及び履行遅滞に基づく損害賠償請求権である。

イ 小問(2)

本問においては、Xの相談内容の中で「私は、本件工事の報酬の残金300万円と支払が遅れたことの損害金全てをYに支払ってほしい」としているので、Xは、YがXに対して報酬の残額300万円及び遅延損害金の支払いする旨の内容の判決を求めていると考えられる。

したがって、本件訴訟の請求の趣旨は、「被告は、原告に対して、300万円及びこれに対する令和4年5月29日から支払済みまで年3％の割合による金員を支払え。」ことになる。

ウ 小問(3)、小問(4)

請負契約（民法（以下、略）632条）は、仕事の内容と報酬の合意が本質的な要素であるので（冒頭規定説）、（ア）を主張する必要である。また、仕事の目的物の引渡しと報酬支払は同時履行の関係にあり（633条本文）、仕事の目的物の完成は先履行が原則であるので、報酬支払い請求を行うには（イ）を主張する必要がある。

なお、Xは、Yが700万円しか支払っておらず、残金300万円を支払っていないと主張しているが、Yが700万円を弁済した事実は訴訟物の特定に必要な事実とはいえず、請求原因で主張する必要はない。

第5部　論文式試験について

　　履行遅滞に基づく損害賠償請求権の実体法上の要件は、①債権の成立、②履行期を経過したこと、③損害の発生とその額、である。

　　①については、上述したように（ア）により報酬支払請求権の成立が認められる。②については、報酬支払請求権の履行期は、民法633条により同時履行の関係に立つので、目的物の引渡しと同時となり、引渡しである（ウ）の主張が必要となる。同時履行の抗弁権の存在効果として、同時履行の抗弁権の存在自体が違法性阻却事由になる。したがって、報酬支払義務が履行遅滞になるためには、目的物の引渡しを主張して同時履行の抗弁権の存在効果を否定することが必要なのである（せり上がり）。③については、特約がない限り、「履行遅滞の責任を負った最初の時点における法定利率」（419条1項）が損害にあたるので、主張立証する必要はない。

2　〔設問2〕

【出題趣旨】

　　設問2は、一部請求の事案において、設問1の請求原因に対する抗弁として機能するために必要な要件事実及びその事実が必要となる理由の説明を求めるほか、被告が原告に対し債権を有する場合に債権回収の方法として本訴訟手続を利用して選択できる訴訟行為を問うものである。一部請求の事案における判例の理解を踏まえて、請求原因に対する抗弁の機能を正確に理解しているかが問われている。また、債権回収の観点から、適切な訴訟行為を選択できるか、実体法及び手続法の理解が問われている。

(1)　答案構成例

　1　小問(1)
　(1)　（ア）に入る具体的事実は、「Yは、Xに対し、令和4年5月28日、本件契約に基づく報酬支払債務の履行として、700万円を支払った。」である。
　(2)　Qが、（ア）の事実が必要であると考えた理由は、Xの請求が、数量的一部請求であるからである。すなわち、Xは、報酬1000万円のうち、300万円の支払を求めているところ、Yがかかる請求を斥けるためには、債権全額の不存在を主張しなければならない。したがって、300万円の債務免除の事実だけでなく、700万円の弁済の事実もあわせて主張する

612

第12章　令和4年

必要がある。

2　小問(2)

(1)　契約不適合を理由とする債務不履行に基づく350万円の損害賠償請求権（以下「本件請求権」という。）の回収方法として、本件訴訟手続において、相殺の抗弁を提出することが考えられる。

(2)　本件請求権は、Xの請求する報酬請求権と同時履行の関係にあるため（民法533条括弧書）、両債権を相殺することは「債務の性質がこれを許さない」ようにも思える（民法505条1項ただし書）。

　しかし、判例は、請負契約に基づく報酬請求権と、瑕疵修補に代わる損害賠償請求権の相殺の可否が問題となった事例において、両債権は同じ原因による債権であることや両債権の相殺は実質的に代金減額の意味合いを有し、これを現実に履行させる必要はないことから、両債権の相殺を認めている。そして、この判例法理は、民法改正後の契約不適合を理由とする債務不履行に基づく損害賠償請求権にも踏襲される。

　よって、本件でも、本件請求権と報酬請求権の相殺は「債務の性質がこれを許さない」ものには当たらない。

3　以上から、相殺による本件請求権の回収を行うことが可能であるため、上記の訴訟行為を行うべきである。

(2)　**解説**

ア　**小問(1)**

　本件訴訟は、請負代金請求権1000万円のうち300万円の支払いを求めるという明示の一部請求であるが、免除や弁済等の抗弁は本件訴訟で請求されていない部分から充当されるのであるから（外側説）、本件訴訟において請求されていない部分の弁済も合わせて主張しなければ、抗弁として成立しないことになる。

　抗弁の要件事実（イ）は、XがYに対して、報酬支払請求権1000万円のうち300万円を免除したとの主張であるが、本件訴訟で請求されていない部分である700万円に充当されてしまうので、（イ）のみでは抗弁として機能しなくなる。そのため、Yは、Yの相談内容にも現れている700万円の弁済の事実も合わせて主張する必要がある。

　したがって、（ア）に入る要件事実は、700万円の弁済の事実である。

613

第5部　論文式試験について

イ　小問(2)

　本問は、本件訴訟手続を利用して選択できる訴訟行為を、判例に踏まえて挙げることが問われており、例年とは少し違う民事訴訟法の問題が出題されている。

　本件訴訟手続を利用して行う訴訟行為として、相殺の抗弁の主張が考えられる。相殺は、「債務の性質がこれを許さない」（民法505条1項）ときにはすることができない。つまり、自働債権に同時履行の抗弁権が付着しているときには、できないのが原則である。もっとも、判例（最判昭53.9.21）は、請負契約における報酬請求権と修補に代わる損害賠償請求権は同時履行の関係にあるものの、対当額による相殺が許されるとしている。その理由として、①相殺を認めても相手方に対する抗弁権喪失による不利益を与えることにはならないこと、②相殺を認めることが双方の便宜と公平にかない、法律関係を簡明にすることを挙げている。そして、この判例法理は、改正後の民法においても適用することができる。

3　〔設問3〕

【出題趣旨】
　設問3は、供述が直接証拠となる事案において、要証事実との関係で証拠構造を正確に捉えること、間接証拠から推認できる重要な事実（原告に有利なもの、不利なもの）に言及した上で、要証事実が認められる理由を説得的に論じることが求められている。

(1)　答案構成例

第3　設問3
1　XとYが本件契約を締結した事実を直接証明する証拠は存在する。
　　たしかに、書証としては、本件見積書①・②しか提出されていないところ、これらは契約書ではなく、契約交渉段階において作成されたものにすぎないから、上記事実を直接証明するものではない。しかし、Xが本人尋問において、本件契約を締結したと供述しているところ、これは人証によって得られた証拠であり、上記事実を直接証明する証拠にあたる。
2　提出された書証やXおよびYの供述から認定することができる事実から、本件契約が締結された事実が、以下の通り認定できる。

614

第12章　令和4年

(1)　本件工事は、見積書①に基づいて発注された。まず、本件工事としてX
が施行した外壁工事に関する部分の記載は、見積書①にはあって、②には
ない。見積書は、実際に施工する工事内容とその費用を記載するものであ
るから、見積書②に基づいて本件工事が発注されたと考えるのは不自然
である。このことについて、Yは、外壁工事分はXがサービスしたもので
あると主張する。しかし、いくらXとYが10年来の仲であるとはいえ、
300万円もの高額な工事を無料で行うというのはにわかには考え難い。

(2)　そして、Yは、銀行から融資を受けるにあたり、見積書①を提出してい
る。銀行から融資を受ける際に虚偽の見積書を提出すれば、民事上・刑事
上の制裁を受けるおそれがあるため、真正な見積書を提出することが通
常である。Yは、見積書①を提出していることからは、見積書②ではな
く、見積書①がXY間の契約に合致していることが推認される。

(3)　また、見積書②は、Yが賃貸人に示すためにYに依頼されてXが作成し
たに過ぎない。事実、Yは、見積書②を、本件工事の承諾を得る際に賃貸
人に見せていることから、Xの供述内容と客観的事実が一致している。

(4)　以上から、本件工事は、報酬を1000万円とする見積書①に基づき受
発注されたことがわかる。

3　よって、Xの供述は信用でき、XとYは本件契約を締結したといえる。

(2)　解説

ア　設問3は、準備書面の内容を記載させるという例年通りの出題形式であ
るが、冒頭に要証事実を直接証明する証拠の有無について言及することが
求められており、立証構造についても論述することが求められている。二
段の推定という頻出論点ではなく、直接証拠である供述証拠の証明力を判
断するという立証構造について正確に理解していた受験生は多くなかっ
たと思われるため、立証構造の理解を示すだけで他の受験生と差をつける
ことができたであろう。

イ　弁護士Pが準備書面に記載すべき内容は、XとYが本件契約を締結した
事実が認められることについての主張である。また、同主張の前提として、
冒頭にXとYが本件契約を締結した事実、すなわち要証事実を直接証明す
る証拠の有無についても論述することが必要である。

本件では、書証として本件見積書①、本件見積書②が提出されていると
ころ、見積書は契約書ではなく契約締結前段階で作成される文書に過ぎな

615

第5部　論文式試験について

いのであるから、意思表示その他の法律行為を記載した文書たる処分証書には当たらず、要証事実たるXとYが本件契約を締結した事実を直接証明する証拠であるとはいえない。もっとも、Xは、本人尋問において、XとYが本件契約を締結したと供述しているところ、当該Xの供述は人証によって得られた証拠であり、要証事実を直接証明する証拠にあたる。

したがって、本件契約を締結したというXの供述の信用性が認められれば、XとYが本件契約を締結したという事実も認定されることになる。

ウ　弁護士Pは、本件契約を締結したというX供述の信用性が認められるので、XとYが本件契約を締結した事実が認められる旨を、準備書面に記載すべきである。

問題文においては、準備書面に記載すべき内容を、提出された書証や両者の供述から認定することができる事実を踏まえて記載することを求めている。そのため、準備書面に記載すべき内容としては、XとYの双方の供述が一致する事実、成立の真正が認められる書証から認められる事実、不利益事実を認めるY供述等動かし難い事実を認定した上で、本件契約を締結したというXの供述と動かし難い事実の整合性が認められるとして、当該Xの供述が信用できると論述することが望ましいと考えられる。

エ　本問においては、本件工事の報酬の見積金額が1000万円と記載された令和4年2月2日付けのX作成の見積書（本件見積書①）が書証として提出され、成立の真正が認められているところ、本件見積書①の記載内容は本件契約内容と合致するのであるから、本件見積書①は本件契約が締結されたことを証明する間接証拠となる。

もっとも、本件工事の報酬の見積金額が700万円と記載された令和4年2月2日付けのX作成の見積書（本件見積書②）も書証として提出され、成立の真正が認められているので、本件見積書②の記載内容通りにXY間に報酬700万円の請負契約が成立した可能性もありうる。

したがって、本件見積書①と本件見積書②のどちらが信用できるかが問題となる。

まず、本件見積書②においては、本件工事としてXが施工した外壁工事に関する部分の記載がないことについて、X供述とY供述が一致する。見積書は、実際に施工する工事内容とその費用を記載するものであるから、本件見積書②に基づいて本件工事が発注された（XとYとの間で請負契約

が締結された）とは考え難い。

　また、本件見積書②は、本件工事の承諾を得る際に、賃貸人に提出したものであることについて、Ｘ供述とＹ供述が一致している。賃貸人は、目的物の原状回復を困難にさせる大きなリフォームは拒否すると考えられ、賃借人がリフォーム工事の見積書を提出する際には、大掛かりなリフォームに見えないように見積書を修正する可能性も存在する。とすれば、本件見積書②は、Ｘの供述のとおり、Ｙが賃貸人にリフォーム工事の許可を得るべく、本件工事の承諾を得るために外壁工事の項目を除いた見積書の作成をＸに依頼したものであると考えることができる。

　他方、Ｙは、本件見積書①を銀行に提出したという不利益な事実を認めている。銀行から融資を受ける際に虚偽の見積書を提出すれば、民事上・刑事上の制裁を受けるおそれがあるため、真正な見積書を提出することが通常である。Ｙが銀行に融資を受けるために本件見積書①を提出していることから、本件見積書①の記載内容通りにＸＹ間の本件契約が締結されたと考えるのが自然である。

　以上により認められる各事実は、ＸとＹが本件契約を締結したというＸ供述と整合するのであるから、Ｘ供述は信用することができ、ＸとＹが本件契約を締結した事実は認められる。

4　〔設問4〕

【出題趣旨】

　設問4は、請求異議の訴えにおける異議事由が生じる基準時を指摘した上で、相殺の意思表示に関する判例の理解を踏まえて解答することが求められている。

(1)　答案構成例

第4　設問4
1　Ｑは、本件確定判決による強制執行の不許を求めることができる。
2　Ｑは、請求異議の訴え（民事執行法35条1項）を提起することが考えられるところ、かかる訴えにおいては、口頭弁論終結時以前に生じた事由を主張することができない（同条2項）。
　そうすると、ＹがＸに対して有する350万円の損害賠償債権を自働債権

第5部　論文式試験について

> とする相殺の主張は、同項により遮断されるとも思える。もっとも、前訴における相殺の主張は、被告にとって出捐となり、実質的敗訴ともなることから、期待できない。
>
> 　そこで、相殺の主張は、同項により遮断されない。
>
> 3　よって、Qはかかる主張により、強制執行の不許を求めることができる。

(2)　**解説**

　請求異議の訴え（民事執行法35条1項）においては、口頭弁論終結時以前に生じた事由を主張することができない（同条2項）とされている。

　確かに、本件訴訟において、YはXに対し350万円の損害賠償請求権を有しており、相殺適状であったことから、本件訴訟の確定判決がなされた後に、請求異議の訴えにおいて、同損害賠償請求権を自働債権とする相殺の抗弁の主張をすることができないとも思える。

　しかし、相殺権は、債務者の自働債権の消滅という新たな負担によるものであるから、前訴において主張しなかったとしても、前訴の既判力により遮断されず、基準事後に相殺権を行使したことを理由とする請求異議の訴えを提起することができるとされている（最判昭40.4.2民集19巻3号539頁）。

　したがって、Yは、損害賠償請求権を自働債権とする相殺の抗弁の主張により、強制執行の不許を求めることができるといえる。

第13章　令和5年

> ## 第13章　令和5年

　司法試験予備試験用法文を適宜参照して、以下の各設問に答えなさい。

〔設問1〕
　弁護士Ｐは、Ｘから次のような相談を受けた。

【Ｘの相談内容】
　「私は、中古車の収集を趣味としている個人です。令和4年8月上旬、友人Ａが私の自宅に併設されたガレージに遊びに来た際、私が中古で入手しカスタマイズした自動車（以下「本件車両」という。）を見ていたく気に入り、是非とも本件車両を売却してほしいと言いました。Ａが余りに強く希望するため、私も根負けして、本件車両を売却することを了解しました。ただ、Ａが即金での支払は難しく分割払になるというので、私は、そうであれば連帯保証人を付けてほしいと伝えたところ、数日後、Ａから、Ａの父親Ｙに連帯保証人となることの内諾を得たとの連絡がありました。
　令和4年8月17日、私は、Ａとの間で、本件車両を代金240万円で売却し、代金の支払については、同月から令和6年7月まで、毎月末日限り10万円ずつの分割払とし、Ａが分割金の支払を2回以上怠ったときは催告等要せず当然に期限の利益を喪失する旨を合意しました（以下「本件売買契約」という。）。
　また、私は、Ｙとの間で、令和4年8月17日、Ｙが、Ａの私に対する上記売買代金の支払債務につき、連帯して保証する旨の合意をしました（以下「本件保証契約」という。）。
　これらの合意については、別紙の売買契約書（以下「本件契約書」という。）に私、Ａ及びＹがそれぞれ署名押印する形で行いました。
　そして、私は、Ａに対し、令和4年8月17日、本件車両を引き渡しました。
　しかし、Ａは、令和4年8月及び同年9月の各月末に10万円ずつ合計20万円を支払ったのみで、同年10月及び同年11月の各末日が経過したにもかかわらず、分割金の支払を怠り、現在は行方不明となっています。

619

第5部　論文式試験について

　　そこで、私は、連帯保証人のＹに対し、Ａに代わって残代金220万円の支払を求めたいと思います。なお、残代金の元本さえ支払ってもらえればよく、利息・損害金の支払は求めません。」

　弁護士Ｐは、令和5年4月5日、【Ｘの相談内容】を前提に、Ｘの訴訟代理人として、Ｙに対し、Ｘの希望する金員の支払を求める訴訟（以下「本件訴訟」という。）を提起することとした。

　以上を前提に、以下の各問いに答えなさい。

(1)　弁護士Ｐが、本件訴訟において、Ｘの希望を実現するために選択すると考えられる訴訟物を記載しなさい。

(2)　弁護士Ｐが、本件訴訟の訴状（以下「本件訴状」という。）において記載すべき請求の趣旨（民事訴訟法第134条第2項第2号）を記載しなさい。なお、付随的申立てについては、考慮する必要がない。

(3)　弁護士Ｐが、本件訴状において記載すべき請求を理由づける事実（民事訴訟規則第53条第1項。以下同じ。）を記載しなさい。なお、いわゆるよって書き（請求原因の最後のまとめとして、訴訟物を明示するとともに、請求の趣旨と請求原因の記載との結びつきを明らかにするもの）は記載しないこと。

(4)　【Ｘの相談内容】のうち下線部の事実について、請求を理由づける事実として本件訴状に記載すべきか否かについて、①結論を答えた上で、②その理由を簡潔に説明しなさい。

(5)　弁護士Ｐは、Ｘの権利の実現を確実なものとするため、本件訴訟を提起するに当たり、Ｙの財産に対する仮差押命令の申立てを行うこととした。調査の結果、Ｙはα銀行に対する預金債権を有するほか、自宅の土地建物（以下「自宅不動産」という。）を所有しているが、自宅不動産については2年前（令和3年）に抵当権（被担保債権はいわゆる住宅ローン債権で、当初債権額は3000万円）が設定されていることが判明した。なお、α銀行の銀行取引約定書によれば、預金債権に対する仮差押えは銀行借入れがあった場合にその期限の利益喪失事由とされている。

　弁護士Ｐは、Ｙの財産のうち、α銀行の預金債権に対し仮差押命令の申立てを行うこととしたが、その申立てに当たり、Ｙの自宅不動産の時価を明らかにする必要があると考えた。その理由を民事保全法の関係する条文に言及しつつ簡潔に説明せよ。

620

第13章　令和5年

〔設問2〕
　弁護士Qは、本件訴状の送達を受けたYから次のような相談を受けた。

【Yの相談内容】
　「(a)　私は、Xから、息子のAが車両を購入した際の代金について、連帯
　　　保証人として支払うよう請求を受けていますが、私が、Aの代金支払
　　　債務について連帯保証した事実はありません。私は、Aから連帯保証
　　　人になってほしいと頼まれたものの、他にもAの借金の保証をしてい
　　　ましたので、これ以上保証はできないと伝えて断っています。Xは、
　　　本件契約書の連帯保証人欄に私の署名押印があると主張しています
　　　が、私は本件契約書に署名押印などしていません。
　　(b)　AがXから令和4年8月17日に代金240万円で本件車両を購入し
　　　たこと、代金は毎月末日限り10万円ずつ24回の分割払の約定だった
　　　こと、Aが同月及び同年9月の各月末に10万円ずつ合計20万円を支
　　　払ったのみで、その後、支払をしていないこと、現在、Aが所在不明
　　　であることは、いずれも争いません。
　　(c)　Aは、令和4年9月中旬頃、本件車両につき、いわゆる車検（道路
　　　運送車両法所定の継続検査。以下、単に「車検」という。）のため、
　　　業者Bに依頼して検査を受けたところ、保安基準に適合せず車検が通
　　　らなかったとこぼしていました。Aによると、Xから、本件車両は保
　　　安基準に適合しており、車検は通ると説明されたことから、本件車両
　　　の購入を決めたようですが、実際にはライト（前照灯）の改造部分が
　　　保安基準に適合しなかったため、車検が通らなかったそうです。保安
　　　基準に適合せず、車検に通らないと、公道を走行させることもできま
　　　せん。Aも、Xに対し、本件車両が保安基準に適合することを前提に
　　　本件車両を購入する旨を伝えていたそうですし、保安基準に適合しな
　　　い車両と知っていれば、本件車両を購入しなかったはずです。このよ
　　　うに、本件売買契約はそもそもAの錯誤に基づくものですので、仮に
　　　私がAの債務を連帯保証したのだとしても、私としてはXの請求を拒
　　　めるのではないでしょうか。」

　弁護士Qは、【Yの相談内容】を前提に、Yの訴訟代理人として、本件訴訟
の答弁書（以下「本件答弁書」という。）を作成した。その際、弁護士Qは、
【Yの相談内容】(c)を踏まえて、抗弁として、以下のとおり主張する必要があ
ると考えた。

第5部　論文式試験について

（あ）　Aは、本件売買契約当時、〔　①　〕にもかかわらず、〔　②　〕と
　　　　信じていた。
（い）　本件売買契約の際、〔　②に同じ　〕ことを前提にAが本件車両を
　　　　買い受けることが表示されていた。
（う）　Yは、Xに対し、〔　③　〕。

　以上を前提に、以下の各問いに答えなさい。なお、本件に民法第95条の適
用があることは解答の前提としてよい。
(1)　上記①から③までに入る要件事実（主要事実。以下同じ。）を、それぞれ
　　記載しなさい。
(2)　弁護士Qが、上記（う）が必要であると考えた理由を、民法の関係する条
　　文に言及しつつ、簡潔に説明しなさい。

〔設問3〕
　弁護士Pは、Aが本件車両の検査を依頼した業者Bに対し問合せを行い、次
のような回答を得た。

【業者Bの回答結果】
　　「Aが業者Bに対し、本件車両の検査を依頼したのは令和4年8月28日
　であり、業者BがAに対し、本件車両のライト（前照灯）の改造部分のため
　保安基準に適合しない旨を通知したのは同年9月15日である。」

　弁護士Pは、【業者Bの回答結果】を踏まえて、〔設問2〕における抗弁に対
する再抗弁を主張することができるか検討したところ、本件訴訟において、以
下のとおり主張する必要があると考えた。
　　（ア）　Aは、遅くとも令和4年9月15日には、本件車両が保安基準に適
　　　　　合しないことを知った。
　　（イ）　Aは、Xに対し、〔　④　〕。

　以上を前提に、以下の各問いに答えなさい。
(1)　上記④に入る要件事実を記載しなさい。
(2)　上記各事実の主張が再抗弁として機能すると判断した理由を、実体法上の
　　法律効果を踏まえて説明しなさい。

622

〔設問４〕

　本件訴訟の第１回口頭弁論期日において、本件訴状と本件答弁書が陳述された。同期日において、弁護士Ｐは、本件保証契約の締結を裏付ける証拠として、別紙の売買契約書（本件契約書。なお、斜体部分は全て手書きである。）を、「丙（連帯保証人）」作成部分の作成者をＹとして提出し、書証として取り調べられた。これに対し、弁護士Ｑは、同期日において、本件契約書のうちＹ作成部分の成立を否認した。その後、２回の弁論準備手続期日が行われた後、第２回口頭弁論期日において、ＸとＹの各本人尋問が実施され、Ｘは【Ｘの供述内容】のとおり、Ｙは【Ｙの供述内容】のとおり、それぞれ供述した（それ以外の者の尋問は実施されていない。）。なお、各供述のうち下線部については該当する書証が提出されて取り調べられており、その成立に争いがない。

【Ｘの供述内容】

　「私は、令和４年８月上旬に学生時代の友人Ａにせがまれて、私が収集しカスタマイズした中古車（本件車両）をＡに売却することになりました。代金額について240万円とすることが決まりましたが、Ａから、蓄えがないので、代金は分割払にしてほしいと言われました。私は、古くからの友人の頼みでもあり、これを了承しましたが、代わりに、連帯保証人を付けてほしいと頼みました。そうしたところ、同月10日頃、Ａから、父親のＹに連帯保証人になってもらうことで内諾を得たとの説明を受けました。Ａは、あらかじめＹには契約書の連帯保証人欄に署名押印してもらっておくというので、私は、インターネットで見つけたひな型を使って本件契約書の文案を作成し、Ａに交付しました。

　令和４年８月17日、Ａが私の自宅にやってきました。このとき、本件契約書の丙（連帯保証人）の署名欄には既にＹ名義の署名押印があり、Ａは、Ｙの印鑑登録証明書を持参していました。私とＡは、本件契約書の甲（売主）の署名欄と乙（買主）の署名欄にそれぞれ署名押印しました。

　本件契約書のＹ名義の署名がＹの自筆によるものかは不明ですが、Ｙ名義の印影は、間違いなくＹの実印によるものです。

　私は、その日（令和４年８月17日）の夜にＹ宅に電話をして、Ｙに、本件車両の売却について、Ａとの間で本件契約書の調印が終わり、Ｙとの間で本件保証契約が成立したことを報告しました。Ｙは、『Ａからも聞いているので問題ない』と応じました。

　なお、Ｙは、Ａがアパートを借りる際の保証人となるため、実印を預託したと供述しますが、<u>Ａの住民票</u>によれば、ＡがＹの自宅から住所を移転したのは令和４年12月15日のことです。」

第5部　論文式試験について

【Yの供述内容】

「私は今年で72歳になります。令和4年8月当時、私の自宅に同居していた息子のAが、その友人のXから本件車両を購入したことは事実のようです。しかし、本件契約書のうち私が連帯保証人になっている部分は全く身に覚えがありません。

Aは昔から浪費癖があり、金銭消費貸借契約書のとおり、令和4年8月当時、私は、Aの貸金業者に対する約200万円の借入れについて保証人になっていました。私は、Aから、友人の車を分割払で買うので保証人になってほしいと言われましたが、年金振込通知書のとおり、当時、月15万円の年金暮らしで生活に余裕がありませんでしたので、さすがにこれ以上は無理だと言って断りました。私の日記の同月9日の欄にも、「Aから車購入の相談。保証はさすがに断る。」と記載されています。

ちょうど同じ令和4年8月にAが就職し、私の自宅を出て一人暮らしをすることになり、アパートの賃貸借契約を結ぶことになりましたが、賃貸借契約に保証人が必要とのことでしたので、私は、保証人になることを承諾し、Aに私の実印を預け、印鑑登録証明書を渡したことがありました。実印は1週間くらいで返してもらいましたが、この時に預けた実印を悪用し、本件契約書に私の実印を無断で押したのだと思います。なお、本件契約書の私名義の署名は、私の筆跡に似てはいますが、私が記載したものではありません。

令和4年8月17日、知らない男性から電話があって、保証がどうとか言われましたので、私は、Aがアパートを借りた際の不動産仲介業者だろうと思い、適当に相づちを打ってしまいました。この電話の際に、相手から車の売買の件であるなどといった説明はありませんでした。」

以上を前提に、以下の各問いに答えなさい。

(1) 弁護士Qは、本件契約書のY作成部分の成立を否認するに当たり、次のように理由（民事訴訟規則第145条）を述べた。以下の⑤及び⑥に入る陳述内容を記載しなさい。

　　「本件契約書のY名義の印影が〔　⑤　〕ことは認めるが、同印影が〔　⑥　〕ことは否認する。YがAに預託した実印を、Aが預託の趣旨に反して冒用したものである。」

(2) 弁護士Pは、本件訴訟の第3回口頭弁論期日までに、準備書面を提出することを予定している。その準備書面において、弁護士Pは、前記の提出された書証並びに前記【Xの供述内容】及び【Yの供述内容】と同内容のX及びYの本人尋問における供述に基づいて、本件保証契約が締結された事実が認

第13章　令和5年

められることにつき、主張を展開したいと考えている。弁護士Pにおいて、上記準備書面に記載すべき内容を、提出された書証や両者の供述から認定することができる事実を踏まえて、答案用紙1ページ程度の分量で記載しなさい。なお、記載に際しては、本件契約書のY作成部分の成立の真正に関する争いについても言及すること。

（別紙）

（注）斜体部分は全て手書きである。

売買契約書

1　売主甲（X）は、買主乙（A）に対し、別紙目録（省略）記載の車両を代金240万円で売却する。

2　乙は、甲に対し、前項の代金240万円を、次のとおり分割して支払う。
　　令和4年8月から令和6年7月まで　毎月末日限り10万円ずつ（24回払）

3　連帯保証人丙（Y）は、甲に対し、乙の甲に対する第1項及び前項の代金支払債務を連帯して保証する。

4　（以下略）

令和 *4* 年 *8* 月 *17* 日
　　　甲（売主）　　　　　*X*　　　　X印
　　　乙（買主）　　　　　*A*　　　　A印
　　　丙（連帯保証人）　　*Y*　　　　Y印

625

第5部　論文式試験について

1　〔設問1〕

【出題趣旨】

　　設問1は、保証契約に基づく保証債務履行請求権が問題となる訴訟において、原告の希望に応じた訴訟物、請求の趣旨及び請求を理由づける事実を整理するとともに、主たる債務である売買契約に基づく代金支払請求権につき分割払いの合意がある場合の期限の利益喪失事由について請求を理由づける事実として訴状に記載すべきか否かの検討を求めるものであり、前記訴訟物の法律要件及び要件事実の正確な理解が問われている。また、仮差押命令の申立てに当たり疎明すべき保全の必要性について、債務者の資産状況に即して具体的に検討することが求められている。

(1)　答案構成例

1　小問(1)

　　訴訟物は、保証契約に基づく保証債務履行請求権である。

2　小問(2)

　　請求の趣旨は、「被告（Y）は、原告（X）に対し、220万円を支払え」である。

3　小問(3)

　　(あ)　Xは、令和4年8月17日、Aに対し、本件車両を240万円で売った。

　　(い)　XとYは、同日、Yが①の売買代金債務を保証する旨の合意をした。

　　(う)　Yの②の意思表示は書面によってされた。

4　小問(4)

　　①　結論

　　　　下線部の事実についての記載は不要である。

　　②　理由

　　　　保証契約の要件事実としては主債務の発生原因を記載する必要があるところ、本件保証契約の主債務の発生原因は売買契約である。売買契約の要件事実は、民法555条から、目的物の特定及び代金額又は代金額の決定方法の合意である。

　　　　下線部の事実は、本件売買契約の弁済期限の合意を前提とするその期限の経過であるところ、売買契約の弁済期限の合意はその利益を受ける側（被告）が抗弁として主張すべきである。一方、弁済期の経過について

626

は、上記抗弁による請求権の行使の阻止の発生を障害する事由であり、再抗弁として原告が主張すべき事実である。

よって、下線部の事実は、Yが弁済期限の抗弁を主張した場合に、Xが再抗弁として主張すべき事実であり、Xが請求原因として主張すべき事実ではないからである。

5　小問(5)

弁護士Pは、民事保全法13条の保全の必要性の疎明のために、Yの自宅不動産（以下「本件不動産」という。）の時価を明らかにする必要があると考えた。

α銀行の預金債権（以下「本件債権」という。）に対する仮差押えをした場合、仮にYが同銀行に対する債務を負っていた場合はその期限の利益を失い、相殺により本件債権を失ってしまう可能性がある。よって、本件不動産の価値が本件抵当権の被担保債権額を上回っている場合には、先に本件不動産に対する仮差押えをするほうがよく、その査定のために本件不動産の時価を明らかにする必要があると考えた。

(2)　解説

ア　小問(1)

訴訟物の選択においては、弁護士PはXの希望を実現できる訴訟物を選択しなければならない。【Xの相談内容】を踏まえて、どのような法律構成が考えられて、どの法律構成がXの希望を実現できるか検討する必要がある。

Xは、Aに対して、本件車両を代金240万円で売却しており、XY間では、YがAの本件売買代金の支払い債務について保証する旨の合意をしている。そして、Xは、「連帯保証人のYに対し、Aに代わって残代金220万円の支払を求めたい」としており、弁護士Pは【Xの相談内容】を前提にXの希望する金員の支払いを求める訴訟を提起している。

したがって、弁護士Pは、保証契約に基づく保証債務履行請求権を訴訟物として選択する必要がある。

イ　小問(2)

保証債務は、特約がない限りその対象として主たる債務に関する利息や遅延損害金を包含するとされている（民法447条1項）ところ、主債務の債務者たるAは分割金の支払いを遅滞しており、主債務の遅延損害

金が発生しているのであるから、Xとしては保証債務の履行として売買
代金の残代金及び遅延損害金の支払いを求めることができる。

しかし、Xは、「連帯保証人のYに対し、Aに代わって残代金220万円
の支払を求めたい」としており、「残代金の元本さえ支払ってもらえれば
よく、利息・損害金の支払は求めません。」としているので、保証債務と
して残代金の支払いのみを求めるというXの意向に沿った判決を求める
べきである。

したがって、請求の趣旨は、「被告は、原告に対し、220万円を支払え」
となる。

ウ　小問(3)

設問1小問(3)は請求原因事実の記載を求めている。

保証債務の場合、請求原因事実は、①主債務の発生原因事実、②主債務
についての保証契約の合意、③②の保証意思が書面又は電磁的記録によ
ることである（本書100ss頁以下参照）。

主債務は売買代金債権であるので、①主債務の発生原因事実は、売買
契約の合意であるから、「(あ) Xは、令和4年8月17日、Aに対し、本
件車両を240万円で売った。」と記載すべきである。次に、主債務につい
ての保証契約の合意は、「(い) XとYは、同日、Yが (あ) の売買代金債
務を保証する旨の合意をした。」と記載すべきである。さらに、③保障意
思が書面でなされたことについては、「(う) Yの (い) の意思表示は書面
によってされた。」と記載すべきである。

エ　小問(4)

請求原因事実においては、上述したように要件事実として①主債務の
発生原因事実、②主債務についての保証契約の合意、③②の保証意思が
書面によることを記述する必要がある。

下線部の事実は、本件売買契約の弁済期限の合意を前提とするその期
限の経過であるところ、請求原因事実の要件事実において、本件売買契
約の弁済期間の合意が必要であれば、その期間の到来も主張する必要が
あるだろう。では、期限の合意が要件事実を構成するか検討する。

本問においては、主債務がXのAに対する本件売買契約に基づく売買
代金債務であることから、①主債務の発生原因事実として、売買契約の
成立が入ることになる。典型契約の場合、各契約の冒頭の規定が、各契約

が成立するための本質的な要素を定めているので、その要件に該当する具体的な事実を主張・立証する必要がある（冒頭規定説）。民法555条においては「目的物の特定」と「代金額又は代金額の決定方法」が要求されているので、売買契約の成立には、「目的物の特定」及び「代金額又は代金額の決定方法」の合意を主張・立証すれば足りる。

他方、期限の合意は、売買契約の本質的要素ではなく、期限の合意の主張・立証責任については、それによって利益を受ける当事者が負うべきであるので、請求原因事実を構成せず、被告が抗弁として主張しなければならない。

したがって、下線部の事実は、期限の合意の抗弁に対する、期限の到来の再抗弁として位置づけられるので、Xが請求原因として主張すべき事実ではない。

オ　小問(5)

仮差押命令の申立ての実体的要件は、①被保全権利、②保全の必要性であるところ（民事保全法13条）、本問は保全の必要性の判断を求めるものである。

保全の必要性は、強制執行をすることができなくなるおそれがあるとき、又は強制執行をするのに著しい困難を生ずるおれがあるときに認められる。

Yの財産としては、a銀行に対する預金債権（以下、本件債権）、自宅不動産（以下、本件不動産）が存在しており、本件不動産には抵当権が設定されている。本件債権に対する仮差押えをした場合、仮にYが同銀行に対する債務を負っていた場合には、その期限の利益を失い、相殺により本件債権を失ってしまう可能性がある。かかる場合には、本件債権に対して仮差押命令をしたとしても、強制執行をすることができず、保全する必要性が認められなくなるおそれがある。

他方、本件不動産の時価が本件不動産に設定されている抵当権の被保全債権の額を上回っている場合は、本件不動産の抵当権が実行されても競売の剰余金をもって、本件債権の強制執行をすることができるといえる。

したがって、弁護士Pとしては、本件債権に対する仮差押命令の申立てを行う前に、本件不動産の仮差押命令の可否を判断するべく、本件不動産の時価を明らかにする必要があると考えた。

629

第5部　論文式試験について

2　〔設問2〕

【出題趣旨】
　設問2は、設問1の請求原因に対する抗弁として機能するために必要な要件事実及びその事実が必要となる理由の説明を求めるものである。主たる債務者の錯誤に基づく取消権を理由とする保証人の履行拒絶（民法第457条第3項）につき、法律要件及び要件事実の理解が問われている。

(1)　答案構成例

第2　設問2
1　小問(1)
　　①には「本件車両のライト（前照灯）の改造部分が保安基準に適合していない」が、②には「本件車両が保安基準に適合する」が、③には「(あ)(い)によりAがXに対して有する取消権の行使により、Aが本件売買契約による代金債務を免れる限度において、本件保証債務の支払いを拒絶する」が入る。
2　小問(2)
　　錯誤による本件売買契約の取消権の行使は意思表示によりなされるが、民法457条3項は弁済拒絶の抗弁を規定しているところ、弁済拒絶の抗弁は弁済拒絶を目的とする権利抗弁であることから、支払い拒絶の権利の主張が要件事実となることを理由とする。

(2)　解説
ア　概要

　本問は、弁済拒絶の抗弁の法的性質の理解を問うものである。
　保証人は、取消権者ではないから主債務者の取消権を自ら行使することはできないものの、主債務者に取消権が存在する場合には主債務の存否が不正確であるので、保証人の法的地位が不安定となる。そのため、民法は、主債務者が債権者に対して取消権を有するときは、取消権の行使によって主債務者が債務を免れるべき限度において、保証人は保証債務の履行を拒むことができると規定している（民法457条3項）。

630

同規定の趣旨からすると、保証人は、権利抗弁として、主債務者の取消権の存在によって主債務の存否が不確定である間には保証債務の履行を拒絶することができると考えるべきである。

したがって、弁済拒絶の抗弁においては、①取消権の発生原因事実と、②支払いを拒絶する旨の権利主張が要件事実となる。

イ　小問(1)

小問(1)においては、弁済拒絶の抗弁の要件事実の記載を求めている。

【Yの相談内容】からすると、「Aによると、Xから、本件車両は保安基準に適合しており、車検は通ると説明されたことから、本件車両の購入を決めた」ところ、「実際にはライト（前照灯）の改造部分が保安基準に適合しなかったため、車検が通らなかった」として、「本件売買契約はそもそもAの錯誤に基づくもの」であると述べている。

Yの言い分としては、本件売買契約は、錯誤事由が存在し、主債務者であるAには錯誤取消権が存在するのであるから、保証債務を拒絶したいとのことであるだろう。そうすると、①取消権の発生原因事実は、錯誤事由の記載をする必要があるので、㋐意思表示が民法95条1項2号に掲げる錯誤に基づくものであること、㋑その錯誤が法律行為の目的および取引上の社会通念に照らして重要なものであること、㋒㋐事情が法律行為の基礎とされていることが表示されていたことが必要である。

Aにおいては、実際はライトの改造部分が保安基準に適合しなかったのに、本件車両は保安基準に適合していると信じていたという動機の錯誤が存在しており、同錯誤事由は取引上の社会通念に照らして重要である。したがって、㋐㋑としては（あ）「Aは、本件売買契約の当時、実際は本件車両のライトの改造部分が保安基準に適合しなかったにもかかわらず、本件車両は保安基準に適合していると信じていた。」が入る。

そして、㋒としては（い）「本件売買契約の際、本件車両は保安基準に適合していることを前提にAが本件車両を買受けることが表示されていた。」が入る。

次に、②保証債務の支払いの拒絶する旨の権利主張としては、（う）「Yは、Xに対し、（あ）（い）によりAがXに対して有する取消権の行使により、Aが本件売買契約による代金債務を免れる限度において、本件保証債務の支払いを拒絶する。」が入ることになる。

第5部　論文式試験について

ウ　小問(2)

　小問(2)においては、（う）の権利主張が必要な理由を、民法の関係する条文から簡潔に説明することが求められている。

　解答する際には、民法 457 条3項の条文、上述した弁済拒絶の抗弁の趣旨から弁済拒絶の抗弁は権利抗弁であり、権利主張が必要とされることを丁寧に論じていれば足りる。

3　〔設問3〕

【出題趣旨】

　設問3は、設問2の抗弁に対する再抗弁として機能するために必要な要件事実及びその事実が必要となる理由の説明を求めるものである。法定追認（民法第125条第1号）に関する法律要件及び要件事実の理解が問われている。

(1)　答案構成例

第3　設問3
1　小問(1)
　　④には「令和4年9月末日、本件売買契約の代金債務として 10 万円支払った」が入る。
2　小問(2)
　　民法 125 条1号は、追認をすることができる時以後に、取り消すことができる行為について、全部又は一部の履行の事実があったときは、追認をしたものとみなす、として法定追認を規定している。
　　本問では、（ア）により、Aは本件車両が保安基準に適合しないことを認識し、Aは追認することができるようになった事実が示され、（イ）により、追認できるようになった時以後に本件売買契約の履行の一部がされた事実を示している。この事実により法定追認の効果が発生する。
　　Yは、Aの錯誤による本件売買契約の取消権に基づく弁済拒絶を主張しているところ、法定追認により、Aの錯誤による本件売買契約の取消権の効果及びYの弁済拒絶の効果も消滅し、Xの請求原因による効果が復活するからである。

---

(2) 解説

　設問3は、取消権に基づく弁済拒絶の抗弁に対する法定追認の再抗弁を問う問題である。法定追認は主に短答式試験で出題される分野であるため、現場では思いついた受験生は少なかったと考えられる。

　民法125条1号は、追認をすることができる時以後に、取り消すことができる行為について、全部又は一部の履行の事実があったときは、追認をしたものとみなす、として法定追認を規定している。そして、「追認することができるとき」とは、取消権を行使することができることを知った時である。そうすると法定追認の再抗弁の要件事実は、①取消権を行使することができることを知ったこと、②全部又は一部の履行（125条各号の事実）である。

　本件においては、業者Bは、Aに対し、令和4年9月15日に、本件車両のライト（前照灯）の改造部分のため保安基準に適合しない旨を通知したとしており、遅くともAは同時点において錯誤事由が存在することを知ることができたといえるので、①は（ア）「Aは、遅くとも令和4年9月15日には、本件車両が保安基準に適合しないことを知った。」が入る。

　次に、【Xの相談内容】によると、Aは、Xに対して、令和4年8月及び同年9月の各月末に10万円ずつ合計20万円を支払ったとしているところ、9月末に支払った10万円は、追認することができる時以来になされた、一部の履行であるので、法定追認事由にあたる。したがって、②は、（イ）「Aは、Xに対し、令和4年9月末日に、本件売買契約の代金債務として10万円支払った。」が入る。

4　〔設問4〕

【出題趣旨】

　設問4は、本件契約書（Y作成部分）につき、Yの印章により顕出された印影があり、いわゆる二段の推定が働くことを前提に、被告が文書の成立を否認する理由を整理した上で、原告代理人の立場から、本件契約書（Y作成部分）が要証事実である保証契約締結の事実についての直接証拠となることを踏まえつつ、要証事実の存否につき、原告に有利・不利な複数の事実を適切に分析・評価しながら、本件契約書（Y作成部分）が真正に成立したものであり、要証事実が認められるという点を、説得的に論述することが求められる。

第5部　論文式試験について

(1)　答案構成例

第4　設問4

1　小問(1)

　　⑤には「Yの実印により顕出された」が、⑥は「Yの意思に基づく押印である」が入る。

2　小問(2)

　(1)　本件契約書のY名義の印影は、Yの印鑑登録証明書と合致するところから、Yの実印により顕出したものであることが認められる。よって、Yの意思に基づく押印であることが推認され、民事訴訟法228条4項により、本件契約書は真正に成立したものと推定される。

　(2)　預託時期と移転時期のかい離

　　　この点、Yは、令和4年8月にAがYの自宅を出て一人暮らしをすることになり、アパートの賃貸借契約を締結するに際し、その保証人になることを承諾し、Aに実印を預けたことがあり、そのときにAがYの実印を冒用したものであると主張する。

　　　しかし、自宅を出て新たにアパートの賃貸借契約を締結した場合、住民票を速やかに移すのが通常であるところ、Aの住民票によれば、AがYの自宅から住所を移転したのは同年12月15日のことであり、同年8月にAがアパートの賃貸借契約を締結するに際し、Aに実印を預託した旨のYの供述は不自然であり信用できない。

　(3)　電話確認手続の存在

　　　また、Xは、契約締結日の同年8月17日の夜にY宅に電話をし、XY間の本件保証契約の締結を報告したところ、Yは「Aから聞いているので問題ない」と応じており、本件契約書のY名義の実印による押印はAによる冒用でないことが認められる。

　　　この点、Yは、同日の電話で保証について確認されたが、不動産仲介業者と思い適当に相づちを打ったと主張する。しかし、保証人になることは重要な法的地位に関わることであり、適当に相づちを打つことは通常考えられないのであり、Yの主張は不自然であり信用できない。

　(4)　Yの資力および保証意思

　　　Yは、同年8月当時、月15万円の年金暮らしで生活に余裕がない（年金振込通知書）ところ、当時Aの約200万円の借入れの保証人になっていた（金銭消費貸借契約書）のであるから、Aによる本件車両購入の保証人になることは無理であり断っていた（私の日記）旨を主張する。

しかし、保証人は主債務者が支払いをしていれば自ら保証債務を履行しなくてよく、収入が少ないことと保証契約を締結するか否かは別の問題である。まして、第三者の債務の保証ではなく、息子の債務の保証であれば、親子の情愛から保証人になることは通常あることである。同年8月当時、月15万円の年金暮らしで生活に余裕がないと言いながら、Aの約200万円の借入れの保証人になっていることはその証左であり、上記のYの主張はYの本件保証契約締結を否定する論拠になり得ない。

また、「私の日記」の記載は同年8月9日の記載であり、本件保証契約締結日の欄には本件保証契約の締結を否定する記載はない。日記はそのときどきの考えや感情を表現するものであり、同年8月9日に保証人になることを断っていたとしても、それから8日後の本件保証契約締結日には翻意していることは通常あることであり、「私の日記」の記載はYの本件保証契約締結を否定する論拠になり得ない。

よって、(4)冒頭のYの主張から、本件契約書のY名義の実印による押印がAの冒用であることを認めることはできない。

(5) 以上から、民事訴訟法228条4項により本件契約書は真正に成立したものと推定され、それを覆す反証がない。よって、本件契約書どおりXY間の本件保証契約の締結が認められる。

(2) 解説

ア 小問(1)は二段の推定という最頻出論点が出題されており、多くの受験生が対策していたと考えられるため、適切な解答ができないと他の受験生を大きく差をつけられてしまうおそれのある問題である。小問(2)は、毎年出題されている準備書面の内容を記載させるものであり、全体的に受験生の解答レベルも高いと考えられるので、限られた時間内において適切な事実認定を行うことが求められたと考えられる。

イ 小問(1)は、弁護士Qが本件契約書のY作成部分の成立を否認する理由について、陳述内容を記載することが求められている。

別紙における本件契約書を参照してみると、丙（Y）がXに対し、AのXに対する本件売買代金支払債務を保証することが内容とされており、X及びYの署名押印がなされている。そうすると、本件契約書は、意思表示その他の法律行為を記載した文書たる処分証書であり、本件保証契約の締結という要証事実を直接立証させる証拠であるので、形式的証明力が認め

635

第5部　論文式試験について

られれば、特段の事情がない限り、実質的証明力も認められる。

　したがって、本件契約書のY作成部分の形式的証明力が認められれば、特段の事情がない限り、本件保証契約の締結された事実が認められることになる。

ウ　弁護士Qは、「YがAに預託した実印を、Aが預託の趣旨に反して冒用した」と主張しており、本件契約書のY名義の印影がYの実印により顕出されたことは認めるものの、同印影がYの意思に基づく押印であることは否認していると考えられる（小問(1)）。

　以上により、Yは、一段目の推定を争っているので、弁護士Pとしては一段目の推定についてのYの反証が認められないと主張していく必要がある。

エ　弁護士Pが、本件保証契約が締結された事実が認められることについて、準備書面の内容を記載すべきである。論述すべき内容としては以下となる。

　前提として、本件契約書に存在するY名義の印影がYの実印により顕出したものであるため、Yの意思に基づく押印であることが推定（一段目の推定）され、本件契約書にYの意思に基づく押印がなされていることから、本件契約書の成立の真正が認められることになる（民事訴訟法228条4項、二段目の推定）ことについて論述する必要がある。

　次に、Yは、「YがAに預託した実印を、Aが預託の趣旨に反して冒用した」と主張し、一段目の推定について反証することが考えられるので、弁護士Pとしては、同反証が認められないことについて論述する必要がある。

オ(ア)　Yの本人尋問における【Yの供述内容】からすると、Yは、令和4年8月に、AがYの自宅を出て一人暮らしをすることになり、アパートの賃貸借契約を締結するに際し、その保証人になることを承諾し、AにYの実印を預けたことがあり、そのときにAがYの実印を冒用したものであると述べている。

　しかし、自宅を出て新たにアパートの賃貸借契約を締結した場合、住民票を速やかに移すのが通常であるところ、Aの住民票によれば、AがYの自宅から住所を移転したのは同年12月15日のことであるので、Aがアパートの賃貸借契約を締結したのは令和4年8月ではなく、12

月である可能性が高い。

　したがって、Yが同年8月にAがアパートの賃貸借契約を締結するに際し、Aに実印を預託した旨のYの供述は不自然であり信用できない。

(イ)　次に、【Yの供述内容】によると、Yは、同年8月当時、月15万円の年金暮らしで生活に余裕がない（年金振込通知書）ところ、当時Aの約200万円の借入れの保証人になっていた（金銭消費貸借契約書）のであるから、Aによる本件車両購入の保証人になることは無理であり断っていた（私の日記）旨を主張する。

　しかし、保証人は、主債務者が支払いをしていれば自ら保証債務を履行しなくてもよく、収入が少ないことと保証契約を締結するか否かは別の問題である。加えて、第三者の債務の保証ではなく、息子の債務の保証であれば、親子の情愛から保証人になることは通常あることである。令和4年8月当時、Yは、Aの約200万円の借入れの保証人になっていることはその証左であり、上記のYの主張はYの本件保証契約締結を否定する論拠になり得ない。

(ウ)　Yは、Yの日記において令和4年8月9日の欄に「Aから車購入の相談。保証はさすがに断る」と記載されていたことから、Yは本件保証契約を締結しておらず、AがYの実印を冒用したと主張する。

　しかし、本件日記において、本件保証契約締結日の欄に本件保証契約の締結を否定する記載はない。日記はその日々の考えや感情を記録するものであり、たとえ令和4年8月9日に保証人になることを断っていたとしても、それから8日後の本件保証契約締結日までに翻意していた可能性も十分存在しうるので、令和4年8月9日の記載のみでは本件保証契約を締結した可能性を排斥できない。

　したがって、「私の日記」の記載はYの本件保証契約締結を否定する論拠になり得ない。

(エ)　Xの供述内容から、Xは、契約締結日の同年8月17日の夜にY宅に電話をし、ＸＹ間の本件保証契約の締結を報告したところ、Yは「Aから聞いているので問題ない」と応じている事実が認められる。Xとしては、同事実から、本件契約書のY名義の実印による押印はAによる冒用でないことが認められると主張することができる。

　これに対し、Yの供述内容から、令和4年8月17日、知らない男性から電話があって、保証がどうとか言われたが、Aがアパートを借りた際の不動産仲介業者だろうと思い、適当に相づちを打ってしまったにす

第5部　論文式試験について

ぎないとして、本件契約書のY名義の実印による押印はAによる冒用であると主張すると考えられる。

　しかし、保証人になることは、保証債務を負うという重要な法的地位に関わることであるので、知らない男からの電話に適当に相づちを打つことは通常考えられない。したがって、Yの上記主張は不自然であるといえる。

　よって、本件契約書のY名義の実印による押印がAの冒用であるというYの反証は認められない。

(オ)　以上により、本件契約書は成立の真正が推定されるので、実質的証明力が認められなくなる特段の事情も見受けられず、本件契約書とおりXY間の本件保証契約の締結が認められる。

638

第13章　令和5年

第5部　論文式試験について

第14章　令和6年

　司法試験予備試験用法文を適宜参照して、以下の各設問に答えなさい。ただし、XのYに対する金銭債権に係る請求については検討する必要がない。
　以下の設問中に「別紙」において定義した略語を用いることがある。

〔設問1〕
　別紙1【Xの相談内容】は、弁護士PがXから受けた相談内容を記載したものである。弁護士Pは、令和6年7月5日、別紙1【Xの相談内容】を前提に、Xの訴訟代理人として、Yに対し、本件建物の収去及び本件土地の明渡しを求める訴訟（以下「本件訴訟」という。）を提起することとし、本件訴訟における訴状（以下「本件訴状」という。）を作成し、裁判所に提出した。
　これに対し、弁護士Qは、本件訴状の送達を受けたY（代表取締役A）から別紙1【Y（代表取締役A）の相談内容】のとおり相談を受け、Yの訴訟代理人として本件訴訟を追行することにした。
　以上を前提に、以下の各問いに答えなさい。
⑴　弁護士Pが、本件訴訟において、選択すると考えられる訴訟物を記載しなさい。
⑵　弁護士Pが、本件訴状において記載すべき請求の趣旨（民事訴訟法第134条第2項第2号）を記載しなさい。なお、付随的申立てについては、考慮する必要がない。
⑶　弁護士Pが、本件訴状において記載すべき請求を理由づける事実（民事訴訟規則第53条第1項。以下同じ。）を記載しなさい。解答に当たっては、本件訴訟において、Yが、別紙1【Y（代表取締役A）の相談内容】に沿って認否することを前提とすること。なお、いわゆるよって書き（請求原因の最後のまとめとして、訴訟物を明示するとともに、請求の趣旨と請求原因の記載との結びつきを明らかにするもの）は記載しないこと。
⑷　弁護士Qは、別紙1【Y（代表取締役A）の相談内容】（a）を前提に、本件訴訟の答弁書（以下「本件答弁書」という。）を作成した。弁護士Qが本件答弁書において抗弁として記載すべき具体的事実を記載しなさい。

640

〔設問2〕
　第1回口頭弁論期日において、本件訴状及び本件答弁書が陳述され、弁護士P及び弁護士Qは、それぞれ、次回期日である第1回弁論準備手続期日までに準備書面を作成することとなった。

(1) 弁護士Pは、別紙1【Xの相談内容】の下線部の（ⅰ）及び（ⅱ）の各言い分について、再抗弁として主張すべきか否かを検討している。弁護士Pが、上記（ⅰ）及び（ⅱ）の各言い分について、それぞれ、①再抗弁として主張すべきか否かの結論を記載するとともに、②（a）再抗弁として主張すべき場合には、再抗弁を構成する具体的事実を記載し、（b）再抗弁として主張しない場合には、その理由を説明しなさい。

(2) 弁護士Qは、弁護士Pから再抗弁を記載した準備書面（以下「原告準備書面」という。）が提出されたことを受けて、別紙1【Y（代表取締役A）の相談内容】（b）を前提に、以下のような再々抗弁を記載した準備書面（以下「被告準備書面」という。）を作成した。

　　（ア）　Aは、Xに対し、令和4年11月9日、アンティーク腕時計（本件商品）を代金200万円で売った。

　　（イ）　〔　　　　　　　　　　　〕

　　（ウ）　Aは、Xに対し、令和6年3月20日、（ア）の代金債権をもって、本件延滞賃料と対当額で相殺する旨の意思表示をした。

　　①上記〔　　　　〕に入る具体的事実を記載するとともに、②その事実を主張した理由を簡潔に説明しなさい。

〔設問3〕
　第1回弁論準備手続期日において、原告準備書面及び被告準備書面が陳述され、弁護士Pは、次回期日である第2回弁論準備手続期日までに準備書面を作成することとなった。

　その後、弁護士Pは、Xから更に別紙1【Xからの聴取内容】のとおりの事情を聴取した。

　これを前提に、以下の各問いに答えなさい。

(1) 弁護士Pは、別紙1【Xからの聴取内容】を前提に、被告準備書面の再々抗弁に対し、再々々抗弁として、以下の各事実を主張することにした。

　　（あ）　Xが、Aに対し、令和5年3月23日、代金200万円とした本件商品の代金額につき、50万円とするよう申し入れ、XとAとの間で上記代金額につき争いがあった。

　　（い）　XとAは、上記（あ）につき互いに譲歩し、令和5年4月10日、本件商品の売買代金債権総額を100万円に減額する旨の和解をした。

641

第5部　論文式試験について

（う）　〔　　　　　　　　　　〕

　　①上記〔　　　〕に入る具体的事実を記載するとともに、②上記（あ）及び（い）の事実に加えて、上記（う）の事実を主張すべきと考えた理由につき、和解契約の法律効果について触れた上で、簡潔に説明しなさい。

(2)　第2回弁論準備手続期日において、弁護士Pは、上記(1)のとおり再々々抗弁を記載した準備書面を陳述し、弁護士Qは、再々々抗弁事実のうち上記(1)（い）の事実（以下「本件事実」という。）につき「否認する。X主張の和解合意をした事実はない。」と述べた。

　　同期日において、弁護士Pは、本件事実を立証するため、別紙2の和解合意書（以下「本件合意書」という。）を提出し、書証として取り調べられた。これに対し、弁護士Qは、本件合意書のうちA作成部分の成立の真正について「否認する」との陳述をした。

（ⅰ）　裁判所は、本件合意書のA作成部分の成立の真正について判断するに当たり、弁護士Qにどのような事項を確認すべきか。①結論を答えた上で、②その理由を簡潔に説明しなさい。

（ⅱ）　弁護士Pは、本件事実を立証するに当たり、今後どのような訴訟活動をすることが考えられるか。証拠構造や本証・反証の別を意識し、上記（ⅰ）で裁判所が確認した事項に対する弁護士Qの回答により場合分けした上で簡潔に説明しなさい。

〔設問4〕

　仮に、本件訴訟の口頭弁論が令和6年11月5日に終結し、同年12月3日、Xの請求を全部認容する判決が言い渡され、その後、同判決が確定したとする（以下、この確定した判決を「本件確定判決」という。）。しかし、Yが本件建物の収去及び本件土地の明渡しをしないため、Xが、本件確定判決に基づき、強制執行の申立てをしようとしたところ、本件建物の所有権が同年10月14日にYからZに移転していたことが判明したとする。

　この場合、①Xが強制執行を申し立てるに当たって、どのような不都合が生じるか、②その不都合を防ぐために、Xがあらかじめ採るべきであった法的手段は何か、それぞれ簡潔に説明しなさい。

（別紙1）

【Xの相談内容】

　「私は、令和2年7月1日、Aに対し、店舗用建物を所有する目的で、私所有の土地（以下「本件土地」という。）を、賃料月額10万円、毎月末日に翌月分払い、期間30年間の約束で賃貸しました（以下「本件賃貸借契約」という。）。

642

第14章　令和6年

　Aは、令和2年8月中には、本件土地上に店舗用建物（以下「本件建物」という。）を建てて、本件建物で高級腕時計の販売を始めました。Aは、令和5年3月17日、本件建物の所有権を現物出資し、時計等の販売を目的とする株式会社Yを設立して自ら代表取締役に就任し、同日、Yに対し、本件建物の所有権移転登記をしました。そして、Aは、私が承諾していないにもかかわらず、同日、Yに対し、本件土地を賃貸しました（以下「本件転貸借契約」という。）。以後、Yが本件建物を店舗として利用しています。私は、Aに対し、本件転貸借契約について抗議するつもりでしたが、同年5月10日、Aは脳梗塞で倒れて入院してしまい、それ以降、賃料が支払われなくなりました。

　私は、Aの体調が回復したことから、Aに対し、令和6年3月7日、令和5年6月分から令和6年3月分までの10か月分の延滞賃料100万円（以下「本件延滞賃料」という。）の支払を2週間以内にするように求めましたが、Aは支払おうとしません。

　私は、本件延滞賃料に関するAとの話合いは諦め、Aに対し、令和6年3月31日到達の内容証明郵便をもって、（ⅰ）賃料不払を理由として本件賃貸借契約を解除するとともに、（ⅱ）本件土地の無断転貸を理由として本件賃貸借契約を解除しました。Yは、何ら正当な権原がなく本件建物を所有して本件土地を占有していますので、Yに対し、本件建物の収去及び本件土地の明渡しを求めたいと思います。」

【Y（代表取締役A）の相談内容】

　「（a）Xは、令和2年7月1日、私（A）に対し、店舗用建物を所有する目的で、本件土地を賃料月額10万円、毎月末日に翌月分払い、期間30年間の約束で賃貸して（本件賃貸借契約）、これに基づいて本件土地を引き渡しました。その後、私（A）は、令和2年8月に本件土地上に本件建物を建て、同所で腕時計販売店を経営していましたが、令和5年3月17日、本件建物の所有権を現物出資して、時計等の販売を目的とする当社（Y）を設立するとともに、同日、当社（Y）に対し、賃貸期間の定めなく、賃料月額10万円で本件土地を賃貸し（本件転貸借契約）、これに基づいて本件土地を引き渡しました。しかし、Xは、令和6年3月31日到達の内容証明郵便で本件賃貸借契約を解除すると伝えてきました。Xは、本件賃貸借契約の解除の理由として、私（A）から当社（Y）への本件土地の無断転貸を挙げていますが、個人で腕時計販売店をしていた私（A）が、全額を出資し、腕時計販売を目的とする当社（Y）を設立して、自ら代表取締役に就任したものであり、当社（Y）には他の役員や従業員はおらず、本件建物は引き続き腕時計販売店として使用し、私（A）一人で営業に当たっていたのですから、Xには何も迷惑をかけていません。X

643

第5部　論文式試験について

が本件土地を所有していることや、当社（Y）が本件建物を所有していること
は事実ですが、上記の解除の主張は不当であり、当社（Y）はXに本件土地を
明け渡す義務はないと思います。

　（b）また、私（A）は、Xに対し、令和4年11月9日、アンティーク腕
時計（以下「本件商品」という。）を代金200万円とし、うち100万円を契約
日に支払い、残りの100万円は令和5年5月9日限り私（A）の口座に振り込
んで支払う約束で売り、契約日に本件商品を引き渡しました。しかし、Xは契
約日に100万円を支払ったものの、残りの代金100万円の支払がなかったた
め、私（A）は、Xに対し、令和6年3月20日、この未払代金100万円と本
件延滞賃料とを対当額で相殺する旨を電話で伝えました。」

【Xからの聴取内容】

　「Yが主張するとおり、私は、Aから、令和4年11月9日、本件商品を代
金200万円で購入し、代金のうち100万円をその日に支払いました。しかし、
私は、本件商品を製造から50年以上が経過したアンティーク商品だと思って
200万円で購入したのですが、令和5年3月20日頃、製造年代がAの説明と
は異なっており、実際には50万円程度の価値しかないことを知ったのです。
そのため、私は、Aにだまされたと思い、同月23日、Aに本件商品の代金額
を50万円にするよう申し入れました。これに対し、Aは当初、本件商品の代
金額は200万円が相当だと言っていましたが、その後、話し合った結果、同年
4月10日、Aとの間で、「本件商品の売買代金債権総額を100万円に減額す
る」との内容で和解しています（以下「本件和解」という。）。その後、Aは、
令和6年3月20日になって、本件商品の未払代金が残っていることを前提に
本件延滞賃料と相殺する旨を伝えてきたのですが、上記のとおり既に本件和解
が成立している以上、相殺には理由がありません。

　なお、本件和解については、私がAとの間で和解が成立した令和5年4月10
日の当日に作成した和解合意書（本件合意書）が存在します。」

644

（別紙２）

（注）　斜体部分は手書きである。

和解合意書

1　甲（A）が、令和4年11月9日、乙（X）に対して、200万円で売却したアンティーク腕時計について、その売買代金額に争いが生じたが、甲と乙は、互いに譲歩した結果、本日、上記腕時計の売買代金債権総額を100万円とすることで合意した。

2　なお、乙は、甲に対し、令和4年11月9日、上記腕時計の代金として、100万円を支払済みである。

（以下略）

令和5年4月10日

　　　　　　　　　　甲（売主）　　　　*A*
　　　　　　　　　　乙（買主）　　　　*X*　　　　X印

第5部　論文式試験について

1　〔設問1〕

【出題趣旨】
　　設問1は、契約関係にない第三者に対する建物収去土地明渡請求が問題となる訴訟において、原告の希望に応じた訴訟物、請求の趣旨、請求を理由づける事実及び抗弁事実の内容を問うものである。前記訴訟物（物権的請求権）や、請求原因及び抗弁（転貸借契約に基づく占有権原）の要件事実につき、正確な理解が求められる。

(1)　答案構成例

1　小問(1)
　　所有権に基づく返還請求権としての土地明渡請求権1個
2　小問(2)
　　被告は、原告に対し、本件建物を収去して本件土地を明け渡せ。
3　小問(3)
　（あ）Xは、現在、本件土地を所有している。
　（い）Yは、令和6年7月5日、本件土地上に本件建物を所有して本件土地を占有している。
4　小問(4)
　　占有権原の抗弁—賃貸借契約の存在
　（う）Xは、令和2年7月1日、Aに対し、本件土地を賃料月額10万円で賃貸した。
　（え）Xは、Aに対して、①の契約に基づいて、本件土地を引き渡した。
　（お）Aは、令和5年3月17日、Yに対し、本件土地を賃料月額10万円で賃貸した。
　（か）Aは、Yに対して、③の契約に基づいて、本件土地を引き渡した。
　（き）非背信性の評価根拠事実
　　（ⅰ）Yは、Aが全額を出資して設立し、自ら代表取締役に就任したものである。
　　（ⅱ）Yには、Aの他に役員や従業員はいない。
　　（ⅲ）Aは、本件建物において個人で腕時計販売店をしていたが、Yも本件建物を引き続き腕時計販売店として使用し、A一人で営業に当たっていた。

646

第14章　令和6年

(2)　解説

ア　小問(1)

　本問においては、Xは、Aに対し、本件土地を賃貸しているところ、Aは本件土地上に本件建物を建て、Yに本件建物を現物出資し、所有権移転させている。そして、Aは、Yに対し、Xの承諾なく本件土地を賃貸している。

　【Yの相談内容】によると、Yは転借人でXとの関係で現在に至るまで直接の契約関係にないことから、Xの請求は物権的請求であることがわかる。このように、賃貸借契約終了に基づく返還請求権としての土地明渡請求権との違いに注意が必要である。また、Xは「Yに対し、本件建物の収去及び本件土地の明渡しを求めたい」と述べているので、Xの希望を実現するために選択する訴訟物は、所有権に基づく返還請求権としての土地明渡請求権となる。

　なお、建物収去の主文は、執行方法の特定を訴訟物に準ずるものとして審理の対象とするにすぎず、土地明渡と別個の実体法上の請求ではないから、建物収去土地明渡請求訴訟の訴訟物は、所有権に基づく返還請求権としての土地明渡請求権で足りる。

イ　小問(2)

　上述したように、Xは「Xは、Yに対し、本件建物の収去及び本件土地の明渡しを求めたい」としているので、弁護士Pは建物収去土地明渡請求訴訟を提起することになる。

　建物収去土地明渡請求の請求の趣旨は、「被告は、原告に対し、本件建物を収去して本件土地を明け渡せ。」になる。

ウ　小問(3)

　小問(3)は請求原因事実の要件事実の記載が求められている。

　所有権に基づく返還請求権としての土地明渡請求権の請求原因事実は、①Xの本件土地の所有、②Yの本件土地の占有である。そして、本件は、建物収去明渡訴訟であるので、建物収去の主文を導くために、被告が土地上に建物を占有して土地を占有していることを主張・立証しなければならない。

　また、解答に当たって、本件訴訟において、Yが、別紙1【Y（代表取締役A）の相談内容】に沿って認否することを前提とするところ、Yは、

647

第5部　論文式試験について

①Xが本件土地を所有していること、Yが本件建物を所有していること
を認めているので、権利自白が成立しているといえる。

したがって、①には、（あ）「Xは、現在、本件土地を所有している。」
が入り、②には、（い）「Yは、本件土地上に本件建物を所有して本件土地
を占有している。」が入る。

エ　小問(4)

小問(4)は、【Y（代表取締役A）の相談内容】を踏まえて、抗弁の要件
事実を記載することを求めている。

【Y（代表取締役A）の相談内容】によると、Xは、Aに対して本件土
地を賃貸し、Aは、Yに対して本件土地を賃貸しているとしているので、
Yとして考えられる抗弁としては、転貸借契約に基づく占有権原の抗弁
が考えられる。

占有権原の抗弁の要件事実は、①ＸＡ間の賃貸借契約の締結、②①に
基づく引渡し、③ＡＹ間の賃貸借契約の締結、④③に基づく引渡し、⑤X
の転貸についての承諾の意思表示又は、転貸借について賃貸人に対する
背信行為と認めるに足りない特段の事情である。

本件では、Xは、本件転貸借契約について承諾しておらず、【Y（代表
取締役A）の相談内容】において、「当社（Y）には他の役員や従業員は
おらず、本件建物は引き続き腕時計販売店として使用し、私（A）一人で
営業に当たっていたのですから、Xには何も迷惑をかけていません。」等
の事情が存在するので、⑤には非背信性の評価根拠事実を記載すべきで
ある。

したがって、①には、（う）「Xは、令和2年7月1日、Aに対し、店舗
用建物を所有する目的で、本件土地を賃料月額10万円、毎月末日に翌月
分支払い、期間30年の約束で賃貸した。」が入り、②には、（え）「Xは、
Aに対して、（う）の契約に基づいて、本件土地を引き渡した。」が入り、
③には（お）「Aは、令和5年3月17日、Yに対し、賃貸期間の定めな
く、賃料月額10万円で本件土地を賃貸した。」が入り、④には、（か）「A
は、Yに対して、（お）の契約に基づいて、本件土地を引き渡した。」が入
る。⑤については、「Yは、個人で腕時計販売店をしていたAが全額を出
資して腕時計販売を目的として設立して、A自ら代表取締役に就任した
ものであり、Yには他の役員や従業員はおらず、本件建物は引き続き腕

648

時計販売店として使用し、A一人で営業にあたっており、本件土地の利用実態には変更がない。」と具体的な評価根拠事実を記載すべきである。

2　〔設問2〕

【出題趣旨】
　設問2は、原告の二つの主張（賃料不払及び無断転貸を理由とする解除）に関し、再抗弁該当性及び再抗弁となる場合の再抗弁事実の内容を問うとともに、前記再抗弁に対し、相殺の再々抗弁として機能するために必要な要件事実及びその事実が必要となる理由を問うものである。特に、無断転貸における賃貸人の承諾の意思表示に代わる「背信行為と認めるに足りない特段の事情」につき、その主張の位置付けについて事案に即した正確な分析が求められる。

(1)　答案構成例

(1)　（ i ）について
　再抗弁として主張すべきである。
　（あ）令和5年6月から令和6年3月までの各月末日が経過した。
　（い）Xは、令和6年3月7日、Yに対し、令和5年6月末日から令和6年3月末日までの10か月分の賃料100万円の支払を催告した。
　（う）令和6年3月21日は経過した。
　（え）Xは、令和6年3月31日、Yに対し、本件賃貸借契約を解除するとの意思表示をした。
(2)　（ ii ）について
　再抗弁として主張しない。
　本件主張は、AからYへの土地の無断転貸（民法612条1項・2項）を理由とするものである。賃借人が賃貸人の承諾なく第三者に目的物を使用収益させた場合でも、その行為が賃貸人に対する背信的行為と認めるに足りない特段の事情があるときは、解除権は発生しない。本件では、無断転貸及びそれについての非背信性の評価根拠事実が既に抗弁で出ている以上、無断転貸に基づく解除を再抗弁として主張するには、解除の意思表示に加え、非背信性の評価障害事実が必要になる。しかし、占有権原の抗弁に対しては、非背信性の評価障害事実のみを主張すれば足りる。そのため、無断転貸に基づく解除の再抗弁は、過剰主張として主張自体失当となる。

第5部　論文式試験について

2　小問(2)

①　「Aは、令和4年11月9日、Xに対し、(ア)の売買契約に基づき、本件商品を引き渡した。」という事実を主張する。

②　本件でAは売買契約に基づく代金支払請求権を自働債権として相殺しようとしている。同債権にはXから本件商品を引き渡すように求める同時履行の抗弁権（民法533条本文）が付着しているから、このまま相殺することはできず、同時履行の抗弁権を消滅させるものとして、本件商品の引渡しという反対債務の履行が必要となる。

(2)　**解説**

ア　小問(1)

(ア)　（ⅰ）について

（ⅰ）は、賃料不払いによる債務不履行解除の再抗弁である。

再抗弁として主張すべきか否かについては、主張自体失当となり得るか、認められる余地がないか等で判断すべきである。本件においては、そのような事情も見受けられず、また、設問2小問(2)において債務不履行解除の再抗弁を前提にした、相殺の再々抗弁の要件事実を記載することを求めているので、問題文の誘導に従い、記載すべきであると判断するのが望ましいだろう。

賃料不払いによる債務不履行解除の要件事実は、①賃貸借契約の締結、②①に基づく引渡し、③賃料支払債務を発生させる一定期間の経過・民法614条所定の支払い期間の経過、④賃料支払いの催告、⑤相当期間の経過、⑥相当期間経過後の解除の意思表示である。

本件においては、①②は、請求原因事実において、既に主張されている。③は、(あ)「令和5年6月から令和6年3月までの各月末日が経過した。」が入り、④は、(い)「Xは、令和6年3月7日、Yに対し、令和5年6月末日から令和6年3月末日までの10か月分の賃料100万円の支払を催告した。」が入り、⑤は、(う)「令和6年3月21日は経過した。」が入り、⑥は、(え)「Xは、令和6年3月31日、Yに対し、本件賃貸借契約を解除するとの意思表示をした。」が入ることになる。

第14章　令和6年

(イ)　(ⅱ)について

　　(ⅱ)の言い分は、AからYへの土地の無断転貸（民法612条1項・2項）による解除の主張である。もっとも、【Y（代表取締役A）の相談内容】から、Yは抗弁において非背信性の評価根拠事実を主張している。Xが無断転貸に基づく解除を再抗弁として主張するには、解除の意思表示に加え、非背信性の評価障害事実が必要になる。もっとも、Yが主張している占有権原の抗弁に対しては、非背信性の評価障害事実のみを主張すれば足りる。よって、無断転貸の主張は、ａ＋ｂの主張として制限される。

イ　小問(2)

　　小問(2)では、相殺の再々抗弁の要件事実の記載を求めている。

　　自働債権が双務契約の場合の相殺の再々抗弁の要件事実は、①自働債権の発生原因事実、②自働債権の同時履行の抗弁権の発生障害又は消滅原因となる事実、③相殺の意思表示である。なぜなら、自働債権が売買契約等の双務契約の場合には、自働債権の発生原因事実を主張・立証することによって、同時履行の抗弁権の存在が基礎づけられてしまうので、同時履行の抗弁権の存在効果を否定する事実を主張しないと相殺の再々抗弁は主張自体失当となるからである。

　　【Y（代表取締役A）の相談内容】によると、Aは契約日にアンティーク腕時計を引き渡したとしているので、②として反対給付の履行を主張立証することができる。

　　したがって、(イ)には、「Aは、令和4年11月9日、Xに対し、(ア)の売買契約に基づき、本件商品を引き渡した。」が入る。

3　〔設問3〕

【出題趣旨】

　　設問3(1)は、前記再々抗弁に対し、再々々抗弁として機能するために必要な要件事実及びその事実が必要となる理由の説明を問うものであり、和解契約の法律効果（債権の一部消滅）に触れつつ、合わせて弁済の主張が必要となる理由を説得的に論述することが求められる。

　　設問3(2)は、作成者名義の署名がある私文書の成立の真正が否認された場合に関して、民事訴訟法第228条第4項についての理解を問うとともに、要

651

第5部　論文式試験について

証事実を立証するための当事者の訴訟活動について問うものである。

(1)　答案構成例

1　小問(1)

① 「Xは、令和4年11月9日、Aに対し、(い)の債務の履行として、100万円を支払った。」

② 本件でXが主張する再々々抗弁は、相殺の対象となる債権100万円に関する消滅の抗弁となる。売買代金の残額に争いがあった場合でも和解した場合には、その和解契約の成立により、残額は消滅したこととなる（民法696条）。

そして、和解契約に基づき本件商品の売買代金債権は100万円の範囲を超える部分について消滅しているところ、Xは、この残額100万円についても弁済により消滅したことを主張して初めて、Yが相殺の再々抗弁の自働債権として主張している債権の不存在を明らかにすることができる。従って、Xは合体抗弁として和解契約が存在する事実と弁済の事実を合わせて主張する必要がある。

2　小問(2)

(1)　(ⅰ)について

① Qに対し、(a)Aが本件合意書にそもそも署名していない（自分ではない第三者が署名した）という主張なのか、それとも(b)Aが署名したが、署名した時には白紙でその後悪用された、または、署名した後に変造・改ざんされたという主張なのかを確認する。

② 民事訴訟法228条4項は、本人の署名があるときは、文書の成立の真正が推定されるとの法定証拠法則を規定している。そして、本人の署名とは、本人の意思に基づく署名を意味するところ、かかる署名があれば、前記法定証拠法則により、文書全体が本人の意思に基づいて作成されたことが推定される。

私文書の成立の真正を否認する場合には、その理由を明らかにしなければならない（民事訴訟規則145条）。

また、Aがそもそも署名していない（自分ではない第三者が署名した）という主張の場合と署名自体はしたがその後変造・改ざんされたという主張によって、P側での主張立証が変わることになる。

(2)　(ⅱ)について

ア　Qが(a)Aが本件合意書にそもそも署名していないという主張をする場

652

第14章　令和6年

　合、ＰはＡ本人の署名であることを立証しなければならない（本証）。そし
　て、Ａ本人による署名であることが立証できれば、民事訴訟法228条4項
　で文書の真正が推定されることになる。
イ　Ｑが、(b)Ａが署名したが、署名した後、変造・改ざんされたという主張
　をしている場合、Ａの署名がＡの意思に基づくものであることを前提に、
　Ｑの側で、文書全体が本人の意思に基づいて作成されたことを疑わせる事
　情、例えばＡが署名した時にはその紙は白紙であったこと、署名した後に
　変造・改ざんされたことを反証する。反証の結果、文書全体がＡの意思に
　基づいて作成されたことを真偽不明にできれば（裁判所に疑いを抱かせる
　ことができれば）、Ｐは、文書全体がＡの意思に基づいて作成されたことを
　立証しなければならなくなる（本証）。

(2)　解説

ア　小問(1)

　　和解契約の成立が認められると、和解契約で定められた内容の権利義務
が生じる（民法696条）ことになる。和解契約の冒頭規定たる民法695条
によると、和解契約の成立要件は、①当事者間に法律関係について争いが
あること、②お互いに譲歩して一定の法律関係の合意をすることである。

　　和解契約の締結によって法律関係が確定し、その後の蒸し返しが拒絶さ
れることを、和解の確定効と呼ぶ。和解の確定効は、当該争いにつき蒸し
返しを防止する効力（不可争効）、和解契約により実体法上の権利変動が生
じる効力（権利変動効）、当事者間に存在した争いをやめる効力（紛争終止
効）に分類することができる。本件商品の売買代金総額が、和解契約によっ
て200万円から100万円に減額されたことは、和解契約の権利変動効のあ
らわれといえる。

　　和解契約が、相殺の再々抗弁に対する再々々抗弁として成立するには、
相殺の再々抗弁と両立しながら、相殺の再々抗弁から発生する法律効果
を妨げる必要がある。相殺の再々抗弁においては、本件売買契約に基づ
く売買代金債権を自働債権としているので、和解契約が再々々抗弁とし
て成立するには、自働債権である売買代金債権が和解契約により消滅し
たことを主張・立証する必要がある。

　　本件和解契約（あ）（い）により、ＸＡ間の売買契約に基づく代金債務
は100万円の範囲に限定されるところ、これのみでは自働債権たる売買
代金債務が消滅したとは言えないのであるから、Ｘは（あ）（い）に加え

653

第5部　論文式試験について

て（う）「Xは、Aに対し、売買代金債務の履行として100万円を支払った」ことが必要である。

イ　小問(2)

(ア)　概要

例年、事実認定の問題としては、準備書面の内容を記載するという出題形式で出題がなされていたが、本年度は準備書面の内容を記載させるという出題形式は採用せず、裁判官の立場から弁護人に確認すべき事項、弁護士の立場から訴訟活動方針について問われている。

ただ、問題の内容としては、法律実務基礎科目（民事）の最頻出論点である私文書の成立の真正が出題されているので、正確な論証をしないと他の受験生に大きく差をつけられることになると思われる。

(イ)　（ⅰ）について

設問3小問(2)においては、第二回弁論準備期日において弁護士Pが和解契約による再々々抗弁を記載した準備書面を陳述し、弁護士Qは、再々々抗弁事実のうち（い）「XとAは……令和5年4月10日、本件商品の売買代金債権総額を100万円に減額する旨の和解をした。」（以下、本件事実）につき、否認し、和解合意をした事実はないと述べている。

したがって、本件訴訟の重要な争点は、XY間の和解契約の成立の有無であると考えられる。

裁判所としては、審理を進行する上で本件訴訟の重要な争点である和解契約の成立について、立証構造を把握することが必要となる。そのために要証事実たる和解契約の成立については、直接証明する証拠（直接証拠）の有無を検討することになる。

弁護士Pは、本件事実を立証するために、別紙2の和解合意書（以下、本件合意書）を提出し、書証として取り調べられたとしている。本件合意書は、本件和解契約という意思表示その他の法律行為を記載した文書たる処分証書であり、形式的証明力が認められると特段の事情がない限り、実質的証明力も認められることになる。そして、弁護士Qは、本件合意書のうちA作成部分の成立の真正について否認しているので、Yは形式的証明力を争っていると考えられる。

第 14 章　令和 6 年

　したがって、本件合意書のＡ作成部分の形式的証明力が認められれば、本件和解契約が成立した事実を認定されることになるので、本件合意書の形式的証明力の有無が本件訴訟の中心となる。

　形式的証明力とは、文書の記載内容が作成者の思想を真に表現していると認定されることであり、「文書の成立の真正」又は「文書の成立の真否」との文言が使用される。そして、文書の成立の真正とは、文書が作成名義人の意思に基づいて作成されたことをいう。

　証拠により文書の形式的証明力を証明する場合、挙証者の負担軽減のため、法廷証拠法則についての規定があり、私文書については、文書に本人又は代理人の署名又は押印があるときは、真正に成立したものと推定される（民事訴訟法 228 条 4 項）。すなわち、文書の押印が本人の意思に基づくことが証明されれば、文書自体が本人の意思に基づいて作成されたことが推定される。

　押印の成立の真正について、最判昭 39.5.12（民事訴訟法百選 68 事件）は、文書中の印影が本人又は代理人の印章によって顕出された場合には、当該印影は本人または代理人の意思に基づいて成立したものと推定される（一段目の推定）としている。これは、わが国では作成者の意思表明を担保する手段として押印がなされており、第三者に印象を使用させることは稀であるため、その押印は作成者自身によるとの経験則に基づいて事実上の推定を認めているのである。しかし、署名の成立の真正については、かかる一段目の推定が認められているわけではないことに注意が必要である。

　いずれにせよ、裁判所としては、弁護士Ｑが本件合意書のうちＡ作成部分の成立の真正について否認しているのであるから、審理の進行のために署名の成立の真正と民事訴訟法 228 条 4 項の推定のどちらを争っているのかを明らかにさせる必要があるだろう（民事訴訟規則 145 条）。

　すなわち、裁判所はＱに対し、(a)Ａが本件合意書にそもそも署名していない（自分ではない第三者が署名した）という主張なのか、それとも(b)Ａが署名したが、署名した時には白紙でその後悪用された、または、署名した後に変造・改ざんされたという主張なのかを確認すべきである。

655

第5部　論文式試験について

(ｳ)　（ⅱ）について

　本問においては、上述したように弁護士Ｑが(a)署名の成立の真正を争う場合と(b)民事訴訟法 228 条４項の推定を争う場合において、弁護士Ｐはどのような訴訟活動をするべきかについて解答を求めている。

　まず、弁護士Ｑが(a)Ａが本件合意書にそもそも署名していないという主張をする場合、署名の成立の真正については事実上の推定が認められないので、弁護士ＰはＡ本人の署名であることを立証しなければならなくなる（本証）。そして、Ａ本人による署名であることが立証できれば、民事訴訟法 228 条４項により本件合意書の文書の真正が推定されることになる。

　次に、弁護士Ｑが、(b)Ａが署名したが、署名した後、変造・改ざんされたという主張をしている場合、Ａの署名がＡの意思に基づくものであることを前提に、弁護士Ｑの側で、文書全体が本人の意思に基づいて作成されたことを疑わせる事情、例えばＡが署名した時にはその紙は白紙であったこと、署名した後に変造・改ざんされたことを反証すると考えられる。反証の結果、文書全体がＡの意思に基づいて作成されたことを真偽不明にできれば（裁判所に疑いを抱かせることができれば）、弁護士Ｐは、文書全体がＡの意思に基づいて作成されたことを立証しなければならなくなる（本証）。

4　〔設問４〕

【出題趣旨】
　設問４は、前記訴訟において、口頭弁論終結前に建物の所有権が第三者に移転していた場合につき、強制執行の申立てに当たって生じる不都合を問うとともに、これを防ぐために事前に採るべきであった法的手段（民事保全手続）を問うものである。

(1)　答案構成例

1　本件では口頭弁論終結前である令和６年 10 月 14 日に本件建物の所有権がＹからＺに移転しているので、Ｚに対して民事訴訟法 115 条１項３号による既判力を及ぼすことができず、債務名義はあくまでＹに対するものなので、Ｚに対して強制執行をすることができないという不都合が生じる。

656

2 占有移転禁止の仮処分（民事保全法 25 条の 2）を行い、明渡訴訟の被告を
Yに固定するべきであった。

(2) 解説

ア ①について

本問においては、本件訴訟の口頭弁論終結前にYは、Zに対し、本件建物の所有権を移転し、Zは本件土地の占有を取得したといえる。とすれば、Zは、「当事者」（民事執行法 23 条 1 項 1 号）でもなく、「口頭弁論終結後の承継人」（同法 23 条 1 項 3 号）にもあたらないので、Xは本件確定判決を「債務名義」（同法 22 条 1 号）として強制執行しても、Zに対する強制執行はできない。

そのため、XはZに対して別訴提起するなどして新たに債務名義を取得しない限り、Zに対する強制執行を行うことはできないという不都合が生じる。

イ ②について

不動産の占有移転禁止の仮処分の法的効果を問う問題である。

占有移転禁止の仮処分は、物の引渡・明渡請求権の保全のために、その物の現状維持を目的とし、債務者に対し、その物の占有を他に移転することを禁止し、その占有を解いて、執行官に保管させることを内容とする仮処分である（民事保全法 23 条 1 項、同法 25 条の 2 第 1 項）。

占有移転禁止の仮処分は、仮処分執行後に占有を取得した第三者に対して、債務者に対する債務名義をもって強制執行をなし得る（当事者恒定効）。承継占有者に対しては、仮処分執行がなされたことについて善意・悪意を問わず当事者恒定効が及ぶ（民事保全法 62 条 1 項 2 号）ところ、Zは、Yから本件土地の占有を取得しているので承継占有者にあたるから、Xは占有移転禁止の仮処分をあらかじめしていたのであれば、Yに対する債務名義をもって、Zに対しても強制執行を成しうることになる。

したがって、Xがあらかじめ採るべきであった法的手段は、占有移転禁止の仮処分である。

658

第6部
口述試験について

※口述再現ドキュメントは出題された当時の再現のまま掲載しています。

第6部　口述試験について

第1章　平成23年

A氏

平成23年司法試験予備試験最終合格者

【テーマ】
主債務者と保証人に対して共同訴訟を提起する場合の訴訟手続、要件事実及び民事保全

再現ドキュメント

　集合時間（12時）30分前に試験会場入り。12時から全体待機室で注意事項の説明。説明後、13時まで同待機室で待機。13時に各階の個別待機室に誘導される。そこで、自分の順番（6番）を待つ。15時30分頃、番号を呼ばれて受験室前に誘導される。

　ノックを2回すると、中からベルの「チーン」の音。「失礼します」とドアを開けて入室。入室直後に、「11室6番です。よろしくお願いします。」と口述の受験番号を言う。主査の「おかけください」の声を待って、着席。机上に、クリアファイルに入ったA4の紙と六法（予備試験論文式試験で使ったもの）が置かれている。

＜A4の紙（横）＞

A	貸主	東京在住
B	借主	行方不明（最終の住所地は横浜）

C	保証人	大阪在住
貸金	200万円	

主査：（やさしくフランクな感じの若い先生でした。）緊張しないで落ち着いて答えてくださいね。図を見てください。AはBに事業資金として200万円を貸し付けました。その債務についてCが保証しました。BCともにAに返済しようとしません。弁護士であるあなたが、Aから「なんとかお金を返してもらいたい」との依頼を受けた場合、誰に対してどのような訴訟を提起しますか？

———：Bに対して貸金返還請求訴訟を提起し、Cに対して保証債務履行請求訴訟を提起します。

主査：どこの裁判所に訴えを提起できますか？

———：（予想していた管轄の問題だったので落ち着いて答えることができました。）横浜地方裁判所です。

主査：他の裁判所には訴えを提起できますか？

———：大阪地方裁判所にも訴えを提起できます。

主査：他には？もうない？

———：東京地方裁判所です。

主査：それは何で？

———：債権者の住所地が東京で、東京が義務履行地になるからです。

主査：以上の3つの裁判所に訴えを提起
　　　できるとして、Aから依頼を受けた
　　　弁護士としては、どの裁判所に
　　　訴訟を提起すべきですか？
——：東京地方裁判所です。
主査：では、Cに対する訴訟の請求原因
　　　は何ですか？
——：主たる債務の発生原因事実と保証
　　　契約です。
主査：それだけ？
——：保証の意思表示が書面によってな
　　　されたことも必要です。
主査：主たる債務の発生原因事実とは具
　　　体的に何ですか？
——：AのBに対する貸金返還請求権の
　　　発生原因事実です。
主査：具体的には？
——：AがBに対して、一定の日時を返
　　　済期限として200万円を貸し付け
　　　たこと、及び、その期限が到来し
　　　たことです。
主査：Bは現在行方不明ですが、Bに対
　　　して訴状はどのように届けます
　　　か？
——：公示送達の方法によって届けます。
主査：Bは行方不明だから、口頭弁論期
　　　日に出頭してくることはありませ
　　　んね。この場合、訴訟はどのよう
　　　に進められますか？
——：Aが訴状や準備書面に記載した事
　　　項について陳述し、Bの陳述が擬
　　　制されて、判決をするのに熟した
　　　らA勝訴の判決が下されます。
主査：公示送達によってるんだよね。
——：失礼しました。欠席してるBの陳
　　　述は擬制されないです。
主査：では、陳述が擬制されない場合、
　　　裁判所はどうしますか？
——：証拠調べを行います。

主査：審理の結果、Aに勝訴判決が下さ
　　　れたとします。Bは行方不明なの
　　　ですが、この場合にAが勝訴判決
　　　を得る意味はありますか？
——：勝訴判決を得て、確定後、それを
　　　債務名義として強制執行を行うこ
　　　とができるので、Aが勝訴判決を
　　　得る意味はあると思います。
主査：では次に、あなたがCから依頼
　　　を受けた弁護士であるとします。
　　　Aの住む東京地方裁判所に訴え
　　　が提起されました。Cが仕事の
　　　都合で大阪を離れられないので、
　　　あなたは大阪地方裁判所で審理
　　　を行ってほしいと考えました。
　　　この場合、あなたはどのような
　　　手段を取りますか？
——：移送の申立てを行います。
主査：裁判所は移送を認めませんでし
　　　た。Cにとって重要な証人が大
　　　阪にいるので、大阪地方裁判所
　　　で証人尋問を行ってほしいと考
　　　えた場合はどうですか？
——：（質問の趣旨がよくわからず）職
　　　権で移送を行い……。
主査：いや、裁判所は移送を認めなかっ
　　　たんです。移送が認められないこ
　　　とを前提に、大阪で証人尋問を行
　　　うことはできますか？
——：裁判所外での証人尋問を行うこと
　　　で、大阪で証人尋問できます。
主査：仕事の都合で大阪を離れられな
　　　い場合、Cのいる大阪とAのい
　　　る東京、離れたところで弁論の
　　　準備をするにはどのような方法
　　　がありますか？
——：弁論準備手続を行い、電話会議シ
　　　ステムを使って弁論の準備をする
　　　方法があります。

第6部　口述試験について

主査：他には？

――：書面による準備手続があります。

主査：その場合、電話会議システムは使えますか？

――：（知らなかったので勘で返答）使えます。

主査：（苦笑いで）条文を見て確認してください。

――：失礼します。（条文を引く。すぐに該当箇所を見つける。）失礼しました。使えます。

主査：何条？

――：176条3項です。

主査：そうですね。書面による準備手続でも電話会議システムを使えます。覚えておいてくださいね。

　　　※辰已注：令和5年3月1日に施行された令和4年民事訴訟法改正により、弁論準備手続等における電話会議システムの要件が緩和されているため（民事訴訟法170条3項。特に、当事者双方ともに現実に出頭する必要がなくなった点）、現在はその点に突っ込んだ質問がなされる可能性がある。

　　　では次に、Cが、Bが借りたのは100万円で、保証契約書に主たる債務が200万円と記載されているのは間違いだと主張した場合、この主張は要件事実の観点からどのような性質の主張になりますか？

――：否認です。

主査：そう、否認ね。Cが、保証契約書には200万円と記載されているけど、当初、金額欄は空欄だったと主張していたとします。この保証契約書にはCの署名・押印があります。この場合、Cは何を争いますか？

――：保証契約書の成立の真正です。

主査：なぜ成立の真正を争うのですか？

――：署名・押印があることで文書の成立が推定されてしまうからです。

主査：審理がすすむにつれて、Aの勝訴の見込みが濃厚になってきました。Cは、敗訴した場合に備えて自己の所有する甲建物を親類に売り渡そうとしています。この情報を、Aから依頼を受けた弁護士であるあなたが得たとします。この場合、あなたはどのような手段をとりますか？

――：占有禁止の仮処分を申し立てます。

主査：うーん、仮処分ね。仮処分じゃあんまり意味がないでしょ。

――：仮差押命令を申し立てます。

主査：その場合、裁判所が仮差押命令を発する要件は何ですか？

――：（まったくわからないので）えー、勝訴の見込みがあることと……。

主査：（あきれ気味に）わからなかったら、条文見ていいですよ。

――：失礼します。（条文見ていいと言われても、仮差押えがどこに載ってるのかわからない。民事保全法だったかなと気づいて引いてみる。同法の目次を頼りに、47条以降（仮差押えの執行）を引いても見つからず、「総則か？」と当たりをつけて、20条を発見。読み上げる。）「金銭の支払を目的とする債権について、強制執行をすることができなくなるおそれがあるとき、又は強制執行をするのに著しい困難を生ずるおそれがあるとき」です。

主査：もっと短く言うと何て言うの？

――：（まったくわからないのであてずっぽうで）被保全債権の存在で

662

す。

主査：もうひとつは？

――：（まったくわからないので、条文を見ていたら 20 条のタイトルが目に入ったので）仮差押命令の必要性です。

主査：そうだね。被保全債権が金銭債権で保全の必要性があることだよね。では、この仮差押命令が発せられるとどういう効果が生じますか？

――：（これもまったくわからないので勘で）えー、処分が禁止されます。

主査：処分が禁止されるの？そうすると差し押さえられた不動産を利用してお金を借りたりすることができなくなってしまって不都合だよね。それでもいいの？

――：（まったくわからないので）条文を見てもよろしいでしょうか？

主査：どうぞ。

――：失礼します。（条文を引くも、まったくわからず 1 分くらい経過。）

主査：ちゃんと勉強しておいてね。私からは以上です。副査から何かありますか？（副査が首を横に振る）ないようなので、以上で終わります。

――：ありがとうございました。

　六法をもとの場所に戻し、立ち上がって椅子を戻す。ドアの前で「失礼しました」と頭を下げて退室。この時、先生方は手元の紙への書き込みを一生懸命行っておりこちらを見ることはありませんでした。

所要時間　15 分

第6部　口述試験について

B氏

平成23年司法試験予備試験最終合格者

【テーマ】
主債務者と保証人に対して共同訴訟を提起する場合の訴訟手続、要件事実及び民事保全

再現ドキュメント

――：失礼します。6室1番です。よろしくお願いします。

主査：はい、それではそちらにおかけください。それでは質問を始めます。机の上のボードを裏返して、よく読みながら設例を聞いてください。

＜ボード＞

A　貸主　東京在住
B　借主　行方不明（最終の住所地は横浜）
C　保証人　大阪在住
貸金　200万円

主査：AとBは、AがBに200万円を弁済期???として交付し、消費貸借契約を締結しました。その際、Bの資力に不安があったので、AはBの知人であるCをBの債務の保証人とする保証契約をCと締結しました。消費貸借契約の弁済期は到来したのですが、Bは行方不明になってしまいました。（ここはあまりよく覚えてないです。）
そこでAは弁護士Pのもとに貸金を回収するための依頼をしにやっ

てきました。あなたが弁護士Pであった場合、どのような訴訟を提起することが考えられますか。

――：はい、この場合、まずCに対して保証契約に基づく保証債務履行請求訴訟を提起することが考えられます。

主査：他にはない？

――：えーと、この場合Bは行方不明になっていますので、……はい、しかし、実効性は低いかもしれませんが、可能性としてはBに対して消費貸借契約に基づく貸金返還請求訴訟を提起することも考えられます。

主査：その2つの訴訟を提起するとして併合形態はどのようになりますか？（ここの聞き方も記憶があやふやです。）

――：単純併合になると思います。

主査：それでは、そのうちCに対する訴訟について請求原因を教えてください。

――：はい、AはBに対して、……日付もつけた方がよろしいでしょうか。

主査：はい、適当でも結構です。

――：Aは、Bに対して、平成何年何月何日、200万円を弁済期を平成何年何月何日にするとの約定で貸しつけた。これを①としました、②として、AとCは、平成何年何月何日Cが①のBの債務を保証するとの合意をした。③として、②のCの意思表示は書面によるものであった。あとは弁済期平成何年何月何日は到来した。です。

主査：理由も教えてもらえますか？

――：はい、まずCへの保証債務履行請求なので主債務であるAB間の消

664

費貸借契約に基づく貸金返還債務の発生を主張する必要があるところ、今回は消費貸借契約の書面の作成がないので、これについては民法587条によって返還の合意、金銭の交付が成立要件になるとされています。更に消費貸借契約は所謂貸借型の契約ですので、弁済期もその契約の本質的要素としての摘示が必要です。そしてＡＣ間の保証契約については合意で成立しますのでその点、さらに民法の規定で書面によることが定められていますのでその旨も主張が必要になります。保証債務の履行には主債務の弁済期が到来していることも当然に必要になりますので、その点についても主張が必要です。

> ※辰已注：平成29年債権法改正により諾成的消費貸借契約が明文で認められたので（民法587条の2）、要物契約としての消費貸借契約（民法587条）との区別が重要となる（令和3年度と対比）。後者が出題された場合、書面が存在しないことを指摘しておくと理解のアピールにつながる。

主査：では、なぜ保証債務の履行請求権で主債務の発生も主張しなければいけないのですか？

――：保証債務には附従性というものがあって、主債務の存在がそもそもの前提になるので……。

主査：そうですね、それではＰがいまおっしゃった訴えを提起するとして、どの裁判所に提起することになりますか。あなたは迷ってらっしゃいましたが、Ｂに対しても訴えを提起することとしてください。

――：はい、まず被告であるＣの住所地である大阪市の地方裁判所が考え

られます。それとこの場合Ｂも被告になりますのでＢの最終住所地のある横浜市の地方裁判所も考えられます。

主査：他には？

――：えーと、……（あれ、あとは東京しか考えられないけど東京に管轄が生じる理由はあったかな？？）……あ、Ａが東京地裁に提起して、Ｃがこれに応訴した場合は応訴管轄として東京地裁にも管轄が生じます。

主査：他には？

――：……他にですよね……。えー、……（暫く沈黙）……東京都の地方裁判所にも他の理由で管轄があるということですよね……。

主査：義務履行地というのをご存じですか？

――：（あ、しまった）はい、知っています。

主査：説明してくださいますか？

――：（そのままじゃないのかな……）債務の履行地にも当該債務の請求訴訟の管轄が生じることです。

主査：そうですね。それではいまＰが訴えを東京地方裁判所に提起するとします。訴えを提起する際には訴状の副本を被告に送達するという手続が必要ですが、被告のＢは行方不明です。このような場合にＰはどうすれば良いですか。

――：はい、裁判所に公示送達の申し出をします。

主査：裁判所？

――：いえ、裁判所書記官です。

主査：（ニヤリ）そうですね。それでは、今度はＡから訴えを提起されたＣから依頼を受けた弁護士Ｑについ

第6部 口述試験について

て考えます。QとしてはAが訴え
を提起した東京地方裁判所ではな
く、大阪地方裁判所で訴訟をした
いのですが、このような場合に何
かQがとれる方策はありますか。

――：移送の申し立てをすることが考え
られます。

主査：何条かわかる？

――：……13条？……9条？？……いえ、
ちょっと正確には覚えてないで
す。」（適当に言ったのは良くな
かったです。）

主査：（苦笑）、じゃあこういう場合の移
送を何ていうか知ってる？

――：裁量移送です。

主査：それでは、次の質問にいきます。
Qとしてはできるだけ東京地方裁
判所に行く負担を減らしたいので
すが、負担軽減のために何か考え
られる方法はありますか？

――：これは東京地裁に訴訟が係属した
という前提でよろしいのでしょう
か。

主査：はい、そうです。

――：Qとしてはまず答弁書を裁判所に
提出し、また相手方に直送するこ
とで陳述擬制によって、自ら出頭
することに代えることができます。

主査：それはずっとそう？

――：いえ、第一回口頭弁論期日だけで
す。

主査：他には？

――：あ、弁論準備手続に付された場合、
電話会議システムを利用すること
ができますので、その場合は大阪
にいながら手続に関与することが
できます。

主査：それではいったん、最初の訴え提
起前の段階に戻りますが、Pが訴

えを提起しようとしていた頃に、
Cが資金繰りに困って自らの所有
するマンションを売却しようとし
ているという話を聞きました。P
としてはどのような方策がとれま
すか？

――：管轄裁判所に仮差押えの申立てを
行います。

主査：仮差押えの要件は？

――：保全の趣旨の明示、被保全権利の
存在、保全の必要性の存在、この
場合は債務者の財産状態の変更に
より、将来における強制執行が不
可能あるいは著しく困難となるよ
うな事情の疎明が必要です。あと
は訴訟条件の具備……。

主査：次もまた提起前に話が戻るのです
が、最初あなたは、Bに対して訴
えを提起することを戸惑っていら
っしゃいましたが、Bに対して
も訴えを提起する意義は何です
か？

――：えーと、……仮にBが訴外D、E
に債権を持っていた場合、その債
権から満足を受けられることです
か。

主査：……

――：他にはBがたとえ行方不明でも、
財産がどこかに残っていた場合に
そこから満足を受けることができ
ることも考えられます。

主査：……（あまり納得していないよう）
……ではどうしたらAは満足を受
けられるの？

――：……どうしたら、ですか……。

主査：うん、どうしたら？

――：あ、勝訴したらです。

主査：そうだよね。それでどうするの？

――：勝訴の確定判決に基づいて強制執

666

第1章　平成23年

行をします。

主査：そうですね、もしかして最初の方の債権とか財産の話はそのことを言っていたのかな？

──：はい、そうでした。（助かった）

主査：それでは次の質問にいきます。Aの提起した訴えについて第一回口頭弁論期日が開かれましたが、行方不明のBは当然欠席しました。答弁書の提出もありません。このような場合、その後の審理はどのようになりますか？

──：はい、この場合まず裁判所は弁論を分離して、欠席により擬制自白が成立するBとの関係では欠席判決を下すことになると思います。

主査：……ここではBに対しては公示送達がなされているのですが……。

──：（しまった）あ、全て撤回いたしまして、公示送達の場合は擬制自白が成立しませんので、この場合は弁論を分離することも、欠席判決を下すこともなく、そのまま審理を続行するということになると思います。

主査：それでは次の質問にいきますね。弁護士QはCに事情を聞いたところ、CはそもそもＡＢ間の消費貸借契約の金額は200万円ではなく、100万円だと言っていました。この時Qはどのような主張をすることが考えられますか。

──：ＡＢ間の消費貸借契約について100万円については認める、残額の100万円についてはこれを否認する、と主張することになります。

主査：一部自白、一部否認ということだね？（あやふやかもしれないです。）

──：はい、そうです。

主査が副査の方をちらりと見る。

副査：先ほどあなたはCのＡＢ間の消費貸借契約が100万円についてであるという主張について、100万円は認める、100万円は否認するというように、いわば分断して考える方法をとられましたが、他の法律構成は考えられませんか？

──：え……全部否認……ですか？

副査：少し頷く

──：ＡＢ間の消費貸借契約について、そもそも200万円の交付はなく、全く別個の100万円を交付したという主張になるのですかね。

副査：うーん、だとしたらどうなる？（この辺りは会話が上手くかみ合わなかったこともあってかなり不正確な記憶です。）

──：……。

副査：では、C側が全部否認したと考えるとして、Aの側としてはどのような対応をとる？

──：えーと、訴えの減縮をします。

副査：うん、訴えの減縮ね。（これで正解だったのか、終わらせたかったのかはよくわかりませんでした。）

副査、主査に頷く

主査：それではこれで終了です。

──：ありがとうございました。

667

第6部　口述試験について

第2章　平成24年

A氏

平成24年司法試験予備試験最終合格者

【テーマ】
未成年者2人から不法行為を受けた者が損害賠償を請求する場合に原告側・被告側に生じる実体法上、手続法上及び弁護士倫理上の諸問題

再現ドキュメント

主査：パネルを開いて見てください。BとCは深夜にAに暴行を加え、Aは100万円の損害を受けました。B・Cに対してどのような請求の訴訟を、どのような根拠でしますか。

──：（実体法！？）はい、民法709条の不法行為が成立するので、これを根拠として、B・Cを共同被告として損害賠償請求訴訟を提起します。

主査：それだけ？

──：いえ、あとは共同不法行為の成立が考えられるので、そちらも根拠とします。

主査：条文は？

──：民法719条です。

主査：要件は何かな？

──：客観的関連共同です。

主査：そうだね。では、請求の趣旨はどうなるかな？

──：はい、「BおよびCは、Aに対し、100万円を支払え、との判決を求める」です。

主査：それだとBはいくら払えばいいことになるの？

──：（しまった、「連帯して」か……。）あ、民法上の原則は分割債務なので、50万円です。

主査：共同不法行為のときはどんな債務が成立するの？

──：連帯債務です。

※辰巳注：平成29年債権法改正により民法436条以下の「連帯債務」に「不真正連帯債務」も含まれるようになったため、「不真正連帯債務」という概念はもはや不要であるとの見解が一般的である。中田裕康『債権総論（第4版）』547-551頁（有斐閣、2020）参照。

主査：ということは、趣旨はどうなるかな？

──：失礼しました。「BおよびCは、Aに対し、連帯して100万円を支払え、との判決を求める」です。

主査：そうだね。さて、BもCも未成年でお金がない。それに対して訴訟を提起する意味はある？

──：はい、あります。たしかに即時の金銭の回収は困難ですが、B・Cは16歳ということで、訴訟を提起し今のうちに債務名義を得ておくことで、後に働いたりして金銭を得たときに強制執行が可能になります。また、時効中断の意味もあります。

第2章　平成24年

主査：不法行為の時効は何年だっけ？

――：（やばい、ど忘れした）えと、たしか、5年……。

主査：ん？

――：あ、いや、10年……。

主査：条文見てみて。

――：はい。（ぺらぺら）あ、「人の…身体を害する不法行為」なので、民法724条の2により、知ってから5年となります……。

　　※辰已注：民法724条1号は不法行為に基づく損害賠償請求権の短期消滅時効の期間を3年間としているが、平成29年債権法改正により、「人の生命及び身体を害する不法行為」については5年に伸長され（民法724条の2）、債権一般の短期消滅時効期間（民法166条1項1号）と平仄が合わせられた。

主査：そうだね。通常の不法行為のときは時効期間が短いから、特に時効中断の必要性が高いということだけど、今回は債権一般と同じだね。B・Cの親に対して何か請求できますか？

――：うーん、B・Cには責任能力はあると考えられるので714条に基づく請求はできませんし、親の監督義務違反行為から損害が生じたとして709条で請求するのも、B・Cが16歳にもなっていることを考えると、認められないのではないかと思います。

主査：そうですね、親に請求するのは難しいですね。ところで、B・Cに対する訴訟はどこの裁判所に提起しますか。

――：はい、簡易裁判所に提起します。

主査：それはなんで？

――：はい、訴額が140万円以下の事件は簡易裁判所に管轄があるとされ

ているところ、本件では訴額が100万円だからです。

主査：うん。じゃあ、仮に地裁に提起したとして、地裁は自分で審理できる？

――：はい、できます。

主査：条文ある？

――：あります、えーとたしか、民事訴訟法の17条付近に……。

主査：条文見ていいよ。

――：はい、えーと。（ぱらぱら）えーと（あれ、見つからない、やばい！）えー（見つからない！時間を稼がねば！）えー、簡裁に管轄がある事件を、地裁に移送することができるか、という問題ではありませんよね？

主査：はい、地裁が簡裁の事件を審理できるか、という問題です。

――：（だめだ、見つからない……。）えー17条で裁量移送が認められていることの裏返しとして、自ら審理することもできるのかと……。

主査：16条2項みて。

――：あ、ありました（終わった）。

主査：まぁいいです。じゃあ、地裁に提起されたとします。ここで、2枚目のパネルを開いてください。その言い分からみて、B・CとしてはAに対してどのような主張をすることが考えられますか。まず前段は？

――：はい、前段については、正当防衛の成立を主張することが考えられます。

主査：なぜその主張がAに対する反論になるのですか？

――：はい、不法行為の成立には違法性が必要であるところ、正当防衛の

669

第6部　口述試験について

成立によって違法性が阻却され不法行為の成立が否定されるからです。

主査：条文は？

――：えーと、たしか 720 条あたりにあったかと。

主査：そうだね。じゃあ、後段の方は？

――：後段の方は……。（過失相殺、は無理だろう。）Ａにも不法行為が成立する旨の主張です。

主査：うん。じゃあ、それを使って相殺することはできる？

――：できません。

主査：それはなんで？

――：条文上、悪意による不法行為に基づく損害賠償請求権を受働債権とする相殺は禁止されているからです。

　　　※辰已注：平成29年債権法改正により、民法 509 条の相殺禁止の対象は「悪意による不法行為に基づく損害賠償の債務」（1 号）および「人の生命又は身体の侵害による損害賠償の債務」（2 号）に限定された。なお、2 号かっこ書きにより、1 号に該当するものは 2 号に該当しない点、及び、1 号の「悪意」は単なる「故意」ではなく積極的な害意を意味すると解されている点に注意を要する。中田裕康『債権総論（第 4 版）』475-476 頁（有斐閣、2020）参照。

主査：何条？

――：えー、たしか、509 条あたりだったかと。

主査：そうだね。じゃあ、Ｂ・Ｃとしてはその債権についてどうする？

――：（どうする？）えーと、たとえば、訴訟上の和解を成立させて、お互いに債権債務がないことを確認するとか……。

主査：あー、そうじゃなくてね。この機会を捉えて一挙に解決するには？

――：あ、反訴を提起します。

主査：そうだね、反訴だね。反訴は提起できる？

――：はい、関連性があるのでできます。

主査：別訴提起はどう？

――：別訴提起も、可能です。

主査：別訴提起と反訴提起どちらがいい？

――：反訴提起が良いと思います。

主査：それはなんで？

――：はい、別訴提起の場合は訴訟資料の流用ができないからです。

主査：絶対に訴訟資料は流用できないの？

――：いえ、裁判所が弁論を併合してくれればできますが、確実に併合されるという保証はないので、反訴提起にしておくのが安全かと。

主査：そうだね。では次に。訴訟外で、ＡＢＣに、ＢＣが一定額の支払いをするが、その余の一切の請求を放棄する、という内容の和解が成立しました。訴訟はどうなりますか？

――：訴えの利益がなくなるため、却下判決がくだります？

主査：え？なんで？

――：（え、違ったっけ！？本案判決？？修正せねば）あ、えーと、Ａの損害は訴訟外で回復されているので、損害がないとして請求棄却の本案判決を……いや、それはおかしいので……あ、まず、訴訟外でそのような和解がなされたとしても、その事実のみによっては、訴訟は終了しません。

主査：そうだね。じゃあ、和解の内容がどんなものだったら訴訟が終了する？

670

――：（何を聞きたいのかわからない……。）えー、和解の内容が、実体法上相当なものであって、裁判官による判断と大きな相違がない場合とか……。（俺は何を言っているのだ。）

主査：和解が裁判官の判断と違うか違わないかで効力が変わるの？

――：いえ、そんなことはありません。えー、裁判外での和解の内容が裁判に顕出された場合には、先ほどの和解の内容ですと、「その余りの一切の請求を放棄する」という文言がありましたが、これが訴えの取り下げを合意したものとみれば、訴えの利益なしとしてやはり却下判決すべきかと……。

主査：そうだね。じゃあ、裁判外で訴えの取り下げの合意があったとして、あなたがAの弁護士だとして、訴えを取り下げますか？

――：いえ、取り下げません。

主査：それはなんで？

――：はい、訴えを取り下げてしまうと、何らの紛争解決基準も示されずに訴訟が終了してしまい、後にB・Cが和解の内容を履行しないときに、強制執行することができないからです。他方で、訴訟を維持して、裁判外での和解内容と同一の裁判上の和解を成立させれば、判決と同一の効力を有することになるので、強制執行できます。

主査：そうだね。では、あなたはB・Cから弁護士としてついてほしいと頼まれました。このときになにか気をつけるべきことはありますか？

――：はい、現在Cは「Bと同じです」

と主張してはいますが、審理の経過に応じて、Bの責任が重くなればCの責任が軽くなる、という関係が生じてくる可能性があります。そのときに、B・Cいずれからも訴訟委任を受けるのは、利益相反になる危険があります。その点に気をつけるべきだと思います。

主査：そうですね。以上です。

感想

　最悪だった。不法行為の時効期間、民訴法16条2項を引けなかったこと、訴訟外での和解合意のくだりなど、終始ミスを連発。原因として、知識不足もさることながら、自分の列だけ進行が非常に遅かったために待ち時間が長くなり（12時集合で、自分の開始は17時半）、疲労が溜まって頭の働きが鈍っていたということもあった。本気で落ちたと思った。唯一、問いに対してハキハキと端的に結論だけ答えるようにしていたので、うまくいくときはスムーズな会話が成立した、という点のみが良かったかもしれない。

第6部 □述試験について

B氏

平成24年司法試験予備試験最終合格者

【テーマ】
未成年者2人から不法行為を受けた者が損害賠償を請求する場合に原告側・被告側に生じる実体法上、手続法上及び弁護士倫理上の諸問題

再現ドキュメント

主査：不明（たぶん裁判官）、副査：不明

── ：（ノック、ベルの音）失礼いたします。（歩いて行って）〇室△番です。よろしくお願いします！

主査：では、パネル①（AからB、Cへ矢印がひかれている。Aの下には「弁護士P」と書かれている。）をめくってください。
　　　これから事案を読み上げますので、聞き取れないところなどありましたら、いつでも遠慮なくおっしゃってください。
　　　Aは、BC両名から傘で殴られてけがを負ったと主張し、BCに対し治療費等を請求したいと思っている。（うろ覚えです、悪しからず。）
　　　あなたがAの依頼を受けた弁護士Pであるとして、誰に対し、どのような請求をしますか？

── ：B、Cに対して、不法行為に基づく損害賠償請求をします。

主査：別々に訴えるのですか？

── ：いえ、併合請求します。

主査：では、その場合の請求の趣旨を述べてください。

── ：はい、被告は、原告に対し、100万円を支払え、となります。

主査：ん？被告は複数いますよね？

── ：はい……そうすると、被告達は……。

主査：はは（笑）、被告らは、ですね。まあ実務に行ったら覚えるから大丈夫ですよ。

── ：はい、被告らは、原告に対し、えー……共同不法行為なので……連帯して支払え、となるかと……。

主査：そうですね、金額も明示して？

── ：連帯して100万円支払え、です。

主査：では次に、Aから、BCは学生であり資力がないので、今訴訟を提起しても意味がないのではないか、との質問をされた場合、あなたはどのように回答すべきですか？

── ：はい、えー……（何を聞いてるんだ……？）、保護者に資力が……。

主査：保護者は関係ないよ（笑）。

── ：すみません、えー……確かに現在は資力がないのですが、働き始めればお金も入って……執行できるようになるので意味はあるかと……。

主査：そうそう、合ってるから自信持っていいよ（笑）。あとは、時効の問題があるんですよ。

── ：あ、5年の時効があるので、早く訴訟をしないと大変なことになってしまいます！

　　　※辰已注：民法724条1号は不法行為に基づく損害賠償請求権の短期消滅時効の期間を3年間としているが、平成29年債権法改正により、「人の生命及び身体を害する不法行為」については5年に伸長され（民法724条の2）、債権一般の短期消滅時効期間（民法166条1項1号）と平仄が合わせられた。そのため、特に現

第2章　平成24年

在は、「5年」という結論だけがあっていても、根拠条文やその適用要件についてより突っ込んだ質問がなされる可能性があるので、注意。

主査：そう、大変なことになるね（笑）。ではですね、先ほど共同不法行為とおっしゃいましたが、共同不法行為の条文は民法の何条ですか？

──：719条です。

主査：それだけ？

──：失礼しました、709条、719条です。

主査：そうですね。では、先ほど保護者の責任の話がちらっと出ましたが、判例は、今回のような事案で、保護者に対してどのような法律構成で責任を問いうると言っているか知ってますか？

──：はい、709条に基づいて、監督者である保護者に対して責任を追及できる、としています。

主査：では、今回の事案では、責任を問えるでしょうか？

──：B、Cはすでに成人に近く、監督の影響は小さいので、責任を問うのは難しいかと思います。

主査：そうでしょうね。では次に、管轄について聞きますけど、B、Cに対する訴えは地方裁判所、簡易裁判所のどちらに提起しますか？

──：簡易裁判所です。

主査：そうですね。仮に地方裁判所に提起したとしても、民訴の16条2項によって、地裁が管轄を持つこともありますね。

──：（それ答えさせないんだ……。）はい。

主査：では、パネル②（Aに殴られたから殴り返した、自分もけがをした、とのBの主張。及び、Bに同じ、とのCの主張が書かれている。B

の下には「弁護士Q」と書かれている。）をめくってください。読み上げます（読み上げる）。
　　　この場合、B、Cは被告としてどのような主張をすると考えられますか。

──：正当防衛が考えられます。

主査：民法の何条ですか？

──：720条です。

主査：お、よく出てきたね（笑）。（前の人たちは）あんまり出てこなかったんだけどね。

──：ありがとうございます。

主査：じゃあね、B、CがAに対して有する損害賠償請求権で、相殺はすることはできますか？

──：できないと思います。

主査：どうして？

──：悪意による不法行為債権について相殺が禁止されているからです。

主査：何条？

──：509条です。

主査：その条文には、具体的になんて書いてあったか言えますか？

──：はい、悪意による不法行為を原因として発生した損害賠償請求権を自働債権とする相殺は許されない、と書かれていたと思います。（自働債権ではなく受働債権が正しいのですが、特に突っ込みはなく、スルーされました。運よく聞き逃されたのかな？）

　　　※辰已注：平成29年債権法改正により、民法509条の相殺禁止の対象は「悪意による不法行為に基づく損害賠償の債務」（1号）および「人の生命又は身体の侵害による損害賠償の債務」（2号）に限定された。なお、2号かっこ書きにより、1号に該当するものは2号に該当しない点、及び、1号の「悪意」は単なる「故意」ではなく積極的な害意を意味すると解

673

されている点に注意を要する。中田
裕康『債権総論（第 4 版）』475-476
頁（有斐閣、2020）参照。

主査：では今度は、Ａに対して損害賠償
請求したいとのＢの相談を受けて、
その依頼を受けた弁護士Ｑである
とします。どうすべきですか？

──：はい、Ａに対して反訴を提起しま
す。

主査：そうですね。別訴提起はできます
か？

──：はい、できます。

主査：では、今回は、別訴を提起したと
します。しかし、やっぱりＡから
Ｂ、Ｃへの賠償請求訴訟と審理判
断を統一してほしいと考えた場合、
あなたはどのような手段をとりま
すか？

──：併合を申し立てます。

主査：弁論の併合ですね。

　　　では次に、またＡの弁護士Ｐの立
場で考えてください。「Ｂ、Ｃは、
Ａに対し、平成○年○月○日まで
に、70 万円を支払う」との内容の
和解が成立するとします。

　　　さて、Ｂ、Ｃが、訴訟の記録が
残ってしまうのは恥ずかしいと感
じたために、裁判外の和解にして
くれ、と主張したので、その通り
にすることになりました。この場
合、現に係属しているＢ、Ｃへの
訴えはどうなりますか？

──：和解の内容として、訴えを取り下
げる旨の合意がなされていること
が通常ですので、その合意に基づ
いて、訴えを取り下げて、終了す
ることになると思います。

主査：そうですね。では、訴えの取り下
げがなされない場合に、判例は、

裁判所はどうすべきであるとして
いますか？

──：訴え却下判決をするとしています。

主査：では、Ｂ、Ｃから、訴えれている
ことが世間に知られるといやなの
で、すぐにでも訴えを取り下げて
ほしい、と言われた場合、Ｐがす
ぐに訴えを取り下げることに何か
問題はありますか？

──：（えー……なにそれ……。）……
（5秒ほど沈黙）問題はないので
はないかと思います……。

主査：問題ない！？ほんとに？

──：いえ、やはり問題があるかと思い
ます……。

主査：そうだよね。じゃあ、和解じゃなく
て判決なら、どんな違いが出る？

──：はい、判決なら、債務名義になる
ので、強制執行できます。

主査：では裁判上の和解なら？

──：はい、やはり債務名義になります

主査：そうだよね、裁判外なら？

──：できません。

主査：そうだね、だから実務上は、まず
相手に金持ってこさせるんだよ
ねー。取り下げてほしけりゃ払え
と。

　　　では最後ですが、今度はＱがＢ、
Ｃ両者から依頼を受ける場合を想
定します。この場合の、弁護士倫
理上の問題点について説明してく
ださい。

──：はい。依頼を受けるときには顕在
化していなくても、責任負担部分
についての両者の主張が食い違う
など、潜在的な利益相反の可能性
がありますので、受任にあたって
そのような可能性があることをき
ちんと説明する必要があります。

第2章　平成24年

主査：そうですね。では以上です。

感想

　いきなり不法行為とは……。しかも要件事実も聞かないとは。口述に向けた勉強はあまり役に立たなかった。民法の条文を（たまたま）すべて覚えていたのはラッキーだった。これでかなり印象がよくなったと感じた。主査副査ともに、各まとまりの問題が終わるごとに、○をつけていた。計7回ほどつけていたと思う。

第6部 口述試験について

第3章 平成25年

A氏

平成25年司法試験予備試験最終合格者

【テーマ】1日目
所有権に基づく妨害排除請求権、所有権
喪失の抗弁、実印が盗用された場合にお
ける原告側・被告側に生じる実体法上及
び手続法上の諸問題

再現ドキュメント

主査：まず、1枚目のパネルをめくって
下さい。（X甲土地所有、甲土地の
所有権移転登記がYへ移っている
図）今から、事案の説明をします。
あなたは、弁護士Pです。Xから、
自分の所有している甲土地の登記
が勝手にYに移っており、どうに
かして欲しい、との相談を受けま
した。
あなたは弁護士Pとして、どのよ
うな訴訟を提起しますか。
──：所有権に基づく妨害排除請求権と
しての……えっとすみません、こ
の事案は占有はYに移転している
という事情はありませんよね？
（パネルを見て、なんか簡単そう。
パネルに気を取られて話を一部聞
きそびれたっぽい、やばい。）
主査：占有は移転していません。
──：そうしましたら、所有権に基づい
て、登記を抹消するように求める

訴訟を提起します。
主査：では、訴訟物はなんですか？
──：所有権に基づく妨害排除請求権と
しての……所有権登記抹消請求権
です。（移転登記か設定登記かわか
らなくなってつまる。そして所有
権登記とか答えてしまった。やば
い。）
主査：いま、妨害排除請求権と言いまし
たけど、なぜ妨害排除請求になる
んですか。
──：登記によって占有以外の方法でX
の所有権を妨害しているといえる
からです。
主査：では他に物権的請求権にはどのよ
うなものがありますか。
──：物権的請求権には3つあり、返還
請求権、妨害排除請求権、妨害予
防請求権があります。（簡単な質問
のおかげで態勢を立て直すことが
できた。）
主査：ではその3つの違いを説明して下
さい。
──：返還請求権は占有によって所有権
が侵害されている場合に行使でき
ます。妨害排除請求権は占有以外
の方法で所有権が侵害されている
場合に行使できます。妨害予防請
求権は将来占有以外の方法により
妨害状態が生じうる場合に、それ
を防止する場合に行使できます。
主査：では、本件訴訟の請求原因は何で
すか。

――：Xに所有権があることと、Yに登記があることです。

主査：甲土地の？

――：すみません、甲土地の、です。

主査：それでは登記保持権限がないことは主張立証しなくてよいのですか？

――：不要です。なぜなら、不存在の立証は悪魔の証明であって、そのような事実は抗弁としてむしろ主張すべきで、その主張立証をXに課すことは酷だからです。（ぱっと出てこなかったため一般論でごまかそうとする。）

主査：うん、それは登記保持権原を被告側に抗弁事項として主張させることが主張立証責任を分配する上で公平だからってことだよね。所有権の性質から何か言えませんか。

――：所有権は絶対的な権利であって、所有者が自由に使用収益できることが原則になっています。そのため、所有権の目的物について登記保持権限を設定している側がその権原について主張すべきといえます。

主査：では、請求原因につき、占有と所有はいつの時点で要求されますか。

――：双方とも口頭弁論終結時です。

主査：うん、理由は。

――：妨害排除請求権は妨害状態が現に生じている場合に行使できるものであり、口頭弁論終結時においても妨害状態が存続していることが要件になるからです。そして所有権も物権的請求権を行使する前提として口頭弁論終結時に必要とされます。

主査：それではカードをめくって下さい。

事案をよく読んで下さい。

――：（しばらくしてから）はい、読みました。（いつもより頭に入ってくる速度が遅い。）

主査：よろしいですね。ではこの事案でYの代理人の弁護士Qであるとします。あなたが抗弁として主張する事実を教えて下さい。

――：（対抗要件具備による所有権喪失までいう必要ないよな。）まず、XA間の売買……。

主査：（さえぎりながら）ん？平成20年……。

――：失礼しました。XとAが平成20年8月1日、代金1000万円で甲土地を売買したこと、その際Aが顕名をしたこと、売買に先立ち、XがAに代理権を授与したことです。（やっぱちゃんと日時とかまで言わないといけないのか……。（次の設問で重要になってくることは知る由もない））

主査：それでは、請求原因に対する認否を教えて下さい。

――：えっと、……所有権喪失の抗弁です。（認否？所有の方はどうなるんやろ。というか否認で抗弁ってあるのか。とりあえず沈黙が長いしなんかいわなきゃまずいな。）

主査：いや、そうじゃなくて認否。まず所有の方は？

――：X所有の方は……、否認です。Y名義の登記については認めます。（これでいいのか？）

主査：じゃあ整理すると、請求原因のうちXの甲土地の現在所有については、否認する。そして甲土地のY名義の登記については認めるってことですね。

第6部　口述試験について

――：はい、そうです。

主査：では、Yから乙第1号証として委任状が提出されました。この委任状はAがXの印鑑を盗用して偽造したものだ、とXから聞きました。Pの立場から、裁判官に「この印鑑はXさんのものですか」聞かれました。どう認否しますか。

――：認める、となります。

主査：では裁判官はなぜこのようなことを聞いたのだと思いますか。

――：条文を参照してもよろしいでしょうか。

主査：どうぞ。

――：民事訴訟法規則145条に、「文書の成立を否認するときは、その理由を明らかにしなければならない」とあるので、否認の理由を明らかにさせるためです。

主査：ん？そうじゃなくて、認否を聞いている理由ですよ？

――：すみません。書証の成立についていわゆる二段の推定があり、自己の印象が顕出された場合、事実上自己の意思に基づく押印と推定され、さらに、228条4項により成立の申請が推定されます。そこで、その一段目の推定の働く前提事実について認否を聞いたのだと思います。（普通に二段の推定を答えるべきだったか。）

主査：二段の推定の前提を判断する上で、認否が必要になるから聞いたということですね？

――：そうです。

主査：では、そのまま弁論が進んで、Yが甲土地の所有権をZに移して、かつ登記名義も移してしまったことがわかりました。Pとしては、どうしますか。

――：訴訟承継の申立て、えっと訴訟引受けの申立をします。

主査：では、Pとして、このような事態にならないためには、どうすべきだったでしょうか。

――：……保全手続をします。（仮処分という単語をど忘れして仮差押とか言いそうになったのでとりあえずいったんごまかす。）

主査：うん、具体的にどのような保全？

――：処分禁止の仮処分です。（あれ？こんな感じの設問去年もあったぞ？）

主査：では最後の質問です。事案が変わって、XはAが自分の子供であるし、訴訟外で追認してYと和解することにしました。具体的には、追認して100万円で甲土地をYに売ることにしました。あなたはX代理人のPです。Y側の代理権から、あなたに和解したから歌えを取り下げてほしいと依頼されました。どうすべきですか。

――：すぐに訴えを取り下げるべきではないです。

主査：では、以上で終わりです。

――：ありがとうございました。

第3章　平成25年

B氏
平成25年司法試験予備試験最終合格者

【テーマ】1日目
所有権に基づく妨害排除請求権、所有権
喪失の抗弁、実印が盗用された場合にお
ける原告側・被告側に生じる実体法上及
び手続法上の諸問題

再現ドキュメント

主査：まず①の紙を裏返してください。

――：はい。

主査：事案を読み上げますので、よく聞
　　　いてください。
　　　　Xは甲土地の所有権を有していま
　　　したが、いつのまにか甲土地の所
　　　有権登記の名義人がYになってい
　　　ました。あなたは、Xの代理人で
　　　あるとして、どのような訴訟を提
　　　起しますか？

――：甲土地の所有権移転登記の抹消登
　　　記請求訴訟を提起します。

主査：その場合の訴訟物は何ですか？

――：所有権に基づく妨害排除請求権と
　　　しての所有権移転登記抹消登記手
　　　続請求権です。

主査：請求の趣旨はどうなりますか？

――：被告は、別紙登記目録記載の……
　　　いえ、被告は、甲土地についての
　　　所有権移転登記の抹消登記をせよ。
　　　です。

主査：そうですね。あなたは抹消登記を
　　　せよと仰いましたが、正確にいう
　　　と抹消登記手続をせよ、ですよね。
　　　登記というのは登記官がするもの
　　　ですから、登記手続をするという
　　　意思表示を求めるのですよね。

――：はい。

主査：では、この訴訟に仮執行宣言をつ
　　　けることはできますか？

――：えっと……できます。

主査：ふふふ笑　不動産明渡しのときは仮
　　　執行宣言を付けられないんですよ。
　　　教科書に書いてあると思うから後
　　　で確認しといてくださいね。

――：はい……。

主査：では、さきほど妨害排除請求権と
　　　仰いましたが、物権的請求権には
　　　他に何がありますか？

――：返還請求権と妨害予防請求権です。

主査：それらの違いを教えてください。

――：返還請求権及び妨害排除請求権と
　　　妨害予防請求権との違いは、侵害
　　　が現在しているか否かです。返還
　　　請求権と妨害排除請求権との違い
　　　は、侵害態様が占有によるかどう
　　　かです。

主査：そうですね。では、請求原因を何
　　　ですか？

――：Xの甲土地所有と甲土地について
　　　被告名義の所有権移転登記がある
　　　ことです。

主査：なぜそうなるか説明できますか？

――：はい。本件ではXの甲土地所有権
　　　の侵害が原因となって紛争が生じ
　　　ているので、Xに甲土地所有権が
　　　あることが前提となります。また、
　　　その侵害として、Y名義の所有権
　　　移転登記の存在が必要となります。

主査：なるほど。では、所有権がどのよ
　　　うな権利であるかという観点から
　　　の説明はできますか？

――：はい。所有権というのは物の完全
　　　な利用権であり、本件では被告名
　　　義の所有権移転登記によってその
　　　利用が妨害されているからです。

679

第6部　口述試験について

主査：その妨害とは具体的にはどのような
　　　ことが考えられますか？

──：はい。えーっと……たとえばＹさ
　　　んが誰かに甲土地を売ってしまっ
　　　た場合、94条2項類推適用により、
　　　第三者が所有権を取得してしまい、
　　　Ｘさんは所有権を失ってしまいま
　　　す。このようなことが考えられま
　　　す。（あまり考えたことなかった…
　　　…けどうまく乗り切れそうだな）

主査：確かに。しかしそれはＸさんに帰
　　　責性が認められる場合に限られま
　　　すよね。Ｘさんに帰責性がないと
　　　考えた上で、Ｘさんが誰かに甲土
　　　地を売却する場合になにか弊害が
　　　ありませんか？

──：あ、はい。Ｘさんの名義ではない
　　　ので、売却の相手方が本当にＸさ
　　　んが所有者なのかどうかを信用せ
　　　ず、売却できなくなってしまいま
　　　す。（そういうことか。誘導にうま
　　　く乗ろう）

主査：そうですね。では、Ｙさんの登記
　　　保持権限については請求原因事実
　　　として言わなくていいのですか？

──：はい。

主査：それはなぜですか？

──：登記保持権限については被告側の
　　　抗弁になるからです。

主査：うーん。その理由は説明できます
　　　か？

──：はい。登記保持権限がないという
　　　消極的な事実は証明が困難であり、
　　　その証明責任をＸに負わせること
　　　は公平の観点から妥当ではないか
　　　らです。

主査：そうですね。では、さきほどの訴
　　　訟が提起された後、Ｙさんは第三
　　　者に甲土地を売ってしまいました。

この場合、Ｘさんの代理人として
どうしますか？

──：引受承継を申し立てます。

主査：そうですね。訴訟承継によりその
　　　第三者を巻き込むということです
　　　ね。ではＸさんとしては、それ以
　　　前にとっておくべき措置はありま
　　　したか？

──：はい。甲土地についての処分禁止
　　　の仮処分です。

主査：はい。では、パネル②を表にして
　　　ください。

──：はい。

主査：では事案を付け加えます。Ｘの子
　　　Ａは平成25年8月1日、Ｙと甲土
　　　地の売買契約を締結していた。そ
　　　の際、Ａは、Ｘからの委任状を有
　　　し、そこにはＸの実印があったこ
　　　とから、ＡがＸの代理人であるこ
　　　とは明らかであった。この場合、
　　　Ｙさんの代理人だったとして、Ｘ
　　　の請求原因事実に対してどのよう
　　　な認否をしますか？

──：はい。現在におけるＸの甲土地所
　　　有については否認します。Ｙ名義
　　　の登記については自白します。

主査：いま現在における、と仰いました
　　　が、過去におけるＸの所有につい
　　　てはどうしますか？

──：はい。平成25年8月1日における
　　　Ｘの所有については権利自白しま
　　　す。

主査：そうですね。そうすると現在もＸ
　　　所有と扱われることになりますよ
　　　ね。では、あなたはどのような抗
　　　弁をしますか？

──：所有権喪失の抗弁です。

主査：具体的な抗弁事実はどうなります
　　　か？

680

第3章　平成25年

―――：ＡＹ間の売買契約締結の事実、Ａに顕名があったこと、売買契約に先立つ代理権授与、です。

主査：そうですね。いま売買契約の締結の事実と仰いましたが、売買契約をどのように特定するかを含めて、実際にはどのように答弁書に記載しますか？

―――：はい。えーっと……Ａは、Ｙに対し、平成25年8月1日、甲土地を代金2000万円で売った、です。

主査：そうですね。目的物と代金と日時を特定するということですね。では、本件委任状が証拠として提出された場合、Ｘの代理人Ｐとして、どうしますか？

―――：はい。委任状は書証ですので、その成立の真正を否認します。

主査：はい。裁判所はＸの印影……つまり印鑑ね。それであることを認めるかどうかをあなたに問いました。なぜか説明できますか？

―――：はい。文書は成立の真正が証明されて形式的証拠力が与えられます。作成者の意思に基づく押印があると成立の真正が228条4項で推定されます。そして、作成者……あっ印鑑の人の印影による押印であれば、その人の意思に基づく押印と事実上推定されます。この事実上の推定を働かせるために、裁判所は釈明……あっ求釈明したと考えられます。

主査：そうですね。二段の推定ですね。ではこれに対し、あなたがＸの訴訟代理人Ｐであったとして、どのような主張をしますか？

―――：はい。Ｘの押印がＸの意思に基づかないとの主張です。

主査：それをいうにはどのようなことを言えばいいかな？

―――：はい。たとえばＡがＸの子どもであって、Ｘの実印を盗みやすい状況であったことや、Ａが盗んだことの客観的証拠があればそれを提出します。

主査：そうですね。他にも、Ｘの実印が盗み出しやすいところに置いてあったこと等もありますよね。では、話を進めます。裁判所は当事者同士の和解を進め、ＸとＹは、Ｘが訴えを取り下げる代わりにＹが解決金として200万円を支払う旨の和解が裁判外でなされました。この場合、Ｘの代理人Ｐとしては、訴えを取り下げるべきですか？

―――：いや、解決金を受け取ってから取り下げるべきだと思います。

主査：それはなぜですか？

―――：訴えを取り下げてしまうと、訴訟が始めから係属していないことになって、既判力が生じないからです。

主査：そうですね。その他にも、裁判上の和解で判決をとっておく等の方法も考えられますよね。

―――：はい。

主査：以上です。お疲れ様でした。

感想

　仮執行宣言の部分については予想外でしたが、そのほかの部分は基本事項ばかりだったので、正直拍子抜けしました。試験官もやさしく、和やかなムードで進んだので，終わった後ものすごく安心しました。

第6部 □述試験について

C氏

平成25年司法試験予備試験最終合格者

【テーマ】2日目
請負契約に関する代金請求権、瑕疵修補
に代わる損害賠償による相殺及び同時履
行の抗弁の行使を巡る実体法上、手続法
上の諸問題及び弁護士倫理

再現ドキュメント

　2日目も午前。今回は1室6番とかな
り後の方。待合室の体育館ではテキスト
の見返しを済ませ何回かトイレ休憩に
入った。発射台についたときに結構緊張
し始める。今日で長い予備試験は最後な
ので何とか最後は頑張ろうと気合を入れ
る。部屋のドアをノックするとお決まり
の「チーン」という音が聞こえる。今回
も主査・副査（若い）ともに弁護士だと
思われる。

――：失礼します。1室6番です。よろ
　　　しくお願いします。
主査：よろしくお願いします。今からい
　　　くつかの事例について質問したい
　　　と思います。ではまずパネル1を
　　　めくってください。
――：はい。（うわぁ。請負契約じゃん。
　　　終わった……涙）
主査：事例を簡単に説明すると、（以下細
　　　かい日付まで正確に覚えていない
　　　ので概略）

　①株式会社AとBは請負契約を締結
　②目的物は建物　代金は300万円　履行
　　期は引き渡しの1か月後
　③Aが建物を建築し、Bに引き渡した

のにもかかわらず、Bが代金の支払
いをしない
　④Aとしては債務不履行による遅延損
　　害金も請求するつもり

　　ではAから依頼を受けた弁護士P
　　としてはどのような訴訟を提起す
　　べきでしょうか？
――：はい。請負契約に基づく報酬支払
　　　請求訴訟を提起します。
主査：それだけ？カードにはほかになん
　　　て書いてある？
――：失礼しました。え～債務不履行に
　　　基づく損害賠償請求訴訟も提起し
　　　ます。
主査：そうですよね。ではこれらの訴訟
　　　を提起する場合、請求の趣旨はど
　　　のようになりますか？
――：（会社だから商事法定利率だな）え
　　　～BはAに対し金300万及び○月
　　　×日から支払い済みまで年3割に
　　　よる利息を支払えとなります。
主査：（笑いながら）え！年3割も利率が
　　　とれるの？
――：失礼しました。年3分です（焦）。
主査：そうですよね。商人間でも年3分
　　　になりましたよね。ではもう一つ
　　　聞きたいのですが、先ほど何月か
　　　ら利息の請求をできると答えまし
　　　たか？
――：○月×日です。
主査：本当に○月×日でいいの？（自分
　　　はパネルを見返す）履行遅滞って
　　　いつからなるの？
――：失礼しました。支払期日を経過し
　　　て遅滞になるために、○月×日の
　　　翌日である△月□日から支払い済
　　　みまでとなります（やばい、結構
　　　緊張する）。

682

第3章　平成25年

主査：そうですよね。翌日からですよね
　　　（笑）。では請求原因として目的物
　　　の完成まで主張する必要はあるの
　　　ですか？
───：はい。必要です。
主査：それはなぜ？
───：（請負なんて飛ばしちゃったからよ
　　　くわかんない涙）え〜と請負の報
　　　酬支払請求権が発生するには、目
　　　的物を完成させて引き渡す必要が
　　　あるので、まずは目的物の完成が
　　　必要となります。
主査：うーんまあそういうことですね
　　　（ここはテンパっていてよく覚え
　　　ていません。とりあえず若干修正
　　　というか説明されました。）。では、
　　　AがBに対して送った訴状には目
　　　的物の完成の事実の記載が欠けて
　　　いた場合、AはBが欠席した最初
　　　の口頭弁論でこの事実を主張する
　　　ことはできますか。
───：できません。民事訴訟法上相手方
　　　が在廷していない口頭弁論ではそ
　　　の〜訴状に記載していない事実を
　　　主張してはいけない旨の規定が
　　　あったと思います。
主査：条文を参照していいので探してみ
　　　てください。
───：（やっぱり条文番号まで言わないと
　　　いけないのかな）民事訴訟法161
　　　条3項によると、相手方が在廷し
　　　ていない……（読み上げ）となっ
　　　ているので主張できません。
主査：そうですね。次に2枚目のパネル
　　　をめくってください。今度は、あ
　　　なたはBから依頼を受けた弁護士
　　　Qです。今度はQの立場で答えて
　　　ください。QとしてはBの言い分
　　　を聞いたときにどのような抗弁を

訴訟で主張しますか？

　　パネルにはBが代金の支払いをしない
　　のは目的物である建物に瑕疵があり、
　　その修理費は100万円に及ぶ。
　　BはAに対して修理を依頼するつもり
　　はない。

───：はい。（緊張して事案が頭に入らな
　　　い汗）え〜と解除でしょうか？
主査：ん〜解除かな。まあそういうふう
　　　に考えることもできるかもしれな
　　　いけどもっと適切なのはない？
───：（焦）え〜契約不適合責任を自働債
　　　権とした相殺でしょうか？
主査：緊張しないでくださいね。条文を
　　　参照してもよろしいですよ。
───：（もうだめだ涙）失礼しました。え
　　　〜民法564条により追完に代えて
　　　損害賠償ができるので、これを自
　　　働債権として相殺をします。
主査：まず相殺が考えられますね。まあ
　　　相殺も考えられるんだけど、他に
　　　もっといい抗弁はない？後ろの方
　　　に書いてあるんだけど。
───：あ、え〜と後段に533条を主張す
　　　ると規定されているのでこれを主
　　　張すべきことも考えられます。
主査：そうですね。ちなみに533条はど
　　　のような規定ですか？
───：同時履行の抗弁権についてです。
　　　同条かっこ書きにより、追完に代
　　　わる損害賠償の債務が未履行の場
　　　合も、同時履行の抗弁権を主張す
　　　ることができます。
主査：そうですね。ではQとしてはどち
　　　らの抗弁を主張したほうがよいで
　　　しょうか？
　　　※辰已注：現行法では、上記相殺と実

683

第6部　口述試験について

質的に同一の機能を果たす制度として代金減額請求権（563条）が導入された。両者の関係や実際上の優劣については要件を比較する必要があるところ、この点については、追完に代わる損害賠償請求権が民法415条1項と同条2項のいずれにより規律されるのかと絡んで、複雑な問題がある（令和4年度予備試験論文式試験民法。中田裕康『債権総論（第4版）』187-188頁（有斐閣、2020）参照。

——：え〜Bが無資力になった場合を考えて、相殺でしょうか？

主査：本当に？（笑）もう一回事例を読んでごらん。相殺をした場合、結果的にどうなる？

——：え〜と200万円の支払いをすることになります。

主査：そうだよね。結局Bとしては200万円が支払わなければいけないよね。Bとしては200万円の支払いも拒みたいよね、どのような抗弁を主張しますか？

——：失礼しました。同時履行の抗弁権について主張します。

主査：そうですよね。同時履行の抗弁権を主張すれば特段の事情ない限り全体として履行を拒めるのですよね。ちなみにこの全体について拒めるってのは偉い学者の先生が言っているの？

——：（え、判例じゃないの？学者の先生誰かが提唱していたのかな？やばいどうしよう。とりあえず積極ミスはしたくないから、何とか切り抜けなきゃ……）え〜すいませんちょっと失念してしまいました。

主査：判例が言っていますよ。覚えておいてくださいね。

——：（結局それでいいんかい。もうやだ。）

主査：ではもう一度Pに戻ります。再びパネルを見てください。仮に本件で目的物の完成と代金の支払いが同時期に行われる場合、Pとしては履行遅滞に基づく損害賠償請求の請求原因事実で目的物の引き渡しを主張する必要はありますか。

——：はい。

主査：それはなぜでしょうか？

——：え一と履行遅滞に基づく損害賠償請求の要件として履行しないことが違法であることが必要とされるんですけども、その〜本件では双務契約である請負契約なので、その〜請求原因で双務契約ということがすでに表れてしまっています。なので、同時履行の抗弁権の存在効果がすでに発生していることとなっているので、その〜Pとしては反対債務の履行を主張して同時履行の抗弁権を消滅させて、履行しないことが違法であることを積極的に言わなければならないからです。

主査：（大きくうなずいて）しっかり説明できていますね（結構曖昧だと思ったんだが）。では実際に訴訟となった場合、本件では建築物の契約不適合ということで、現実には専門的な判断が必要とされます。このような訴訟となった場合、A側としてはどのように訴訟活動をすべきでしょうか。なんか特別な配慮をすべきとか、やっておくべきことはある？

——：え一と鑑定の証拠調べをすべきでしょうか。

主査：そうですね。まずは鑑定が考えられますね。他には？

684

――：え〜と専門委員を関与させたり…
　　…。

主査：うんまあ、専門委員は後で聞くと
　　して、他に何かない？訴訟提起前
　　にPとしてはなんか現実的にでき
　　ること。私的に何か、例えば友人
　　の専門家に調べてもらって、それ
　　を訴訟に生かせない？

――：え〜訴訟提起前に鑑定人というか、
　　専門的な知識を持つ人に建物を見
　　てもらって、その結果を書面に残
　　してもらって、書証をしてもらう
　　べきだと思います。

主査：そうですね。書証によって証拠調
　　べをすることも考えられますね。
　　では先ほど言った専門委員なんで
　　すけど、これと鑑定はどのように
　　異なるのでしょうか？

――：はい。え〜鑑定は証拠調べ手続で
　　あるのに対し、その〜専門委員の
　　制度はあくまで裁判所の判断を助
　　けるというか補助する者なので、
　　え〜たとえ専門委員が発言したと
　　してもそれは証拠にならないと思
　　います。

主査：そうですね。専門委員はあくまで
　　証拠調べではありませんよね。で
　　は次の事例を言います。PはAの
　　依頼の紹介を受けるに当たり、Z
　　からの仲介によって紹介を受けま
　　した。Zは弁護士ではないが、業
　　務として弁護人の仲介を行ってい
　　るものでした。この場合、Pとし
　　ては依頼人の紹介を受けるにあ
　　たって何か弁護士職務上問題があ
　　りますか。

――：（うわあ、法曹倫理出るんかい涙）
　　え〜と、その〜依頼人の紹介を受
　　けたことに対して、Pが対価を支

払えば、その〜弁護士職務基本規
定上問題があると思います。

主査：えっと、本問はまだ対価とか支
　　払ってないんだけれども。

――：（だめだこれ以外思いつかない……）
　　え〜職務基本規定に条文があった
　　ような気がするのですが……。

主査：どうぞ、六法の下にある基本規定
　　の条文をコピーしたものを見てよ
　　ろしいですよ。

――：ありがとうございます。（どの規定
　　に反するかわからないためとりあ
　　えずホチキスで閉てまとめられた
　　規定をめくる）え〜。

主査：1ページ目にあるよ（笑）。なんか
　　みんなめくるんだけどさ〜、わりか
　　し最初の方に書いてあるんだよね
　　（笑）。

――：失礼しました。え〜基本規定11条
　　に反すると思います。

主査：じゃあちょっと読んでみて。

――：はい。（職務基本規定11条を読む）

主査：そうだよね。で、Zは11条のどれ
　　に当たるの？

――：え〜弁護士法72条から74条と書
　　いてあるのですが、ちょっとどれ
　　に当たるか〜……。

主査：じゃあ今度は六法の207ページを
　　開いてみてください。

――：はい。

主査：弁護士法72条にはなんて書いてあ
　　る？ちょっと読んでみて。

――：はい。（朗読）

主査：そうすると、Zはどれに当たる？

――：「その他一般の法律事務に関して…
　　…周旋」していると思います。

主査：そうだね。じゃあ今までのをまと
　　めていってみて。

――：え〜と職務基本規定11条には弁護

685

第6部　口述試験について

　　士法 72 条に違反する者から依頼者
　　の紹介を受けてはいけないと規定
　　されていまして、で、72 条には弁
　　護士でない物は法律事務の周旋を
　　することができないと規定されて
　　います。で、その〜 Z は弁護士で
　　ないため、この 72 条に違反するこ
　　とになります。そうすると、Z は
　　弁護士法 72 条に違反するとして職
　　務基本規定 11 条が対象とする違反
　　者になるので、この者から依頼者
　　の紹介を受けることは同規定に反
　　すると思います。

主査：そうですね。私からは以上です。
　　　副査の方は何かありますか。

副査：ないです。

主査：ではありがとうございました。

──：ありがとうございました。失礼し
　　　ます。

第3章　平成25年

D氏
平成25年司法試験予備試験最終合格者

【テーマ】2日目
請負契約に関する代金請求権、瑕疵修補に代わる損害賠償による相殺及び同時履行の抗弁の行使を巡る実体法上、手続法上の諸問題及び弁護士倫理

再現ドキュメント

主査：不明、副査：不明
二日目、午後の部1番手。1番手の内で最後に声を掛けられる。（質問が長い考査委員なのかな。長時間の質問攻めを覚悟しないとな……。）

――：（ノック、呼び鈴の音。）失礼いたします。（歩いていって）民事5室1番です。よろしくお願いします。
主査：どうぞ、おかけください。
――：失礼します。
主査：今から、事案を言います。机の上にある事例1を手にとって、聞いてください。よく分からなかったら聞きなおしてください。
――：はい。
主査：あなたは、弁護士Pです。Pは株式会社Xの代表取締役Aから以下のような相談を受けました。

事例1と書かれた紙を裏返す。

X	Y
株式会社	

1　請負報酬300万円
2　完成期日平成25年5月15日
3　引渡し期日平成25年6月15日
4　Yは現在においても報酬を支払わ

ない。

Pは、Xから未払いの報酬と遅延損害金の支払を求めたい。どのような訴訟を提起しますか。
――：（はじめは「会社」の文字から会社法か、終わったな……と思った。でも本質は請負か。これなら、先週の受けた私立LSの問題で解いたばかりだぞ！もらった！でも、問題は遅延損害金だな……。）はい、請負契約に基づく報酬支払請求訴訟と、履行遅滞に基づく損害賠償請求訴訟を提起します。
主査：はい。では、訴訟物の個数は？
――：2個になります。
主査：請求の趣旨はどうなりますか？
――：（うわー。遅延損害金ってどう表記するんだっけ……。）はい、被告は原告に対し、300万円及びこれに対する5月16日から支払い済みまで……。
主査：えっ、5月16日？
――：（引渡し期日が6月15日であることに気がつく）あ、撤回いたします。6月16日から支払い済みまで遅延損害金を……。
主査：え、「遅延損害金」？請求の趣旨だよ？
――：あっ、申し訳ございません「金員」です。
主査：いま、遅延損害金といいましたが、利率は？
――：Xは会社ですが、商事法定利率は廃止されたので、年3パーセントからの変動制になります。
主査：そうだね。じゃあ、遅延損害金の法的性質ってなんだか分かる？
――：えー、損害賠償請求権です。415条

687

第6部　口述試験について

1項の請求権です（副査の方がうんうんと頷いて下さる）。

主査：わかりました。では、**請負報酬債権**について聴きます。2の「完成」は**請求原因事実**として必要ですか？

──：必要です。

主査：根拠は？

──：民法632条に「完成を約し」と規定があるからです。

主査：はい。わかりました。では、3の「引渡し」も請求原因事実として必要ですか。

──：必要です。

主査：根拠は？

──：民法633条に報酬の支払は引渡しと同時でなければ請求できないと書いてあるからです。

主査：えっとー、632条を見てください。引渡しは抗弁になるという考え方はできませんか。

──：はい。確かに632条には「引渡し」が要求されていませんので、引渡しが抗弁になると考えることもできます。しかし、私は632条が請求権成立要件、633条が請求権行使要件と考えますので、請求原因に「引渡し」まで要求されると思います。

主査：わかりました。では、**遅延損害金請求権**について聞きます。3の「引渡し」は請求原因事実として必要ですか。

──：必要です。

主査：根拠は？

──：本件では請負報酬請求権という双務有償契約に基づく請求権が問題となっているので、請求原因事実で報酬契約締結の事実を述べたこ

とで同時履行の抗弁権の存在を主張したことになります。つまり、請求原因事実で抗弁事実を主張していることになります。この場合、引渡しの事実を主張して自己の債務の履行を述べることによって、相手方の履行遅滞が違法であることを基礎付ける必要があるからです（あえて、せり上がりとは言わなかった）。

主査：では、事案を変えます。P弁護士は、3の引渡しの事実を訴状に記載しませんでした。そして、第一回口頭弁論においてYは出頭せず、準備書面も提出しませんでした。この場合、口頭弁論に出頭したXは、3の事実を主張できますか？

──：できません。

主査：根拠は？

──：民訴法160……条あたりだと思うんですが、条文番号が正確にでてきません。

主査：条文、見ていいよ。条文番号知らないのが普通だから（笑）。

──：失礼します。えー、161条3項が根拠です。

主査：では、事案を変えます。事案の2を見てください。Yの弁護士Qは、Yから次のような相談を受けました。

事案2と書かれた紙を裏返す

> 　Yは、Xと請負契約を締結して完成した目的物の引渡しを受けた。
> 　しかし、目的物には、契約不適合があり、この修補には100万円を要する。
> 　Yは、このような目的物を提供するXをもはや信頼することは出来な

688

いので、修補依頼することはまずない。

　この場合、Yとしては、どのような抗弁を主張しますか？

―――：（反訴ではなく抗弁か……。少し考えて）民法562条1項を根拠として請負人の担保責任に基づいて損害賠償請求権が生じています。そこで、この100万円の損害賠償請求権を自働債権として300万円の報酬支払債権と相殺をします。

主査：そうだね。他に思いつくことはないかな？

―――：えーっと、533条かっこ書きがあるので（副査の方がまた頷いて下さる。）、505条の相殺の要件である債務の性質が相殺に反することにならないかという問題点でしょうか？

主査：そこじゃないよ、性質に反しないことは明らかでしょう（副査の方が首をかしげる）。533条があるということから？

―――：あっ、損害賠償、損害相当金の支払があるまで請負報酬の支払をしないという抗弁をすることが考えられます（なるほどね！主査様ありがとうございます）。

主査：そうだね。では、相殺の抗弁と同時履行の抗弁の違いはなにかな？

―――：相殺の抗弁は、民訴114条2項で判決において既判力が生じます。他方で、同時履行の抗弁の方はこのような効力は生じず（主査の方が次の誘導をしようとしていたが……）、引換給付判決を下すことになります（主査の方が頷く）。

主査：では、遅延損害金との関係でどんな違いが生じる？

―――：（やばい、考えたことがないぞ……。相殺の効力は遡及するはずだったな。）遡及して効力が生じるので、相殺適状の時点で対等額が消滅します。

主査：では、相殺が認められるときの判決主文はどうなる？

―――：（完全にお手上げだ……）はい、被告は、原告に対し、金200万円及び相殺適状から支払済みまで年3分の金員を支払えになります（相殺分は答えなくてもスルーされた。）。

主査：じゃあ、同時履行の抗弁のほうは？

―――：Yの履行遅滞が違法とならないので、遅延損害金は生じません。

主査：そうなるよね。同時履行のほうが遅延損害金に関して有利になるんだよね。

主査：このように請負に関する取引においては契約不適合の存在がたびたび問題となります。訴訟活動として、あなただったらどのように契約不適合の認定を行いますか？

―――：（アバウトな質問だな……。具体的な立証活動を聞きたいのかな？）。契約不適合の認定にあたっては、目的物の設計図や備品を調査することによって事実関係を捉えることが必要になると思います。

主査：そうだね。契約不適合の認定には専門的な判断が要るよね。そういう場合、どのようにして証拠を集めますか？

―――：（鑑定や検証かな。でも専門性が要求されるということからすると、専門委員もあるのかな…とりあえず）専門委員を呼んで意見を述べ

第6部 口述試験について

させることが考えられます。

主査：え？専門委員？ちょっと条文見て みてよ。92条の2あたりにあるか らさ。専門委員って何する人？

――：（え……地雷踏んじゃったかな？…… 条文を引いている時間に）専門 委員は裁判官の事実認定をアシス トする人です。「専門委員の説明を させ」とあるので、この説明と裁 判官の合理的な経験則を用いて心 証を形成することがあると思った のですが……。

主査：じゃあさ、それって証拠になる の？

――：（うーーー。）「説明をさせ」としか ないので、証拠として用いること は難しいと思います。撤回させて いただきます。

主査：そうすると？

――：（証拠を獲得する手段を聞いている のかな……、やばい混乱してきた） 文書調査嘱託を申立てます……。

主査：もっと簡単に何かない？

――：（やばい、完全に墓穴掘った）鑑定 でしょう。

主査：そうだね。鑑定だよね。では、ま た事案を変えます。Ｘ会社は下請 人Ｂに建設を依頼していた。契約 不適合は下請段階に生じていた。 そこで、Ｘは、判決の結果に利害 関係を有するＢを訴訟に引き込み たいと考えている。Ｘはどういう 訴訟活動をすべきだろう？

――：（ここから挽回せねば）はい、裁判 所に訴訟告知を行い、Ｂを補助参 加人として引き込むことが考えら れます。

主査：訴訟告知がされるとどうなる？

――：はい、民訴法46条の参加的効力が

生じます。

主査：参加的効力ってなに？

――：（基本的なこと聞かれた！どうしよ う、ど忘れした……。）。参加的効 力は、敗訴責任を分担する公平の 理念から認められているものなの で（副査の方がまた頷いて下さる）、 被参加人であるＸが敗訴した場合 に生じます。

主査：誰と誰の間で生じますか？

――：はい、ＸとＢとの間のみです。

主査：そうですね、どういう利点があり ますか？

――：後訴でＸがＢに対して債務不履行 責任を追求する場合に、帰責事由 がＢにあることを基礎付けること ができます。

主査：うん、後訴でＢが前訴と矛盾する 訴訟活動ができなくなるというこ とだよね。

――：はい、おっしゃるとおりです。

主査：では、また事案を変えます。Ｚと いう建物の契約不適合に関する案 件を多く抱える私人がいるとしま す。弁護士ＰがＺから事件の紹介 を受けて仲介料を支払った場合、 何か問題がありませんか？

――：問題があると思います（う……。 守秘義務や誠実義務じゃないのか よ！）

主査：それはどういう問題？

――：はい、弁護士が仲介料をとり事件 を紹介するようなブローカーのよ うな者と（また副査の方が頷いて くださる）行動をとることは、お 金を出せば訴訟案件を紹介しても らえるということになり、弁護士 倫理に反すると考えるからです （もう根拠規定なんかだせない！）。

主査：それは何条？

――：（もう誘導に乗るしかない！転がされ続けよう）はい。（机の上のプリントをめくろうとする）

主査：11 条を見てくださいね。

――：はい。あー、この規定に反するんですね。

主査：本件に即して考えるとどうなる？

――：（弁護士法 72 条をひこうとする）

主査：弁護士法は 204 ページ辺りにあります。

――：すみません、ありがとうございます。72 条によると、「弁護士……でない者は、報酬を得る目的で訴訟事件……の周旋することを業とすることができない」とあります。そして、Z はこの周旋を行っております。

主査：あっせんということかな？

――：はい、あっせんということです。

主査：はい、私からは以上です。（副査の方に確認して）それでは終わります。

――：ありがとうございました。失礼いたします。

感想

　所要時間 25 分から 27 分。非常に長い時間に感じた。主査の質問が多岐に亘ることと、条文番号を先導されたことから、考える時間が少なかった。山を張った点（民事執行保全、管轄、守秘義務・誠実義務）は一切出題されなかった。

・良かった点

　　民法の問題は、一週間前のＬＳ入試で聞かれていたので、条文や論点などの基本的知識をすんなり答えることができた。

　　民訴のうち準備書面、訴訟告知の問題は、法律事務所勤務中に手続概要を学習していたことが聞かれたので、即答できた。

・悪かった点

　　要件事実（遅延損害金と同時履行の抗弁）の問題は、出題可能性が低いと思い込んでいたので、準備不足を露呈してしまった。

　　鑑定の質問は、核心部分の回答を後回しにしたために、些末な部分を突っ込まれた結果知識不足を露呈してしまった。

　　法曹倫理の問題は、完全にアドリブになってしまった。

第4章　平成26年

A氏
平成26年司法試験予備試験最終合格者

【テーマ】1日目
管轄、移送、債権譲渡、共同相続人の債権者による相続財産からの債権回収に関する実体法上、手続法上の諸問題及び弁護士倫理

再現ドキュメント

――：失礼します。民事系〇室〇番です。宜しくお願いします。
主査：はい。事案を読み上げます。パネル①を見てください。まず、AはYと平成26年4月1日、期限を同年8月1日、500万円について口頭で消費貸借契約を締結しました。その後、AはXに、Yに対して有する貸金返還請求権を無償で譲り渡しました。そして、XはYに対して、その支払を求めて訴えを提起しました。事案は良いですか？
　　※辰已注：平成29年債権法改正により諾成的消費貸借契約が明文で認められたので（民法587条の2）、要物契約としての消費貸借契約（民法587条）との区別が重要となる（令和3年度と対比せよ）。諾成的消費貸借の場合は契約書が必須となるので（民法587条の2第1項）、口頭による場合は要物契約としての消費貸借契約となる。

パネル①

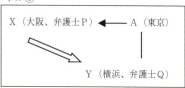

――：はい。
主査：まず、この訴訟の訴訟物を教えてください。
――：はい。AY間の消費貸借契約に基づく貸金返還請求権です。
主査：はい。では、請求の趣旨はなんですか？
――：被告は原告に対し金500万円を支払え、です。
主査：では、Xはどの裁判所に訴えを提起できますか？
――：はい。まず、普通裁判籍として、被告の住所である横浜の地方裁判所に提起できます。それに加えて、本件債務は持参債務ですので、原告の住所である大阪の地方裁判所にも提起することができます。
主査：そうですね。あなたは地方裁判所とおっしゃったのですが、なぜ地方裁判所なのですか？
――：はい。裁判所法に、140万円を超えない訴訟については簡易裁判所、超える訴訟については地方裁判所という規定がありまして、本件では500万円と140万円を超えているので、地方裁判所に事物管轄があります。

692

主査：分かりました。Ｙとしては、Ａと
　　　契約を締結したのであり、大阪で
　　　は不便であると思い、東京ないし
　　　横浜で訴訟追行をしたいと思って
　　　います。その場合、Ｙとしてはど
　　　のような手段をとれますか？

――：移送の申立をします。

主査：それは何条の移送ですか？

――：民訴法17条の裁量移送です。

主査：そうですね。どのような場合に裁
　　　量移送が認められるのですか？

――：えーと、当事者の平等を図る場合
　　　や、訴訟が遅延することを防止す
　　　る場合……です。

主査：うん、まあ、訴訟の著しい遅滞を
　　　避ける場合又は当事者間の衡平を
　　　図るため必要があると認めるとき、
　　　だよね。

――：はい。

主査：では、このとき、Ｘは請求原因事
　　　実として何を主張しますか？

――：はい。まず、請求債権があること
　　　として、ＡがＹと返還を約して500
　　　万円を交付したこと、それから行
　　　使するために期限を平成26年8月
　　　1日と定めて、その日が到来した
　　　ことを主張します。それに加えて、
　　　当該債権をＡがＸに対して無償贈
　　　与したことです。

主査：えーと、整理すると、まずＡＹ間
　　　の債権として？

――：はい、書面によらない消費貸借契
　　　約の場合は、返還を約したことと
　　　500万円の交付が消費貸借契約の成
　　　立のために必要で、それを行使す
　　　るために、期限の到来をいう必要
　　　があります。

主査：んーと、期限の合意は、消費貸借
　　　契約の成立のために必要なんだよ

ね？

――：（え？この主査、貸借型理論とっ
　　　て、誘導してきているの？自説違
　　　うけど……）あ……はい……。（あ、
　　　こう答えたら分かってなかったと
　　　思われちゃいそう……）

主査：それで、ＡＸ間は無償贈与とおっ
　　　しゃった？

――：いえ、贈与です。

主査：それ以外には何かいう必要はあり
　　　ませんか？

――：特にありません。というのも、贈
　　　与契約の内容として、特段の意思
　　　表示なく、債権が譲渡されると考
　　　えるからです。

主査：つまり、処分行為は債権譲渡には不
　　　要と考えられるということですよね。

――：（あ、言い直された）はい。

主査：では、今度は、あなたはＹから依
　　　頼を受けた弁護士Ｑであるとしま
　　　す。ＱはＹから事情を聴取したと
　　　ころ、当該貸金返還請求権につい
　　　ては譲渡制限特約を付けており、
　　　Ｘはそれを知っていたはずだと
　　　言っていました。この場合、Ｑと
　　　しては抗弁として何を主張します
　　　か？

――：はい、譲渡制限特約の抗弁を主張
　　　します。

主査：その内容は？

――：譲渡制限特約の合意があったこ
　　　とを主張します。

主査：それだけですか？

――：あ、それに加えて、Ｘの悪意有過
　　　失についても主張します。

主査：ん？有過失？

――：いえ、重過失です。

主査：なぜですか？

――：はい。原則として債権の譲渡は自

693

第6部　口述試験について

由であるところ、その制限は限定
的に考えるべきであり、その例外
として、主観的要件の立証たる善
意有失（再び言い間違える）は
譲渡制限特約の存在を主張する者
に負わせるべきであるからです。

主査：うん、例外ということだよね。で、
　　　有過失？

──：あ、いえ、失礼しました、重過失
　　　です。

主査：あなた先ほどから有過失、重過失
　　　と言っているけど、その差はなん
　　　なの？

──：はい、有過失は軽過失と重過失を
　　　含む概念でして、重過失は軽過失
　　　を含まない概念でして、この場合
　　　は重過失です。

主査：ん？ん？えーと、うん。重過失は
　　　悪意と同視できるということで、
　　　悪意と善意重過失を言うんですよ
　　　ね。

──：（あれ？なんか変だったかな？分
　　　かっているよそれ）はい（自信
　　　満々に）。

　　　※辰巳注：平成29年債権法改正により、
　　　　預貯金債権を除いて（466条の5）、
　　　　譲渡制限特約の効果は債権的なもの
　　　　に変更されている（466条2項から4
　　　　項）。したがって、「譲渡の制限」と
　　　　いっても、その内容は改正前とは異
　　　　なっており、現在はこの点により
　　　　突っ込んだ質問がなされる可能性が
　　　　あるので、注意。

主査：他には何か抗弁として主張するこ
　　　とはありませんか？

──：（え！？）えーと……この事例を前
　　　提にして、ということですよね…
　　　…？

主査：はい、この事例を前提とします。

──：（数秒考えて）あ、債務者対抗要件
　　　の抗弁を主張します。

主査：うん。具体的には？

──：はい。AがAX間での債権譲渡に
　　　ついて通知をするまで、YはXを
　　　債権者としては認めない、との権
　　　利主張です。

主査：うん、まあ通知をしなければ債権
　　　者としては認めないということと、
　　　承諾はしないということだよね。

　　　※辰巳注：平成29年債権法改正により、
　　　　異議をとどめない承諾による抗弁の
　　　　切断の制度は廃止され、抗弁の放棄
　　　　の一般的規律に委ねられることに
　　　　なったが、債務者対抗要件としての
　　　　承諾は存続する（民法467条1項後
　　　　段）。

──：（何度も言い直されるな……）はい。

主査：では、パネル②を見てください。
　　　XはYに対する訴訟において 500
　　　万円全額について勝訴しましたが、
　　　Yにはめぼしい財産はありません
　　　でした。そこで、一層調査をし、
　　　Yには親Bがおり、そのBは土地
　　　を有していたのですが、そのBは
　　　既に死亡していること、他に相続
　　　人は弟のCのみであること、Cは
　　　相続関係については一切非協力的
　　　であるという状況であることが分
　　　かりました。この場合、Xは何が
　　　できますか？

　　　※辰巳注：なお、本問とは離れるが、
　　　　令和3年民法改正により、Cが所在
　　　　不明である場合は、Yの請求により、
　　　　裁判による共有物の変更（民法251
　　　　条2項）やYによるCの持分の取得
　　　　（民法262条の2）を行うことがで
　　　　きる。また、Yが建物所有目的以外
　　　　の土地賃貸による賃料収入により弁
　　　　済を試みる場合は、5年以内であれ
　　　　ば管理行為となるため（民法252条
　　　　4項2号）、Yの請求による共有物の
　　　　管理の裁判の制度（同条2項）や所
　　　　有者不明土地管理命令制度（民法
　　　　264条の2以下）を利用することが
　　　　できる（令和3年民法改正）。

694

パネル②

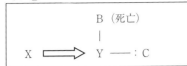

――：（分からない）えーと、まず、YにCと遺産分割をするように求めることが考えられると思います。
　※辰巳注：なお、令和5年4月1日に施行された民法904条の3により、遺産分割は10年以内でないと具体的相続分によって行うことができなくなった。

主査：うん、まあそうだけど、遺産分割を待っていたら時間がかかってしまうよね。それ以外の方法はないかな？

――：えーと……YのCに対する何らかの債権が観念できるのであれば、債権者代位によることができるかと思うのですが……。

主査：Cに対してですか？えーと今、土地の登記名義は誰にありますか？

――：おそらくBのままであると考えられます。

主査：うん。その登記名義についてなにか考えられないかな？

――：えーとBに登記名義を移してもらえるように訴えるとか……でもBは死亡していますし……登記官に求める方法があるのかな……と。

主査：うーん、前提として土地についての現在の法律関係はどうなっている？

――：遺産分割を経ていないので、YC間の共有になっています。

主査：うん。その共有の持分の分だけ登記することはできないかな？

――：あ、できます。

主査：はい、共有持分権の分の保存登記をするということだよね。そうした結果、Xは何をします？

――：（わからん）Yに対してその分を売るように求めます。

主査：売るように求めるというか……まあ強制競売にかけて換価しますよね。

――：あ、はい！（全然分からなかったけどみんな分かってないだろう、てか今の質問、執行段階だったのか……）

主査：では、Bが有していた財産が土地ではなく、金融機関Dに対する預金債権500万円である場合は、XはYに対して何をしますか？

――：はい、債権執行をします。その内容としては争いがある場合は取立訴訟等を提起します。

主査：うん、それはどの額についていけますか？

――：6分の1です。

主査：6分の1？なぜですか？（少し驚いたように）

――：はい、預金債権は可分債権ですが、現金と同視できるので、遺産分割の対象となります。そして、遺産分割の前においては、相続時の預金債権額の3分の1に相続分を乗じた額まで、各相続人は単独で権利行使できます。本件においては、相続人はYとCのみであるとのことで、兄弟の関係にあるので、法定相続分は1／2ずつです。とすると、Yは6分の1までは単独で権利行使できることになり、6分の1のみに執行することができます。
　※辰巳注：最大決H28.12.19＝百選Ⅲ70は、債権一般とは異なり、預貯金債

第6部 口述試験について

権は当然分割されず、遺産分割の対象となると解した。これは、預貯金債権が現金同様に、遺産分割の額の微調整に資するからである。もっとも、平成30年相続法改正により、相続分の3分の1の額までは各相続人が単独で権利行使できるものとされ、権利行使された部分については遺産分割により取得されたものと規律されることとなった（民法909条の2）。なお、本問では問題とならないが、単独で権利行使できる上限額は、150万円までである（民法909条の2に規定する法務省令で定める額を定める省令）。

主査：うん、金銭債権は遺産の範囲は含まれ、当然分割されないということだよね？

——：はい。

主査：では、最後の質問ですが、弁護士PがXから訴訟追行の依頼を受けたのですが、その際、勝訴の見込みが不明であるとして、そのことを追って伝えるとXに伝え、依頼契約書にもその旨のみ記載しました。この場合、何か弁護士倫理上問題がありますか。

——：はい。まず、弁護士は受任の際に、弁護士費用について適切に説明をしなければならないところ、そのような説明では抽象的にすぎ、適切に説明したことにはなりません。それに加えて、依頼契約書にも弁護士費用を適切に記載しなければならないという規定が弁護士職務基本規程にありまして、その点についても、追って伝えるとのみ記載するだけでは足りないと考えられますので、弁護士倫理上の問題があります。

主査：（うん、うんとうなずく）はい、わかりました。終わりました。以上

です。

副査：（ニヤニヤしてる）

——：（なんで副査ニヤニヤしてるのかな……）ありがとうございました。

感想

　債権譲渡か賃貸借契約であろうと予想していたので、出題は予想していました。結構主査に言い直されたこと、貸借型理論に誘導されたこと、副査がニヤニヤしていたところがよく分かりません。保存登記をして強制執行をかけるということは、いやみんな分からないだろうと思ったので、焦ることはありませんでした。弁護士倫理をきちんと答えられた（と思っているので）、最後の印象から60点にとどまっていることを願います。所要時間はちょうど20分くらいでした。

第4章 平成26年

B氏
平成26年司法試験予備試験最終合格者

【テーマ】1日目
管轄、移送、債権譲渡、共同相続人の債権者による相続財産からの債権回収に関する実体法上、手続法上の諸問題及び弁護士倫理

再現ドキュメント

――：1室9番です。よろしくお願いします。
主査：ではおかけください。
――：失礼します。

（パネルがある。A（東京在住）が平成△年○月×日にY（横浜在住）に対して500万円を貸し付けた。その後、本件貸金債権はX（大阪在住）に無償で譲渡された。弁済期が到来してもYは支払わない。以上のような旨が記載されている。Xの弁護士P、Yの弁護士Qの記載もある。）

パネル①

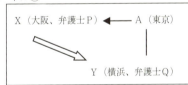

主査：今から事案を読み上げます。内容はそこにあるパネルに書いてある通りですが、確認のため読みますから、よく聞いてください。（パネルと同内容の音読）
　　　では、あなたがXの弁護士Pであるとして、Yに訴訟を提起するとします。訴訟物は何ですか？
――：Xの、Yに対するAY間の消費貸借契約に基づく貸金返還請求権1個です。
主査：では請求の趣旨は、どうなりますか？
――：被告は、原告に対し500万円を支払え、というものになります。
主査：では、請求原因事実を具体的に述べてください。
――：はい、まずAY間の書面によらない消費貸借契約成立の要件として、AY間で返還の合意がなされ、金銭500万円の交付がなされたこと、そして、消費貸借契約終了の要件として、弁済期を平成26年8月1日に定め、その日が到来したこと、さらに、XがAY間の債権を無償で譲渡されたことが必要となると考えます。
主査：無償で譲渡、というのは、法律行為ではないですよね？
――：あ、失礼しました。XがAからAY間の債権を贈与された、ということですか。
主査：消費貸借契約成立の要件のところをもう一度お願いできますか。
――：（なんかミスったか）はい、AY間で返還の合意がなされ、金銭500万円の交付がなされたことです。
主査：それ日付は？
――：（そこか）あ、失礼しました。平成△年○月×日に、AY間で返還の合意がなされ、金銭500万円の交付がなされたこと、です。
主査：では、本件訴訟はどこの裁判所に提起できますか？
――：まず、被告の住所地である横浜地方……（ここで主査副査がうなず

第6部 □述試験について

く。地裁か簡裁かの違いも分かっ
てもらえたはず）地方裁判所に提
起できます。

主査：他にはありますか？

――：はい。本件貸金債権は持参債務な
ので、債権者の住所が義務履行地
となり、債権者の住所、すなわち
原告の住所を管轄する大阪地方裁
判所にも提起できます。

主査：では、大阪地裁に提訴されたとし
て、Qはどうしますか？

――：移送の申し立てをすると考えます。

主査：それは、何条を根拠とする、どの
ような移送ですか？

――：民事訴訟法17条を根拠とする、裁
量移送です。

主査：では、Xによって訴えが提起され
たとしましょう。今度はあなたが
被告代理人のQの立場にあるとし
ます。Yは本件貸金債権について
譲渡制限の特約をしたと主張して
いるが、いかなる抗弁を主張すべ
きですか？

――：譲渡制限特約の抗弁を主張します。

主査：では、その抗弁事実をどうぞ。

――：はい、AY間で譲渡制限特約が
あったことと、Xが譲受時にその
特約の存在を知っていたか、又は
知らなかったことにつき重大な過
失があったことです。

主査：なぜXの悪意または重過失をYが
主張しなければならないのです
か？

――：（なぜかここでスムーズに記憶を
引っ張り出せた）債権は譲渡自由
が原則なので、その自由を制限す
る特約の効果を主張する者が効果
発生に必要な事実をすべて主張し
なければならないと考えるので

す。

主査：なぜ悪意でなく重過失でも良いの
ですか？

――：条文上は、特約は善意の第三者に
対抗できないとあるのですが（こ
こで前にいた副査がうなずいてく
れたのを覚えている）、判例は、重
過失を悪意と同視しうるとしてい
るからです。

　※辰巳注：平成29年債権法改正により、
　預貯金債権を除いて（466条の5）、
　譲渡制限特約の効果は債権的なもの
　に変更されている（466条2項から4
　項）。したがって、「譲渡の制限」と
　いっても、その内容は改正前とは異
　なっており、現在はこの点により
　突っ込んだ質問がなされる可能性が
　あるので、注意。

主査：では、そのほかにYが主張できる
抗弁は何ですか？

――：債務者対抗要件の抗弁が考えられ
ます。

主査：その抗弁事実をどうぞ。

――：はい。Yが対抗要件の欠缺を主張
できる正当な利益を有する第三者
であることと、Yは、Aが通知を
するかYが承諾をするまでXを債
権者として認めない、という権利
主張です。

主査：Yが第三者であることを主張する
必要はありますか？

――：！？（どうなんだっけ）

主査：そのことは請求原因事実に表れて
いませんか？

――：（そういうことか）失礼しました。
その事実はXが主張する請求原因
事実に現れているので、抗弁事実
として主張は不要です。したがい
まして、権利主張のみで足りると
考えます。

主査：では、そこにおいてあるパネルを

第4章 平成26年

　　裏返してください。
──：（結構いい感じで乗り切ったと
　　思ったら裏があるんかい）

パネルを裏返し図2。
Yの父親B（すでに死亡）とYの弟Cが
新たに登場。
パネル②

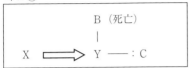

──：（相続か……しかも弟Cってやや
　　こしくなりそうだなこれ）
主査：今から事案を読み上げます。よく
　　聞いてください。この訴訟でXの
　　請求が全額認容され、判決が確定
　　したとします。Yにはめぼしい財
　　産がありませんでしたが、亡く
　　なった父親Bが所有していた本件
　　土地がありました。Yは本件土地
　　を売却し、その売却代金をXへの
　　支払に充てようとしていますが、
　　登記名義はBのままであり、Yは
　　Xに協力的ですが、Cは登記移転
　　に非協力的です。ここでXの弁護
　　士Pとしてはどうすればよいで
　　しょうか？
　　　※辰巳注：なお、本問とは離れるが、
　　　令和3年民法改正により、Cが所在
　　　不明である場合は、Yの請求により、
　　　裁判による共有物の変更（民法251
　　　条2項）やYによるCの持分の取得
　　　（民法262条の2）を行うことがで
　　　きる。また、Yが建物所有目的以外
　　　の土地賃貸による賃料収入により弁
　　　済を試みる場合は、5年以内であれ
　　　ば管理行為となるため（民法252条
　　　4項2号）、Yの請求により、共有物
　　　の管理の裁判の制度（同条2項）や
　　　所有者不明土地管理命令制度（民法

　　　264条の2以下）を利用しうる（令
　　　和3年民法改正）。
──：（どうすれば、って言われてもなあ。
　　これは債権者代位訴訟なのか？）
　　……Cに対して……。
主査：「C？」
──：あ、いえ、えーと……。
主査：土地はまず、どのような状態にあ
　　りますか？
──：YとCの共有関係にあります。あ、
　　共有物分割請求……。
主査：そうなんだけど、その前にやるこ
　　とがありますよね。
　　　※辰巳注：本問の共有は相続共有なの
　　　で、正確には、共有物分割請求をす
　　　ることができない（最二判S50.11.7、
　　　最三判S62.9.4、民法258条の2第1
　　　項）。ただし、令和3年民法改正によ
　　　り、相続開始時から10年を経過した
　　　場合には共有物分割請求を行うこと
　　　ができるようになった（同条2項）。
──：その前に！？……。（まったくわか
　　らない）
主査：登記はBにありますよね。
──：はい。なので登記名義を変更した
　　いと考えると思います。
主査：そうだね。これはY単独でできま
　　すか？
──：いえ、登記は共同申請が必要なは
　　ずです。
主査：でも、Yは2分の1の持分を有
　　していますよね。登記を保存行為
　　とは見れませんか？
──：はい。そのように考えることがで
　　きます。なのでCと共同して……。
主査：保存行為は共同して行わないとダ
　　メですか？
──：あ、失礼しました。保存行為は
　　単独でできます。それで共有物
　　分割請求？
主査：いや、その前に。

699

第6部　口述試験について

――：その前に！？……。（やはり分からない）

主査：債権の弁済に代えて所有権を……。

――：あ、代物弁済ですね。

主査：そうです。（主査副査ともにほっとしている様子）

――：（とりあえず乗り越えたのか？）

主査：では事例を変えて、Yが協力的ではないが、Bが銀行に500万円の預金債権を有していたとします。このときPはどうしますか？

――：（まだ続くのかよ……）Yの有する預金債権を差押え、債権執行をかけていくと考えます。

主査：この債権はBの債権だけど、執行できるのですか？

――：それは……。（何を説明すればいいんだ……）

主査：先ほどの場合との違いを考えてください。

――：えっと……。（えっと）

主査：土地と債権の違いはなんですか？

――：土地は共有関係になりますよね。

主査：債権は？

――：（気づいた）可分債権なので共有関係にはなりません。

主査：金銭債権は原則として当然分割されるんですよね。

――：はい。

主査：では預貯金債権の場合はどうですか？

――：預金債権は可分債権ですが、現金と同視できるので、遺産分割の対象となります。そして、遺産分割の前においては、相続時の預金債権額の3分の1に相続分を乗じた額まで、各相続人は単独で権利行使できます。本件においては、相続人はYとCのみであるとのこと

で、兄弟の関係にあるので、法定相続分は1／2ずつです。とすると、Yは6分の1までは単独で権利行使できることになり、6分の1のみに執行することができます。

※辰巳注：最大決H28.12.19＝百選Ⅲ70は、債権一般とは異なり、預貯金債権は当然分割されず、遺産分割の対象となると解した。これは、預貯金債権が現金同様に、遺産分割の額の微調整に資するからである。もっとも、葬儀費用などで現金が必要になる場合も多いので、平成30年相続法改正により、相続分の3分の1の額までは各相続人が単独で権利行使できるものとし、権利行使された部分については遺産分割により取得されたものと規律されることとなった（民法909条の2）。なお、本問では問題とならないが、単独で権利行使できる上限額は、150万円までである（民法909条の2に規定する法務省令で定める額を定める省令）。

主査：では事例を変えて、Yの弁護士Qが依頼を受けるときの話、法曹倫理の質問をします。Qは委任契約書を作成するにあたって、勝訴の見込みがなかったので、弁護士報酬は「追って調整する」としました。この点について法曹倫理上の問題はありますか？

――：（30条だろうけど、文言覚えてないな、まずは29条を言っておくか）29条には受任時に弁護士報酬を説明しなければならない、とありますので、その問題が考えられます。

主査：そこの説明はクリアしていると考えてください。委任契約書ですよ。

――：（じゃあ30条か）委任契約書なので、30条が問題となると考えます。

主査：はい、では具体的にお願いします。必要なら条文を見ても構いません

よ。

――：（よかった）（条文開く）はい。30条は「弁護士報酬に関する事項を含む委任契約書を作成しなければならない」となっていますので、本件では「弁護士報酬に関する事項」が含まれているかが問題となります。ただし、「委任契約書を作成することに困難な事由があるときは」とありますので、その場合には……。

主査：本件では、「困難な事由」はあるといえますか？

――：（ないんだな）ないと考えます。また、「追って調整する」では30条の要請を満たしているとも考えられません。なぜなら、この規定は、受任するにあたって依頼者に報酬額をあらかじめ示しておくことで、後に報酬額が莫大となってしまい、依頼者に不測の不利益を与えることを防ぐ趣旨であると考えられるからです（ここでまた大きくうなずかれた）。

主査：他に、何か問題はありますか？

――：（まだあるのか……）他の、問題ですか……。（思いつかず、ページを先に進める）

主査：あ、そっちではなくてですね、もっと若い方の番号です。第三章のあたり。

――：（ほとんど言われてしまってる……。）24条との抵触が問題となります。

主査：そうですね。（副査に向かって）何かありますか。

副査：いえ。（ニコッとしていた）

主査：終わります。

――：ありがとうございました。

感想

　1日目でかなり緊張していたが、長時間待たされたこともあって、緊張はだいぶほぐれていた。ただ、待機室で呼ばれるまでは緊張していた。

　実際に試問されるところは、寮の1室だった（寮暮らしだったので、見慣れた家具があった）。主査副査との距離は近い。パイプいす一つと長机があり、テーブルには予備法文とパネルが置いてあった。

　1枚目のパネルの事案検討が終わるまでは、ほとんどミスもなく、これは61を狙えるかなと思っていたが、パネルをめくってからはまさに大どんでん返し。終始誘導される形になってしまった。模試などでは、先が見えないまま誘導に乗っていくという経験がなかったので、着地点が見えないまままだ誘導にのっていくというのはとても不安で仕方がなかった。ただ、なんとか着地すべきところに着地できたようなのでほっとしている。弁護士倫理のところで若干持ち直せたようなので、60はついただろう、うまくいけば61に乗っていないだろうかという感想を抱いている。

C氏

平成26年司法試験予備試験最終合格者

【テーマ】2日目
動産引渡請求、執行不奏功の場合の代償請求、占有移転禁止仮処分、口頭弁論期日の欠席、代物弁済、即時取得及び署名押印をめぐる諸問題

再現ドキュメント

主査：では始めます。机の上のカードをめくってください。
——：（カードをめくる）

〔事例〕

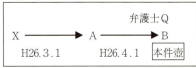

主査：事例を説明しますね。骨董品好きのXは、鑑定してもらうために、平成26年3月1日、Aに本件壺を預けました。Aは、平成26年4月1日、Bに対して本件壺を売却し引渡しました。XはBから本件壺を返してもらいたいと考えています。Xはどのような訴訟を提起すべきですか。なお、遅延損害金については考えなくて結構です。
——：本件壺の所有権に基づく返還請求訴訟を提起します。
主査：そうですね。他に提起できる訴訟はありませんか？
——：他にですか……（悩む）→誘導らしきものをされる→あ、占有移転禁止の仮処分です。

主査：いや、仮処分ではなく請求で、何かありませんか？返還できなくなった代わりに……とか。
——：（30秒悩む）あ、代償請求？
主査：そうですね。訴訟物は？
——：……不当利得。
主査：うーーーん。
——：（10秒ほど悩み）あ、不法行為です。
主査：そうですね、契約関係がないので。代償請求の本案請求との併合形態は何になりますか？
——：単純併合です。
主査：なぜですか？
——：両立する関係にあるからです。
主査：もう少し詳しくお願いします。
——：えー、代償請求は返還請求が達せられなくなったときに問題になるので……。
主査：そうですね、将来と現在で異なるということですね。それでは、今度は訴訟を提起するとして、Bが壺を誰かに渡してしまいそうなときに訴訟前にどういう手段がとれますか？
——：占有移転禁止の仮処分の申立てをします。
主査：具体的にはどう進みます？
——：え？（趣旨わからず）執行官に占有させる……？
主査：うん、そうですね。他の場合もありますけどね。はい、それではパネルを裏返してください。事例を読み上げますから聞いてください。

〔事例〕

> Bの言い分「本件壺は、150万円の債務の返済の代わりにAに渡す」という合意があった。

> その契約書にはXの署名と押印もある。Bはこの契約が成立したと信じて、Aから壺を買った。

主査：Xの請求原因事実は何になりますか？

――：壺をXが所有していることと、Bがこれを占有していることです。

主査：本件訴訟が提起され、準備書面が送られてきたとします。あなたがBの弁護士Qであったら、それらについてどのような認否をしますか？

――：Xのもと所有については認め、現所有については否認し、Bの占有については認めます。

主査：はい。今度は証拠調べのほうにいきます。Xが、本件契約書の押印は偽造されたものだから契約書は無効だと言ってきた場合、B側としてはどのような立証をする必要がありますか？

――：実印との一致、署名が本人のものであること、を立証します。

主査：そうですね、じゃあその際に、どのような手段をとることができますか？

――：えー……筆跡の対照……。

主査：あー、まずは印鑑の方からお願いします。

――：え……。

主査：印鑑をBは持っていませんよね。

――：はい。

主査：印鑑証明書などはどうですか？

――：あ、文書送付嘱託を申し立てます。

主査：うん、じゃあ条文探してみて。

――：えーと……。

主査：2段の推定はどこ

――：228条4項。

主査：その次見てみて。（229条）

――：あ、はい。

主査：（何か説明するも失念）今度は、Bが、署名が偽造されたものだと言ってきたとします。この場合にはXはどういう立証を行いますか？

――：筆跡の鑑定を行って同一性を証明します。

主査：筆跡鑑定ね、ただしその場合は対照する文書が必要になるよね？

――：文書提出命令の申立てをします。

主査：Xの筆跡のある文書であったら、どのような文書の提出を求めますか？

――：えー……。

主査：訴訟手続の中で自然に手に入る書類が何かない？

――：……訴状でしょうか。

主査：うーん、訴状に記載ある？

――：あ、ないです（笑）。

主査：そうね（笑）。じゃあ？

――：あ、弁護人選任届です。

主査：それは刑事！（副査も笑う）

――：あ（笑）えーと……。

主査：委任状ね。それじゃあ今度は本案のほうにいきます。Bの言い分から考えると、どのような抗弁を主張することが考えられますか？

――：代物弁済と即時取得です。

主査：代物弁済がなぜ抗弁になるの？

――：所有権喪失の抗弁になるからです。

主査：そうですね。じゃあ、代物弁済の抗弁の要件事実は何になりますか？

――：代物弁済契約の締結と、目的物の所有です。

主査：ん、それで足りる？　壺の所有権に

第6部　口述試験について

ついては……？

――：あ、撤回します不要です。請求原因でもう主張されているので……。

主査：うん。あとはない？

――：あ、債務の発生原因事実です……。

主査：そうですね。次に、即時取得の抗弁に行きます。即時取得の抗弁の要件事実は何になりますか。

――：有効な取引の存在と、引渡しです。

主査：引渡しだけ？

――：あ、基づく引渡しです

主査：うん、192条には他にも要件があると思うのだけど、それらを主張する必要はありませんか？

――：ありません。

主査：なぜですか？

――：186条、188条によって推定されるからです。

主査：うん。説明してみて。

――：(説明するも、失念)

主査：はい。副査のほうからは何かありますか？

副査：最初代償請求のところで不当利得とおっしゃられてたと思うんですけど、要件わかります？（にこやかに）

――：あ、はい。（説明するも、失念）

副査：そうね。どの要件が欠けてるか、わかる？？

――：えーと、利得？いや、法律上の原因。

副査：うん。（説明してくれる）

――：はい、ありがとうございます。

主査：以上です。お疲れ様でした。

――：ありがとうございました。

感想

　刑事とは大違いで、主査の方も副査の方もどちらもにこやかで、それだけで感涙しそうだった。合っているときはしっかりにっこりと頷いてくれるので、助かった。ただ、出来は刑事よりも明らかに悪かったので、悲しい。類型別レベルは完璧にしておくべきだったと猛省した。

D氏

平成26年司法試験予備試験最終合格者

【テーマ】2日目
動産引渡請求、執行不奏功の場合の代償請求、占有移転禁止仮処分、口頭弁論期日の欠席、代物弁済、即時取得及び署名押印をめぐる諸問題

再現ドキュメント

主査:机の上においてある問題を見てください。それでは、事案を読みますのでよく聞いてください。AはBに対し鑑定を依頼するために壺を預けたところ、BはCに壺を売却し、Cが現在壺を占有しているとします。AはCに対してどのような請求をしますか?訴訟物もお答えください。

〔事例〕

――:目的物引渡請求をします。これは所有権に基づく返還請求権としての目的物引渡請求権を訴訟物とします。
主査:なるほど。他にはありませんか?
――:不法行為に基づく損害賠償請求も考えられるかと。
主査:まぁそれも考えられるけどね。合わせて提起するなら何がいいでしょう。
――:代償請求かと思います。
主査:そうだね。こういう場合は代償請求をするのが一般的だね。代償請求の訴訟物は何ですか?
――:不法行為に基づく損害賠償請求権だと思います。
主査:不法行為なんだけど何が侵害されていると思いますか?
――:壺の所有権かと。
主査:そうだね。代償請求は訴えの種類としてはどういうものといえるかな?
――:将来給付の訴えです。
主査:はいそうですね。それでは代償請求と返還請求の併合形態は何ですか?
――:単純併合だと思います。
主査:それは何故?
――:いずれの請求も両立しますし、また認容することが可能だからです。
主査:そうだね。単純併合です。返還請求について、請求原因を言ってください。
――:原告現所有と被告現占有かと思います。
主査:代償請求するときは加えて価額をいう必要があると思うんだけど、いつの価額か分かりますか?
――:事実審の口頭弁論終結時かと思います。
主査:そうですね。Cに対してはそれぐらいにしてBに対しては何がいえますか?
――:不法行為に基づく損害賠償請求が考えられます。
主査:他には?
――:寄託契約が認定できる場合は、債務不履行責任の追及も考えられるかと思います。
主査:契約責任の追及ということですね。それでは次に、AはCが壺を他の

第6部 口述試験について

者に売却等をすることを危惧して
いるとします。何をするべきです
か？

――：占有移転禁止の仮処分を申し立て
ます。

主査：なるほど。それをしたら何がいい
んですかね？

――：AがCに勝訴した場合に、Cから
占有を承継した者などに勝訴の効
力を主張できるかと……すなわち
Cから転々する場合に何回も訴訟
をしなおす必要がなくなるかと思
います。

主査：なるほど。一般的にそういった効
力ってなんていうの？

――：えーっと……当事者恒定効かと思
います。

主査：うんうん、そうですね。それでは
裏にうつります。問題文をよく読
んでください。

――：はい。読めました。

主査：被告側の弁護士としては何を主張
しますか？

――：即時取得の抗弁です。

主査：他には？もっとシンプルなやつ
はないですかね？

――：他には……代物弁済による所有権
喪失の抗弁です。

主査：そうですね。それでは原告側の請
求原因とそれに対する被告側の認
否を答えて下さい。

――：原告側は、原告現所有及び被告現
占有を主張します。被告側として
は、現占有は認め、現所有は否認
します。

主査：なるほど。原告側としては否認を
受けて更なる主張は必要ですか？

――：はい。平成25年3月31日時点で
の元所有について権利自白が成立

しますので……。

主査：聞こえなかったのですが平成25年
ですか？

――：はい、平成25年です。そしてそこ
から……（副査がにやけているの
が見えてもう一回よく問題を読む）
失礼いたしました。撤回いたしま
す。平成25年3月31日での元所
有について権利自白が成立します
ので新たに主張することはありま
せん。

主査：平成25年ですか？

――：（もう一度読む）失礼いたしました。
平成26年時点です。

主査：そうですね。26年時点で権利自白
が成立しますから新たに主張する
ことはありませんね。それでは被
告側の所有権喪失の抗弁について
主張するべき事実を答えてくださ
い。

――：債権の発生と、代物弁済の合意か
と思います。

主査：具体的には？

――：平成25年3月31日、BはAに金
500万円を貸し付けた。また平成
26年3月31日同債務について代物
弁済の合意をした。という事実で
す。

主査：代物弁済の合意って具体的にはど
ういうことなんでしょう。

――：壺について所有権移転を約し、弁
済に代えるということかと思いま
す。

主査：そうだね。何故合意だけでいい
の？

――：代物弁済の合意のみで所有権は移
転すると考えられているからです。

主査：判例はそう考えているね。はい、
それでは次です。Cは代物弁済を

706

約した押印された書面を証拠に用いたいのだけれど、Aとしては押印が偽造だと争っています。弁護士としてはどのようにして押印の真正を証明しますかね？

──：えーっと……印鑑の提出命令を申し立てるかと……。

主査：まぁ印鑑なんていっても無数にあるかもしれないからね。きちんとだしてくるか分からないよね。こういう場合はどうするの？

──：過去の文書について文書提出命令を申し立てることも考えられるかと……。

主査：過去の文書と同じ印鑑使っているとも限らないよね。実印と普通の印の違いって何？

──：えーっと……個性とかですかね。（主査副査爆笑）

主査：学生だと実印とか使わないもんねぇ（笑）わかんないかぁ。絶対にセットで使うものがあるんだけど。

──：印鑑証明ですか！

主査：そう！そうだよ！こういう場合は印鑑証明を用いるんだよね。印鑑証明をどうやって出させるの？

──：送付の嘱託や提出命令を用いるかと思います。

主査：そういうことになるね。次に書証の署名の真正が争いとなっている場合にはどうしますか？

──：筆跡鑑定をすることが考えられます。裁判所が筆跡鑑定に供するために命じて、対象者に文字を書かせることができるかと思います。

主査：たしかにそういうのもあるけど実務では使わないんだよね。やっぱり小細工してくるから。他に何か

ないかな？

──：過去の文書を提出させることが考えられます。

主査：例えば何ですか？

──：えーっと、例えば本件においてはＡＢ間での寄託契約書とかでしょうか？

主査：もっと確実なものはないかな？署名が確実にあるっていうものは。

──：訴状ですかね……。

主査：訴状って普通誰が作成するのかな？

──：弁護士ですね。

主査：そうだね。となるともっと確実なものはないかな？

──：えーっと、弁護士の委任状ですかね。

主査：そうだね。委任状は本人の署名がなされている可能性が高いね。
はい次、最後の問題です。即時取得についてですが、主張するべきは何ですか？

──：ＢＣ間の売買契約の締結と、それに基づく引渡しです。

主査：何故それだけで足りるのですか？

──：民法 188 条で占有者は適法に権利行使するものと推定されるので、その者から引渡しを受けたことについて無過失が推定されるからです。

主査：なるほど。他の要件は？

──：えっと他の要件ですか……。

主査：即時取得の他の要件ありますよね？（３秒ほどの沈黙）僕が学生の時はセットで覚えたけどなぁ。（主査と副査爆笑）

──：そうですね。えーっと（副査が「しずかーに」「しずかーに」と唱え始める）あ、平穏公然です。（主

707

第6部　口述試験について

　　査副査うなずきながら笑う）

主査：そうだね。それが要件になるよね。
　　　それは主張する必要がないの？

――：186条1項によって推定されますの
　　　で新たに主張する必要はないかと
　　　思います。

主査：そうですね。はい、以上で問題は
　　　終わります。副査は何もないです
　　　か？ないですね。以上です。

――：ありがとうございました。

感想

　年配の主査と若い副査で両方とも男性
でした。主査と副査は何故かやたらテン
ションが高く、僕が間違ったら爆笑して
いました。かなり緊張していたうえに、
細かい実務的なところも詰められたので、
即時取得の実体要件も言えなくなるほど
ふらふらでしたがなんとか最後までたど
りつけたかと思います。見返してみたら
本当に恥ずかしいミスばかりで、緊張感
の中で受け答えすることの難しさを痛感
しました。

　ひとつ気になるのが、かなり順調に進
んでいた表面の問題の中で1問飛ばされ
ました。また他の部屋では当事者恒定効
を答えさせていないところもあるみたい
なので、かなり裁量的にやっているかと
思います。もしくは僕があきれられて飛
ばされ減点されているかですが。

第5章　平成27年

A氏
平成27年司法試験予備試験最終合格者

【テーマ】1日目
所有権に基づく不動産明渡請求訴訟における攻撃防御方法、民事執行、係争物の承継、民事保全に関する諸問題

　　　　　　再現ドキュメント

――：失礼致します。12室1番です。
主査：お座りください。
――：よろしくお願いいたします。
主査：では始めます。パネルの図を見てください。これから事案を説明しますので聞いてください。

【パネルの図】

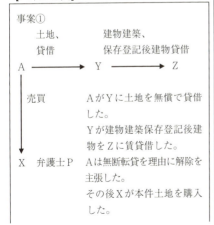

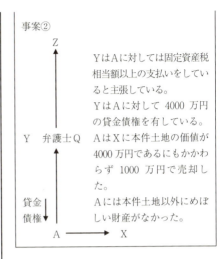

主査：では、そこにあるパネルを見てください。今から事案を読むので、聞いていてください。
――：はい。
主査：Aが元々所有していた本件土地をYに無償で賃貸した。Yは本件建物を建て、保存登記をして、Aに無断でZに本件建物を賃貸した。Zは本件建物に住んでいる。AはXに本件土地を売却した。ここまでよろしいですか？
――：はい。
主査：Xから依頼を受けた弁護士Pの立場になって答えてください。まず、本件土地を利用するためにYとZに訴訟を提起するとします。それぞれの訴訟の請求の趣旨はどうなりますか？付帯請求は考えなくて

第6部　口述試験について

良いです。

――：はい。まず、Yに対する訴訟の請求の趣旨は、YはXに対して、本件建物を収去して、本件土地を明け渡せとなります。Zに対する訴訟の請求の趣旨は、ZはXに対して本件建物を退去して、本件土地を明け渡せとなります。

主査：うん。では、請求原因事実はどうなりますか？

――：はい。そもそも、本件の訴訟物は……。

主査：訴訟物はいいから、請求原因事実を答えてください。

――：失礼しました。Yに対する訴訟の請求原因事実は、まず、Xが本件土地を所有していること、そして、Yが本件建物を所有して、本件土地を占有していることだと考えます。次に、Zに対する訴訟の請求原因事実は、Xが本件土地を所有していること、そして、Zが本件建物を……占有して、本件土地を占有していることだと考えます。

主査：そうなりますね。では、Xが本件土地を所有していること、と仰いましたが、YやZがそれを否認することも考えられますよね。それを想定するとどのように主張すべきですか。

――：はい。YやZはAから本件土地を借りたことを根拠として、占有権原の抗弁を主張することが考えられるので、Aがもともと本件土地を所有していたことと、AX間で本件土地について売買の合意があったことを主張すべきだと考えます。

主査：そうですね。YZからはどのような反論が考えられますか。

――：はい。Yとしては、使用貸借に基づく占有権原の抗弁を主張することが考えられます。

主査：もし、Yが毎月Aに対してお金を支払っていたとしたら？

――：えーっと、その場合は……AY間の契約が賃貸借契約と構成できるとしたら、Yとしては、賃貸借契約に基づく賃借権を占有権原として主張します。

主査：そうだね。この主張について何か問題はない？

――：はい。えーと、Xとしては、所有権に基づく請求をしているので、X所有の事実が必要で、現在の妨害を排除するために請求に及んでいるので、Y名義の登記も必要になります。そして、所有権が認められると、原則として使用収益といった物に関する完全な権利を行使できるので、占有権原については、相手方であるYに主張責任があると考えます。

主査：……うん、そうなんだけど、YはAだけでなくXにも賃借権の主張ができる？

――：えーっと……AからXに本件土地を売ることで賃貸人たる地位が移転しているので……うーん……。

主査：Yは借地権を対抗できる？

――：対抗……えー……あ！！！保存登記があるので、Yは借地権をXにも対抗できます！借地借家法にそのような規定があります！

主査：そうだね（にっこり）。じゃあ、借地借家法はどんな時でも適用されるの？

――：いえ、借地権が建物所有目的の時に限られます！

主査：そうだね（にっこり）。Aとしてはさらに、無断転貸があったとして賃貸借契約を解除したといってるけど、これは認められる？

――：いえ、えー、本件では無断転貸があったと……転貸があったといえないと考えます。

主査：うん、理由を教えてください。

――：はい、本件ではAがYに土地を貸していて、Yがその上に建物を建築してZに貸したという事案ですが、YがZに建物を貸すのは、土地から使用収益を受ける一つの方法で、土地の賃借権に含まれるといえるためです。

主査：うん。じゃあ、Pが無断転貸を理由に解除の主張をした場合どのように扱われる？

――：えー……主張自体失当ということになると考えます。

主査：主張自体失当、そうだね（にっこり）。では、先ほどの事情に付け加えて、Pが調査している中で、YがAに支払ったお金が本件土地の1年間の固定資産税相当額になるという事実が明らかになったとします。Pとしてはその占有権原の抗弁に対してどのような反論が考えられますか。

――：えっと……もう一度教えていただいてもいいですか？

主査：Pが調査している中で、YがAに支払ったお金が本件土地の1年間の固定資産税相当額になるという事実が明らかになったとします。固定資産税ってわかる（笑）？

――：はい……えーっと、土地にかかる税金のことですよね？

主査：そうそう。それを前提に、Pとし

てはその占有権原の抗弁に対してどのような反論が考えられますか。

――：はい、えーっと、YがAに支払ったお金が固定資産税相当額だとしたら……AはYに本件土地を使用収益させた対価を受け取ったとは言えないので、AY間の契約が使用貸借契約であったと主張します。

主査：それは、法的にはどのような主張と位置づけられる？

――：はい、えー……これも主張自体失当……？

主査：ほんとに？Yは賃貸借契約が結ばれたことを主張してるんだよ？

――：あ！はい、賃貸借契約が結ばれてたという主張に対する理由付否認になると考えます。

主査：否認ね。再抗弁とは考えられませんか。

――：再抗弁は、抗弁事実と両立する事実である必要がありますが、この主張は抗弁事実の賃貸借契約成立の主張を否定するもので、両立しないので再抗弁にはならないです。

主査：そうですね。では、Xが以上の主張をするために、証拠が必要になりますよね。

――：はい。

主査：Pとしては、どのような証拠を集めるべきですか？

――：はい、まず、AX間の本件土地に関する売買の事実については、売買契約書があると考えられるので、これを証拠とします。Aがもともと本件土地を所有していたという事実は……所有していたことを示す書類を……。

主査：A所有については権利自白が成立してるよね？そういう時でも証拠

第6部 口述試験について

が必要なの？

──：あ、失礼しました。Ａの元所有については権利自白が成立しているので証拠は不要です。それで、Ｚに対する請求については……うーん……建物を占有している事実を証明する必要があるので……えー、家に住んでいるというのは客観的事実からわかるので……そこに行けば……。

主査：何か、市役所で出してもらえるような書類とかない？

──：あー……えーっと戸籍……じゃなくて……。

主査：住民票ね。（笑）

──：あ、そうでした。失礼しました。

主査：これに加えて、争いにならないように、本件土地の所有権移転登記があることも言えるといいね。なんか思いつく？

──：はい、えー、登記に関する書類は、登記所が出してくれる……登記……。

主査：登記事項……？

──：あ！！登記事項証明書です！！

主査：そうだね（にっこり）。じゃあＹに対する請求はどうかな？

──：はい、Ｘの所有を証明するためには、先ほど申し上げましたＡＸ間の売買契約書を証拠とします。Ｙの占有については……建物保存登記の登記事項証明書があるといいと考えます。

主査：そうだね。では、パネルを裏返してください。

──：はい。

主査：今度はＹから依頼を受けた弁護士Ｑの立場に立って考えてください。ＹはＡに対しては固定資産税相当

額以上の支払いをしていると主張しています。ここまでいいですか？

──：はい。

主査：それでは、Ｘからの請求に対してＹの弁護士Ｑとしては何を主張しますか。

──：はい、Ｙの弁護士Ｑとしては、賃貸借契約に基づく賃借権の占有権原の抗弁を主張します。

主査：それでは、そのために、主張すべき事実は何ですか。

──：はい、まず、ＡＹ間で本件土地を賃貸するとの合意をしたこと、それとかかる契約に基づく本件土地の引き渡しが必要だと考えます。

主査：他にはある？さっき対抗の話があったけど……。

──：あ、はい。Ｙの建物所有とその保存登記があることという事実も必要です。

主査：他には？これもさっきちらっと出たけど、借地借家法の適用の前提として……。

──：はい、これに加えて、本件契約が建物所有を目的とすることの合意があったことも必要です。

主査：そうですね（にっこり）。それでは、次のような事実があったとします。本件土地は 4000 万円相当の価値がありましたが、ＡがＸに売却した際の金額は 1000 万円でした。Ｙとしては何を主張すべきですか？

──：はい、Ｙの弁護士としては、ＡＸ間の契約を詐害行為として取り消すことを主張すべきと考えます。

主査：そうですね、それでは詐害行為取消しはどのように主張すべきです

か？

――：そうですねぇ……本件だと、反訴するのが適切だと考えます。

主査：抗弁として主張できないっていうことだね？

――：はい、そうです！

※辰已注：平成29年債権法改正により、詐害行為取消しの訴えの相手方は受益者又は転得者であることが明文化され（民法424条の7第1項）、また、債務者には訴訟告知が必要となった（同条2項）。したがって、詐害行為取消権の行使の方法について今後問われた場合には、これらの事項（条文）も質問される可能性があるので、注意が必要である。中田裕康『債権総論（第4版）』547-551頁（有斐閣、2020）参照。

主査：はい。もう少しで終わるから頑張ってね（にっこり）。

――：はい！

主査：それではまた弁護士Ｐの立場に戻りますね。本件訴訟で、Ｘが認容判決を得たとします。強制執行するために、ＹＺにそれぞれどのような手段をとることができますか？

――：はい、Ｙに対しては、間接強制又は代替執行、Ｚに対しては、間接強制又は……直接強制の手段をとることができます。

主査：Ｙに対してはどうして代替執行の手段をとることができるんですか？

――：はい、建物の所有権者であるＹは建物を収去する義務もあり、これは作為義務で、かつ代替性が認められるからです。

主査：うん、じゃあＰとしては代替執行の手続をとるために何をしなきゃいけない？

――：えーっと……作為義務かつ代替性

があることを申し立てて……。

主査：授権決定の申出ね（確かこう言ってました）。覚えておいてね。

――：はい、失礼しました。

主査：じゃあ、口頭弁論が集結する前にまた戻るんだけど、ＺがＷに口頭弁論終結前にさらに本件建物を賃貸したとします。この場合、弁護士Ｐはどのような手段がありえますか？

――：それは、現在も訴訟が係属中ということを前提としてよろしいでしょうか。

主査：まずそれを前提に考えてください。

――：はい、訴訟係属中であれば、えー、弁護士Ｐとしては、訴訟承継……えー、引き受け承継の申し立てをすべきと考えます。

主査：そうだね、じゃあ、口頭弁論終結後にさっきの建物賃貸の事実が明らかになったら、弁護士Ｐとしては何ができる？

――：えーっと、それは、口頭弁論終結前にＷに対して建物賃貸があったということですよね？

主査：そうです。

――：えー、その場合は、Ｐは別訴を提起するしかないと考えます。

主査：そうですね。では、そうならないようにするために、弁護士Ｐとしては、ＹＺに対してどのような措置を講じておくべきでしたか？

――：はい、えーまずＹに対しては、処分禁止の仮処分の申し立てを、Ｚに対しては占有移転禁止の仮処分の申し立てをすべきと考えます。

主査：はい、以上で終わります。

――：はい。ありがとうございました。失礼します。

第6部　口述試験について

感想

　初日午前トップバッターということもあり、主査の人の誘導だけでなく対応もすごく丁寧だと感じました。試験直前はとても緊張していましたが、試験が始まってからは、相手の話が頭に入ってこないということは全くなく、主査の人としっかりコミュニケーションをとれたのではないかと感じています。内容については、要件事実と民法の知識が幅広く問われたというイメージです。執行保全の比重も例年に比べ多いように感じました。

　口述試験の民事を受けられる方は、まず要件事実をしっかり勉強していく必要があります。毎年類型別でよいといわれてきましたが、最近はそれを超えるレベルのものが出てきているように感じます。30講か大島先生の本を使う必要があると感じました。加えて、民事実体法、訴訟手続、執行保全まで幅広い知識もつけておく必要があります。論文の発表からここまでやるのは厳しいと思うので、日ごろからこのような勉強をしておくべきだと感じました。

B氏
平成27年司法試験予備試験最終合格者

【テーマ】1日目
所有権に基づく不動産明渡請求訴訟における攻撃防御方法、民事執行、係争物の承継、民事保全に関する諸問題

再現ドキュメント

――：失礼します。12室6番です。よろしくお願いします。
副査：どうぞ、座ってください。
――：はい、失礼します。
主査：では、私の方から質問をします。パネルの図を見てください。これから事案を説明しますので聞いてください。
――：はい。

【パネルの図】（表面。裏面はYがAに債権を有していることが追加的に示されていただけだったように思います）

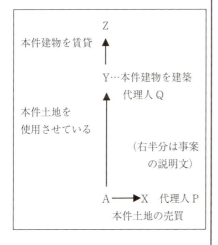

主査：（想定していたより結構早口で）Aは本件土地の所有者です。AはYに建物所有目的で本件土地の使用を許可しており、Yは本件土地上に本件建物を建築し、保存登記をしました。そして、YはAに無断でZに本件建物を賃貸しました。その後、AはXに本件土地を売却しました。事案は分かりましたか。
――：はい。
主査：あなたは、Xの代理人Pです。あなたは、Xの代理人としてYとZに本件土地の返還を求める訴訟を提起したとします。訴状に記載される請求の趣旨はどうなりますか。
――：（被告が複数の場合についてはほぼ無勉強だったので厄介だなと思いつつ、）YとZ両方ですよね……？
主査：はい。
――：えーっと、被告は、原告に対し、本件土地を引き渡せ、あ、明け渡せ、となります。
主査：YもZもそうなりますか？
――：（間違いであろうと思いつつ）えーーー、はい。
主査：まずYに対しては、本件土地を明け渡せ、だけでいいですか？
――：あっ！被告は、原告に対し、本件建物を収去して本件土地を明け渡せ、となります。
主査：そうですね、Zについてはどうなりますか？本件建物の収去を求めることはできますか？
――：いえ、Zは建物の所有者ではないので、収去を求めることはできませんね……。
主査：それでは、Zに対する請求の趣旨はどうなりますか？
――：被告は、原告に対し、……本件建

第6部　口述試験について

物を……引き渡し、本件土地を明け渡せ、ですかね……。

主査：それでいいですか？こういう場合にどういう言い方をするか、知りませんか？

――：えーーーっと……所有者じゃないので収去ではないんですよね……。

主査：そうですね。

――：引き渡せ、ではないんですか……？

主査：こういう場合にどういう言い方をするか、ご存じないですか？

――：えーーーっと、引き払うっていうことだと思うんですけど……。

主査：そうそう、そういうことですね（笑）

副査：ははは。

主査：「退去」といいます。本件建物を退去して本件土地を明け渡せ、となりますね。

――：あー！はい！

主査：それでは、この訴訟において、請求原因はどうなりますか？

――：まず、Yに対しては、Xが本件土地を所有していること、Yが本件土地を占有していること……あっ、本件土地上に本件建物があること、本件建物をYが所有していること、となります。

主査：Yが本件土地を占有していることは要らないですか？

――：はい、建物が土地上にあり、その建物を所有していれば、その土地を占有していることが基礎づけられると思いますが……。

主査：（納得していない表情で）では、あなたは、Xが本件土地を所有していること、と言いましたが、本件では売買によってXが本件土地

を取得していますが……？

――：あっ！Aのもと所有、ＡＸ間の売買契約締結、となります。

主査：そうですね、ではＺに対してはどうなりますか？

――：Ｚに対しては……、Aのもと所有、ＡＸ間売買契約締結、Ｚが本件土地を占有していること……？いやでも建物があるので……。

主査：はい。

――：本件土地上に本件建物があること、Ｚが本件建物を占有している……こと……ですか……？

主査：それで足りますか？本件建物を占有しているだけで、本件土地まで占有していることになりますか？本件土地を占有していること、という事実は不要ですか？

――：（不要だと思ったが、明らかに誘導だと思ったので）あ、必要です。

主査：そうですね、では、それを踏まえると、Yに対する請求原因はどうなるかもう一度言ってくれますか？

――：Aのもと所有、ＡＸ間売買契約締結、本件土地上に本件建物があること、Yが本件建物を所有していること、Yが本件土地を占有していること、となります。（ここも占有は不要だと思ったが、こう言うしかなかった）

主査：そうですね。それでは、今度はYが、この請求に対してどのような反論をすることが考えられますか？

――：はい、占有正権原の抗弁を主張すると思います。

主査：はい。具体的には？

716

―― ：ＡとＹは賃貸借契約を結んでいる
ため、占有正権原がある、と主張
することになると思います。

主査：はい。では、賃貸借契約に基づく
占有正権原の抗弁の要件事実を
言って下さい。

―― ：ＡＹ間の賃貸借契約の締結、それ
に基づく土地の引渡し、となりま
す。

主査：今回はＸからの請求ですが……？

―― ：あっ、対抗要件具備の主張が必要
ですね……。

主査：はい。

―― ：えー、今回は建物使用目的なので、
借地借家法の適用がありまして、
借地借家法10条1項だったと思い
ますが、土地上に建物があり、そ
の建物を所有していて、その旨の
登記があるため、借地権の対抗要
件を具備したことになると思いま
す。

主査：そうですね。それでは、今回、Ｙ
はＡに、本件土地の固定資産税相
当額を支払っていたとします。原
告Ｘはどのような主張をすること
になりますか？

―― ：固定資産税というのは、賃料相
当額に満たない、随分低額……だ
と思いますので、賃貸借契約の締
結という要件事実に対する否認に
なります。

主査：ええ。その場合どういう契約にな
ると思いますか？

―― ：使用貸借契約ですかね。

主査：うん。そうですね。では、次に行
きます。原告代理人Ｐは、Ｘが本
件土地の所有者であることの証拠
として何を収集すればいいでしょ
うか？

―― ：えーっと、ＡＸ間の売買契約の契
約書と……。

主査：（違うな、という顔）

―― ：Ａの証人尋問とかでしょうか。

主査：いや、そういうことではなく、訴
訟を提起した段階のことを考えて
ください。

―― ：んー、Ｘの本件土地についての権
利証であったり……あと、登記証
明書……とかもですか。

主査：ええ、むしろ真っ先に、登記事項
証明書、というんですが、取りに
行きますね（笑）。

副査：（笑）

―― ：あっ、はい。

主査：では、次に、Ｙの占有を証明する
ための証拠としては何が考えられ
ますか？

―― ：ええ……建物を所有していること
をいえばいいので、Ｙの本件建
物についての権利証であったり、
登記事項証明書であったり……で
すか。

主査：そうですね、Ｙの登記事項証明書
を取りに行きます。では、Ｚの占
有を証明するための証拠としては
何が考えられますか？

―― ：んーーー、Ｚは建物を所有してい
るわけではないので……登記とか
はないので……これも書証なんで
すよね？

主査：そうですよ。所有はしてなくても、
そこに住んでいることを示すもの
は何かないですか？

―― ：ん……？

主査：あなたの家でも、あるでしょう。
住んでることを示すものが……。

―― ：あ、住民票……。

主査：そうですね、Ｚの住民票を取りま

717

第6部　口述試験について

すね。では、パネルを裏返してください。先ほどの事例に追加して、Yは、Aに対して、○○万円の債権を有していたとします。そして、Aは、Xに本件土地を売却し、その結果Aには財産が殆どなくなってしまいました。事案は分かりましたか。（実際はもっと長々と事例を読み上げており、詐害行為の要素にもう少し気づきにくくなっていた）

――：はい。

主査：あなたは、Yの代理人Qの立場で、どのような訴訟活動を行いますか？（聞き方はよく覚えていない）

――：（執行保全の話なのか、質問の趣旨がさっぱり分からず）それは、この訴訟内において、ということですか？攻撃防御方法として、ということですか？

主査：ええ、この訴訟内においてですね。んーーーーー、攻撃防御方法……、はい、そうですね、攻撃防御方法……ですね！

――：んー……。

主査：あっ、ええとですね、今回の事例では、YはAに対して、○○万円の債権を有しています。そして、土地をXに売却し、財産が殆どなくなってしまいました。（ポイントを強調してくれた）

――：ああーーー！反訴として、詐害行為取消請求をします。

主査：そうですね。同一訴訟内ということなので、反訴という形になりますね。

――：はい。

　　※辰已注：平成29年債権法改正により、詐害行為取消しの訴えの相手方は受

益者又は転得者であることが明文化され（民法424条の7第1項）、また、債務者には訴訟告知が必要となった（同条2項）。したがって、詐害行為取消権の行使の方法について今後問われた場合には、これらの事項（条文）も質問される可能性があるので、注意が必要である。中田裕康『債権総論（第4版）』547-551頁（有斐閣、2020）参照。

主査：では、本件訴訟においてXが勝訴の確定判決を得たとして、それぞれの被告に対する執行はどのように行われますか。

――：ええと、不動産の明渡し……なので……（結構考えてしまった。5秒くらいか）、その不動産の……ええ……明渡しの……直接強制……をします。

主査：そうですね。Zに対しては、建物退去と土地明渡しの直接強制をします。Yに対してはどうですか？

――：Yに対しても……直接強制……ではないかと……。

主査：建物収去もですか？

――：あっ、建物収去は代替執行です。

主査：そうですね、建物収去は直接強制できませんから、代替執行になります。

――：はい。

主査：では、事例を変更して、本件訴訟の口頭弁論終結前に、ZがBに本件建物を転貸したとします。この場合、原告としては、Bに対して執行をするにはどのようにすればいいですか？

――：訴訟承継が起こるので、訴訟引受けの申立てをします。

主査：はい。では、今度は、ZがBに転貸したのは口頭弁論終結前であったが、それが判明したのが口頭弁

718

論終結後であった場合はどうですか？

――：その場合でも、さっきと変わらないので……訴訟引受けの申立て……。

主査：判明したのは終結後ですよ。

――：ああ……では訴訟引受けの申立てはできないので……訴訟がそのまま終わってしまいますが……Bに対する執行はできないはずです。

主査：はい、そうですね。何か方法はありませんか？

――：ええっ、何か方法があるんですか……、保全をしていればできると思うんですが……。

主査：（うんうんと頷いて）そうですね、では保全をしていなければ？

――：Bに対する執行文の付与……を受けて、Bに対して執行をかけます……。

主査：あなたはさっきご自分で執行はできないと仰っていたじゃないですか（笑）。

副査：はっはっはっ。

――：そうですよねえ、執行できませんよねえ（笑）。

主査：もっとシンプルに考えて。

――：あっ、新たに、Bに対して訴訟を提起して、それで判決を得て執行します。

主査：（ニッコリして）そうですね。新たに訴訟を提起すればいいですね。さっきあなたは保全とおっしゃいましたが、Zに対してはどのような保全を行いますか？

――：占有移転禁止の仮処分です。

主査：そうですね。占有移転禁止の仮処分をしておけば大丈夫だったんですが、それをしていなかったため

に、別訴を提起するという手間がかかるようになったということですね。

――：はい。

主査：Yに対してはどのような保全を行いますか？

――：建物の処分禁止の仮処分です。

主査：そうですね。（副査に対して）いいですか。

副査：はい。

主査：それでは試験を終わります。お疲れ様でした。

――：ありがとうございました。失礼します。

感想

　終始和やかに進み、最後もニッコリ送り出されたので、受験直後は、合格はできたんじゃないかと感じたが、後から冷静に分析すると、退去のところがあまりにお粗末なので不安である。ただ、誘導があればそれに乗ればよいため、過度に緊張しさえしなければ普通に受け答えできるところ、沈黙を作らず会話のキャッチボールを途切れさせないところは示すことができたので、何とか合格点に届いていてほしい。

　沈黙を作らないことが大事です。沈黙を作らないためには、まず、①すぐに答えを出せる質問か、なかなか辿りつけない質問か、あるいはさっぱり分からない質問かの見極めを素早く行い、②後者であれば、自分の思考過程をそのまま口に出すこと、が重要です。②を行うと誘導が来ますので、それに乗ればうまくいくと思います。

第6部 口述試験について

C氏

平成27年司法試験予備試験最終合格者

【テーマ】2日目
貸金債権を回収するための法的手段、債権者代位権、代物弁済、虚偽表示及び詐害行為取消権に関する諸問題並びに法曹倫理

再現ドキュメント

──：失礼致します。9室6番です。

主査：お座りください。

──：よろしくお願いいたします。

主査：では始めます。パネルの図を見てください。これから事案を説明しますので聞いてください。

【パネルの図】

```
（表面）
            貸金1000万円
P弁護士…X ──────▶ Y
                    預金
                  │ 500万円
                  ▼
              甲銀行乙支店

  Xは平成？年？月？日、Yに対し
1000万円を貸付けた。弁済期を平成
26年4月30日とし、返済が遅れた場
合の損害を年1割とする旨の合意が
あった。
  Yは甲銀行乙支店に対し500万円の
預金債権を有していた。
```

主査：あなたがXの弁護士Pであるとして、貸金1000万円の支払いを受けるために、誰にどのような手段を用いますか。

──：はい。Yに対し、貸金返還請求訴訟を提起します。

主査：ではYに対する訴えが認容され、確定されたとします。しかしYは任意に弁済をしてくれません。この場合、どのような方法で1000万円の支払いを受けられますか。

──：債権執行を用いることが考えられます。

主査：その場合は何が債務名義になりますか。

──：Yに対する確定判決が債務名義になります。

主査：では、Yに対して金銭の支払いを求める場合の訴訟物をいってください。

──：えっと、年1割の損害賠償についても言ったほうがいいですか？

主査：普通は……、請求しますよね？

──：そうですね。すみません。えっと訴訟物は、消費貸借契約に基づく貸金返還請求権……、と、履行遅滞に基づく損害賠償請求権です。

主査：そうですね。訴訟物の個数はいくつになりますか。

──：はい。2個になります。

主査：はい。この場合、併合形態はどうなりますか。

──：はい。単純併合です。

主査：では、Yに対する訴えの、請求の趣旨を答えてください。

──：Yは……、被告は原告に対し、金1000万円と平成26年5月1日から……、引渡済まで年1割の金員を支払え、です。

主査：年1割っていうのは何に対して？

──：あ、貸金の1000万円に対してです。

主査：はい。それとさっき引渡済までって言ってたんだけど、こういう金

720

銭支払いの場合、正しくは何ていうかわかる?
——：……えっと……、明渡し……、じゃないですよね……。
主査：この場合、支払済といいます。覚えておいてくださいね。
——：はい。すみません。
主査：ところで、請求の趣旨として他に何か付けませんか?
——：……あ、訴訟費用は被告が負担する、とします。
主査：そうだね。他にはないかな?
——：えっと、仮執行宣言を付すよう求めます。
主査：そうだね。実務で忘れることもあるから気をつけてね。では次に、Yに対する訴えの請求の原因をいってください。
——：はい。……平成?年?月?日、XはYに対し1000万円を貸渡した。この契約にあたり、弁済期は平成26年4月30日とされた。この契約にあたり、XとYは、Yが返還を怠った場合の遅延損害金を年1割とする旨合意した。平成26年4月30日は経過した。以上になります。
主査：ところで、Xが勝訴した場合、どこから債権を回収できそうかな?
——：Yの甲銀行乙支店に対する預金債権から回収できそうです。
主査：そうだね。じゃあ訴えを提起する前、預金債権を保全するにはどうしたらいい?
——：仮差押を申し立てます。
主査：仮差押を行う要件はわかるかな?
——：はい。
主査：では答えてください。
——：はい。被保全債権の存在と保全の必要性です。

主査：そうですね。ではパネルをめくってください。

【パネルの図】

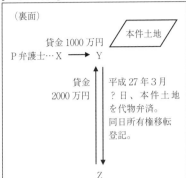

　Xは平成?年?月?日、Yに対し1000万円を貸付けた。弁済期を平成26年4月30日とし、返済が遅れた場合の損害を年1割とする旨の合意があった。
　平成26年?月?日、ZはYに対し、2000万円を貸付けた。弁済期は平成27年?月?日とされた。
　Yは本件土地を所有していた。本件土地につき、Zへの所有権移転登記があった。Yは「Xから1000万円を借りている。本件土地への強制執行を免れるため、平成27年3月?日、Zとの間で本件土地を弁済に充てたことにしてその登記をした」と言っている。

主査：(事案を説明したうえで) Xは本件土地から債権を回収したいと考えています。Xが本件土地の登記名義をYに戻すための方法として何が考えられますか。
——：はい、平成27年3月?日の代物弁済に対し、詐害行為取消権を行使することが考えられます。
主査：うーんと……、他にないかな?
——：えっと……、債権者代位権を行使して所有権移転登記を抹消させることが考えられます。

第6部 口述試験について

主査：そうだね。ではその場合訴訟物は何になりますか。

――：はい。YのZに対する、所有権に基づく妨害排除請求権としての所有権移転登記抹消請求権です。

主査：正確には所有権移転登記抹消登記請求権かな。

――：あ……、すみません。

主査：ではこの場合の請求の原因をいってください。

――：はい。えっと……、まずXY間の消費貸借契約ですよね……。

主査：そう。だから？

――：はい。平成？年？月？日、XはYに対し1000万円を貸渡した。この契約にあたり、弁済期は平成26年4月30日とされた。この契約にあたり、XとYは、Yが返還を怠った場合の遅延損害金を年1割とする旨合意した。平成26年4月30日は経過した。Yは……えっと無資力ってどの事情があるんだろう……、えっと、Yは無資力である。Yは本件土地を所有している。本件土地上にZの所有権移転登記が存在する。以上です。

主査：さっき年1割の遅延損害金の合意もいってたけど、これって必要なのかな？

――：んーと……、必ずしも必要ないです。

主査：うん、必ずしも必要ではないですね。

――：はい。すみません。

主査：では今度はZの立場として、代物弁済によって有効に所有権移転登記を得たという抗弁を提出する場合、抗弁事実は何になりますか。

――：はい。平成26年？月？日、Xは…

…、じゃなくてZはYに対し、2000万円を貸付けた。この契約にあたり、弁済期は平成27年？月？日とされた。平成27年？月？日は経過した。平成27年3月？日、YとZは貸金債務2000万円の……（何かゴチャゴチャ言った覚えがある）……本件土地を譲り渡す旨合意した。平成27年3月？日当時、Yは本件土地を所有していた。以上です。

主査：はい。（ゴチャゴチャ言った部分）は、実務では「支払いに代えて」、といいます。覚えておいてくださいね。

――：はい。ありがとうございます。

主査：それと、Zは何を理由に登記保持権原を主張してるんだっけ？

――：Yとの代物弁済契約によって所有権移転登記が行われていることです。

主査：そしたら、この代物弁済契約によって所有権移転登記が行われていることも必要じゃないかな。

――：あ、そうですね。

主査：では、Yの抗弁に対して、Xの反論としてはどのようなものが考えられますか？

――：えっと、虚偽表示……です。

主査：それはパネルに書いてあるYの言ってたことが真実だっていう前提かな？

――：あ、はい。

主査：それでは、Pが検討したところ、Yが言ってたとされていること、つまりYが強制執行を免れるために本件土地の所有権を移転させたことの立証は困難と考えたとします。この場合、本件土地所有権の

登記をYに戻す方法として何が考えられますか。

―― : 他に……ですか。えーっと……

主査 : 最初のほうで言ってくれた気がするけど。

―― : あ、そうか。Zに対し、代物弁済契約につき、詐害行為取消権を行使する方法があります。

主査 : そうだね。ところで、その詐害行為取消権を行使するには、別訴のほかに方法がないかな？

―― : えっと……、詐害行為取消権は裁判上でしか行使できないので。

主査 : （待ってくれている）

―― : （訴訟当事者がごっちゃになって結構悩む）

主査 : （何か誘導する）

―― : 訴訟告知……？

主査 : 訴訟告知は違う場面かなー。

―― : そうですよね……。

主査 : 元々の訴えを使うんだから……

―― : あ、訴えの変更です！

主査 : そうだね。では最後の問題です。今度はYから相談された弁護士Qの立場として答えてくださいね。YはQに対し、「Xから貸金の返済を求められている。このままでは私の土地が強制執行されそうだ。私としては土地は放したくないからZに譲渡したことにして所有権の移転登記をしたいと考えている。何かアドバイスをくれないか。」と相談しました。この場合、弁護士Qとしてどのような点に気をつけなければなりませんか。

―― : はい。強制執行を免れるために土地の所有権移転登記をすることは違法行為にあたり、違法行為の助長は弁護士職務基本規程で禁止さ

れています。そのため弁護士としてはYの行為を助長するようなことをしてはならないのはもちろんのこと……、あ、いや、Yの行為を助長するようなことは許されません。

主査 : そうだね。違法行為の助長は基本規程の何条によって禁止されていますか？

―― : えっと、何条だったかな……

主査 : あ、条文見ていいですよ。

―― : では失礼します。……職務基本規程の14条です。

主査 : そうだね。他には何か問題になる規程の条文はないかな？

―― : えっと……、誠実義務……ですか？規程5条の。

主査 : うん。それも弁護士としての一般的な義務として問題になりますよね。あと正当な利益の実現っていうのも問題になりますね。ちょっと21条みてくれる？

―― : はい（条文見る）。

主査 : この正当な利益の実現で弁護士はね……（何か諭される）。

―― : はい（とりあえず聞く）。

主査 : ではこれで試験を終わります。

―― : はい、ありがとうございました。

感想

　一日目の刑事で結構滑ってしまい、ここで挽回しなければというプレッシャーの中で臨みました。訴えの変更のところで時間を使ってしまったのはもったいなかったです。当事者関係についてなぜか混乱してしまい、「主観的追加的併合になっちゃうから……」とか的外れなこと

第6部　口述試験について

を考えていました。主査と副査が正解の
ときにうなずいてくれたり「そうだね」
と言ってくれたりしたので答えやすか
たです。細かいミスはしましたが、全体
的にはスムーズにいったかなという印象
です。特に難しいとは思いませんでした。
　要件事実は必須です。私は辰已の赤本
に載っているもののほか、過去問や模擬
試験の問題で使われたもの、「民事裁判
実務の基礎」に載っているものをチェッ
クしておきました。民訴についてはそれ
ほど深い理解は求められていないように
思いますが、短答の過去問を押さえてお
くことが無難と考えられます。執行保全
については大まかな種類や要件、効果を
覚えておく程度で足りると思われます。
これらの内容であれば論文試験の合格発
表後であっても十分対応可能です。

第5章　平成27年

D氏

平成27年司法試験予備試験最終合格者

【テーマ】2日目
貸金債権を回収するための法的手段、債権者代位権、代物弁済、虚偽表示及び詐害行為取消権に関する諸問題並びに法曹倫理

再現ドキュメント

――：失礼致します。3室10番です。
主査：お座りください。
――：よろしくお願いいたします。
主査：パネル（図表①）を見てください。今から事例を説明します。

【図表①】

```
弁護士P          弁護士Q
  X  ――――――→  Y
                 甲銀行乙支店
                 預金500万円
```

主査：XはYに対し、平成？年？月？日、1000万円を貸し付けました。弁済期は平成27年4月30日とされ、遅延損害金は年1割とされました。Yは甲銀行乙支店に500万円の預金を持っていますが、それ以外には特に財産はありません。事例は分かりましたか？
　　　このとき、あなたはXの弁護人Pとして、Yからお金を回収するためにどのような手段をとりますか？
――：消費貸借契約に基づく貸金返還請求訴訟を提起します。

主査：そうですね。これでXが勝ったらどうしますか？
――：確定判決を債務名義として、強制執行として預金債権を差し押さえます。
主査：Yは、預金を下ろしてしまうかもしれません。その場合はどうしますか？
――：預金に対して、仮差押えの手続をします。
主査：はい。では、その際、何を主張しますか？仮差押えをしてもらうための要件は何でしょう？
――：保全の趣旨並びに被保全権利及び保全の必要性を疎明します。
主査：では、本請求に戻って、請求の趣旨はどうなりますか？
――：被告は、原告に対し、1000万円及び支払済みまでの年1割の割合による金員を支払え。
主査：何に対する年1割？
――：1000万円に対する。
主査：そうですね、だから、1000万円及びそれに対する平成27年5月1日から支払済みまでの年1割の割合による金員を支払え、ですね。
――：はい。
主査：では、他には？
――：「訴訟費用は、被告の負担とする」と、最後に「、との判決並びにこれに対する仮執行の宣言を求める」とします。
主査：訴訟物は？
――：消費貸借契約に基づく貸金返還請求権1個と貸金返還債務の履行遅滞に基づく損害賠償請求権1個で単純併合です。
主査：請求原因はどうなりますか？パネルを見ながらでいいので、具体的

725

──：①Xは、Yに対し、平成？年？月？日、1000万円を貸し付けた。
②XとYは、その契約の際、遅延損害金を年1割の割合にする旨の合意をした。
③XとYは、弁済期を平成27年4月30日とする旨の合意をした。
④平成27年4月30日は経過した。

主査：では、パネルを裏返してください（図表②）。事案を読み上げます。

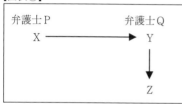

【図表②】

主査：XがYに対して1000万円を貸し付けたところまでは先ほどと同じです。今度は、Yが土地を持っていて、その他には特に財産を持っていない状況でした。このYに対して、Zも○○万円を貸し付けました。そして、この債務についてYは本件土地を代物弁済してZに登記を移転しました。

Yは「本件土地の登記をZに移転したのは、強制執行を免れるためだ」とXに話しています。あなたは、Xから依頼された弁護士だとして、Yからお金を回収するためにどうしますか？

──：XがYに対して有する貸金返還請求権を被保全債権として、Zに対して詐害行為取消訴訟を提起します。

主査：他には？
──：他……。
主査：Yは強制執行を免れる目的で登記を移転しているんだよね？
──：YからZへの登記の移転は強制執行を免れる目的なので、虚偽表示……民法94条の虚偽表示？で無効になり、YはZに対して所有権移転登記抹消登記請求権を有するので、Xはそれを債権者代位で行使します。

主査：訴訟物は？
──：YがZに対して有する……所有権に基づく妨害排除請求権としての所有権移転登記抹消登記請求権です。

主査：では、請求原因はどうなりますか？これもパネルを見ながらでいいので、具体的に答えてください。

──：まず、訴訟物を基礎づけるものとして、
①Yは、［YからZに登記移転された日］当時、甲土地を所有していた。
②甲土地につき、Z名義の所有権移転登記がある。
さらに、被保全債権を基礎づけるものとして、
③XはYに対し、平成○年○月○日、1000万円を貸し付けた。
④XとYは、その契約の際、年1割の割合による遅延損害金を支払う旨の合意をした。
⑤XとYは、弁済期を平成27年4月30日とする旨の合意をした。
⑥平成27年4月30日は経過した。

主査：他にない？
──：え、他……？
主査：債権者代位権だから？

──：⑦Ｙの無資力です！

主査：では、少し戻って、被保全債権を基礎づける請求原因として、遅延損害金までおっしゃいましたが、それは必要ですか？

──：遅延損害金まで含めて被保全債権で、そこまで言わないと、遅延損害金分の弁済を受けられないのではないでしょうか？

主査：本件は土地だよね？

──：あっ、本件では、Ｘは、Ｚに対して直接土地の引渡しを請求できるわけではなく、Ｙに対して戻せって言えるだけで、それだと、被保全債権があることだけ言えればよいので、遅延損害金は不要です。

主査：そうですね。では、それに対してＺが代物弁済による所有権喪失の抗弁を主張しました。請求原因として何を主張しますか？

──：まず、債務の発生原因として、
　　①Ｚは、Ｙに対し、平成△年△月△日、△△円を貸し付けた。
　　②この債務の弁済に代えて、本件土地の所有権を移転させる旨合意した。
　　③Ｙは本件土地を所有していた。

主査：では、この代物弁済の抗弁に対して、Ｘ側の代理人Ｐ弁護士はどうしますか。

──：虚偽表示を主張します。

主査：そうですね。それで、ＰはＹにこの虚偽表示のことを証言してもらうために証人尋問をしたのですが、Ｙに「虚偽表示ではない」と証言されてしまいました。Ｙに証言をしてもらえない以上、他に虚偽表示を立証する手段はないとＰは考えています。

その場合、さっきもちらっとおっしゃったのですが、Ｐとしてはどうしますか？

──：詐害行為取消権を行使します。

主査：ではどのような形でそれを行使しますか？

──：訴えの追加……？民事訴訟法 143 条の……訴えの変更をします。

主査：どのような訴えの変更をしますか？

──：どのような？

主査：訴えの変更ってそっくりそのまま入れ替えてしまうのですか？

──：訴えの追加的変更をします。

※辰巳注：平成29年債権法改正により、詐害行為取消しの訴えの相手方は受益者又は転得者であることが明文化され（民法 424 条の 7 第 1 項）、また、債務者には訴訟告知が必要となった（同条2項）。したがって、詐害行為取消権の行使の方法について今後問われた場合には、これらの事項（条文）も質問される可能性があるので、注意が必要である。中田裕康『債権総論（第 4 版）』547-551 頁（有斐閣、2020）参照。

主査：そうですね。
　　では、立場を変えて、今度は、あなたは弁護士Ｑで、Ｙから「執行を免れるためにＺに土地の登記を移したいけど、どうすればいいのですか」という相談を受けました。Ｑとしてはどう答えますか？

──：移転しても、Ｘから取り返されるので、やっちゃいけないと言います。

主査：Ｙのこのような行為は刑法上の犯罪になるのですが、ご存知ですか？

──：？？横領？背任？

主査：Ｙのものだから、横領にはならないね。知らない？

727

第6部　口述試験について

――：公務執行妨害罪？

主査：民事の試験ですけど、刑法引いて
　　　みましょうかね？

――：（条文引く）刑法 96 条の2の強制
　　　執行妨害目的財産損壊等罪です！

主査：それです。これで、弁護士はよく
　　　懲戒受けてるんですよ、気をつけ
　　　てくださいね。

――：はい。

主査：今回の事例は、それに当たりそう
　　　ですか？

――：Yには「強制執行を免れる目的」
　　　があって、Zへの登記移転は「隠
　　　匿」にあたりそうです。

主査：そうですね。だから、Qとして
　　　は？

――：絶対やっちゃいけないって言いま
　　　す。

主査：もしすすめると弁護士職務規程に
　　　抵触しますかね？

――：えーっと、違法行為の禁止？……。

主査：条文見ますかね？

――：1条、5条……特に、14 条の違法
　　　行為の助長にあたります。

主査：そうですね。以上です。

感想

　刑事に比べて民事はすらすらいきまし
た。最後の、強制執行妨害目的財産損壊
等罪はよい勉強になりました。

　各類型の訴訟物、請求の趣旨、請求原
因、抗弁以下の攻撃防御方法はきちんと
覚えましょう。民事執行・保全は、どん
な場合にどの手続をとるのかという手続
名を覚えていれば、問題ないと思います。
それから、民事訴訟法の管轄、複数請求
訴訟についての復習をおすすめします。

　主査の先生の話をよく聞けば、ヒント
は転がっているので、先生の目をみて
ちゃんと話を聞き、落ち着いて答えま
しょう。

第6章　平成28年

A氏
平成28年司法試験予備試験最終合格者

【テーマ】1日目
所有権に基づく登記請求訴訟における攻撃防御方法、立証方法及び民事執行の諸問題、取得時効をめぐる実体法上の諸問題

再現ドキュメント

【図1】
（A4ファイル入り、既に机上に置かれていた表面）

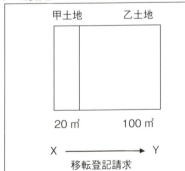

＜主張＞
1　XはAと平成7年5月1日に乙土地の売買契約を締結し、同日乙土地の引き渡しを受け、登記も移転した。その際、Xは乙土地に隣接する甲土地についても含めて資材置場として使用していた。
2　Xは平成27年5月1日現在も、甲土地を含めて乙土地を資材置場として使用している。
3　甲土地にはY名義の登記が存在している。

――：14室5番です。よろしくお願いします。（緊張やばい）
主査：お掛けください。
――：失礼します。
主査：それでは事案を読み上げます。机の上にあるパネルを目で追って行ってください（図1）。XはAと平成7年5月1日に乙土地の売買契約を締結し、同日乙土地の引き渡しを受け、登記も移転しました。その際、Xは乙土地に隣接する甲土地についても含めて資材置場として使用していました。Xは平成27年5月1日現在も、甲土地を含めて乙土地を資材置場として使用しています。甲土地にはY名義の登記が存在しています。あなたは、Xの代理人Pです。Yに対して訴訟を提起しますが、請求の趣旨は何ですか？
――：はい。被告は原告に対し、平成27年5月1日時効取得を原因とする所有権移転登記手続をせよ。となります。（やばい。時効だ。請求の趣旨に日付が入るような……。）
主査：何についての？

第6部 口述試験について

――：あ、甲土地です。

主査：なんで平成27年5月1日の時点なの？

――：確かに、10年経過した時点で短期取得時効を主張することも考えられますが、本件では事案が明らかではないので、確実な長期取得時効を主張します。（どの時点の日付を言うんだっけ？）

主査：時効はいつ完成するの？

――：民法145条によって援用した時です。

主査：本当？効力はいつ発生する？

――：援用時点ではないでしょうか……？不確定効果説なので。（やばい。わからん。）

主査：条文見ていいよ（呆れ顔）。

――：はい。失礼します。143条で起算点に遡及するので、本件では平成7年5月1日です。（ミスったなー。心証悪そう。）

主査：では、もう一度言ってみて。

――：被告は原告に対し、甲土地について平成7年5月1日時効取得を原因とする所有権移転登記手続をせよ、です。（最初の質問なのに、時間がかかってしまった。）

主査：本件の訴訟物は何かな？

――：所有権に基づく妨害排除請求権としての所有権移転登記請求です。

主査：請求原因事実は？

――：Xは平成7年5月1日当時、甲土地を占有していた。Xは平成27年5月1日に甲土地を占有していた。Xの甲土地の取得時効を援用する意思表示。Y名義の甲土地の登記の存在です。（事実記載例がわからん。）

主査：2つ目はそれでいいの？時効の完

成はお昼過ぎていればいいの？

――：平成27年5月1日の経過です。（お昼過ぎ!?なんじゃそりゃ。）

主査：では、3つ目の援用の意思表示だけれども、具体的にどうなる？

――：（同じことをもう一度言う。）

主査：ただすればいいの？あなたは時効の援用を単独行為ととらえているの？

――：いえ……、単独行為ではないです。（何が聞きたいんだ？）

主査：援用はだれにするの？

――：Yに対してです。（なるほど。）

主査：援用の意思表示ってそれでいいの？

――：いいと思うのですが？（何が聞きたい!?（2度目））

主査：いつ援用したことになるのかな？訴訟提起前にできる？

――：あ、そういった事情はないので訴訟提起前はできないです。

主査：じゃあ、援用の時って訴状の提出時なのかな？

――：そうなるので、援用するとなると思います。（訴状で意思表示するってことか。）

主査：（芳しくない様子）では、他に要件はいりませんか？

――：20年間の占有の継続については、占有の始期とある時点での占有が証明されれば、その間の占有が推定されるため不要です。

主査：他の要件は？

――：えーそうですね……、他人の物については、時効の趣旨は自己物についても及ぶため不要です。（忘れたわ！条文見せてくれ〜。）

主査：うん。他に？

――：えー、平穏公然については推定規

730

定があるため不要ですし……。

主査：他に？ただ占有しているだけでいいのかな？

――：あ！所有の意思が必要です！（ニコニコしているだけで謎の誘導！なんじゃそりゃ。）

主査：必要？

――：いえ、推定規定があるため不要です。

主査：その規定って何条？

――：168条1項です。（副査めっちゃ首ひねる。）

主査：うーん。168？

――：はい。そうだと思うのですが。（え、何が違うの??（〔後記〕186条って言っているつもりでした。））

主査：そっか。後で条文確認しておいて。

――：はい。（うわーまじかー。これは大失敗だー死にたい。）

主査：それじゃあ、あなた、弁護士Pとしては訴訟において平成7年5月1日のXの占有を立証するための証拠として何が考えられますか？

――：そうですね。AX間の売買契約書が考えられます。（とりあえずパネルから考えられそうなのを言ってみよう。）

主査：うーん。でもその売買契約書ってなんて書いてあるかな？

――：あ、乙土地を売ったとしか書いてないですよね。（そっか。）

主査：じゃあ、どうする？

――：そうですね。甲土地を資材置場として使用していた写真とかですかね。（困ったな。）

主査：そうだね。客観的に占有を証明できる証拠だね。でも、写真なんてあるのかな？他には？

――：そうですね……、資材置場として

Xは使用していたので、取引業者からの証言です。（物証の次はしゃあない人証だ。）

主査：そうだね。甲土地である場所から資材を持ち出したという証言だね。

――：はい。そうです。

主査：では、事案を変えます。先ほどまでと事案は同じなのですが、XY間の訴訟係属中の平成28年5月1日にYはZに甲土地を売却し、登記を移転しました。この場合にXZ間はどうなりますか？

――：訴訟係属中ですよね。Zに既判力が及ばないので、Xとしては別訴を提起します。（何が聞きたい!?）

主査：別訴提起かー請求原因はどうなる？

――：（Yに対しての請求原因と同じことを述べ最後に）Z名義の登記の存在です。

主査：それでXは勝てるの？

――：あ、Zは時効完成後の第三者ですので登記がなければいけません。（これを聞きたかったのか。そう言えよ。）

主査：登記は得られるの？

――：既にZに移転しているためできません。そのため、Xは敗訴します。

主査：そうだね。では、そういった事態を防ぐため、Xとして事前にやっておくべきことは何ですか？

――：処分禁止の仮処分の申立てをします。（保全だ。時間がかかりすぎたからサクサクいこう。）

主査：被保全権利は何になりますか？

――：XのYに対する所有権に基づく妨害排除請求権としての所有権移転登記請求権です。

主査：はい。その仮処分が功を奏してZ

731

が出現することがなくXは勝訴しました。Xはどのように権利を実現しますか？
——：判決の正本を持って登記所に行って、登記を移転してもらいます。（意思表示の擬制か。）
主査：登記の移転の原則は？
——：原則は共同申請主義です。本件で言えばXとYです。
主査：では、なんでX単独でできるの？
——：勝訴判決が意思表示の擬制になるため、単独でできます。
主査：持っていくのは判決？
——：確定判決です。
主査：そうだね。確定判決によって意思表示が擬制されるので単独で登記所で登記が移転できるんだね。
——：はい。
主査：ではパネルを裏返してください（図2）。

【図2】
（A4ファイル入り、図1の裏面）

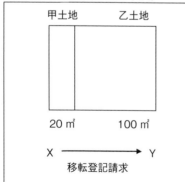

<主張>
1　YはXと平成7年5月1日にXから頼まれて無償で甲土地を貸して引き渡し、Xは資材置場として使用しはじめた。
2　Xは平成27年5月1日現在も、甲土地を含めて乙土地を資材置場として使用している。
3　甲土地にはY名義の登記が存在している。

主査：事案を読み上げます。YはXと平成7年5月1日にXから頼まれて無償で甲土地を貸して引き渡し、Xは資材置場として使用しはじめました。平成27年5月1日の時点でXは甲土地を資材置場として使用し、占有しています。Yは貸していただけだから、甲土地は自己の物だと主張しています。あなたはYの代理人QとしてXの請求についてどのような主張を行いますか？
——：他主占有権原の抗弁を主張します。（やっと裏側に行けた。もう15分くらい経過しているから急がないと。）
主査：なぜですか？
——：YがXに甲土地を頼まれたので無償で貸しているというのは使用貸借契約にあたるので所有の意思が認められないためです。（何が聞きたい!?）
主査：先ほどあなたが言ったように推定規定で所有の意思が請求原因とならない結果、所有の意思がないことが抗弁になるということかな？
——：はい。そうです。（そっちかーい。）
主査：他にQの主張として所有の意思と関連して考えられる主張は何かな？
——：他主占有事情の抗弁です。
主査：そうですね。その抗弁の具体的事情としてはなにがありますか？本

件とは離れて教えて。

――：固定資産税の支払いをしていることです。

主査：**本当に？他主占有事情って何？**

――：所有者であればしなければならないことをしていないことです。（なぜ聞き返された？）

主査：**じゃあ、固定資産税支払っていたらどうなるの？**

――：所有者なら支払いますよね。

主査：**じゃあ、払ったらだめだよね？**

――：あ、払っていないことですね。さっきのはYということで、Xが支払っていないことです。（言い間違えてたー。）

主査：**それは、他主占有事情に当たるの？Xは税を支払うかな？**

――：あ、Xが購入したのはあくまで乙土地であって甲土地ではないので、甲土地についての税を支払うことは期待できません。（確かに。）

主査：**そうだよね。他に何が考えられる？**

――：資材置場として使っていないとかですかね……。（わからん！）

主査：**それは使っていないということにならないかな？**

――：それだと占有が否定されてしまいますよね～。（その後も悩むが出てこない。）

主査：**判例がいろいろ言っているところなので、後で確認しておいてください。**

――：はい。（ミスったなー。）

主査：**何かありますか。（副査首を振る。）これで終わります。**

――：ありがとうございました。（法曹倫理聞かれなかったから打ち切りかな？泣きたい。）

感想

　昨年までの傾向から難しい要件事実が出ると思っていたので、時効取得を聞かれ面食らいました。成功した点は、民事保全や意思表示の擬制がスラスラ言えたことです。失敗した点は、時効の要件事実や条文を間違えたことです。基礎的な請求の趣旨の言い方や事実記載例を押さえておけばよかったと思います。

　2週間しかないので一生懸命勉強しつつ、直前は体調管理をしっかりしましょう。

第6部　口述試験について

B氏

平成28年司法試験予備試験最終合格者

【テーマ】1日目
所有権に基づく登記請求訴訟における攻撃防御方法、立証方法及び民事執行の諸問題、取得時効をめぐる実体法上の諸問題

再現ドキュメント

――：失礼致します。6室3番です。

主査：お座りください。

――：よろしくお願いいたします。

主査：では始めます。パネルの図を見てください。これから事案を説明しますので聞いてください。

【図1】

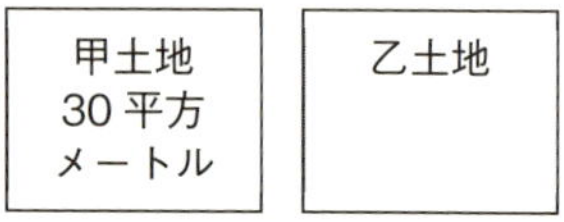

```
┌─────────┐  ┌─────────┐
│ 甲土地    │  │ 乙土地    │
│ 30平方   │  │          │
│ メートル  │  │          │
└─────────┘  └─────────┘

A
↓
X　→　所有権移転登記請求　→　Y
```

2005年5月31日、AX間で乙土地を売買し、甲土地も含まれるとの説明を受け、甲土地も資材置場として使用してきた。2015年5月31日まで継続して甲土地を使っていた。しかし、2015年??、Yが甲土地について所有権移転登記を経由した。

主査：あなたがXの弁護人だとして、いかなる訴訟を提起しますか？

――：所有権移転登記請求訴訟です。

主査：請求の趣旨は？

――：はい、被告は、原告に対し、甲土地について（強調）、2005年5月31日時効取得を原因とする（強調）所有権移転登記手続（強調）をせよ、です。

主査：はい。訴訟物は？

――：所有権に基づく妨害排除請求権としての所有権移転登記請求権です。

主査：なんで妨害排除なのかな？

――：登記があることで、所有権が侵害されているといえるからです。

主査：はい。では、請求原因をお願いします。

――：まず、2005年5月31日、原告は、甲土地の占有を開始した。次に、2015年5月31日、原告は、甲土地を占有していた。最後に、時効援用の意思表示をした、です。

主査：占有を開始したって必要です？

――：失礼しました。ここは、占有をしていた、で足ります、

主査：では、条文の規定する、善意とか、平穏公然とか、所有の意思は必要ではないのですか？

――：はい、186条1項により推定されるからです。

主査：では、占有を継続していたこと、は主張しなくていいのですか？

――：はい。186条2項により、占有の両端を立証できれば、その間の占有は推定されるので、反対事実が抗弁に回ります。

主査：はい、ではパネルを裏返して下さい。

第6章　平成28年

【図2】

```
Y
│
│
▼
X
```

使用貸借として、2005 年 5 月
31 日に甲土地の占有を開始し
た。

主査：このような事実があるとき、Ｙの
　　　弁護人Ｑとしては、どのような抗
　　　弁を主張しますか？

――：他主占有権限の抗弁です。

主査：権限ではなくて、事情ですね。

――：はい、事情で、ございます。

主査：では、所有の意思があるかって、
　　　どうやって判断されますか？

――：はい、外形的に、所有者がなすべ
　　　きことをしなかったり、所有者で
　　　あればしないようなことをしたか
　　　どうかです。

主査：客観的、外形的に、ということで
　　　すね。

――：はい。客観的、外形的にというこ
　　　とです。（とにかく主査に従う。善
　　　意解釈させて得点をとりにいく。）

主査：では、公租公課を払っていなかっ
　　　たという事情があったらどうです
　　　か？

――：他主占有事情となります。

主査：これに対して反論はできますか？

――：（何⁉予備論文の実務で、親族関係
　　　があったから代わりに払っていた
　　　とかいうの書かされてたからそれ
　　　かなあ。）はい、例えばＹがＸに恩
　　　義があってというようなことです
　　　かねえ……。

主査：うーん、それはちょっと違うかな
　　　あ。

――：えーと、公租公課は所有者が払う

べきなのにそれを払わなかったと
いうことのいい訳ですよね、うー
ん、なんでしょう。（とりあえず問
いを繰り返してヒントをせがむ熱
い視線を送る。）

主査：まあ、これは実務的だから分から
　　　ないですかね。

――：はい、すみません。（今思うと、甲
　　　土地の面積がめちゃくちゃ小さ
　　　かったことがパネルに書いてあっ
　　　たのでそれが関係すると思います。
　　　ただ、パネルを裏返した後だった
　　　ので思いつきませんでした。）

主査：では、占有を立証する方法として
　　　どのようなものがありますか。

――：写真ですかね。

主査：あればいいけどね。なかなかない
　　　よね。他には？

――：他ですか……登記でもないですも
　　　んね（主査をちら、資材置場だか
　　　ら住民票とかもないよなあ。）公的
　　　なものですか？

主査：契約を締結したときに、立ち会う
　　　よね？そのときになにか交付しな
　　　い？図面とか。

――：（たしかに土地の売買のときに売主
　　　と買主が現地に行って色々説明を受
　　　けたりする絵は想像できる。でも、
　　　図面って何。ああ……人生の中で土
　　　地買っとけば良かった……。）えっ
　　　となんでしょう、説明書でしょうか。
　　　ここからここまでです、というよう
　　　な。

主査：まあ、これも実務的ですかね。

――：はい……。（すっごい申し訳なさ
　　　そうな顔を作る。）

主査：じゃあ、現在の占有の立証方法
　　　は？

――：むずかしいですね……。（もう占

735

第6部　口述試験について

有の立証全然分からん時効取得訴
訟ってどうやって勝訴するんだ。
不可能に思えて来た。）写真です
かね。

主査：そうですねえ。まあこれも難しい
　　　ですね。では、訴訟係属中Yは、
　　　Zに登記を移転してしまいました。
　　　どうなりますか。

──：はい、時効取得後の第三者なので
　　　対抗関係にあるので、勝てません。

主査：そうだよね、どうすべきでした
　　　か？

──：はい、処分禁止の仮処分を申し立
　　　てておくべきでした。

主査：そうですね。では、本件で勝訴判
　　　決を得たとします。どうします
　　　か？

──：はい、確定判決をもって登記所に
　　　行き、移転登記手続をします。

主査：それは確定判決が？

──：意思表示の擬制だからです。

主査：以上です。

──：ありがとうございました。最後、
　　　パネルを表に戻し、所定の位置に
　　　戻すと、主査が「お、ありがとう。」
　　　と言ってくださる。

感想

　詐害行為なども出ていた昨年と違い、
訴訟類型が簡単すぎる。どこで差がつく
んだろう。占有の立証方法については誘
導長いけど、わからなかった……。他の
受験生分かるのかな……。時効訴訟どう
やって勝つんだ、推定規定の意味なく感
じて来た。民訴と弁護士倫理は一切ない
し……歯切れが悪い。

　やはり試験委員も人間ですから、相手

が心地よく会話できるように、最後はこ
こが大事だと思います。強調するところ
は強調し、不要なところはカット、相手
の反応を見ながら言を発するべきです。
要件事実は、図で請求原因とよく出る抗
弁を、訴訟類型ごとに覚えておくべきで
す。

第6章　平成28年

C氏
平成28年司法試験予備試験最終合格者

【テーマ】2日目
不法行為に基づく損害賠償請求の実体法上ないし攻撃防御方法に関する諸問題、証拠収集方法、民事保全及び弁護士倫理上の諸問題

再現ドキュメント

――：失礼致します。●●室●●番です。
主査：お座りください。
――：よろしくお願いいたします。
主査：では始めます。パネルの図を見てください。これから事案を説明しますので聞いてください。

【パネルの図】　※年月日、人名は定かでない。

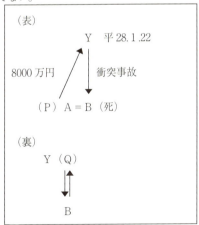

主査：（パネルの文章を読み上げる）Aの妻で専業主婦であったBは、平成28年1月22日、信号のない交差点を歩いていたところ、直行する道路から前を確認して速度を緩めることなく進入してきたYの運転する二輪車と衝突し、病院に搬送され、入院して治療を受けたが、2週間後に脳出血で死亡した。Bの相続人は、夫Aのみであった。Aは、弁護士Pに依頼し、Yに対し損害賠償を求める訴えを提起しようと考えている。
　あなたがAの依頼を受けたP弁護士であるとして、提起する訴訟はどのようなものですか。
――：はい。不法行為に基づき損害賠償を求める訴えを提起します。
主査：請求の趣旨を言って下さい。
――：はい。被告は、原告に対し、8000万円及びこれに対する平成28年1月22日から支払済まで年3分の割合による金員を支払え、となります。
主査：では、その訴訟の訴訟物は？
――：不法行為に基づく損害賠償請求権です。
主査：はい。それだけかな。
――：はい、それから、遅延損害金について、履行遅滞に基づく損害賠償請求権があります。
主査：そうだね。これらの請求の併合形態は分かるかな。
――：はい。2つの請求は両立しますので、単純併合です。
主査：そうだね。では、事例を進めます。Pが訴え提起に当たってYの財産を調査したところ、Yは甲土地を所有していること、及び同土地を他に譲渡しようとしていることが分かりました。確実に損害賠償を得られるようにするため、Pにおいて、何かしておくべきことはあ

737

第6部　口述試験について

りますか。

――：はい。Yの所有する不動産に仮差押えをしておくべきです。

主査：うん。仮差押えの一般的な要件は分かる？

――：被保全債権の存在と、保全の必要性があることです。

主査：本件に即して言えば、どのような主張をすれば良いのかな。

――：はい。まず、訴求している不法行為に基づく損害賠償請求権と遅延損害金を被保全債権として主張し、Yが甲土地を他に譲渡しようとしており、同人は他に見るべき資産を有していないことから、譲渡がされれば被保全債権たる訴求債権の実現が困難となるため、保全の必要性がある旨主張します。

主査：はい。それらの事情は、証明する必要があるでしょうか。

――：いいえ。民事保全法上、疎明で足りるとされています。

主査：そうだね。では、本題に戻ります。まず、不法行為による請求の一般的要件を言って下さい。

――：民法 709 条により、故意又は過失により、他人の権利又は法律上保護される利益を、侵害し、これによって損害を生じさせたこと、すなわち因果関係が認められること、が挙げられます。

主査：そうだね。本件は過失が問題となる事案だと思うけど、具体的に過失はどんな所にある？

――：はい。交差点進入時、Yが速度を落とさずに自転車の運転を続けたこと、前をよく見ずに運転していたことが挙げられます。

主査：スピードの点と、あとは前方不注

意？

――：はい、そうです。

主査：では、Bの損害はどのようなものだろう。具体的な項目、費目ごとに言ってみてくれる？

――：はい。まず、事故により搬送された病院における、2 週間の間の加療、入院の費用が挙げられます。次に、精神的損害としての慰謝料が考えられます。それから、死亡したことによる損害が挙げられます。

主査：死亡による損害というのは？　厳密には何て言うのかな？

――：はい、逸失利益です。

主査：そうだね。他にはない？

――：そうですね……。

主査：亡くなったらお葬式あげたりするよね。

――：あ、はい。葬儀費用も損害に含めることができます。

主査：そうだね。では、逸失利益の計算方法について聞きたいんだけど、何か基準はあるかな。

――：えー、生きていれば得られたであろう収入ですので、それまでに被害者が得ていた収入をもとに算定します。

主査：うん、だけど、Bは専業主婦だからねえ。だとすると収入はゼロじゃない？

――：あー……。えーそれは確かにそうですが、専業主婦であるということは、日常家事をするなどして夫Aを日々支えていた訳ですから、内助の功と申しますか、夫Aの収入に寄与していたと言えますので、家庭生活等から寄与度を算定した上で夫の収入を基準に考えること

第6章　平成28年

ができると思うのですが……。

主査：なるほどね、奥さんとして助けていたと。それも算定の要素として考えられますね。もっと一般的に使える基準みたいなものはないかな？　一般人を基準に……。

──：えーと……。

主査：賃金センサスって知ってる？

──：あ、なるほど。はい、あります……。

主査：うん、これを使って専業主婦の人の収入を算出する訳なのね。憶えておいて下さい。

──：はい。

主査：では、次に移ります。パネルを裏返して下さい。（裏面の記載内容を読む）訴訟提起を受けたYは、弁護士Qに事件を依頼しました。QがYから事故の話を聞いた所では、Bがいきなり交差点に飛び出してきたため、Yはよけきれずぶつかってしまったとのことでした。また、Bは脳に疾患を抱えており、病院で長年治療を受けていたこともわかりました。さて、あなたがQだとして、依頼を受けた後、まずYにどんな事を聞きますか。

──：はい。Yには、事故当時の状況、すなわちどのくらいのスピードを出して走行していたか、歩行者に注意して運転していたか、自転車に不具合はなかったか、現場は明るかったか、といった点を聞くことが考えられます。

主査：なるほど。では、パネルの裏面の事実を前提に、Yが主張しうる抗弁がありますが、それは何ですか？

──：はい、過失相殺の抗弁です。

主査：そうだね。詳しく説明してくれる？

──：はい、被害者Bにも、交差点にいきなり進入したという点で、注意を怠ったという過失が認められます。それゆえ、被害者に過失があったものとして、Yは過失相殺の抗弁を提出できます。それから、Bには脳疾患があり、加療、通院歴もあったことから、Bが脳出血で死亡したのは自転車事故が原因ではなく、脳疾患にも原因があったとも考えられますから、被害者に疾患に当たる素因が存在したということも主張できます。

主査：はい。過失相殺なんだけれども、後半の脳出血の方は、事故だけでなく脳疾患にも、脳出血の原因があったということだね。ところで、脳疾患の点は、過失相殺そのものではないよね？

──：はい。過失には当たりませんが、被害者に存した素因が損害発生に寄与した場合、それが疾患に当たるならば、損害の公平の分担という見地から、過失相殺の規定を類推適用して損害賠償の額を定めるべきと考えられます。

主査：はい。では、Qが、過失相殺などの抗弁を提出するために、Bの脳疾患について立証するために、証拠を集めたいと考えました。どのような方法が考えられますか？

──：はい、民訴法221条に基づき文書提出命令の申し立てをすることが考えられます。

主査：あ、いきなり命令に行っちゃう？もっと軽いというか、任意で簡単な手続はない？

──：えー、まずは当事者照会をして、

739

第6部　口述試験について

相手方が応じてくれれば出しても
らうという風に……。

主査：それじゃ、たぶん出してくれない
よね。

――：では、調査嘱託でしょうか。

主査：うーん、嘱託と来たら、何かない
かな？

――：あ、文書送付嘱託です。

主査：そうだね。病院に出してもらうん
だし、まずは命令じゃなくて文書
送付嘱託をするのが実務上も一般
的です。憶えておいてくださいね。

――：はい。

主査：それでは最後の質問なんですが、
本件訴訟は和解交渉が進められる
ことになったのですが、なかなか
交渉が進みませんでした。そこで、
業を煮やしたＹは、大学時代の先
輩でＡとも知り合いであるＺに話
をまとめてもらえないかと考えま
した。Ｚの方からも、自分がＡと
の話し合いをまとめてやろうと提
案があったこともあり、ＹはＺに
依頼しようとしていました。その
話を聞いたＱは、ＰＱ間の交渉も
うまくいっていなかったことから、
ＹがＺに和解交渉のあっせんを受
けることを承諾しました。このＱ
の行為には問題はありますか。

――：はい、まず、弁護士でないＺが和
解交渉に関わることは、非弁行為
として違法ですので、Ｑとしては
そのような違法行為を承認しては
ならず、Ｙを制止すべきです。そ
して、このような交渉がされると
すれば、ＹとＡは代理人弁護士が
いるにも関わらず直接交渉をする
ことになってしまうので、この点
は直接交渉を禁じた弁護士倫理上

問題がありますし、Ｙが逆にＡ、
Ｚ、Ｐに言いくるめられてしまう
おそれもありますので、依頼者の
正当な利益を守るという観点から
も、ＱはＹを制止すべきです。

主査：はい。まず、本件ではＺは和解交
渉のあっせんに関して報酬を貰っ
てはいないので、非弁行為云々の
話は問題とはなりません。そして、
直接交渉の禁止の点だけど、何か
根拠となる規定はあるかな？

――：弁護士職務基本規程に根拠規定が
ありますが……条文番号は失念致
しましたので、法文を参照しても
よろしいでしょうか。

主査：うん、法文見てみて。（……探して
いると）基本規程の５２条だね。

――：はい。

主査：代理人がいるときに直接相手方と
交渉してはダメなんだよね。法律
知識に差があること等が理由だけ
ど、依頼者どうしでもやはりダメ
だと考えられています。そうであ
る以上、弁護士であるＱがそのこ
とを承認してはならず、制止すべ
きだっただろうということですね。
弁護士としてどう行動すべきか、
という点も意識しておいて下さい
ね。

　　　それでは、以上ですので、これで
終了となります。お疲れ様でした。

――：ありがとうございました。

感想

　要件事実の問題としてはあまり聞かれない不法行為からの出題で、かなり驚いたが、質問内容はそれほど高度ではなく、民法の知識で十分答えられるものであった。とは言え、一部、実務的な問いもあり、また弁護士の立場からの立証方法や証拠収集手段を問うなど、実務家としてどう行動するかという観点を意識した出題だと思われた。主査は優しく丁寧な聞き方をされ、しばしば誘導もして頂けたので、落ち着いて解答することができた。

　要件事実の勉強も必要だが、論文試験で聞かれるレベルの実体法の知識も欠かせないので、口述の発表までは忘れずに論証の定着や知識の増加を図るべきである（発表後もだが）。口述プロパーの手続関係は刑事ほど出題されないことも考えると、審理手続関係と要件事実は、口述発表後に論文（実務基礎）、短答（民訴）を思い出しながら勉強し始めれば十分。当日は、待ち時間があれば直前まで知識を確認し続け、後は落ち着いてハキハキ解答するのみ。

第6部　口述試験について

D氏

平成28年司法試験予備試験最終合格者

【テーマ】2日目
不法行為に基づく損害賠償請求の実体法
上ないし攻撃防御方法に関する諸問題、
証拠収集方法、民事保全及び弁護士倫理
上の諸問題

再現ドキュメント

――：10室3番です。よろしくお願いします。
主査：お座りください。
――：失礼します。
主査：では始めます。パネルの図を見てください。これから事案を説明しますので聞いてください。

【パネルの図1】

＜表面＞
（本来は図の右側に事案①②③が、図の下にXの請求内容が書かれていた）

【Xの相談内容】
Y（棒人形と自転車の絵）
↓
A ―――→ 💥　X（Aの夫）
（棒人形の絵）

① 平成28年3月1日午後8時ごろ、A（35歳、専業主婦）はY（45歳）が運転する自転車と衝突する事故（以下、「本件事故」という。）に遭った。Yは、無灯火で自転車を運転しており、前方を十分に確認していなかった。
② Aは事故により路面で強く頭を打ち、脳内出血の傷害を負い、事故から2週間後、入院先で脳内出血により死亡した。
③ Aの相続人は夫であるXのみである。

X は、8000万円の損害賠償及び遅延損害金の請求を考えている。

主査：（事案読み上げ）事案は分かりましたか？では、Xから依頼を受けた弁護士Pの立場で考えてください。まず、Xが提起する訴訟の請求の趣旨は何ですか？
――：はい。被告は、原告に対し、8000万円及び平成28年3月……1日から支払済みまで年3分の割合による金員を支払え、です。
主査：はい……まぁ合ってるんですが、通常は8000万円の後に「これに対する」という文言をいれて年5分の対象を明確にしますよね。
――：あ……はい。
主査：では、訴訟物は何ですか？
――：不法行為……による損害賠償請求権です。
主査：不法行為「に基づく」、ですね。
――：はい……。
主査：遅延損害の方はどうでしょう？
――：履行遅滞に基づく遅延損害賠償請求権です。
主査：では、訴訟物の個数は？
――：損害賠償請求と遅延損害賠償は別個で……それぞれ1個です。
主査：はい、そうですね。（小さくうなずく）では、請求の併合形態は？
――：単純併合です。
主査：次に、不法行為の請求について、まず不法行為の一般的要件は何だと考えますか？
――：行為と損害の発生、及びその間の因果関係です。
主査：あともう1つ。
――：もう1つ……？
主査：今言われたのは客観的要件ですね。

742

――：あ、行為者の故意又は過失です。

主査：では、「損害」要件について、大まかな項目として何が考えられますか。

――：えー……。

主査：大まかでいいですよ。

――：……まず消極損害として、死亡したことに対する損害が考えられると思いますが、専業主婦についてどう考えるかを悩んでしまいました。あと、2週間の入院における入院費・治療費など、慰謝料、弁護士費用が考えられます。

主査：死亡についての損害とは、逸失利益を想定しているということですか。

――：はい、そうです。

主査：では、逸失利益について、被害者が賃金を得ていればそれが得られなくなる損害があると言えそうですが、専業主婦について逸失利益は認められますか？

――：もちろん、認められると思います。

主査：それはどう算定しますか？

――：たとえば……夫の労働について妻が家庭の中から助けることで夫婦の財産を共同で形成しているとする考え方がありますので、夫の収入の何割かが妻の働きによるものと考えて算定することが考えられるかと思います。

主査：なるほど、夫の収入を基準とする、と。他には、何を参照するかにもよりますが、様々な労働○○（失念）を参照すると判断した裁判例もありますので、また見てみてください。

――：はい。

主査：では、Yは財産としてマンション

を所有していることが分かりました。Pは、本件の訴えを保全するため、どのような手段をとりますか。

――：Yのマンションを仮差押えすると考えられます。

主査：そうですね。まず、仮差押えの一般的な要件は何ですか。

――：被保全請求権の存在と、保全の必要性です。

主査：はい、被保全債権と、必要性。（もう少し何か聞かれた気がしますが失念）

　　ここで、少し事案を付け足します。本件事故によって、Aが身に着けていた高級腕時計が破損したとします。この腕時計を事故の前の状況に修理するためには70万円、同種の腕時計を新たに買うためには50万円かかることが分かりました。Pとしては、どちらをYに請求しますか。

――：修理する方です。

主査：70万円ということですね。そうすると、Yは同種の物を買うのに50万円で済むのだからおかしいと反論すると思いますが、いかがですか。

――：不法行為に基づく損害賠償は、損害を回復して行為以前の状況に戻すことが目的なので、Aが所有していた時計を元に戻すことを請求できると考えます。

主査：差額説の立場という事ですね。それは、修理費用が100万円や200万円と高額になった場合も同じですか？

――：それは……あまりに金額の差が大きい場合には、目的物が広く流通

743

第6部 口述試験について

して、新たな物の購入により代替
がきくものならば、公平の観点か
ら新しい物の購入で代替すべきか
と思います。

主査：あなたは、Ａの腕時計が代替のき
かないものと捉えたということで
すね。

――：はい、そうです。

【パネルの図2】

＜裏面＞
【Ｙの言い分】
（本来はもう少し長かった、表現は不
正確）
　今回、Ａが亡くなったことは大変気
の毒に思っています。
　しかし、事故の原因はＡが突然右か
ら飛び出してきたことにあります。
　また、Ａは半年前から脳の血管の病
気を患い、脳外科に通院していたと聞
いています。

主査：では、図表を裏返してください。
事案を読み上げるので見ながら聞
いてください。(読み上げ)今度は、
Ｙから依頼を受けた弁護士Ｑの立
場から考えてください。Ｑの立場
で、何か抗弁が主張できますか。

――：過失相殺の主張ができます。

主査：Ａが飛び出してきた、という主張
を取り出したものですね。では他
に何かありますか。

――：ほかに……Ａの死亡結果が脳の病
気に起因すると主張し、賠償額の
減額を求めます。

主査：そうですね、そのためには何か理
論的な根拠が必要かと思いますが、
どうです。

――：……721条辺りに何かあったかと思
いますが……条文を引いてもよろ

しいですか？

主査：どうぞ。

――：……えー、過失相殺と同様に、被
害者の素因が損害発生の一因と
なった場合は公平の観点から減額
が検討されると思うのですが、そ
れを一言でいう言葉が出てこなく
て……。

主査：直接的な条文はないですね、過失
相殺、722条2項の類推という形
になると思います。では、次の話
に移ります。Ｑは訴訟に向けて、
もっと詳しい事故の状況をＹから
聞きたいと思いました。どのよう
な事を聞きますか？

――：まずは、運転の態様にＸの主張す
る過失があったのか、詳細に聞き
ます。

主査：なるほど。他には？

――：他には……運転中の事故現場の状
況、見通しなどを聞きます。

主査：はい。では次に、ＱはＡの病状や
通院状況について知りたいと思い
ました。どのような手段をとりま
すか。

――：まずは……病院にＡのカルテ等の
資料を提出するよう求めます。

主査：まずは任意に提出を求めると。病
院がそれに応じなかったらどうし
ますか？

――：文書開示……？

主査：刑事かな？（笑）

――：あ、いえ……民事訴訟法222条の
……。

主査：文書提出命令を想定してるのか
な？確かにできそうだけど、もっ
と柔らかい手段があるよね。

――：当事者照会……。

主査：それは当事者のみのやり取りに

なっちゃうので、裁判所が関与する手段で他に。裁判所が文書の提出を求める……。

――：嘱託の申立て……。

主査：そう、文書送付嘱託。通常はこの手段をとることになると思います。では、事案を進めます。ここからまた、Ｐの立場で話を聞いてください。Ｐは訴訟と並行して和解交渉もしていましたが、難航していました。Ｘは一向にまとまらない交渉にしびれを切らし、自分の友人、Ｘの友人ですね、Ｃに相談しました。ＣはＹの大学の先輩でＹとも交流があったので、「俺が話をつけてやる」と言い、無償で和解交渉のあっせんを申し出ました。ＰはＸからＣに交渉を依頼しようと思うと聞き、Ｑとの交渉が進んでいなかったことから、それを承諾しました。Ｐの承諾に何か問題はありますか？

――：弁護士ではないＣに和解交渉を依頼することは問題があると思います。

主査：うーん、そうですね……、確かに弁護士法に非弁行為を禁止する規定はありますが、それは営利目的の行為を禁じるものなので（ここの言い回しはもっと違ったかも）、今回Ｃは無償という申出なので当たらないですね。

――：では、当事者双方に代理人がいるにもかかわらず、それを通さずに当事者が直接交渉する点が問題かと思います。

主査：確かに規程52条にはそういう定めがありますね。52条はＰが直接Ｙと交渉する場合を定めているけど、

本件のようにＣを挟んだとしても趣旨の潜脱になると考えている、という理解でよろしいですか？

――：はい、そうです。

主査：分かりました。（副査に向かって）何かありますか？

副査：（首を横に振る）

主査：では、終わります。

――：ありがとうございました。

感想

　口述模試を受けたことで過去の出題の再現を読む際にも具体的にイメージすることができて、想像していたよりは緊張せずに本番に臨めたと思います。しかしそれでも、冷静になれば当たり前の事項をすんなりと答えられないことが多々あり、独特の試験だなと感じました。

　基本的知識の確認は、夏の間に済ませておくべきです。論文式試験の合格発表後は本当に時間がないので、体調管理と緊張しない心構えの構築に集中すべきだと思います。

第6部 口述試験について

第7章 平成29年

A氏
平成29年司法試験予備試験最終合格者

【テーマ】1日目
請負契約に基づく報酬支払請求権に係る債権譲渡事案における実体法上ないし攻撃防御方法に関する諸問題、立証方法、弁護士倫理上の諸問題

再現ドキュメント

──：失礼致します。●●室●●番です。
主査：お座りください。
──：よろしくお願いいたします。
主査：では始めます。パネルの図を見てください。これから事案を説明しますので聞いてください。あなたはXから相談を受けた弁護士Pだとして話を聞いてください。
──：はい。

【パネルの図】

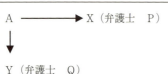

主査：①注文者であるYはAに対して建物の内装工事を代金700万円で頼み、○年○月○日請負契約が締結されました。②Aは代金支払期限よりも前に現金が必要になったので、Yに対する報酬債権を○年○月○日にXに600万円で譲渡しました。③Aは○年○月○日到着の内容証明郵便によってかかる債権譲渡を通知しました。④しかし、Yは代金700万円を支払おうとしません。Xとして提起すべき訴訟の訴訟物は何ですか。
──：AY間の請負契約に基づく報酬支払請求権です。
主査：AY間のという部分は訴訟物になるのですか。
──：なります。
主査：なぜですか。
──：本件においては契約の当事者と債権者が異なるので、契約の当事者が誰かということを明らかにする必要があります。
主査：では、請求原因事実はなんですか。
──：はい。AはYから本件工事について700万円で請け負った。本件工事は○年○月○日に完成した。AはXに対して、本件工事にかかる報酬債権を○年○月○日に売却した。です。
主査：債権譲渡の事実で金額は必要ですか。
──：すいません。必要です。
主査：なぜですか。
──：本件の債権譲渡は売買契約なのですが、売買契約においては代金額が確定していることが必要となるからです。
主査：はい。では、Yはワンルームマンションを所有していたとします。P

としては、なにか講じておくべきことはありますか（保全の必要性に関する事情については言っていたかもしれませんが失念しました。）。

――：民事保全として、ワンルームマンションについて仮差押えの申立てを行います。

主査：Ｐとしては訴訟に備えてどのような文書を集めておくといいですか。

――：はい。まず、請負契約があったことを示すようなＡＹ間の契約書が考えられます。次に、ＡＸ間の債権譲渡契約の契約書が考えられます。また、Ａが債権譲渡について内容証明郵便で通知をしているので、そのコピーを郵便局から交付してもらうことが考えられます。

主査：はい。Ｘに協力してもらえば集められそうですね。

――：はい。

主査：先ほど請求原因事実で工事の完成が必要だとおっしゃっていましたけど、そのことについて何か集められそうな書証はありますか。

――：あっ、工事については、Ａが工事を完成させて引き渡すときにＹに対してそれを工事ができているか確認して判をもらったような書面がある可能性があるので、そのような書面を集めることが考えられます。

主査：そうですね、あとは内装の写真とかが考えられますね。

――：あっ、はい。

主査：では、パネルを裏返してください。今度は、Ｙから相談をうけた弁護士Ｑだとします。事案が書いていますが、読み上げますので聞いてください。Ｙは請負契約の際に請負代金債権についてＡと債権譲渡

を禁止する特約をしたと主張しています。また、報酬のうち200万円はすでに弁済していると主張しています。では、Ｑとしては、どのような抗弁を主張することが考えられますか。なお、対抗関係の問題は考慮しないものとします。

――：はい、まず、債権譲渡制限特約の抗弁が考えられます。

※辰巳注：平成29年債権法改正により、預貯金債権を除いて、譲渡制限特約は物権的効力を否定された（民法466条2項以下）。そのため、現在では、譲渡禁止特約の抗弁の効果について質問がなされる可能性があるので、注意。

主査：他にはありますか。

――：200万円の支払いについて、一部弁済の抗弁が考えられます。

主査：そうですね。では、債権譲渡制限特約の抗弁について主張するべき事実は何ですか。

――：請負契約の際に債権譲渡制限の特約の合意をしたことと、債権譲渡制限特約の存在について知っていること若しくは重大な過失の評価根拠事実です。

主査：重大な過失というのは何についてですか。

――：債権譲渡制限特約の合意があることを知らなかったことにつき重大な過失です。

主査：はい。では、Ｙが200万円は弁済したがその領収書をなくしてしまったとします。Ｑとしては訴訟において弁済の事実を証明するため、どのような書証を集めればいいですか。

――：ええーと……。ＡとＸの間の契約書などが考えられるかなと思います。

第6部　口述試験について

主査：なぜですか。

――：もしＹが200万円の弁済をしているのであれば債権譲渡の金額もそれを反映したものになっている可能性があるので、契約書の金額をもって弁済の事実を推認し得るからです。

主査：なるほどね。200万円を現金でプラプラ持っていますかね。

――：あっ、持っていないです。銀行の口座などに入れておきます。

主査：そうすると、何かないですかね。

――：弁済の直前に口座から200万円を引き落としたことを証するような書面があれば……。

主査：預金通帳とかですね。

――：はい、そうです。

主査：では、再びＰの立場に立ってください。ＸとしてはＡを訴訟に引き込みたいとします。どのような手続が考えられますか。

――：Ａに対して訴訟告知することが考えられます。

主査：そうすると、どのようなことになりますか。

――：訴訟告知をすると、Ａが訴訟参加することがあり得ます。また、参加しなくとも参加的効力が生じます。

主査：では、Ｙの200万円の弁済が認められＸは一部敗訴したとします。参加的効力とは具体的にどのような効力となりますか。

――：その場合にはＸが一部敗訴しているということなので、ＸとＡの間で後訴などが提起された場合に、200万円の弁済の事実について争えなくなるという効果が生じます。

主査：では、パネルの下段を見てください。事案が書いてあるので読み上げます。ＡはＰに対してこれまで

「200万円の弁済の事実は絶対にない」と主張していましたが、「実は弁済を受けていないというのは嘘でした。今度の証人尋問では正直に弁済があったと話したい。」とＰに申し出てきました。これに対してＰは「今更そのようなことを言われてもこまる。この話は聞かなかったことにするからもう一度よく考えて証言してください。」とＡに言いました。以上の事例で弁護士職務基本規程上何が問題となりますか。

――：弁護士であるＰがＡに対して公判廷での虚偽の証言をするようそそのかしたことが問題となります。

主査：具体的に何条かわかりますか。

――：弁護士職務基本規程の……73条か74条あたりだったと記憶しています。

主査：六法みていいですよ。

――：失礼します……。すいません。75条です。

主査：そうですね。読み上げてみてください。

――：「弁護士は、偽証若しくは虚偽の陳述をそそのかし、又は虚偽と知りながらその証拠を提出してはならない。」となっています。

主査：本件のＰの発言でもこの場合に当たりますかね。

――：Ｐはたしかに直接的には虚偽の証言をそそのかすような働きかけをしているわけではありません。しかし、「もう一度よく考えて」と発言しているように暗に虚偽の発言をするよう促しているのでやはり「そそのかし」に当たると考えます。

主査：はい。（副査へ）何かありますか。では、以上です。

――：ありがとうございました。

748

B氏
平成29年司法試験予備試験最終合格者

【テーマ】1日目
請負契約に基づく報酬支払請求権に係る債権譲渡事案における実体法上ないし攻撃防御方法に関する諸問題、立証方法、弁護士倫理上の諸問題

再現ドキュメント

――：失礼致します。6室3番です。
主査：お座りください。
――：よろしくお願いいたします。
主査：では始めます。パネルの図を見てください。これから事案を説明しますので聞いてください。

【パネルの図】

主査：ZはYから建物建築の依頼を受け、代金700万円とする請負契約（本件請負契約）を締結した。その後、Zは請負工事を完成させ建物を引き渡したが、Yは代金を支払っていない。そこで、取り急ぎ金銭が必要となったZは、本件請負契約に基づく報酬請求権を代金650万円でXに売却した。Xは、Yに対して700万円を支払うよう訴えを提起した。あなたはXの代理人弁護士Aであるとします。ここまでよろしいですか？

――：はい。
主査：では、この訴訟における訴訟物は何ですか？
――：XのYに対するZY間の請負報酬請求権です。
主査：はい。では、請求原因は何ですか？
――：まず、ZY間で本件請負契約を締結したこと。次に、仕事を完成させたこと。そして、ZがYとの本件請負契約に基づく報酬請求権を代金650万円でXに売却したことです。
主査：うん。請負契約について何か他にないかな？
――：えー……。
主査：本件ではXは何を請求しているのかな？
――：あ、代金700万円とする請負契約を締結したことを言う必要があります。
主査：そうだね。次に、Yはマンションを一室所有しているのみで他に目ぼしい資産がありませんでした。Aとしては事前にどのようなことをしておくことが考えられる？
――：報酬請求権を保全するためマンションに対する仮差押えの申立てをしておくことが考えられます。
主査：はい。では、少し事案を変えて、Yが実はZに報酬代金のうち50万円をすでに払っていたとします。Zは50万円を受け取っていないと主張しています。Yの代理人弁護士Bだとしてどのような主張をすることが考えられますか？
――：一部弁済の抗弁を主張することが考えられます。
主査：はい。では、今度はまた弁護士A

749

第6部　口述試験について

の立場に戻ってもらって、Zに対
してはどのようなことをすべき？
──：Zに対して訴訟告知することが考
えられます。
主査：それはなぜ？
──：Zに対して訴訟告知をすることで、
XがYに一部敗訴した場合、Xは
Zに対し弁済の事実を争うことな
く担保責任を問うことができるか
らです。
主査：そうした効力を何と言いますか？
──：参加的効力です。
主査：はい。では、弁護士Bの立場から、
弁済した50万円は現金で支払って
いたもののYは領収書を失くして
しまいました。弁済の事実を立証
するための証拠として何がある？
──：現金50万円を用意するため銀行口
座から引き下ろしていた場合には、
預金通帳を示すことが考えられま
す。
主査：うん。でも、それだとYの側の事
情だから証拠としては弱いよね。
──：あ、はい。なので、Zの預金通帳
などを証拠として提出することが
考えられます。
主査：Zが提出に協力してくれない場合
はどうするの？
──：その場合には、Zの預金口座を有
する銀行に対して文書送付嘱託を
するよう裁判所に申し立てます。
主査：はい。では、また場面を変えます。
Aは、Zを証人尋問するにあたり
事前の打ち合わせをする中で、Y
から本当はお金を受け取っていた
と告白されました。しかし、これ
に対してAは、そんなことをいま
さら言われても困る、このままい
けば勝てるから50万円は受け取ら

なかったと言ってくれ、と指示し
ました。このAの行為のうち、弁
護士職務基本規程上何か問題とな
る行為はありますか？
──：Zに虚偽の事実を言うよう説得す
る行為が偽証のそそのかしに当た
り、弁護士職務基本規程上問題が
あります。
主査：うん、75条ね。他には何かある？
──：えー、公正な裁判手続の実現を害
することでしょうか？
主査：うん。まあ、誠実義務とか正当な
利益の実現とかが問題となりうる
というところかな。まあ、75条で
十分です。
──：はい。
主査：（副査に対して）何かありますか？
副査：ありません。
主査：それでは、以上です。
──：ありがとうございました。

感想
　主査が優しい雰囲気の方だったので比
較的落ち着いて答えることができたと思
います。債権譲渡と請負が絡んで少し複
雑な要件事実が聞かれるかとも思いまし
たが、そこまで複雑な抗弁も出てこな
かったので安心しました。保全や民事訴
訟法、法曹倫理の分野も典型的な内容
だったので、それほど苦戦しなかったの
でよかったと思います。
　とにかく基本的な事項について十分確
認しておくことが大事だと思います。

C氏
平成29年司法試験予備試験最終合格者

【テーマ】2日目
賃貸借関係を含む事案での不動産明渡請求訴訟における攻撃防御方法、規範的要件の当てはめ、証拠収集方法に関する諸問題、訴訟手続、民事保全をめぐる諸問題

　　　　　再現ドキュメント

——：失礼致します。13室1番です。
主査：お座りください。
——：よろしくお願いいたします。
主査：では始めます。パネルの図を見てください。これから事案を説明しますので聞いてください。

【パネルの図①】

《Xからの相談内容》
① Xは、Yに対し、本件土地を賃貸していた。
　Yは、本件土地上に本件建物を建築し、現在ではZが本件建物に居住している。
　ところが、Yが本件土地の賃料の支払いを怠り始めたことから、Xは、Yに対し、賃料不払いを原因として本件土地の賃貸借契約を解除した。

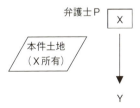

② Xとしては、Yに対して、本件土地を更地に、戻したうえで、本件土地の返還を求めたいと考えている。

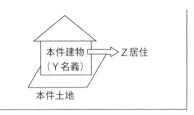

主査：（パネル【表面】記載の事案の概要を丁寧かつゆっくりと読み上げる）。事案はよろしいですか。
——：はい。
主査：では、これから質問をしていきます。あなたは、Xから相談を受けた弁護士Pであるとします。まず、YとZに対して訴訟を提起する場合の請求の趣旨をそれぞれ教えて下さい。
——：はい。まず、Yに対しては、「被告は、原告に対し、本件建物を収去して本件土地を明け渡せ。」です。次に、Zに対しては、「被告は、原告に対し、本件建物から退去して本件土地を明け渡せ。」です。
主査：はい。それでは次の質問ですが、YとZに対する訴訟の訴訟物を教えて下さい。
——：はい。まず、Yについては、賃貸借契約終了に基づく目的物返還請求権としての建物収去土地明渡請求権1個です。次に、Zについては、所有権に基づく返還請求権としての土地明渡請求権1個です。
主査：はい。それでは、Zに対する訴訟における請求原因は何ですか。
——：はい。請求原因は、「原告は、本件土地を所有している。」と、「被告は、本件建物を占有して本件土地を占有している。」です。
主査：はい。本件土地上に本件建物が存

第6部　口述試験について

在していることは主張する必要はありませんか。
――：あっ、主張する必要があります。
主査：それはなぜですか。
――：本件土地上に本件建物が存在し、かつ、本件建物をZが占有することによって、本件土地を占有していることが明らかになり、それによって本件土地に対する所有権侵害の事実が基礎づけられるからです。
主査：うん。では、Zには家族がいて、本件建物にはZのほかその家族が居住していた場合には、その家族に対して同じ訴えを提起する必要がありますか。
――：いえ、その必要はありません。
主査：それはどうしてですか。
――：Yから本件建物の占有権原を取得したのはZと考えられ、Zの家族は単に本件建物に居住しているにすぎないからです。
主査：うん。Zの家族は、単にZの本件建物に対する占有を補助しているにすぎないと考えられるからだよね。占有補助者っていう言葉は聞いたことがあるかな？
――：あっ、はい！
主査：うん。占有補助者にすぎないものに対して訴えを提起する必要はないと。では、次の質問にいきます。本件訴訟の係属中、本件建物に居住しているZは、Aに対して、本件建物を引き渡してしまったとします。この場合、Pとして訴訟の係属中にとるべき手段は何ですか。
――：はい。引受承継の申立てです。
主査：そうですね。では、ZがAに対して本件建物を引き渡してしまうことによる不都合（引受承継の申立

て）を解消するために、Pとしてはいかなる手段をとっておくべきでしたか。
――：はい。本件建物について占有移転禁止の仮処分の申立てをすべきでした。
主査：誰に対して行うのですか。
――：Zです。
主査：そうですね。では、手元のパネルを裏返して下さい。
――：はい。

【パネルの図②】

(裏面)
《Yからの相談内容》
① Yが、本件土地の賃料を延滞したのは3か月間である。
　Yは、Xに対し、本件土地の賃料の支払いを延滞した事情を説明したところ、Xはこれを了承し、本件賃貸借契約を解除せず、未払賃料の支払いを猶予する旨の意思を表明した。Yは、Xに対し、お礼を言った。

② 訴状送達後、Yは、Xに対し、未払賃料およびこれに対する延滞損害金の支払いを申し出たが、これを拒絶されたため、同金員を供託した。
　Yは、本件土地の賃貸借契約を今後も継続したいと考えている。

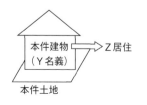

752

主査：(パネル【裏面】記載の事案の概要を丁寧かつゆっくりと読み上げる)。事案はよろしいですか。

――：はい。

主査：それでは質問です。あなたは、Yから相談を受けた弁護士Qであるとします。Qとしては、Xからの賃貸借契約終了に基づく目的物返還請求訴訟について、どのような抗弁を主張すべきですか。

――：はい。まず、賃料の延滞がわずか3ヶ月という短期間にすぎなかったと主張して、背信的行為と認めるに足りない特段の事情がある旨の抗弁を主張します。

主査：うん、背信的行為と認めるに足りない特段の事情があるという抗弁は、信頼関係不破壊の抗弁とも言いますね。

――：はい。

主査：えっと、あなたは「まず」とおっしゃったから、他にも抗弁があるということかな。その他の抗弁も教えて下さい。

――：えーと、YがXに対して賃料延滞の事情を話して、Xから許しを得たという主張についても抗弁を構成できますが……、すみません、この抗弁の名前を失念してしまいました。

主査：うんうん、いいよ。このような抗弁は、支払猶予の抗弁と言いますね。

――：あっ、はい。

主査：では、Yが訴状を受け取った後に、Yは、Xに対して、未払賃料およびこれに対する遅延損害金の支払いを申し出たが、Xにこれを拒絶されたため、同金員を供託した旨

の主張は、抗弁となりますか。

――：いえ、抗弁を構成しません。

主査：それはなぜですか。

――：Yの主張は、弁済の提供を内容とするものですが、弁済の提供は解除権者の解除の意思表示の前に行われなければなりません。ところが、本件では、訴状の送達後にYのXに対する弁済の提供が行われており、これは解除の意思表示の後に弁済の提供をしたにすぎないと考えられ、主張自体失当となるからです。

主査：なるほど。では、次の質問にいきます。さきほど、Yの賃料不払いが背信的行為と認めるに足りない特段の事情がある旨の抗弁が出てきました。では、この背信的行為と認めるに足りない特段の事情があるという事実を主張するため、Qとしてはどのような事実を主張すべきですか。

――：まず、賃料を延滞したのは3ヶ月間にすぎず、その態様が著しく信頼関係を破壊するものではないと主張します。

主査：なるほどね。他には？

――：XとYの個人的間柄が親密であったことなども挙げられます。

主査：うん、そのような事情もあるかもしれないね。他には？

――：うーん、Yがこれまで賃料を延滞したことは一度もなかった事実も挙げられます。

主査：うんうん、他には？

――：うーん……、すみません、他にはパッと思いつきません。

主査：YはXに対して、何かしませんでしたっけ？

753

第6部　口述試験について

―― : あっ、YがXに対して賃料を延滞してしまった事情を真摯に説明しているという事実が考えられます。

主査 : うんうん、他には？

―― : あとは―……。

主査 : Yはその後にも何かしていませんでしたっけ？

―― : あっ、YがXに対して、未払賃料及びこれに対する遅延損害金の支払いを積極的に申し出ている事実も挙げられます。

主査 : うんうん、そうですね。では、次の質問にいきます。Yは、Xと本件賃貸借契約の継続について話合いの機会を持つために、知り合いの不動産業者を伴って、タクシーを利用してXのもとへと訪れました。そして、XとYは、その場で本件賃貸借契約について一定の合意を得た、とYは主張しています。これに対して、XはYが主張するような話合いの場を設けた事実は一切ないと全面的に否定しています。XとYの合意を立証するために、Qとしてはいかなる証拠を収集すべきですか。

―― : まず、タクシー代金の領収書を収集することが考えられます。

主査 : ほう、それはどうして？

―― : タクシーに乗車してXのもとに出向いたという間接事実があれば、XとYとの間で接触があり、XとYの間で本件賃貸借契約についての一定の合意があったと推認できるという、間接事実による推認が可能となるからです。

主査 : なるほどね。でも、タクシーの領収書にはタクシーの代金しか書いてないよね？それだけでは、Yが

Xのもとに出向いたことは明らかとなっても、XY間で一定の合意がなされたとまでは認定できないよね？他にはなにかないかな？

―― : うーん、XとYが一定の合意をした旨の記載がある日記なども考えられます。

主査 : うん、それも考えられますね。あなたはXとYのどちらを念頭に置いて、回答されましたか。

―― : Yの日記を前提に回答しました。

主査 : そうですよね（笑）。他にはいかがですか。

―― : うーん……、すみません、ちょっとパッと思いつきません。

主査 : うん、Yは誰とXのところに言ったんだっけ？

―― : あっ、不動産業者とともに行っています。なので、Qとしては、この不動産業者に対して事情聴取を行うことが考えられます。

主査 : うん、そうですね。他には考えられますか。

―― : うーん……、XとYとの話合いを記録したボイスレコーダーも考えられます（自信なさげ）。

主査 : うん。本件ではXとYの紛争が顕在化したあとなので、証拠保全のために、XとYとの間の会話内容をボイスレコーダーで記録することも十分考えられると思います。

―― : はい。

主査 : それでは、以上で質問は終了です。お疲れ様でした。

―― : はい、ありがとうございました。失礼します。

感想

　まず、私の試験を担当してくださった試験官の先生方は非常に優しく接してくれ、また、正答の場合には大きく何回も頷いてくださるなど、過度に緊張することなく自己の実力を十分発揮できたと思います。また、問答内容についてもオーソドックスな内容が大半を占め、請求の趣旨や訴訟物、請求原因など基本事項をしっかり答えられたかどうかが重要であると感じました。さらに、昨年と同様、「どのような証拠を集めたらよいか。」という問いも出題され、受験者がいかに想像力を働かせることができているかを試されているとの印象をも持ちました。

　口述試験（民事）の対策としては、要件事実をベースとして、民事実体法・民事手続法・民事執行保全法をバランスよく学習することが肝要です。要件事実の対策としては、大島眞一『完全講義　民事裁判実務の基礎〔第2版〕』（民事法研究会、2013）を熟読することが最善であると思われます。また、民事実体法については論文対策ツールを見直しておけば十分です。また、民事手続法については、民事訴訟法の肢別本など短答対策ツールを有効に活用するとよいと思います。そして、民事執行保全法については、本試験で民事保全分野のほうが圧倒的に出題可能性が高いことに鑑み、和田吉弘『基礎からわかる民事執行法 民事保全法〔第2版〕』（弘文堂、2010）等の平易な教科書を用いて、いかなる場合にいかなる民事保全手段を用いるかを確実に押さえておく必要があります。なお、口述対策として条文素読も有効ですが、以前とは異なって最近では条文番号を細かく聞いてくることが少ないので、些末な条文よりも誰でも知っているような重要条文を答

えられるように準備しておきましょう。試験当日は、とても緊張すると思いますが、ゆっくり歯切れよく回答することを心がけると自然と落ち着くことができると思います。

第6部　口述試験について

D氏

平成29年司法試験予備試験最終合格者

【テーマ】2日目
賃貸借関係を含む事案での不動産明渡請求訴訟における攻撃防御方法、規範的要件の当てはめ、証拠収集方法に関する諸問題、訴訟手続、民事保全をめぐる諸問題

再現ドキュメント

——：失礼致します。1室5番です。

主査：お座りください。

——：よろしくお願いいたします。（主査の雰囲気が学者っぽい、副査は厳格そうな人。どうみてもハズレ部屋）

主査：では始めます。パネルの図を見てください。これから事案を説明しますので聞いてください。

【パネルの図①】

X
↓（土地賃貸借）
Y　建物建築、Y名義の登記
↓本件建物からYは出ていった
Z　現在居住
〔Xは、Yが賃料を不払いであるとして、賃貸借契約の解除による明渡しを求めている。〕

主査：Xは、本件土地をYに賃貸し、Yはその土地上に本件建物を建築し、その登記を得ました。本件建物からYは出ていき、現在はZが居住しています。XはYが賃料を不払

いしているとして、土地の明渡しを求めています。事案はわかりましたか？

——：……はい。（時間短い！理解しきれん。）

主査：では、YとZそれぞれに対する請求の趣旨を答えてください。

——：Yに対しては、「被告は、原告に対し、本件建物を収去して、本件土地を明け渡せ。」となります。Zに対しては、「被告は、原告に対し、本件建物から退去して、本件土地を明け渡せ。」となります。

主査：はい。（主査副査ともに小さく頷く。）では、訴訟物はそれぞれ何ですか？

——：（Yはどっちもいけそうだな？？とりあえず早く答えないと。）はい。Yに対しての訴訟物は、所有権にもとづく返還請求権としての土地明渡請求権です。また、Zに対しての訴訟物も、所有権にもとづく返還請求権としての土地明渡請求権です。

主査：はい。（主査副査ともに小さく頷く。）Yに対してはなにか契約にもとづく請求ができませんかね？

——：はい。賃貸借契約終了にもとづく返還請求権としての土地明渡請求権も訴訟物とすることができます。

主査：土地明渡請求権……？

——：失礼しました。賃貸借契約終了にもとづく目的物返還請求権としての建物収去土地明渡請求権です。（なんでこんなとこでミスってんだ！緊張してるな……。）

主査：はい、そうですね。では、Zに対しての請求原因事実は何ですか？

——：はい。Xは現在本件土地を所有し

756

ている。本件土地上に本件建物が存在する。本件建物にZが現在居住している。となります。

主査：はい。（主査副査ともに小さく頷く。しかしここを機に、主査副査ともに無反応になりだす。）先ほどYに対しては賃貸借契約にもとづく請求をすると答えてもらいましたが、Zに対してはこれはできないのですか？

――：できません。

主査：なぜですか？

――：ZとXは契約関係にないからです。Zに対しては物権的請求のみ可能と考えます。

主査：はい。では、Zに対する請求の趣旨で、建物退去が出てきましたが、これはなぜ必要なのですか？

――：（やばい……掘らないでくれ……。）建物退去を入れないと執行官が強制できないので……。

主査：訴訟物はなんでしたっけ。

――：所有権にもとづく返還請求権としての土地明渡請求権です。

主査：土地明渡請求権なんですよね？なのになんで建物退去が必要になるのですか？

――：えーっと……。

主査：つまりですね、あなたの見解によれば建物退去を入れる理由は何になりますか？

――：（落ち着け自分！）はい。執行方法を請求の趣旨で明示しなければ強制できないという執行法上の制約があるため入れたに過ぎず、実体法上の請求権としてはあくまで土地明渡請求権であると考えます。

主査：はい。（副査がめっちゃメモをとる。これ間違ってても誘導してくれな

い部屋なのか……？）続いて、本件訴訟の審理中に、本件建物にAが居住するようになったことが分かったとします。Xの訴訟代理人Pとしては、どのような方法を取ることが考えられますか？

――：はい。Aに対して、引受承継の申立てを行います。

主査：はい。では、このような事態を防ぐために、Pとして事前に講じておくべき手段は何ですか？

――：はい。本件建物の占有が転々と移っては困りますので、占有移転禁止の仮処分をとっておくべきでした。

主査：はい。その占有移転禁止の仮処分は、どの範囲に効力が及ぶのですか？

――：（……は？）えーっと、本件建物……うーん、本件土地に及ぶと思います。

主査：うん、なぜですか？

――：転々と占有が移ったら困るのは建物ですが、建物の占有が移ることで究極的には土地の占有が移るのが困るので……土地だと考えます。

主査：うーん。でもさ、それだと本件土地がすごく広くて、その中にポツーンと建物があるような場合にも、土地全体に効力が及ぶことになるのかな？

――：あー……、いえ、やはりそのような不都合が生じると思いますので、あくまで建物の範囲で効力が及ぶと考えます。

主査：うん。では、Aのことは忘れてもらって、本件建物にはZと共にその家族が住んでいたとします。このような場合に、Z以外の家族に

757

第6部 口述試験について

も訴訟を提起する必要があります
か？

――：いえ、ありません。

主査：なぜですか？

――：えー……、同居人というか近親者で
すので……。

主査：このZの家族のような者たちを講
学上何というか知ってますか？

――：（講学上……!?）えー……近親者と
いいますか……身分関係上一体……
……。

主査：もし、Zと一緒に住んでるのが、
Zと全く関係ない人たちだったと
きは、その人たちにも訴訟提起必
要？

――：えー……その場合には必要だと思
うのですが……。

主査：なんでかな？

――：そのような者達は、単なる不法占
有者ですので……必要と考えま
す。

主査：うん。では、なんでZの家族なら
必要ないのかな？

――：えーーー……近親者というか……。
（ぶつぶつ答えながら15秒くらい
経過）

主査：うん、まあZの家族のようなZと
一体の者に対しては訴訟提起の必
要はないと考えられていますよね。
これに関する講学上の概念があり
ますので、勉強しておいてくださ
いね。

――：はい、すみません。（やべえ……答
えられないとは……。＊「占有補
助者」が回答のようです。）

主査：では、パネルをひっくり返してく
ださい。

【パネルの図②】

X → Y （代理人Q）
〔Yの言い分〕
　賃料を支払っていなかったことは
認める。支払っていない期間は3カ
月である。しかし、Xに相談したと
ころ、6カ月まで賃料の支払いを
待ってもらえるということだった。
　また、Xに賃料を支払おうとした
ところ、受け取りを拒否されたの
で、これを供託した。

主査：では、一応読みます。Yは、（事案
の説明）。
　それでは、Yの代理人Qとしては、
Yの言い分をもとにどのような抗
弁を主張しますか？

――：（また早い！ていうか供託とか……
……。）はい。えー……信頼関係を破
壊していない旨の抗弁と、供託の
……抗弁を主張します。

主査：はい。うーんと、もう1つないで
すか？

――：もう1つですか……。

主査：1段落目のとこに。

――：えー……賃料支払時期が6カ月延
期された……と主張します。

主査：そういうのを講学上なんと言いま
すかね？

――：（また講学上！）えーっと……。

主査：新たな合意がなされているんです
よね？

――：はい。……えっと、賃料支払時期
の新たな合意……。（15秒ほど経過）

主査：支払猶予、といいますかね？

――：（なるほど。てか講学上、ってわか
りづらいよ……。）あ！はい！すみ
ません、出てきませんでした。（副

758

第7章　平成29年

査、めっちゃメモをとる。）

主査：はい。まあ、支払猶予が抗弁にな
　　　ると。それで、先ほど信頼関係不
　　　破壊の話を出してくれましたが、
　　　その抗弁事実としては何が挙げら
　　　れますか？

――：はい。賃料不払いが３カ月であり
　　　短期間に過ぎないこと、また、X
　　　は６カ月の支払猶予を認めている
　　　ことから少なくとも半年の間は賃
　　　料不払いによって信頼関係が破壊
　　　されないこと、を主張します。

主査：はい。では、供託に関してですが、
　　　Yは賃料を支払いに行く際、不動
　　　産業者とともにタクシーを使って、
　　　X宅に訪れ、賃料を提供していま
　　　した。このような場合に、供託は
　　　抗弁になりますか？

――：えっ……（今突如事案付け加わっ
　　　たよな？）、すみません、もう一度
　　　よろしいでしょうか。

主査：（再度事案説明）

――：はい。その場合は抗弁にはならな
　　　……い？（自信なさげ。）

主査：うん。供託するとどうなるんでし
　　　たっけ？

――：債権者がそれを受領すれば、債務
　　　が消滅します……。

主査：ということは、Yが供託をすれば、
　　　それだけでXは解除が主張できな
　　　くなっちゃうんですかね？

――：いえ、供託しただけの段階では、
　　　Xは解除を主張できます。受領す
　　　れば解除は主張できなくなると思
　　　いますが……。

主査：うん。ということは解除の主張に
　　　対して、供託は独立の抗弁になる
　　　わけではないということでよろし
　　　いですかね？

――：はい！（わかったようなわからん
　　　ような。）

主査：それでは、Yの抗弁事実を証明す
　　　るために、弁護士Qとしては、ど
　　　のような証拠を集めようと考えま
　　　すか？

――：はい。タクシーを使ったとのこと
　　　ですので、その領収書。それとX
　　　方で支払猶予に関する書面や供託
　　　された賃料に関する書面のような、
　　　なにか書面を作成したのであれば、
　　　通常２通あるかと思いますので、
　　　それを集めます。それと……。

主査：不動産業者と行ったとのことです。

――：あ、それでしたら、不動産業者の
　　　人を証人とすることや、そのとき
　　　書面を作成したなら不動産業者が
　　　持っている可能性がありますので、
　　　それを収集します。

主査：うん。さっきタクシーの領収書と
　　　言ってくれたけど、普通領収書っ
　　　て金額とか時間とかしか書いてな
　　　いですよね。YのところからXの
　　　ところに行ったという事実を証明
　　　するための証拠として何かありま
　　　せんか？

――：えー……、うーん、運行の記録み
　　　たいなものがあれば……。

主査：それは誰が作っているものかな？

――：タクシー会社が有しているもので
　　　す。

主査：まあ、タクシー会社の乗務記録、
　　　を収集しますかね？

――：はい！

主査：はい。副査なにか？

副査：（首を横に振る。）

主査：それでは終わります。あ、パネル
　　　をひっくり返して元に戻しておい
　　　てもらえますかね。

759

第6部 口述試験について

──：はい。ありがとうございました。

感想

　主査が「そうですね。」とか正解を示す心証開示をしてくれず、誘導も割とわかりづらい人だったような気がします（前日の1日目民事でも1室の主査はわかりづらいと言われていました。主査が同じ人かはわかりませんが。）。口述試験は主査に依る部分が少なからずあると思います。私は民事が得意で刑事が苦手なのですが、本番では刑事はすんなり行き、民事がグダグダになりました。59は欲しいというのが感想です。

　口述のやりやすさはかなり主査に依ります。私自身、民事は得意で心配していなかったのですが、結果としては民事の方が心配です。本番では自分が思う以上に緊張しており、とっさに答えられるのは身に染みついている知識のみです。実体法（例えば今年の占有補助者）は範囲が膨大で、コスパが悪いです。昨年までの再現を見る限り、1〜2ヶ所答えられなくても合格するので、要件事実を絶対に守り、あとは優しい主査に当たることを祈りましょう。

第8章 平成30年

A氏
平成30年司法試験予備試験最終合格者

【テーマ】1日目
保証契約に基づく保証債務履行請求の実体法及び攻撃防御方法に関する諸問題、民事保全、証拠収集方法及び弁護士倫理上の諸問題

　　　　　　再現ドキュメント

――：失礼いたします。●●室●●番です。
主査：お座りください。
――：よろしくお願いいたします。
主査：では始めます。パネルの図を見てください。これから事案を説明しますので聞いてください。
【パネルの図・表】

【Xの言い分】
　平成●年●月●日、XはYに本件彫刻を売った（本件売買契約）。
　Yは、その際、「Z代理人Y」と署名して、保証契約書により本件売買契約の代金債務の保証契約をXと締結した。
　その際、Yは、Xに対し、平成●年●月●日付でYに代理権を授与する旨のZの委任状と、Zの印鑑登録証明書を示した。

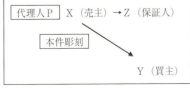

主査：あなたはXの代理人Pとします。Xから相談を受けたPは、Zに対して訴訟を提起することになりました。この場合の訴訟物は何になると考えられますか。
――：保証契約に基づく保証債務履行請求権です。
主査：では、その請求原因は何ですか。遅延損害金などの附帯請求は除きます。
――：えーと……。(1)Xは、Yに対して、平成○年○月○日、本件彫刻を代金200万円で売った。(2)平成○月○日は到来した。そして、保証契約は……、あれ……代理人がZで……いや、Yで……（代理契約について、しばらく混乱）。
主査：（ある程度、答えが出揃った時点で）では、整理してみましょう。主債務の発生原因はいま言ってくれたもので、では法律行為は？
――：はい。(3)XとYは、平成○年○月○日、先ほどの売買契約の代金債務につきZが保証する旨、合意した。
主査：他の要件はどうですか。
――：はい。顕名について、(4)保証契約についての合意の際、YはZのためにする旨を示した。そして、代理権授与として、(5)Zは、Yに対して、平成○年○月○日、代理権を授与した、となります。
主査：それから、さっき言っていたように、その契約が書面でなされたと

第6部 口述試験について

いう要件ですね。
——：はい。
主査：一点確認ですが、先程、代金債務の支払期限を指摘していましたが、この点は請求原因で述べるべき事実でしょうか。
——：あ、いえ、抗弁で主張する事実でした。撤回します。
主査：では、この事案で、Ｚにはほとんどめぼしい財産がなく、Ｚの財産としては、高価な絵画１点のみであることがわかりました。この場合、Ｐとしては、どのような法的手段を講じておくべきですか。
——：今回は金銭債務が問題になっているので、その絵画について仮差押えを申し立てます。
主査：はい。ではパネルを裏返してください。事例が変わりますので、またパネルを見ながら聞いてください。

【パネルの図・裏（上段）】

【Ｚの言い分】
　ＺはＸと面識はないし、Ｘから連絡を受けたこともない。
　Ｚは、Ｙに対して、Ｘ所有の本件彫刻とは別個の、Ａ所有の彫刻をＹが購入するときの代金債務を保証する趣旨で、「彫刻の売買代金の保証契約締結」を委任事項とした委任状をＹに交付している。また、ＹがＸに示した印鑑登録証明書は、日付が１年前のものだった。
　Ｘは、Ｙに対して、平成●年●月●日、「この間の200万円はなかったことにする」旨を述べている。

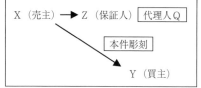

主査：あなたは、Ｚの代理人Ｑとします。Ｑとしては、Ｚから聴取した事情から、請求原因に対する抗弁として何を主張できますか。
——：ＺがＹに代理権を授与していなかったことはいえると思います。
主査：それは抗弁になりますか。
——：あ、いえ、代理権授与に対する否認になります。Ｘは、Ｙに対し、平成○年○月○日、先程の売買契約に基づく代金債務を免除する旨の意思表示をした、となります。
主査：その事実が抗弁となる理由は何ですか。
——：主債務である代金債務と、ＺがＸに対して負う保証債務は附従性があり、主債務が免除により消滅すれば保証債務も消滅するからです。
主査：附従性ゆえにということですね。
——：はい。
主査：では、今度は、Ｘが有権代理の主張をしてきたのに対して、Ｚがこれを否認したところ、Ｘが110条の表見代理の主張をしてきたとします。
　ここで、民法110条の条文を見てみましょう。法文を開いて条文を探してください。
——：はい。（30秒ほどかかる）見つかりました。
主査：条文を読み上げてください。
——：はい。「前条第１項本文の規定は、代理人がその権限外の行為をした場合において、第三者が代理人の権限があると信ずべき正当な理由があるときについて準用する。」とあります。
主査：そうですね。ここでの「正当な理

由」のような、裁判所の法的判断を要する要件のことを、一般になんと言いますか。
——：規範的要件です。
主査：はい。では、代理権があったと信じたことに正当な理由があったという方向に傾く事実のことをなんと言いますか。
——：代理権があったと信じたことについての正当な理由に対する評価根拠事実です。
主査：それでは、それとは逆方向の事実をなんと言いますか。
——：評価障害事実です。
主査：はい。それでは、本件で、Qとしてはどのような事実を評価障害事実として主張できますか。
——：はい……。書いてある順に、忘れないうちに申し上げますが、最初の方で、ZはXと面識もないし、連絡を取ったことがないとされています。このことから、Xは、Zに対して、代理権授与の件について特に問い合わせはしていないことがわかります。
　　次に、Zは、あくまでA所有の彫刻の売買代金の保証についてのみ代理権をYに授与しており、本件絵画の売買代金の保証については代理権をYに与えていません。
主査：代理権授与というのは法的評価なんだけど……。着眼点はいいんだけど。
——：はい……。
主査：本件で、YがXに示した委任状はどうなっているかな。
——：あ、委任状には彫刻の売買につきとのみ書かれており、本件彫刻の売買ということは一言も書かれて

いません。
主査：はい。
——：それから、その委任状と一緒に示された印鑑証明の日付が1年前のもので古く……、そうですね、古いものだから怪しむべきだったのだと考えます。
主査：では、少し事例を付け加えます。本件で、XのYに対する債務免除の意思表示の現場に立ち会ったBという人物がいたことがわかりました。Qとしては、このBの知る事実を証拠化したいと考えています。しかし、Bは、海外に転勤してしまい、数ヶ月は帰国する予定はありません。このとき、Qとしては、直ちにこれを証拠化する手段としてどのようなことが考えられますか。
——：えー、証拠保全の手続を用いて……Bに供述書を作ってもらい、これを裁判所に提出して書証として取り調べてもらいます。
主査：なるほどね。民事では供述書とあまり言わないのだけど。
——：あー、陳述書でした。B作成の陳述書なり、QがBの陳述を聞いて作成する陳述録取書なりを提出します。
主査：他の方法はあるかな？　まあ、証拠保全という言葉が出てきたから勉強していると思うんだけど……。
——：あ、証拠保全の手続で、外国の裁判所にBの証人尋問を依頼することも考えられます……。
主査：それだと時間がかかっちゃうんだよね。証拠保全手続で、裁判所外で証人尋問をします。
——：はい……。

第6部 口述試験について

主査：では、最後の質問になります。事案を読み上げるのでパネルの下段を見てください。

【パネルの図・裏（下段）】

> Z「この度のYの行為は許しがたいが、今回の訴訟では証拠が共通することもあるので、QがYの代理人にもなってもらいたい。」
> Y「この度のことは、Zにはとてもすまないと思っている。Zのためにも、Qには代理人になってもらいたい。」

主査：この場合、QとしてはYZの依頼を受けることができるかどうか、弁護士職務基本規程上はどうなっているのか条文を見ましょうという問題なのですが、Qとしてはどのような点に注意する必要がありますか。

──：現時点ではYとZは利害が一致していますが、将来的には両者に利害対立が生じうる点が問題になると思います。

主査：具体的には、どのようなことが考えられますか。

──：はい、えーと……本件の場合ということですよね……。どちらか一方が夜逃げして、という問題があるかと思います。

主査：実体法的にはどうなるかな？

──：あ、ZがXに対する保証債務を履行すると、YZ間は求償関係に立ちます。

主査：そうですね。ではこれに関係する弁護士職務基本規程の条文を探してください。

──：はい……。32条が問題になると思います。

主査：他にありますか。

──：29条が一般規定になります。

主査：そのもう少し前で、そもそも受任できるかなんだけど。

──：あ、28条3号が問題になります。

主査：そうだね。でも、本件ではYZいずれも同意しているから……。

──：はい。同条ただし書で、「その依頼者及び他の依頼者のいずれもが同意」しているので、受任できます。

主査：そうですね。（副査に向かって）何かありますか？

副査：（首を横に振る。）

主査：では、以上で終わります。

──：ありがとうございました。

感想

　今回の予備試験は余力を残しつつ合格できたものだと考えています。司法試験受験に向けて余力は残っていると考えています。

　法科大学院の講義との兼ね合いがあるのでどこまで司法試験プロパーの勉強ができるかはわかりませんが、この勢いで来年の司法試験も合格できればと思います。

　民事実務を確認するいい機会なので、実りはあると思います。

第8章　平成30年

B氏

平成30年司法試験予備試験最終合格者

【テーマ】1日目
保証契約に基づく保証債務履行請求の実体法及び攻撃防御方法に関する諸問題、民事保全、証拠収集方法及び弁護士倫理上の諸問題

再現ドキュメント

（*は再現時に調べた内容や感想です。）
――：失礼いたします。●●室●●番です。
主査：お座りください。
――：よろしくお願いいたします。
主査：では始めます。パネルの図を見てください。これから事案を説明しますので聞いてください。

【パネルの図・表】

> 弁護士P
>
> X→Y　○年○月○日　売買
> 　　→Z　△年△月△日　代金支払期日
> 　　　　　□年□月□日　代金支払いなし
> (1) ○年○月○日、XはYに対し、～の彫刻（「本件彫刻」）を代金200万円で売った。その際、代金支払期日を△年△月△日と定めた。
> (2) Yは「Zの代理人Y」と署名して、Xとの間で200万円の代金支払債務を保証する契約（「本件保証契約」）を締結した。その際、Yは委任状と印鑑証明書を示した。
> (3) △年△月△日は、到来したが、Yは代金200万円を支払わない。

【パネルの図・裏（上段）】

> X→Y
> 　→Z　弁護士Q
>
> (1) Zは、Yに本件保証契約について代理権を与えていない。ZはXと面識もない。
> (2) Zは、Aとの全く別の彫刻の売買契約についての代理権を与えた。そして「彫刻についての代理権」の委任状を交付した。Yは、Zの実印で押印された委任状をもっていたが、印鑑証明書は1年前のものだった。
> (3) Xは、Yに、「200万円はもういいよ。」といった。

【パネルの図・裏（下段）】

> Y「Zには悪いことをした。」
> Z「Yのしたことには腹が立つが、協力したい。Yにもついてほしい。」

主査：Xから相談を受けた弁護士Pの立場で考えてください。遅延損害金は考えなくてよいです。XはYとZを共同被告に訴えを提起しようと考えています。
――：はい。
主査：Zに対する訴訟の訴訟物は何ですか。
――：保証契約に基づく保証債務履行請求権です。
主査：請求原因は何ですか。
――：（あ）XはYに対し、○年○月○日、本件彫刻を代金200万円で売った。（い）Yは、Xとの間で同日（あ）の債務を保証をするとの合意をした。（う）Yは（い）の際、Zのた

第6部　口述試験について

めにすることを示した。（え）Yは、
（い）の際、委任状と印鑑証明書
をXに示した。
（＊司法研修所編『改訂　紛争類型別の
要件事実』（法曹会、2006）（以下「類
型別」といいます。）41頁参照。また、
代理については、平成27年予備試験論
文式試験法律実務基礎科目（民事）設
問1(2)で問われています。）

主査：（え）は何の主張ですか。

――：表見代理の主張です。

主査：本件では「Z代理人Y」と書いて
ありますし、有権代理で考えてく
ださい。

――：わかりました。

主査：その場合はどうなりますか。

――：（え）Zは、Yに対し、（い）に先
立ち、（い）の保証契約を行うため
の代理権を授与した。

主査：他には？

――：（い）の保証契約は、書面による。

主査：そうですね。XとYですね。

――：はい。

主査：では、Zの財産状態が悪く、高級
絵画を持っていたとします。Pは
どうしますか。

――：仮差押の申立てをします。
（＊民事保全法20条1項。なお、平成
23年予備試験口述試験民事、平成27
年予備試験口述試験民事（2日目）、
平成28年予備試験口述試験民事（2日
目）、平成30年予備試験論文式試験法
律実務基礎科目（民事）設問1(1)でも
仮差押が問われています。）

主査：そうですね。動産の仮差押ですね。

――：はい。

主査：パネルを裏返してください。Xは、
民法109条と110条の主張を追加
しました。あなたは最初に言って
いましたが。まず、パネルを読み
上げます（パネル参照）。わかりま
したか。今度は、Zから相談を受

けたQの立場で考えてください。

――：はい。

主査：まず、Zの抗弁として何が考えら
れますか。

――：免除の抗弁です。
（＊司法研修所編『民事判決の起案の手
引（10訂版）』（2006、法曹会）の巻末
の記載例集25頁参照）

主査：それはどの債務についての免除で
すか。

――：売買代金支払債務です。

主査：それでもZの抗弁になりますか。

――：なります。

主査：なぜですか。

――：保証債務には付従性があるからで
す。
（＊類型別42頁参照。なお、成立におけ
る付従性については、平成23年予備試
験口述試験民事で問われています。）

主査：では、110条の主張をする場合の
規範的要件とその場合の主要事実
は何ですか。

――：規範的要件については、評価根拠
事実が……。

主査：まず、110条の規範的評価はなん
ですか。

――：「正当な理由」です。

主査：主要事実は？

――：評価を根拠付ける……。

主査：さっき言ってくれたけど、評価根
拠事実ということですか？

――：そうです。
（＊司法研修所編『新問題研究　要件
事実』（法曹会、2011）（以下「新問
研」といいます。）141頁参照）

主査：わかりました。では、Zから評価
障害事実として主張すべき事実は
ありますか。

――：まず、委任状が「彫刻の売買」と
なっており、本件彫刻の売買か分
からないので、信じた点に過失が

766

あります。次に、印鑑証明書が1
年前で、代理権授与と時間があい
ているので、不審事由があります。

主査：「彫刻」が抽象的ということですか。

――：はい。

主査：では、免除の主張についてですが。
　　　Xが否認しています。しかし、B
　　　が免除に立ち会っていたことがわ
　　　かりました。しかし、Bは海外出
　　　張の予定があり、その後数年間日
　　　本に帰ってこないことがわかりま
　　　した。Qとしてどうすべきですか。

――：証拠保全の申立てをします。
　　　（＊民訴法234条）

主査：裁判所が関与しない手段はありま
　　　すか。

――：陳述書を作って書証として提出し
　　　ます。
　　　（＊陳述書につき加藤新太郎編『民事訴
　　　訟実務の基礎（第3版）』（2013、弘文
　　　堂）解説編189頁参照）

主査：わかりました。では、パネルの下
　　　段をみてください（パネル参照）。
　　　問題となる弁護士職務基本規程の
　　　条文はわかりますか。

――：32条です。

主査：よく勉強されていますね。

――：ありがとうございます。

主査：ほかに問題となる条文はあります
　　　か。

――：42条とか、27条、28条とかですか
　　　ね。
　　　（＊平成23年予備試験口述試験刑事と、
　　　平成28年予備試験口述試験刑事（2日
　　　目）で共犯者の弁護が問われていま
　　　す。）

主査：では、条文を見てもいいので、ど
　　　れにあたるか答えてください。

――：はい。いずれも利益相反の条文で
　　　す。27条は事件の相手方が問題とな
　　　るので、28条が問題となると思いま

す（この間、条文を読む）。本件では、
28条3号が問題となります。

主査：条文を読んでください。

――：「依頼者の利益と他の依頼者の利
　　　益が相反する事件」です。

主査：本件にあてはめてください。

――：Zが敗訴して、金銭を支払った場
　　　合に、Yに求償するので利益が相
　　　反します。

主査：わかりました。以上です。

――：ありがとうございました。

感想

　保証債務履行請求と代理はいずれも予
想はしていましたが、両方が混ざること
は想定していませんでした。しかし、な
んとか対応できたと思います。

　そのほか、わからない点があっても、
とりあえず何か反応をしたら、向こうか
らも反応が返ってきたので、最後までた
どりつくことはできたと思います。

　時間がない方は、過去問をみることが
第一だと思います。次に要件事実を復習
し、訴訟物と関連付けて保全の手段もお
さえておけば、なんとかなると思います。
それ以外の分野は可処分時間との関係で、
上記に挙げた参考書や予備校の講座を利
用するとよいと思います。

　また、実際に話す訓練はしておくとよ
いと思います。模試も受けたほうがよい
と思います。

第6部 口述試験について

C氏

平成30年司法試験予備試験最終合格者

【テーマ】2日目
所有権に基づく不動産明渡請求訴訟における実体法及び攻撃防御方法に関する諸問題、立証方法、訴訟手続及び民事執行の諸問題

再現ドキュメント

―― ：失礼いたします。5室1番です。

主査：お座りください。

―― ：よろしくお願いいたします。

主査：では始めます。パネルの図を見てください。これから事案を説明しますので聞いてください。

【パネルの図】

> 平成28年にAは本件土地を所有していたが死亡し、登記はA名義のままになっていた。そしてAの子であるXが本件土地を相続した。
> 平成30年、相続したXが本件土地の様子を見に行くと、Aの古くからの友人Yが小屋を建てて占有していた。XはYが勝手に土地を使うのは許せないからなんとかしたいと考えている。
>
>   X → Y

主査：では今から事案を読みますので、パネルを見て一緒に読んでください。平成28年にAは本件土地を所有していたが死亡し、登記はA名義のままになっていた。そしてAの子であるXが本件土地を相続した。平成30年、相続したXが本件土地の様子を見に行くと、Aの古

くからの友人Yが小屋を建てて占有していた。XはYが勝手に土地を使うのは許せないからなんとかしたいと考えている。ここまでいいですか？

―― ：はい。

主査：Xの弁護士Pとしていかなる請求をすることが考えられますか。請求の趣旨を答えてください。

―― ：はい。被告は、原告に対し、本件土地を明け渡せ、です。

主査：はい。では訴訟物はどうなりますか。

―― ：所有権に基づく返還請求権としての土地明渡請求権1個です。

主査：はい。請求原因を教えてください。

―― ：Aは平成28年本件土地を所有していた、Aは死亡した、XはAの子である、Yが本件土地を占有している、です。

主査：はい、本件事案ではそうなるんですが、一般的な要件事実でいうと？

―― ：あ、はい。Xが本件土地を所有していること、Yが占有していること、です。

主査：はい。では突然ですが、ここで、Yに訴状を送達した時点でYが死亡したとします。どのような手続をしますか？

―― ：はい、えっと……死亡したので相続人に通知して……引き受け？

主査：引受なんですかね。

―― ：いえ、包括承継なので、そのまま被告の地位が受け継がれるので、えっと、条文見てもよろしいですか？

主査：まあ、いいですけどね。どの辺ですかね？　前の方なんですかね。

―― ：失礼します。……（見つからない）前の方だったかと……。あ、えっと……（諦めて閉じる）。

主査：死亡した後そのまま訴訟って進行するんですか？

──：中断します。あ、受継の申立てです！

主査：そうですね（にっこり）。誰に申立てをするんですか？

──：裁判所に対してです。

主査：はい。ではYが死亡したのは忘れてもらって、生きていたとします。そしてYは争うつもりがなく、請求認容の判決が確定し、執行文も付与されました。この後どんな手続が行われますか？

──：執行文は付与されているんですよね。そうなりますと、執行官が本件土地に行ってYの占有を排除してXに占有を取得させる方法で強制執行をすると思います。

主査：はい、強制執行ですね。

──：あ、はい。

主査：では、今執行官とおっしゃいましたけど、どこに強制執行を求めるんですか？

──：執行裁判所です。

主査：執行裁判所なんですけど、どこの裁判所の系列に属していますか？

──：え、どこに？

主査：高裁？　最高裁？

──：高裁？

主査：高裁かなあ？

──：うーん、家裁？

主査：家裁かなあ？　執行裁判所って全国津々浦々にあって申立てできるんだよね？

──：あ、地裁です！

主査：そうですね。じゃあ、本件土地の強制執行を申し立てるとして、どこの執行裁判所に申し立てるのかな？　被告のいるところ？

──：本件では、本件土地がある場所の

管轄をもつ地裁に申し立てると思います。

主査：はい。では裏をめくってください。また読むので、一緒に読んでくださいね。

Yは20年以上前に友人Aから本件土地を10万円で買った。そのあとその土地に建物を建てている。またAとは古くからの友人で、この付近の山間部では土地の登記が行われないのが通常であるから特に登記は移さなかった。本件土地は価値もほとんどなく、固定資産税がほぼかからない土地であった。Yはこのように主張しています。ここまでいいですか？

──：はい、大丈夫です。

主査：Yとしてはどのような抗弁が考えられますか。

──：時効取得の抗弁が考えられると思います。

主査：もう1つないですかね？

──：もう1つですか……。あ、売買契約による所有権喪失の抗弁もあります。

主査：そうですね。では、時効取得の抗弁をYが主張した場合の要件事実を教えてください。

──：はい。20年の長期取得時効なので、ある時点でYが占有を開始したこと、その時点から20年が経過したこと、時効援用の意思表示をしたことです。

主査：うん、2つ目をもう1回正確に言ってみて。

──：あ、20年が経過した時点で占有していたことです！

主査：はい。占有と占有になりますね。では、Xとしてはどういった再抗弁が考えられますか？

──：占有開始時に所有の意思がなかった

第6部　口述試験について

ということを主張すると思います。

主査：それはどういう抗弁かな？

――：そもそも時効取得の実体要件として「所有の意思をもって」ということが必要になるんですけど、186条1項によって「所有の意思をもって」は推定されるので、Xの側に所有の意思がないことを主張立証する責任が転換されています。なので再抗弁となります。

主査：うん、そうだね。それってなんて抗弁？

――：あ、他主占有権原と他主占有事情の抗弁です。

主査：そうですね。では、本件だと登記を移していないから所有の意思がないんじゃないかとXから言われると思うんだけど、これに対してなんて反論しますか？

――：はい。まず、AとYは旧知の友人だったのでそのような形式ばったことはしなかった、ということと、固定資産税がほとんどかからない土地でA名義のままでもAに迷惑がかからないということが考えられると思います。

主査：うん。あともう1つくらい出るといいな。

――：あとは、山間部でいちいち登記をしないのが普通だったということも言えると思います。

主査：そうですね、そういう慣習があったらしいですね。

――：はい。（なにか間に聞かれた気もしますが忘れました。）

主査：では、本件でYが土地の上に建物を建て始めているということだったのですけど、事前にXとして、しておくことはなんですか？

――：はい、保全処分の申立てをします。

主査：どんな保全処分かな？

――：占有移転禁止の仮処分……移転したいわけじゃないんですよね……。

主査：そうなんだよね。占有移転する気はないんですよね。

――：ですよね。でも登記の保全でもないと思うので、処分禁止の仮処分でもないですよね。

主査：そうですねえ。Xとしてはどうなったら困るの？

――：これ以上建物を建ててほしくないので……差止め？　するんですかね。

主査：うん、差し止めたいよね。それってなんて保全？

――：なんて……。差止めの仮処分？

主査：保全って2つあるよね。

――：仮差押えと、係争物に関する仮処分ですか……。

主査：今回は係争物に関するじゃないんだけどね。家に帰ったら勉強しておいてくださいね。

――：はい。ありがとうございました。

感想

　要件事実は典型でひねりが特になかったため、正確にすらすらと答えられて良かったと思います。ただ、執行保全の知識不足を露呈してしまったところが失敗した点だと思います。刑事よりは誘導にも対応できたと思うので、全体的な感触は良かったです。とにかく類型別を完璧にして要件事実や訴訟物で詰まらないようにすることが基準点をとるのに必須だと思います。執行保全は2週間あれば最低限のことは何とかなりますが、民法民訴の論点や知識はいかに実体法を理解できているかということが大事なんだなと痛感しました。2週間で詰めるとはいえ、日頃からの積み重ねが大事な試験であるということを、身をもって感じました。

第8章　平成30年

D氏

平成30年司法試験予備試験最終合格者

【テーマ】2日目
所有権に基づく不動産明渡請求訴訟にお
ける実体法及び攻撃防御方法に関する諸
問題、立証方法、訴訟手続及び民事執行
の諸問題

再現ドキュメント

――：失礼いたします。15室8番です。

主査：お座りください。

――：よろしくお願いいたします。

主査：では、これから事案についてお聞
　　　きしますが、回答する際には、金
　　　銭的な請求については検討する必
　　　要はありません。物に対する請求
　　　のみを考えてください。

――：はい。（代償請求とかはいらないっ
　　　てことか。）

主査：では、パネルを見てください。あ
　　　なたは弁護士Pだとして、Xから
　　　このような依頼を受けました。こ
　　　れから依頼内容を読み上げますね。

【パネルの図・表】

> 【Xの依頼内容】
> 1　私は、亡き父親であるAから相続に
> 　より本件土地を取得しましたが、登記
> 　名義はA名義のままです。
> 2　私は、本件土地を使うために下見に
> 　行ったところ、見知らぬYが木材を置
> 　くなどして本件土地を無断で使用して
> 　いました。
> 3　私は本件土地に建物を建ててこれか
> 　ら使用したいと考えているので、Yが
> 　無断使用していて困っています。

```
┌─────────────────┐
│    本 件 土 地    │
└─────────────────┘
```
※登記名義はAのままである。

主査：では、今回Pとしては、Xの依頼
　　　内容を実現するために訴えを提起
　　　しようと考えています。このとき、
　　　請求の趣旨は何になりますか。

――：はい。請求の趣旨は、被告は、原
　　　告に対し、本件土地を明け渡せ、
　　　となります。

主査：はい。では、今回の訴訟物は何に
　　　なりますか。

――：今回の訴訟物は、所有権に基づく
　　　返還請求権としての土地明渡請求
　　　権です。

主査：そうですね。では、今回のような
　　　訴訟物の請求原因は、一般的なも
　　　のとしては、どのようになります
　　　か。

――：一般的なものとしては、原告の現
　　　在所有と、被告の現在占有です。

主査：そうですね。では、今回Pは訴え
　　　を提起したのですが、その際にY
　　　が新しく重機を持ち込んだりして、
　　　住居を建てようとしています。こ
　　　の際、Pとしてはどのような手段
　　　を採りますか。

――：この場合は……Yが新たに物を運
　　　び込まないようにする手段を採り
　　　ます。（普通の占有移転禁止の仮処
　　　分じゃないぞ……。え、仮地位か
　　　な……。）

主査：うん、そうなんだけど、それを法
　　　的に言うと？

――：ええと……保全の手段だとは思う
　　　のですが……。

主査：うんうん、そうですよね。具体的

771

第6部 口述試験について

には？

──：ええと、新しく重機を運び込もうとしているので、占有移転禁止の仮処分をします。（いいや、とりあえず何か答えよう。）

主査：うーん、でもＹはもう木材を置いているんですよね？

──：はい、すでに木材を置いてはいますが、他者の重機を置こうとすることは他者の占有が含まれることになるので、Ｙに対する債務名義だけでは占有を完全に排除できなくなります。そのため、占有移転禁止の仮処分をする必要があると考えます。（とりあえず思考過程を示そう……。あ、副査頷いてるけど何かメモしてる……。この時点では建物を建てようとしていることを失念しています。）

主査：確かに重機は会社のものなんだけれど、今回Ｙは何をしようとしていますか。

──：今回は……。

主査：あ、パネルではなくでね？　今回建物を建てようとしているんだけれど、それはどう？

──：ええと、それは禁ずる必要があります……。

主査：それは保全だとどれを使うかな、大きく分けて３つ種類があったと思うんだけれど。

──：……非金銭債権ですので、仮地位……仮地位の仮処分を申し立てます。

主査：そうですね、仮地位の仮処分を申し立てますね。では、その保全の申立てはどの裁判所にしますか。

──：本件土地が……。すみません、ど

こにあるかはわからないのですが。

主査：あ、大丈夫ですよ、場所は。

──：はい。本件土地のある場所を管轄する地方裁判所です。

主査：そうですね。では保全の話は置いておいて、今回Ｙに対して訴状が送達されたんですが、その後Ｙが死亡して、Ｙには弁護士もまだいませんでした。この場合、Ｐは何をしますか。

──：ええと……、今回Ｙには相続人がいるはずなので、相続人に対して、訴訟を引き継ぐように申し立てると考えます。

主査：うんうん、それなんていうのかな？

──：……当然承継ですので……訴訟引受け……。（絶対違う……）

主査：うーん、Ｙが死んだら手続ってどうなる？

──：中断します。

主査：うん。その中断とセットになるのって？

──：あ！　再開です！

主査：ううん（主査、副査、少し笑う。）。受け継ぐを音読みすると……。

──：受け継ぐ……じゅ……受継……ですか？

主査：そうそう、受継の申立てですね。

──：（頷く）

主査：では、次はＹが死んでいないとして、この裁判の口頭弁論期日にＹが欠席したことで、口頭弁論が終結し、Ｘの勝訴で判決が確定しました。その後、Ｐは何をしますか。

──：はい。確定判決が債務名義になるので、執行文の付与を求めます。

主査：うん。執行文を受けて、それで？

──：その債務名義と執行文の付与に

よって、直接強制の方法で強制執
行をします。

主査：強制執行の申立てをする、という
ことですね。

──：はい。

主査：じゃあ、パネルを裏にしてもらっ
て、今回Ｙは欠席していないとし
て、Ｑに依頼して反論を考えてい
ます。依頼の内容を読みますね。

【パネルの図・裏】

【Ｙの依頼内容】
1　私は、生前のＡから 20 年以上も前
に、本件土地を 200 万円で買って、今
使っています。
2　移転登記はしていません。でも、そ
れはこの辺の山間地では珍しくないこ
となんです。しかも、本件土地は評価
価値が低く、固定資産税を支払う必要
はない土地ですので、私は支払ってい
ません。
3　ですから、本件土地は私のもので
あって、何も問題ないはずです。それ
なのにＸが急に文句を言ってきていて
困っています。

本　件　土　地

※登記名義はＡのままである。

主査：この場合、Ｑとしては、どのよう
な抗弁をすることが考えられます
か。

──：Ｑとしては、売買契約による所有
権喪失の抗弁と、時効取得による
所有権喪失の抗弁が考えられます。
（副査頷く。承継取得も原始取得
も言った方がいいよ……順番気
をつけよ）

主査：はい。では売買契約は置いてお

て、時効取得に基づく抗弁ですが、
一般的にはこの抗弁を基礎づける
事実として何が必要ですか。

──：ある地点における占有と、そこか
ら 20 年経過時点における占有と、
援用の意思表示が必要です。

主査：そうですね。Ｙの占有ということ
ですよね。

──：はい。

主査：では、今回Ｑとして、20 年前の占
有を証明したいのですが、ＡとＹ
の間では売買契約書を作成しませ
んでした。この場合、Ｑはどのよ
うな証拠によって、占有の事実を
証明しますか。

──：まず、この売買契約について、Ｙ
のメモ書きや手帳で売買契約の予
定のメモがあれば、それを書証と
して証拠調べ請求します。

主査：うん。他には何かありますか？

──：他には、木材を置いていたこと
を目撃した者や、売買契約時に
立ち会った者か、Ｙから売買契
約について話を聞かされていた
者がいれば、人証として証拠調
べ請求をします。（立ち会った者
と言ったときに、主査と副査が
頷いたような気がします。）

主査：そうですね。他には何かあります
か？

──：他には……今回は売買契約が 200
万円という高額でされていて領収
書がありそうですので、領収書が
あればそれも書証として証拠調べ
請求します。

主査：そうですね。では次に、Ｐ側とし
てはどのような再抗弁が考えられ
ますか。

──：Ｐ側としては、他主占有事情の再

773

第6部　口述試験について

抗弁が考えられます。

主査：その他主占有事情の再抗弁は、実体法上の時効取得の要件でいうと、どの要件についての再抗弁ですか。

――：所有の意思をもって、という要件です。

主査：うん。では、この要件について、判例は何と言っていますか。

――：はい。判例は、通常するはずの移転登記や固定資産税の支払いがない場合には、所有の意思がないという方向に傾くと考えていますが、これのみで決定されるわけではないと言っています。

主査：うん、その前に、この要件って内心についての要件だと思うのですが、これって主観的な事情から判断されますか。

――：いえ、外形的に判断されます。

主査：外形的客観的に判断されるんですよね。では、今回Pは移転登記をしていないことを主張してくると思うのですが、これに対してQはどのように反論しますか。

――：Qとしては、本件土地の存在する山間部では、移転登記をしないことが珍しくないとありますので、通常移転登記するはずという一般論が、この山間部では妥当しないと反論します。（副査頷く。）

主査：そうですね。では、他にはどうですか。

――：他には、固定資産税を支払っていないとありますが、これは評価額が低く、固定資産税を支払う必要がなかったので、支払っていないことが所有の意思を否定することにはならないと反論します。

主査：んー、固定資産税って払っていな

いんだっけ？

――：ええと……いえ、評価額が低く、固定資産税を払う必要がないです。

主査：うん、そうすると移転登記との関係ではどうかな？

――：移転登記との関係では……所有の意思を否定しない、となるかと……。

主査：支払う必要がないから、移転登記をする必要がなかった、ということですね。

――：はい。（しまった、そうだ固定資産税って名義人に請求されるんだったっけ……あー）

主査：では、以上で質問を終わります。お疲れさまでした。

副査：あ、パネルを元に戻しておいてくださいね。

――：はい。ありがとうございました。失礼いたします。

感想

　私は1日目の刑事で大失敗してしまって、2日目のプレッシャーが本当に苦しかったです。しかも、当日は午後の8番で待ち時間が長く、精神的にも本当に疲れました。知識を確認することよりも、緊張しすぎて実力が出せないことのないように、落ち着くことを第一に考えて待ち時間を過ごしていました。

　民事は主査、副査ともに非常に雰囲気の柔らかい方で、それもあって落ち着いて、沈黙が生まれてもいいから、落ち着いて頭を整理して話せるように気を付けました。内容としては、保全で今まで出ていなかった仮地位仮保全が出たことや、手続で弁論や証拠以外について聞かれた

ことは、予想外で焦りましたが、わからないことよりも自分の理解がどこまであるのかを示せるようにする方が大事と思い、とにかく考えを踏まえて会話するようにしました。

　民事は周りの話を聞いても、主査や副査の雰囲気も誘導も優しく丁寧な印象を持った人が多かったです。

　民事はまず要件事実を確実におさえるべきです。ここについてはどの受験生も対策してくるので、特にメジャーな要件事実で詰まると苦しいところです。また、最近は2日間のうち必ず1日は保全が聞かれているので、執行保全の知識を入れることは必須です。これは深い知識はいらず、最低限要件、メジャーな手段、執行方法、効力を押さえるのでも大丈夫です。今回管轄が聞かれましたが、個人的にはこの回答に詰まっても合格が遠のくことはないと思います。

　口述試験は、論文試験を乗り越えた合格者の中で行われる試験な上に、膨大な知識量、口頭という緊張感、119点という合格ラインの高い印象、最終試験なのに落ちたらもう一度最初から……というプレッシャー等々、精神的に本当にしんどい試験です。私も最後の一週間は緊張による吐き気と闘いながら、泣きながら勉強していました。ですが、口述試験は受からせるための試験です。論文に合格するだけの実力も証明されています。しかも基本的な事項をしっかりと押さえれば、そこから考えることの方が重要と思います。精神的な辛さはみんな一緒と思って、自分を信じて精神維持することも大事だと思います。また、不安な人は論文の合格発表前から準備を進めておくと精神的にも勉強量的にも少し楽です。私もロースクールの授業が忙しくなることを見越して、9月の頭から過去問を用いての友人との実践練習と、大島本をできるだけ回しておくようにしました。

第6部　口述試験について

第9章　令和元年

A氏

令和元年司法試験予備試験最終合格者

【テーマ】1日目
賃貸借契約の終了等に基づく不動産明渡
請求事案における実体法ないし攻撃防御
方法に関する諸問題，民事保全，弁護士
倫理上の諸問題

再現ドキュメント

【パネルの図】

> 【表】
> 　XがYに建物を賃貸し、YがそれをZ
> に転貸する図。
>
> 【裏】
> 　ZはYの叔父、支払いしっかりして
> る、ZはYの従業員、X支払いちゃん
> とするなら転貸借承諾、Y敷金Xに渡
> す。
> 　X自救行為する旨弁護士に伝える。

――：失礼します。よろしくお願いしま
　　　す。
主査：どうぞ。
――：失礼します。（ニコリともしないな
　　　……。怖そう……。）
主査：パネルを見てください。事案を読
　　　むのでよく聞いてくださいね。X
　　　はYと賃貸借契約を結び建物を賃

貸しました。Yは無断でZに建物
を転貸しました。（転貸借の事例。
詳細失念しました）。本件で何が問
題になりますか？
――：転貸借による解除が問題になりま
　　　す。
主査：解除を法律的に言うと？
――：えー、解除とは……。（遮られる。
　　　何を聞いているんだ？）
主査：えー、主張方法というか、解除の
　　　……？
――：あ！　解除の意思表示です。（そ
　　　ういうことか。）
主査：そうですね。では、Y、Zに対す
　　　る訴訟物を教えてください。
――：Yに対しては、「賃貸借契約に基づ
　　　く建物返還請求権」、Zに対しては
　　　「所有権に基づく返還請求権とし
　　　ての建物引渡請求権」です。
主査：えーと、賃貸借契約に基づく……
　　　なんて言いましたっけ？
――：えー、賃貸借契約に基づく目的物
　　　返還請求権としての……。（遮られ
　　　る。言ってなかったっけ？）
主査：はい。そうですね。では、Yに対
　　　する請求原因事実を教えてくださ
　　　い。
――：はい。
　　　Xは、令和……月に、Yと本件建
　　　物を賃料月額……円で賃貸するこ
　　　とを合意した。
　　　Xは上記契約に基づく本件建物を
　　　引き渡した。

Ｙは、令和……月に、Ｚに本件建
　物を転貸した。
　　Ｚは本件建物の引渡しを受け、使
　用した。
　　Ｘは、賃貸借契約を解除した。
　となります。

主査：えー、ＹＺ間の転貸借契約の賃料
　　　額が抜けていましたね。まあいい
　　　でしょう。
　　　では、Ｚが本件建物を第三者に引
　　　き渡そうとしています。Ｘの依頼
　　　を受けた弁護士として何か講ずべ
　　　き手段はありますか？

――：本件建物に対する占有移転禁止の
　　　仮処分を申し立てます。

主査：うん。そうだね。仮に引き渡して
　　　しまったときはどうするの？

――：引受承継を申し立てます。

主査：うん。じゃあ、二つの手段の関係
　　　を説明してくれる？

――：えーと……、口頭弁論終結前に第
　　　三者に引き渡してしまったときは
　　　訴訟引受けの申立てをして、口頭
　　　弁論終結後の場合は占有移転禁止
　　　の申立てをします……。ん？　終
　　　結後は承継執行文の付与を求める
　　　ことができるから……。（なに聞か
　　　れてるのかわからない……。答え
　　　ながら自分が何を言っているのか
　　　わからなくなる。）

主査：えーと、口頭弁論終結前後で分け
　　　るのかな？

――：あ、口頭弁論終結前は引受承継の
　　　申立てで、口頭弁論終結後の第三
　　　者には既判力が及び強制執行可能
　　　なので、えーと、占有移転禁止の
　　　仮処分も口頭弁論終結前の第三者
　　　の場合です。

主査：うん。まあ、口頭弁論終結前に第

三者に引き渡した場合、訴訟引受
けと占有移転禁止の仮処分という
二つの手段があるんだよね。引受
けだけではなくてね。

――：はい。（あ、そういうことか。まとめ
　　　られちゃった。）

主査：じゃあ、パネル裏返して。
　　　あなたはＹに依頼を受けた弁護士
　　　です。抗弁として何を主張するこ
　　　とが考えられますか？（副査敷金
　　　の同時履行を答えかけた時何か
　　　チェックする。）

――：背信的行為に当たらない特段の事
　　　情を抗弁として主張することが考
　　　えられます。及び……敷金請求権
　　　による同時履行の……いえ、失礼
　　　しました。これは抗弁にはなりま
　　　せん。

主査：うん。ほかに何かある？　Ｘは転
　　　貸借を容認しているように見える
　　　けど……

――：えー、転貸借の承認の抗弁も考え
　　　られますが、承認は転貸借以前に
　　　必要であるため、抗弁には当たら
　　　ないと考えます。（あれ？　事後承
　　　諾でもいいんだっけ？　どっち
　　　だ？）

主査：んー、でも、Ｘは転貸借別にいい
　　　よって言ってるんだからいいん
　　　じゃない？（真顔で）

――：確かに事後承認であっても、転貸
　　　借を追認することで、さかのぼっ
　　　て有効になると考えます。（誘導か
　　　な。乗っておこう。）

主査：うん。えーと、じゃあ非背信性の
　　　抗弁では何を主張するの？

――：非背信性を基礎づける評価根拠事
　　　実を主張します。

主査：うん。本件ではどうなる？

第6部　口述試験について

―：ZはYの叔父である。Yは賃料の支払いを怠ったことはない。賃料未払いがないなら転貸借してもよいとXが述べた。あとは……ZはYの従業員である、です。

主査：ZがYの従業員である事実は抗弁に当たる？　抗弁と両立しないと思うけど……。

―：えーと……。（3秒沈黙）ZはYの占有補助者に過ぎないという主張であって、YとZの一体性を基礎づける事実として抗弁になると考えます。（あれ？　抗弁事実になんないの？）

主査：んー、でもそれは、転貸借という事実とは両立しないよね。

―：あ、はい。（よくわからないが。）

主査：じゃあ、今までのをまとめて主張してみて。

―：はい。ZはYの叔父である。Yは賃料の支払いを怠ったことはない。賃料未払いがないなら転貸借してもよいとXが述べた。
そしてZがYの従業員であるという事実はYZ間の転貸借という事実と両立しないためZがYの従業員であるという事実は抗弁事実には当たりません。（げ、よくわからないけど、とりあえず主査の言ったことを言っておこう。）

主査：うん。まあいいでしょう。従業員である事実を証明するため提出すべき書面としてはどのようなものが考えられますか？

―：えーと、戸籍や、従業員となる際の契約書が考えられます。

主査：戸籍はなぜ必要なのですか？

―：YとZが親族関係にあることを示すためです。

主査：えー、今は従業員であることを示すために必要な書面を考えてください。

―：はい。契約書以外には、えー、お客さんがZが従業員として働くことを目撃した旨の陳述書や、Zが退社した際の会社から発せられる書面が考えられます。（あ、そうだった。）

主査：うん。先ほど言いかけましたが、敷金について抗弁とはならないのはなぜですか？

―：敷金返還請求権は建物明渡し時に生じるもので、建物の明渡しと同時履行の関係には立たず、先履行の関係にあるからです。

主査：うん。じゃあ、パネルの下の方を見てください。（Xが自救行為する旨弁護士に報告する記載）この場合、弁護士としてどのように対応すべきですか。

―：そのような行為をやめる旨をXに伝えるべきです。

主査：それはなぜですか。

―：民事訴訟において、自救行為は禁止されており、これを認める旨Xに伝えることは違法行為の助長に当たるからです。

副査：（「違法行為の助長」でチェックする。）

主査：はい。ではこの場合、弁護士としてXに意見を伝える際、どのような方法をとることが考えられますか？

―：えーと……、どのような方法……。（何を聞かれてるんだ……？）

主査：のちに問題にならないよう何か証拠として残す必要がありませんか？

第9章　令和元年

――：えー、Xとの会話を録音したり、
　　　Xに意見を伝えた旨の書面を作成
　　　し署名押印してもらう方法が考え
　　　られます。
主査：うん。まあ押印まで求めるのは難
　　　しいでしょうけどね（笑）。一般的
　　　には電子メールが考えられますね。
――：はい。（初めて笑った。なるほど。）
主査：（副査に）何かありますか？
副査：（首を横に振る。）
主査：以上で終わります。
――：ありがとうございました。
主査：あ、パネルを元に戻しといて。
――：はい。失礼します。

感想
　模試のようにいきませんでした。事案
が全然頭に入らず、焦ってしまいました。
落ちたら納得、受かればこれでも受かる
のかという出来でした。
　大島本を読みこむのが大事です。泥舟
に乗らないよう自身の見解をしっかり確
立させることが大切です。

779

第6部 口述試験について

B氏
令和元年司法試験予備試験最終合格者

【テーマ】1日目
賃貸借契約の終了等に基づく不動産明渡請求事案における実体法ないし攻撃防御方法に関する諸問題、民事保全、弁護士倫理上の諸問題

再現ドキュメント

―― ：失礼致します。15室4番です。
主査：お座りください。
―― ：よろしくお願いいたします。
主査：では、始めます。パネルの図を見てください。これから事案を説明しますので聞いてください。

【パネルの図】

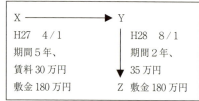

主査：Xは平成27年4月1日、所有していた事業用建物（本件建物）をYに対し、賃貸期間5年、賃料月額30万円、敷金180万円の約定で賃貸し、同日本件建物を引き渡した。これが本件賃貸借契約です。Yは、平成28年8月1日、Xに無断で、本件建物をZに対し、期間2年、賃料月額35万円、敷金180万円の約定で賃貸することとし、同日引き渡した。平成28年8月15日、そのことに気づいたXは、建物の明渡しを求めるべく、弁護士Pに相談した。事案はいいですか。
―― ：はい。（転貸借……典型論点だけど使ってるテキストに載ってないやつだ……まずいぞ。）
主査：では、ZがXに占有権原を主張するにはどのようなことを主張すればいいですか。条文上の根拠と共に教えてください。
―― ：Xの承諾があることを主張すればよいと思います。民法612条1項です。
主査：はい。（主査副査とも、ちょっとうなずく）
　　　では、Xが、本件賃貸借契約の解除を理由にY、Zそれぞれに対して建物の明渡しを求める場合、それぞれ訴訟物はどのようになりますか。
―― ：Yに対しては、賃貸借契約終了に基づく目的物返還請求権としての建物明渡請求権。Zに対しては、所有権に基づく返還請求権としての建物明渡請求権となります。（これは過去問でやったやつだ！）
主査：はい。では、Yに対しての請求の請求原因を言ってください。
―― ：Xは平成27年4月1日、Yに対し、本件建物を賃貸期間5年、賃料月額30万円の約定で賃貸した。Xは同日、Yに対し、本件賃貸借契約に基づいて、本件建物を引き渡した。Yは、平成28年8月1日、本件建物をZに対し、期間2年、賃料月額35万円で賃貸した。Yは同日、転貸借契約に基づいて、本件建物を引き渡した。Xは、Yに対し、解除の意思表示をした、です。（敷金は敷金契約っていう別の契

780

約だから含めちゃいけないんだよな。）

主査：ん、転貸借の部分もう一回言ってもらえる？

――：（うわあ、そこよくわかんないんだよ、本当にやばい……。）はい、Yは、平成28年8月15日、本件建物をZに対し、期間2年、賃料月額35万円で転貸した。Yは同日、転貸借契約に基づいて、本件建物を引き渡した。Xは、Yに対し、解除の意思表示をした、です。（自信なさげ、かつ早口）

主査：さっきはちゃんと日付言ってくれてたけど、8/15はXが無断転貸に気付いた日だよね。

――：あ、はい、そうですね、すみません……。（落ち着け……。）

主査：それで、転貸の部分、他にないかな。

――：ほかですか……うーんと、えーと……。（5秒くらい固まる。）Xに無断で……ということも……。（ぼそぼそ。）

主査：それは要件事実になる？

――：……いえ、抗弁になると思います。

主査：そうすると他にないかな。

――：他……うーん。（再び固まる。）

主査：じゃ、612条2項を開いてみて。

――：はい……。（終わった……これは本当にやばい……。）あ、使用収益をさせたときは、とあります。

主査：そうすると、どうなるかな。

――：はい、先ほど申し上げたことに加えて、YがZに対して使用または収益をさせたことも必要になります。

主査：うん。では今度はね、Zに対して請求するとして、訴訟提起に先

立ってXはどのようなことをすべきでしょうか。

――：占有移転禁止の仮処分の申立てをすべきです。

主査：なぜですか。

――：はい。えっと、仮に占有移転禁止の仮処分の申立てをしなければ、訴訟係属中にZが第三者に占有を移転させた場合X が勝訴したとしてもその第三者に判決効が及びませんので執行をすることができませんし、訴訟係属中にZが占有移転させたことをXが気づくとは限りません、そこで仮にZが占有を移転させても執行できるように、つまり当事者恒定効をもたせるために、占有移転禁止の仮処分の申立てをすべきです。（めっちゃ早口だしわかりにくい説明……しかも当事者恒定効をもたせるって日本語として変じゃないか……。）

主査：はい。

副査：では、パネルを裏返して。ここからは私が質問していきます。

――：はい。（え、代わりばんこに聞いていくシステムはみたことないな、斬新！　パネルからどうも信頼関係不破壊を聞いてくるな。）

副査：パネルを読みます。弁護士QはYの相談を受け、次のような事情が分かったとします。Yは本件建物を店舗として使用している。YはZのおじであり、ZはYの店舗で従業員として働いている。Xは平成28年8月15日、Zが本件建物を使用していることに気づき事情を聞きに来たが、Zということなら使用を認めるといった。XはZに使用を認めたことはないと

第6部　口述試験について

言っているがそんなことはない。
事案はよろしいですか。

――：はい。

副査：では、Qとしては、どのような抗
　　　弁を主張しますか。

――：信頼関係不破壊の抗弁を主張しま
　　　す。

副査：うん……それを言い換えると、ど
　　　うなるかな。

――：（言い換え？　かみ砕いて説明し
　　　ろってことなのかな？）はい、Y
　　　とZが親族であることや、XがZ
　　　の使用を認めている等の事情から、
　　　Yが無断転貸したとしても信頼関
　　　係が破壊されていないという……。

副査：ああ、それは抗弁の具体的事実と
　　　いうことだけど、先ほど言ってく
　　　れた信頼関係不破壊を別の言葉で
　　　言い換えるとすればどうなるかな。

――：（え、わからないよ……。）えー、
　　　別の言葉……うーん。（5秒固ま
　　　る。）

副査：ちょっと出てこないかな。非背信
　　　性、だね。

――：あ、非背信性……。はい、ありが
　　　とうございます。（なんだ、そうい
　　　うことか……。）

副査：では、非背信性の抗弁の他に、Y
　　　は敷金返還請求権を理由に明渡し
　　　を拒むという抗弁を主張できます
　　　か。

――：それはできないと思います。

副査：なぜですか。判例をふまえて答え
　　　てください。

――：はい、判例によれば敷金返還請求
　　　権は明渡しを停止条件として発生
　　　するものですので、これは請求原
　　　因とは両立しますが……ええ……。
　　　（いかん簡単なこと聞かれてるの

によくわからん……。）

副査：両立、非両立の話かな？

――：あ、違うと思います……。ええー、
　　　敷金返還請求権は明渡しを停止条
　　　件として発生するものですので、
　　　これを主張しても主張自体失当と
　　　いうか……。（ここで副査がうなず
　　　く。しかし、このときは本当に落
　　　ちてしまうと思い、軽くパニック
　　　になる。）

副査：では、非背信性の話に戻って、Y
　　　は非背信性を基礎づけるためにZ
　　　はYの従業員であることを主張し
　　　ようとしています。そのためにど
　　　のような証拠を提出することが考
　　　えられますか。（パニック状態のた
　　　め冷静に聞きとれず、非背信性の
　　　評価根拠事実としてYとZの人的
　　　関係を示す証拠を聞かれているも
　　　のと思ってしまった。）

――：おじであることを立証するために
　　　戸籍謄本や……。

副査：ん、ちょっと待って、よく聞いて。
　　　ZはYの従業員であることを主張
　　　するためにどのような証拠を提出
　　　することが考えられますか。

――：大変失礼しました。（あー、ついに
　　　話も聞き取れなくなったか。おし
　　　まいだな。絶望。）そうしますと、
　　　雇用契約書や従業員名簿を提出す
　　　ることが考えられます。

副査：他には？

――：給与が振り込まれてることを示す
　　　ための預金通帳や、あとは、店舗
　　　の利用者にZが働いていたかをイ
　　　ンタビューするなどして、それを
　　　録音して提出するとか……。

副査：あはは、インタビューね（笑）。そ
　　　んなとこですかね。

782

―― ：（笑いを取りに行ったわけではない
　　　んだが……。）はい。
副査：では、ほかに非背信性の評価根拠
　　　事実はありますか。挙げられるだ
　　　け挙げてみてください。
―― ：はい、YはZのおじであり全くの
　　　第三者ではないこと、YとZで利
　　　用形態が変わってないこと、あと
　　　は、XがZに1度は利用を認めて
　　　いる、仮にそのような事実が認め
　　　られなくても、話合いの場が持た
　　　れているので、話し合って解決で
　　　きると考えられる、それも両者の
　　　信頼関係が破壊されたとは認めら
　　　れないということに使えると思い
　　　ます。（いま思えば、転貸料が賃料
　　　と大きく変わってないといったこ
　　　とも挙げられました。）
主査：では、また私から質問します。そ
　　　のパネルの下の部分を見てくださ
　　　い。あなたは弁護士Pであるとし
　　　て、Xから、「勝手に転貸するなん
　　　てことをしたんだから、Zが使え
　　　ないように私が無断で本件建物の
　　　鍵を取り換えようと思うのですが、
　　　先生、そのようなことをしても大
　　　丈夫ですよね？」と相談を受けま
　　　した。あなたはどのような助言を、
　　　どのような方法でしますか。弁護
　　　士倫理上の理由も含めて説明して
　　　ください。
―― ：はい、Xが無断で鍵を取り換えて
　　　使えなくするのは違法行為にあた
　　　りますので、そのようなことをす
　　　ると違法行為の助長をしてはなら
　　　ないという弁護士職務基本規程に
　　　抵触します、したがって、そのよ
　　　うなことはしてはならないと助言
　　　します。それから、後にちゃんと

助言したかということで争いに
なってはいけないので、助言内容
を記した書面を作成するかと思い
ます。
主査：ええと、職務基本規程の何条の問
　　　題とお考えですか。
―― ：14条です。
主査：はい。（うなずく）では、終わりま
　　　す。
―― ：ありがとうございました。

感想

　請求の趣旨、訴訟物、請求原因さえ間
違えなければ60がつくといわれている試
験で、請求原因レベルで条文を見るよう
促されたのは本当に後悔しています。網
羅性のある大島上巻をきちんとつぶして
おけばよかったです。

　最後の質問で倫理の条文をズバリ言え
たのはよかったです。なんとか59で収
まってくれればいいなと思います。

　新問研や類型別ではなく、大島本をき
ちんと暗記すべきです。その際、なぜそ
れが要件事実になるのかという理由を、
条文、判例を含めて暗記するのが大切か
と思います。しなくてよいこととしては、
民訴や民法の短答過去問が挙げられると
思います。

　当日は、本当に緊張しますし、もっと
2週間のうちに根詰めて勉強すればよ
かったと本当に後悔しました。ただ、今
までの短答論文と同じように、完璧な対
策をできた人はほとんどいないのだと割
り切って、自信をもって臨むといいのか
なと思います。

C氏
令和元年司法試験予備試験最終合格者

【テーマ】2日目
所有権に基づく不動産明渡請求訴訟における攻撃防御方法に関する諸問題、民事保全、立証方法、訴訟手続、弁護士倫理上の諸問題

再現ドキュメント

──：（ドアを閉めて）失礼いたします。
　　　（椅子の横まで歩いて）13室1番です。よろしくお願いします。
主査：お座りください。
──：失礼いたします。
主査：では、始めます。パネルの図を見てください。これから事案を説明しますので聞いてください。

【パネルの図】

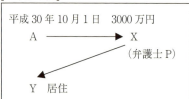

主査：Xは、平成30年10月1日、Aから本件建物を3000万円で買い受け、代金を支払ったが、本件建物の引渡しと所有権移転登記手続は未だなされていません。本件建物にはYが居住しており、XはYに対して本件建物の明渡しを求めたいと思っています。あなたはXから相談を受けた弁護士Pです。Yに対して、どのような訴訟を提起しますか？

──：Yに対して、所有権に基づいて本件建物の明渡請求訴訟を提起します。
主査：その訴えの請求の趣旨はどうなりますか？
──：「被告は、原告に対し、本件建物を明け渡せ。」です。
主査：では、訴訟物は何ですか？
──：所有権に基づく返還請求権としての建物明渡請求権1個です。
主査：（うなずく。）請求原因事実としてはどんな事実を主張しますか？具体的に答えてください。
──：（この段階では権利自白がいつかわからないな……とりあえず現所有にしておくか。）
　　「Xは、本件建物を所有している。Yは、本件建物を占有している。」です。
主査：弁護士Pは、Xから、Yが本件建物の占有を他の人に移そうとしているらしいと聞きました。Pとしてはどのような対応をしますか？
──：裁判所に対して、占有移転禁止の仮処分を申し立てます。
主査：そうですね。では、Yが本件建物を占有しているという事実を証明する方法として、どのようなものが考えられますか？
──：表札の写真を撮るとか……。（もっと聞きたそうな顔だな。）あと、Yの住民票が考えられます。
主査：それではパネルを裏返してください。まず上段を見てください。

【パネルの図・上段】

Yの相談内容
1　Yは、本件建物を所有していたが、事業が失敗し、財産の差押えを受けるおそれが生じた。

2 そこで、Yは、義兄のAに相談
し、差押えを逃れるため、YがAに
本件建物を 1500 万円で売ったよう
に仮装することにした。1500 万円と
いう価格は本件建物の当時の時価に
比べて大幅に安いものである。1500
万円の支払いはなされていない。
3 本件建物につき、平成 30 年 8 月
1 日売買を原因とするYからAへの
所有権移転登記がなされた。

H30.8.1 H30.10.1
Y → A → X
1500 万 3000 万
弁護士Q 弁護士P

主査：（パネルの内容を読み上げて）この
Yの主張をうけて、弁護士Pは、
先ほどの請求原因の内容をどのよ
うに変更しますか？

――：（ちょっと面食らった。権利自白を
前にずらせってこと？ 5 秒強ほ
ど悩む。）
「Yは、平成 30 年 8 月 1 日当時、
本件建物を所有していた。
Yは、Aに対し、平成 30 年 8 月 1
日、本件建物を 1500 万円で売った。
Aは、Xに対し、平成 30 年 10 月 1
日、本件建物を 3000 万円で売った。
Yは、本件建物を占有している。」
です。

主査：（うなずく。）では、あなたはYか
ら相談を受けた弁護士Qだとしま
す。Yからの相談内容をふまえて、
Xの請求原因に対してどのような
主張をしますか？

――：虚偽表示の抗弁を主張します。

主査：具体的にはどんな主張？

――：「YとAは、請求原因の売買契約
……YA 間の売買契約の際、本件
建物の所有権を移転する意思がな
かったにもかかわらず、その意思
があるかのように仮装することを
合意した。」です。

主査：所有権を移転する意思なの？

――：あ、「本件建物を売買する意思」です。

主査：そうですね。では、弁護士Qとし
ては、この虚偽表示の事実を立証
するために、どんな間接事実を主
張しますか？

――：はい、1500 万円という値段は当時
の本件建物の時価より大幅に安
かったこと、その 1500 万円も実際
に支払われてはいないこと、です。

主査：他には？ Yの経済事情あたりで。

――：Yは、事業に失敗して財産の差押
えを受けるおそれがありこれを逃
れるために登記を移したこと、A
はYの義兄であったこと、が考え
られます。

主査：では、この虚偽表示が証明された
ことを前提にしたとき、弁護士P
の立場からは、どのような主張が
できますか？

――：94 条 2 項の第三者にあたるとの再
抗弁を主張します。

主査：具体的には？

――：「Xは、ＡＸ間の売買契約の際、抗
弁のＹＡ間の虚偽表示の事実を知
らなかった。」です。

主査：では、パネルの下段を見てください。
本件訴訟の証拠調べが終了したの
ち、裁判長の心証開示があり、X
の請求が認容される見込みだとわ
かりました。弁護士QはYにこの
ことを伝えたところ、Yは次のよ
うに言いました。

第6部　口述試験について

【パネルの図・下段】

> Yの相談内容
> 「この訴えを取り下げて、別の裁判所に訴えを提起して、別の裁判官に判断してもらいたいと思います。依頼者である私の意向に従うべきです。」

主査：（パネルを読み上げて）弁護士Qであるあなたは、Yのこの相談に対してどのように対応すべきと考えますか？

──：えーっと……（5秒ほど悩む。よくわからない。考えながら話すことにする。）まず、ジャッジショッピングは望ましくないとされている……ということが、管轄などの規定にも表れていますし（本当か？）、仮に別訴を提起しても、おそらく同じような判断が下されるので、Yのためにもならない、として、Yを説得すべきだと思います。

主査：（ちょっと考えて）なるほどねえ……そもそも、訴えは取り下げられるかな？

──：あ、もう証拠調べ終わってるんですよね？

主査：はい。

──：そうすると、相手方の同意が必要になります。で、勝てそうなXが同意するとは思えないので、本件では訴えの取下げはできないと思います。

主査：そうだよね。（副査に）何かありますか？

副査：（首を横に振る。）

主査：では、これで終わりです。

──：ありがとうございました。

感想

12時集合で、1番目は12時40分に控え室に移動、13時にスタートしました。控え室でも参考書を見たり飲食したりはOKでした。体育館や控え室は隣の人との距離が近く、ご飯を食べるのは憚られますが、ゼリー飲料やチョコなら大丈夫です。

ドアの前まで主査と副査の笑い声が聞こえてきました。主査は誘導のみならずリアクションもしてくださったので、かなり答えやすかったです。

要件事実は、比較的単純な事案でしたが、権利自白の時点の調整や、虚偽表示の記載方法などが問われたので、新問研やロースクールの授業で事例問題を解いていたことがアドバンテージになったと思います。

弁護士倫理っぽいところで実は民事訴訟法を聞かれていたので驚きました。弁護士倫理らしいところは結局突っ込まれず……。条文番号は訊かれませんでした。

過去問をロールプレイしましょう！口頭だと意外と答えられません。

要件事実が最重要だと思います。『新問題研究』は事例問題で記載例もついておりオススメですが、内容としては不十分でした（虚偽表示も載っていません）。『民事裁判実務の基礎』（いわゆる大島本）の上巻または入門編発展編もおさえておくと安心です。これも記載例があって親切です。

どんな証拠で証明するの？　といった問題は、過去問や模試で勘を鍛えるとよい気がします。

D氏

令和元年司法試験予備試験最終合格者

【テーマ】2日目
所有権に基づく不動産明渡請求訴訟における攻撃防御方法に関する諸問題、民事保全、立証方法、訴訟手続、弁護士倫理上の諸問題

再現ドキュメント

――：失礼いたします。1室5番です。

主査：お座りください。

――：よろしくお願いいたします。

主査：では、始めます。パネルの図を見てください。これから事案を説明しますので聞いてください。
　　　XはAから本件建物を平成30年10月1日に代金3000万円で購入した（AX売買）。Xは代金を支払ったが引渡し及び登記の移転はなされていない。Xが本件建物を見に行くと、まったく面識のないYが居住しており「本件建物は私のものだ」などと意味の分からないことを言っている。Xの代理人となった弁護士PとしてはYに提起する訴えにおける請求の趣旨はどのようなものとすべきか。

――：被告は原告に対し本件建物を明け渡せ、となります。

主査：では、その訴訟の訴訟物はどのようなものになりますか。

――：所有権に基づく返還請求権としての建物明渡請求権です。

主査：この訴訟における請求原因事実を述べてください。

――：①Aは平成30年10月1日当時本件建物を所有していた。②Aは同日、Xに対し本件建物を代金3000万円で売った。③Yは本件建物を占有している。

主査：Xは現在本件建物を所有していないのですか？時点を特定したのは……。

――：撤回します。①Xは本件建物を所有している。②Yは本件建物を占有している。となります。

主査：Pとしては事前の手段としてどのような措置を講じておくべきですか。

――：占有移転禁止の仮処分の申立てをすべきです。

主査：Yの本件建物占有を疎明するため、Pとしてはどのような証拠を取り上げるべきですか。

――：Yの住民票を取り上げるべきです。

主査：他には？

――：Yが本件建物に居住しているところを写真におさめてそれを証拠として取り上げるべきです。

主査：他には？

――：……Yが本件建物で電気やガスを使用していればその領収書を取り上げるべきです。

主査：はい。では、パネルをめくってください。
　　　Yは以下のように主張しました。本件建物はYが所有していましたが、Yは財産差押えのおそれから、義兄Aに対し登記だけをA名義にするよう頼み、Aはこれを承諾し、平成30年8月1日に本件建物を代金1500万円で売買することを仮装した（AY売買）。登記はAに移転されたがAは代金を支払っていない。

Pとしてはさきほどの請求原因事実をどのように修正すべきでしょうか。

――：①Aは平成30年10月1日当時本件建物を所有していた。②Aは同日、Xに対し本件建物を代金3000万円で売った。③Yは本件建物を占有している。

主査：Yの代理人となったQとしてはどのような抗弁を主張すべきですか。

――：虚偽表示の抗弁を主張すべきです。

主査：具体的にはどのような抗弁事実を主張すべきですか。

――：YとAは本件建物の売買をする意思がないのにその意思があるかのように仮装することを合意した、とすべきです。

主査：では、その事実を証明するためにQとしてはどのような事実を取り上げるべきでしょうか。

――：AとYが義理の兄弟である事実を取り上げるべきです。

主査：それはどういう意味ですか？

――：親しい関係にある以上、Yの差押え回避のため登記名義の移転にAが協力することも十分ありうるといえます。

主査：動機があったというような意味ですね。他には？

――：AY売買の代金額が時価よりもかなり低いことを主張します。

主査：はい。では、このようなYの主張に対し、Pとしてはどのような主張をすべきですか。

――：Xが虚偽表示の事実を知らなかったことを主張すべきです。

主査：それはいつの時点でですか。

――：平成30年10月1日時点です。

主査：はい。では、もう一度パネルを見

てください。

Pは証拠調べ等の結果、Xが勝訴する可能性は低いと判断し、これをXに伝えました。するとXは「直ちに訴えを取り下げて新たに訴えを起こす」と言い出しました。Pとしてはどのようにすべきでしょうか。

――：訴えの取下げについて再訴禁止効は生じないため再訴は可能ですが、Pとしてはこれをやめるよう説得すべきです。

主査：法律上再訴は可能なんですか？

――：あ、被告の同意が必要となります。

主査：そうですね、Yの同意が得られないことがありえますね。では、同意が仮に得られたとしたらどうですか。弁護士職務基本規程に関係する規定はありますか？

――：76条に裁判を不当に遅延させてはならないという規定があったと思うのですが……。

主査：まあ、本件では一度訴えは終了してますから、その問題は生じませんね。他にありますか？

――：22条に依頼者の意思を尊重するとの規定があります。

主査：では、Xの意思を否定する方向の条文はありませんかね？

――：……不当な事件を受任してはいけない旨の規定があったかと思います。

主査：まあ、他に弁護士の自由独立やXの主張が正当な利益といえるかといった問題がありますね。

――：はい。

主査：では、以上で終わります。

第9章　令和元年

感想

　最後の弁護士倫理はとっさに思いつくことができず無駄な問答をしてしまい、それが心残りです。要件事実は本番で聞かれたのは比較的シンプルなものであったため、緊張してはいたものの対応できました。

　完全解を一発で答えることが要求されているわけではなく、誘導込みで正しい結論にたどり着けるかどうかがみられていると感じました。わからない問題が出されても自分で思いつく範囲で答えれば主査が補充ないし追加を促してくれます。準備期間が少ない以上、メリハリをつけて過去問で聞かれているような細かい知識を網羅的に勉強するというよりは、要件事実など必須事項を優先して勉強すべきではないかと思います。

789

第6部　口述試験について

第10章　令和2年

A氏

令和2年司法試験予備試験最終合格者

【テーマ】1日目
時効取得した不動産の所有権移転登記手続請求訴訟における攻撃防御方法に関する諸問題、証拠方法、弁護士倫理上の諸問題

再現ドキュメント

――：16室6番です。宜しくお願い致します。
主査：座ってください。
――：失礼致します。
主査：緊張しないで答えてくださいね（ニコッ）。
――：はい。ありがとうございます。
主査：では、事案を読みますね。パネルを見ながら聞いて下さい。

【パネル　表面】

↑本件係争地

　Xは、令和2年4月1日、Aから甲土地を購入した。
　その際、図面が添付され、境界は点線であるとの説明を受け、登記所備付地図を確認し、登記簿上の甲地の面積が、本件係争地を合わせた面積と一致すること を、測量により確認した。
　そして、令和13年4月1日、YがBから乙土地を購入し、所有権移転登記を具備した。
　そして、令和14年4月1日、Xは本件係争地について、取得時効を援用する旨の意思表示をした。

主査：Xは、令和2年4月1日、Aから甲土地を購入しました。その際、図面が添付され、境界は点線であるとの説明を受け、登記所備付地図（不正確ですが、そういうニュアンスのものです。）を確認し、登記簿上（これも不正確ですが、こういうニュアンスです。）の甲地の面積が、本件係争地を合わせた面積と一致することを、測量により確認した。そして、令和13年4月1日、YがBから乙土地を購入し、所有権移転登記を具備した。そして、令和14年4月1日、Xは本件係争地について、取得時効を援用する旨の意思表示をした。事案は、理解できましたか？
――：はい。
主査：はい。本件の訴訟物は何ですか？
――：はい、訴訟物は、所有権に基づく妨害排除請求権としての所有権移転登記請求権です。
主査：はい。請求原因は何ですか？
――：はい。Xは、令和2年4月1日、本件係争地を占有していた。Xは、

令和12年4月1日経過時、本件係
争地を占有していた。Xは、令和
14年4月1日、本件係争地につい
て、取得時効を援用する旨の意思
表示をした、です。

主査：うん。あとは？

――：あとは、本件係争地について、Y
名義の所有権移転登記が存在する
ことです。

主査：あとは？

――：あと……。あっ、本件では、短期
時効取得を主張しているので、占
有取得時の無過失の評価根拠事実
が必要です。

主査：はい。まず占有についてね。令和2
年4月1日と、令和12年4月1日
経過時の占有だけでよいのは何で？

――：はい。民法186条2項に法律上の
事実推定の規定があって、2地点
間の占有を主張すれば、その間の
占有が継続していると推定される
からです。

主査：令和2年4月1日ってだいぶ前だ
けど、その時点のXの占有につい
ての証拠はある？

――：はい。本件売買契約に、図面が添
付されていたとのことなので、そ
の図面が証拠になります。あとは、
令和2年の時点での土地の写真も
証拠となります。

主査：うん。では、本件で、無過失の評
価根拠事実（証拠だったかも知れ
ません。）となるものは何かな？

――：はい。本件売買契約の際、境界は点
線であるとの説明を受けたことです。

主査：うん。あとは？

――：あとは……。

主査：パネルの2段落目を見て。

――：（パネルをほとんどそのまま読み上

げる。）登記所備付地図を確認した
ことです。（あともう1つ何か読み
上げましたが思い出せません。）。

主査：うん、あともう1つ。

――：あっ。（またパネルに書いてある
ことそのまま）Xが測量して、
本件係争地の面積も合わせた土
地の面積が、登記簿上の甲の面
積と一致していることを確認し
たことです。

主査：うん。そうだよね。時効取得の実
体法上の要件は、他にもあるよ
ね？　これだけでよいのは何で？

――：はい。短期取得時効については、
民法162条2項に規定があり、そ
の要件は、所有の意思を持って、
平穏、公然と、他人の物を10年間
占有し、占有開始時に、善意かつ
無過失であることです。

主査：うんうん。

――：そして、民法186条1項の暫定真
実の規定により、所有の意思と、
平穏かつ公然、および善意が推定
されるので、請求原因事実は、こ
れで足りることになります。

主査：はい、では、この場合の善意とは
何ですか？

――：はい、自己に所有権があると信じ
ることです。

主査：はい、では、パネルを裏返して聞
いて下さい。

【パネル　裏面】

> Bは、令和13年4月1日、Yに対し
> て、乙土地を代金200万円で売った。
> Bは、同日かかる契約に基づき、所有
> 権移転登記手続をした。
> 　Yは和解金100万円でよいと言って
> いるが、Qは200万円と言っている。

第6部　口述試験について

主査：Ｙは、自分は、乙土地を令和 13
　　　年４月１日に、Ｂから 200 万円で
　　　購入し、代金を銀行振り込みして、
　　　同日、これに基づき所有権移転登
　　　記を受けた（少し不正確ですが、
　　　大体こんな感じです。）と主張し
　　　ています。この時、Ｙの弁護人Ｑ
　　　としては、いかなる抗弁を主張し
　　　ますか？

――：はい、対抗要件具備による所有権
　　　喪失の抗弁です。

主査：そうですね。抗弁に当たる具体的
　　　事実は何ですか？

――：はい。Ｂは、令和 13 年４月１日、
　　　Ｙに対して、乙土地を代金 200 万
　　　円で売った。Ｂは、同日かかる契
　　　約に基づき、所有権移転登記（手
　　　続が抜けました。）をした……、で
　　　す。

主査：うん。あとは？

――：あとは、そうですね……。あっ‼
　　　権利自白の成立する点を主張しま
　　　す。

主査：うーん。もと所有ね。はい。

――：なので、Ｂは、令和 13 年４月１日
　　　当時、乙土地を所有していた、で
　　　す。

主査：うーん。令和 12 年〇月〇日ね（パ
　　　ネルの表面にあった日付だったの
　　　ですが、よく覚えていません。）。
　　　これが、抗弁になるのは何で？
　　　実体法上説明してみて。

――：はい、抗弁とは、請求原因事実と
　　　両立し……。

主査：（遮って）いや、実体法上の説明を
　　　して。

――：あ……、はい。実体法上……、Ｙ
　　　は、時効完成後の第三者に当たる

ので、ＸとＹは対抗関係に立ちま
す。そのため、先に所有権移転登
記を具備した方が確定的に所有権
を取得することとなり、登記を備
えたＹが確定的に所有権を獲得し、
Ｘは所有権を取得できなくなりま
す。

主査：はい、そうですね。では、Ｑの立
　　　場から、ＢＹ間の売買契約の成立
　　　を主張する証拠は、何かあります
　　　か？

――：はい。まずは、売買契約書があれ
　　　ばこれが証拠になります。あと、
　　　代金が銀行振り込みによりされた
　　　とのことなので、預金通帳の記録
　　　も証拠となります。

主査：うん。今言ってくれたのは、客観
　　　的な証拠だよね？　主観的な証拠
　　　はないかな？　売買の場には誰が
　　　いたんだっけ？

――：はい。売買契約は、Ｂとの間で締
　　　結されているので、Ｂの陳述書が
　　　証拠となります。

主査：はい。では、ＸとＹは和解をする
　　　ことになりました。Ｙの弁護士Ｑ
　　　は、和解金を 200 万円と主張して
　　　いるところ、Ｘの弁護士であるＰ
　　　は、Ｙが 100 万円でよいと言って
　　　いることを知りました。この場合、
　　　ＰがＹと交渉することは許されま
　　　すか？

――：許されないです。

主査：うん。なんで？

――：弁護士職務基本規定 52 条は、直接
　　　交渉を禁止しているところ、Ｙの
　　　代理人Ｑを通さずにＹと直接交渉
　　　することはこれに当たるからです。

主査：なんで、直接交渉が禁止されてい
　　　るの？

792

——：紛争に直接巻き込まれたくないと
　　いう、依頼者の利益の保護のため
　　です。

主査：うん、それもそうだけど、もっと
　　何かない？もっと大事なこと。

——：そうですね……。依頼者には法的な
　　専門知識がないので、弁護士を介さ
　　ずに直接交渉されてしまうと、依頼
　　者に不利な交渉がされてしまいます。

主査：うんうん。そうそう。では、Qの
　　立場からすると、どう？

——：確認させて頂いてよろしいでしょ
　　うか？

主査：もちろん（副査と共に首を大きく
　　縦に振る。）。

——：Pの直接交渉を許してしまうと、
　　Yの弁護人Qとしてどのような問
　　題があるかということでよろしい
　　でしょうか。

主査：はい、そうです。

——：その場合、本来 200 万円取れるは
　　ずの和解金が 100 万円しか取れな
　　くなって、Yの正当な利益の実現
　　ができなくなります。

主査：うん。○○だよね（正しく言い直
　　して頂いたのですが、思い出せま
　　せん。）。
　　　（副査に対して）何かあります
　　か？

副査：いいえ。

主査：終わります。

——：ありがとうございました。

感想

　時間は 20 分位だったと思います。主査
の先生がとても優しく、あまり緊張しな
いでできました。にもかかわらず、基本
的な事項である請求原因がすらすら出て
こなかったことが悔やまれます。でも、
全体的になんとか答えられたので、60 点
はついているかなと思います。要件事実
は基本的なもので（スラスラ答えられま
せんでしたが）、執行保全は出ませんでし
た。証拠として使えるものについてたく
さん聞かれて、弁護士倫理もしっかり聞
かれました。

第6部　口述試験について

Ｂ氏

令和2年司法試験予備試験最終合格者

【テーマ】2日目
賃貸借契約の終了に基づく不動産明渡請
求訴訟における実体法ないし攻撃防御方
法に関する諸問題、書証、弁護士倫理上
の諸問題

再現ドキュメント

── : 失礼致します。17室3番です。

主査 : お座りください。

── : よろしくお願いいたします。

主査 : では始めます。パネルの図を見て
　　　 ください。これから事案を説明し
　　　 ますので聞いてください。

【パネル①】

> (概要)
>
> 　ＸはＹに対して○年○月○日、本件
> 土地を倉庫の所有目的で賃貸した。あ
> る時期から賃料を支払わなくなったの
> で、Ｘは○年○月○日、賃料支払を催
> 告し、解除を通知した。なお、この契
> 約において、賃料の支払を怠った場
> 合、直ちに契約解除できる旨の特則が
> 定められていた。

主査 : このような事例です。まず、今回
　　　 の解除は許されますか。何か気づ
　　　 いたことはありますか。

── : はい。そうですね、今回の賃貸借
　　　 契約は、建物所有目的なので、借
　　　 地借家法の適用があるということ
　　　 が考えられると思うのですが……。

主査 : そうなんですけれど、解除につい
　　　 て何かないですか？　今回は催告
　　　 解除なのですが。

── : えー、そうですね……。

主査 : 催告解除に必要な要件を満たして
　　　 ますかね？

── : 催告後相当期間の経過がないと思
　　　 われます。

主査 : はい。それでは、本件の訴訟物は
　　　 何でしょうか？

── : はい。えー、賃貸借契約の終了に
　　　 基づく目的物返還請求権としての
　　　 本件土地明渡請求権です。

主査 : では、まず、Ｘが賃料を請求する
　　　 に当たって主張する請求原因は何
　　　 ですか？

── : はい。Ｘは○年○月○日、Ｙに対
　　　 して、本件土地を倉庫所有目的で
　　　 賃料月額○円の約定で賃貸した。
　　　 Ｘは同日、Ｙに対して本件土地を
　　　 その契約に基づき引き渡した。○
　　　 年○月○日は到来した、です。

主査 : 今、倉庫所有目的というのを入れ
　　　 ていたのですけれども、それはな
　　　 ぜですか？

── : あ、これはやはり不要です。すみ
　　　 ません。

主査 : わかりました。では次に、本件で
　　　 は解除について特約があるのです
　　　 が、このような特約は許されます
　　　 か？

── : はい。契約は自由が原則なので許
　　　 されると思います。

主査 : どんな場合でも？

── : いや、どんな場合でもというわけ
　　　 ではないと思うのですが……。

主査 : どんな場合だったら許されないの
　　　 ですか？

── : どんな場合……。

主査 : 賃貸借契約の力関係ってどういう
　　　 ものだと思いますか？

── : 基本的に賃貸人の方が強いと思い

794

第10章　令和2年

ます。ですので、賃借人に対して
著しく不利な内容の特則は許され
ないと思います。

主査：じゃあ今回みたいな特則はどうだ
ろう？

――：かなり賃借人に不利だと思います
……。

主査：そうだよね……（この後何か言っ
てましたがはっきりとしたことは
言っていなかったのでよくわかり
ませんでした。）。

――：はい。

主査：ちなみにこういう判例があるって
いうのは知ってる？

――：いや、パッとは出てこないです…
…。

主査：よく勉強しといてください。では、
次に催告解除する場合の要件は何
ですか？

――：えっと……、要件ですか？　催告
解除の一般的な要件ということで
すか？

主査：はい、要件です。

――：はい……。えーと、そもそもまず、
実体的な履行遅滞の要件と解除の
ための手続的な要件が必要だと思
います……。そして履行遅滞の要
件としては、期日の到来と……、
反対債務の履行……、賃料を支払
わないこと……、遅滞が違法なこ
と……（遅滞が違法なことを言っ
た瞬間に主査副査共にペンで何か
書き始める。）。
（5秒ほど沈黙）

主査：出てきませんか？　催告解除です
けど。

――：あ、すみません。解除の方で必要
なものとして、催告、催告後相当
期間の経過、解除の意思表示です。

主査：はい。先ほど、遅滞が違法なこと
といっていましたが、それはなぜ
ですか？

――：なぜ？

主査：遅滞が違法なことも原告が主張す
るのですか？

――：え、あ、すみません！　あのこれっ
てXが主張する要件ってことです
か？

主査：はい。そうですよ。

――：ごめんなさい！　じゃあ違いま
す！　すみません、勘違いしてま
した。

主査：では、改めて言ってください。

――：はい。えーと、……催告と……、
催告後相当期間の経過……、あと
は反対債務の履行……。

主査：それだけですか？

――：あ、えーと、支払期日の経過も必
要です。

主査：では、今回の特約を前提にすると、
どのような要件が必要ですか？

――：はい、えーと、支払期日の経過と、
そもそも特約を締結したこと……、
あと解除の意思表示……、ですか
ね。

主査：それだけですか？

――：えーと……。（5秒ほど沈黙）

主査：先ほど話した信頼関係が……（何
といっていたか覚えていません。）。

――：あ、はい。

主査：次に2枚目のパネルを見てくださ
い。読み上げますので、一緒に読
んでください。

【パネル②】

（概要）
【Yの相談内容】
・Yはこんな特則のある契約を締結
した覚えはないと主張

795

第6部　口述試験について

・本件賃貸借についてＹの押印がある契約書が存在する
・押印がＹのものであることは認める
・Ｘが勝手に作った契約書ではないかと考えている
【Ｘの相談内容】
・Ｙの印章を使用して勝手に契約書を作成した

主査：事情はわかりましたか？
──：はい。
主査：では、この事実から考えられるＹの主張としてどのようなものが考えられますか？
──：（2つの何かしらの主張を答えたのですが、内容は忘れました。簡単な問いかけでした。）
主査：では、契約書について、今回どのような点が問題となって、裁判所はどのような点を検討することになるでしょうか？
──：はい。えーと、この契約書にはＹの押印がなされているので、……えーと、まあ、その、二段の推定が問題となると考えます。
まず、二段の推定というのは、印鑑は厳重に保管されるものなので、その慣習から本人以外は使うことができないといえ、押印がなされている場合、経験則からそれは本人によってなされたものと事実上推定されます。そして、書面に本人による押印がなされている場合、民事訴訟法 228 条 4 項の法定証拠法則により、その成立の真正が推定されます。そのため、結果として、書面に本人の印鑑による押印がある場合、その書面の成立の真

正が推定されることになります。
そこで、本件について考えると、Ｙは印章がＸによって勝手に使用されたと主張していることから、一段階目の推定について争っているといえます。そのため、裁判所としてはそのような事実があったのか、果たして本当にＹによって押印がなされたのか、判断する必要があるので、その点を検討することになります。
主査：はい。ちなみに経験則で推定されると言っていましたけど、それを示した根拠ってありますか？
──：根拠？　えーと、判例……。
主査：そうですね。では、次に、Ｘから契約書はＸが勝手にＹの印鑑を用いて作成したものだと明かされた弁護士Ｐとしては、どのような対応をすべきですか？　特に勝手に契約書を作成したことについてはどんなことを伝えますか？
──：えーと、勝手に作成したのは違法だと伝えます。
主査：うん、そうだよね。違法は違法でも、これ、どんな違法？
──：あ、私文書偽造罪に当たります。
主査：そうそう、じゃあ仮にこれを偽造したものだと知らされたうえで証拠として提出してほしいとＸに頼まれた場合、これは提出しても大丈夫？　何か問題になる？
──：はい。真実義務に反することになりますし、違法な証拠なので……。
主査：直接これに当たる条文わかる？
──：えーと、76条？
主査：おしい！
──：77条？
主査：うーん……。
──：えーと……。

主査：76 条が惜しくて 77 条がうーんということは？

──：75 条！

主査：うん。じゃあ、もしそれでも証拠として提出するよう頼まれた場合、どうする？

──：そうですね、まあそうなった場合はもはや信頼関係が失われたとして……、辞任……、うーん、まあ、信頼関係がもう築けないのでやはり辞任すべきだと思います。

主査：（副査に対して）何かありますか？

副査：（手を振る）

主査：それではこれで終わります。

──：ありがとうございました。失礼します。

感想

　解除の要件事実を完璧に覚えていたわけではないうえ、主査の「要件」というのが原告の主張する要件事実のことではなく実体法上の要件すべてを指していると勘違いしたことにより、完全にパニックに陥りました。そのため、実力の半分ほどしか発揮することができず、終わった直後はかなり落ち込みました。幸い主査がすごく優しかったので、なんとか誘導に乗ろうとする姿勢が見せられたのが良かったかと思います。とにかく緊張感がすごかったです。

　何よりもまず要件事実について完璧にする必要があると思います。普段理解できていたとしても緊張感で出てこないという事態に陥る可能性が高いからです。あとは民事保全・執行について最低限の知識があれば、他に新たな知識を入れる必要はないと思います。本番はとにかく

誘導に乗ればなんとかなります。

第6部 口述試験について

第11章 令和3年

A氏

令和3年司法試験予備試験最終合格者

【テーマ】1日目
所有権に基づく動産引渡請求訴訟における実体法及び攻撃防御方法に関する諸問題、書証、弁護士倫理上の諸問題

再現ドキュメント

――：失礼致します。●●室●●番です。
主査：お座りください。
――：よろしくお願いいたします。
主査：では始めます。パネルの図を見てください。これから事案を説明しますので聞いてください。

【パネルの図】

```
A→B→C
```

主査：パネルをご覧ください。AはBに対し平成○○年○月○日本件壺を売って引き渡した。BはCに対し平成××年×月×日本件壺を売って引き渡した。もっとも、×日の以前にAはBが代金を支払わなかったので催告の上契約を解除した。AはCに対し本件壺の返還を請求したい。事案はよろしいです

か。
――：はい。
主査：訴訟物は何ですか。
――：所有権に基づく返還請求権としての引渡請求権です。
主査：具体的な請求原因を教えてください。
――：Aは平成○○年○月○日本件壺を所有している。Cは本件壺を占有している。
主査：抗弁を教えてください。
――：即時取得による所有権喪失の抗弁です。
主査：他は？
――：えっと……対抗要件具備による所有権喪失の抗弁ですか……。
主査：そこまで言う必要ある？
――：（思いつかない）
主査：もっとシンプルに！
――：あ、AがBに壺を売っているので所有権喪失の抗弁です。
主査：では、所有権喪失の抗弁に対する再抗弁を教えてください。
――：債務不履行解除の再抗弁です。
主査：具体的な抗弁事実を教えてください。
――：BはCに対し平成××年×月×日本件壺を引き渡した。△日催告した。▲日は経過した。□日解除の意思表示をした。
主査：では、AB間の売買契約があったかどうかを証明するためにどんな方法がありますか。

第11章　令和3年

――：通帳を見ます。

主査：受任している相手側からの依頼を
　　　弁護士は受けられますか。

――：基本規程27条3号により受けられ
　　　ません。

主査：例外はありますか。

――：同意ある場合には可能です。

主査：以上です。

感想

　思ったより短く感じる。メンタルコン
トロールが一番大事。

799

第6部 口述試験について

B氏

令和3年司法試験予備試験最終合格者

【テーマ】2日目
譲受債権請求訴訟における実体法及び攻撃防御方法に関する諸問題、書証、弁護士倫理上の諸問題

再現ドキュメント

――：失礼致します。12室7番です。よろしくお願いします。

主査：お座りください。

――：失礼します。

主査：では始めます。パネルの図を見てください。これから事案を説明しますので聞いてください。

【パネル①】

> 金銭消費貸借契約書
> 第1条　Aは、Yに対し、以下条件で、金200万円を貸し渡し、Yはこれを借り受ける。
> (1)　弁済期：令和3年8月25日
> (2)　利息：元金に対し年15%
> (3)　遅延損害金：13.8%
> 第2条　Aは、令和3年8月5日、Yに対し200万円を交付した。
> 〔特記〕
> 　**Aは本件貸金債権を他に譲渡しない。**　　Ⓐ
> 　　　　　　　　　　　　　　　　　　Ⓨ
> 契約日　令和3年8月2日

【パネル②】

> 〈Yの言い分①〉
> 　Yは、Aとの間で、本件貸金債権を譲渡しない旨約束しました。そのため、私は本件貸金債権についてXに支払うことを拒絶します。

> 〈Yの言い分②〉
> 　令和3年8月27日、Aは、Bに対して、本件貸金債権を相当額で譲渡しました。そして、同年8月30日、上記事項についての内容証明郵便がYに到達しました。
> 〈Xの言い分〉
> 　Aは、令和3年8月31日、Yに対して、AX間の債権譲渡について内容証明郵便による通知をし、同日Yに到達しました。

主査：あなたは、Xの弁護士Pです。1. Aは、令和3年8月2日、Yに対し、貸金200万円、利息15%、遅延賠償金13.8%、弁済期令和3年8月20日との条件で、以下の書面1を作成した。その後Aは書面1のとおりYに200万円を交付した。2. Aは、Yが貸金を返還しない旨を述べたうえで買い取ってくれるようXに依頼し、Xがこれを承諾したため、Yに対する貸金債権を利息等含めすべて180万円でXに譲渡した。Aは、令和3年8月31日、Yに対して、譲渡の事実を内容証明郵便で通知した。事案の概要は分かりましたか？

――：はい。

主査：まず、本件の訴訟物は何ですか？

――：AY間の消費貸借契約に基づく貸金返還請求権です。

主査：他には？

――：あ、はい、履行遅滞に基づく損害賠償請求権と利息契約に基づく利息支払請求権です。

主査：消費貸借契約には2種類あると思いますが、本件の消費貸借契約はどちらでしょうか？

――：諾成的消費貸借契約です。

800

主査：2つは何が違うんですか？

――：はい。書面によらない消費貸借契約は要物契約で、消費貸借契約の合意に加えて金銭を交付することによって契約が成立しますが、諾成契約である書面による消費貸借契約の場合には書面による消費貸借契約の合意によって契約が成立します。

主査：では、請求原因をお答えください。

――：はい。Aは、令和3年8月2日、弁済期を同年8月20日として200万円を貸し付けることを合意した。令和3年8月20日は到来した。Aは、令和3年8月25日、Xに対し、本件貸金債権を180万円で売った。

主査：先ほどの契約類型だと……。

――：あ、書面によることが必要です。

主査：貸借型契約なので必要になるものはどうですか？

――：貸し付けたという事実が必要です。

主査：具体的に摘示すると？

――：はい。「Aは、令和3年8月5日、Yに対し、上記契約に基づき200万円を交付した」です。

主査：では、パネルの2のYの言い分①を見てください。Yの代理人になったあなたは、どのような抗弁を主張しますか？

――：譲渡制限特約の抗弁を主張します。

主査：譲渡制限特約の抗弁を主張する際、どのような事実を摘示しますか？

――：はい。譲渡制限特約の合意と相手方の悪意又は重過失を基礎づける評価根拠事実です。

主査：それは何についての悪意ですか？

――：譲渡時に譲渡制限特約があったことについての悪意です。

主査：それでは、パネル①をもう一度見てください。Xは文書の成立について

どのような反論をしますか。

――：文書の成立の真正を否認します。

主査：それだけですか？

――：理由を言う必要があります（民事訴訟規則145条を思い出す）。

主査：そうですね。どのような理由ですか？

――：（ここは二段の推定の過程も踏まえて言った方がいいか。）まず、Xの印鑑による押印があることからXの意思による押印であることが事実上推定され、そして民事訴訟法228条4項により、文書の成立の真正が推定されることになりますが、本件契約書では譲渡制限特約が後から書き加えられているため、二段目の推定は覆されると主張します。

主査：本人の意思による押印であることは認めるんですか？

――：はい。認めます。

主査：では、パネル②のYの言い分②を見てください。この言い分から考えられる抗弁は何かありますか？

――：債権喪失の抗弁です。

主査：どうしてそれが抗弁になるのでしょうか。

――：はい。えーっと、債権譲渡では対抗要件は確定日付ある証書による通知で具備されることになり、対抗要件の先後は確定日付ある証書による通知が到達した日の前後で決まります。本件においては、AB間の譲渡の確定日付ある証書による通知がAX間の譲渡の確定日付ある証書による通知より早くYに到達しているため、XはBに劣後し、確定的にBが優先して、Xは債権者としての地位を失うとい

801

第6部　口述試験について

うことになります。これは、請求原因の法律効果の発生を障害することになるからです（『完全講義民事裁判実務の基礎〔第3版〕（上巻）429頁には「消滅」と記載。）。

主査：では、先ほどおっしゃっていた債権喪失の抗弁の要件事実を本件事実関係に即して答えるとどうなりますか。

――：えー、Ａは、Ｂに対し、令和3年8月27日、本件貸金債権及を相当額で譲渡した、いえ、売った。と、Ａは、Ｙに対し、令和3年8月30日、ＡＢ間の上記債権譲渡契約を内容証明郵便により通知した、です。

主査：Ｘは、令和3年8月31日、ＡＸ間の債権譲渡についての内容証明郵便による通知がＹに届いたと主張しています。この言い分は抗弁になりますか。判例の立場を踏まえて答えてください。

――：抗弁になりません。判例は到達時説をとっており、確定日付ある証書による通知の到達の先後で対抗要件の優劣を決しています。Ｘに内容証明郵便による通知が届いたのは、令和3年8月31日で、同月30日に届いたＢに劣後しているため、抗弁にはなり得ず、主張自体失当となります。

主査：はい。では、Ｙの弁護士Ｑの立場から答えてください。弁護士ＱであるあなたはＹの希望で、Ｂに訴訟告知することになりました。しかし、その際、Ｂが自らの顧問先であることが判明しました。訴訟告知をすることは弁護士倫理上どのような問題がありますか。

――：依頼者同士の利益相反が問題になります。えーと、確か弁護士職務基本規程57条に……顧問先か（顧問先と共同事務所を勘違いしていることに気がつく）いえ、顧問先でした、失礼しました、57条ではなく、（主査はじめて頷く）28条3号に依頼者と依頼者の利益相反の規定があり、それに反することになると思います。

主査：継続的な契約についても規定はありませんか？

――：あると思いますが、何号だったか……。

主査：2号に「継続的な法律事務の提供を約している者を相手方とする事件」と規定されています。

――：あー、そうでした！

主査：はい。本件では訴訟告知をしているにすぎないですが、それでも問題ありますか？

――：はい、問題があります。訴訟告知をして参加した場合は後々利益相反になりますし、他にも訴訟告知によって参加的効力が生じるため同じく利益相反が問題になります。

主査：わかりました。（副査の方を向いて）何かありますか？

副査：（首を振る）

主査：では、以上です。

感想

　契約書に大量の日付が書いてあり、現場で見ると混乱しそうになりましたが、前日の刑事で合格点は来ていると思っていたため沈黙にならず落ち着いて受け答えできました。

802

第11章　令和3年

　ただ、副査はずっと下を見ていてこちらを一度も見なかったうえ、主査の反応も数回しかなく表情が変わらない方でした。そのため、最後まで自分の答えが的外れなのではないかと終始不安になりながら受け、友人と答え合わせをするまでの間とにかく不安しかなかったです。

　訴訟物、請求の趣旨等の基本的な事項もちろん、要件事実も具体的事実に即して即答できるように対策をしておくことが何よりも最重要だと思いました。仮に答えられなかったとしても焦らずに落ち着いて誘導に乗ることで乗り越えられるので本番では落ち着いて答えれば問題ないです。ですが、本番の緊張下で誘導に乗って答えられるのは、本番までの間に自力で言えるように練習しておいたからこそだと思います。本番までの勉強期間はとにかく要件事実を自力で答えられるように練習を重ねると良いと思います。

803

第6部 口述試験について

第12章 令和4年

A氏
令和4年司法試験予備試験最終合格者

【テーマ】2日目
所有権に基づく動産引渡請求訴訟における実体法及び攻撃防御方法に関する諸問題、証拠、弁護士倫理上の諸問題

再現ドキュメント

――：失礼致します。3室3番です。
主査：お座りください。
――：よろしくお願いいたします。
主査：では始めます。パネルの図を見てください。これから事案を説明しますので聞いてください。

【パネルの図】

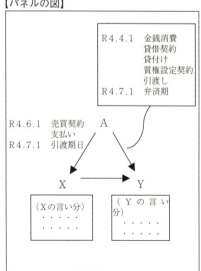

主査：Xの言い分は次の通りです。私は、令和4年6月1日、Aとの間で本件指輪について100万円で売買契約を締結して、Aに代金を支払いました。ただし、引渡期日については、AがYに預けているとして、同年7月1日としました。しかし、Yは引渡期日になっても本件指輪を引き渡してくれないので、Yに対してその引渡しを求めたいと考えています。事案はいいですか。
――：はい。
主査：Yの言い分は次の通りです。私は、令和4年4月1日、Aに対し弁済期を同年7月1日として100万円を貸し付けました。また、Aはその貸金を担保するため、本件指輪に質権を設定し、私はその引渡しを受けました。事案はいいですか。
――：はい。
主査：XのYに対する請求の訴訟物は何ですか。
――：所有権に基づく返還請求権としての動産引渡請求権です。
主査：請求原因事実は何ですか。
――：①Aは令和4年4月1日本件指輪を占有していた、②XはAとの間で令和4年6月1日代金100万円で本件指輪の売買契約を締結した、③Yは現在本件指輪を占有している、です。
主査：Yの抗弁を端的に名称で答えてく

804

ださい。

――：質権に基づく占有保持権限の抗弁
です。

主査：抗弁事実は何ですか。

――：①Yは令和4年4月1日Aとの間
で金銭消費貸借契約を締結し、同
日Aに100万円を貸し付けた、②
Aは令和4年4月1日その貸金返
還債務を担保するためYとの間で
本件指輪について質権設定契約を
締結し、同日、Aは同契約に基づ
きYに本件指輪を引き渡した、で
す。

主査：Aのもと所有は、請求原因事実で
出ているから、抗弁事実としては
不要ということですね。

――：はい。

主査：質権に基づくこの効力のことを何
と言いますか。

――：留置的効力です。

主査：事案を追加します。Xの代理人P
がAに確認したところ、Aは令和
4年7月1日銀行から100万円を
引き出してYに借入金を返済した
と説明しました。AはYに領収書
を作成してもらいませんでしたが、
借用証書の返還を受けました。事
案はいいですか。

――：はい。

主査：あなたはPであるとして、Aによ
る弁済の事実を立証するためにど
のような証拠を用いますか。

――：①Aが令和4年7月1日に100万
円を引き出した事実が記載されて
いる預金通帳の写し、②AがYか
ら返還された借用証書、③返済の
経緯を記載したAの陳述書を用い
ます。

主査：今挙げてもらったのはいずれも物

証ですが、それ以外に何かありま
すか。

――：人証として、Aの証人尋問の申出
をします。

主査：はい。それでは、先ほど挙げたも
らった借用証書が弁済の証拠にな
るのはどうしてですか。

――：借用証書は弁済までは債権者が保
有し、弁済時に債務者に返還され
るのが実務上の取扱いなので、A
が借用証書を所持していることは、
AがYに弁済したことの間接証明
になります。

主査：事案を追加します。あなたはXの
代理人Pであるとします。あなた
はZから、私はAから本件指輪を
買ったのでYから本件指輪を取り
返してほしいとの相談を受けまし
た。あなたはZの代理人となれま
すか。

――：なれません。

主査：それは何故ですか。

――：Pは既にXの代理人となっており、
XとZは利益が相反し、弁護士職
務基本規程28条3号に該当するか
らです。

主査：具体的にはどういうことですか。

――：XとZは、おのおのYに対して本
件指輪の返還を求めていますが、
XとZの請求権のいずれか一方し
か実現できないので、XとZの利
益は相反します。

主査：（副査に対して）何かありますか。

副査：いいえ、ありません。

主査：これで終了します。

――：ありがとうございました。失礼い
たします。

第6部 口述試験について

感想

　質権からの出題は想定しておらず、正直あせりました。ただし、主査から、せかされることもなく、誘導もしていただけたので、沈黙が続くことはありませんでした。解答内容については、短答知識（条文）や抵当権に関する要件事実を想起して、なんとか最低限の受け答えはできたのではないかと思いました。

　また、いちおう法曹倫理まで行くことができたので最低ラインは守れているのではないかと思いました。なお、試験時間は12分程度であり、予想より短かったです。

806

第12章 令和4年

B氏
令和4年司法試験予備試験最終合格者

【テーマ】2日目
所有権に基づく動産引渡請求訴訟における実体法及び攻撃防御方法に関する諸問題、証拠、弁護士倫理上の諸問題

再現ドキュメント

――：失礼致します。●●室●●番です。
主査：お座りください。
――：よろしくお願いいたします。
主査：では始めます。パネルの図を見てください。これから事案を説明しますので聞いてください。

【パネル①】

【Xの言い分】
　私は、令和4年6月1日、Aから指輪（本件指輪）を150万円で購入しました。本件指輪の代金の支払いと引渡しの日は、同年7月1日としました。私は、同日、Aに対して、代金150万円を支払いました。しかし、なぜか本件指輪をAではなくYが保管しています。そこで、私はYに対して、本件指輪の引渡しを求めたいです。

【Yの言い分】
　私は、令和4年4月1日、Aに対して、弁済期を同年9月1日として100万円を貸しました。このとき、貸金の返済がされないことに備えて、Aとの間で、同日、本件指輪に質権を設定することを約束しました。この約束に基づいて本件指輪を保管しているので、Xに本件指輪を引渡す必要はないと思います。

主査：まず、Xの言い分です。私は、令和4年6月1日、Aから指輪（本件指輪）を150万円で購入しました。本件指輪の代金の支払いと引渡しの日は、同年7月1日としました。私は、同日、Aに対して、代金150万円を支払いました。しかし、なぜか本件指輪をAではなくYが保管しています。そこで、私はYに対して、本件指輪の引渡しを求めたいです。
　次に、Yの言い分です。私は、令和4年4月1日、Aに対して、弁済期を同年9月1日として100万円を貸しました。このとき、貸金の返済がされないことに備えて、Aとの間で、同日、本件指輪に質権を設定することを約束しました。この約束に基づいて本件指輪を保管しているので、Xに本件指輪を引渡す必要はないと思います。事案は以上になります。よろしいですか。
――：はい。
主査：では、あなたがXの訴訟代理人Pであるとして、どのような訴訟を提起しますか。その際の訴訟物は何ですか。
――：所有権に基づく本件指輪の返還請求訴訟を提起します。訴訟物は、所有権に基づく返還請求権としての動産引渡請求権です。
主査：具体的な請求原因事実を教えてください。
――：Aは、令和4年6月1日、本件指輪を所有していた。Xは、同日、Aから本件指輪を代金150万円で買った。Yは本件指輪を占有している。

807

第6部　口述試験について

主査：Aの所有していた日時を令和4年6月1日とおっしゃいましたけど、それはなぜですか。

――：Xは前主のAから本件指輪を買っていますので、同日のAの所有を主張する必要があるかと考えたのですが……。あ、Yの言い分に令和4年4月1日に本件指輪に質権の設定をしたとありますので、この日にもと所有が成立していることになります。ですので、この日に訂正いたします。

主査：では、最初から請求原因事実をお答えください。

――：Aは、令和4年4月1日、本件指輪を所有していた。Xは、令和4年6月1日、Aから本件指輪を代金150万円で買った。Yは、本件指輪を占有している。

主査：次に、あなたはYの訴訟代理人Qであるとします。Yの言い分を基に主張する抗弁は、一般的に何と言いますか。

――：占有正権原の抗弁と言います。

主査：具体的な抗弁事実を教えてください。

――：Yは、令和4年4月1日、Aに対して、弁済期を同年9月1日として100万円を貸し付けた。Yは、同日、Aとの間で、上記債権を担保するために質権を設定する旨を合意した。Yは上記合意に基づいて、Aから本件指輪の引渡しを受けた。

主査：そのような事実が抗弁となる理由を、実体法上の根拠を踏まえて教えてください。

――：抗弁とは請求原因事実と両立し、その効果を覆滅させる事実の主張

のことを言います。本件では、YはAとの間で質権を設定することを合意しており、それに基づいて本件指輪を占有しています。質権は被担保債権を担保するための約定担保物権であり留置的効力を有しています。このため、Yの占有は質権に基づく正当な権原によるものであると主張します。これは請求原因事実であるYの本件指輪の占有と両立し、その効果を覆滅する事実を主張していますので、抗弁となります。

主査：質権が消滅する時期はいつですか。

――：債務者が被担保債権を弁済して消滅させたときです。

主査：場面を変えます。あなたはXの訴訟代理人Pであると考えてください。Aはあなたに対して、「全面的に協力いたします。私はYに対して、借りた100万円は銀行振込で支払いました。領収書はYからもらっています。」と述べており、あなたは弁済の再抗弁を主張することを考えています。どのような証拠を集めますか。

――：まず、Aが持っている領収書と契約書を集めます。また、Aの銀行の取引履歴も入手する必要があると思います。

主査：他には考えられますか。

――：Aが全面的に協力すると言っているので、AがYに対して100万円を弁済したという内容の陳述書を作成しておきます。また、訴訟の段階になれば、Aの証人尋問を請求することが考えられます。

主査：引き続きあなたはXの訴訟代理人Pであるとします。ZはAに対し

第12章　令和4年

て 100 万円を貸しており、本件指輪の差押えをしたいと考えていました。そこで、あなたに本件指輪の差押えについて依頼してきました。この際、何か問題がありますか。ある場合は理由と共にお答えください。

――：問題があります。本件では、Z は本件指輪の差押えをしたいと言っており、X は本件指輪の返還を求めています。このため、両者の利益が相反する関係となっています。これは弁護士職務基本規程 28 条 3 号に違反するという問題があると考えます。

主査：（副査の方を向いて）何かありますか。

副査：（首を横に振る）

主査：以上で終わります。

――：ありがとうございました。

感想

　沈黙することもなく割とすんなり受け答えができました。所要時間は 13 分くらい。あっさり終わったので、不合格点をつけられることはないだろうと安心しました。

（アドバイス）

　まずホテルの確保が必要です。できるだけ早めに予約してください。次に口述模試の予約が必要です。できるだけ多く受験してください。口述試験の形式に慣れたら精神的にかなり楽になります。そして口述再現集の検討が必要です。全年度検討してください。口述試験は同じような問題が繰り返し出題されています。他の受験生は過去に出た問題は即答してくると思っておいた方がいいです。自分だけ答えに詰まっていたら試験官の心象はかなり悪くなると思います。

809

第6部　口述試験について

C氏

令和4年司法試験予備試験最終合格者

【テーマ】2日目
所有権又は賃貸借契約の終了に基づく建物収去土地明渡請求事案における実体法及び攻撃防御方法に関する諸問題、弁護士倫理上の諸問題

再現ドキュメント

──：失礼致します。08室04番です。
主査：お座りください。
──：よろしくお願いいたします。
主査：では始めます。パネルの図を見てください。これから事案を説明しますので聞いてください。

【パネルの図】

```
事案の概要　　四角で囲み：時系列

A　→　Y　賃貸借、基づく引渡し
↓
X
売却
```

主査：では、事案を読み上げますので、よく聞いてください。Xは、Aから令和〇年〇月〇日、本件土地を購入した。その後、Xが本件土地を見に行くと、本件土地上にY所有の建物が建築されていた。Yによると、Yは令和〇年〇月〇日、Aから本件土地を賃借し、本件建物を建築したと言っている。Xは、Aから本件土地を買い受けた旨を伝えたが、Yは聞く耳を持たない。Xは、本件土地の所有者は、私である以上、更地にして明け渡して

欲しい。あなたは、Xの代理人です。まず、あなたは、Yの主張からどんな抗弁を想定しますか。
──：占有権原の抗弁です。
主査：具体的には？
──：賃借権です。
主査：では、あなたは、その抗弁が認められるか疑問に思いました。それは、なぜですか。
──：Yが本件建物について保存登記があるかどうかです。
主査：それは、あると確認できています。では、なぜ、その保存登記が必要と考えましたか。
──：Yが賃借権を対抗できるためです。
主査：保存登記があれば常に対抗できますか。
──：建物所有目的のときです。
主査：Yの主張から、建物所有目的だと分かりますか。
──：分かりません。
主査：それを代理人は調べることになります。では、建物所有目的を前提として、YはAから居住目的で賃借しましたが、後から民泊として使用したとします。この場合、Xは何を主張しますか。
──：用途義務違反です。
主査：用途義務違反はあるのですが、それはAY間ですよね。Xはどうやって主張しますか。
──：……。
主査：XはAと何をしましたか。
──：Aから本件土地を譲り受けたので、賃貸人たる地位の移転を主張します。
主査：そうですね。では、賃貸目的物の所有権が移転したら、常に、賃貸人の地位は移転しますか。
──：不動産の場合です。
主査：では、そのほかに何か必要な条件

810

はありませんか。

―― ：所有権移転登記の具備が必要です。

主査：では、裏面を見てください。では、時間を取るので、読んでください。

―― ：はい。（小さい声で音読する）

主査：では、Ｘは、Ｙに対して、本件請求をする場合、訴訟物は何ですか。

―― ：賃貸借契約に基づく目的物返還請求権としての建物収去明渡請求権です。

主査：では、用途義務違反を賃貸借契約の終了原因としますが、そのとき主張することは何ですか。賃貸借契約の終了原因だけでよいです。

―― ：本件賃貸借契約の締結の際、居住目的の合意をした。にもかかわらず、Ｙは民泊をした。Ｘは、令和○年9月5日、Ｙに対して、民泊をやめるよう催告した。Ｘは、令和○年9月31日、本件賃貸借契約を解除するとの意思表示をした、です。

主査：解除の意思表示は、令和○年10月○日に到達していますが、解除の効力はいつ生じますか。

―― ：令和○年10月○日です。

主査：それはなぜですか。

―― ：到達主義のもと相手方に到達した日に効力が発生します。

主査：では、Ｘか解除も意思表示をした日時は、どうなりますか。

―― ：Ｘは、令和○年10月○日、本件賃貸借契約の解除をするとの意思表示をした。

主査：そうですね。ちなみに、催告も、「翌日」〔注：事案に翌日到達したと書いてある〕となります。
では、今度は、あなたは、Ｙの弁護士Ｑです。Ｙは、Ｑに、Ａは民泊することを承諾したと思うから、Ａに承諾したと証言してくれと頼

んで欲しいと言いました。あなたは、どうしますか。

―― ：応じません。

主査：その理由は？

―― ：代理人は相手方に直接接触できないからです。

主査：当事者はＸで、Ａは当事者ではないですよ。

―― ：……撤回します。できます。

主査：できますか。Ａは承諾していないと言っているのですよ。

―― ：撤回します。できません。

主査：なぜですか。

―― ：弁護士の品位や、真実義務、誠実義務に反するからです。（ここで偽証そそのかし（規定75条）を言ってもらいたい主査と、まったく思いだせない私との間で、かなりぐたぐだしたやり取りをする）

副査：（しびれを切らして、ちょっと前のめり）それ、偽証っていうよね。

―― ：はい。

主査：偽証行為は、偽証罪の対象にもなり得ますし、許されない行為ですね。規程もあります。

―― ：はい。

主査：以上になります。お疲れ様でした。

―― ：ありがとうございました。

感想

　質問の最初は、「訴訟物」又は「請求の趣旨」からと想定し、ここだけははずさないと考えていたので、抗弁から問われ、そこからすでに動揺した。その上で、用途義務違反、賃貸人の地位たる移転は、論文合格後の学習では全く触れていない分野であり、さらに、偽証そそのかしの客体が第三者も含まれることは試験中はじめて気づき、この2週間の学習は何だったのかと放心した。

第6部　口述試験について

第13章　令和5年

A氏

令和5年司法試験予備試験最終合格者

【テーマ】1日目
所有権に基づく建物退去土地明渡請求訴訟における実体法及び攻撃防御方法に関する諸問題、弁護士倫理上の諸問題

再現ドキュメント

──：民事○室○番です。

主査：おかけください。

──：失礼いたします。よろしくお願い致します。

主査：それではこれから事案を説明しますので、手元のパネルを見ながら話を聞いてください。わからないところがあれば質問してください。

──：はい。

【パネル】

（日付、言い回しは記憶していないが内容としては以下の趣旨）
　Xは、令和5年5月1日、Y1に対して、パネルの下部記載の契約内容で乙建物を甲土地を賃貸し、同日引き渡しました。
　（パネル下部には賃貸借契約書があり、建物所有目的であることや、賃貸期間、賃料などの記載。5項には2か月間の賃料未払で無催告解除できる旨の特約の記載がある。）
　Y1は、引き渡し後、甲土地上に乙建物を建築しました。

　Y1は、令和10年5月1日、乙建物をY2に賃貸しました。
　ところが、Y1は令和11年5月1日からXに対して甲土地の賃料の支払を行わなくなり、賃料未払の期間は1年間にも及んでいます。
　Xは甲土地を取り返したいと思っています。

主査：事案はよろしいですか？

──：はい。（勝った！Y1、Y2両方に対する要件事実全部言えるし理由付けも言える！！！）

主査：それでは、あなたはXの代理人弁護士Pだとして、Y1らに対して訴訟を提起しようとする場合、どのような請求をしますか。まず、Y1に対してお答えください。

──：はい。Y1に対し、被告は、原告に対し、乙建物を収去して甲土地を明け渡せと請求します。

主査：Y2に対してはどうなりますか。

──：はい。Y2に対しては、被告は、原告に対し、乙建物を退去して甲土地を明け渡せと請求します。

主査：Y1に対する訴訟物は何になりますか。物権的請求も考えられるかもしれませんが、今回は債権的請求で考えてください。

──：はい。賃貸借契約終了に基づく目的物返還請求権としての……建物収去土地明渡請求権1個になります。

812

主査：それでは、Ｙ２に対する訴訟物は何になりますか。

――：はい。所有権に基づく返還請求権としての建物……失礼しました、土地明渡請求権１個です。

主査：ここからは、Ｙ２に対しての請求について見ていきます。それでは、あなたはＹ２に対してどのような主張をしますか。

――：Ｘは甲土地を所有している。甲土地上に乙建物が存在している。Ｙ２は乙建物を占有して甲土地を占有している。という主張をします。

主査：先程あなたは乙建物を退去して甲土地を明け渡せとおっしゃいましたが、訴訟物には建物退去は含まないのに、なぜＹ２が乙建物を占有していることを言うのでしょうか。

――：はい。建物退去の強制執行のために主文に明示する必要があるためです。

主査：それでは、Ｙ２はどのような反論をしてくると考えられますか。

――：はい。占有権原の抗弁を主張すると考えられます。

主査：占有権原の抗弁とおっしゃられましたが、あせらずに、順を追って考えていきましょう。Ｙ２は何についての占有する権限があることを主張しますか。

――：はい。Ｙ２は乙建物をＹ１から賃貸しているので、乙建物を占有する権限がことを主張します。

主査：あなたは先程、訴訟物について所有権に基づく返還請求権としての土地明渡請求権とおっしゃられましたが、Ｙ２が乙建物を占有する権限があると言って意味があるの

でしょうか。

――：あ、いえ、失礼しました。あくまでも土地についての占有する権限があることを主張する必要があります。

主査：そうすると？

――：はい。Ｙ２はＸから土地を賃貸しているＹ１の乙建物を賃貸しているので、Ｙ２の占有は正当な権限に基づくことになります。

主査：整理すると？

――：整理すると、Ｙ１はＸから甲土地を賃貸していますので、Ｙ１の甲土地の占有が正当であることが基礎づけられます。そして、その土地上の建物をＹ２はＹ１から賃貸していますので、Ｙ２の占有も正当であることが基礎づけられます。

主査：（首をかしげながら要件事実を一つ一つ話し始めて）……ということをつまりあなたは主張するということですね？

――：はい……。（え……今の、抗弁事実を言えっていうことだったのか……質問の意図が全然わからなかった……。）

主査：それでは、Ｘはここでどういった反論をすることが考えられますか。

――：はい。甲土地の賃貸借契約の解除を主張します。

主査：解除といいましたが、論点に飛びつかずに、まずは一般論から考えましょう。解除を主張するにはどういったことをいう必要がありますか。

――：はい。通常であれば、債務不履行に陥った事実、催告、催告後相当期間の経過、その後の解除の意思表示をします。（一般論……まあま

第6部　口述試験について

ずは催告解除だよな……。）

主査：賃貸借契約の重要な要素とはなんでしょうか。

――：はい、賃料の支払は賃貸借契約の重要な要素ですので、債務の本旨に従った履行があるとはいえません。（重要な要素……債務の本旨ということ……？）

主査：賃貸借契約の、他の契約と違う特殊性はないでしょうか。

――：はい。賃貸借契約は継続的契約である点が特殊です。えー、それに、土地や建物の賃貸借契約は相互の信頼関係が重要という点でも特殊性があります。

主査：無催告で解除はできるのでしょうか。

――：賃料未払が長期に及べば確かできたと思います……。（一般論の話してるんだよな……。無催告解除特約ついてなくても背信性を基礎づける事情があれば無催告解除できるよな……。）

主査：なにか他に主張しないといけないことはないですか？

――：えー……反対債務の履行でしょうか……。（同時履行の抗弁権の存在効果の否定は必要だけど、今回は抗弁で出てるし言う必要はないけど……）

主査：んー、パネルをよく読んでみて、なにか気づきませんか？

――：えー……。（しばらくパネルを眺めるも混乱している）

主査：……5……。

――：あ！はい、XのY1に対する甲土地の賃貸の合意の際に、無催告解除特約の合意をしたこと、特約の2か月間の賃料未払が発生したこ

とも必要です！（ええ……一般論の話をしていたんじゃなかったの……。）

主査：今回はXの解除は認められますか？

――：はい。1年もの賃料未払は信頼関係を破壊する程度のものですので、できると思います。

主査：それでは2ヶ月だとどうでしょうか。

――：2ヶ月では難しいのではないかと思います。

主査：1年と2ヶ月とでは何が違うのでしょうか。

――：はい。信頼関係の破壊の程度が異なります。

主査：それでは、次の問題に移ります。あなたはY2の代理人弁護士Qであるとします。

　Y2は、Y1が賃料を支払わないせいで立ち退かなければならないことになった、Y1に対して1000万円の慰謝料を請求したいと言います。また、Y1は卑劣な人間であるといった内容の通知（具体的な内容は失念）をY1の自宅のみならず、Y1の勤務先にばらまいてほしい、といいます。

　あなたはこうした相談に対してどのように対応しますか。

――：はい。そのような要望には応じることはできないとして依頼を断ります。

主査：それはなぜですか？

――：はい。Y1が通知しようとする内容は、誹謗中傷あるいは名誉毀損にもなりかねないものです。違法行為の助長は禁止されており、弁護士自らがこれを行う場合であっ

814

てもその趣旨は妥当しますから、これに反すると思います。

主査：根拠となる条文はありますか？

──：はい。弁護士職務基本規程14条です。

主査：他には何かありませんか。

──：はい。1000万円という要求は、Y2が受けた損害に対してあまりにも過大です。弁護士は依頼人の利益のために最大限の努力を尽くすべきですが、一方で、弁護士は自主独立にその職務を行うことが認められています。また、依頼人の利益といっても、その利益とは正当な利益であることが必要です。そうすると、依頼人の利益と弁護士の自主独立の対立する場面ではありますが、今回は正当な利益であるということはできないため、応じることはできないと考えます。

主査：根拠となる条文はありますか？

──：はい。弁護士の自主独立については規程の20条、依頼人の利益については規程21条です。

主査：弁護士法にそのような条文はありますか？

──：えー……すいません、1条1項の基本的人権の尊重といった一般規程は覚えているのですが、個別的なものについては覚えておりません……。

主査：弁護士法にも同じようなのがあるので確認しておいてください。

──：はい。

主査：（副査に対して）他に何かありますか？

副査：（首をふる）

主査：以上で終わります。

──：はい、ありがとうございました。

感想

　日付以外の部分についての内容はおおよそ正確だと思います。無催告解除特約付き賃貸借契約の解除については過去問で出ており、完全におさえていたので、事案を把握した瞬間に心のなかでガッツポーズを取りましたが、質問の意図が全く分からずトンチンカンな答えをしてしまって酷く後悔しました。抗弁とか、要件事実とか、そういう質問の仕方してくれよ……。しかし、悔いても仕方がないので、次の日の刑事に切り替えました。

第6部　口述試験について

B氏

令和5年司法試験予備試験最終合格者

【テーマ】2日目
保証債務履行請求訴訟における実体法及び攻撃防御方法に関する諸問題、弁護士倫理上の諸問題

再現ドキュメント

──：民事○室○番です。よろしくお願いします。

主査：お座りください。

──：はい、失礼します。

主査：今からパネルに書いてある事例を読み上げます。パネルは手に持って構いませんが、裏返さないで下さい。では、よく聞いてください。

【パネル】（図は省略）

> あなたは、Xから依頼を受けたPです。令和11年3月31日、Yに対して訴訟を提起しようとしています。
> 1．Xは令和5年7月1日、Aに対して以下の約定で100万円を貸し渡した。
> 　　弁済期　令和6年3月31日
> 　　利息　10％
> 2．令和7年4月1日、Yは、Xと、1の消費貸借を連帯保証する旨を契約書によって合意した。
> 3．令和7年3月31日、【A又はYは】Xに利息と遅延損害金に加えて元金50万円を支払った。
> 4．その後Aは行方不明となった。令和11年3月31日現在、XはYに残元金50万円と遅延損害金を請求したいと考えている。

主査：請求の趣旨は何ですか？

──：えーっと、「被告は、原告に対し、

50万円及びこれに対する……令和5年7月1日から令和6年3月31日までの……年10％の割合による金員年の割合による金員……及び令和6年4月1日から支払済までの……年3％の割合による金員を支払え」となります。（主査、途中でこりゃダメだみたいな感じで頭を掻き出す）

主査：（首を傾げながら）利息って要る？パネルの3番よく見て。

──：すみません！支払済でした。（ヤバイヤバイヤバイ。問題ムズい！）

主査：あとさ、遅延損害金って3％なの？

──：えっと……法定利息が3％なので、それでいいのかな……と思いました。（ああああ）

主査：え、本当に？利息10％って書いてあるけど。それでいいの？

──：失礼しました。法定利息より任意の利息の方が割合が高い場合はそちらに合わせる規定があるので、「年10％の割合による金員を支払え」となります。

主査：……いつから？

──：えっと、令和6年4月1日から……。

主査：パネル3もう1回見て。

──：すみません、令和7年4月1日からでした。（完全にパニックだ）

主査：はい、では訴訟物は？

──：保証契約の基づく保証債務履行請求権と履行地帯に基づく損害賠償請求権です。

主査：え？ほんとにそうですか？

──：えっと、その、遅延損害金を請求したいので……、あっ！保証債務なのでいらないですね！撤回します！！

主査：（頷く）なんでいらないの？

──：保証債務に履行遅滞も含まれるか

816

第13章　令和5年

らです。

主査：うん、もう少し詳しく。

──：はい。保証債務は利息も、遅延損害金も、全てを含めて保証するものなので、訴訟物も保証契約に基づく保証債務履行請求権1個になります。（いい加減落ち着け自分……）

主査：はい。では次です。Yとしてはどのような抗弁が考えられますか？

──：消滅時効の抗弁です。

主査：（頷く）何について？

──：えーっと、その……、うーん、主債務です。

主査：それだけ？

──：あー、えーと、保証債務もです。

主査：そうですね。両方主張できるんですよね。
　　　では次の質問です。パネル3【A又はY】となっていますが、Aが支払っていたとします。Yは、保証債務の消滅時効の抗弁を主張したとします。Xは、どのような再抗弁を主張しますか。

──：時効の更新の抗弁を主張します。（「抗弁」って言っちゃった……）

主査：（頷いて）なぜですか？

──：Aの支払により、時効の更新が生じました。その結果、付従性により、保証債務の時効も更新されます。（抗弁って言い間違えたのはスルーなのね。）

主査：（怪訝な顔）あなたは、付従性によって保証債務の時効も更新されると、そういう解釈なんですね。

──：えーっと、そうですね……。あと、民法に主債務の時効完成猶予、更新が保証債務にも及ぶとした条文があります。

主査：（目を見開いて）その条文わかりま

すか？

──：うーん、たしか450条辺りだったと。

主査：まぁ、そうですね。457条1項です。あと、時効の更新ってことだけど、もうちょっと、その、債務の……？

──：承認です。

主査：はい。今度はYが連帯保証債務の履行として、支払ったとして考えてください。Yは保証債務の時効を援用しました。Xはどのような再抗弁を主張すべきですか。

──：はい、保証債務の消滅時効の更新の再抗弁を主張すべきです。

主査：（頷いて）Yは、主債務の時効を援用しました。Xは再抗弁として何を主張すべきですか？

──：え……、何も主張できないと思います。

主査：理由は？

──：そもそも保証債務は更新されていて、Yの主張は主張自体失当だからです。（大混乱中）

主査：え？主張自体失当？

──：あ！すみません。Yは、保証債務の支払をしているので、保証債務については更新されますが、時効の相対効（迫真の強調。主査副査頷く）により、主債務については更新の効力は及びません。よって、主債務時効援用の主張は認められ、Xとして出せる再抗弁はないと考えました。

主査：はい。パネルを裏返して下さい。

【パネル】（図は省略。日時は不正確）

R5.7/1	XA間で消費貸借契約締結
	元金　100万円
	利息10%
R7.4/1	XY間で連帯保証契約

817

第6部　口述試験について

> R 7.5/31　A死亡。YはAの息子であ
> 　　　　　り唯一の相続人である。
> R 7.7/31　Yが連帯保証の履行として
> 　　　　　50万円と利息・遅延損
> 　　　　　害金を支払う。
> R11.3/31　XがYに訴訟を提起

主査：令和5年の消費貸借契約締結、連
　　　帯保証契約までは同じです。令和
　　　7年5月31日、Aは死亡しました。
　　　YはAの息子で唯一の相続人だっ
　　　たとします。令和7年7月31日、
　　　YはXに連帯保証の履行として50
　　　万円と利息・遅延損害金を支払い
　　　ました。Yは法廷で、先程と同様、
　　　主債務の時効援用の抗弁を主張し
　　　ました。この場合、Xは再抗弁と
　　　してなにか主張できますか。

——：えーっと、その……できません。
　　　（分からんから、とりあえず原則
　　　を答えて、後は誘導に乗ろう。）

主査：それは先程と同じ理由で？

——：はい、そうです！（元気に頷く）

主査：うん、でもね、Aは死んでるよね。

——：そうですねー。死亡したということ
　　　は、相続が起きて、Aは主債務も承
　　　継して……。あ！混同が起きる？

主査：（目を開いて頷く）混同ですね。混
　　　同ってなんですか？説明して下さい。

——：えーっと、混同というのはです
　　　ねぇ、そのぉなんというか、い
　　　やー、あのその、同じ目的の債権
　　　債務？（主査副査頷く）が同じ人
　　　に帰属して、何か消えるやつ、そ
　　　う、消滅する効果があります。（混
　　　同なんて分かんないよ泣）

主査：うん。で、何が消えるの？

——：主債務……？

主査：いや、だって混同だよ？

——：どっちもです。（ヤケクソ）

主査：そうですね。どっちも消えます。
　　　とすると？

——：主債務が消滅する……？（もう全然
　　　分かんないよ…早く解放してくれ）

主査：いやでもさ、同目的の債権債務
　　　云々って言ってたじゃないですか。
　　　今回は主債務と保証債務ですよ。

——：えーっと、あ！！（ここで答えに
　　　気付く）A死亡により主債務と保
　　　証債務が併存します。その状況で
　　　保証債務の一部履行をしたら、債
　　　権者Xの信頼を害してしまいます。
　　　ゆえに、Yは主債務の消滅時効を
　　　主張できない、というべきです。
　　　（混同の下りは何だったんだ……。
　　　頷いてたからそれが正解かと思っ
　　　ちゃったじゃないか。）

主査：（頷いて）では、Aは行方不明に
　　　なっていたことから、A死亡の事
　　　実をXが知らなかったとしたら、
　　　どうなりますか？

——：その場合は、Xから再抗弁を何も
　　　出せません。

主査：（頷いて）何で先程と違って今回は
　　　ダメなんですか？

——：はい。先程の事例では、XはA死
　　　亡を知っていたので、その状況で
　　　主債務者としての地位を併せ持つ
　　　Yが保証債務の履行をした場合、
　　　Xとしては、「あ、こいつは支払っ
　　　てくれるんだな」っていう信頼が
　　　生じます。対して、今回の事例で
　　　はXはA死亡の事実を知らないの
　　　で、主債務についての上記信頼は
　　　生じません。よって、今回は再抗
　　　弁として何も主張できません。

主査：うん、信頼が生じるってのもそう
　　　なんだけどさぁ。もっとこう……。

818

Ａが死んで、相続起きて、主債務と保証債務がＹの元に併存してるわけだよね？

――：あ！！先程の事例では、Ｘが相続のことを知ってて、Ｙの元に主債務と保証債務が併存していることも知ってるので、この状況で保証債務の一部の履行をすることはＸからすれば主債務の履行に他ならず、主債務の承認に当たり得ます（ここで主査副査頷く）。対して今回の事例は、相続や併存のことはＸは知らないので、Ｙが保証債務の一部を履行しても、Ｘからすればそれは保証債務の履行であって主債務の履行では無いので、主債務の「承認」に当たりません（主査副査大きく頷く）。よって、やはりＸは再抗弁を主張できないことになります。

主査：はい。では倫理の問題です。パネルの表の図を見てください。（大した図じゃないので省略します。）Ｘは、主債務者Ａと連帯保証人Ｙを共同訴訟の形で訴えました。Ｙは、もし敗訴したら、Ａに求償請求をしようと考えています。あなたは、ＡとＹ両方から事件の依頼を受けました。引き受けるべきですか？

――：引き受けるべきではないと思います。（どっちだろう。とりあえず、否定しといてその後の問答で分かっているアピールすればいいか。）

主査：なぜですか。

副査：（怪訝な顔でこちらを睨む）

――：利益相反、倫理規定28条3号に当たるからです。（あ、やっぱ受任していいのね。分かっているからそんな怖い顔しないで。）

主査：でも、まだ求償請求に関する争いは起こっていませんが。

――：はい。まだ争いが「顕在化」（頷く）してないので、引き受けることはできます。ただ、その場合、敗訴して求償請求する場合、その依頼を受けることができないことは説明すべきだと思います。

主査：うーん。その説明でいいんですかね。じゃあ、ＡＹ敗訴後、控訴したとして、同時にＹはＡに求償請求を希望しています。この場合、弁護士であるあなたは、どうすべきですか？

――：辞任すべきです。争いが顕在化して利益相反が現実化しているので。

主査：（頷いて）そうですね。とすると、さっきの件はどう説明すべきだった？

――：敗訴後、求償請求をするような事態になった場合は、辞任する旨を説明すべきでした。（そうか、ここまで説明せなアカンかったのか）

主査：はい。（副査へ）何かありますか？

副査：ございません。

主査：以上となります。

――：ありがとうございました！（うわ～やらかした。でも難しかったよね？何はともあれ、これで口述から解放される！！解放感えぐい！！！）

感想

　主査はマスクメガネの40代男性、副査はマスクの50代女性でした。両名とも無愛想だったが、結構頷いてくれました。試験時間は20分強でした。執行、保全なし、倫理ありでした。

事項索引

【あ】

争いのない事実 256
一部請求 .... 31、110
動かし難い事実 246
「a＋b」の理論 .... 57、58、61

【か】

解明度 249
貸金返還請求訴訟 74
過剰主張禁止の原則 .... 38、61
価値的要件 .... 43、45
仮定的抗弁 37
仮差押え .... 321、324
仮処分 .... 321、329
間接事実 254
間接反証 251
期限の利益喪失約款 .... 80、90
擬制自白 264
基礎づけ事実 .... 44、45
規範的要件 .... 41、45
旧1個説 169
旧訴訟物理論 29
強制執行 .... 294、298
金銭執行 .... 301、306
経過 47
契約不適合責任解除 124
経験則 257
現 .... 47、50
　——所有 48
現占有説 .... 49、50、159
原則要素 .... 34、39

顕著な事実 256
権利関係不変の公理 .... 48、50
権利抗弁 .... 103、104、127、187
権利抗弁説 .... 165、116
権利根拠事実 .... 34、39
権利自白 .... 48、50、264
権利障害事実 .... 34、39
権利消滅事実 .... 34、39
権利阻止事実 .... 34、39
合意説 52
公知の事実 256
抗弁 .... 37、39
　——事実 .... 37、39
抗弁説 .... 43、112

【さ】

再抗弁 .... 38、39
　——事実 .... 38、39
催告による解除 121
債務名義 299
錯誤の抗弁 118
差押え 301
暫定真実 259
時効取得を原因とする所有権移転登記
　手続請求訴訟 181
事実抗弁説 165
事実上の推定 .... 259、281
事実的概念 40
事実的要件 .... 41、45
事実認定 242
執行裁判所 295
執行文 300

820

事項索引

時的因子................................46、50

時的要素................................46、50

自白................................252、261

社会的事実の可分・不可分...........53、56

社会的実在としての可分・不可分.........56

自由心証主義.............................250

主張自体失当.........................60、61

主張の系列................................62

守秘義務（秘密保持義務）

.....................351、360、368、

370、374、393、401

主要事実.............................40、254

主要事実説.........................42、219

順次取得説...............199、201、203

消費貸借契約..............................74

　諾成契約としての──...................75

　要物契約としての──...................74

証拠共通の原則..........................250

証拠契約.................................252

証拠能力.................................266

　文書の──............................275

証拠力...................................266

　形式的──............................276

　実質的──............................283

　文書の──............................275

証明責任の分配.................26、35、39

証明度...................................248

証明不要効.........................37、261

消滅時効の抗弁......................90、103

書証.....................................271

処分証書.................................273

所有権

　──移転登記抹消登記手続請求訴訟

.....................................174

　──喪失の抗弁.......162、166、198、215

　──に基づく動産引渡請求訴訟.........210

　──に基づく土地明渡請求訴訟.........155

　──に基づく建物収去土地明渡請求

　　訴訟..............................169

真正な登記名義の回復を原因とする

　──所有権移転登記手続請求訴訟.....204

　──抹消に代わる所有権移転登記手続

　　請求訴訟...........................178

新訴訟物理論..............................29

推定.....................................258

請求原因...........................37、39

　──事実.........................37、39

請求の趣旨.........................31、33

誠実義務.................................363

せり上がり...........63、67、108、114、121

組織内弁護士.............................360

訴訟物.............................29、33

　──の個数.......................30、33

　──の特定.......................29、33

疎明.....................................251

存在効果説...................63、114、117

【た】

貸借型理論................................76

代理......................................97

担保執行.........................294、314

遅延損害金説.....................111、114

遅滞なき異議の再抗弁....................145

賃貸借契約終了に基づく不動産明渡

　請求訴訟............................134

賃料不払いによる解除........147、148、149

抵当権設定登記抹消登記手続請求訴訟

.....................................190

手付解除の抗弁..........................125

登記上利害関係を有する第三者に対する

　承諾請求訴訟.........................195

登記請求権..............................173

同時履行の抗弁..........................127

到来......................................47

821

【な】

2個説 169

二段の推定 .... 280、281

人証 286

【は】

売買契約

　——に基づく所有権移転登記手続請求
　　訴訟 206

　——に基づく代金支払請求訴訟 110

　——に基づく目的物引渡請求訴訟 130

反証 251

「引渡し」と「明渡し」の区別 135

非金銭執行 .... 301、312

必要最小限度の法則 .... 38、39

秘密保持義務（守秘義務）

　........................... 351、360、368、
　　　　　　　　370、374、393、401

評価根拠事実 .... 42、45

評価障害事実 .... 43、45

評価的概念 .... 40、41

ブロック・ダイアグラム 68

返還約束説 52

弁済拒絶の抗弁 105

弁済の提供の抗弁 151

法規説 .... 51、56

報告証書 273

法曹倫理 342

法定承継取得説 .... 199、200、203

法定証拠法則 206

法定利息説 .... 111、113

冒頭規定説 .... 52、56

法律上の権利推定 259

法律上の事実推定 258

法律要件分類説 .... 35、39

保証債務履行請求訴訟 100

補助事実 255

保全異議 337

保全取消し 338

本証 251

【ま】

民事執行 294

　——の種類 294

民事保全 320

　——の種類 320

黙示の意思表示 .... 44、45

黙示の更新の抗弁 .... 143、146

もと .... 47、50

　——所有 .... 48、158

もと占有説 .... 49、50、159

【や】

譲受債権請求訴訟 227

要件事実 .... 34、39

よって書き 32

予備的主張 .... 64、67

【ら】

利益相反 .... 355、365、368、
　　　　　　　　370、373、394、402

履行期限の抗弁 126

利息の天引 81

例外要素 .... 36、39

六何の原則 54

判例索引

第1部　要件事実

大判大 5 . 4 . 1 174

大判大 6 . 6 .27.............................122、123

大判大 10 . 5 .27 116

大連判大 14 . 7 . 8 186

大判昭 5 . 1 .29...79

大判昭 6 . 5 .13.............................111、113

大判昭 8 .10.13.......................................103

大判昭 15 . 3 .13 90

最判昭 26.11.27.......................................218

最判昭 28 . 5 .29.....................................231

最判昭 29.12.21.......................................122

最判昭 30 . 7 . 5 173

最判昭 31.12. 6 122

最判昭 33 . 6 . 6 ....83、169

最判昭 33 . 6 .14.....................................222

最判昭 34 . 1 . 8 191

最判昭 34 . 5 .14.....................................128

最判昭 35 . 3 . 1 161

最判昭 35 . 6 .23.......................................93

最判昭 35.10.14.......................................120

最判昭 35.11.29　百選Ⅰ52 事件.............222

最判昭 36 . 2 .28.....................................169

最判昭 36 . 4 .28.....................................174

最判昭 36 . 6 .22.....................................122

最判昭 37 . 8 .10...............................31、110

最判昭 40 . 4 .30.......................................89

最大判昭 40.11.24　百選Ⅱ42 事件.........126

最大判昭 41 . 4 .20　百選Ⅰ39 事件 92

最判昭 41 . 4 .21.....................................152

最判昭 41 . 6 . 9 ....217、218

最判昭 42 . 6 .23.......................................90

最判昭 42 . 7 .21　百選Ⅰ41 事件..............183

最判昭 42.10.31.......................................199

最判昭 42.12. 5 141

最判昭 43.11.21.......................................149

最判昭 49 . 3 . 7 　百選Ⅱ23 事件

....238

最判昭 49 . 7 . 5 231

最判昭 54 . 4 .17.....................................169

最判昭 55 . 1 .11.....................................238

最判昭 57 . 6 . 4 216

最判昭 58 . 3 .24.....................................185

最判昭 59.12.21.......................................156

最判昭 61 . 3 .17　百選Ⅰ37 事件..............90

最判平 5 . 3 .30　百選Ⅱ24 事件 238

最判平 6 . 2 . 8 　百選Ⅰ47 事件..............171

第2部　事実認定

大判昭 5 . 6 .18.......................................274

大判昭 8 . 2 . 9 261

最判昭 25 . 7 .11.....................................262

最判昭 27.10.21.......................................276

最判昭 27.12. 5 275

最判昭 30 . 4 . 6 288

最判昭 32.10.31.............................283、284

最判昭 35 . 3 .10.....................................288

最判昭 36 . 4 .28.....................................257

最判昭 36.10. 5 262

最判昭 38 . 6 .21.....................................285

最判昭 39 . 5 .12　百選 68 事件

...............................279、280、281

823

最決昭 41.2.21 288

最判昭 41.9.22　百選 51 事件 263

最判昭 45.9.8 282

最判昭 47.3.2 284

最判昭 48.6.26 282

最判昭 50.6.12 ....279、280、282

最判昭 50.10.24　百選 54 事件 ....248、250

最判昭 52.4.15 ....263、276

東京高判昭 52.7.15 275

最判平 12.7.18 248

第3部　民事執行・保全手続

大判昭 15.2.28 324

最判昭 39.5.21 335

最判昭 40.3.18 民執保全百選（3 版）

　72 事件 313

最決平 11.3.12 339

第4部　法曹倫理

最判昭 31.11.15 383

最判昭 35.3.22 383

最判昭 36.12.20 383

最大判昭 38.10.30　百選 18 事件

　...381、394

最判昭 40.4.2 396

最大判昭 46.7.14 388

最判昭 50.4.4 388

東京高判平 3.12.4 353

最判平 14.1.22 389

第5部　論文式試験について

最判昭 30.7.15 549

最判昭 32.3.8 ....455、456

最判昭 35.2.11　民法判例百選

　I 64 事件 534

最判昭 39.5.12　民訴判例百選 68 事件

　...............................567、601、655

　最判昭 40.4.2 618

最大判昭 41.4.20　民法判例百選

　I 39 事件 438

最判昭 42.7.21　民法判例百選

　I 41 事件 491

最判昭 43.8.2（民集 22-8-1558）..........434

最判昭 43.8.2（民集 22-8-1571）

　民法判例百選 I 57 事件 523

最判昭 53.9.21 614

最判昭 61.3.17　民法判例百選

　I 37 事件 491

辰已法律研究所（たつみほうりつけんきゅうじょ）
https://service.tatsumi.co.jp/

司法試験予備試験、司法試験、ロースクール入試、司法書士試験、社会保険労務士試験、行政書士試験の受験指導機関。1973年に誕生して以来、数え切れない司法試験合格者を法曹界に送り出している。モットーは、「あなたの熱意、辰已の誠意」。司法試験対策における受験生からの信頼は厚く、2006年〜2020年の辰已全国模試には実に累計41,438名の参加を得ている。「スタンダード短答オープン」「スタンダード論文答練」などの講座群、「肢別本」「短答過去問パーフェクト」「趣旨・規範ハンドブック」などの書籍群は、予備試験受験生、司法試験受験生から、合格のための必須アイテムとして圧倒的支持を受けている。

監修者：清武 宗一郎（きよたけ そういちろう）

辰已講師・弁護士、東京大学法学部卒。2021年予備試験合格（短答6位・論文3位・口述4位）、2022年司法試験合格（総合10位）。東大法学部卒業時に「卓越」を受賞。みずほ学術振興財団の第65回懸賞論文【法律の部・研究者等】にて佳作を受賞する等、司法試験委員会以外からも高い評価を受けている。

司法試験予備試験 法律実務基礎科目ハンドブック1
民事実務基礎〔第6版〕

平成 22 年 12 月 10 日	初　版　第 1 刷発行
令和 7 年 4 月 20 日	第 6 版　第 1 刷発行

発行者　　後藤　守男

発行所　　辰已法律研究所

〒169-0075

東京都新宿区高田馬場 4-3-6

TEL．03-3360-3371（代表）

印刷・製本　壮光舎印刷（株）

©Tatsumi 2025 Printed in JAPAN
ISBN978-4-86466-661-9

【予備試験対策講座】

「予備スタ論で、受験生を、合格者に。」

予備試験 スタンダード論文答練

第1クール+第2クール合計 全53問

● 第1クール
例年**9月**実施

● 第2クール
例年**翌2月**実施

- 答案の書き方に徹底的にこだわったカリキュラム
- 予備上位合格者の実戦答案を提供
- 受講しやすい複数の学習プラン
- 成功の秘訣を乗せた音声添削（一括特典）

講座仕様

◇ **実施期間**
第1クール：例年9月〜翌年4月
第2クール：例年2月〜5月

◇ **科目**
第1クール：憲法・民法・刑法・商法・民訴・刑訴・行政
第2クール：憲法・民法・刑法・商法・民訴・刑訴・行政・民実・刑実

◇ **回数／問数**
第1クール：全14回・28問
第2クール：全11回・25問

◇ **配布資料**
① 問題
② 解説＆解答例
③ 答案用紙

◇ **添削・採点**
添削有・成績表なし

◇ **答案提出方法**
紙提出→紙返却
Web提出→Web返却

◇ **Webサービス**
受講者マイページで以下のサービスをご利用頂けます
① 資料閲覧
・問題
・解説＆解答例
② 答案提出
③ 答案返却
④ 解説講義視聴（通学部の方のみ）
※通信部の方は講義はWebスクールで受講

辰已の予備試験スタンダード論文答練をオススメします！

S.Uさん
2022年司法試験合格／2021年予備試験合格／
早稲田大学法学部在学

私が成績を向上できたのは、まさしくスタンダード論文答練のおかげです。まず、スタ論は採点が細かく設定されている点が非常に良いポイントです。論文式試験では豊富な事実が問題文に掲示されているところ、採点表では問題文の事実１１つに細かく点数が振られているので、**スタ論受けていくだけで自然と事実をたくさん使えるつきます**。事実をいかに使うかが点数に直結する論文式試験において、この力は非常にアドバンテージになります。スタ論を継続的に受けて復習もらず行ったおかげで、直前期には新規の問題をると採点表の項目が頭の中である程度想起できようになりました。このときから、自分の実力大きな向上を実感することができました。またタ論は、論文の勉強を進めて行くうえでのとて良いペースメーカーにもなります。スタ論は毎行われるため、**スタ論の日程に合わせて勉強をていくだけで、偏りのない勉強ができるよう**ります。色々な予備校で答練が実施されていますが、以上の理由から、間違いなくスタ論が一番力の向上する答練だと思います。

スケジュール・受講料等の詳細は
右記より資料をご請求ください。https://service.tatsumi.co.jp/pamphlet/

【 予備試験　スタンダード論文答練 】

※ 2025年度の実績です

「答練で、受験生を、合格者に。」— 予備スタ論がこだわる『4つの特徴』

特徴1　音声個別指導
答案の書き方ボイスレビュー
―声にのせる成功の秘訣

「書き直し」こそ、最強の論文学習法
「書き直し」は自分の答案に対す他者の評価を受け止め、修正することで、「答案の書き方」を飛躍的に向上させます。さらに、個別指導を受けることで、その効果は倍増します。スタ論をフル活用して、合格をつかみ取って下さい。

特徴2　予備試験上位合格者の実戦的な答案

真似したくなる。合格者答案。
予備スタ論は複数の答案例を提示しています。必要な要素を盛り込んだ「完全解」はもちろん、予備試験上位合格者が書いた「実戦答案」を提示します。時間内に合格者がまとめ上げた答案には真似すべきポイントが満載です。規範とあてはめ・評価のバランスもぜひ盗んで下さい。

特徴3　詳細で信頼できる採点基準

採点は答練の肝

アバウトでは、「基準」とはいえません。
採点基準は、詳細なものをご用意しています。詳細でなければ、どこを改善すれば良いのかがわからず、答案の書き方の向上に繋がらないからです。
また、裁量点の多い採点基準は、添削者ごとに評価がブレてしまい、もはや「基準」とは言えません。辰已は、信頼できる基準であなたの答案を正しく評価します。

特徴4　丁寧な添削指導

添削は、最も身近な個別指導です。
辰已は、添削はあなたの実力を伸ばすための個別指導だと考えています。添削者はもちろん司法試験を突破した合格者のみ。答案用紙はもちろん、添削者は採点をする採点シートにもコメントを付し、次回の答練に繋がるようなアドバイスを心掛けています。添削の赤文字は、あなたの答案改善に必ず役立つヒントの宝庫です。

【予備試験対策講座】　　　　　　　　　　　　　　【 予備スタ論　松永特別クラス 】

予備試験合格者が答案の書き方を一貫指導。

予備試験 スタンダード論文答練 松永特別クラス

● 東京通学/通信Start
例年 **9月**開講

ファースト論文答練に引き続き、松永講師の書き方を学ぶNEXT答練。基礎講座・入門修了生・学部生にもオススメ。

辰已専任講師・弁護士 **松永 健一**先生
東京大学法学部出身。法科大学院既修者コース在学中に予備試験合格、2015年司法試験合格（上位10%以内）。説得力ある指導ノウハウが好評。「指導方針が明確」「話がわかりやすい」と人気の先生です。

★こんな方におススメ
- 予備試験合格者・松永先生の答案の書き方を身につけたい方
- 基礎講座を受講し終えた方
- ファースト論文答練を受講した方

講座仕様

◇**実施期間**
　第1クール：例年9月～12月
　第2クール：翌年2月～4月
◇**科目**
　第1クール：憲法・民法・刑法・商法・民訴・刑訴・行政
　第2クール：憲法・民法・刑法・商法・民訴・刑訴・行政・民実・刑実
◇**回数／問数**（2024年度実績）
　第1クール：全14回・28問
　第2クール：全11回・25問
◇**配布資料**
　①問題　②解説&解答例　③答案用紙　④予習講義レジュメ
◇**添削・採点**
　添削有・成績表なし
　※ライブ生の答案の一部は松永先生が添削します
◇**答案提出方法**
　紙提出→紙返却
　Web提出→Web返却
◇**Webサービス**
　受講者マイページで以下のサービスをご利用頂けます
　①資料閲覧
　　・解説&解答例
　　・予習講義レジュメ（第1クール）
　　・過去問講義レジュメ（第2クール）
　②答案提出
　③答案返却
　④解説講義視聴（通学部の方のみ）
　※通信部の方は講義はWebスクールで受講

★第1クール　コンセプト

予習講義：基礎講座・入門講座を修了した、または、独学で標準的な基本書を一通り読み終えた後でも、安心して答練を受講できるように。松永クラスでは、基礎的な知識・理解の再確認のために、予習講義を行います。

答案検討講義：松永先生自身が添削した教室受講生の答案を素材に、「合格答案の書き方」をリアルに、徹底的に指導します。（1・2クール共通）

★第2クール　コンセプト

過去問講義：予備試験過去問を素材に、松永先生が書き下ろした答案を使って、本試験特有のひねりへの対処法を含めた指導を行います。通常の解説と答案検討講義に加えて、過去問の作法を学ぶことで、松永流の「合格答案の書き方」をより一層昇華させます。

●松永先生自身による答案添削を実施

松永クラスでは、東京通学部受講生の方の答案の一定数を松永先生が自ら添削します（受講生数に応じてなるべく均等に添削を割り当てます）。
※これを受講生答案の分析に使用することがあり、その際は答案を書画カメラに映す場合があります。匿名性には十二分に配慮致しますので講座内容の充実の為どうぞご了承ください。

スケジュール・受講料等の詳細は
右記より資料をご請求ください。 https://service.tatsumi.co.jp/pamphlet/

【予備試験対策講座】　　　　　　　　　　【 予備スタ論 西口Care特別クラス 】

西口流答案指導で論文試験を突破する。

予備試験
スタンダード論文答練
西口Care特別クラス

● 大阪通学/通信Start

例年 9月開講

辰已専任講師・弁護士 西口 竜司先生
新司法試験世代のまさに第1期生として後進の受験指導に情熱を注ぐ。「生涯一受験生」を信条とし、自身が実際に試験問題を解き、時間内でどこまでできるかを把握した上での抽象性を排除した具体的な指摘や指導が好評。

相対評価である論文試験！受講生が実際に書いたリアルな答案を題材に「相場感」を身に付ける！！講師が科目ごとに重要点を指摘する「まとめ講義」で時間短縮！時間のない受験生にオススメ！！

講座仕様

◇**実施期間**
〈第1クール〉例年9月～12月
〈第2クール〉翌年2月～4月

◇**科目**
〈第1クール〉憲法・民法・刑法・商法・民訴・刑訴・行政
〈第2クール〉憲法・民法・刑法・商法・民訴・刑訴・行政・民実・刑実

◇**回数（2024年度実績）**
〈第1クール〉【答錬】全14回／【講義】全7回
〈第2クール〉【答錬】全11回／【講義】全4回

◇**教材**
【答練】予備試験スタンダード論文答練（問題・解説＆解答例・答案用紙）
【講義】①検討答案集（※科目により配付のない場合もございます）
②講師オリジナルレジュメ

◇**添削・採点**
紙提出→紙返却／Web提出→Web返却

◇**Webサービス**
受講者特典マイページで以下のサービスをご利用いただけます。
①資料閲覧（問題・解説＆解答例）　②答案提出　③答案返却
④解説講義視聴（通学部のみ／通信部申込者はWebスクールからご視聴いただけます）
※予備スタ論通常コースの解説講義は、本講座に含まれませんのでご注意下さい。

◇**西口Care特別クラス「グループLINE」**

本講座受講生の皆様は西口Care特別クラスの「グループLINE」にご参加いただけます。西口先生にいろんな質問をしたり、本講座の受講生同士とつながることでモチベーションを高めることが出来ます（本講座申込者には詳細をメールでご案内します）。

予備スタ論西口Care特別クラス申込者限定
【個別答案指導オプション】

本講座の申込者に限り、Zoomによる西口先生の個別答案指導オプション（1回30分）をお申込いただけます。第1クール＋第2クール一括申込者は5回まで、第1クールのみ申込者は2回まで、第2クールのみ申込者は2回までご利用が可能です。申込方法などの詳細は、本講座のお申込後にメールでご案内いたします。
■受講形態：Zoom

西口Care特別クラスの講義部分を追加で申込が可能です

予備試験スタンダード論文答練の通常クラスを申込済の方が、西口Care特別クラスを追加でお申込いただくことも可能です。お申込を希望される方は、件名を「西口クラス追加申込希望」として、本文に「氏名」と「予備スタ論通常コースの会員番号」を明記の上、下記のアドレスまでメールをお送り下さい。折り返し、担当者より購入方法をご案内します
（こちらのアドレスまでお願いします
→ osaka@tatsumi.co.jp）。

スケジュール・受講料等の詳細は
下記より資料をご請求ください。https://service.tatsumi.co.jp/pamphlet/

【予備試験/司法試験対策講座】　　【清武講師シリーズ】

論文3位の講師による信頼の答案と書き方

予備試験
令和の論文過去問完璧講座 2025

辰已講師
清武 宗一郎 先生

● 通信Web
好評発売中

予備試験論文3位の清武先生が提供する令和の論文過去問講義6年分。
「信頼できる過去問答案」と「信頼できる答案の書き方」。

講座仕様

◇ 受講形態　通信部
◇ 科目
　憲法・民法・刑法・商法・民訴法・刑訴法・行政法
◇ 回数/問数　全27回・54問
◇ 配布資料
　①問題　②講師作成答案　③講師セレクト再現答案
◇ 添削・採点　添削なし・成績表なし
◇ 答案提出　なし
◇ Webサービス
　受講者特典マイページで以下のサービスをご利用頂けます
　①資料閲覧
　　・問題　・解説&解答例
　②解説講義視聴（通学部の方のみ）
　※講義はWebスクールで受講いただきます

本講座は、「過去問答案」に関する
以下のような悩みを解消します。

①根拠が不明確な模範答案が多い
②論証が不正確な模範答案が多い
③正確性が不明な再現答案が多い
これらの不安を解消し、皆さんが安心して使える
「過去問答案」を提供します。

本講座は、「答案の書き方」に関し、
以下の点に徹底的にこだわります。

①最終目標となる司法試験の採点実感を踏まえた答案の書き方を提供すること
②講師作成答案、再現答案を批判的に分析し、全科目に通底する「あてはめのノウハウ」を体系的に言語化して提供すること
③問題の読み方のコツ、答案構成のコツを随時提供すること

予備試験論文3位・司法試験総合10位の清武講師が直伝!

予備試験／司法試験
重要判例&
採点実感準拠　**理解が伝わる論証講義**

辰已講師
清武 宗一郎 先生

● 通信Web&DVD
好評発売中

出典の不明瞭な論証パターンを曖昧な理解で切り貼りした答案からの脱却。
重要判例と採点実感に基づいた論理的な表現で、採点者に「書き手の理解が伝わる」答案を!
予備試験3位、司法試験10位の清武講師が自らの思考過程を明らかにした論証を公開します。

講座仕様

理解が伝わる論証講義のコンセプト

重要判例と司法試験の採点実感を踏まえた論証

◇ 時間数
　● 全89時間
　憲法10h, 民法20h, 刑法15h
　商法12h, 民訴法12h, 刑訴法
　12h, 行政法8h
◇ 教材
　論証集（冊子版・PDF版）
　※科目別編集

本講義で提供される論証集は、清武講師が予備試験及び司法試験の受験の際に作成したノートをベースに作成されています。
論証集では、まず司法試験の採点実感などから得た論文答案作成における「方針」が科目ごとに示されています。これは合格答案作成に必要な知見を抽出したもので、学習の際に常に立ち返ることで、出題意図を外さない答案を心がけることができます。
取り上げる論証は、重要基本論点を網羅し、受験生であれば誰でも用意しておくべき論点を取り上げています。論証表現は、判例、採点実感、基本書などで裏付けの確かな記述を参考に作成されていますので、安心して学習することができます。

スケジュール・受講料等の詳細は
右記より資料をご請求ください。https://service.tatsumi.co.jp/pamphlet/

【予備試験対策講座】　　　　　　　　　【 論文直前答練 / 論文公開模試 】

予備試験
論文直前答練
（短答発表前/短答発表後）

●受講特典●
速攻で論文モードに切り替える！
論文直前定義集【PDF】
※受講者特典マイページよりダウンロードして
ご利用ください。

7月開講【発表前コース】全4回 / 8月開講【発表後コース】全4回
（憲法/行政法・刑法/刑訴・法律実務基礎科目・民法/商法/民訴）

講座仕様
●受講形態
通学部
通信部
●回数 / 問数
全4回 / 全9問
●添削
教室提出・郵送提出・Web提出

短答本試験後、すぐに始める。短答発表後、すぐに始める。
ペースをつかみ、勘を取り戻す。それが論文直前答練。

短答式試験の直前少なくとも1か月は短答式合格に比重を置いた勉強をされる方がほとんど。論文に向けて、まずやるべきことは、「論文の勘を取り戻す」ことです。
辰已の論文直前答練は、憲法/行政法→刑法/刑訴というように試験科目に沿って進行しますので、答練に合わせて学習し、無理なく、勘を取り戻すことが可能です。辰已の「論直」で一気に論文モードに切り替えましょう。

予備試験
論文公開模試
（短答発表後）

●受講特典●
辰已が得意とするヤマ当て情報満載！
論文ヤマ当て大予想【PDF】
※受講者特典マイページよりダウンロードして
ご利用ください。

8月開講 全1回
（憲法/行政法・刑法/刑訴・選択科目・法律実務基礎科目・民法/商法/民訴）

講座仕様
●受講形態
通学部
通信部
オンライン同時中継
●回数 / 問数
全1回 / 全10問
●添削
教室提出・郵送提出・Web提出

元研修所教官も監修に参加。短答発表後の仕上げに最適。
本番を想定した最後の実戦練習。それが論文公開模試。

論文式試験は2日間で大量の答案を書かなければなりません。
この2日間の体験はどうしてもやっておきたいところ。論直期の貴重な2日間を使うのなら、①質の良い問題②質の良い添削が不可欠です。この点、辰已の論文公開模試は、①元研修所教官の先生が監修に参加したハイクオリティの問題を出題します。②詳細な採点基準を設定し、復習しやすく、ブレのない添削をご提供します。論文本試験前、最後の総仕上げは辰已の「論公」で決まりです。

・**予備試験論文直前答練**は、厳選された問題を解くことで、重要論点の復習ができ、詳細な添削指導により、論理の一貫性や表現の適切さをブラッシュアップすることができました。また、時間配分の最適化や本番での立ち回り方も学ぶことができ、試験本番での実践力向上に直結します。論文試験の総仕上げとして、本答練を活用し、最終調整を行うことをおすすめします。

・**予備試験論文公開模試**は、本試験と同じ形式・時間で実施されるため、実力を客観的に測る貴重な機会となるだけでなく、本試験同様の緊張感の中で答案を作成することで、実践力も養われます。詳細な解説や添削によって、自分の弱点や改善点を明確にできました。本模試を通じて本番に向けた実践力を高め、万全の状態で試験に臨むことをおすすめします。

ケジュール・受講料等の詳細は
記より資料をご請求ください。https://service.tatsumi.co.jp/pamphlet/

【予備試験対策講座】　　　　　　　　　　　　　　　　　　　　　　　　　【予備試験・総択

真剣・緊張・本試験前の本試験／オンライン同時中継も開催

予備試験・総択（総合択一模試）

全国都市で会場受験（定員制）＆通信受験

● 東京会場ほか/オンライン同時中継/通信部

例年6月開講

講座仕様

受講形態

● 通学部会場受験
● Online 同時中継受験
● 通信部 Web

試験時間

民法・商法・民訴法	9:45-11:15
憲法・行政法	12:00-13:00
刑法・刑訴法	14:15-15:15
一般教養科目	16:00-17:30

予備試験・総択の特徴

短パフェの辰已が作った短答模試。
プレ本試験にふさわしい問題と環境を提供します。
予備試験の短答式試験そのものに肉薄する問題と緊張感あふれる運営。
短パフェ・肢別アプリの辰已が自信をもって提供する短答模試。
それが予備試験総合択一模試（予備総択）です。

短答過去問パーフェクトの辰已が作る
最も本試験に近い短答模試です。

予備試験受験生に最も支持されている短答過去問集は何でしょうか？
多くの方が「短答過去問パーフェクト」と回答されると思います。
辰已法律研究所は「短答過去問パーフェクト」を制作する司法試験予備校です。創業から50年蓄積した膨大な短答問題データベースと予備試験の出題傾向を掛け合わせ、今年も最も本試験に近い問題をご提供します。また、解説冊子も短答過去問パーフェクト同様、文献に基づいた信頼性と資料性の高い情報をギュッと詰め込んでお届けします。

短答過去問パーフェクトシリーズ

司法試験・予備試験の短答本試験全過去問解説書です。辰已独自の出口調査に基づく正答率がついた受験生必携アイテムの最新版（A5判）。

スケジュール・受講料等の詳細は
右記より資料をご請求ください。https://service.tatsumi.co.jp/pamphlet/

【予備試験対策講座】　　　　　　　　　　　　　　　　【短答月イチ模試】

短答知識の定着は、条文順に。丁寧に。
新・短答合格FILE準拠
新・短答完璧講座

短答が不安な方

短答に不安を感じている方にオススメ。法律科目のみで8割獲得を目指す！
網羅性抜群の「新・短答合格ファイル」はWeb閲覧もできて、使いやすい！
講義音声ダウンロードサービスでどこでも勉強が可能。倍速視聴も、らくらく。

講座仕様

◆**受講形態**
　●通信部／通学部

◆**回数／問数／構成**
　●憲法　22時間
　（インプット20時間＋過去問編2時間）
　●民法　40時間
　（インプット36時間＋過去問編4時間）
　●刑法　26時間
　（インプット24時間＋過去問編2時間）
　●商法　22時間
　（インプット20時間＋過去問編2時間）
　●民訴法　14時間
　（インプット12時間＋過去問編2時間）
　●刑訴法　14時間
　（インプット12時間＋過去問編2時間）
　●行政法　14時間
　（インプット12時間＋過去問編2時間）

◆ **Webサービス**
受講者特典マイページで以下のサービスをご利用いただけます
　①資料閲覧
　②講義音声ダウンロード
　　［一括をお申し込みの場合］
※講義はWebスクールで受講いただきます。

法律科目のみで短答突破を目指す講座です。

2024年予備試験の短答合格点は165点でした。したがって、法律科目で8割を取ることができれば、一般教養は極論0点でも合格できます。本講座は、まず、講座オリジナルテキスト「新・短答合格ファイル」を使って、条文順に、条文、判例、論点を丁寧に学習します。表で整理したほうが頭に残りやすい箇所は適宜表で整理します。次に、別冊の「過去問チェック」を使って、頻出過去問を確認し、インプットした情報を整理します。テキスト→過去問を素早く繰り返すことで、知識の定着を助けます。

新・短答合格ファイル
［講座受講生に無料配付］
知識インプット編と頻出過去問編の分冊方式・B5版・製本テキスト
を採用しています。
試験直前まで使える科目別の逐条テキストが手に入ります。また、テキストは受講者特典マイページでもご覧いただけます。スキマ時間にもご活用ください。

 合格者の声

・私は、この講座のおかげで合格できたといっても過言ではないです。網羅性がすごく、論文でも十分通用します。この講座をやっていれば、短答過去問を回す必要がなくなるので、その分の時間を論文に回せます。

・私は短答が苦手であり、独学だけでは不安であったため短答完璧講座を受講しました。ポイントを押さえた講義となっており、苦手だった短答を克服する大きな助けとなりました。短答完璧講座を聞いて、そのレジュメである短答合格ファイルを読み返し、過去問を解くことを繰り返しました。

・短答過去問集を2周ほど解きましたが、網羅的かつ体系的な理解が全くできておらず、そのため1度目は短答落ちだったと思います。対策の結果、二度目の司法試験では短答の点数と順位が大幅に上がりました。短答落ちの方や短答に不安を感じている方には、辰已の短答完璧講座を是非オススメします。

スケジュール・受講料等の詳細は
下記より資料をご請求ください。https://service.tatsumi.co.jp/pamphlet/

【予備試験/司法試験対策講座】

法律知識ゼロからGOALを狙え

基礎集中講義

予備試験合格 法律基礎講座

基礎集中講義 312Unit

4月	5月	6月	7
オリエンテーション＋基本7科目	憲法 30unit	民法 66unit	

辰已・予備試験合格プロデューサー
原 孝至 先生

早稲田大学法学部卒・早稲田大学法科大学院(未修者コース)修了。司法試験合格直後から辰已法律研究所の教壇に立ち、辰已のスタンダード論文答練、全国公開模試を通じて1,000通以上の答案を採点・添削。
2012年以降は辰已法律研究所で毎年基幹講座を担当している。

基礎集中講義はこんな講座です！

インプット偏重の旧来の入門講座ではなく、予備試験の傾向に合わせ期合格者の勉強法を取り入れた最新の法律入門講座です。

Teacher 講師は基礎講座担当歴10年以上のプロ講師・原孝至先生当します。原先生の講義は「法律の講義なのに授業が面白は初めて」と評判で、「1時間の講義があっという間」と評判でぜひYouTubeの無料体験講義を受講してみて下さい。他校の基礎とは違うと思って頂けるはずです。

Teaching Materials レジュメは法律資格専門予備校として50年の歴史を持つ法律研究所が作った「予備試験合格これ1冊」のスタンダテキストと初学者でも勉強しやすい論文問題を全科目で10レクトしたアウトプット教材「基本事例問題100」をご用意しました備試験合格に必要な知識の9割が網羅されています。

Tools 次に学習フォローとして講座専用アプリをご提供します。時間、待ち時間を勉強時間に代えて頂けるよう、短答・論れぞれのアプリをご用意。さらに毎回の講義は音声データでご提供。ホに落とせば、移動中も講義を聴くことができます。

講座の詳細は

スケジュール・受講料等の詳細は
右記より資料をご請求ください。https://service.tatsumi.co.jp/pamphlet/

【基礎集中講義】

インプットではなく、
アウトプットで勝負する。

●通信Web
好評受付中

これが辰巳の新しい提案です。

予備試験合格に向けて勉強をこれから始める方のための**「基礎集中講義」**。
基礎集中講義や他校の入門を終えて、論文対策を本格的に始める方のための
「論文答案力養成講義」。
ぜひYouTubeの無料体験講義を受講してみて下さい。
他校の法律基礎講座とは違う！と思って頂けるはずです。

>>> 予備試験受験 LEVEL

思い立った日が開講日。
豊富なシミュレーションを紹介。

9月	10月	11月	12月	1月	
商法 30unit	民訴 27unit	刑訴 27unit	行政法 27unit	民実 12unit	刑実 12unit

予備試験
スタンダード
講座

短答模試

論文模試

スタンダードテキスト

「これ1冊」で基礎知識を網羅できるよう工夫されたスタンダードテキストは、重要判例を重視し、該当
する論点に関連するものを適宜掲載しています。重要な基本書、学説等の紹介も十分に配し、勉強中に他
の文献に当たらなければならないということはありません。「これ1冊」とはそういう意味です。

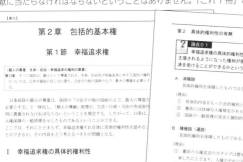

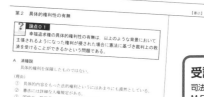

受講生の声
司法試験合格者
M.Fさん

基本から細かく書いてあっ
て、科目ごとに全体の流れが
分かったっていう面ではとて
もよかったと思います。
判例の引用なども判旨の重要
な部分の引用が多くされてい
て、それがとてもわかりやす
かったと思います。

iPhone/iPad/Android™ 端末向けApp
辰巳の肢別 [司試・予備・LS]
R6版 (2025対策版)

NEW

短答対策をアプリで！

手薄になりがちな短答対策を、
アプリですき間時間も無駄なく学習。

※令和7年の司法試験・予備試験は、令和7年1月1日に施行されている法令に基づいて出題されることとなりました (令和5年11月7日司法試験委員会決定 同年同月29日発表)。
当アプリの内容は、こちらの決定に即して作成されております。ご安心ください。

Apple、Apple ロゴ、iPhone、および iPad は米国その他の国で登録された Apple Inc. の商標です。
App Store は Apple Inc. のサービスマークです。
Google Play および Google Play ロゴは Google LLC の商標です。

アプリのダウンロードは無料です (お試し問題が付いています)。
App 内課金は、下記の中から選べます。

充実の学習メニュー

学習済みの問題数 (正解数・不正解数) やOK問題・注意問題・不確実問題の数、達成率、学習率などが一覧できます。
さまざまな出題設定も可能です。

**問題一覧や
キーワード検索機能**

収録問題をリスト表示で一覧できるほか、キーワード (1語) での問題検索も可能です。特定のテーマを集中的に学習したいときに威力を発揮します。

**学習記録で
進度・達成度が一目瞭然**

学習状況 (学習数・正解率など) が記録され、一覧で確認することができます。

科目	コンテンツ価格
全7法パック	¥36,000
上3法パック	¥18,000
下4法パック	¥18,400
憲法	¥4,580
行政法	¥4,680
民法1	¥4,580
民法2	¥4,580
商法	¥4,680
民事訴訟法	¥4,680
刑法	¥4,580
刑事訴訟法	¥4,680